일제강점기 향교관계 목록과 주요 자료

편찬책임 ｜ 장순순
총론집필 ｜ 장순순
목록작업 ｜ 진서금, 김정화, 최옥형, 이진희
자료번역 및 윤문 ｜ 장순순, 장원석
검　　수 ｜ 변주승, 장순순, 변은진, 진서금

전주대 한국고전학연구소 HK+연구단 자료총서 04

일제강점기 향교관계 목록과 주요 자료

초판 1쇄 발행　2020년 12월 30일

편　　자 ｜ 장순순 외
발행인 ｜ 윤관백
발행처 ｜ 도서출판 선인

등 록 ｜ 제5－77호(1998.11.4)
주 소 ｜ 서울시 마포구 마포대로 4다길 4 곳마루 B/D 1층
전 화 ｜ 02)718－6252 / 6257　팩 스 ｜ 02)718－6253
E-mail ｜ sunin72@chol.com

정 가　50,000원
ISBN　979-11-6068-433-9　93900

· 잘못된 책은 바꿔 드립니다.

※ 이 저서는 2018년 대한민국 교육부와 한국연구재단의 지원을 받아 수행된 연구임
　(NRF-2018SA6A3A01045347)

전주대 한국고전학연구소 HK+연구단 자료총서 04

일제강점기 향교관계 목록과 주요 자료

장순순 외 편

도서
출판 선인

자료총서를 발간하며

　우리는 현재 탈유교사회에 살고 있습니다. 유가 경전을 통해 심성 수양과 철리 탐색을 주로 하던 문·사·철의 영역을 넘어 이학과 공학, 또 학제간의 융복합을 시도하여 새로운 결과물을 산출하는 시대에 살고 있습니다. 뿐만 아니라 '디지털 혁명에 기반하여 물리적 공간, 디지털적 공간 및 생물학적 공간의 경계가 희석되는 기술융합의 시대'로 정의되는 4차 산업 혁명의 시대를 마주하고 있습니다. 그럼에도 한 발짝 더 이면으로 들어서면 유교문화는 여전히 재코드화되어 가족, 학교, 직장 등 가장 낮은 단위에서 실체적 힘으로 작동하고 있음 또한 부인할 수 없습니다.

　전주대학교 한국고전학연구소는 『여지도서』와 『추안급국안』의 역주 사업을 밑돌로 삼아 2010년에 출범하였습니다. 한국고전번역원의 '권역별 거점연구소 협동번역사업'에 선정되어 10년간 조선시대 문집을 다수 번역하였고, 2020년부터 다시 10년간의 사업을 시작했습니다. 또한 한국학중앙연구원의 기초자료사업 지원으로 '근현대 유학자 사회관계망 분석 및 자료수집연구'를 9년째 수행하였으며, 2014년에는 한국연구재단 대학중점연구소 사업으로 '근현대 지역공동체 변화와 유교이데올로기' 연구도 진행했습니다.

　본 연구소는 유교문화 연구에 특화된 연구소입니다. 2018년에는 그간의 연구 성과를 바탕으로 한국연구재단의 인문한국플러스 사업에 '유교문화의 탈영토화, 공존의 인간학과 미래 공동체'라는 아젠다로 선정되어 본 연구소가 한 번 더 도약하는 계기를 마련하였습니다.

　이번에 간행하는 자료총서는 이 인문한국플러스 사업의 일환으로서 정전을 재해석하고 새로운 문화지형을 구축하고자 하는 연구과정에서 산출된 성과물입니다. 본 연구단의 근현대 유교문화 관련 자료아카이브 구축의 방향은 다음과 같이 세 분야를 대상으로 하고 있습니다. 첫째는 일제강점기 이후 전국 단위로 조직된 유교단체가 발간한 기관지 자료, 둘째는 오늘날 향교에서 소장하고 있는 근현대 문서자료, 셋째는 근대 이후 유학자들이 생산한 문집 관련 자료입니다.

자료총서 4권 '일제강점기 향교관계 목록과 주요 자료'는 1905년부터 1945년까지를 대상으로 하였습니다. 먼저, 일제강점기 향교 조직의 운영 등을 구체적으로 엿볼 수 있는 향교관련 법령을 정리·소개하였습니다. 그리고 현재 전국 각지의 향교에서 소장하고 있는 근대문서를 조사·수집한 결과를 정리·목록화하고, 일제강점기 향교자료들의 특징을 엿볼 수 있는 몇 몇 자료를 케이스별로 소개하였습니다. 그리고 일제강점기 민간신문에서 향교관련 기사들을 목록화하고, 주요기사를 소개하였습니다.

이렇게 본 연구단에서는 자료총서 시리즈를 통해 그간 학계에 많이 소개되지 않은 자료들을 포함해, 근현대 유교문화를 재가공하고 새롭게 해석할 수 있는 자료들을 꾸준히 소개할 것입니다. 이는 앞으로 우리의 근현대 유교문화를 보다 풍부하게 연구할 수 있는 토대로 기능할 것입니다. 본 연구단의 자료총서가 근현대 유교문화를 탐색하는 통로가 되고, 공존을 지향하는 우리의 미래공동체를 환하게 열 수 있는 든든한 디딤돌이 되기를 바랍니다.

본 자료총서가 나올 때까지 많은 분들의 도움을 받았습니다. 향교소장 자료를 수집하는 과정에서 많은 도움을 주신 분들이 계십니다. 먼저, 성균관유도회 총본부 측 관계자 분들과 예정수 전 회장님께 감사드립니다. 그리고 자료 촬영에 협조해주신 강릉향교, 기장향교, 남해향교, 돌산향교, 동래향교, 순천향교, 춘천향교, 함양향교 관계자 여러분, 그리고 대구 칠곡향교의 배종찬 전교님, 익산향교 자료를 제공해주신 Y선생님께 진심으로 감사드립니다. 더불어 본 연구단을 물심양면으로 지원해주신 이호인 총장님을 비롯한 교직원들께 감사의 말씀을 올립니다. 출판 환경이 녹록치 않은 상황에서도 흔쾌히 본 총서를 출판해주신 윤관백 사장님 이하 도서출판 선인 직원 여러분께도 사의를 표합니다. 지속적으로 새로운 자료를 수집하고 자료총서를 기획 추진한 본 연구단의 자료팀 식구들, 특히 빼곡한 자료를 하나하나 들춰가며 궂은일을 감내한 연구보조원 선생님들에게 고맙다는 말씀을 전합니다. 아울러 옆에서 든든하게 지원사격한 본 연구단의 모든 식구들에게도 고마움을 전합니다.

2020년 12월

한국고전학연구소 소장, 인문한국플러스연구단 단장   변주승

목 차

일러두기

1. 본 책에서는 1905년 11월 을사조약 체결 직후부터 1945년 8월 15일 광복까지를 조사대상 시기로 하였다.

2. 본 책에 수록된 향교소장 근대 문서의 세부 목록과 주요 자료는 전주대학교 한국고전학연구소 HK+연구단에서 직접 조사하고 목록화한 것이다. 향교소장 근대 문서 목록의 필드는 문서명(원문), 문서명(한글), 발행일, 발신, 수신, 문서철, 면, 생산년으로 나누어 구성하였으며, 이 외에 별도로 비고란을 두어 추가사항, 기타 관련 사항을 기입하였다. 신문기사의 경우는 기사명(원문), 기사명(한글), 출전, 발행일, 면으로 구성하였다. 그러나 각 자료의 특성에 따라 필드 상에 약간의 차이가 있기도 하다.

3. 일제강점기 향교관계 주요 법령은 성균관 규정, 경학원 규정, 향교재산관리 규정, 지방문묘관리 규정, 장의에 관한 규정, 문묘석전에 관한 규정으로 나눠 번역하여 연대순으로 소개하였다. 『조선총독부관보』를 우선으로 하였으며, 『경학원잡지』를 보조 자료로 활용하였다.

4. 민간 신문의 기사 목록은 국립중앙도서관의 대한민국 신문아카이브, 네이버 뉴스 라이브러리, 조선뉴스 라이브러리 100의 DB서비스를 활용하여 추출하였다. 주요 키워드는 '향교(鄕校), 향약(鄕約), 문묘(文廟), 석전(釋奠), 명륜(明倫), 직원(直員), 장의(掌議)'이다.

5. 문서명(원문) 또는 기사명(원문)은 원문을 확인하여 입력하였으며, 원문에 제목이 없는 경우에는 편의상 임의로 제목을 붙이고 '[ ](대괄호)'로 구분하였다. 문서철명의 생산연도는 문서철 앞에 연도가 표기된 경우는 그대로 하였고, 없는 경우는 문서들을 중심으로 검토하여 작성자가 임의적으로 넣었으며, 파악이 어려운 경우에는 자료의 정확성을 위해서 공란으로 두었다.

6. 문서명(한글) 또는 기사명(한글)은 주로 한문과 일본어로 되어 있는 점을 감안하여 최대한 번역 수록함을 원칙으로 하였다. 다만 용어의 경우 원문 표현 그대로 사용하였고, 일반화된 용어나 학술적인 개념은 굳이 번역하지 않고 독음만 기입하였다.

7. 목록화된 문서 및 기사는 생산일, 발행일 순으로 배치하는 것을 원칙으로 하였다. 본 이미지의 흐림 등으로 판독이 어려운 경우는 ○로 처리하였다.

I. 총론

일제강점기 향교관계 목록과 주요 자료에 대하여

장 순 순*

I.

전주대학교 한국고전학연구소 HK+연구단(이하 '본 연구단'으로 약칭)에서는 연구단 출범과 함께 2018년부터 근현대 유교문화 관련 아카이브를 구축해 왔고, 그간 학계에 많이 소개되지 않은 자료들을 비롯하여 근현대 유교문화를 재가공하고 새롭게 해석할 수 있는 자료들을 꾸준히 소개해 왔다.[1] 그 방향은 첫째는 일제강점기 이후 전국 단위로 조직된 유교단체가 발간한 기관지 자료, 둘째는 오늘날 향교에서 소장하고 있는 근현대 문서 자료, 셋째는 근대 이후 유림들이 생산한 문집 자료 등이다.

향교 자료와 관련해서 본 연구단에서는 『일제강점기 중앙기관의 향교관계 문서·기사목록』을 자료총서 3권으로 발간하였다. 1905년부터 1945년까지 조선총독부 등 중앙기관에서 생산한 자료 가운데 향교관계 문서와 조선총독부 기관지인 『매일신보』를 비롯하여 『조선총독부관보』,『경학원잡지』 등 공적 성격을 띤 매체의 기사들을 정리·목록화한 것이다. 자료총서 3권이 '중앙기관'을 대상으로 한 것이라면, 본 책은 '민간기관'을 중심으로 한 것이다. 본 책에서는 먼저 일제강점기 향교조직의 운영 및 실태를 구체적으로 엿볼 수 있는 관련 법령을 포함했다. 그리고 현재 전국에 소재한 향교를 직접 방문하여 그곳에서 소장하고 있는 근대 문서를 조사하여 정리하고 목록화하였다. 구체적으로는 문서명을 원문 그대로 제시하고, 한글로 번역하였으며, 문서의 생산시기, 생산자, 수신자, 그리고 문서철의 제목과 생산연도 순으로 정리하였다. 향교 소작관련 자료는 계약자를 생산자란에 소작자를 수신자란에 넣어 정리하였다. 따라서 문서의 생산시기와 문서철명의 생산 시기는 다르게 나타난

---

* 전주대학교 한국고전학연구소 HK+연구단 HK연구교수

[1] 본 연구단에서 『일제강점기 유교단체 기관지 기사목록』,『전라남도유도창명회『彰明』,『일제강점기 중앙기관의 향교관계 문서·기사목록』을 2020년에 출간한 바 있다.

다. 또한 문서명이나 문서철명에 '[ ](대괄호)'가 더해진 것은 문서나 문서철에 제목이 없어서 조사자가 임의로 제목을 붙인 것이다. 문서철명의 생산연도는 문서철 앞에 연도가 표기된 경우는 그대로 하였고, 없는 경우는 문서들을 중심으로 검토하여 작성자가 임의적으로 넣었으며, 파악이 어려운 경우에는 자료의 정확성을 위해서 공란으로 두었다.

아울러 일제강점기 향교자료의 실례를 번역하여 소개하였다. 또한 일제강점기에 발행된 민간신문에서 향교관련 기사들을 목록화하고, 신문의 주요기사를 소개하였다.

Ⅱ.

일제강점기 향교관계 주요 법령은 성균관 규정, 경학원 규정, 향교재산관리 규정, 지방문묘관리 규정, 장의에 관한 규정, 문묘석전에 관한 규정으로 나눠 번역하였다. 성균관 규정과 경학원 규정을 포함시킨 것은 성균관과 경학원이 향교의 상위 기관이고, 이들 규정 속에 향교 관련 규정이 포함되어 있기 때문이다. 1906년 2월 칙령 23호로 공포된 성균관 관제는 두 차례에 걸쳐 개정이 이뤄졌는데, 1908년 10월 칙령 제78호 「성균관 관제 개정에 관한 건」에 향교 직원에 관한 규정이 포함되어 있다. 제10조에서 "향교에 직원(直員) 1인을 두되 판임관으로 하고, 해당 군의 유림 중에서 선발하여 맡긴다. 향교 직원은 문묘를 직수(直守)하며 향교 서무에 종사한다. 향교 직원 봉급을 지급하지 않는다." 라고 하여 향교 직원의 업무 내용을 명시하고 직원에게는 봉급을 지급하지 않는 것으로 규정하였다.

조선총독부는 1911년 6월 15일 조선총독부령 제73호 경학원 규정을 제정하여 성균관을 경학원으로 개편하였다. 경학원 규정에서 경학원의 주요 역할은 매년 봄과 가을 2회 문묘의 제사를 거행하는 것으로 되어 있어서, 경학원은 성균관이 가지고 있었던 교육기관 기능은 없었다. 대제학 등 경학원의 직원명은 조선시대 관직명을 그대로 사용했지만, 경학원 규정에 "대제학은 조선총독의 지휘감독을 받아 원무(院務) 전체를 관리한다."로 규정되어 있고 경학원의 세입·세출 등 예산 결산 등도 조선총독에게 보고하도록 되어 있어서, 경학원은 설립 초기부터 조선총독의 지휘감독을 받은 교화기관으로서 기능하였음을 알 수 있다. 1911년 6월에 제정된 경학원 규정은 이후 1922년 1월과 1939년 4월, 1940년 11월 3차례에 걸쳐서 개정되었다.

조선후기의 향교는 관학(官學)이었으나 명목상 수령의 관할 아래 있었을 뿐 실제로는 지방 유생들에 의해 자치적으로 운영되었다. 이러한 향교의 자치권은 일제강점기에 크게 변하였다. 모든 면에서 관(官)의 지시와 통제를 받게 된 것이다.[2] 일제는 향교를 관에서 장악하고 직원을 두어 관리하였다.

---

2) 김명우, 『일제강점기 향교 直員과 掌議』, 『중앙사론』 25, 중앙대학교 중앙사학연구소, 2007, 127~128쪽.

3·1운동 이후에는 장의회(掌議會)라는 자문기구를 만들어 향교를 운영하여 일제강점기 향교는 학교도 아니고 종교도 아니면서 일제의 감독하에 놓이는 상황에 직면하게 된다.[3]

향교재산에 관한 규정의 제정은 일제가 향교재산을 관유화해서 향교를 중심으로 활동하고 있는 지역 유림들을 일제식민지 지배의 통제 속에 두려는 데 목적이 있었다. 조선총독부는 일찍부터 유림계의 향교재산에 주목하여 1907년부터 각 도의 향교 소유지의 실측에 착수하였다. 그러나 전답의 측량이 부정확하였고, 수입도 불확실하여 용이하지 않자 강제병합 직전인 1910년 4월 23일 학부령 제2호로 「향교재산관리규정」을 발표하였다. 주요 내용은 향교재산을 관찰사의 지휘감독을 받아 부윤(府尹)·군수가 관리하도록 하도록 하였다. 그리고 향교재산에서 발생하는 수입은 향교 소재 군내(郡內) 공립학교 또는 관찰사가 지정한 학교의 경비와 향교 또는 문묘의 수리비 및 향사비에 사용할 수 있도록 하였다. 이는 향교재산을 부윤·군수가 관리하도록 조치함으로써 향교재산에 대한 운영권을 지역 유림들로부터 완전히 박탈한 것으로, 이후 향교재산은 이 규정의 통제를 받았다. 1910년대 향교재산 수입 가운데 향교 수리비와 향사비의 지출액은 전체 예산 규모에서 보자면 소액이었고,[4] 1910년대 향교관련 관통첩을 보면 향교경비 대부분이 학교경비로 지출되었음을 엿볼 수 있다. 따라서 향교는 전통적이며 민족적인 기능과 자체의 교육적 역할을 상실하고 총독부의 식민지 보통교육의 확대를 위한 재정원으로서 역할을 수행하였음을 알 수 있다.[5] 「향교재산관리규정」은 각 도마다 시행세칙이 정해져 운영된 것으로 보인다. 자료집에서는 1915년의 평안남도, 충청남도, 1916년의 경기도, 1919년의 충청남도의 시행세칙 내지 관리규칙이 수록하였다.

총독부는 1920년 6월 「향교재산관리규칙(鄕校財産管理規則)」으로 개정함으로써 지방관청의 감독 하에 향교재산의 수입과 지출을 더욱 엄격하게 통제하였다. 이 규칙에서는 "향교재산은 부윤, 군수, 도사(島司)가 관리"하며, "향교재산을 매각, 양여, 교환 또는 담보로 제공하고자 할 때는 조선 총독의 인가를 받아야 한다"고 규정하고, "향교재산에서 발생한 수입은 문묘 비용, 기타 교화 비용으로 사용해야 한다."고 명시하였다. 개정된 규칙의 내용상의 특징은 향교재산 수입을 공립학교 경비로 사용하는 것을 금지하고 문묘의 향사 비용과 지방교화사업 지원금으로 사용한다는 것이었다. 총독부가 향교재산에 대한 규정을 개정하게 된 배경에는 1919년 3·1운동이라는 대규모의 민족적 저항이 있었음을 주목하지 않을 수 없다.

「향교재산관리규칙」은 전시체제기인 1941년과 1944년 두 차례에 걸쳐 추가 개정이 이루어졌다. 한편, 1920년 6월 조선총독부령 제91호에 따른 향교재산관리규칙의 시행세칙은 같은 해 10월 황해도,

3) 강대민, 「韓末 鄕校儒林의 동향」, 『부산사학』 17, 부산경남사학회, 1989, 4쪽.
4) 김순석, 「일제강점기 「향교재산관리규칙」 연구」, 『泰東古典硏究』 33, 한림대학교 태동고전연구소, 2014, 42~44쪽.
5) 이명화, 「조선총독부의 유교정책」, 『한국독립운동사연구』 7, 한국독립운동사연구소, 1993, 106쪽.

경상남도를 시작하여 11월의 충청남도 등 전국 각도의 훈령으로 정해졌다. 이들 시행세칙은 지역에 따라 이후 추가로 개정되기도 하였다. 본 책에서는 『조선총독부관보』와 『경학원잡지』에 수록된 전국 각도의 향교재산관리규칙의 시행세칙을 소개하였으며, 개정 사항까지도 최대한 소개하고자 하였다.

일제강점기 향교운영의 주체는 직원과 장의(掌議)였다. 직원은 향교를 수직(守直)하면서 향교 운영에 관한 제반 사항을 경학원이나 총독부 등 중앙에 보고하고, 중앙에서 내려오는 각종 고시문(告示文)을 유림에게 전달하는 중간 역할을 담당하였다.[6] 장의들의 회의체인 장의회는 3·1운동 이후 지방 유림들을 포섭하기 위해 만든 자문기구로 1920년대 이후 향교의 운영을 주도하였다. 직원과 장의 및 장의회의 성격을 파악을 위해서는 지방문묘관리 규정과 장의에 관한 규정을 주목할 필요가 있다.

먼저, 지방문묘관리 규정의 주요 내용은 문묘 직원에 관한 규정이다. 통감부 치하인 1908년 10월 성균관 제도를 개정하면서 각 부·군 향교에 직원 1인을 두어 향교를 수직하도록 하였다. 조선후기 이래 수령의 묵인 아래 자치적으로 운영되던 도유사(都有司)·장의·유사 등 향교 교임(校任)의 직책을 폐지하고 직원이라는 새로운 직책을 둔 것이다. 이어 1910년 4월 26일에는 향교 직원의 사무에 관하여 관할 지방관의 지휘를 받도록 조치하고, 병합 직후인 1911년 10월 조선총독부령 127호에서는 「지방문묘직원에 대한 규정」을 발표하였다. 이것은 향교를 유림들의 자치적 관할로부터 관청의 직접적인 통제, 즉 일제의 통제 안으로 편입하겠다는 의도이며, 동시에 향촌사회의 공론을 무시할 수 있다는 행정관청의 우위를 과시하는 것이었다.[7] 이후에도 총독부는 1923년 4월과 1945년 5월에도 조선총독부령으로 문묘관리 규정을 정했으며, 1926년 6월에는 각 도지사 앞으로 「지방문묘에 관한 조사의 건」이라는 명목으로 '현재 문묘의 실상'을 조사하는 관통첩이 내려지기도 하였다.

3·1운동 이후 향교재산을 향교에 환부하여 유교 진흥에 몰두할 수 있도록 해달라는 유림계의 요구가 있었다. 이러한 요구는 대동사문회(大東斯文會) 등 친일유림단체에 의해 주도되었는데, 총독부는 기존의 대(對) 조선정책 전반에 대한 검토 속에서 향교에 대한 정책도 검토하였다. 총독부는 향교재산관리의 심의 권한이 향교에 넘어갔다고 선전하면서 1920년 8월부터 각 도별로 구체적인 장의관련 규정을 승인하였다. 장의에 관한 규정은 각 도별로 장의의 정원과 임기가 다르게 규정되어 있었지만, 임무에서 부윤이나 군수를 도와 향교 업무에 종사하는 것으로 되어 있고, 부윤·군수가 도지사에게 보고로 진퇴가 결정되는 것은 공통적이었다. 장의들로 구성된 장의회는 각 향교마다 구성되었으며, 향교의 세입·세출의 예산 편성과 집행에 관여하였고, 장의회의 결정은 반드시 총독의 인가를 얻어야만 효력이 발휘될 수 있었다. 총독부가 1920년 6월 30일자로 경상북도에 대해 장의에 관한 규

---

6) 이명화, 위의 논문, 106쪽.

7) 강대민, 『한국의 향교연구』, 경성대출판부, 1992, 290쪽.

정을 승인한 것을 시작으로 1920년에는 충청남도, 함경북도, 경기도에서 장의에 관한 규정이 공포되었다. 규정은 1920~1921년에 각 도에서 공포되었으며, 함경북도의 경우, 시행 첫 해인 1920년부터 개정이 이뤄졌다.

문묘석전 관련 규정은 1937년에 개정된 내용을 중심으로 수록하였다. 일제강점기에 총독부 당국은 향교를 선현들의 사당인 '문묘'로 명칭을 바꿨다. 이를 통해서도 알 수 있듯이 향교는 그 기능과 역할에 큰 변화가 있었으며, 대표적인 향교 제례인 석전에도 큰 변화가 있었다. 석전 의례의 변화는 크게 병합초기인 1911년과 1937년 두 시기로 나눌 수 있는데, 여기에서는 1937년에 실시된 개정 사항을 중심으로 관련 규정을 소개하였다. 이 시기 문묘석전 규정은 중일전쟁 발발에 앞서 시행된 것으로 전국 유림들의 동향에 대한 적극적인 파악, 석전의 거행을 강연회 등 각종 행사와 연계시킴으로서, 식민지 조선인에게 식민지교육의 취지와 새로운 정책 등 시정방침을 지역 유림들에게 선전하여 주지시키기 위한 데에 그 목적이 있었다. 즉, 석전에 참여한 지역 유림 및 조선인들을 강연회에 참석하게 함으로써 식민통치의 당위성을 선전하고, 조선인을 일제의 식민통치에 순종 내지 교화시키기 위함이었다. 이로서 석전은 기존의 유교 제례로서 기능이나 신성함을 완전히 상실하게 되었고, 나아가 일제의 침략 전쟁과 식민통치에 철저하게 이용되었다.

Ⅲ.

여기에서는 우리 연구단에서 직접 방문 조사하여 수집한 자료들을 중심으로 문서의 세부 목록을 정리하였다. 그리고 일제강점기 향교자료의 실례를 번역하였다.[8]

먼저, 강릉향교 소장 자료는 3권의 문서철에 199건의 문서이다.[9] 강릉향교 문서의 특징은 강회(講

---

8) 각지의 향교를 방문해서 근대관련 자료를 수집하는 데는 여러 가지 어려움이 있었다. 향교 소장 근대 자료를 조사한 목록집 등이 없는 상태에서 향교 소장 현황을 파악할 수 없었다. 각 지자체나 지역 대학 박물관 등에서 발간한 보고서 등을 통해서 지극히 단편적인 파악에 그칠 수밖에 없었다. 그래서 지역 연구자들과 접촉하거나 직접 향교를 방문하는 등 공식, 비공식적인 루트를 통해서 대략적인 소장 정보를 파악하여, 전국을 각 권역별로 나누고 지역의 대표적인 향교를 조사하기로 방향을 설정하여 진행하고, 2019년부터 강원도를 시작으로 경상남도, 전라남도 지역의 향교 소장 자료를 파악할 수 있었다. 그러나 COVID-19로 2020년에는 조사가 중단되어 경기도, 경상북도, 전라북도에 대한 조사는 이뤄지지 못했다. 대신 경상북도의 칠곡향교 자료와 익산향교 자료는 개인소장자를 통해서 자료를 확보·보완하였다. 자료 수집의 완결성이라는 면에서는 미흡하지만 소실의 위험성이 현존한 상황 속에서 현재 상태에서나마 목록화하여 학계에 소개하는 것이 낫다고 판단하여 본 책에 소개하게 되었다.

9) 강릉향교의 경우는 이외에도 일제강점기에 생산된 향교관련 1차문서가 다수 소장되어 있는 것으로 추정된다. 2019년 4월 19일 강릉향교와 성균관 유도회 강릉지부를 방문했을 당시 향교관계자로부터 "현재 정리 중이므로 자료의 전체 열람은 불가능하다"는 답변과 강릉향교에서는 향교 소장 자료 및 유물을 보관·전시할 수 있는 자체 박물관의 건립을 계획 중이라는 답변도 있었다. 방문 당시 향교 사료관에 소장되어 있는 일부 자료만을 열람할 수 있었는데, 이 목록은 당시 직접 열람·촬영한 것이다.

會)와 석전 관련 문서가 주를 이룬다. 석전 준비, 석전에 필요한 물품의 조달 및 향교 건물 수리에 관한 것을 강릉향교 직원이 향교재산관리자였던 강릉군수에게 보고한 것이다. 1928년 공자 탄생 2479년을 기념하여 행해진 강회(講會)에 관한 자료는 『강회존안철(講會存案綴)』에 편철되어 있다[Ⅳ장 4. 참조]. 1928년 10월 10일(음력 8월 27일) 문묘에서 거행된 첨배식(瞻拜式)에는 강릉군수 요시대吉田가 참여했다. 첨배식 후 오전 9시 30분부터 오후 3시까지 명륜당에서 강회가 있었고, 4시에 성적 발표가 있었다. 과목은 『논어』 등 사서(四書)와 『소학』이었으며, 시상식에는 일본인 군수의 훈화와 하라구치[原口] 강릉농업학교장의 축사가 있었다. 한편 강회에서 낭독한 「백록동강규(白鹿洞講規)」와 강목과 방식, 강회 담당자 및 소요 경비, 군수의 훈화 내용, 강릉문묘 직원이 강릉향교 재산관리자인 강릉군수에게 비용을 청구한 청구서 등 강회와 관련된 일체의 서류가 일목요연하게 정리되어 있다. 본 강회 자료는 근대 이후 향교가 강회 등을 통해서 유교 교육의 장으로서 교육적 기능의 명맥을 잇기 위해 노력했음을 시사해 준다.

기장향교에는 12권의 문서철, 247건의 근대문서가 소장되어 있다. 석전 제례 및 석전에 필요한 물품의 조달, 참여 등을 정리한 석전관련 문서와 대성전 지붕 수리와 관련하여 비용 조달에 관한 문서인 『대성전수즙찬성록(大成殿修葺贊成錄)』, 향교회의록이라고 할 수 있는 『의안(議案)』, 일제강점기 동안 기장향교의 직원의 구성 및 변경을 파악할 수 있는 『직원록』 등이 있다. 그리고 향교재산문서로 향교답 관련 문서가 116건이 소장되어 있다. 토지문서를 모아놓은 문서철 『재산대장, 토지의 부(財産臺帳 土地ノ部)』는 1934년부터 1949년까지 소작상황이 자세하게 기록되어 있어서 일제강점기 향교의 재산 운용을 파악하는데 귀중한 자료이다.[10] 『대성전수즙찬성록』은 1921년에 생산된 것으로 기장 향교의 대성전과 명륜당 등 향교 건물 중수(重修)에 관한 기록이다[Ⅳ장 6. 참조]. 회의록인 『의안』은 1938년부터의 기록으로 해방 후인 1959년까지 내용이다[Ⅳ장 8. 참조]. 1938년 10월 15일에 있었던 회의록 중 일부는 "1946년(병술) 8월 5일 향의(鄕議)에 따라 본 장을 삭제"라고 되어 있어서 연유는 알 수 없지만 해방 후인 1946년에 회의록 내용의 일부가 향교차원에서 훼손된 사실이 확인된다. 『의안』에 나타난 기장향교의 주요 회의 내용은 문묘 수리, 석전, 장의회 의장 선출에 관한 것이다.

돌산향교 소장 문서에는 명부류의 문서 및 계(契)와 관련된 다양한 문서가 포함되어 있다. 1898년부터 1986년에 이르기까지 향교의 운영 주체들의 명단이 수록되어 있는 『경임안(經任案)』과 석전제 참여자 명단, 그리고 유림회원 명부, 유림들이 향교를 기반으로 조직한 존성계(尊聖契), 돌산유림계(突山儒林契), 돌산창선계(突山彰善契) 등의 문서이다. 그리고 황해도유도연합회에서 1943년에 발간한 『황도유경(皇道儒經)』이 소장되어 있다. 『황도유경』을 제외한 소장 문서는 13개의 문서철에 124건에 달한다. 1940년에 작성된 『돌산향교회계부(突山鄕校會計簿)』는 1940년 돌산향교의 수입과 지출에

---

10) 토지문서 116건은 1945년 8월 15일 이전까지 것에 한정한다.

관한 사항을 기록한 것이다[IV장 11. 참조]. 결산한 후에는 직원과 장의가 확인하는 도장을 찍었다. 1940년 3월의 경우, 향교 수입으로는 재복(齋服) 값으로 군청 보조, 봄 향사비로 19원의 국고 보조가 있었고, 소작료, 1939년 추계석전에서 50원의 수입이 있었다. 지역 유지들의 의연이 전체 수입 410원 12전 가운데 211원으로, 수입의 상당 부분을 차지하였다. 지출에는 석전 관련 비용이 가장 많이 지출 되었으며, 향교 건물 수리비, 유림연맹 총회비, 직원 왕복비 등 명목이 다양하였다.

순천향교에는 향교재산 관련 문서가 주로 남아 있다. 2권의 문서철, 410건의 문서가 소장되어 있 다. 『문묘존안(文廟存案)』은 순천향교 소장 비품목록 및 금전출납부에 해당하는 금전수지부(金錢收 支簿)이며[IV장 3. 참조], 나머지는 순천향교 토지를 소작하고 있는 소작인들과의 계약관계를 기록해 놓은 소작료 실지조사부(實地調査簿)이다. 순천향교 소장 410건의 문서가운데 406건이 향교답 소작 관련 자료이다.

다음으로 익산향교와 관련해서는 26권의 문서철, 518건의 문서를 조사하였다. 익산향교 관련 문서 는 현재 향교 소장 문서가 아니라 개인 소장자를 통해서 조사한 것이다.[11] 익산향교 자료는 문서철 의 수뿐만 아니라 문서 성격의 다양성, 특히 중앙의 경학원(총독부)과 지방 향교 간에 주고받은 왕복 문서철이 그대로 남아 있다는 점에서 중요하다. 먼저 중앙에서 지방 향교로 내려 보낸 규정 등을 정리해 놓은 『예규(例規)』(1937년)[IV장 7. 참조]를 비롯하여 익산향교에서 조직된 유림 조직인 모성 계(慕聖契) 관련 문서철(1943년), 1926~1928년, 1934~1944년까지에 이르는 문서철인 『제관계서류(諸關 係書類)』, 1942~1944년까지 『향사관계서류(享祀關係書類)』, 1935~1945년까지 『향약관계서류(鄕約關 係書類)』, 1900~1973년까지 향교 직원과 장의 및 소사 등 향교 운영의 주요 구성원의 명단과 그 인물 들의 임면기간을 정리해 놓은 『직원장의명부 부유사소사명부(直員掌議名簿 附有司小使名簿)』 등은 문서의 완결성과 연속성 면에서 가치가 높다. 더욱이 이들 문서가 일제의 조선침탈이 극도에 달했던 1937년 중일전쟁을 전후해서 생산된 일련의 문서라는 점에서 전시체제기 일제의 지방유림에 대한 통제 및 활용에 관한 구체적인 실상을 잘 보여주는 자료이다.

칠곡향교 자료는 칠곡향교 배종찬 전교 개인 소장 문서이다. 전주대학교 한국고전학연구소에서는 2020년 2월 4일 성균관유도회 총본부와 학술교류 협약[MOU]을 체결한 바 있는데, 이 자료는 당시 성 균관유도회 예정수 회장을 통해서 확보한 자료이다. 당시 두 종류의 문서철을 제공받았는데 그 가운 데 하나가 일제강점기에 생산된 『경도군통첩(京道郡通牒)』이다. 문서 건수는 총 77건으로, 이 문서철

---

11) 익산향교 소장자이자 제공자는 전직 고등학교 교장선생님으로 현재에도 전라북도 익산시에서 지역사 연구자로 활발 하게 활동하고 있다. 소장자에 따르면, 1980년대 후반 익산향교로 지역사료 조사를 나갔다가 이 자료를 접하게 되었다 고 한다. 당시 향교 관계자가 일제강점기 관문서철이라는 자료의 특성상 소장가치가 없다고 판단하고 자료를 소각하 려고 한 것을 본인이 가지고 와서 현재까지 보관해오고 있다고 한다. 한편 권익산의 「日帝强占期 益山鄕校 硏究」(『靑 藍史學』 13, 2006)는 1937~1944년에 생산된 익산향교의 『諸關係文書類』를 활용한 연구 성과이다.

은 경향 각지에서 칠곡향교 앞으로 온 각종 통문, 통첩 등을 개인이 『경도군통첩(京道郡通牒)』이라는 제목으로 묶은 것으로 보인다. 칠곡향교 문서는 1920년대에 생산된 것들로 통문·통첩이 주류를 이룬다. 이 자료들은 일제강점기 각 유교 단체 간의 연락과 유림들의 명단인 청금록, 각종 문집류 등의 간행에 향교가 중심적인 역할을 수행했음을 보여준다. 1925년 이충무공전서간행위원회에서 『이충무공전서(李忠武公全書)』의 중간 및 묘우(廟宇) 중수와 관련하여 관련 자료의 수집을 칠곡향교 측에 요청하는 통문을 비롯하여 각종 문집 발간 관련 통문, 『조선청금록(朝鮮靑衿錄)』 발간, 발간된 『청금록』의 배포를 알리는 「녹고(錄告)」, 「유림연합대회취지서」[이상 Ⅳ장 12. 참조] 등은 향교를 중심으로 전개된 각종 활동 사례를 구체적으로 보여주는 자료이다.

우리 연구단에서는 1919년 8월 6일 함양향교 및 함양유도회 본부를 방문하여 관계자를 만났다. 당시 함양향교에 다수의 근현대 향교 자료가 소장되어 있다는 사실을 확인하고 자료 조사를 하였고, 이후 두 차례에 걸친 추가 조사를 계획하였다. 두 번째의 자료 조사는 같은 해 10월 8일에 이루어졌고, 공문서철을 중심으로 한 추가 조사는 향교 측 사정과 COVID-19 사태로 3차 조사는 진행하지 못했다. 결국 함양향교 소장 자료의 전체를 목록화할 수 없었기 때문에 본 자료집에는 1937년 중일전쟁 발발 이후 총동원체제기의 공문서철류의 다수의 공문서가 포함되어 있지 않다.[12] 참고로 서동일의 논문에 소개된 『公文綴』(1937년)에 수록된 문서를 소개하면 다음과 같다.[13]

〈표 1〉 함양향교 소장 '공문철'(1937년)

연번	문서 제목	생산시기	발신	수신
1	대제학 졸서(卒逝)의 건	1936.01.09	경학원 사성	
2	석전 기일을 양력으로 개정하는 건	1937.02.18	경학원 대제학	
3	북지사변(北支事變)에 관한 대응방법의 건	1937.07.31	경학원 대제학	문묘 직원
4	유직(儒職)명부 수정에 관한 건	1937.07.31	경학원 대제학	문묘 직원
5	임시도지사 회의에서의 총독 훈시 요지			
6	문묘석전 제문 개정에 관한 건	1937.04.12	함양군수	함양·안의문묘직원
7	문묘석전 제문 개정에 관한 건	1937.5.29	함양군수	함양·안의문묘직원

---

12) 함양향교에 소장된 일제강점기 공문서철류로는 『公文書副本綴』(1937년 이후), 『[공문철]』(1937년), 『往復書類綴』(1944년 이후), 『公文綴』(1937년), 『咸陽敎化協會會則』(간행시기 미상) 등을 들 수 있다. 이들 자료에 대해서는 서동일, 「함양향교 소장문서에 나타난 총동원체제기 조선총독부의 향교 동원과 변형」, 『국학연구』 49, 2019 참조.

13) 〈표 1〉은 서동일, 위의 논문, 457쪽 〈표1〉 함양향교 소장 '공문철(1937)' 수록 공문을 참조하였다. 『공문철』(1937)을 비롯한 함양향교 소장 공문서철류는 COVID-19 문제가 해결 되는대로 직접 방문하여 조사할 예정이다.

8	석전 제축문(祭祝文) 개찬의 건	1937.04.07	경학원 대제학	문묘 지원
9	석전 기일을 양력으로 개정하는 건	1937.02.23	함양군수	함양 · 안의문묘직원
10	시국에 대한 경학원에 관한 건	1937.08.11	경남도 내무부장	군수
11	문묘석전 제문 개정에 관한 건	1937.05.18	경학원 대제학	
12	시국 순회강연에 관한 건	1937.08.13	함양군수	함양향교 직원
13	원교(院校) 연락에 관한 건	1937.06.01	경학원 대제학	향교 직원
14	시국대처에 관한 건	1937.08.09	경학원 대제학	함양문묘 직원
15	문묘 서고식(誓告式) 및 시국강연회 상황	1937.08.21	경학원 대제학	문묘 직원
16	황군(皇軍) 위문의 건	1937.08.18	경학원 대제학	문묘 직원
17	군사후원연맹 결성에 관한 건	1937.08.11	함양군수	
18	서고식에 관한 건	1937.09.28	경학원 대제학	향교 직원
19	문묘 추향대제(秋享大祭) 상황 보고의 건	1937.10.18	경학원 대제학	문묘 직원
20	시국 시문집 간행의 건	1937.10.18	경학원 대제학	향교 직원
21	정 대제학 졸서(卒逝)에 관한 건	1937.12.04	경학원 사성	
22	국민정신총동원 총후보국(銃後報國) 강조주간에 관한 건	1938.04.23	경학원 대제학 대리	문묘 직원
23	향교 추계대제 거행에 관한 건	1938.10.13	함양군수	함양 · 안의문묘직원
24	[순회강연에 관한 편의 제공 요청]	1938.00.00	경학원 강사	함양문묘 직원

　여기에서는 함양향교 소장 자료 중 6권의 문서철, 128건의 문서가 목록화되어 있다. 1917년부터 1945년 해방에 이르기까지 매년 봄과 가을에 두 차례씩 거행되는 석전 참석자 명단과 제향에 사용된 물품에 관한 기록이 수록되어 있는『석전제참제(釋奠祭參祭)』,『춘추향수초책(春秋享需抄册)』등 석전 관련 문서철과 함양향교『비품대장(備品臺帳)』, 1925년 경남교풍회 함양지부에서 발간한『교풍회보(矯風會報)』24호의 세부목록, 1933년에 조선유도회 총본부에서 간행한『조선유교회창립선언서급헌장(朝鮮儒敎會創立宣言書及憲章)』의 세부목록이다.

　조선유교회는 1932년에 조직된 일제강점기 친일 유교단체로서 사회교화를 목적으로 조직된 전국적 규모의 유교 단체이다.『조선유교회창립선언서급헌장』은 조선유교회 창립선언서, 조선유교회 헌장, 조선유교회 교직명록(敎職名錄), 각도별 조선유교회 창립 동지대표자 명부, 조선유교회 창립 약력, 창립회록, 창립식 기록 등 조선유교회 창립과정과 취지 및 구성원들의 성격을 엿볼 수 있다.

　함양향교에는 향약 관련 문서로『함양향약규칙서(咸陽鄕約規則書)』가 소장되어 있다[Ⅳ장 8. 참조]. 조선총독부 학무국에서는 1932년 4월 향약 실태 조사를 통하여 전통적인 향약을 사회교화에 활용하는 것이 용이하고 효과도 크다는 점에 주목하였다. 1933년 1월 향약을 부흥, 조성하기 위하여 국고로부터 보조금을 지급하기로 결정하고 각 도에 보조금을 지급할 만한 우수 향약을 조사·보고하도록 하였다. 그리고 기존 혹은 신설된 향약에 대하여 '생활개선, 산업장려'의 2개 조목을 추가하도록 하였다.[14] 함양향약의 성립 연대는 알 수 없으나 함양향약의 절목에는 이러한 조선총독부 학무국의 정책 방향이 잘 반영되어 있는 것으로 미루어 1930년대 이후에 만들어진 것으로 보인다. 함양향약에는 8가지의 부조(附條)가 특징적이다. 외법령(畏法令), 근조부(謹租賦), 준실무(遵實務), 화부부(和夫婦), 근소송(謹訴訟), 색복장려(色服獎勵), 냉반준행(冷飯遵行), 금사주(禁私酒)로 '사회교화와 지방개량'을 위한 항목이 포함되어 있다.

기타 남해향교, 동래향교, 춘천향교 소장 자료는 다음과 같다. 남해향교 소장 일제강점기 문서는 1권의 문서철, 18건이다. 남해향교에서는 1917년과 1934년 두 차례에 걸쳐서 향교 건물에 대한 중수가 이루어졌는데, 이들 문서는 그때 작성된 것이다. 1934년에 작성된『남해향교 중수 연혁 방명록(南海鄕校重修沿革芳名錄)』에는 당시 경학원 대제학 겸 명륜학원 총재인 정만조의 중수기와 남해군수 박해주(朴海柱)의 중수사적기(重修事蹟記)가 있다. 그리고 정봉희(鄭奉禧)가 쓴 남해향교 중수에 힘쓴 여러 인물의 행적 및 단체 방명록의 서문 및 비용을 조달한 각 단체의 방명록 및 개인 명단도 수록되어 있다[Ⅳ장 5. 참조]. 이 자료는 일제강점기 향교의 중수가 향교재산에 의해서 이뤄지기보다는 중수기성회, 교풍회 등의 지역 유림 단체나 지역 유지들에 의해서 자금이 조달되고 조성되었음을 보여준다.

동래향교 소장 문서로는 5개의 문서철, 27건의 문서가 있다. 주목할 만한 자료는『명륜학교일사(明倫學校日史)』가 있는데 여기에서는 전체를 번역·소개하였다[Ⅳ장 1. 참조]. 1908년 5월 28일 부산에 설립된 사립학교인 명륜학교의 설립과정과 수업 내용 등이 일기형식으로 기록되어 있다. 1907년의 기록은 명륜학교 설립과정을 1909년 4월 1일부터는「교수일지(敎授日誌)」가 기록되어 있다. 당시 학교 설립을 권유한 사람은 동래부의 부윤서리였던 참찬관 최덕(崔悳)이었고, 여기에 지방 유지인 향사(鄕士), 전참봉, 전교원(前敎員), 전시종(前侍從) 등 관직 경력을 가진 사람들이 발기인이 되어 학교설립이 추진되었다. 동래 명륜학교의 교육내용은 전 학년에 걸쳐 국어·한문·산수·일어교육이 중심이 되었다. 교육 과목에 일본어가 주요 과목에 포함되어 있는 점은 당시 다른 명륜학교들과 구별되는 특징이다. 이는 부산이 조선시대 대일외교와 무역의 장이었던 왜관이 위치한 곳이고, 개항 이후 일본인의 조선 유입이 가장 먼저 이뤄졌던 곳이었다는 점과 관련이 있을 것이다.『명륜학교일사』의 기록은 1909년 12월 29일로 끝나고 있어서 동래 명륜학교는 일제의 병합을 계기로 폐교된 것으로 보인다. 이 자료는 통감부시기 향교에서 주도한 근대학교 설립 과정을 엿볼 수 있는 것으로 사료적

---

14) 한미라,『1930년대 조선총독부의 지방통치와 향약정책』, 중앙대학교 대학원, 2016 참조.

가치가 높다고 할 수 있다.

동래향교 유림모성계는 1918년에 설립되었으며, 규약에 따르면, 정식 명칭은 '동래군 유계'였다[Ⅳ장 2. 참조]. 모성계의 사무실은 동래향교 명륜당에 있었으며, 주요 사업은 명유석학(名儒碩學)을 청하여 강연회를 개최하고, 석전제 거행에 필요한 비용의 보조, 문묘 및 부속 건물의 보존에 필요한 비용의 보조 등이었다. 규약에는 계비의 운영에 관한 사항 등도 규정되어 있어서 향교를 기반으로 한 지방 유림 단체의 운영 및 비용 조달 방법 등을 구체적으로 살펴볼 수 있는 자료로서 가치가 크다. 일제강점기 지방 향교에서 소요되는 문묘 수리비와 향사비용, 제기(祭器), 제복(祭服) 등의 마련 비용은 유림들이 자체적으로 모성계, 존성계, 경학계(經學契) 등의 명칭으로 계를 조직하여 필요한 경비를 갹출하였는데,[15] 동래향교 유림모성계 자료에서도 확인할 수 있다.

춘천향교에서는 『춘천군향약교육회회원록』과 『춘천군향약계임원록(春川郡鄕約契任員錄)』 두 건의 문서만을 조사할 수 있었다. 이 문서는 『춘천군향약교육회회원록』이라는 문서철에 한꺼번에 묶여 있어서 두 건의 문서철로 구분해도 무방할 것으로 보인다. 이 문서들은 명단만 수록되어 있으며, 1911년과 1920년에 작성된 것이다.

Ⅳ.

다음으로 1905년 11월부터 1945년 8월까지 한국에서 발행한 민간신문을 대상으로 향교 관련 기사를 조사·목록화하였다. 국립중앙도서관의 '대한민국 신문아카이브', '네이버뉴스 라이브러리', '조선뉴스 라이브러리 100'의 DB서비스를 활용하여 기사를 추출하였다. 주요 키워드는 '향교', '향약', '문묘', '직원(直員)', '장의', '명륜(明倫)' 등으로 하였고, 최대한 지방 향교로 그 범주를 축소하였다. 대상 신문과 관련 기사 수를 표로 작성하면 다음과 같다.

〈표 2〉 일제강점기 민간신문의 향교관련 기사의 수

연번	매체	발간기관명	발간 기간(년)	기사 수	비고
1	皇城新聞	皇城新聞社	1898~1910	309	국한문
2	大韓每日申報	大韓每日申報社	1904~1910	273	국문/국한문
3	慶南日報	慶南日報社	1909~1914	1	국한문
4	京城日報	京城日報社	1906~1945	14	일본어

---

15) 김순석, 앞의 논문, 44쪽.

5	時代日報	時代日報社	1924~1926	18	국한문
6	朝鮮日報	朝鮮日報社	1920~1940	1246	국한문
7	東亞日報	東亞日報社	1920~1940	1293	국한문
8	中外日報	中外日報社	1926~1931	55	국한문/시대일보
9	中央日報	中央日報社	1931~1933	7	국한문/중외일보
10	朝鮮中央日報	朝鮮中央日報社	1933~1937	38	국한문
11	朝鮮新聞	朝鮮新聞社	1908~1942	151	일본어
12	釜山日報	釜山日報社	1907~1941	86	일본어
13	高麗時報	高麗時報社	1933~1941	2	국한문/반월간지
14	朝鮮時報	朝鮮時報社	1894~1941	19	일본어
15	國民新報	每日新報社	1939~1942	1	한문/주간지
16	滿鮮日報	滿鮮日報社	1939~1940	1	국한문
17	皇民日報	京城日報社	1942~해방	1	일본어
총계				3,515건	

〈표 3〉 일제강점기 민간신문의 시기별 향교관련 기사 수

연번	시기	기사 수
1	1905년 11월~1910년 8월	580
2	1910년 9월~1919. 3·1운동 이전	10
3	3·1운동 이후~1936년	2,523
4	1937~1945년 8월 15일	402
총계		3,515건

민간신문의 근대 향교관련 기사는 총 3,515건이다. 『조선일보』와 『동아일보』가 1,200여 건 이상으로 가장 많았다. 이어서 『황성신문』, 『대한매일신보』, 『조선신문』 순이다. 시기적으로 보면 강제병합 이전까지는 황성신문과 대한매일신보의 기사가 580건으로 대부분을 차지한다.

강제병합 이후 1919년 3·1운동 이전까지는 10건에 불과하다. 이는 『매일신보』의 향교 기사가 총 304건이었던 것에 비하면 너무나 적은 수이다. 주요 원인은 1910년대는 이른바 무단정치기로 조선인에 의한 민간신문의 발행이 금지되었기 때문으로 보인다. 3·1운동 이후부터 1936년까지는 이른바 문화통치기로 『조선일보』, 『동아일보』를 비롯하여 조선인이 발행한 민간신문이 다수 발행된 시기로, 총 기사 건수가 2,523건이다. 중일전쟁 발발 이후 전시체제기인 1937년부터 1945년 해방될 때까지는 402건으로 건수가 큰 폭으로 줄었다. 1940년에 조선일보와 동아일보가 폐간되면서 조선인이 발행한

민간신문이 발행되지 않았던 것이 주요 원인으로 추정된다. 실제로 향교관련 기사는 조선인 발행 민간신문이 폐간된 1940년으로 거의 끝나고, 일본어신문에 단 3건만이 보일 뿐이다. 1941년에 『부산일보』 기사 2건, 1942년에 『황민일보』 기사 1건이다.

조선총독부 문서를 비롯한 공문서의 향교관련 문서의 하한은 1938년이다.[16] 그러나 민간신문의 기사는 1940년대 초반까지 보인다. 따라서 민간신문의 향교 기사는 이후 1945년 해방까지 공백이라는 점에서 한계는 있지만 조선총독부 공문서의 공백을 보완해 줄 수 있을 것이다. 더불어 조선총독부의 기관지로서 총독부 당국의 정책을 적극적으로 대변한 『매일신보』보다는 유림의 입장에서 향교 운영 및 지역 유림의 동향을 파악하는 데는 용이하다는 점에서 의미가 있다.[17]

서두에서도 언급했다시피, 1910년 4월 향교재산관리규정이 정해지면서 향교재산이 관유화되고 향교재산 수입에 대한 총독부 당국의 관리가 더욱 엄격해졌다. 그리고 향교수입의 대부분이 보통학교 경비로 충당되었으며, 이외에도 다양한 방식으로 학교 경비에 전용되자 지역 유림들 간에 향교재산 전용 및 군수가 향교재산을 관리하는 것에 대한 불만이 높아져 갔다. 대동사문회, 유도진흥회 등 친일유림단체들이 주도가 되어 향교재산의 향교 환부를 주장하는 요구가 일게 되었다. 더욱이 3·1운동 이후 일제는 문화정치를 표방하면서 '풍속미화'를 담당하는 사회교육에 주목하게 된 총독부에서는 유림들의 요구를 받아들여 향교에 대한 정책을 재검토하게 되었다.[18] 그리하여 총독부는 1920년 6월 기존의 「향교재산관리규정」을 폐지하고 「향교재산관리규칙」과 그 시행세칙을 공포하게 되었다.

여기에서는 당시 유림들의 최대 관심사였던 향교재산에 관한 규정을 중심으로 한 논설 6건을 선정하여 소개하였다. 이 기사들은 당시 유림들의 향교에 대한 인식을 비롯하여 향교재산에 대한 관, 즉 총독부의 입장과 지역유림들의 입장을 엿볼 수 있다는 점에서 의미가 있다.

16) 장순순 외 편, 『일제강점기 중앙기관의 향교관계 문서·기사목록』, 도서출판 선인, 2020, 31~269쪽.
17) 『매일신보』는 조선총독부의 정책을 적극적으로 선전하고 대변한 매체였다는 한계가 있지만, 1910년대 창간되어 1945년 해방까지 지속적으로 발간된 유일한 한국어 신문이라는 점에서, 1939년 이후부터 1945년 해방 때까지 향교 유림의 동향이나 향교 운영 등의 연구에 중요한 자료이다.
18) 김명우, 앞의 논문, 145쪽.

Ⅱ. 일제강점기 향교관계 주요 법령

1. 성균관(成均館) 규정

◇ 칙령(勅令) 제136호

〈성균관 관제(成均館官制)〉를 반포하였다. 【성균관은 학부대신(學部大臣)의 관리(管理)에 소속되어 문묘(文廟)를 공경스럽게 받들고 경학과(經學科)를 익히는 곳으로 한다. 장(長) 1인은 주임관(奏任官)이고, 교수(教授) 2인, 직원(直員) 2인은 판임관(判任官)이다.】

(『고종실록』 1895년(고종 32) 7월 2일)

◇ 칙령(勅令) 제23호

〈성균관 관제〉를 재가(裁可)하여 반포하였다. 【성균관은 학부대신에게 소속되어 문묘를 경건하게 받들고 경학(經學)을 익히는 것을 관할한다. 직원은 관장(館長)이 1인인데 칙임관(勅任官)이고, 교수(教授) 3인, 박사(博士) 3인, 직원(直員) 2인인데 모두 판임관(判任官)이다. 성균관장은 성균관의 사무를 관리하고 교원들을 감독하면서 성인(聖人)을 받들고 학교를 흥하게 하는 책임을 전적으로 맡아 수행한다. 박사는 경학과(經學科)에서 선발된 유생, 중앙과 지방의 각 도에서 3년에 한 차례 진행하는 경의(經義) 문답 혹은 시무책(時務策)에서 선발된 사람, 평소 중앙과 지방의 각 도에서 학식이 많고 노숙한 유생으로 선발된 사람을 순차로 임명한다. 1895년(개국 504) 칙령 제136호, 1896년(개국 505) 칙령 제6호, 동년 칙령 제27호, 1897년(개국 506) 제13호, 1898년(光武 2) 칙령 제14호, 1899년(光武 3) 칙령 제8호, 〈성균관 관제〉와 〈관제 중 일부 개정 건〉은 모두 폐지한다.】

(『고종실록』 1905년(고종 42) 2월 26일(양력))

성균관 관제 개정 건

1905년(光武 9) 칙령 제23호 성균관 관제 제1조 가운데 박사는 사업(司業)으로 개정하고, 제5조 아래에 "박사는 경학과 유생 중 선출된 자와 3년에 1번씩 경외(京外) 각 도에 경의문답 또는 시무책으로 선출된 자, 평년에는 경외 각 도에 숙학노유 중 선출된 자로 순차 서임하여 매년 통계 20인을 넘지 않고 단 3년에 1번씩은 33인을 더 선출하되 경기, 충북, 충남, 전북, 전남, 경북, 경남은 각 3인, 강원,

황해, 평남, 평북, 함남, 함북은 각 2인으로 배정한다"의 125자를 삭제하고 "사업(司業)은 매년 통계 50인을 넘지 않게 하되 경학과 유생 중 선출된 자 10인과 경성 및 각 도에서 40세 이상 된 유생 중 시무책 및 경의문대에서 선출된 40인을 순차 서임"의 56자를 첨입(添入)하고 제7조 중 경학과 정도 아래에는 "는" 자를 삭제하고 "시무책 및 경의 문답에 관한 세칙은"의 15자를 아울러 첨입한다.

(『관보』 1907. 10. 3)

◇ 칙령 제76호

짐이 성균관 관제 개정의 건을 재가하여 이에 반포하노라.

1908년(隆熙 2) 10월 29일

어명(御名) 어새(御璽)

내각총리대신 이완용(李完用)

학부대신 이재곤(李載崑)

탁지부대신 임선준(任善準)

성균관 관제

제1조 성균관은 학부대신의 관리에 속하여 문묘를 건봉(虔奉)하며 경학(經學) 기타 학과를 익히는 (肄習)하는 곳이라 한다.

제2조 성균관에는 다음의 직원을 둔다.

관장(館長) 1인

교수(敎授) 전임(專任) 3인

직원(直員) 2인

제3조 관장은 칙임 혹은 주임(奏任)이니 성균관 업무(館務)를 맡아서 처리(掌理)하고 소속 직원을 총괄하여 감독(統督)하며 존성흥학(尊聖興學)의 책임을 맡는다.

제4조 교수는 주임 혹은 판임(判任)이니 학원(學員)의 교육에 관한 일을 담당한다.

제5조 직원은 문묘를 직수(直守)하며, 상관의 명을 받아 관내 서무에 종사한다. 직원은 교수 중에서 겸임한다.

제6조 관장은 교수상(敎授上) 사무에 따라 학부대신의 인가를 얻어 강사를 촉탁하여 모학과(某學科)의 교수로 담임케 할 수 있다.

제7조 성균관에서 매년 1회 사업(司業)을 시험으로 선발한다. 사업을 시험으로 선발하는 규정은
　　　학부대신이 정한다.

제8조 성균관 졸업생, 또는 사업시선에 합격증서가 있는 자를 사업(司業)이라 칭한다. 사업은 판임
　　　관으로 대우한다.

제9조 관장은 성균관 학칙을 정하여 학부대신의 인가를 받아야 한다.

제10조 향교에 직원 1인을 두되 판임관으로 하고, 해당 군의 유림 중에서 선발하여 맡긴다. 향교
　　　직원(直員)은 문묘를 직수하며 향교 서무에 종사한다. 향교 직원(直員)은 봉급을 지급하지
　　　아니한다.

제11조 본 법령은 공포한 날부터 이를 시행한다.

제12조 1905년(光武 9) 칙령 제23호 성균관 관제는 이를 폐지한다.

(『관보』 1908. 10. 31)

◇ 짐이 성균관 관제 개정에 관한 건을 재가하여 이에 반포하게 하노라.

성균관은 학부대신의 관리에 소속시켜서 문묘(文廟)를 정성껏 받들며 경학(經學)과 기타 학과(學科)를 익히는 장소로 한다. 성균관에는 아래의 직원(職員)을 둔다. 관장(館長) 1인, 교수(敎授) 전임(專任) 3인, 직원(直員) 2인이다. 관장은 칙임(勅任) 혹은 주임(奏任)으로서 관(館)의 업무를 관장하여 처리하고 소속 직원(職員)을 총괄하며 존성흥학(尊聖興學)의 책임을 맡는다. 교수는 주임이나 혹은 판임(判任)으로서 학원(學員)의 교육에 관한 일을 관장한다. 직원(直員)은 문묘를 지키며 상관의 명령을 받아 관내(館內) 서무에 종사한다. 직원(直員)은 교수 중에서 겸임한다. 관장은 교육상 형편에 따라 학부대신의 인가를 얻어서 강사를 위촉하여 특정 학과의 교육을 담당하게 할 수 있다.

성균관에서는 매년 1회 사업(司業) 시험을 행한다. 성균관 졸업생 또는 사업 시험에 합격하여 증서(證書)를 가진 자를 사업이라고 부른다. 사업은 판임관으로 대우한다. 관장은 성균관 학칙을 정하여 학부대신의 인가를 받아야 한다. 향교에는 직원(直員) 1인을 두되 판임관으로 하고, 해당 고을 유림 중에서 선임한다. 향교 직원(直員)은 문묘를 수직(守直)하며 향교 내의 서무에 종사한다. 향교 직원(直員)은 봉급을 주지 아니한다.

본령은 공포한 날로부터 시행한다.

(『승정원일기』 1908년(순종 2) 10월 5일 정사(양력 10월 29일))

2. 경학원(經學院) 규정

◇ 조선총독부령 제73호

경학원 규정을 다음과 같이 정한다.

　　　　1911년(明治 44) 6월 15일　　　조선총독 백작 데라우치 마사타케(寺內正毅)

경학원 규정

제1조 경학원은 조선총독의 감독에 따라 경학을 강구(講究)하고 풍교덕화(風敎德化)의 비보(裨補)를 목적으로 한다.

제2조 경학원은 경성(京城)에 둔다.

제3조 조선총독은 각 도에서 학식과 덕망이 있는 자를 강사로 선발하여 경학원에 근무하도록 한다.

제4조 경학원은 매년 봄과 가을 2회 문묘의 제사를 거행한다. 제사는 조선총독의 지휘를 받아 대제학이 집행하고 경학원 강사가 이에 참석한다.

제5조 경학원에 다음의 직원(職員)을 둔다.

　　　대제학(大提學) 1인

　　　부제학(副提學) 2인

　　　좨주(祭酒) 5인

　　　사성(司成) 약간인

　　　직원(直員) 약간인

　　　앞 항 직원의 진퇴는 조선총독이 집행한다.

제6조 대제학은 조선총독의 지휘감독을 받아 원무(院務) 전체를 관리한다.

제7조 부제학은 대제학을 보좌하고 대제학에게 사고가 있을 때는 그 직무를 대리한다.

제8조 좨주는 상직(上職)의 명을 받아 원무를 분장한다.

제9조 사성은 상직의 지휘를 받아 원무에 종사한다.

제10조 경학원 직원에게는 수당을 지급할 수 있다.

제11조 만 60세 이상의 강사 중 공로 또는 덕망이 현저한 자에게는 특별히 수당을 지급할 수 있다.

　　　경성 이외에 거주하는 강사 중 경학원에 참석하는 자에게는 여비를 지급한다.

제12조 앞 항의 수당 및 여비 금액과 지급 방법에 대해서는 별도로 정하는 바에 의한다.

제13조 경학원의 직원 및 강사의 수당, 여비, 기타 경비는 기본재산에서 발생하는 수입 및 기타 수입으로 충당한다.

제14조 경학원은 기부를 받을 수 있다.

제15조 기본재산은 토지, 건물, 국채증권 또는 확실한 유상증권 또는 은행예금으로 보관해야 한다. 기본재산은 조선총독의 인가 없이 처분할 수 없다.

제16조 대제학은 매 회계연도 세입·세출예산을 작성하여 연도 시작 전에 조선총독의 인가를 받아야 하며, 예산의 추가 또는 경정을 할 때도 역시 마찬가지이다. 대제학은 매 회계연도 세입·세출 결산을 연도가 끝난 후 3개월 이내에 조선총독에게 보고해야 한다. 앞 2항의 회계연도는 정부의 회계연도에 의한다.

제17조 본 규정의 시행에 관하여 필요한 사항은 조선총독의 인가를 받아 대제학이 정한다.

(『조선총독부관보』 1911. 6. 15)

◇ **조선총독부 훈령 제65호**

경학원

이번에 경학원을 설립한 취지는 그 규정에서 보이는 바와 같이 경학을 강의하고 문묘를 제사하여 교화를 비보(裨補)하도록 함에 있다. 이에 따라 고덕독행(高德篤行)하고 학식이 풍부한 노대가(耆宿)를 우대하여 유림을 존중하고 석학을 중시하는 미풍을 권장할 뿐 아니라 이륜(彝倫)을 지지하는 인심의 계발에 기여하고자 하는 것이니 그 책임이 중차대하다고 해야 할 것이다.

생각하건데 공맹(孔孟)의 도는 인의충효를 주로 하여 실천궁행을 숭상한다. 후세 이러한 도를 주창하는 자가 종종 무위도식에 빠져 공론횡의(空論橫議)를 일삼게 된 것은 다만 그 여폐(餘弊)에 불과할 뿐이다. 지금 우리 천황 폐하가 국가의 재정(國帑) 25만 원을 하사하여 경학원의 기금으로 충당하게 하셨으니, 성지(聖旨)의 넓고 두터운 은혜에 감격하지 않을 수 없다. 직원과 강사는 그저 글을 읽고 제사를 맡는 것으로 충분하지 않다. 부디 몸소 이웃과 마을(隣里鄕黨)의 모범이 되어 잘못된 풍속을 교정하고 좋은 풍속을 조장함으로써 일반 교화의 비보(裨補)에 힘쓸 것을 유감없이 해야 할 것이다.

1911년(明治 44) 8월 1일　　조선총독 백작 데라우치 마사타케(寺內正毅)

(『조선총독부관보』 1911. 8. 1)

◇ **조선총독부령 제4호**

경학원 규정을 다음과 같이 개정한다.

       1922년(大正 11) 1월 28일   조선총독 남작 사이토 마고토(齋藤實)

제10조 경학원의 강사 및 직원(直員)에게 수당을 지급할 수 있다. 경성 이외의 지역에 거주하는
       강사 중 경학원에 참여하는 자에게 여비를 지급한다.

제11조 삭제

제12조 중 '앞 2조'를 '제10조'로 바꿈

부칙

본 법령은 공포한 날부터 이를 시행한다.

〈참조〉

1911년(明治 44) 6월 통감부령 제73호 경학원 규정 초록

제10조 경학원의 직원(直員)에게 수당을 지급할 수 있다.

제11조 만 60세 이상의 강사 중 공로 또는 덕망이 현저한 자에게는 특별히 수당을 지급할 수 있다.
       경성 이외 지역에 거주하는 강사 중 경학원에 참여하는 자에게 여비를 지급한다.

제12조 앞 2조의 수당 및 여비 금액과 지급 방법에 대해서는 별도로 정한 바에 의한다.

                                          (『조선총독부관보』 1922. 1. 28)

◇ **조선총독부령 제4호**

경학원 규정을 다음과 같이 개정한다.

       1939년(昭和 14) 4월 5일   조선총독 미나미 지로(南次郎)

제5조 제1항 중 '쾌주 5인'을 삭제한다.

제8조 삭제

제12조의 2 경학원에 고문을 두고 학식 경험이 있는 자 중에서 조선총독이 임명한다. 고문은 경학

원에 관한 중요사항에 대해 대제학의 자문에 응한다.

제12조의 2 고문에게는 별도로 정한 바에 따라 여비를 지급한다.

제13조 중 '여비' 아래에 '더불어 고문의 여비'를 추가한다.

부칙

본 법령은 공포한 날부터 이를 시행한다.

(『조선총독부관보』 1939. 4. 5)

◇ **조선총독부령 240호**

경학원 규정을 다음과 같이 개정한다.

1940년(昭和 15) 11월 12일   조선총독 미나미 지로

제3조에 다음의 1항을 추가한다.

강사의 임기는 3년으로 한다. 단, 필요한 경우에는 임기 중이라 하더라도 해임할 수 있다.

부칙

본 법령은 공포한 날부터 시행한다.

본 법령을 시행할 때 강사의 직에 있는 자 중 앞 항에 해당되지 않는 자의 임기는 그 임명 일자로부터 3년으로 한다.

(『경학원잡지』 46, 1941. 12. 25)

3. 향교재산관리(鄕校財産管理) 규정

◇ 학부령 제2호

향교재산관리규정을 다음과 같이 정한다.
1910년(隆熙 4) 4월 23일   학부대신 이용직(李容稙)

향교재산관리규정

제1조 향교재산은 관찰사의 지휘감독을 받아 부윤, 군수가 관리한다. 단 특별한 사정이 있을 때는 부윤, 군수는 관찰사의 인가를 받아 특정 관리인을 두어 관리할 수 있다. 이 경우에는 부윤, 군수는 특정 관리인의 관리 사무를 감독한다.

제2조 향교재산은 매각(放賣), 양도(讓渡), 교환(交換), 전당(典當) 또는 비소(費消)할 수 없다. 단 특별한 사유가 있을 때는 부윤 또는 군수가 그 사유를 갖추어 관찰사를 통하여 학부대신의 지휘를 받아야 한다.

제3조 향교재산에서 발생하는 수입은 향교 소재 군내(郡內)의 공립학교 또는 관찰사가 지정한 학교의 경비로 사용하는 것으로 한다. 앞 항 이외에 관찰사가 필요하다고 인정할 때는 특별히 향교 또는 문묘의 수리비 및 향사비(享祀費)에 사용할 수 있다.

제4조 부윤, 군수는 매년 향교재산의 수지예산(收支豫算)을 정하여 관찰사의 인가(認可)를 얻어야 한다. 부윤, 군수는 향교재산의 수지결산(收支決算)을 관찰사에게 보고하여야 한다.

제5조 향교재산에서 발생하는 수입의 보관 및 출납에 관한 사무는 부윤, 군수가 행한다. 향교재산 가운데 현금 및 수입금은 우편국소(郵便局所), 금융조합 또는 은행에 예치(任置)해야 한다.

제6조 부윤, 군수는 향교재산원부(鄕校財産原簿)를 만들어 그 등본을 관찰사에게 제출해야 한다.

제7조 관찰사는 본 규정에 따라 향교재산에 관한 보고를 받거나 또는 인가를 허락했을 때 이를 학부대신에게 보고하여야 한다.

제8조 관찰사는 본 규정 시행에 관한 세칙을 설치할 수 있다.

부칙
본 규정은 공포한 날부터 시행한다.

(『관보』 1910. 4. 23)

◇ 학부훈령(學部訓令) 제3호 「향교재산관리규정 반포의 취지(趣意)」

학부훈령 제3호

관찰사
부윤
군수
향교 직원(直員)

지방 각 부·군에 존재하는 향교는 예로부터 우리나라가 육영양사(育英養士)하기 위하여 설립되었을 뿐 아니라 아울러 선성(先聖), 선현(先賢)을 존숭하기 위함인 것은 지금 많은 말이 필요로 하지 않는다. 이를 뒷받침하기 위한 부속재산 중에는 정부 관헌이 하부(下附)한 것도 있고, 혹은 지방유림의 구재(鳩財)에 기초한 것도 있어, 그 이관 연혁이 자연 일치하지 않는다. 그 성립의 요소(要素) 및 내력을 밝히면, 일종의 공공적 재산으로 지방 교육을 위하여 설정된 것이라는 점은 의심할 바가 없으나, 세월이 점점 오래되어 연혁이 모호해짐을 틈타 그 재산이 단순히 지방유림의 사적 공유에 속한 것으로 오인하여 심지어 제멋대로 방매(放賣)하거나 미소(糜銷)하는 자도 종종 있다는 소문이 있다.

지금 그 재산의 적당한 관리 방도를 강구하지 않으면 모성육영(慕聖育英)의 본뜻을 위해 설정된 향교재산이 다 없어져 수습하기 어려운 지경에 이를 것이다. 본 대신이 이를 깊이 우려하여 이번에 학부령(學部令) 제2호로 향교재산관리규정을 반포하였다. 지방관 및 향교 직원은 이 뜻을 잘 헤아려 해당 규정을 반포한 취지를 명확히 하고, 해당 규정으로 향교재산관리를 확실히 해야 한다. 아울러 성립 취지에 따라 이 수입은 오로지 지방 교육과 문묘 향교의 비용에만 충당해야 한다는 뜻을 반드시 관내 선비와 서민들에게 훈유전포(訓諭傳佈)하여 미리 오해를 풀고 유언황설(流言荒說)을 전파하지 않도록 주의해야 할 것이다.

1910년(隆熙 4) 4월 26일
학부대신 이용직(李容稙)
(『관보』 1910. 4. 28)

◇ 관통첩 제283호

1911년(明治 44) 10월 2일

정무총감

각 도장관 앞

향교재산 환부를 원하는 자에 대한 고유(告諭) 방안의 건

근래 이따금 태극교종(太極敎宗)이라는 명의를 사용하여 교장, 강장(講長), 강사(講師) 및 교원을 칭하는 자가 연서(連署)하여 향교 가옥 및 재산의 환부를 청원하는 자가 있다. 원래 향교는 정부에 명령에 따라 교육을 보급하는 기관으로서 각 지방의 주요 지역에 설치되었고, 이를 유지하기 위해 학전(學田)을 지급하였다. 그 학전에서 발생하는 수입, 지출의 잉여분과 독지가의 기부로 이루어진 금전과 곡식 등을 모아 조성된 것이므로 본래부터 각 개인의 사유물이 아니다. 또한 향교재산은 향교산관리규정에 따라 교육 및 문묘의 경비에 한하여 사용하는 것이다. 이러한 취지를 잘 알려주어 불필요한 수고와 비용을 들여 청원서를 제작하고 조인(調印)을 요구하는 일 등으로 분주한 자가 없도록 널리 고유(告諭)하는 방안을 조처해 주기를 통첩한다.

덧붙여 앞으로 향교재산 환부의 청원서를 제출하는 자가 있더라도 그 원서에 대해서 특별한 처분의 처리를 하지 않을 것임을 미리 고지해 두고자 한다.

(『조선총독부관보』 1911. 10. 2)

◇ 관통첩 제24호

1913년(大正 2) 1월 28일

정무총감

각 도장관(평남 제외), 부윤, 군수 앞

향교 및 공립보통학교 소유의 부동산 증명에 관한 건

향교 및 공립보통학교 소유의 부동산 증명에 관한 별지 갑호(甲號)의 평안남도 장관의 조회에 대하여 을호(乙號)와 같이 회답하고 참고로 통첩한다.

(별지)
갑호
제 호
    년 월 일   평안남도 장관

내무부장관 앞

부윤이나 군수가 향교 또는 공립보통학교 소유 재산에 대하여 그 관리자로서 (향교재산관리규정 제1조 공립보통학교 비용령 시행규칙 제24조) 증명 신청을 할 때, 촉탁의 예에 따르게 할 것인가? 그리고 증명령 시행규칙 제4조의 날인 또는 인감은 부윤이나 군수의 관인으로 해도 문제가 없는가? 위에 관련해서 서둘러 회답을 해주시도록 조회한다.

을호
제 호
　년 월 일　　　　정무총감
　평안남도 장관 앞

본월 8월부 평남지(平南地) 제92호로 말씀드린 향교 및 공립보통학교 소유 부동산의 증명에 관해서는 다음과 같이 처리되었음을 회답한다.

1. 부윤이나 군수가 향교재산 또는 공립보통학교의 재산관리자로서 하는 증명은 촉탁을 하도록 할 것.
2. 증명령 시행규칙 제7조의 날인은 부윤이나 군수의 관인으로 날인 할 것.

(『조선총독부관보』 1913. 1. 28)

◇ **관통첩 207호**

1913년(大正 2) 10월 3일

　　　　　　정무총감
　　　　　　각 도장관 앞

공립보통학교재산 및 향교재산 관리비 지불에 관한 의의(疑義)의 건

경상남도 장관의 요청과 관련한 위 제목의 건은 다음과 같이 처리하시기를 통첩한다.

기(記)

〈질문〉

공립보통학교재산 및 향교재산 관리상 필요한 부책(簿册) 등의 작성 비용과 재산의 실지조사 및 소작료 등 징수를 위한 부·군 직원의 출장 여비는 부·군청비에서 지불할 것인가? 아니면 공립보통학교 혹은 향교재산의 경비에서 지불할 것인가?

〈답〉

국비에서 지불해야 할 것임.

(『조선총독부관보』 1913. 10. 3)

◇ 관통첩 제45호

1915년(大正 4) 2월 18일

정무총감

각 도장관 앞

향교재산 세입세출 추가경정 예산의 건

향교재산 세입세출, 추가경정 예산의 인가는 지금부터 그때마다 보고하지 말고 결산 보고할 때 비고란을 설치하여 사유를 부기해줄 것을 통첩한다.

(『조선총독부관보』 1915. 2. 18)

◇ 조선총독부 평안남도 훈령 제5호

부윤

군수

향교재산관리규칙 시행세칙을 다음과 같이 정한다.

1915년(大正 4) 2월 15일 조선총독부 평안남도 장관 마쓰나가 다케키치(松永武吉)

향교재산관리규칙 시행세칙 목차

제1장 총칙

제2장 예산 및 결산

제3장 수입 및 지출

제4장 재산

부칙

향교재산관리규정 시행세칙

제1장 총칙

제1조 향교재산의 회계연도는 정부의 회계연도에 의한다.

　매 회계연도 소속 세입세출금의 출납은 익년도 6월 30일로 마감한다.

제2조 세입세출의 소속 연도는 다음의 구분에 의한다.

　세입의 소속 연도

　1. 납기가 일정한 수입은 그 납기 말일이 속한 연도

　2. 수시 수입은 수령한 날이 속한 연도

　3. 기부금은 그 수입을 예정한 연도

　세출의 소속 연도

　1. 급료, 수수료 및 인부임(人夫賃) 등은 지급해야 할 사실이 발생한 날이 속한 연도

　2. 공사비, 기타 토지, 물건 구입비 등은 준공 또는 주고받은 날이 속한 연도

　3. 앞의 각호에 속하지 않은 것은 모두 지급 또는 사불(仕拂)을 결정한 날이 속한 연도

제2장 예산 및 결산

제3조 부윤, 군수는 제1호 양식에 따라 세입세출 예산을 작성하여 매년 2월 말일까지 도장관에게 제출해야 한다. 예산을 추가 혹은 경정해야 할 때는 제2호 양식에 따라 도장관의 인가를 받아야 한다.

제4조 어쩔 수 없는 예산의 부족 또는 예산 외에 발생하는 필요 지출에 충당하기 위하여 예비비를 설치할 수 있다. 예산 외의 용도에 충당하기 위해 예비비를 지출하려 할 때는 도장관의 인가를 받아야 한다.

제5조 부윤, 군수는 예산에 정해진 목적 외에 정액(定額)을 사용하거나 또한 각 관(款)의 금액을 유용할 수 없다. 예산 각 항의 금액을 유용하고자 할 때는 제3호 양식에 따라서 도장관의 인가를 받아야 한다.

제6조 부윤, 군수는 제4호 양식에 따라 세입세출 결산을 작성하여 익년도 7월 말일까지 도장관에

게 제출해야 한다.

제3장 수입 및 지출

제7조 소작료 및 대부료를 수납할 때 부윤, 군수는 납입기한의 10일 이전에 제5호 양식에 따라 납입고지서를 발행하고, 이를 납인(納人)에게 교부해야 한다. 앞 항의 징수에 관해서는 제6호 양식에 따라 징수원부(徵收原簿)를 갖추어 정리해야 한다.

제8조 향교에 기부를 신청한 자가 있을 때 부윤, 군수는 이를 수납해야 한다.

제9조 향교 유지에 필요한 경비 중 상용인료(常傭人料)는 청구를 기다리지 말고, 기타는 채무 확정 후 정당한 채권자(債主)의 청구에 의하여 영수증을 요청하여 지불해야 한다.

제10조 수입 및 지출 증빙서류는 다음에 따라 예산의 각 항목별로 편찬해야 한다.

　　1. 소작료, 대부료, 대부금 이자 및 기부금은 그 납부서

　　2. 예금이자 및 이월금은 그 결의서

　　3. 지출증빙서는 채권자의 영수증, 학교비 충당금은 그 결의서

제11조 부윤, 군수는 제7호 내지 9호 양식에 따라 세입부, 세출부 및 세입출일계부(歲入出日計簿)를 갖추어 정리해야 한다.

제4장 재산

제12조 전답 및 잡종지는 소작에 부치고, 대지는 유료로 대부하여 수입을 계산할 것.

제13조 앞 조항에 관한 절차는, 본 법령에 의한 것 외에는 역둔토의 예에 준하여 취급할 것.

제14조 향교 건물 및 그 부지는 도장관의 인가를 받지 않고서 대부하거나 사용하게 할 수 없다.

제15조 부윤, 군수가 기본금의 대부를 할 때는 토지를 담보로 제공하게 하며 제10호 양식에 따라 차용증서를 요구해야 한다. 단 확실한 보증인이 있을 때는 담보를 제공하지 않아도 무방하다. 부윤, 군수가 앞 항에 따라 담보를 제공하도록 할 때는 즉시 저당권 설정등기(증명)를 하도록 할 것.

제16조 부윤, 군수는 제11호 내지 제14호 양식에 따라 토지대장, 건물대장, 기본금대장 및 대부금대장을 갖추어 정리해야 한다. 앞 항의 대장 중 대부금대장을 제외하고는 그 등본을 도장관에 제출해야 한다. 변동이 생겼을 때 또한 마찬가지이다.

부칙

본 법령은 1915년(大正 4) 4월 1일부터 시행한다.

1911년(明治 44) 평안남도 훈령 제12호 향교재산 회계처리규정은 본 법령 시행일부터 폐지한다.
〈이하 양식 생략〉

(『조선총독부관보』 1915. 2. 22)

◇ 조선총독부 충청남도 훈령 제9호

군수

향교재산관리규칙 시행세칙을 다음과 같이 정한다.
　　1915년(大正 4) 9월 19일　조선총독부 충청남도장관　오하라 신조(小原新三)

향교재산관리규정 시행규칙

제1장 재산

제1조 향교의 건물 및 부지는 교육, 학예(學藝), 기타 공용(公用) 또는 공공용(公共用)으로 제공하는 경우를 제외하고는 대부 또는 사용토록 할 수 없다. 단 심상치 않은 변고가 있을 경우는 제한하지 않는다.

제2조 앞 조의 규정에 따라 향교의 건물 또는 부지를 대부하거나 사용하도록 할 경우, 관리자는 다음 사항을 갖추어 도장관에게 신청하고 인가를 받아야 한다.
　　1. 대부 또는 사용하게 될 자의 주소 성명
　　2. 대부 목적 또는 사용 방법
　　3. 대부 또는 사용 기간 및 임대료의 유무와 그 정액
　　4. 대부 또는 사용하게 할 건물(부지)의 주소, 명칭, 칸수(평수) 및 그 평면도

제3조 향교 건물 또는 부지를 대부하거나 사용을 허가했을 때, 그 기간 중 차수인(借受人) 또는 사용자에게 보관 책임을 맡기고 파손된 개소는 즉시 수리해야 한다.

제4조 향교소속의 전답은 소작에 부칠 것. 단 공립보통학교에서 농원 또는 실습지 기타의 용도로 제공하는 경우는 제한하지 않는다. 향교에 소속된 전답 이외의 토지 중 향교 또는 공립보통학교에서 사용할 필요가 없는 것은 임대하여 그 수익으로 계산해야 한다.

제5조 소작 또는 임대 기간은 5년 이내로 정해야 한다. 앞 항의 기간은 갱신할 수 있다. 단 갱신할 때부터 5년을 넘을 수 없다.

제6조 소작인 또는 임차인을 정할 때는 성품이 선량하고 신용이 있는 자를 선택하여 제1호 양식의 소작신청서 또는 임차신청서를 요청할 것. 소작 또는 임차를 허가했을 때, 소작인에게 제2호 양식의 소작 또는 임대허가증을 교부해야 한다.

제7조 소작 또는 임대기간이 만료되거나 소작 또는 임대허가를 취소했을 때, 서둘러 소작인으로 하여금 소작 또는 임대허가증을 반납하도록 해야 한다.

제8조 소작료는 그 해의 풍흉에 관계없이 소작 기간 내 일정 금액으로 관리자가 정하여 금전으로 납부하도록 해야 한다. 단 특별한 사정이 있을 때는 도장관의 인가를 받아 당분간 현품으로 납부하도록 할 수 있다.

앞 항 단서의 규정에 따라 현품으로 소작료를 수납할 경우 타조법(打租法)에 의할 때는 2인 이상의 검견인(檢見人)을 명하여 소작료 금액을 조정하도록 해야 한다.

제9조 소작료 정액은 주로 그 토지의 생산력과 최근 3년 평균 곡가를 표준으로 하고, 부근 민유지 소작료 및 역둔토 소작료를 참작하여 정해야 한다.

앞 항의 규정에 따라 소작료를 정했을 때에는 즉시 도장관 보고해야 한다.

제10조 소작료는 매년 11월 30일까지 납입하도록 해야 한다. 관리자는 앞 항의 납기 20일 전까지 제3호 양식의 납입고지서를 소작인에게 교부해야 한다.

제11조 소작료 또는 임대료의 수납에 관하여 제4호 양식의 수납원부를 준비하여 이를 정리해야 한다.

제12조 홍수, 가뭄, 기타 재해로 인하여 소작료를 감면할 때는 그 사유를 갖추어 이를 도장관에게 신청하고 인가를 받아야 한다.

제13조 천재로 인하여 소작 또는 임대한 토지가 황폐해진 경우, 이를 복구시키려고 하는 자가 있을 때에는 도장관의 인가를 얻어 5년을 한정하여 소작료 또는 임대료를 감면할 수 있다.

제14조 향교재산 소작인 또는 임차인 중 다음 각 호 중 하나에 해당할 경우, 관리자는 소작 또는 임대의 허가를 취소해야 한다.

1. 소작권 또는 임차권을 타인에게 양도, 매매, 전당 또는 전대(轉貸)했을 때

1. 임의로 토지의 원상태를 변경하거나 또는 황폐화시킬 우려가 있을 때

1. 소작료 또는 임대료를 체납하고 납입할 가망이 없을 때

1. 앞 항 각호의 경우를 제외하고 소작 또는 임차에 관하여 부정한 일을 했다고 인정될 때

제15조 소작 또는 임대기간 이내라 하더라도 관리자가 필요하다고 인정할 때는 소작 또는 임대계약을 해지하고 그 토지를 반환시킬 수 있다.

제16조 소작료로 수납한 현품은 적당한 방법으로 보관할 것. 면장, 기타의 사람에게 보관을 맡길

때에는 보관자에게 보관증명서를 요청해야 한다.

제17조 소작료로 수납한 현품을 매각할 때에는 경쟁 입찰에 부쳐야 한다. 단 특별한 사유가 있을 때는 도장관의 인가를 얻어 수의계약으로 매각할 수 있다.

앞 항의 규정에 따라 입찰에 부칠 예정가격은 도장관의 인가를 얻어 정할 것.

제18조 제12조, 제13조 또는 제16조 제2항에 규정된 경우를 제외하고 소작료에 결손이 생기거나 또는 임대료 납부를 완료할 수 없을 경우, 서둘러 그 사유를 갖추어 도장관에게 보고해야 한다.

제19조 향교재산 소속의 현금은 우편관서, 조선은행 또는 농공은행에 의탁하여 그 식리(殖利)를 가늠해야 한다.

제20조 관리자는 제5호 양식의 향교재산원부를 마련하여 소속재산을 명확하게 해야 한다.

앞 항에 제시된 원부의 기재사항에 변동이 생겼을 때는 곧바로 정정하고 그 내용을 도장관에게 보고해야 한다.

제21조 관리자는 제6호 양식의 비품대장을 마련하여 향교소속 비품을 명확하게 해야 한다.

제22조 관리자는 제7호 양식의 향교재산 대부부를 마련하여 소속재산의 소작임대 및 예금 관계를 명확하게 해야 한다.

제2장 회계

제23조 향교재산의 회계연도는 정부의 회계연도에 의한다. 매년 향교재산에 속하는 세입세출금의 출납은 익년도 6월 30일로 마감한다.

제24조 연도 경과 후 세입이 부족하여 세출을 충당할 수 없을 때에는 도장관의 인가를 받아 익년도 세입에서 보충할 수 있다.

제25조 향교재산 세입세출의 소속연도에 관해서는 공립보통학교 비용령 시행규칙 제6조를 준용한다.

제26조 향교재산의 세입세출 예산은 제8호 양식에 따라 작성하여 매년 2월 말까지 도장관에게 보고해야 한다.

제27조 향교재산 세입세출 예산의 추가와 경정은 그때마다 도장관의 인가를 받아야 한다. 단, 회계연도 경과 후에는 추가 또는 경정할 수 없다.

제28조 관리자는 예산에 정해진 목적 이외에 그 정액을 사용하거나 각 관(款)의 금액을 피차 유용할 수 없다.

제29조 현금은 즉시 지출해야 하는 경우를 제외하고 수입이 있을 때마다 우편관서, 조선은행, 농공은행에 이자부로 맡겨 보관해야 한다.

제30조 향교재산의 세입세출에 관한 증빙서류는 관항(款項) 별로 편철하여 정리 보관해야 한다.

제31조 관리자는 제9호 양식의 세입부, 세출부 및 세입출 일계부를 마련하여 향교재산의 세입세출을 정리해야 한다.

관리자는 앞 항에 제시된 것을 제외하고 향교재산 정리를 위해 필요한 장부를 준비할 수 있다.

제32조 관리자는 향교재산관리규정 제3조 제1항에 제시된 학교 및 동조 제2항에서 규정하는 수리비, 향사비에 관하여 의견이 있을 때는 도장관에게 전달할 수 있다.

부칙

제33조 본 법령은 공포일부터 시행한다.

제34조 1910년(明治 43) 9월 훈령 제3195호는 폐지한다.

제35조 본 법령 시행 전 체결한 소작 또는 임대계약 중 본 법령에 저촉되지 않는 것은 기간이 여전히 유효하다.

제36조 향교재산 소속의 금전 중 본 법령 시행 전에 개인에게 대부한 것은 5년 기한으로 제19조의 규정에 따르지 않을 수 있다.

앞 항의 경우, 2인 이상의 보증인을 세우게 하고, 5년 이내 반환기한을 정하여 차용증서를 요청해야 한다.

제1항 대부금의 정리는 향교재산 대부예금의 예에 의한다.

〈이하 양식 생략〉

(『조선총독부관보』 1915. 9. 25)

◇ 조선총독부 경기도 훈령 제18호

군수

향교재산관리규정 시행세칙을 다음과 같이 정한다.

1916년(大正 5) 12월 15일   조선총독부 경기도 장관 마쓰나가 다케키치(松永武吉)

향교재산관리규정 시행규칙

제1장 총칙

제1조 향교재산의 회계연도는 매년 4월 1일에 시작하여 다음 해 3월 31일에 종료한다. 회계연도 소속 세입세출금의 출납은 익년도 4월 30일로 마감한다.

제2조 각 연도에 있어서 세입세출의 총계(歲計)에 잉여가 있을 때는 익년도의 세입에 편입할 것.

제3조 출납 마감 후의 수입지출은 현연도의 세입세출로 삼아야 한다.

제4조 세입세출의 소속연도는 다음의 구분에 의한다.

　　세입의 소속연도

　　1. 납기일이 일정한 수입은 그 납기 말일이 속한 연도

　　2. 수시수입은 수령한 날이 속한 연도

　　세출의 소속연도

　　1. 급료(給料), 잡급수수료(雜給手數料) 및 인부임(人夫賃) 등은 지급해야할 사실이 발생한 날이 속한 연도.

　　2. 공사비, 기타 토지·물건 구입비 등은 공사 또는 토지·물건을 주고받은 날이 속한 연도.

　　3. 앞 2호에 속하지 않은 비용은 모두 지급 또는 지불을 결정한 날이 속한 연도.

제2장 예산 및 결산

제5조 세입세출 결산은 제1호 양식에 따라 작성하여 매년 2월 말일까지 도장관에게 제출해야 한다.

제6조 예산 변경을 할 때는 제2호 양식에 따라 그때마다 도장관의 인가를 받아야 한다.

제7조 예산 각 관(款)의 금액은 피차 유용할 수 없다. 예산 각 항의 금액을 유용하고자 할 때는 제3호 양식에 따라 도장관의 인가를 받아야 한다.

제8조 부득이한 예산 부족에 충당하기 위하여 예비비를 설치할 수 있다.

제9조 세입세출 결산은 제4호 양식에 따라 작성하여 익년도 5월 말일까지 도장관에게 보고해야 한다.

제3장 수입 및 지출

제10조 소작료 및 임대료를 수납할 때는 납입기한 20일 이전에 제5호 양식에 따라 납입고지서를 발행하고 이를 납인(納人)에게 교부해야 한다.

　　앞 항의 수납에 관해서는 제6호 양식에 따라 징수원부(徵收原簿)를 작성하여 정리해야 한다.

제11조 지출은 정당한 채권자 또는 그 대리인의 영수증을 요청해야 한다. 단, 공립보통학교 사용금에 대해서는 제한하지 않는다.

제12조 수입 및 지출 증빙서류는 예산의 관항(款項) 별로 편찬 정리해야 한다.

제13조 향교재산의 세입세출은 제7호 양식 내지 제9호 양식에 의하여 세입부, 세출부 및 세입출 일계부를 작성하여 정리해야 한다.

제4장 재산

제14조 전답은 소작에 부치고, 기타 토지는 유료로 대부하여 수입을 도모할 것. 단 향교 건물 및 부지에 대해서는 제10호 양식에 따라 조서를 첨부하여 도장관의 인가를 받아야 한다.

제15조 소작 또는 임차의 기간은 5년 이내로 한다. 이 기간은 갱신할 수 있다. 단 갱신한 때부터 5년을 넘을 수 없다.

제16조 소작 또는 임차인을 정하려면 제11호 양식의 신청서를 요청해야 한다. 소작 또는 임차를 인가했을 때는 제12호 양식의 인가증을 교부해야 한다.

제17조 소작료 및 임대료는 정액금납(定額金納)으로 한다. 소작료 및 임대료 정액은 부근 토지의 소작료 및 임대료를 참작하여 정하고 즉시 도장관에게 보고해야 한다.

제18호 소작료 및 임대료는 매년 11월 30일까지 납입하도록 한다. 단 특별한 사유가 있을 때는 제한하지 않는다.

제19조 재해로 인하여 현저하게 토지의 수익을 해친 경우, 도장관의 인가를 받아 소작료 및 임대료를 감면할 수 있다.

제20조 향교재산원부는 제13호 양식에 따라 작성해야 한다. 원부의 기재사항에 변동이 생겼을 때는 즉시 정정하고, 그 내용을 도장관에 보고해야 한다.

제21조 군수는 제14호 및 제15호 양식에 따라 소작인대장, 임차인대장 및 비품대장을 작성해야 한다.

제22조 소작 및 임대에 관한 절차에 대하여 본 규정에서 정한 것 외에는 모두 역둔토의 예에 준하여 취급해야 한다.

부칙

제23조 본 법령 시행 전에 체결한 소작 또는 임대계약은 그 기간 내 효력을 가짐.

제24조 본 법령 제17조 제1항의 규정에 따르기 어려운 사유가 있을 때는 도장관의 인가를 받아 당분간 현품으로 납부하도록 할 수 있다.

〈이하 양식 생략〉

(『조선총독부관보』 1916. 12. 15)

◇ 관통첩 제35호

1919년(大正 8) 3월 27일

정무총감

각 도장관 앞

향교재산 관리 사무에 관한 의의(疑義)의 건

강원도 장관의 요청에 관한 위 제목의 건은 다음과 같이 알아두도록 통첩한다.

기(記)

질문 1 : 향교재산 소유권에 관한 소송에 대하여 관리자인 군수가 피고가 되어 소송대리인을 정하
려고 할 때는 본관(本官)까지만 승인해도 되는가?

답 : 그렇다.

질문 2 : 소송대리인을 둔 경우, 소송비용은 1913년(大正 2) 10월 3일 관통첩 제307호의 취지를 부연
하여 국비에서 지불해야 한다는 뜻으로 해석할 것인가?

답 : 향교재산의 경비에서 지불해야 한다.

(『조선총독부관보』 1919. 3. 27)

◇ 조선총독부 충청남도 훈령 제18호

향교재산관리규정 시행규칙을 다음과 같이 개정한다.

1919년(大正 8) 11월 28일 조선총독부 충청남도지사 도키자네 아키호(時實秋穗)

제19조 중 '우편관서(郵便官署)'의 다음에 '금융조합'을 더하고 '조선은행 혹은 농공은행'을 '확실한
은행'으로 고친다.

(『조선총독부관보』 1919. 12. 4)

◇ 조선총독부령 제91호

향교재산관리규칙을 다음과 같이 정한다.

      1920년(大正 9) 6월 29일   조선총독 남작 사이토 마코토(齋藤實)

향교재산관리규칙

제1조 향교재산은 부윤, 군수, 도사(島司)가 관리한다.

제2조 향교재산을 매각, 양여, 교환 또는 담보로 제공하고자 할 때는 조선 총독의 인가를 받아야 한다.

제3조 향교재산은 교육, 기타 교화사업에 제공할 경우를 제외하고 무료로 대부하거나 사용할 수 없다.

제4조 향교재산에서 발생한 수입은 문묘 비용, 기타 교화 비용으로 사용해야 한다.

제5조 부윤, 군수, 도사는 매년도 향교재산의 수지예산을 정해서 도지사의 인가를 받아야 한다. 앞 항 향교재산의 수지예산은 도지사가 정하는 바에 따라 선임된 장의의 의견을 구하여 정해야 한다.

제6조 향교재산에서 생기는 수입의 보관 및 출납에 관한 사무는 부윤, 군수, 도사가 행한다. 향교재산에 속하는 현금 및 수입금은 우편국소, 금융조합 또는 은행에 예입해야 한다.

제7조 부윤, 군수, 도사는 향교재산원부를 작성하여 재산의 이동을 정리해야 한다.

제8조 도지사는 본 법령 시행에 관한 세칙을 설치할 수 있다.

부칙

본 법령은 공포일부터 시행한다.

1910년(隆熙 4) 학부령 제2호는 폐지한다.

〈참조〉

1910년(隆熙 4) 4월 학부령 제2호는 향교재산관리규정임.

                                     (『조선총독부관보』 1920. 6. 29)

◇ **조선총독부 황해도 훈령 제34호**

군수

향교재산관리규칙 시행세칙을 다음과 같이 정한다.

　　1920년(大正 9) 10월 9일　　　　조선총독부 황해도지사 신응희(申應熙)

향교재산관리규칙 시행세칙

제1조 향교재산의 관리에 관해서는 별도로 법령에 정한 것 외에는 본 세칙에 의한다.

제2조 향교재산의 회계연도는 정부의 회계연도에 의한다.

제3조 군수는 매 회계연도에 일체의 수입을 세입으로 하고 일체의 경비를 세출로 하여 세입세출 예산을 작성하고, 연도 개시 2개월 전까지 도지사의 인가를 받아야 한다.

　　앞 항 도지사의 인가를 받을 때는 군수는 즉시 그 예산의 개요를 고시해야 한다.

제4조 예산의 추가 또는 경정은 그때마다 도지사의 인가를 받아야 한다. 예산은 연도 경과 후에는 추가 또는 경정할 수 없다.

제5조 세입의 소속연도는 다음의 구분에 의한다.

　　1. 수납기한이 일정한 수입은 수납 말일이 속한 연도

　　2. 수시수입으로 수납통지서를 발급하는 것은 이를 발급한 날이 속한 연도

　　3. 수시수입으로 수납통지서를 발급하지 않은 것은 수납한 날이 속한 연도

제6조 세출의 소속연도는 다음의 구분에 의한다.

　　1. 제 급여 및 용인료(傭人料) 등은 지급해야 할 사실이 발생한 날이 속한 연도

　　2. 통신운반비, 건축비, 토지물건의 구입대가, 기타 계약에 의한 지불금은 계약한 날이 속한 연도. 단 계약으로 정한 지불기일이 있을 때는 그 지불기일이 속한 연도

　　3. 앞 2호에 언급한 것 외에는 모두 지불을 결정한 날이 속한 연도

제7조 예산에는 예산의 초과 지출에 충당하기 위해 예비비를 설정해야 한다.

제8조 각 연도의 경비는 그 연도의 수입으로 지불해야 한다. 각 연도에 세입세출의 총계에 사용하고 난 나머지가 있을 때는 익년도의 세입에 편입해야 한다.

제9조 예산에 정한 각 관(款)의 금액은 피차 유용할 수 없다. 예산 각 항의 금액은 도지사의 인가를 받아 유용할 수 있다.

제10조 채권자 또는 그 대리인이 아니면 지불할 수 없다.

제11조 지불할 때는 영수증을 요청해야 한다.

앞 항의 영수증은 지불 결정에 관한 서류에 첨부하여 예산의 관(款) 항(項)별로 편철해야 한다.

제12조 원격지에서 지불할 필요가 있는 경비는 현금을 정한 날짜보다 먼저 건넬 수 있다.

제13조 다음의 경비는 개산(槪算)하여 지불할 수 있다.

1. 여비

2. 소송비용

제14조 선불이 아니면 구입 또는 차입(借入) 계약을 하기 어려운 것에 한하여 선불할 수 있다.

제15조 세입이 오수과수(誤收過收)된 금액의 환급은 각각 수입한 세입에서 지불해야 한다. 세출의 오불과도(誤拂過渡)된 금액, 현금전도(現金前渡), 개산불 및 선금 지불의 반납은 각각 지불한 경비의 정액에 다시 넣어야 여입(戾入)해야 한다.

제16조 향교재산의 출납은 익년도 5월 30일로 이를 마감한다. 군수는 출납 마감 후 1개월 내에 결산하여 도지사에게 보고하고 그 즉시 그 주요 내용을 고시해야 한다.

제17조 현금은 우편국소, 확실한 은행 또는 금융조합에 예치해야 한다. 단 50원 이하의 현금은 제한하지 않는다.

제18조 향교재산의 세입세출 예산결산과 재무에 관한 장부 및 문서 등은 다음 양식에 따라야 한다.

1. 세입세출예산(제1호 양식)

2. 세입세출 추가(경정) 예산(제2호 양식)

3. 세입세출 결산(제3호 양식)

4. 수납부(제4호 양식)

5. 수납금통지서(제5호 양식)

6. 현품수납액 통지서(제6호 양식)

7. 세입내역장부(제7호 양식)

8. 세출내역장부(제8호 양식)

9. 기본재산(적립한 돈과 곡식)　　(보통재산대장)(제9호 양식)

부칙

본 법령은 공포한 날부터 시행한다.

향교재산의 세입세출 결산과 재무에 관한 장부 및 문서 등의 양식은 1920년(大正 9)도분에 한하여 종래의 예에 의할 수 있다.

(『조선총독부관보』 1920. 10. 16)

◇조선총독부 경상남도 훈령 제40호

제1부
군

1920년(大正 9) 11월 4일   조선총독부 충청남도지사 도키자네 아키호(時實秋穗)

향교재산관리규칙 시행세칙

제1장 재산

제1조 향교의 건물 또는 기타를 대부 혹은 사용하고자 할 때는 장의의 의결을 구하여 정해야 한다. 단, 일시적인 사용에 있어서는 군수가 전행(專行)할 수 있다.

제2조 향교 소속의 토지 이외의 전답, 기타 토지를 직접 교화 사업에 제공하지 않은 것은 소작 또는 임대할 것.

제3조 소작 또는 임대 기간은 5년 이내로 정할 것.
앞 항의 기간은 이것을 갱신할 수 있다.

제4조 소작 또는 임차인은 사상이 온건하여 신용 있는 자를 가려 제1호 양식의 신청서를 받고, 소작 또는 임대를 허가했을 때는 제2호 양식의 허가증을 교부해야 한다.

제5조 소작 또는 임대기간이 만료하거나 소작 또는 임대허가를 취소했을 때는 속히 그 허가증을 반납해야 한다.

제6조 소작료는 풍흉에 상관없이 소작 기간 내 일정한 금액에 따라 그것을 정하고, 금전으로 납부하게 할 것. 단, 수해, 가뭄, 기타 특별한 사정이 있을 때는 도지사의 인가를 받아 이것을 면할 수 있다.

제7조 소작료 정액은 주로 그 토지의 생산력과 최근 3년의 평균 곡물가를 표준으로 한다. 또 부근 민유지의 소작료를 참작하여 이것을 정할 것.

제8조 소작료는 매년 11월 30일, 임대료는 매월 25일까지 납부해야 한다. 단, 특별한 사유가 있는 것은 별도로 그것을 정할 수 있다.
앞 항에 따라 매월 납부해야 할 임대료에 있어서는 납기 5일 전까지, 기타에 있어서는 납기 20일 전까지 제3호 양식의 납입고지서를 임대인 또는 소작인에게 교부해야 한다.

제9조 소작인 또는 임차인으로 다음 각 호의 1에 해당하는 일이 있을 때는 소작 또는 임대허가를 취소해야 한다.

1. 소작권 또는 임차권을 타인에게 양도, 전당 또는 전임(轉任)했을 때

2. 함부로 토지의 원상태를 변경하거나 또는 황폐하게 할 우려가 있을 때

3. 소작료 또는 임대료를 체납하여 납입할 조짐이 없을 때

4. 앞 각호의 경우를 제외한 외에 소작 또는 임대에 관해 부정한 행위가 있다고 인정될 때, 전항 외 필요하다고 인정할 때는 소작 또는 임대 허가를 취소할 수 있다.

제10조 향교재산관리규칙(이하 간단히 규칙이라고 칭함) 제7조에 의거 재산대장은 제4호 양식에 따라 마련하여 만들고, 지위의 변동이 있을 때 곧바로 도지사에게 보고해야 한다.

제11조 군수는 소작료, 또는 임대료의 수납에 관해서는 제5호 양식의 수납부, 비품에 대해서는 제6호 양식의 비품대장, 재산의 대부에 대해서는 제7호 양식의 향교재산대부부(鄕校財産貸付簿)를 갖춰 이를 정리해야 한다.

제2장

제12조 향교재산의 회계연도는 정부의 회계연도에 따름.

제13조 규칙 제5조의 세입, 세출예산은 매년 2월 말까지 도지사의 인가를 받아야 한다. 예산은 제8호 양식에 따라 이것을 마련하여 만들어야 한다.

제14조 향교재산의 출납은 익년도 6월 30일로 마감한다. 군수는 출납 마감 후 1개월 이내에 결산을 조제(調製)하여 장의의 인정(認定)을 첨부하고 또 그 요령을 고시해야 한다.

결산은 예산과 동일한 구분에 따라 조제하여 예산에 대한 과부족의 설명을 첨부해야 한다.

결산은 그 인정에 관한 장의의 결의도 함께 도지사에게 보고해야 한다.

제15조 조선학교비령시행규칙(朝鮮學校費令施行規則) 제26조, 제27조, 제29조 내지 제33조, 제36조, 제37조, 제39조 및 제41조의 규정은 본 법령의 것을 준용한다.

제20조 향교재산의 세입, 세출에 관한 증빙서류는 관항별로 편철하여 이것을 정리보존해야 한다.

제21조 군수는 제9호 양식의 세입부, 세출부 및 구계부(口計簿)를 조제하여 재산의 수지를 정리해야 한다.

군수는 앞 항에 제시한 것을 제외하여 다른 재산정리를 위해 필요한 장부를 만들 수 있다.

부칙

본 법령은 공포한 날부터 시행한다.

1915년(大正 4) 조선총독부 충청남도 훈령 제9호는 폐지한다.

본 법령 시행 전에 체결한 소작 또는 임대계약은 본 법령에 따라 정한 것으로 간주한다.
(양식 생략)

『조선총독부관보』 1920. 11. 10)

◇조선총독부 경상남도 훈령 제40호

부윤

군수

향교재산관리규칙 시행세칙을 다음과 같이 정한다.
　　1920년(大正 9) 10월 29일
　　조선총독부 경상남도지사　　사사키 후지타로(佐佐木藤太郎)

향교재산관리규칙 시행세칙

제1조 향교재산의 회계연도는 정부의 회계연도에 의한다. 매 회계연도 소속 세입세출의 출납은
　　익년도 6월 30일로 마감한다.

제2조 각 연도의 경비는 그 연도의 수입으로 지불해야 한다.

제3조 예산의 인가 신청은 연도 개시 1개월 전까지 해야 한다. 예산의 추가 또는 경정을 할 때에는
　　그때마다 도지사의 인가를 받아야 한다. 연도 경과 후에는 예산의 추가 또는 경정을 할 수
　　없다.

제4조 예산의 초과 지출에 충당하기 위해 예비비를 설치해야 한다.

제5조 부윤·군수는 필요에 따라 예산 내의 지출을 하기 위하여 도지사의 승인을 받아 일시 차입
　　금을 삼을 수 있다. 일시 차입금은 그 회계연도 내의 수입으로 상환해야 한다.

제6조 세입세출의 소속 연도는 다음의 구분에 의한다.
　　세입 소속 연도
　　　1. 수입 기한이 정해진 것은 그 수입기한 말일이 속한 연도
　　　2. 수시 수입으로 납입고지서를 발행하는 것은 이를 발행한 날이 속한 연도
　　　3. 수시 수입으로 납입고지서를 발행하지 않은 것은 영수를 한 날이 속한 연도
　　세출 소속 연도

    1. 제 급여는 지불할 사실이 발생한 날이 속한 연도

    2. 건축비, 토지·물건의 구입대, 기타 계약에 의한 지불금은 계약한 날이 속한 연도.
       단 계약에 따라 정해진 지불기일이 있는 때는 그 지불기일이 속한 연도

    3. 앞 2호에 수록된 것 외에는 모두 지불을 결정한 날이 속한 연도

제7조 예산 각 관(款)의 금액은 피차 유용할 수 없다.

제8조 관청에서의 금전의 지불은 정당한 채권자(債主) 혹은 그 대리인이 아니면 할 수 없다.

제9조 부윤·군수는 예산의 구분에 따라 매 년도의 세입세출 결산을 작성하여 출납 마감 후 1개월 이내에 도지사에게 보고해야 한다.

제10조 각 회계연도의 잉여금은 그 익년도의 세입으로 이월해야 한다.

제11조 세입의 오납과납(誤納過納)된 금액의 환급은 각각 이를 수입한 세입과목에서 지불해야 한다. 세출의 과도한 금액은 각각 이를 지급한 경비의 정액에 여입해야 한다.

제12조 출납 마감 후에 관계된 수입 및 지출은 이것을 현재의 회계연도의 세입 또는 세출로 해야 한다.

    앞 조의 환급 및 여입의 출납 마감 후에 관한 것도 같다.

제13조 향교재산 중 토지는 소작에 부칠 수 있다. 소작 계약 기간은 5년 이내로 한다.

제14조 소작료 결정은 역둔토 소작료의 예에 준해야 한다. 소작인에는 소작인허증을 교부해야 한다.

제15조 소작료는 납입고지서로 징수해야 한다.

제16조 특별한 사정이 있는 경우, 소작료의 전부 또는 일부를 감면하거나 연납할 수 있다.

제17조 향교재산의 수입·지출에 대해서는 증빙서류를 구비하여 항목별로 편철·보존해야 한다.

제18조 부윤·군수는 다음의 장부를 비치해야 한다.

    세입부

    세출부

    세입일계부(歲入日計簿)

    재산대장

    토지명기장(土地名記帳)

    토지집계부(土地集計簿)

    소작인허증 교부부(小作認許證交付簿)

    소작료 수납부

부칙

본 법령은 공포한 날부터 시행한다.

1913년(大正 2) 3월 조선총독부 경상남도 훈령 제17호는 폐지한다.

(『조선총독부관보』 1920. 11. 10)

◇ 조선총독부 강원도령 제23호

향교재산관리규칙 시행세칙을 다음과 같이 정한다.

    1920년(大正 9) 11월 17일   조선총독부 강원도지사 원응상(元應常)

향교재산관리규칙 시행세칙

제1조 향교재산의 대부 및 사용은 다음에 제시한 경우에 한하여 수의계약으로 할 수 있다.

    1. 1개소당 평정가격(評定價格) 500원 이하의 토지 및 건물을 대부하거나 사용하도록 할 때

    2. 1년 견적대부료 또는 사용료 200원 이하의 토지 또는 건물을 대부하거나 사용하도록 할 때

    3. 공용 또는 교육, 기타 교화 사업이나 공공의 이익을 위한 사업에 제공하기 위하여 공공단체 또는 기타의 사람에게 매도, 대부 혹은 사용하도록 할 때

제2조 향교재산의 대부 또는 사용 기간은 5년 이내로 한다. 단, 임차인의 신청에 따라 갱신할 수 있다.

제3조 향교재산의 대부 또는 사용을 청하고자 하는 자는 제1호 양식의 신청서를 제출해야 한다. 군수가 이를 인허할 때에는 제2호 양식의 인허증을 교부해야 한다.

제4조 향교재산의 임차인은 그 물건을 전대(轉貸)하거나 권리를 양도 혹은 담보로 제공할 수 없다.

제5조 차수인 중 다음 각 호의 하나에 해당할 때는 계약을 해지할 수 있다.

    1. 대부료 또는 사용료를 기간 내에 납입하지 않을 때

    2. 임의대로 토지 또는 건물의 모양을 변경하거나 황폐화시킬 우려가 있을 때

    3. 본 법령의 규정 또는 계약사항을 위반했을 때

제6조 향교재산을 공용 또는 향교용으로 제공할 필요가 있을 때는 계약을 해지할 수 있다.

제7조 재해 또는 기상 불순으로 토지 수익이 현저히 감소한 경우에 대부료 또는 사용료의 연납 또는 감면을 신청하려는 자는 피해상황이 발생한 기간에 군수에게 신청서를 제출해야 한다. 앞 항의 대부료 신청서를 처리할 때는 그 사실을 조사하여 연납 또는 감면을 인허할 수 있다. 군수가 제2항의 연납 또는 감면을 할 때는 제3호 양식의 조서를 첨부하여 도지사에게 보고해야 한다. 단, 제4조의 경우는 제한되지 않는다.

제8조 재해로 인하여 토지를 복구하거나 미개간지를 개간하려는 자가 있을 때는 군수는 5년 이내의 대부료를 면제할 수 있다.

군수가 앞 항의 면제를 할 때는 제4호 양식의 조서를 첨부하여 도지사에게 보고해야 한다. 단, 제9조의 경우는 제한되지 않는다.

제9조 앞 2조의 감면총액이 100원 이상일 때는 도지사의 승인을 받아야 한다.

제10조 군수는 매 회계연도 향교재산 세입세출예산을 작성하고 장의의 자문록(諮問錄)을 덧붙여서 연도 개시 1개월 전에 인가를 신청해야 한다.

회계연도는 정부의 회계연도에 의거한다.

제11조 예산 추가 또는 경정에 대해 중요하다고 인정되는 사항은 장의의 의견을 구하여 인가신청서에 첨부해야 한다.

1. 납입기간이 일정한 수입은 그 납기 말일이 속한 연도
2. 수시수입으로 납입고지서를 발행한 것은 발행한 날이 속한 연도
3. 수시수입으로 납입고지서를 발행하지 않은 것은 수령한 날이 속한 연도. 단 보조금, 기부금, 차입금은 연도가 경과한 후라도 출납 마감까지는 이를 예정한 연도의 세입으로 한다.

제14조 세출의 소속 연도는 다음 구분에 의한다.

1. 비용 변상, 용인료(傭人料) 등은 그 지급 사실이 발생한 날이 속한 연도
2. 통신운반비, 토목건축비, 물건의 구입대가, 기타 계약에 따른 지불금은 계약한 날이 속한 연도. 단, 계약에 정해진 지불기일이 있을 때는 그 지불기일이 속한 연도
3. 앞 2호에 제시된 것 외에는 모두 지불을 결정한 날이 속한 연도. 단 보조금, 기부금은 결정이 있던 날이 속한 연도의 세출로 한다.

제15조 예산에 정한 각 관(款)의 금액은 피차 유용할 수 없다.

제16조 대부료 또는 사용료는 금전으로 납부하며, 계약에 특별히 납입기간을 정한 것 외에는 매년 11월 1일부터 11월 30일까지 그 연분을 수납해야 한다. 단 월액으로 정한 것은 다음 달 5일까지 전 월분을 수납해야 한다.

제17조 대부료 또는 사용료를 수납하고자 할 때는 계약에 특별히 정한 것 외에 군수는 납입자에게 납입기한 15일 전에 납입고지서를 발행하고, 이를 영수했을 때는 영수증을 교부해야 한다.

제18조 장의 비용 변상 및 상시 고용 인부 외에 모든 정당한 채권자 또는 그 대리인의 청구에 의해 지불해야 한다. 지불할 때는 영수증을 보관해야 한다.

제19조 예산 내 지출을 위해 필요할 때는 도지사의 인가를 받아 그 회계연도 내의 수입으로 일시 차입금을 상환할 수 있다.

앞 항 신청에는 차입방법, 이율상환방법 및 예산의 현계서(現計書)를 첨부해야 한다.

제20조 세입의 오납과납(誤納過納)된 금액의 환급은 각각 이것을 거둬들인 세입에서 지불해야 한다. 세출의 오불과도(誤拂過渡)된 금액은 각각 이것을 지불한 경비의 정액에 여입해야 한다.

제21조 향교재산의 출납은 익년도 5월 31일로 마감한다. 군수는 출납 마감 후 1개월 안에 결산하여 도지사에게 보고하고 주요 내용을 고시해야 한다.

제22조 각 연도에서 회계연도 내의 세입세출 총계에 잉여(剩餘)가 발생할 때는 익년도의 세입에 편입한다.

제23조 세입세출 예산으로 정한 것 외에 새롭게 의무를 부담하거나 권리를 포기하고자 할 때 또한 권리 상실이 아닌 부동산의 처분은 도지사의 인가를 받아야 한다.

제24조 향교재산의 세입세출에 대한 예산결산과 재무에 관련된 장부와 문서 등은 다음의 양식에 따라야 한다.

   1. 세입세출예산(제5호 양식)

   2. 세입세출 추가경정예산(제6호 양식)

   3. 납입고지서(제7호 양식)

   4. 세입세출결산(제8호 양식)

   5. 수납부(제9호 양식)

   6. 수입부(제10호 양식)

   7. 지출부(제11호 양식)

   8. 현금출납부(제12호 양식)

   9. 차수인(借受人)명부(제13호 양식)

   10. 비품정리부(제14호 양식)

   11. 소모품정리부(제15호 양식)

   12. 향교재산원부(제16호 양식)

부칙

본 법령은 공포한 날부터 시행한다.

본 법령의 시행 전에 체결한 계약은 본 법령에 의하여 체결한 것으로 간주한다.

1920년도(大正 9)의 향교재산 수입의 수납 및 수지예산의 경비에 관해서는 종전의 예에 의한다.

(양식 생략)

(『조선총독부관보』 1920. 11. 26)

◇ **조선총독부 함경북도훈령 제45호**

향교재산관리규정 시행세칙을 다음과 같이 정한다.

　　　1920년(大正 9) 12월 1일　　　조선총독부 함경북도지사　에바야시 게이지로(上林敬次郞)

향교재산관리규정 시행세칙

제1장 총칙

제1조 향교재산의 회계연도는 정부의 회계연도에 의한다. 향교재산의 출납은 익년도 5월 31일로
　　　마감한다.

제2조 각 연도에 속한 경비 정액은 이를 다른 연도에 속한 경비에 충당할 수 없다.

제3조 세입세출의 소속 연도는 다음의 구분에 의한다.

　　　세입의 소속 연도

　　　1. 수입 기한이 일정한 것은 그 수입 기한 말일이 속한 연도

　　　2. 임시 수입은 수령한 날이 속한 연도

　　　3. 기부금 등은 그 수입을 예정한 연도

　　　세출의 소속 연도

　　　1. 급료, 수수료 및 인부임(人夫賃)은 지급 사실이 발생한 날이 속한 연도

　　　2. 공사, 기타 토지·물건 구입비 등은 지급 사실이 발생한 날이 속한 연도

　　　3. 앞 항에 속하지 않은 것은 모두 지급 또는 지불을 결정한 날이 속한 연도

제4조 세입의 오납과납(誤納過納)된 금액의 환급은 각각 이를 수입한 세입과목에서 지불해야 한
　　　다. 세출의 과불오불(過拂誤拂)된 금액은 각각 이를 지불한 경비의 정액에 여입해야 한다.

제5조 출납 마감 후에 관계된 수입·지출은 현 연도의 세입·세출로 해야 한다.

제6조 각 연도에서 세입세출 총계에 잉여분이 있을 때는 익년도의 세입에 편입해야 한다.

제7조 연도를 경과한 후에 세입으로 충족하지 못했을 때는 도지사의 인가를 받아 익년도의 세입을
　　　앞당겨 충당하여 쓸 수 있다.

제8조 향교재산의 세입세출은 군수가 취급한다.

제2장 예산 및 결산

제9조 군수는 제1호 양식에 의하여 매 회계연도 세입세출 예산을 작성하여 매년 2월 말일까지 도
　　　지사에게 인가를 받아야 한다. 예산의 추가 또는 경정을 하고자 할 때는 제2호 양식에 따라

도지사의 인가를 받아야 한다. 단 회계연도 경과 후에는 추가 또는 경정을 할 수 없다.

제10조 예산 초과된 지출에 충당하기 위하여 예비비를 설치할 수 있다.

제11조 예산 각 관(款)의 금액은 유용할 수 없다. 예산 각 항의 금액을 유용하고자 할 때는 제3호 양식에 따라 도지사의 인가를 받아야 한다.

제12조 군수는 제4호 양식에 의하여 세입세출 결산을 작성하여 다음 해 7월 15일까지 도지사에게 보고해야 한다.

앞 항의 보고서에는 예산에 대한 과부족 사유를 부기해야 한다.

제3장

제13조 소작료 및 임대료를 수납하고자 할 때 군수는 납입기한 10일 전에 제5호 양식에 따라 납입 고지서를 발행해야 한다.

앞 항 징수의 경우는 제6호 양식에 따라 징수원부(徵收原簿)를 구비하여 정리해야 한다.

제14조 향교에 금품의 기부를 받았을 때는 즉시 다음 사항을 구비하여 도지사에게 속히 보고해야 한다.

1. 금액 물건의 명칭·수량·가격
2. 용도 기부조건이 있는 것은 그 조건
3. 기부자의 주소 성명
4. 관리방법

제15조 군수는 제7조 내지 제9호 양식에 따라 세입부·세출부 및 세입출일계부를 구비하여 정리해야 한다.

제16조 군수는 세입세출에 관한 증빙서류를 연도 종료 후 각 관항(款項) 별로 분류하여 표지 및 괘지를 붙여 편찬해야 한다.

앞 항의 괘지에는 과목, 금액 및 증빙서의 매수를 기재해야 한다.

제4장 재산관리 및 처분

제17조 향교재산관리규칙 제2조에 따라 인가신청을 하고자 할 때 이에 대한 장의의 의견을 구하고 그 뜻을 첨부하여 신청해야 한다. 단 예산에 정한 사항에 속한 것은 해당 부분의 예산 사본으로 대신할 수 있다.

제18조 향교재산의 매각처분에 의한 수입금은 기본금으로 관리해야 한다.

제19조 기본금을 사용하고자 할 경우에는 장의의 의견을 구하여 도지사의 승인을 받아야 한다.

제20조 군수는 기본재산을 설정하여 그 관리 방법을 정하거나 변경할 때는 그 방법을 자세히 구비하여 도지사에게 보고해야 한다.

제21조 전답 및 대지는 대부하여 수익을 꾀하여야 한다.

부칙

본 법령은 1920년(大正 9) 10월 1일부터 시행한다.

1910년(明治 43) 함경북도 훈령 제9호 향교재산관리규정 세칙은 폐지한다.

(양식 생략)

(『조선총독부관보』 1920. 12. 10)

◇ 조선총독부 전라남도령 제4호

향교재산관리규정 시행세칙을 다음과 같이 정한다.

　　　　1921년(大正 10) 2월 13일　　　　조선총독부 전라남도지사　이스미 주조(亥角仲藏)

향교재산관리규칙 시행세칙

제1조 향교재산의 관리에 관해서는 법령에 별도 규정이 있는 것을 제외하고 본 법령에 의한다.

제2조 향교재산은 향교에서 사용하는 것 외에는 대부하여 수익을 도모한다.

제3조 향교재산의 대부 및 사용은 다음에 제시된 경우에 한하여 수의계약으로 할 수 있다.

　　1. 1개년의 견적 대부료 200원 이하의 토지 또는 건물을 대부하거나 사용하도록 할 때

　　2. 공용 또는 교육, 기타 교화사업에 제공하기 위하여 공공단체 또는 기타 사람에게 대부 또는 사용하도록 할 때

제4조 향교재산의 대부 또는 사용기간은 5개년 이내로 한다. 단 차수인의 신청에 따라 갱신할 수 있다.

제5조 차수인이 다음 각호 중 하나에 해당할 때는 그 계약을 해지할 수 있다.

　　1. 대부료 또는 사용료를 기간 내에 납입하지 않을 때

　　2. 임의로 토지 또는 건물의 형상을 변경하거나 혹은 황폐화할 우려가 있을 때

　　3. 본 법령의 규정 또는 계약사항을 위반할 때

제6조 재해 또는 기후 불순으로 현저하게 토지 수익이 감소한 경우, 대부료 또는 사용료의 납입을

연기하거나 감면할 수 있다. 차수인이 앞 항 대부료의 연납 또는 감면을 신청하고자 할 때 는 실정을 갖추어 피해 상황이 발생한 동안 군수 또는 도사에게 신청서를 제출해야 한다. 군수 또는 도지사가 앞 항의 신청서를 수리할 때 그 사실을 조사하여 연납 또는 감면할 수 있다. 군수 또는 도사가 앞 항의 연납 또는 감면을 승낙했을 때, 조서를 덧붙여서 즉시 도지 사에게 보고해야 한다. 단 제8조에 해당한 경우는 제한하지 않는다.

제7조 재해로 인한 토지를 복구하거나 또는 미간지를 개간하고자 하려는 사람이 있을 때, 군수 또 는 도사는 5년 이내의 대부료를 면제할 수 있다. 군수 또는 도사가 앞 항의 면제를 할 때는 조서를 덧붙여 도지사에게 보고해야 한다. 단 제8조에 해당되는 경우에는 제한하지 않는다.

제8조 제2조의 감면총액이 100원 이상일 때는 장의의 의견을 구하여 도지사의 승인을 받아야 한다.

제9조 향교재산관리규칙 제2조에 따라 인가신청을 하고자 할 때, 이에 대한 장의의 의견을 구하여 그 뜻을 첨부하여 신청해야 한다. 단 예산에 정한 사항에 속한 경우에는 해당 부분의 예산 사본으로 대신할 수 있다.

제10조 향교재산의 매각처분에 의한 수입금은 기본금으로 관리해야 한다.

제11조 기본금을 사용하고자 할 때는 장의의 의견을 구하여 도지사의 승인을 받아야 한다.

제12조 군수 또는 도사가 향교재산의 대부료 또는 사용료를 수납하고자 할 때는 납입기한 15일 전에 고지서를 발행해야 한다.

앞 항에 따라 징수하는 경우는 수납부를 갖추어 정리해야 한다.

제13조 향교재산에 금품 기부를 받을 때는 즉시 다음 사항을 구비하여 도지사에게 보고해야 한다.

1. 금액 물건의 명칭·수량·가격
2. 용도 기부조건이 있는 것은 그 조건
3. 기부자의 주소 성명
4. 관리방법

제14조 군수 또는 도사는 매 회계연도 일체의 수입을 세입으로 하고, 일체의 경비를 세출로 하여 세입세출예산을 작성하고, 이에 대한 장의의 의견을 구해 연도 개시 전 도지사의 인가를 받아야 한다. 향교재산의 회계연도는 정부의 회계연도에 의한다.

제15조 군수 또는 도사가 예산의 인가를 받았을 때는 즉시 그 주요 내용을 고시해야 한다.

제16조 예산의 초과 지출에 충당하기 위하여 예비비를 설치해야 한다.

제17조 예산의 추가 또는 경정을 하고자 할 때는 도지사의 인가를 받아야 한다. 예산은 연도 경과 후에 추가 또는 경정을 할 수 없다.

제18조 세입의 연도 소속은 다음의 구분에 의한다.

    1. 납입기한이 정해진 수입은 그 납기의 말일에 속한 연도

    2. 수시수입으로 고지서를 발행한 것은 이를 발행한 날이 속한 연도

    3. 수시수입으로 고지서를 발행하지 않은 것은 영수를 한 날이 속한 연도. 단 보조금, 기부
       금은 연도 경과 후라도 출납 마감까지는 이를 예정한 연도의 세입으로 할 수 있다.

제19조 세출의 소속 연도는 다음 구분에 의한다.

    1. 비용변상, 급료, 기타의 제 급여 및 용인료와 같은 종류는 지급할 사실이 발생한 날이
       속한 연도. 단 지불기일이 정해져 있는 것은 지불기일이 속한 연도

    2. 통신 · 운반비 · 토목건축비 · 물건의 구입대, 기타 계약에 의한 지불금은 계약한 날이 속
       한 연도. 단 계약에 의해 정한 지불기일이 있을 때는 그 지불기일이 속한 연도

    3. 앞 2호에 제시한 것 외에는 모두 지불을 결정한 날이 속한 연도. 단 보조금 및 결손보전
       은 그 결정이 있던 날이 속한 연도의 세출로 할 수 있다.

제20조 각 연도의 경비는 그 연도의 수입으로 지불해야 한다. 각 연도에서 세입세출의 총계에 잉
    여가 있을 때는 이를 익년도의 세입에 편입해야 한다. 연도 경과 후에 세입으로 세출에 충
    당하기 부족할 때는 도지사의 인가를 받아 익년도의 세입을 앞당겨 사용할 수 있다.

제21조 예산 각 관의 금액은 피차 유용할 수 없다. 예산 각 항의 금액은 도지사의 인가를 받아
    이를 유용할 수 있다.

제22조 차주 또는 그 대리인이 아니면 지불할 수 없다.

제23조 다음의 경비는 개산(槪算)하여 지불할 수 있다.

    1. 여비

    2. 소송비용

제24조 선금 지불이 아니면 구입 또는 차입의 계약을 하기 어려운 것에 한하여 선금을 지불할 수
    있다.

제25조 세입의 오납과납된 금액의 환급은 각각 이를 수입한 세입에서 지불해야 한다. 세출이 오불
    과불(誤拂過拂)된 금액, 개산불 및 선금 지불의 반납은 각각 이를 지불한 경비의 정액에
    여입해야 한다.

제26조 향교재산의 출납은 다음해 5월 31일로 마감한다.

제27조 군수 또는 도사는 출납 마감 후 1개월 이내에 결산을 작성하여 도지사에게 보고하고 주요
    내용을 고시해야 한다. 결산은 예산과 동일한 구분에 따라 작성하고 예산의 과부족을 설명
    해야 한다.

제28조 출납 마감 후의 수입지출은 이를 익년도의 세입세출로 해야 한다. 제25조의 환급금, 여입금

도 이와 동일하다.

제29조 1건 500원 이상 공사의 청부물건의 매매, 대차 및 노동력의 공급은 경쟁 입찰에 부쳐야 한다.

단 특별한 사정이 있을 때는 도지사의 인가를 받아 경쟁 입찰에 부치지 않을 수 있다.

제30조 군수 또는 도사는 세입세출에 관한 증빙서류를 연도 종료 후 각 관항(款項) 별로 분류하고 표지·괘지를 덧붙여 편찬해야 한다.

앞 항의 괘지에는 과목 금액 및 증빙의 매수를 기입해야 한다.

제31조 향교재산의 관리에 필요한 장부와 문서는 다음 양식에 따라야 한다.

  1. 납입고지서(제1호 양식)

  2. 제수입수납부(제2호 양식)

  3. 세입세출예산(제3호 양식)

  4. 세입세출추가경정예산(제4호 양식)

  5. 세입세출결산(제5호 양식)

  6. 현금수불부(제6호 양식)

  7. 세입내역부(제7호 양식)

  8. 세출내역부(제8호 양식)

  9. 과오금정리부(제9호 양식)

  10. 기본재산대장(제10호 양식)

본 법령은 공포한 날부터 시행한다.

1910년(明治 43) 9월 내훈 제9호 향교재산관리규정 시행세칙은 폐지한다.

1920년도(大正 9) 향교재산의 수납 및 수지예산의 경리에 관해서는 종전의 예에 의한다.

(양식 생략)

(『조선총독부관보』 1921. 2. 24)

◇ 조선총독부 경기도 훈령 제7호

군수

향교재산관리규칙 시행세칙을 다음과 같이 정한다.

1921년(大正 10) 2월 18일   조선총독부 경기도지사　구도 에이치(工藤英一)

향교재산관리규칙 시행세칙

제1장 총칙

제1조 향교재산의 회계연도는 정부의 회계연도에 의한다. 회계연도의 세입세출금의 출납은 익년
도 5월 31일로 마감한다.

제2조 세입의 소속 연도 및 세출의 소속 연도는 다음의 구별에 의한다.

　　세입의 소속 연도

　　1. 수입기한이 정해진 것은 그 수입기한의 말일이 속한 연도

　　2. 수시 수입으로서 고지서를 발행하는 것은 이를 발행한 날이 속한 연도

　　3. 수시 수입으로서 고지서를 발행하지 않은 것은 수령한 날이 속한 연도

　　세출의 소속 연도

　　1. 급료, 잡급(雜給), 수당료 및 인부임(人夫賃) 등은 지급할 사실이 발생한 날이 속한 연도

　　2. 공사비, 기타 물건 구입비 등은 공사 또는 물건을 받고 비용을 지급한 날이 속한 연도

　　3. 앞 2호에 제시된 것 이외의 것은 모두 지불을 결정한 날이 속한 연도

제3조 각 연도의 경비는 그 연도의 수입으로서 지불한다. 각 연도에서 세입세출의 총계에 잉여가
있을 때는 익년도의 세입에 편입해야 한다.

제4조 세입의 오납과납(誤納過納)된 금액의 환급은 각각 이를 수입한 세입에서 지불해야 한다. 세
출의 오불과도(誤拂過渡)된 금액의 반납은 각각 이를 지불한 경비의 정액에 여입해야 한다.

제5조 출납 마감 후의 수입은 현 연도의 세입세출로 해야 한다. 앞 항의 환급금 및 여입금의 출납
마감 후에 관련된 것도 역시 동일하다.

제6조 1건 500원 이상의 공사에서 청부물건의 매매, 대차 및 노동력 공급은 경쟁 입찰에 부쳐야
한다. 단 특별한 사정이 있을 때는 도지사의 인가를 받아 경쟁 입찰에 부치지 않을 수 있다.

제2장 예산 및 결산

제7조 군수는 매 회계연도 일체의 수입을 세입으로 하고, 일체의 경비를 세출로 하여 세입세출 예
산을 작성하고, 연도 개시 1개월 전에 도지사의 인가를 받아야 한다. 예산을 장의에게 자문
할 때는 예산설명서 및 재산명세표를 첨부해야 한다.

제8조 예산의 추가 또는 경정은 도지사의 인가를 받아야 한다. 예산은 연도 경과 후에는 추가 또는
경정을 할 수 없다.

제9조 예산의 초과 지출에 충당하기 위하여 예비비를 설치할 수 있다.

제10조 예산에 정한 각 관(款)의 금액은 피차 유용할 수 없다. 예산 각항의 금액은 도지사의 인가를 받아 이를 유용할 수 있다.

제11조 군수는 출납 마감 후 1개월 이내에 결산을 작성하여 도지사에게 보고하고 그 주요 내용을 고시해야 한다. 결산은 예산과 동일한 구분에 따라 작성하고, 예산의 과부족에 대하여 설명해야 한다.

제3장 수입 및 지출

제12조 소작료 및 임대료의 징수하고자 할 때, 기한 20일 전에 납입고지서를 납부인에게 교부해야 한다.

　　　앞 항의 수납에 관해서는 수납부를 구비하여 정리해야 한다.

제13조 향교재산의 수입으로서 지불할 비용의 개목(概目)은 다음과 같다.

　　　1. 문묘의 유지 및 제전비

　　　2. 장의의 비용 변상, 직원(直員) 및 교직(校直)의 수당

　　　3. 재산에 관한 비용

　　　4. 지방사림, 기타 자제교양비(子弟敎養費)

　　　5. 선행자 표창비

　　　6. 시찰 보조비

　　　7. 앞 각호 외에 문묘 및 지방의 교화에 필요한 비용

제14조 채주 또는 그 대리인이 아니면 지불할 수 없다.

제15조 수입 및 지출에 관한 증빙서류는 예산의 관항(款項) 별로 편찬 정리해야 한다.

제16조 세입세출은 세입내역부, 세출내역부 및 현금수불부(現金受拂簿), 비품대장, 소모품은 소모품수불부를 구비하여 정리해야 한다.

제4장 재산관리 및 처분

제17조 향교재산은 향교의 건물 및 그 부지를 제외하고는 소작 또는 임대에 부쳐야 한다. 단 교육, 기타 교화 사업에 제공하기 위하여 무료로 대부하거나 사용하게 하는 것은 제한하지 않는다.

제18조 소작 또는 임대기간은 5년 이내로 정해야 한다.

　　　앞 항의 기간은 갱신할 수 있다.

제19조 소작 또는 임대를 할 때는 임차인의 신청서를 받고, 이를 인허할 때는 인허증을 교부해야

한다.

제20조 소작 또는 임대기간이 만료하거나 인허를 취소할 때는 속히 인허증을 반납하도록 해야 한다.

제21조 소작료 및 임대료는 정액 금납(金納)으로 한다. 소작료 및 임대료 정액은 역둔토 대부료 징수의 예에 준하고, 부근 토지의 소작료 및 임대료를 참작하여 정해야 한다.

제22조 소작료는 매년 11월 30일, 임대료는 매월 25일까지 납부하도록 해야 한다. 단 특별한 사유 가 있는 때는 별도로 정할 수 있다.

제23조 재해로 인하여 현저하게 토지수익이 감손(減損)한 경우에는 도지사의 인가를 받아 소작료 및 임대료를 감면할 수 있다.

제24조 군수는 소작료대장 및 임차인대장을 구비하여 정리해야 한다.

제25조 향교재산관리규칙 제2조에 따라 인가신청을 하고자 할 때는 이에 대한 장의의 의견을 구하 고 그 뜻을 첨부하여 신청해야 한다.

제26조 향교재산의 매각처분에 의한 수입금은 기금으로 관리해야 한다.

제27조 기금을 사용하고자 할 경우에는 장의의 의견을 구하고 도지사의 인가를 받아야 한다.

제5장 서식

제28조 향교재산 세입세출 예산결산 및 재무에 관한 장부와 문서는 다음 양식에 의한다.

1. 세입세출예산(제1호 양식)

1. 재산명세표(제2호 양식)

1. 추가경정예산(제3호 양식)

1. 예산유용인가신청서(제4호 양식)

1. 세입세출결산(제5호 양식)

1. 납입고지서(제6호 양식)

1. 수납부(제7호 양식)

1. 세입내역부(제8호 양식)

1. 세출내역부(제9호 양식)

1. 현금수불부(제10호 양식)

1. 소작임대신청서(제11호 양식)

1. 소작임대인가증(제12호 양식)

1. 향교재산원부(제13호 양식)

1. 소작인임차인대장(제14호 양식)

1. 비품대장(제15호 양식)

1. 소모품수불부(제16호 양식)

부칙

제29조 1916년(大正 5) 도훈령 제18호는 폐지한다.

제30조 본 법령 시행 전에 체결한 소작 또는 임대계약은 그 기간 내 효력을 가짐

제31조 향교재산의 세입세출결산과 재무에 관한 장부와 문서의 양식은 1920년(大正 9)도 분에 한
하여 종래의 예에 따를 수 있다.

(『조선총독부관보』 1921. 2. 25)

◇ 조선총독부 충청북도 훈령 제19호

군수

향교재산관리규칙 시행세칙을 다음과 같이 정한다.

1921년(大正 10) 5월 18일　　　조선총독부 충청북도지사　요네다 진타로(米田甚太郎)

향교재산관리규칙 시행세칙

제1조 향교재산을 교육, 기타 교화사업에 이바지하기 위해 무료로 대부하거나 사용하도록 할 때는
그 소재지, 종류, 수량, 기간, 차수인 또는 사용자의 이름, 또는 명칭, 주소 및 사유를 갖추어
도지사의 승인을 받아야 한다. 단 일시적인 기한의 대부 또는 사용은 제한하지 않는다.

제2조 향교재산의 대부 또는 사용기간은 토지는 5년, 건물은 3년 이내로 한다. 단 차수인(借手人)
의 신청에 따라 갱신할 수 있다.

제3조 향교재산의 대부 또는 사용을 신청하는 자가 있을 때는 제1호 양식의 신청서를 제출하게 해
야 한다. 군수는 앞 항의 신청에 의하여 인가된 때는 제2호 양식의 인허증을 교부해야 한다.

제4조 향교재산의 차수인으로서 차수한 물건을 전대(轉貸)하거나 권리를 양도하거나 혹은 담보로
제공하는 경우, 그 행위를 무효로 한다.

제5조 향교재산의 차수 또는 사용자로서 고의 혹은 과실로 차주 혹은 사용에 관계된 물건에 대하
여 현저히 손해를 입혔을 경우, 그 손해를 배상하게 해야 한다.

제6조 향교재산의 차수 또는 사용자 중 다음 각 호의 하나에 해당할 때, 그 계약을 해지할 수 있다.

    1. 대부료 또는 사용료를 기간 내에 납입하지 않을 때

    2. 토지를 황폐하게 하거나 또는 건물을 파손할 우려가 있을 때

    3. 공용 또는 향교의 쓰임에 제공할 필요가 있을 때

    4. 기타 본 세칙 또는 계약사항에 위반할 때

제7조 재해 또는 기후 불순으로 인하여 현저히 토지 수익이 감소한 경우, 군수는 도지사의 승인을 받아 피해 정도에 따라 대부료 또는 사용료를 연납 또는 감면할 수 있다.

제8조 재해로 인한 토지를 복구하거나 또는 미간지를 개척하려는 자가 있을 때, 군수는 5년 이내에 대부료를 면제할 수 있다.

제9조 향교재산에 변동이 발생할 때는 그때마다 도지사에게 보고해야 한다.

제10조 향교재산의 회계는 정부의 회계연도에 따름.

제11조 향교재산관리규칙 제5조에 의한 수지예산의 인가는 연도 개시 1개월 전에 설명서를 첨부하여 신청해야 한다.

제12조 예산의 추가 또는 경정으로 중요하다고 인정되는 것은 장의의 의견을 구하여 도지사의 인가를 받아야 한다.

제13조 군수는 예산의 인가를 받을 때는 즉시 그 주요내용을 고시해야 한다.

제14조 세입의 소속 연도는 다음의 구분에 따름.

    1. 납입기한이 정해진 수입은 그 납기 말일이 속한 연도

    2. 수시 수입으로서 납입고지서를 발행하는 것은 이를 발행한 날이 속한 연도

    3. 수시 수입으로서 납입고지서를 발행하지 않은 것은 영수를 한 날이 속한 연도 단 보조금, 기부금은 연도 경과 후라도 출납 마감까지는 이를 예정한 연도의 세입으로 한다.

제15조 세출의 소속 연도는 다음 구분에 따름.

    1. 비용, 변상, 용인료 등은 그 지급할 사실이 발생한 날이 속한 연도

    2. 통신운반비, 토목건축비, 물건의 구입대가, 기타 계약에 의한 지불금은 계약한 날이 속한 연도. 단 계약에 의하여 정한 지불기일이 있을 때는 그 지불기일이 속한 연도

    3. 앞 2호에 제시된 것을 제외하고는 모두 지불을 결정한 날이 속한 연도. 단 보조금, 기부금은 결정한 날이 속한 연도의 세출로 한다.

제16조 예산에 정한 각 관(款)의 금액은 피차 유용할 수 없다.

제17조 대부료 또는 사용료는 금납으로 하고, 계약에 의해 특별히 납기를 정한 것을 제외하고 매년 11월 1일부터 11월 30일까지 연분(年分)을 수납해야 한다. 단 월액으로 정한 것은 익월 5일

까지 전월분을 수납해야 한다.

제18조 대부료 또는 사용료를 수납하고자 할 때는 군수는 차수(借受) 또는 사용자에게 납입기한 15일 전까지 납입고지서를 발행하고, 이를 영수하면 영수증을 교부해야 한다.

제19조 지불은 채주(債主) 또는 그 대리인이 아니면 지불할 수 없다. 지불할 때는 영수증으로 증명해야 한다.

제20조 향교재산으로부터 발생하는 수입은 교화사업을 목적으로 하는 개인 혹은 단체에게 기부 또는 보조할 수 있다.

앞 항의 기부 또는 보조를 하고자 할 때는 그 경영자의 이름, 명칭, 사업, 경리방법, 금액 및 수지예산을 구비하여 도지사의 승인을 받아야 한다.

제21조 향교재산의 출납은 익년도 5월 31일로 마감한다. 군수는 출납 마감 후 1개월 내에 결산을 작성하여 도지사에게 보고하고 주요 내용을 고시해야 한다.

제22조 향교재산의 세입세출 총계에 잉여가 있을 경우, 익년도 세입으로 편입해야 한다.

제23조 세입세출예산으로 정한 것 외에 새롭게 의무를 부담하거나 권리를 포기하고자 할 때는 도지사의 인가를 받아야 한다.

제24조 향교재산의 세입세출 예산결산과 재산에 관한 장부와 문서는 다음의 양식에 의한다.

1. 향교재산원부(제3호 양식)
2. 세입세출예산(제4호 양식)
3. 세입세출추가경정예산(제5호 양식)
4. 세입세출결산(제6호 양식)
5. 납입고지서(제7호 양식)
6. 수납부(제8호 양식)
7. 세입내역부(제10호 양식)
8. 현금수불부(제11호 양식)

(양식 생략)

(『조선총독부관보』 1921. 5. 24)

◇ 조선총독부 함경남도 훈령 제25호

향교재산관리규칙 시행세칙을 다음과 같이 정한다.

1921년(大正 10) 6월 28일　　　조선총독부 함경남도지사　　이규완(李圭完)

향교재산관리규칙 시행세칙

제1조 향교재산관리규칙 제2조에 따라 인가신청을 하고자 할 때는 이에 대한 장의(掌議)의 의견을 구하고 그 뜻을 덧붙여 신청해야 한다.

제2조 향교재산에 속한 금전은 기본금으로 관리해야 한다. 기본금을 소비하고자 할 때는 장의의 의견을 구하고 도지사의 인가를 받아야 한다.

제3조 부동산은 향교가 사용하는 것과 교육, 기타 교화사업에 제공하기 위하여 무료로 대부 또는 사용하도록 한 것을 제외하고 기간을 정하여 임대해야 한다. 기본금은 특별한 사정이 있을 때는 개인에게 대부할 수 있다. 유가증권은 우편국소 또는 확실한 은행에 예탁해야 한다.

제4조 부동산의 임대 또는 기본금의 대부를 할 경우에는 계약서를 요구하고 확실한 2명 이상의 보증인을 세우도록 해야 한다.

제5조 군수는 도지사의 인가를 받아 특별한 사정이 있는 자에 대하여 임대료를 감면할 수 있다.

제6조 향교재산에 변동이 생겼을 때는 특별하게 인가받은 것을 제외하고 그때마다 도지사에게 보고해야 한다.

제7조 향교재산에서 발생한 수입으로 지변(支辨)할 비목(費目)의 개요는 다음과 같다.

　　1. 문묘의 유지 및 제전비(祭典費)

　　1. 장의의 비용 변상, 직원(直員) 및 교직(校直)의 수당 급료

　　1. 재산에 관한 비용

　　1. 지방사림, 기타의 자제 교양

　　1. 선행자 표창비

　　1. 교화사업에 대한 기부 또는 보조

　　1. 앞의 각호 외에 문묘 및 지방 교화에 필요한 비용

제8조 향교재산의 회계연도는 정부의 회계연도에 의한다.

제9조 예산은 연도 개시 1개월 전에 인가신청을 해야 한다. 예산의 추가 또는 경정(更正)은 도지사의 인가를 받아야 한다. 예산은 연도 경과 후에는 추가 또는 경정할 수 없다. 예산의 추가 또는 경정에 대해 중요하다고 인정되는 것은 장의의 의견을 구해야 한다.

제10조 예산의 초과 지출에 충당하기 위하여 예비비를 설치할 수 있다. 예비비의 지출은 도지사의 인가를 받아야 한다.

제11조 세입의 소속 연도 및 세출의 소속 연도는 다음 구분에 의한다.

세입의 소속 연도

　1. 수입 기한이 일정한 것은 그 수입기의 말일이 속한 연도

　2. 수시수입으로서 고지서를 발행한 것은 이를 발행한 날이 속한 연도

　3. 수시수입으로서 고지서를 발행하지 않은 것은 수령한 날이 속한 연도

세출의 소속 연도

　1. 비용변상, 수당, 급료 및 용인료(傭人料) 종류는 그 지급 사실이 발생한 날이 속한 연도

　2. 공사비, 기타 물건 구입비와 같은 종류는 공사 또는 물건을 주고받은 날이 속한 연도

　3. 앞의 2호에 제시된 것을 제외하고는 모두 지불을 결정한 날이 속한 연도

제12조 예산 각 관(款)의 금액은 피차 유용할 수 없다. 예산 각 항(項)의 금액은 도지사의 인가를 받아 이를 유용할 수 있다.

제13조 수입 및 지출에 관한 증빙서류는 예산의 관항(款項)별로 편찬해야 한다.

제14조 향교재산의 출납은 익년도 5월 31일로 마감한다. 군수는 출납 마감 후 1개월 이내에 결산을 정리하여 도지사에게 보고해야 한다. 결산은 예산과 동일한 구분에 의해 정리하여 예산의 과부족에 대해 설명해야 한다.

제15조 출납 마감 후의 수입 지출은 현연도의 세입출로 해야 한다.

제16조 예산으로 정한 것 외에 새롭게 의무를 부담하거나 또는 권리를 포기하도록 하고자 할 때는 도지사의 인가를 받아야 한다.

제17조 향교재산의 세입세출예산, 결산과 재무에 관한 장부 및 문서는 다음 양식에 의해야 한다.

　1. 세입출예산(제1호 양식)

　1. 세입출결산(제2호 양식)

　1. 수납부(제3호 양식)

　1. 세입내역부(제4호 양식)

　1. 세출내역부(제5호 양식)

　1. 현금출납부(제6호 양식)

　1. 향교재산원부(제7호 양식)

부칙

제18조 1910년(隆熙 4) 도훈령 제67호는 폐지한다.

제19조 세입세출예산, 결산과 재무에 관한 장부 및 문서의 양식은 1921년(大正 10)도 분에 한하여 종래의 예에 따를 수 있다.

(양식 생략)

◇ 조선총독부 충청남도 훈령 제40호

내무부

군(郡)

향교재산관리규칙 시행세칙의 내용을 다음과 같이 개정한다.
　　　1921년(大正 10) 12월 13일　　　　　조선총독부 충청남도지사　김관현(金寬鉉)

제7조 소작료의 정액은 그 토지의 최근 5년간 평균 수확고의 40/100으로 하고 벼(籾)로 정한다.
　　　벼(籾)가 아닌 수확물은 시가에 따라 벼(籾)로 환산한다.
제7조의 2 소작료 정액의 환산 금액은 역둔토 특별처분령 시행규칙 제2조의 2에 따라 도지사가
　　　정한 곡가로 산출한다.
제8조 중 '임대인'을 '임차인'으로 바꾼다.

(『조선총독부관보』1921. 12. 14)

◇ 조선총독부 함경남도 훈령 제14호

향교재산관리규칙 시행세칙을 다음과 같이 개정한다.
　　　1924년(大正 13) 7월 30일　　　　　조선총독부 함경남도지사 이규완(李圭完)

제10조 제2항을 삭제한다.

부칙
본 법령은 공포한 날부터 시행한다.

(『조선총독부관보』1924. 6. 26)

◇ 조선총독부 함경남도 훈령 제28호

향교재산관리규칙 시행세칙을 다음과 같이 개정한다.

1925년(大正 4) 8월 1일   조선총독부 함경남도지사 김관현

제3조 제1항 중 '기본금은 특별한 사정이 있을 때는 3인에게 대부할 수 있다'를 삭제한다.

동조 제2항을 다음과 같이 고친다.

금전 및 유가증권은 우편국소 금융조합 또는 확실한 은행에 예입 또는 예탁을 해야 한다.

제4조 중 '또는 기본금의 대부'를 삭제한다.

제5조 중 '도지사의 인가를 받아'를 삭제한다.

제6조 중 '특히 인가를 받은 것을 제외함'을 삭제한다.

제9조 제2항을 다음과 같이 고친다.

예산의 추가 또는 경정할 때는 즉시 도지사에게 보고해야 한다.

제12조 제2항을 삭제한다.

제13조 중 '예산의 관·항별로'를 '세입세출을 구분하여 월일 순으로'로 고친다.

제16조 중 '도지사' 앞에 '장의의 의견을 구하여'를 추가한다.

(『조선총독부관보』 1925. 8. 12)

◇ 조선총독부 충청북도 훈령 제12호

군수

향교재산관리규칙 시행세칙을 다음과 같이 개정한다.

1926년(大正 15) 7월 30일   조선총독부 충청북도지사 김윤정(金潤晶)

제12조 예산의 추가 또는 경정은 도지사의 인가를 받아야 한다.

앞 항의 추가 또는 경정으로 중요하다고 인정되는 것은 장의의 의견을 구하여 첨부해야 한다.

부칙

본 법령은 공포한 날부터 시행한다.

(『조선총독부관보』 1926. 7. 29)

◇ 조선총독부 평안북도 훈령 제2호

내무부

군

향교재산관리규칙 시행세칙을 다음과 같이 개정한다.

1927년(昭和 2) 1월 21일   조선총독부 평안북도지사 다다 다키마(谷多喜磨)

향교재산관리규칙 시행세칙

제1조 향교재산의 관리에 관해서는 법령에 별단의 규정이 있는 것을 제외하고 본 세칙에 의한다.

제2조 향교재산관리규칙 제2조에 따라 신청할 때는 이에 대한 장의의 의견을 구하고 그 내용의 사본 2통을 첨부해야 한다. 단 예산에 정해진 것은 해당 부분의 예산서 사본으로 대신할 수 있다.

제3조 향교재산의 매각에 의한 수입금은 기본금에 편입해야 한다.

제4조 기본금을 처분하고자 할 때는 장의의 의견을 구하여 그 내용의 사본을 첨부하여 도지사의 승인을 받아야 한다.

제5조 향교재산을 임대차하고자 하는 자가 있을 때는 대부원서(貸付願書)를 제출하도록 해야 한다. 군수는 앞 항의 신청에 따라 임대차 계약을 할 때는 인허증을 교부해야 한다.

제6조 임대차의 기간이 만료되거나 혹은 임대차계약이 해지될 때는 속히 인허증을 반납하도록 해야 한다.

제7조 향교재산의 임대차 기간은 5년 이내로 한다. 단 사용목적에 따라 필요하다고 인정할 때는 10년 이내로 할 수 있다.

제8조 임대료률을 정하거나 변경하고자 할 때는 도지사의 승인을 받아야 한다.

제9조 임대료는 금납으로 한다. 단 토지의 상황 또는 특별한 사유가 있을 때는 도지사의 승인을 거쳐 현품(現品)으로 납부할 수 있다. 계약에 따라 특별히 납기가 정해진 것 외에 연액(年額)

으로 정한 것은 매년 12월 1일부터 12월 25일까지 그 연분을, 월액으로 정한 것은 다음달 5일까지 전월분을 수납해야 한다.

제10조 임대료를 징수하고자 할 때, 납기 20일 전에 납입고지서를 교부해야 한다.

　　앞 항에 의한 징수의 경우에는 납부(納簿)에 정리하고, 납인(納人)에게는 영수증을 교부해야 한다.

제11조 면에서 임대료징수 사무를 취급하게 할 경우에는 수납액의 100분의 3을 면에 교부해야 한다.

제12조 재해 또는 기후불순으로 인하여 토지의 수익이 현저하게 감소한 경우, 군수는 도지사의 승인을 받아 피해 정도에 따라 임대료를 연납 또는 감면할 수 있다.

제13조 재해로 인한 토지를 복구하거나 또는 미간지를 개간하고자 하는 자가 있을 때, 군수는 그 정도에 따라 5년 이내의 기간을 정하여 임대료를 면제할 수 있다.

제14조 향교재산에 변동이 발생하는 경우, 그때마다 도지사에게 보고해야 한다.

제15조 군수는 매 회계연도 일체의 수입을 세입으로 하고, 일체의 경비를 세출로 하여 세입세출예산을 작성하고, 연도 개시 2개월 전까지 도지사에게 인가신청을 하고 인가를 받을 때에는 그 주요 내용(要領)을 고시해야 한다.

　　앞 항의 신청서에는 예산설명서, 재산명세서 및 장의의 의견을 구한 서면 사본을 첨부해야 한다.

　　향교재산의 회계연도는 정부의 회계연도에 의한다.

제16조 예산의 초과 지출에 충당하기 위하여 예비비를 설치해야 한다.

제17조 예산의 추가 또는 경정을 할 때는 설명서 및 장의의 의견을 구한 서면 사본을 첨부하여 도지사의 인가를 받아야 한다. 예산은 연도 경과 후에 추가 또는 경정을 할 수 없다.

제18조 향교재산의 수입으로서 지불할 수 있는 비용의 개략(槪目)은 다음과 같다.

　　1. 문묘의 유지 및 제전비

　　2. 장의의 비용변상 및 직원의 수당

　　3. 재산의 관리에 관한 비용

　　4. 지방유림 또는 기타 자제의 교양비

　　5. 선행자 표창비

　　6. 앞 각호 외에 지방의 교화에 필요한 비용

제19조 세입세출의 연도소속은 다음의 구분에 의한다.

　　세입의 소속 연도

　　　1. 납기 기한이 일정한 수입은 그 납기의 말일이 속한 연도

    2. 수시수입으로서 납입고지서를 발행하는 것은 이를 발행한 날이 속한 연도

    3. 수시수입으로서 납입고지서를 발행하지 않은 것은 영수를 한 날이 속한 연도. 단 보조금
       및 기부금은 연도 경과 후라도 출납 마감까지는 이를 예정한 연도의 세입으로 할 수 있다.

세출의 소속 연도

    1. 급료, 비용, 변상, 기타 제 급여는 지급할 사실이 발생한 날이 속한 연도

    2. 통신운반비, 공사비, 물건의 구입대가, 기타 계약에 의한 지불금은 지불할 날이 속한 연도

    3. 앞 2호에 제시된 것을 제외하고는 지불을 결정한 날이 속한 연도. 단 보조금 및 결손보
       전(缺損塡補)는 그 결정이 있던 날이 속한 연도의 세출로 할 수 있다.

제20조 각 연도의 경비는 그 연도의 수입으로써 이를 지불해야 한다.

제21조 예산에 정한 각 관의 금액은 피차 유용할 수 없다. 예산 각 항의 금액은 도지사의 인가를
    받아 유용할 수 있다.

제22조 예산 내의 지출을 위하여 필요할 경우, 도지사의 인가를 받아 그 회계연도 내의 수입으로서
    일시 차입금을 상환할 수 있다.

제23조 정당한 차주 또는 그 대리인이 아니면 지불할 수 없다.

제24조 여비 및 소송비용은 개산불(槪算拂) 할 수 있다.

제25조 세입의 과오납금(過誤納金)은 각각 이를 수입한 세입에서 환급하고, 세출의 오불 또는 과도
    금은 각각 이를 지불한 경비의 정액에 여입해야 한다.

제26조 출납은 익년도 5월 31일로 마감한다.

제27조 군수는 출납 마감 후 1개월 내에 결산을 작성하여 도지사에게 보고하고 그 주요 내용을
    고시해야 한다.

제28조 출납 마감 후의 수입지출은 이를 현 연도의 세입세출로 삼아야 하며, 제25조의 환급금 및
    여입금의 출납 마감 후에 관계된 것 또한 마찬가지이다.

제29조 세입세출 총계에 잉여가 발생했을 때는 익년도의 세입에 편입해야 한다.

제30조 1건 500원 이상 공사의 청부물건 매매는 경쟁 입찰에 부쳐야 한다. 단 특별한 사정이 있을
    때는 도지사의 인가를 받아 경쟁 입찰에 부치지 않을 수 있다.

제31조 수입 및 지출에 관한 증빙서류는 예산 관항(款項)의 순서에 따라 편찬 정리해야 한다.

    1. 세입세출예산(제1호 양식)

    2. 추가경정예산(제2호 양식)

    3. 예산유용인가신청(제3호 양식)

    4. 예산정리부(제4호 양식)

5. 세입세출결산(제5호 양식)

6. 납입고지서(제6호 양식)

7. 수납부(제7호 양식의 1)

(개인별 수납부)(제7호 양식의 2)

8. 세입내역부(제8호 양식)

9. 세출내역부(제9호 양식)

10. 현금수불부(제10호 양식)

11. 향교재산대부원서(제11호 양식)

12. 향교재산대부인가증(제12호 양식)

13. 향교재산원부(제13호 양식)

14. 향교재산 대부대장(제14호 양식)

15. 비품대장(제15호 양식)

16. 소모품 수불부(제16호 양식)

17. 향교유토지건물 임대료설정(변경) 승인신청(제17호 양식)

18. 향교유토지 임대료면제(연납) 승인신청(제18호 양식)

부칙

제33조 본 법령은 공포일로부터 시행한다.

제34조 본 법령 시행 전에 체결한 소작 또는 임대계약의 효과는 그 계약이 정한 바에 의한다.

제35조 대장 및 서류 등의 양식은 1926년도(大正 15)에 한하여 종래의 예를 따를 수 있다.

제36조 1914년(大正 3) 평안북도 훈령 갑 제2호는 폐지한다.

(『조선총독부관보』 1927. 1. 29)

◇ 조선총독부 평안북도 훈령 제60호

내무부

군

향교재산관리규칙 시행세칙 중 제22조를 삭제하고 공포한 날부터 시행한다.

　1927년(昭和 2) 8월 9일　　　조선총독부 평안북도지사 다니 다키마(谷多喜磨)

(『조선총독부관보』 1927. 8. 10)

◇ 조선총독부 충청남도 훈령 제25호

내무부
군

향교재산관리규칙 시행세칙 중 다음과 같이 개정한다.

　1927년(昭和 2) 10월 18일　　　　조선총독부 충청남도지사 신석린(申錫麟)

제10조 중 '이동할 때마다 즉시'를 '매년 1월 15일까지로 전년 중의 이동사항을'로 고친다.

제13조 규칙 제5조의 세입세출예산은 제8호 양식에 의하여 조제하며, 매년 2월 말일까지 장의의 의견을 구한 의사록의 사본을 첨부하여 도지사의 인가를 받고, 또 그 개요를 고시해야 한다.

제13조의 1 예산의 추가 또는 경정은 장의의 의견을 구하여 도지사의 인가를 받아야 한다. 예산은 연도 경과 후에 추가 또는 경정할 수 없다.

제14조 제2항 중 '6월 30일'을 '5월 30일'로, '장의의 인정(認定)과 관련'을 '이것을 도지사에게 보고'로 동 제4항을 '결산은 조제 후 장의가 이것을 제시해야 한다'로 고친다.

제15조 중 '제27조'를 삭제하고, '제29조 내지 제33조'를 '제29조 내지 제31조, 제33조'로 고친다.

　　제5호 양식의 비고를 삭제한다.

　　제6호 양식 중 '단가'의 난 아래에 '구입 연월일'의 난을 추가한다.

　　제8호 양식을 별지와 같이 고친다.

　　제9호 양식 중 '납입고지서 제 몇 호' 및 비고의 제2호를 삭제한다. 계약기간은 3년 내지 5년으로 한다. 전항의 기간 중 소작인이 중대한 과실 없이 계약기간 만료 후 다시 계약갱신을 희망할 때에는 계약하여야 한다.

제16조 제1항 중 '6월 30일'을 '5월 31일'로 고친다.

제18조 향교재산의 재무에 대하여 본 세칙에 규정하지 않은 사항은 조선학교비령 실시규칙 제3호, 제4호 양식을 별지대로 고친다.

부칙

본 법령은 1928년(昭和 3) 12월 1일부터 시행한다.

(양식 생략)

(『조선총독부관보』 1927. 10. 22)

◇ 조선총독부 전라북도 훈령 제16호

향교재산관리규칙 시행세칙 중 다음과 같이 개정한다.

　　1928년(昭和 3) 11월 24일　　　　조선총독부 전라북도지사 와타나베 시노부(渡邊忍)

제9조 소작료는 금납으로 하고, 토지의 생산력 및 비준지의 소작료를 참작하여 정액으로 해야 한
　　다. 계약기간은 3년 내지 5년으로 한다. 전하의 기간 중 소작인이 중대한 과실 없이 계약기
　　간 만료 후 다시 계약갱신을 희망할 때에는 계약하여야 한다.
제16조 제1항 중 '6월 30일'을 '5월 31일'로 고친다.
제18조 향교재산의 재무에 대하여 본 세칙에 규정하지 않은 사항은 조선학교비령 실시규칙 제3호,
　　제4호 양식을 별지대로 고친다.

부칙

본 법령은 1928년(昭和 3) 12월 1일부터 시행한다.

(양식 생략)

(『조선총독부관보』 1928. 11. 28)

◇ 조선총독부령 충청북도 훈령을 제3호

향교재산관리규칙 시행세칙 중 다음과 같이 개정한다.

　　1929(昭和 4) 4월 5일　　　　조선총독부 충청북도지사 한규복(韓圭復)

제11조 중 '설명서'를 '설명서 및 장의의 의견서 사본'으로 고친다.

(『조선총독부관보』 1929. 5. 4)

◇ 조선총독부령 경기도 훈령 제18호

부윤

군수

향교재산관리규칙 시행세칙 가운데 다음과 같이 개정한다.
　　　　1930년(昭和 5) 10월 1일　　　　조선총독부 경기도지사 와카나베 시노부

제7조 가운데 '군수'를 '부윤, 군수'로 고친다.

제10조 제2항을 삭제한다.

제10조의 2 예비비를 지출했을 때 또는 각항의 예산을 유용했을 때는 도지사에게 보고해야 한다.

제11조 가운데 '군수'를 '군수, 부윤'으로 고친다.

제14조 가운데 '군수'를 '군수, 부윤'으로 고친다.

제28조 가운데 '예산유용 인가신청서(제4호 양식)'을 삭제한다. 양식 가운데 '군'을 '부(군)'로, '군수'
　　　를 '부윤(군수)'으로 고친다.

　　　제4호 양식을 삭제한다.

　　　제9조 양식 가운데 비고 4 '몇월 몇일 지사의 인가를 얻어'를 삭제한다.

부칙

본 법령은 공포한 날부터 시행한다.

(『조선총독부관보』 1930. 10. 13)

◇ 조선총독부령 충청북도 훈령을 제21호

향교재산관리규칙을 다음과 같이 개정한다.
　　　　1931년(昭和 6) 9월 30일　　　　조선총독부 충청북도지사 남궁영(南宮營)

제7조 중 '도지사의 승인을 받아'를 삭제한다.

부칙

본 법령은 공포한 날부터 시행한다.

(『조선총독부관보』1931. 10. 10)

◇ 조선총독부 경기도 훈령 제22호

향교재산관리규칙을 다음과 같이 개정한다.

　　　1931년(昭和 6) 10월 31일　　조선총독부 경기도지사 마츠모토 마코토(松本誠)

제7조 부윤, 군수는 매 회계연도 일절의 수입을 세입으로 하고, 일절의 경비를 세출로 하여 세입출 예산을 조제하며, 연도개시의 1개월 전에 도지사에게 인가신청을 해야 한다. 앞 항의 신청서에는 예산설명서, 재산명세표 및 장의의 의견을 구한 서면 사본을 첨부해야 한다. 예산을 장의에게 자문할 때는 부윤, 군수는 모두 예산설명서 및 재산명세표를 제출해야 한다.

제8조 예산의 추가 또는 경정을 하려 할 경우에는 설명서 및 장의의 의견을 구한 서면 사본을 첨부하여 도지사의 인가를 받아야 한다. 예산의 추가 또는 경정으로 사안이 가벼운 것에 대해서는 회의를 열지 않고 서면으로 장의의 의견을 구할 수 있다.

제21조 소작료는 정액 대금납으로 하며, 수량을 그 해의 곡물가에 따라 환산한 금액에 비준치의 소작료를 참작하여 정한다.

제23조 재해에 의해 현저하게 토지의 수익을 감손한 자 또는 특별한 사정이 있는 자에 대해서는 분윤, 군수는 소작료 및 임대료의 납입을 연기하며 또는 도지사의 인가를 받아 소작료 및 임대료를 감면할 수 있다.

부칙

본 법령은 공포한 날부터 시행한다.

(『조선총독부관보』1931. 11. 11)

◇ 조선총독부령 경상남도 훈령 제8호

향교재산관리규칙을 다음과 같이 개정한다.

　　　1932년(昭和 7) 3월 2일　　조선총독부 경상남도지사 와타나베 도요히코(渡邊豊日子)

제5조 중 '도지사의 승인을 받아'를 삭제한다.

　　　　　　　　　　　　　　　　　　　　　　　　　　(『조선총독부관보』 1932. 3. 29)

◇ 조선총독부 경기도 훈령 제15호

향교재산관리규칙 시행세칙을 다음과 같이 개정한다.

　　　1933년(昭和 8) 7월 28일　　조선총독부 경기도지사　　마츠모토 마코토

제25조 향교재산관리규칙 제2조에 따라 인가신청을 하려고 할 때는 다음 사항을 갖추고 또 처분에
　　대한 장의의 의견을 구하여 그 취지를 첨부해야 한다.
　　1. 처분하려는 토지의 부근지 매매가격실례 조사(實例調)
　　2. 처분하려는 토지의 관계도면
　　3. 매각 또는 교환하려고 할 경우는 종래의 소작료 또는 매각대금에서 발생하는 금리와의
　　　비교(수확물에 따를 때는 그 환산액 및 기타 상세 기록)
　　4. 처분에 따라 증감한 해당 재산액

　　　　　　　　　　　　　　　　　　　　　　　　　　(『조선총독부관보』 1933. 8. 1)

◇ 조선총독부령 제8호

향교재산관리규칙을 다음과 같이 개정한다.

　　　1941년(昭和 16) 1월 17일　　　조선총독 미나미 지로(南次郎)

제4조 중 '문묘 비용'다음에 '유교진흥의 경비'를 추가한다.

부칙

본 법령은 공포한 날부터 시행한다.

(『조선총독부관보』 1941. 1. 17)

◇ 조선총독부령 제281호1)

　　　1944년(昭和 19) 7월 21일
향교재산관리규칙 중 다음과 같이 개정한다.

제2조 중 '조선총독'을 '도지사'로 한다.
제5조 1항 중 '도지사 인가를 받아야 한다'를 '즉시 도지사에게 보고하여야 한다'로 한다.

부칙

본 법령은 공포한 날부터 시행한다.

(국가법령정보센터)

---

1) 직권이양 등을 위한 청년훈련소 규정 외3 조선총독부령 중 개정의 건에 포함된 것으로 1944년 7월 21일 일괄 개정함
(https://www.law.go.kr/법령/직권이양등을위한청년훈련소규정외3조선총독부령중개정의건/(00281,19440721)

4. 지방문묘관리(地方文廟管理) 규정

◇ 학부훈령(學部訓令) 제2호

　　　　향교 직원은 향교와 지방문묘의 사무에 관하여 지방관의 지휘·감독을 받는 건

학부훈령 제2호

향교 직원

향교 직원(直員)은 향교 및 지방문묘의 사무에 관하여 지방관의 지휘·감독을 받도록 훈령하니 양지할 것.

　1910년(隆熙 4) 4월 26일　　학부대신 이용직(李容稙)

(『관보』 1910. 4. 28)

◇ 조선총독부령 제127호

문묘 직원에 관하여 다음과 같이 정한다.

부에 있는 문묘에 직원(直員) 1인을 둔다.

　　　1911년(明治 44) 10월 28일　　　　　　조선총독 백작 데라우치 마사타케(寺內正毅)

직원은 명예직으로 하고 부윤·군수의 지휘를 받들어 문묘를 직수(直守)하며 서무에 종사한다. 직원의 진퇴는 부윤·군수의 신청에 따라 도지사가 집행한다.

부칙

본 법령은 1911년(明治 44) 11월부터 시행한다. 본 법령을 시행할 때 현재 향교 직원인 자는 본 법령에 따라 문묘 직원으로 임명한다.

(『조선총독부관보』 1911. 10. 28)

◇ 조선총독부령 제68호

지방문묘 직원에 관한 건을 다음과 같이 정한다.

    1923년(大正 12) 4월 21일   조선총독 남작 사이토 마코토

지방문묘 중 경기도 개성군 송도면 소재 문묘에는 사성(司成) 1인, 직원 1인을 두고, 기타 지방에 있는 문묘에는 직원 1인을 둔다. 사성의 진퇴는 도지사의 신청에 따라 조선총독이 집행한다. 사성은 명예직으로 하되 군수의 지휘를 받아 문묘 향사 및 관수(管守)에 관한 사무를 맡아 처리하며 소속 직원을 감독한다. 직원의 진퇴는 부윤, 군수, 도사의 신청에 따라 도지사가 행한다. 직원은 명예직으로 하되 부윤, 군수, 도사 및 사성의 지휘를 받아 문묘를 직수(直守)하며 서무에 종사한다.

부칙

본 법령은 공포한 날로부터 시행한다.

1911년(明治 44) 조선총독부령 제127호는 폐지한다.

본 법령을 시행할 때에 문묘 직원(直員)의 직에 있는 자는 본 법령에 의해 임명된 것으로 한다.

〈참조〉 1911년 조선총독부령 제127호는 문묘직원에 관한 건이다.

                                           (『조선총독부관보』 1923. 4. 21)

◇ 관통첩 제44호

                                        학무국장

   각 도지사 앞

지방문묘에 관한 조사의 건

귀 관내에서 현재 문묘의 실상을 자세하게 알고자 하니 다음과 같은 사상을 조사한 후에 8월 30일까지 회보해주실 것을 통합합니다.

1. 문묘 소재 부·군·도(島) 및 면·동·리명
2. 문묘 부지의 평수 및 기타 평면도

3. 앞 항의 평면도 안에 대성전 이하 건물의 배치를 기입하고 건물 명칭을 기입할 것
4. 대성전 내에 향사, 배향의 위열(位列)을 표시하고, 배향자의 이름을 명기할 것
5. 동서양무 안에 배향한 선현의 이름을 열거하여 기록할 것
6. 문묘 소속 제기, 제구, 기타 소속 물건의 명칭, 품질을 열거하여 기록할 것

(『조선총독부관보』 1926. 6. 28)

◇ 조선총독부령 제110호

지방문묘규정

1945년(昭和 20) 5월 14일

제1조 지방문묘는 도지사의 감독에 속하며, 유도의 진흥을 꾀하고 지방의 풍교덕화를 비보하는 것을 목적으로 한다. 지방문묘는 춘추 2회 제사를 거행한다.

제2조 지방문묘 중 조선총독이 지정한 것에는 지방사성 1인 및 직원 1인을 두고, 기타 지방문묘에는 직원 1인을 둔다.

제3조 지방사성의 진퇴는 도지사의 신청에 의하여 조선총독이 행하고, 직원의 진퇴는 부윤, 군수 또는 도사의 신청에 의하여 도지사가 행한다.

제4조 지방사성은 부윤, 군수 또는 도사의 명을 받아 문묘 업무[廟務]를 맡아서 처리하고 소속 직원을 감독한다.

제5조 직원은 부윤, 군수나 도사 또는 지방사성의 지휘를 받아 문묘를 직수(直守)하고 서무에 종사한다.

제6조 지방사성 및 직원은 유급 또는 명예직으로 한다. 명예직의 지방사성 및 직원에게는 수당을 지급할 수 있다.

제7조 명예직의 지방사성 및 직원의 임기는 2년으로 한다. 다만 재임을 할 수 있다.

제8조 지방문묘의 경비는 향교재산의 수입으로 한다.

부칙

본 법령은 공포한 날부터 시행한다. 1923년 조선총독부령 제68호(지방문묘직원에 관한 건)는 폐지한다. 본 법령은 시행 당시 사성의 직에 있는 자는 본 법령 시행일에 지방사성에 임명된 것으로

한다. 본 법령은 시행 당시 직원의 직에 있는 자는 임명일부터 1945년 5월 31일까지 2년을 경과한 자의 임기는 동일로서 종료하는 것으로 본다. 본 법령 시행 당시 직원의 직에 있는 자로 앞 항의 규정에 해당하지 아니한 자의 임기는 그 임명일부터 2년으로 한다.

(『조선총독부관보』 1945. 5. 14)

5. 장의(掌議)에 관한 규정

◇ 조선총독부 경상북도 훈령 제70호

장의에 관한 규정을 다음과 같이 정한다.

1920년(大正 9) 6월 30일   조선총독부 경상북도지사

장의에 관한 규정

제1조 장의의 정원은 다음과 같이 한다.

　　　대설위의 1문묘에 12인

　　　중설위의 1문묘에 10인

　　　소설위의 1문묘에　8인

　　　1개의 부군 내에서 향사를 행할 문묘가 2개소 이상 있을 경우에는 그 부군(府郡)에 있는 장
　　　의의 정원은 앞 항에 의한 원수(員數)의 반수로 한다.

제2조 장의는 그 부군문묘에 관계가 있는 유림 중에서 이를 선거해야 한다.

제3조 장의는 명예직으로 한다. 장의의 임기는 3년으로 한다. 단, 보궐장의의 임기는 전임자의 잔
　　　여임기 기간으로 한다.

제4조 문묘직원은 장의를 겸장(兼掌)한다.

제5조 장의의 선거기일 및 선거 장소는 부윤, 군수가 이를 지시한다.

부칙

본 법령은 공포일로부터 이를 시행한다.

본 법령 시행의 제현(際現)의 문묘직원의 직에 있는 자는 장의 선거에 장의를 겸장한 자로 간주한다.

(『경학원잡지』 28, 1927. 12. 25)

◇ 조선총독부 강원도령 제16호

장의에 관한 규정을 다음과 같이 정한다.

1920년(大正 9) 9월 14일   조선총독부 강원도지사 원응상(元應常)

장의에 관한 규정

제1조 장의의 정원은 다음과 같다.

대설위(大設位) 문묘 한 곳에 12인

중설위(中設位) 문묘 한 곳에 10인

소설위(小設位) 문묘 한 곳에 8인

제2조 장의는 문묘에 관계가 있는 유림 중에서 선출한다.

제3조 장의는 명예직으로 한다. 장의의 임기는 2년으로 한다. 단 보궐장의의 임기는 전임자의 잔
여임기로 한다.

제4조 장의의 선거 기일과 선거 장소는 군수가 지시한다.

부칙

본 법령은 공포한 날부터 시행한다.

(『조선총독부관보』 1920. 9. 18)

◇ 조선총독부 충청남도령 제13호

장의에 관한 규정은 다음과 같이 정한다.

1920년(大正 9) 9월 22일   조선총독부 충청남도지사 도키자와 아키호(時實秋穗)

장의에 관한 규정

제1조 장의의 정원은 다음과 같다.

공주군 8인, 연기군 10인, 대전군 10인, 논산군 12인, 부여군 14인, 서천군 12인, 보령군 12인,
청양군 10인, 홍성군 10인, 예산군 12인. 서산군 12인, 당진군 10인. 아산군 12인, 천안군 12인

제2조 장의는 유림 중에서 선출한다.

제3조 장의의 선거 기일과 선거 장소는 군수가 정한다.

제4조 장의는 명예직으로 한다. 단 직무를 위해 필요한 비용을 변제받을 수 있다.

제5조 장의의 임기는 3년으로 한다. 단 보궐장의의 임기는 전임자의 잔여임기로 한다.

부칙

본 법령은 공포일로부터 시행한다.

(『조선총독부관보』 1920. 9. 27)

◇ 조선총독부 평안남도령 제12호

장의에 관한 규정은 다음과 같이 정한다.

　　　1920년(大正 9) 9월 24일　　　　조선총독부 평안남도지사 시노다 지사쿠(篠田治策)

장의에 관한 규정

제1조 장의의 정원은 부(府)에는 10인, 군(郡)에는 군내의 면수와 동수로 한다. 특별한 사유가 있을 때는 부윤·군수가 도지사의 인가를 받아 앞 항의 정원을 증감할 수 있다.

제2조 장의는 그 부·군의 문묘와 관계가 있는 유림 중에서 구관(舊慣)에 따라 추천한 후보자 중 부윤·군수가 명한다.

제3조 장의는 명예직으로 한다. 장의의 임기는 3년으로 한다. 단 보궐장의의 임기는 전임자의 잔여임기로 한다.

제4조 장의가 직무를 게을리 하거나 체면을 손상시키는 행위를 하였을 경우 부윤 또는 군수는 도지사의 인가를 얻어 해임할 수 있다.

제5조 장의의 직무를 위해 필요한 비용은 향교재산에서 변제받을 수 있다. 비용변상액과 그 지급 방법은 부윤 또는 군수가 정한다.

부칙

본 규정은 공포한 날부터 시행한다.

(『조선총독부관보』 1920. 9. 29)

◇ 조선총독부 함경남도령 제16호

장의에 관한 규정을 다음과 같이 정한다.

    1920년(大正 9) 10월 7일 　　　　조선총독부 함경남도지사 　이규완(李圭完)

장의에 관한 규정

제1조 장의의 정원은 다음과 같다.

    함흥군, 북청군, 덕원군, 안변군 8인

    정평군, 영흥군, 고원군, 문천군, 홍원군, 갑산군 6인

    이원군, 단천군, 장진군, 삼수군 4인

제2조 장의는 문묘와 관계가 있는 유림 중 선출된 후보자 중에서 군수가 임명한다.

제3조 장의는 명예직으로 한다. 장의의 임기는 2년으로 한다. 단 보궐장의의 임기는 전임자의 잔
    여임기로 한다.

제4조 장의 후보자를 선출할 기일, 장소, 인원수는 군수가 지시한다.

부칙

본 법령은 공포일로부터 시행한다.

                                   (『조선총독부관보』 1920. 10. 14)

◇ 조선총독부 함경북도 훈령 제37호

장의에 관한 규정을 다음과 같이 정한다.

    1920년(大正 9) 10월 9일 　　　　조선총독부 함경북도지사 간바야 시케지로(上林敬次郎)

장의에 관한 규정

제1조 장의의 정원은 각군에 8인으로 한다.

제2조 장의는 문묘에 관계가 있는 유림 중에서 선거한 후보자에 대하여 도지사가 임명한다.

제3조 장의는 명예직으로 한다. 장의의 임기는 3년으로 한다. 단 보궐장의의 임기는 전임자의 잔
    임 기간으로 한다.

제4조 장의후보자의 선거기일 및 선거 장소는 군수가 이를 지시한다.

부칙

본 법령은 공포일로부터 시행한다.

(『경학원잡지』 21, 1921. 3. 10)

◇ 조선총독부 함경북도 훈령 제37호

장의에 관한 규정을 다음과 같이 정한다.

     1920년(大正 9) 10월 15일   조선총독부 전라남도지사 이즈미 쵸조(亥角仲藏)

장의에 관한 규정

제1조 장의의 정원은 다음과 같다.

     광주군, 여수군, 순천군, 나주군, 영광군, 제주도 10인

     담양군, 보성군, 장흥군, 장성군 8인

     곡성군, 구례군, 광양군, 고흥군, 화순군, 강진군, 해남군, 영암군, 무안군, 함평군, 완도군,

진도군 6인

제2조 장의는 유림 중에서 선거한 후보자 중에 대하여 군수·도사(島司)가 임명한다.

제3조 장의는 명예직으로 한다. 장의의 임기는 2년으로 한다. 단 보궐장의의 임기는 전임자의 잔

    임 기간으로 한다.

제4조 장의 후보자의 선거기일 및 선거 장소는 군수 또는 도사가 이를 지시한다.

(『경학원잡지』 21, 1921. 3. 10)

◇ 조선총독부 경기도 훈령 제29호

장의에 관한 규정을 다음과 같이 정한다.

     1920년(大正 9) 10월 22일   조선총독부 경기도지사 구도 에이치

장의에 관한 규정

제1조 장의의 정원은 다음과 같다.

고양군 4인, 광주군 6인, 양주군 6인, 연천군 8인, 포천군 8인, 가평군 4인, 양평군 6인, 여주군 6인, 이천군 6인, 용인군 6인, 안성군 8인, 진위군 6인, 수원군 10인, 시흥군 6인, 부천군 6인, 김포군 6인, 강화군 8인, 파주군 6인, 장단군 6인, 개성군 12인

제2조 장의는 문묘와 관계가 있는 유림 중 선출된 후보자 중에서 군수의 추천에 따라 도지사가 임명한다.

제3조 장의는 명예직으로 한다. 장의의 임기는 2년으로 한다. 단 보궐장의의 임기는 전임자의 잔여 임기로 한다.

제4조 장의의 선거 기일 및 선거 장소는 군수가 지시한다.

부칙

본 법령은 공포한 날부터 시행한다.

(『조선총독부관보』 1920. 10. 27)

◇ 조선총독부 함경북도 훈령 제37호

향교재산관리규칙 제5조에 따라 장의에 관한 규정을 다음과 같이 정한다.

1920년(大正 9) 10월 9일   조선총독부 함경북도지사 우에바야시 게이지로(上林敬次郎)

장의에 관한 규정

제1조 장의의 정원은 각 군에 8인으로 한다.

제2조 장의는 문묘와 관계가 있는 유림 중에서 선출한 후보자 가운데 도지사가 임명한다.

제3조 장의는 명예직으로 한다. 장의의 임기는 3년으로 한다. 단 보궐장의의 임기는 전임자의 잔여임기로 한다.

제4조 장의 후보자의 선거 기일 및 선거 장소는 군수가 지시한다.

부칙

본 법령은 공포한 날부터 시행한다.

(『조선총독부관보』 1920. 10. 29)

◇ 조선총독부 전라남도 훈령 제30호

군수
도사

장의에 관한 규정을 다음과 같이 정한다.

    1920년(大正 9) 10월 15일   조선총독부 전라남도지사 이스미 나카조(亥角仲藏)

장의에 관한 규정

제1조 장의의 정원은 다음과 같다.

    광주군 10, 담양군 8인, 곡성군 6인, 구례군 6인, 광양군 6인, 여수군 10인, 순천군 10인, 고흥군 6인, 보성군 8인, 화순군 6인, 장흥군 8인, 강진군 6인, 해남군 6인, 영암군 6인, 무안군 6인, 나주군 10인, 함평군 6인, 영광군 10인, 장성군 8인, 완도군 6인, 진도군 6인, 제주도 10인

제2조 장의는 유림 중에서 선출된 후보자 가운데 군수 또는 도사가 임명한다.

제3조 장의는 명예직으로 한다. 장의의 임기는 2년으로 한다. 단 보궐장의의 임기는 전임자의 잔여임기로 한다.

제4조 장의의 선거 기일 및 선거 장소는 군수 또는 도사가 지시한다.

(『조선총독부관보』 1920. 11. 10)

◇ 조선총독부 경기도 훈령 제29호

장의에 관한 규정을 다음과 같이 정한다.

    1920년(大正 9) 10월 22일   조선총독부 경기도지사 구도 에이치

제1조 장의의 정원은 다음과 같다.

    개성군 12인

    수원군 10인

    포천군, 안성군, 강화군, 연천군 10인

    양주군, 양평군, 이천군, 부천군, 장단군, 광주군, 여주군, 용인군, 진위군, 시흥군, 김포군,

파주군 6인

고양군, 가평군 4인

제2조 장의는 문묘에 관계가 있는 유림 중에서 선출된 후보자 가운데 군수의 추천으로 도지사가
임명한다.

제3조 장의는 명예직으로 한다. 장의의 임기는 2년으로 한다. 단 보궐장의의 임기는 전임자의 잔
임 기간으로 한다.

제4조 장의의 선거 기일 및 선거 장소는 군수가 지시한다.

부칙

본 법령은 공포일로부터 시행한다.

(『경학원잡지』 21, 1921. 3. 10)

◇ 조선총독부 경상남도령 제57호

장의에 관한 규정을 다음과 같이 정한다.

　　　　1920년(大正 9) 12월 20일　　　　조선총독부 경상남도지사 사사키 도타로(佐佐木藤太郎)

장의에 관한 규정

제1조 장의의 정원은 다음과 같다.

합천군 14인

창령군, 울산군, 사천군, 산청군, 동래군, 통영군, 함양군 10인

마산부, 함안군, 양산군, 김해군, 고성군, 하동군, 거창군, 진주군, 창원군, 의령군, 밀양군,
남해군 6인

제2조 장의는 유림 중에서 선출된 후보자 가운데 부윤 · 군수가 임명한다.

제3조 장의는 명예직으로 한다. 장의의 임기는 3년으로 한다. 단 보궐장의의 임기는 전임자의 잔
여임기로 한다.

제4조 장의의 선거 기일, 선거 장소는 부윤 · 군수가 지시한다.

부칙

본 법령은 공포일로부터 시행한다.

(『경학원잡지』 21, 1921. 3. 10)

◇ 조선총독부 황해도령 제1호

장의에 관한 규정을 다음과 같이 정한다.

　　　　1921년(大正 10) 1월 12일　　　　　　조선총독부 황해도지사 신응희

장의에 관한 규정

제1조 장의의 정원은 한 문묘에 10명으로 한다.

제2조 장의는 문묘와 관계가 있는 유림 중에서 선출된 자 중에서 도지사가 임명한다. 문묘 직원은 앞 항의 선거를 거치지 않고 장의에 임명될 수 있다.

제3조 장의는 명예직으로 한다. 장의의 임기는 2년으로 한다. 단 보궐장의의 임기는 전임자의 잔여임기로 한다.

제4조 장의의 선거 기일 및 선거 장소는 군수가 지시한다.

부칙

본 법령은 공포한 날부터 시행한다.

(『조선총독부관보』 1921. 1. 12)

◇ 조선총독부 전라북도령 제1호

장의에 관한 규정을 다음과 같이 정한다.

　　　　1921(大正 10) 1월 12일　　　　　　　조선총독부 전라북도지사

장의에 관한 규정

제1조 장의의 정원은 군내의 면의 수와 동수로 한다. 특별한 사유가 있을 때는 군수는 도지사의

인가를 받아 앞 항의 정원을 증감할 수 있다.

제2조 장의는 그 군 문묘에 관계가 있는 유림 중에서 구관(舊慣)에 의하여 추천된 후보자 가운데에
　　　서 군수가 이를 명한다.

제3조 장의는 명예직으로 한다. 장의의 임기는 3년으로 한다. 단, 보궐장의의 임기는 전임자의 잔
　　　여임기 기간으로 한다.

제4조 장의의 선거기일 및 선거 장소는 부윤·군수가 이를 지시한다.

제5조 장의가 직무를 게을리 하거나 또는 체면을 더럽히고 손상시키는 행위가 있을 때는 군수는
　　　도지사의 인가를 받아 해임할 수 있다.

제6조 장의의 직무로 인하여 필요한 비용은 향교재산으로부터 변상할 수 있다. 비용변상액 및 그
　　　지급 방법은 군수가 이를 정한다.

부칙

본 법령은 공포한 날부터 이를 시행한다.

(『경학원잡지』 28, 1927. 12. 25)

◇ 조선총독부 평안북도령 제1호

장의에 관한 규정을 다음과 같이 정한다.
　　　1921년(大正 10) 1월 17일　　　조선총독부 평안북도지사 이이오 도지로(飯尾藤次郎)

장의에 관한 규정

제1조 장의의 정원은 다음과 같다.

　　　의주군, 태천군, 희천군, 영변군, 박천군, 정주군, 철산군, 초산군, 강계군, 후창군 10인

　　　선천군, 창성군 8인

　　　구성군, 운산군, 용천군, 삭주군, 벽동군, 위원군, 자성군 6인

제2조 장의는 유림 중에서 선출된 후보자 중 도지사가 임명한다.

제3조 장의는 명예직으로 한다. 장의의 임기는 3년으로 한다. 단 보궐장의의 임기는 전임자의 잔
　　　여임기로 한다.

제4조 장의 후보자를 선거할 기일, 장소는 군수가 지시한다.

부칙

본 법령은 공포한 날부터 시행한다.

◇ 조선총독부 전라남도령 제3호

장의 비용변상규정은 다음과 같이 정한다.

　　　1921년(大正 10) 2월 15일　　　조선총독부 전라남도지사 이스미 나카조(亥角仲藏)

장의비용 변상규정(掌議費用辨償規程)

제1조 장의 직무로 인하여 군수 또는 도사의 소집에 응할 때는 본 규정에 따라 비용을 변상한다.

제2조 비용변상은 기차임(汽車賃), 기선임(汽船賃, 용선임(傭船賃), 일비 등 4종으로 하며, 그 금액은 별표에 의한다.

제3조 기차임은 철도여행에, 기선임과 용선임은 수로여행에 대하여 각 순로(順路)의 노정에 따라 지급한다. 단 관용 또는 공용선박에 의한 여행에는 뱃삯을 지급하지 않는다.

제4조 일비는 여행 및 체제 일수에 따라 지급한다. 단 배안에서 숙박한 날의 일비는 숙박하지 않은 날의 금액으로 한다.

제5조 여행 일수는 도중에 부득이한 사유로 필요한 일수를 제외하고 철도여행은 200리, 수로여행은 100해리(용선(傭船)에 의할 때는 500리), 육로여행은 10리로 나누어 통산한 날짜를 초과할 수 없다.[2] 단 1일 미만은 1일로 한다.

제6조 초집지 또는 초집지에서 1리 이내의 면에 주소를 가진 자는 출무일수(出務日數)에 따라 일비만 지급한다. 그 금액은 숙박하지 않은 날의 금액으로 한다.

제7조 비용변상 지급방법은 본 규정에 정한 것을 제외하고 외국비 여비지급의 예에 의한다.

부칙

본 법령은 공포한 날부터 시행한다.

---

2) 일본의 1리는 4km이다.

별표

일액		기차임	기선임	용선임
숙박한 날 하룻밤	무박한 날 1일			
2원 50전	1원 50전	3등 금액	2등 금액	실비

(『조선총독부관보』 1921. 3. 2)

◇ 조선총독부 충청북도 훈령 제8호

군수

장의에 관한 규정을 다음과 같이 정한다.

1921년(大正 10) 3월 9일   조선총독부 충청북도지사 요네다 진타로(米田甚太郎)

장의에 관한 규정

제1조 장의의 정원은 군 내의 면 수와 동수로 한다. 특별한 사유가 있을 때는 군수는 도지사의 승인을 받아 앞 항의 정원을 증감할 수 있다.

제2조 장의의 임면은 군수의 신청에 따라 도지사가 집행한다. 군수가 장의의 임명을 신청하고자 할 때 유림들로 하여금 후보자를 선정하도록 해야 한다. 장의 후보자의 선정 방법, 선정 기일에 대하여는 군수가 정한 바에 의한다.

제3조 장의는 명예직으로 한다. 장의의 임기는 2년으로 한다. 단 보궐장의의 임기는 전임자의 잔여임기로 한다.

제4조 장의는 직무로 인하여 필요한 비용은 변제받을 수 있다. 비용변제액과 그 지급 방법은 도지사의 승인을 받아 군수가 정한다.

부칙

본 법령은 공포한 날부터 시행한다.

(『조선총독부관보』 1921. 3. 14)

◇ 조선총독부 함경남도령 제8호

장의에 관한 규정을 다음과 같이 개정한다.
  1924년(大正 13) 5월 5일 조선총독부 함경남도지사 이규완

제1조 가운데 단천군(端川郡)의 정원 '4인'을 '6인'으로 고친다.

부칙
본 법령은 다음 총개선(總改選)부터 시행한다.

(『조선총독부관보』 1924. 5. 9)

◇ 조선총독부 평안북도령 제9호

장의에 관한 규정을 다음과 같이 개정하고, 1927년(昭和 2) 3월 12일부터 시행한다.
  1927년(昭和 2) 4월 26일 조선총독부 평안북도지사 다니 다키마(谷多喜磨)

제1조 가운데 '선천군(宣川郡) 8인'을 '선천군 10인'으로 고친다.

부칙
본 법령은 공포일로부터 시행한다.

(『조선총독부관보』 1927. 5. 12)

◇ 조선총독부 함경남도령 제18호

장의에 관한 규정을 다음과 같이 개정한다.
  1926년(昭和 2) 9월 26일 조선총독부 함경남도지사 나카노 다사부로(中野太三郎)

제1조 가운데 '단천군(端川郡)'의 아래에 '신흥군(新興郡)'을 추가한다.

부칙

본 법령은 다음 총개선(總改選)부터 시행한다.

(『조선총독부관보』 1927. 10. 4)

◇ 조선총독부 함경남도령 제11호

1920년(大正 9) 10월 7일 조선총독부 함경남도령 제16호 장의에 관한 규정을 다음과 같이 개정한다.
    1930년(昭和 5) 10월 1일   조선총독부 함경남도지사 사쿠라이 후사키(櫻井房治郞)

제1조 가운데 '함흥군'을 '함흥부'로 바꿈
제2조 가운데 후보자에 대해서의 아래에 '부윤'을 추가한다.
제4조 가운데 기일회장(期日會場) 인원수는 아래에 '부윤'을 추가한다.

부칙

본 법령은 공포일부터 시행한다.

(『조선총독부관보』 1930. 10. 13)

◇ 조선총독부 경기도 훈령 제17호

부윤
군수

장의에 관한 규정 가운데 다음과 같이 개정한다.
    1930년(昭和 5) 10월 1일   조선총독부 경기도지사 와타나베 시노부

제1조 가운데 '고양군(高陽郡) 4인' 앞에 '개성부(開城府) 8인'을 더하고, '개성군 12인'을 '개풍군(開豊郡) 4인'으로 고친다.
제2조 가운데 '군수'를 '부윤, 군수'로 고친다.

제4조 가운데 '군수'를 '부윤, 군수'로 고친다.

부칙

본 법령은 공포일로부터 시행한다.

(『조선총독부관보』 1930. 10. 13)

◇ 조선총독부 경기도 훈령 제21호

부윤

군수

장의에 관한 규정 가운데 다음과 같이 개정한다.

1930년 12월 26일   조선총독부 경기도지사   와타나베 시노부

제1조 가운데 '개성부(開城府) 8인'을 '12인'으로 고친다.

부칙

본 법령은 공포일로부터 시행한다.

(『조선총독부관보』 1931. 1. 8)

◇ 조선총독부 함경남도령 제16호

1920년 10월 7일 조선총독부 함경남도령 제16호 장의에 관한 규정을 다음과 같이 개정한다.

1932년(昭和 7) 10월 20일   조선총독부 함경남도지사   세키미즈 다케시(關水武)

제1조 장의의 정원은 부에 있어서는 21인, 군에 있어서는 군내의 읍면수와 동수로 한다. 단 특별한
사유가 있을 때는 부윤, 군수는 도지사의 인가를 받아 정원을 증감할 수 있다.

부칙

본 법령은 공포일로부터 시행한다.

(『조선총독부관보』 1932. 10. 28)

◇ 조선총독부 전라북도령 제30호

1921년(大正 10) 조선총독부 전라북도령 제1호(장의에 관한 건) 가운데 다음과 같이 개정한다.

　　1935년(昭和 10) 10월 1일　　　　　조선총독부 전라북도지사　고원훈(高元勳)

제1조 장의의 정수를 다음과 같이 한다.

　　전주부 12인, 완주군 6인, 진안군 11인, 금산군 10인, 무주군 6인, 장수군 7인, 임실군 12인,
　　남원군 18인, 순창군 11인, 정읍군 17인, 고창군 14인, 부안군 10인, 김제군 16인, 옥구군 10
　　인, 익산군 18인

　　특별한 사유가 있을 때는 부윤 또는 군수는 도지사의 인가를 받아 앞 항에 정한 수를 증감할
　　수 있다.

제2조 가운데 '그 군 문묘'를 '그 부·군(府·郡)문묘'로, '구관에 따라 추천함'을 '선거함'으로, 그리
　　고 '군수'를 '부윤 또는 군수'로 고친다.

제4조 내지 제6조 가운데 '군수''군수'를 '부윤 또는 군수'로 고친다.

부칙

본 법령은 1935년 10월 1일부터 시행한다. 본 법령을 시행할 때 현임 장의의 수는 제1조에 정한
수를 초과할 경우에도 그 잔임 기간 중 인원수를 감하지 않는다.

(『조선총독부관보』 1935. 10. 15)

6. 문묘석전(文廟釋奠) 관련 규정

◇ 문묘석전 기일 개정의 건

(1937년(昭和 12) 2월 13일 학비(學秘) 제9호 총독부 학무국장 통첩)

경학원의 목적은 단순히 문묘를 제사하고 경학을 강의하는 것에 그치는 것이 아니다. 시정방침을 잘 권장하여 순조롭게 나아가 사회교화를 도와 열매를 거두도록 하는 데 있다는 것은 경학원 설립 당초에 이미 시사한 바이다. 경학원에서는 위와 같은 취지에 따라 시세를 살펴 이번 석전 집행일을 양력으로 바꾸어 춘계는 4월 15일, 추계는 10월 15일에 집행하기로 하고 금년 춘계 제사부터 실시하도록 하였다. 종래 석전은 음력 2월과 8월의 상정일(上丁日)에 행해왔는데 특별히 근거가 있는 것이 아니고 오로지 구관(舊慣)에 따른 것일 뿐이므로 위 경학원의 행위는 시세의 요구에 지극히 적합한 시의적절한 조치일 뿐 아니라 사회 교화상 자못 의의 있는 것임을 인정함으로써 경학원과 그 목적을 같이 한다.(이하 생략)

(『경학원잡지』 42, 1937. 12. 25)

◇ 문묘석전제문 개정에 관한 건

1937년(昭和 12) 5월 18일 경학원 통첩

문묘 석전제문 개정에 관한 건으로 총독부 학무국장으로부터 전라북도 지사 및 함경남도 지사에 대하여 다음과 같이 조복(照覆)하였기에 참고하시도록 이에 베껴 보고한다.

재판면(再版面) 개서(改書)의 경우에는 정위(正位)에만 그치지 않고 배위(配位) 이하 선현선유(先賢先儒)에도 아울러 미치지 않으면 안 될 것이니 대단히 신중을 요할 것인 즉 부(府) 통첩의 취의(趣意)대로 시행하는 것이 마땅하다.

〈별지〉

1937년(昭和 12) 4월 14일부 전라북도지사가 학무국장 앞으로 보낸 조회(照會)

(1) 부윤·군수가 수헌관(首獻官)을 담당하도록 하고 부윤·군수에게 사고가 있을 경우는 그 대리

관이 수헌관이 된다. 또한 유림 중에서 수헌관을 선임하여 부윤·군수 명의의 제문을 대신 고하도록 하더라도 종래의 관례에 따라 유림 중에서 수헌관을 선임하여 그 명의로 고축(告祝)하게 할 것인가?

(2) 제문식은 공부자(孔夫子)에 대한 제문이지만 이에 배향위(配享位)인 4성(四聖)에도 함께 고축하는 것은 어떠한가?

1937년(昭和 12) 4월 22일부 학무국장이 전라북도지사 앞으로 보낸 회답

위 제목의 건은 다음과 같이 양지하도록 할 것.

(1) 부윤·군수·도사에게 사고가 있을 경우 고견대로 종래의 관례에 따라 유림 중에서 초헌관을 선임하고 그 명의로 제문을 고하여도 지장 없다.

(2) 제문은 4월 1일 통첩 제문의 형식에 따를 것(경학원에서도 제문 안에 배향위를 포함시키지 않는다)

1937년(昭和 12) 4월 13일부 함경도지사가 학무국장 앞으로 보낸 조회

(1) 문묘의 공자 위패는 '대성지성문선왕(大成至聖文宣王)'으로 하여 종래 제문 속에 공자의 시호(諡號)는 위에 따랐지만, 이번 지시가 있었던 제문 형식에는 '지성선사공자(至聖先師孔子)'라고 칭하고 있다. 그렇다면 공자의 위패는 본 건에 따라 바꿔 쓸 필요는 없는가.

1937년(昭和 12) 4월 22일 부 학무국장이 함경도지사 앞으로 보낸 회답

함남학 제162호를 통하여, 문묘의 공자 위패에 기재한 '대성지성문선왕(大成至聖文宣王)'과 제문 중에 기재한 '지성선사공자(至聖先師孔子)'의 관계에 대하여 조회하였는데, 위의 사항은 모두 공부자에 대한 존경의 칭호이므로 위패의 문자를 꼭 바꿔 쓸 필요는 없다고 생각한다. 그러나 관계 유림들이 위패의 개서(改書)를 희망하는 경우에는 제문과 동일한 문자로 개서하는 것도 상관없음을 양지하기 바랍니다.

(『경학원잡지』 42, 1937. 12. 25)

◇ 문묘석전 참배방법의 건

(1937년(昭和 12) 4월 7일 각 학교장 앞 경학원 통첩)

　대저 고대에 선성선사(先聖先師)에 대하여 석전례를 행한 것은 후생으로서 공경을 다하는 것으로서 입학례와 같은 것이다. 이번에 음력을 폐지하고 민중의 이중생활을 간략하게 하려는 것에 즈음하여 문묘의 석전제를 반드시 음력 일자를 굳게 지키지 않아도 되기에 이르렀다. 그렇지만 이것을 개정함에 이르러 여러 가지 자세히 살펴 연구를 거듭할 필요가 있다. 선성선사에 대하여 다례를 예로부터 후생의 입학례의 의미로 생각하였음을 살펴 춘계 석전기일을 4월 15일로 정한 것은 신학년 입학 초기에 학생으로 하여금 석전에 참배하도록 하여 선전의 의미를 천명함과 동시에 덕육치중(德育置重)의 취지에 부합하도록 하는 것에 다름 아니다. 이제부터 춘계석전에 즈음하여 가능한 신입반 학생들이 다수 참배하도록 특별히 배려해주시기 바랍니다.

(『경학원잡지』 42, 1937. 12. 25)

Ⅲ. 향교소장 근대문서의 세부목록

1. 강릉향교(江陵鄕校)

연번	문서					문서철		비고
	제목(원문)	제목(한글)	생산시기	생산자	수신자	문서철명	생산연도	
1	文宣王誕降二千四百七十九年八月二十七日(文宣王誕日)於文廟行瞻拜式後設講會諸節次如左	1928년 8월 27일(문선왕 탄일)에 문묘행 첨배후 설강회 절차는 좌측과 같다	1928.10.15	강릉군	문묘직원	講會存案綴)講案		반포, 기, 신청서 양식, 경계 2건, 재, 배계
2	請求書	청구서	1928.11.22	江陵文廟直員 崔文吉	강릉향교 재산관리자	講會存案綴)講案		
3	仰佈	앙포	1928.11.22	江陵文廟直員 崔文吉	강릉향교 재산관리자	講會存案綴)講案		기, 응강자 주의
4	江陵鄕校에提出할事	강릉향교에 제출한 일	0000.04.02	江陵文廟直員 崔文吉	장의	講會存案綴)講案		兩則順延
5	講會宣傳文配付의件	강회 선전문 배부의 건	1929.04.16	江陵文廟直員 崔文吉	면장	講會存案綴)講案		강회순서
6	江陵郡鄕校講會狀況ニ關スル件	강릉군 향교강회 상황에 관한 건	1929.05.22	江陵文廟直員 崔文吉	강릉군수	講會存案綴)講案		白鹿洞강규, 강목 및 방식, 강회역원, 강회비
7	江陵郡鄕校講會狀況의關훈件	강릉군 향교강회 상황에 관한 건	1929.05.10	江陵文廟直員 崔文吉	경학원장	講會存案綴)講案		
8	敬啓時下	경계하시	1932.09.07	江陵文廟直員 曺主常		講會存案綴)講案		
9	拜啓時下	배계하시	1932.09.06	江陵文廟直員 曺主常		講會存案綴)講案		기, 응강자 주의
10	公承	공승	1932.08.23	江陵文廟直員 曺主常		講會存案綴)講案		
11	秋期釋奠祭擧行ノ件	추기 석전제 거행의 건	1932.09.01	江陵文廟直員 曺主常	강릉농학교장, 강릉공립보통학교장, 강릉군수	講會存案綴)講案		공자 탄일 축하식 물품대 청구서 내역, 응강자주의, 申込書式樣
12	請求書	청구서	1932.10.03	전응원	강릉향교 재산관리자, 강릉군수	講會存案綴)講案		공부자 탄일 축하식 물품대
13	文藝會終了狀況報告	문예회 종료 상황보고	1932.09.16	江陵文廟直員 曺主常	강릉군수	講會存案綴)講案		좌기, 백일장 수지 예산표, 公函
14	請求書	청구서	1932.10.14	江陵文廟直員 曺主常	강릉향교 재산관리자, 강릉군수	講會存案綴)講案		문묘 분향비 내역
15	請求書	청구서	1932.10.14	全祐植	강릉향교 재산관리자, 강릉군수	講會存案綴)講案		문묘 분향시 물품대 내역

연번	문서					문서철		비고
	제목(원문)	제목(한글)	생산시기	생산자	수신자	문서철명	생산연도	
16	請求書	청구서	1933.03.22	崔燦允	강릉향교 재산관리자, 강릉군수	講會存案綴〉 講案		문묘제 석야용 및 상원야용 내역
17	請求書	청구서	1933.03.22	崔燦允	강릉향교 재산관리자, 강릉군수	講會存案綴〉 講案		문묘 춘계석전제 제수 및 물품대 내역
18	請求書	청구서	1933.03.22	崔燦允	강릉향교 재산관리자, 강릉군수	講會存案綴〉 講案		문묘장의 선거시 물품대
19	請求書	청구서	1933.05.20	전우식	강릉향교 재산관리자, 강릉군수	講會存案綴〉 講案		문묘 분향시 물품대
20	請求書	청구서	1933.05.20	江陵文廟直員 曺圭常	강릉향교 재산관리자, 강릉군수	講會存案綴〉 講案		문묘 분향료 내역
21	請求書	청구서	1933.06.09	박증하	강릉향교 재산관리자, 강릉군수	講會存案綴〉 講案		유림단 공동전 식수비 내역
22	請求書	청구서	1932.11.24	최찬윤	강릉향교 재산관리자, 강릉군수	講會存案綴〉 講案		문묘추정 석전제 제수 및 물품대
23	請求書	청구서	1933.08.28	江陵文廟直員 曺圭常	강릉향교 재산관리자, 강릉군수	講會存案綴〉 講案		문묘 분향료 내역
24	請求書	청구서	1933.08.28	박증하	강릉향교 재산관리자, 강릉군수	講會存案綴〉 講案		문묘 분향시 물품대
25	鄕校財産管理規程頒布	향교재산관리규정 반포	1910.04.26	학부대신		講會存案綴〉 講案		例規
26	鄕校財産二關スル件	향교재산에 관한 것	1920.07.09	강릉군수	문묘직원	講會存案綴〉 講案		例規
27	鄕校財産管理規則左ノ通リ定ム	향교재산관리규칙을 다음과 같이 정한다	1920.06.29	조선총독 남작 제등실		講會存案綴〉 講案		조선총독부령 제91호, 향교재산관리규칙, 부칙, 조선총독부 강원도 유고 제2호
28	掌議二關スル規程左ノ通定ム	향교재산관리규칙 좌측에 통정	1920.09.14	조선총독부 강원도지사 원응상		講會存案綴〉 講案		조선총독부 강원도령 제16호, 장의에 관한 규정
29	朝鮮總督府令第27號	조선총독부령 제27호	1920.06.29	조선총독 남작 제등실		講會存案綴〉 講案		例規
30	釋奠祭日陽曆으로改正ノ件	석전기일을 양력으로 개정 건	1937.02.26	강릉군수	강릉 문묘직원	講會存案綴〉 講案		내제1호
31	釋奠期日을 陽曆으로改正之件	석전기일을 양력으로 개정 건	1937.02.18	경학원 대제학 정봉시		講會存案綴〉 講案		經第49號, 左記

연번	문서					문서철		비고
	제목(원문)	제목(한글)	생산시기	생산자	수신자	문서철명	생산연도	
32	釋奠祭期日ッ陽曆ニ改正ノ件	석전기일을 양력으로 개정 건	1937.02.24	강릉군수	문묘직원	講會存案綴) 講案		내제346호
33	釋奠祭期日ッ陽曆ニ改正ノ件	석전기일을 양력으로 개정 건	1937.02.12	학무국장	각 도지사	講會存案綴) 講案		學秘제9호
34	釋奠祭期日ッ陽曆ニ改正ノ件	석전기일을 양력으로 개정 건	1937.02.12	학무국장	각 도지사	講會存案綴) 講案		學秘제9호
35	釋奠祭祝文改撰의件	석전제 축문개찬의 건	1937.04.07	경학원 대제학	문묘직원	講會存案綴) 講案		經 제125호
36	文廟釋奠祭文改正ニ關スル件	문묘 석전제문 개정에 관한 건	1937.04.09	강릉군수	강릉 문묘직원	講會存案綴) 講案		내 제1호, 제문식, 한문식
37	秋期釋奠祭擧行狀況ノ件	추기 석전제 거행 상황의 건	1936.09.25	江陵文廟直員 沈相駿	강릉군수	釋奠祭起案	1936. 10.00	記
38	秋期釋奠祭擧行狀況ノ件	추기 석전제 거행 상황의 건	1936.09.25	江陵文廟直員 沈相駿	경학원장	釋奠祭起案	1936. 10.00	請求書, 內譯
39	請求書	청구서	1936.09.20	李錫隣	강릉향교 재산관리자 강릉군수	釋奠祭起案	1936. 10.00	강릉문묘 추계석전제 수급물품대
40	請求書	청구서	1936.10.05	江陵文廟直員 沈相駿	강릉향교 재산관리자 강릉군수	釋奠祭起案	1936. 10.00	강릉문묘 분향비 내역
41	請求書	청구서	1936.11.14	江陵文廟直員 沈相駿	강릉향교 재산관리자 강릉군수	釋奠祭起案	1936. 10.00	강능문묘 직원 변상료 내역
42	見積書	견적서	1936.12.22	朴鶴九	강릉향교 재산관리자 강릉군수	釋奠祭起案	1936. 10.00	강릉문묘 풍수해 응급수선비 내역
43	請求書	청구서	1936.12.28	江陵文廟直員 沈相駿	강릉향교 재산관리자 강릉군수	釋奠祭起案	1936. 10.00	강릉문묘 분향비 내역
44	請求書	청구서	1937.01.28	江陵文廟直員 沈相駿	강릉향교 재산관리자 강릉군수	釋奠祭起案	1936. 10.00	강릉 문묘직원 변상료 내역
45	請求書	청구서	1937.03.27	江陵文廟直員 沈相駿	강릉향교 재산관리자 강릉군수	釋奠祭起案	1936. 10.00	강릉문묘 분향비 내역
46	請求書	청구서	1937.03.27	江陵文廟直員 沈相駿	강릉향교 재산관리자 강릉군수	釋奠祭起案	1936. 10.00	강릉문묘 분향비 내역
47	請求書	청구서	1937.04.03	朴準根	강릉향교 재산관리자 강릉군수	釋奠祭起案	1936. 10.00	강릉문묘 화원 식수비
48	見積書	견적서	1937.04.05	朴準根	강릉향교 재산관리자 강릉군수	釋奠祭起案	1936. 10.00	강릉문묘 수선비

연번	문서					문서철		비고
	제목(원문)	제목(한글)	생산시기	생산자	수신자	문서철명	생산연도	
49	見積書	견적서	1937.04.08	崔鐘元	강릉향교 재산관리자, 강릉군수	釋奠祭起案	1936.10.00	강릉문묘 비품비
50	屠場使用許可願	도장사용 허가원	1937.04.00		강릉읍장	釋奠祭起案	1936.10.00	
51	春期釋奠祭擧行狀況ノ件	춘기 석전제 거행 상황의 건	1937.04.19	江陵文廟直員 沈相駿	강릉군수	釋奠祭起案	1936.10.00	記
52	春期釋奠祭擧行狀況의件	춘기 석전제 거행 상황의 건	1937.04.19	江陵文廟直員 沈相駿	경학원장	釋奠祭起案	1936.10.00	청구서, 내역
53	請求書	청구서	1937.04.12	朴準瑾	강릉향교 재산관리자, 강릉군수	釋奠祭起案	1936.10.00	강릉문묘 춘계석전제 수급물품대
54	請求書	청구서	1937.06.01	江陵文廟直員 沈相駿	강릉향교 재산관리자, 강릉군수	釋奠祭起案	1936.10.00	강능문묘 직원 변상료 내역
55	請求書	청구서	1937.06.15	江陵文廟直員 沈相駿	강릉향교 재산관리자, 강릉군수	釋奠祭起案	1936.10.00	강릉문묘 분향비 내역
56	請求書	청구서	1937.06.14	朴準瑾	강릉향교 재산관리자, 강릉군수	釋奠祭起案	1936.10.00	강릉문묘 제전 이앙비
57	請求書	청구서	1937.08.01	朴準瑾	강릉향교 재산관리자, 강릉군수	釋奠祭起案	1936.10.00	강릉문묘 경내 정화비
58	請求書	청구서	1937.08.15	朴準瑾	강릉향교 재산관리자, 강릉군수	釋奠祭起案	1936.10.00	강릉향교 유림재 회비
59	請求書	청구서	1937.09.15	江陵文廟直員 沈相駿	강릉향교 재산관리자, 강릉군수	釋奠祭起案	1936.10.00	강릉 문묘직원 변상료 내역
60	請求書	청구서	1937.09.15	江陵文廟直員 沈相駿	강릉향교 재산관리자, 강릉군수	釋奠祭起案	1936.10.00	강릉문묘 분향비 내역
61	屠場使用許可願	도장사용 허가원	1937.10.12	朴準瑾	강릉군수	釋奠祭起案	1936.10.00	
62	秋期釋奠祭擧行狀況ノ件	추기 석전제 거행 상황의 건	1937.10.18	江陵文廟直員 沈相駿	강릉군수	釋奠祭起案	1936.10.00	記
63	秋期釋奠祭擧行狀況의件	추기 석전제 거행 상황의 건	1937.10.18	江陵文廟直員 沈相駿	경학원장	釋奠祭起案	1936.10.00	견적서, 강릉문묘 추기 석전제 수급 물품대 내역
64	見積書	견적서	1937.10.05	朴準瑾	강릉향교 재산관리자, 강릉군수	釋奠祭起案	1936.10.00	강릉문묘 추계석전제 수급물품대

연번	문서					문서철		비고
	제목(원문)	제목(한글)	생산시기	생산자	수신자	문서철명	생산연도	
65	請求書	청구서	1937.12.16	江陵文廟直員 沈相駿	강릉향교 재산관리자, 강릉군수	釋奠祭起案	1936.10.00	강릉문묘 분향비 내역
66	請求書	청구서	1937.12.16	江陵文廟直員 沈相駿	강릉향교 재산관리자, 강릉군수	釋奠祭起案	1936.10.00	강릉문묘직원 변상료 내역
67	請求書	청구서	1938.03.16	江陵文廟直員 沈相駿	강릉향교 재산관리자, 강릉군수	釋奠祭起案	1936.10.00	강릉문묘 분향비 내역
68	請求書	청구서	1938.03.16	江陵文廟直員 沈相駿	강릉향교 재산관리자, 강릉군수	釋奠祭起案	1936.10.00	강릉문묘직원 변상료 내역
69	屠場使用許可願	도장사용 허가원	1938.04.12	朴準瑾	강릉군수	釋奠祭起案	1936.10.00	
70	見積書	견적서	1938.04.02	朴準瑾	강릉군수	釋奠祭起案	1936.10.00	강릉문묘 제기 및 비품비 내역
71	見積書	견적서	1938.04.05	朴準瑾	강릉향교 재산관리자, 강릉군수	釋奠祭起案	1936.10.00	강릉문묘 경내 정화비 내역
72	見積書	견적서	1938.04.05	李錫麟	강릉향교 재산관리자, 강릉군수	釋奠祭起案	1936.10.00	강릉문묘 제복 신제조대 내역
73	見積書	견적서	1938.04.05	李錫麟	강릉향교 재산관리자, 강릉군수	釋奠祭起案	1936.10.00	춘기 석전제 수급 물품대 내역
74	見積書	견적서	1938.04.05	朴準瑾	강릉향교 재산관리자, 강릉군수	釋奠祭起案	1936.10.00	강릉문묘 춘기 석전제 수급물품대 내역
75	見積書	견적서	1938.04.05	李昌培	강릉향교 재산관리자, 강릉군수	釋奠祭起案	1936.10.00	강릉문묘 춘기 석전제시 소모품비 내역
76	春期釋奠祭擧行狀況 ノ件	춘기 석전제 거행 상황의 건	1938.04.19	江陵文廟直員 沈相駿	강릉군수	釋奠祭起案	1936.10.00	기
77	春期釋奠祭擧行狀況 의件	춘기 석전제 거행 상황의 건	1938.04.19	江陵文廟直員 沈相駿	경학원 대제학	釋奠祭起案	1936.10.00	
78	見積書	견적서	1938.05.03	朴準瑾	강릉향교 재산관리자, 강릉군수	釋奠祭起案	1936.10.00	문묘경내 정화비 내역
79	見積書	견적서	1938.04.06	朴準瑾	강릉향교 재산관리자, 강릉군수	釋奠祭起案	1936.10.00	문묘경내 정화비 내역
80	見積書	견적서	1938.06.18	朴準瑾		釋奠祭起案	1936.10.00	문묘재전이앙비

연번	문서					문서철		비고
	제목(원문)	제목(한글)	생산시기	생산자	수신자	문서철명	생산연도	
81	請求書	청구서	1938.06.18	江陵文廟直員 沈相駿	강릉향교 재산관리자, 강릉군수	釋奠祭起案	1936. 10.00	분향비
82	請求書	청구서	1938.06.18	江陵文廟直員 沈相駿	강릉향교 재산관리자, 강릉군수	釋奠祭起案	1936. 10.00	문묘직원 배상료
83	見積書	견적서	1938.07.28	朴準瑾	강릉향교 재산관리자, 강릉군수	釋奠祭起案	1936. 10.00	강릉향교 동서재 작은 파손 수선비 내역
84	見積書	견적서	1938.07.30	朴準瑾	강릉향교 재산관리자, 강릉군수	釋奠祭起案	1936. 10.00	강릉문묘 경내 정화비 내역
85	見積書	견적서	1938.08.10	洪在九		釋奠祭起案	1936. 10.00	강릉문묘 성전 작은 파손 수선비 내역
86	見積書	견적서	1938.08.10	朴準瑾		釋奠祭起案	1936. 10.00	강릉향교 명륜당 건물 수선대
87	見積書	견적서	1938.08.10	朴準瑾		釋奠祭起案	1936. 10.00	강릉향교 재전 재비 작업비 내역
88	見積書	견적서	1938.08.10	朴準瑾	강릉향교 재산관리자, 강릉군수	釋奠祭起案	1936. 10.00	강릉문묘 경내 정화비 내역
89	見積書	견적서	1938.08.19	朴準瑾	강릉향교 재산관리자, 강릉군수	釋奠祭起案	1936. 10.00	강릉문묘 임야 보호 공사대 내역
90	見積書	견적서	1938.08.19	金洪卿	강릉향교 재산관리자, 강릉군수	釋奠祭起案	1936. 10.00	강릉향교 재방 취사장 취계 공사비 내역
91	見積書	견적서	1938.09.05	李錫明	강릉향교 재산관리자, 강릉군수	釋奠祭起案	1936. 10.00	강릉향교 우물 나무 덮개 고사대 내역
92	請求書	청구서	1938.09.19	江陵文廟直員 沈相駿	강릉향교 재산관리자, 강릉군수	釋奠祭起案	1936. 10.00	분향비
93	請求書	청구서	1938.09.19	江陵文廟直員 沈相駿	강릉향교 재산관리자, 강릉군수	釋奠祭起案	1936. 10.00	문묘직원 배상료
94	見積書	견적서	1938.10.05	李昌培		釋奠祭起案	1936. 10.00	강릉문묘 추기 석전제 소모품비 내역
95	見積書	견적서	1938.10.05	李昌培		釋奠祭起案	1936. 10.00	강릉문묘 도서비 내역
96	秋期釋奠祭擧行狀況ノ件	추기 석전제 거행 상황의 건	1938.10.20	江陵文廟直員 沈相駿	강릉군수	釋奠祭起案	1936. 10.00	기, 견적서(서쪽 행랑 중수 공사비)

연번	문서					문서철		비고
	제목(원문)	제목(한글)	생산시기	생산자	수신자	문서철명	생산연도	
97	請求書	청구서	1939.03.25	江陵文廟直員 沈相駿	강릉향교 재산관리자, 강릉군수	釋奠祭起案	1936.10.00	문묘 분향비 내역
98	屠場使用許可願	도장사용 허가원	1939.04.12	崔勝在	강릉	釋奠祭起案	1936.10.00	
99	見積書	견적서	1939.04.12	金昌培		釋奠祭起案	1936.10.00	석전제시 소모품대 내역
100	見積書	견적서	1939.04.12	姜德善		釋奠祭起案	1936.10.00	석전제시 소모품대 내역
101	見積書	견적서	1939.04.14	權重玉		釋奠祭起案	1936.10.00	문묘 동서채 탁자보설대 내역
102	見積書	견적서	1939.04.14	李承達		釋奠祭起案	1936.10.00	문묘제기 운반 공구대 내역
103	見積書	견적서	1939.04.12	崔勝在		釋奠祭起案	1936.10.00	강릉문묘 제석대 내역
104	見積書	견적서	1939.04.05	張淑	강릉향교 재산관리자, 강릉군수	釋奠祭起案	1936.10.00	문묘 춘기 석전제수 물품대 내역
105	春期釋奠祭擧行狀況 ノ件	춘기 석전제 거행 상황의 건	1939.04.20	江陵文廟直員 沈相駿	강릉군수	釋奠祭起案	1936.10.00	기
106	春期釋奠祭擧行狀況 의件	춘기 석전제 거행 상황의 건	1939.04.20	江陵文廟直員 沈相駿	경학원 대제학	釋奠祭起案	1936.10.00	
107	見積書	견적서	1939.04.10	江陵邑玉川町	경학원 대제학	釋奠祭起案	1936.10.00	문묘 유기파손 개수비
108	鄕校事務及物品引繼 報告ニ關スル件	향교사무 및 물품인계보고에 관한 것	1939.05.10	江陵文廟直員 朴曾泳	강릉향교 재산관리자, 강릉군수	釋奠祭起案	1936.10.00	인계서, 인계목록
109	請求書	청구서	1939.06.15	江陵文廟直員 朴曾泳	강릉향교 재산관리자, 강릉군수	釋奠祭起案	1936.10.00	분향비
110	見積書	견적서	1939.10.07	崔勝在	강릉향교 재산관리자, 강릉군수	釋奠祭起案	1936.10.00	문묘 제석 기명대 내역
111	請求書	청구서	1939.10.07	崔勝在	강릉향교 재산관리자, 강릉군수	釋奠祭起案	1936.10.00	공자 탄신기념식비 내역
112	請求書	청구서	1939.10.20	江陵文廟直員 朴曾泳	강릉향교 재산관리자, 강릉군수	釋奠祭起案	1936.10.00	분향비
113	見積書	견적서	1939.10.20	朴曾根	강릉향교 재산관리자, 강릉군수	釋奠祭起案	1936.10.00	문묘 추기 석전제수 물품대 내역
114	秋期釋奠祭擧行狀況 ノ件	추기 석전제 거행 상황의 건	1939.10.20	江陵文廟直員 朴曾泳	강릉군수	釋奠祭起案	1936.10.00	기

연번	문서					문서철		비고
	제목(원문)	제목(한글)	생산시기	생산자	수신자	문서철명	생산연도	
115	秋期釋奠祭擧行狀況ノ件	추기 석전제 거행 상황의 건	1939.10.20	江陵文廟直員 朴曾泳	경학원 대제학	釋奠祭起案	1936.10.00	석전제향에 공진 물품건(기)
116	請求書	청구서	1939.12.17	江陵文廟直員 朴曾泳	강릉향교 재산관리자, 강릉군수	釋奠祭起案	1936.10.00	분향비
117	江陵文廟及附屬建物修繕工事見積書	강릉문묘 및 부속건물 수선공사 견적서	1939.10.31	김보경	강릉향교 재산관리자, 강릉군수	釋奠祭起案	1936.10.00	내역
118	見積書	견적서	1940.02.12	崔勝在	강릉향교 재산관리자, 강릉군수	釋奠祭起案	1936.10.00	향교 비품대 내역
119	請求書	청구서	1940.03.28	崔勝在,文廟直員朴曾泳 증인	강릉향교 재산관리자, 강릉군수	釋奠祭起案	1936.10.00	문묘도로 수선용 내역
120	見積書	견적서	1940.03.22	김원경	강릉군수	釋奠祭起案	1936.10.00	
121	見積書	견적서	1940.03.00	윤길병	강릉향교 재산관리자, 강릉군수	釋奠祭起案	1936.10.00	향교 비품 내역
122	見積書	견적서	1940.03.16	崔勝在	강릉향교 재산관리자, 강릉군수	釋奠祭起案	1936.10.00	문묘건물 온돌신목대
123	請求書	청구서	1940.03.28	崔勝在,文廟直員朴曾泳 증인	강릉향교 재산관리자, 강릉군수	釋奠祭起案	1936.10.00	임야보호비 내역
124	見積書	견적서				釋奠祭起案	1936.10.00	문묘 춘기 석전제수 물품대
125	春期釋奠祭擧行狀況ノ件	춘기 석전제 거행 상황의 건	1940.04.20	江陵文廟直員 朴曾泳	경학원 대제학	釋奠祭起案	1936.10.00	견적서
126	見積書	견적서	1940.04.27	朴炅祖	강릉향교 재산관리자	釋奠祭起案	1936.10.00	
127	見積書	견적서	1940.06.00	崔勝在	강릉향교 재산관리자, 강릉군수	[釋奠祭起案]	1940~1943	문묘재전 이앙비 내역
128	請求書	청구서	1940.07.23	江陵文廟直員 朴曾泳	강릉향교 재산관리자, 강릉군수	[釋奠祭起案]	1940~1943	문묘 분향비 내역
129	見積書	견적서	1940.08.00	상점주 김전상점	강릉향교 재산관리자, 강릉군수	[釋奠祭起案]	1940~1943	
130	秋期釋奠祭擧行狀況에件	추기 석전제 거행 상황의 건	1940.10.15	江陵文廟直員 朴曾泳	강릉군수	[釋奠祭起案]	1940~1943	기
131	秋期釋奠祭擧行狀況의件	추기 석전제 거행 상황의 건	1940.10.16	江陵文廟直員 朴曾泳	경학원 대제학	[釋奠祭起案]	1940~1943	견적서(강릉문묘 추기 석전재 수급 물품대)

연번	문서					문서철		비고
	제목(원문)	제목(한글)	생산시기	생산자	수신자	문서철명	생산연도	
132	請求書	청구서	1940.09.30	崔勝在	강릉향교 재산관리자, 강릉군수	[釋奠祭起案]	1940~1943	공자 탄신 축하식 물품대 내역
133	請求書	청구서	1940.10.27	崔勝在	강릉향교 재산관리자, 강릉군수	[釋奠祭起案]	1940~1943	강릉문묘 추기 석전시에 모든 집사 분담회비 내역
134	請求書	청구서	1940.12.16	朴曾泳	강릉향교 재산관리자, 강릉군수	[釋奠祭起案]	1940~1943	분향비
135	見積書	견적서	1941.03.00	崔勝在	강릉향교 재산관리자, 강릉군수	[釋奠祭起案]	1940~1943	문묘 방 온돌 신설대
136	見積書	견적서	1941.03.00	윤길병	강릉향교 재산관리자, 강릉군수	[釋奠祭起案]	1940~1943	향교 비품
137	請求書	청구서	1941.03.00	崔勝在	강릉향교 재산관리자, 강릉군수	[釋奠祭起案]	1940~1943	강릉향교이산모래 방지 및 식목 보호비
138	請求書	청구서	1941.03.00	崔勝在	강릉향교 재산관리자, 강릉군수	[釋奠祭起案]	1940~1943	문묘제석 비품비
139	見積書	견적서	1941.04.08	崔勝在	강릉향교 재산관리자, 강릉군수	[釋奠祭起案]	1940~1943	강릉문묘 춘기 석전제 제관 및 집사 보고비 내역
140	見積書	견적서	1941.04.08	崔勝在,江陵文廟直員朴曾泳 증인	강릉향교 재산관리자, 강릉군수	[釋奠祭起案]	1940~1943	문묘 경내 정화비
141	請求書	청구서		江陵文廟直員朴曾泳	강릉향교 재산관리자, 강릉군수	[釋奠祭起案]	1940~1943	분향비
142	見積書	견적서	1941.04.16	朴曾熙	강릉향교 재산관리자, 강릉군수	[釋奠祭起案]	1940~1943	강릉문묘 춘기 석전재 수급 물품대
143	春期釋奠祭擧行狀況에件	춘기 석전제 거행 상황의 건	1941.04.15	江陵文廟直員朴曾泳	강릉군수	[釋奠祭起案]	1940~1943	기
144	春期釋奠祭擧行狀況에件	춘기 석전제 거행 상황의 건	1941.04.15	江陵文廟直員朴曾泳	경학원 대제학	[釋奠祭起案]	1940~1943	
145	見積書	견적서	1941.06.14	崔勝在	강릉향교 재산관리자, 강릉군수	[釋奠祭起案]	1940~1943	문묘 재전 이양비 내역
146	請求書	청구서		江陵文廟直員朴曾泳	강릉향교 재산관리자, 강릉군수	[釋奠祭起案]	1940~1943	문묘분향비 내역

연번	문서					문서철		비고
	제목(원문)	제목(한글)	생산시기	생산자	수신자	문서철명	생산연도	
147	見積書	견적서	1941.09.19	崔勝在, 文廟直員 이정증영 증인	강릉향교 재산관리자, 강릉군수	[釋奠祭起案]	1940~1943	문묘재 사방비
148	請求書	청구서	1941.09.20	江陵文廟直員 朴曾泳	강릉향교 재산관리자, 강릉군수	[釋奠祭起案]	1940~1943	내역
149	見積書	견적서	1941.06.00	백광상점	강릉향교 재산관리자, 강릉군수	[釋奠祭起案]	1940~1943	문묘제관 복장비
150	鄕校事務及物品引繼報告ニ關スル件	향교사무 및 물품인계보고에 관한 건	1941.09.29	江陵文廟直員 金翰卿	강릉군수	[釋奠祭起案]	1940~1943	인계서, 인도자 박증영, 인수자 김한경, 인계목록
151	見積書	견적서	1941.10.10	金麒振	강릉향교 재산관리자, 강릉군수	[釋奠祭起案]	1940~1943	강릉문묘 추기 석전재 수급 물품대
152	秋期釋奠祭擧行狀況ノ件	추기 석전제 거행상황의 건	1941.10.20	江陵文廟直員 金翰卿	강릉군수	[釋奠祭起案]	1940~1943	기
153	秋期釋奠祭擧行狀況ノ件	추기 석전제 거행상황의 건	1941.10.20	江陵文廟直員 金翰卿	경학원 대제학	[釋奠祭起案]	1940~1943	
154	請求書	청구서	1941.11.15	崔勝在	강릉향교 재산관리자, 강릉군수	[釋奠祭起案]	1940~1943	문묘입구 교향수선비
155	請求書	청구서	1941.09.30	崔勝在	강릉향교 재산관리자, 강릉군수	[釋奠祭起案]	1940~1943	공자 탄신 축하식 물품대 내역
156	請求書	청구서	1941.12.27	江陵文廟直員 金翰卿	강릉향교 재산관리자, 강릉군수	[釋奠祭起案]	1940~1943	분향비
157	見積書	견적서	1942.03.20	山本箕允	강릉향교 재산관리자, 강릉군수	[釋奠祭起案]	1940~1943	문묘 임야 및 재전 제방 보호비 내역
158	見積書	견적서	1942.03.25	山本箕允	강릉향교 재산관리자, 강릉군수	[釋奠祭起案]	1940~1943	문묘경내 정화비 내역
159	請求書	청구서	1942.03.30	江陵文廟直員 金翰卿	강릉향교 재산관리자, 강릉군수	[釋奠祭起案]	1940~1943	분향비
160	見積書	견적서	1942.04.01	洪淳寬	강릉향교 재산관리자, 강릉군수	[釋奠祭起案]	1940~1943	문묘 비품대
161	見積書	견적서	1942.04.01	金南三	강릉향교 재산관리자, 강릉군수	[釋奠祭起案]	1940~1943	문묘 비품대

연번	문서					문서철		비고
	제목(원문)	제목(한글)	생산시기	생산자	수신자	문서철명	생산연도	
162	見積書	견적서		金麒振	강릉향교 재산관리자, 강릉군수	[釋奠祭起案]	1940~1943	문묘 춘기 석전제 수급 물품대 내역
163	春期釋奠祭擧行狀況ノ件	춘기 석전제 거행상황의 건	1942.04.25	江陵文廟直員 金翰卿	강릉군수	[釋奠祭起案]	1940~1943	기
164	春期釋奠祭擧行狀況ノ件	춘기 석전제 거행상황의 건	1942.04.25	江陵文廟直員 金翰卿	경학원 대제학	[釋奠祭起案]	1940~1943	청구서, 문묘 경내 정화비 내역
165	請求書	청구서	1942.04.30	山本箕允	강릉향교 재산관리자, 강릉군수	[釋奠祭起案]	1940~1943	문묘경내 정화비 내역
166	見積書	견적서	1942.05.15	木村忠太	강릉향교 재산관리자, 강릉군수	[釋奠祭起案]	1940~1943	향교비품대 내역
167	秋期釋奠祭擧行狀況ノ件	추기 석전제 거행상황의 건	1942.10.20	江陵文廟直員 金翰卿	강릉군수	[釋奠祭起案]	1940~1943	기
168	秋期釋奠祭擧行狀況ノ件	추기 석전제 거행상황의 건	1942.10.20	江陵文廟直員 金翰卿	경학원 대제학	[釋奠祭起案]	1940~1943	
169	見積書	견적서	1942.10.10	金俊卿	강릉향교 재산관리자, 강릉군수	[釋奠祭起案]	1940~1943	문묘 추기 석전제 수급 물품대 내역
170	文廟守僕昇拾內申ノ件	문묘수복 승십내신의 건	1942.12.12			[釋奠祭起案]	1940~1943	기
171	見積書	견적서	1943.04.03	山本箕允	강릉군수	[釋奠祭起案]	1940~1943	문묘경내 정화비 내역
172	屠場使用許可願	도장사용 허가원	1943.04.10	山本箕允	강릉읍장	[釋奠祭起案]	1940~1943	
173	春期釋奠祭擧行狀況ノ件	춘기 석전제 거행상황의 건	1943.04.15	江陵文廟直員 松浦齊河	강릉군수	[釋奠祭起案]	1940~1943	기
174	春期釋奠祭擧行狀況ノ件	춘기 석전제 거행상황의 건	1943.04.15	江陵文廟直員 松浦齊河	경학원 대제학	[釋奠祭起案]	1940~1943	
175	見積書	견적서	1943.04.13	山本箕允, 현품검수 문묘직원	강릉향교 재산관리자, 강릉군수	[釋奠祭起案]	1940~1943	문묘 춘기 석전제 수급 물품대 내역
176	文廟春期釋奠祭儀式講習會開催ノ件	문묘 춘기 석전제의식 강습회 개최의 건	1943.04.13	江陵文廟直員 松浦齊河	강릉군수	[釋奠祭起案]	1940~1943	기
177	請求書	청구서	1943.04.13	山本箕允	강릉향교 재산관리자, 강릉군수	[釋奠祭起案]	1940~1943	문묘 춘기 석전제의식 강습회비 내역
178	文廟直員巡廻講話ニ關スル件	문묘직원 순회강연에 관한 건	1942.12.26	江陵文廟直員 松浦齊河	강릉군수	[釋奠祭起案]	1940~1943	기
179	見積書	견적서	1943.04.13	山本箕允	강릉향교 재산관리자, 강릉군수	[釋奠祭起案]	1940~1943	문묘 정화비 내역

연번	문서					문서철		비고
	제목(원문)	제목(한글)	생산시기	생산자	수신자	문서철명	생산연도	
180	見積書	견적서	1943.04.13	山本箕允, 현품검수 문묘직원	강릉향교 재산관리자, 강릉군수	[釋奠祭起案]	1940~1943	강릉향교 비품대 내역
181	見積書	견적서	1943.04.16		강릉향교 재산관리자, 강릉군수	[釋奠祭起案]	1940~1943	문묘제기 수선비 내역
182	鄕校事務及物品引繼報告ニ關スル件	향교사무 및 물품 인계보고에 관한 건	1943.06.15	江陵文廟直員 松浦齊河	강릉군수	[釋奠祭起案]	1940~1943	기, 춘추기 석전제형시 안내상, 문묘제기 헌납 신입서
183	請求書	청구서	1943.06.15	山本箕允	강릉향교 재산관리자, 강릉군수	[釋奠祭起案]	1940~1943	문묘 재전 이앙비 내역
184	請求書	청구서	1943.07.15	문묘직원	강릉향교 재산관리자, 강릉군수	[釋奠祭起案]	1940~1943	문묘 분향비 내역
185	請求書	청구서	1943.07.15	山本箕允	강릉향교 재산관리자, 강릉군수	[釋奠祭起案]	1940~1943	향교 문구대 내역
186	見積書	견적서	1943.07.15	山本箕允	강릉향교 재산관리자, 강릉군수	[釋奠祭起案]	1940~1943	향교 수선비 내역
187	請求書	청구서	1943.07.16	강릉문묘직원		[釋奠祭起案]	1940~1943	문묘 분향비 내역
188	江陵文廟祭器供出	강릉문묘 제기공출	1943.08.06	江陵文廟直員 松浦齊河		[釋奠祭起案]	1940~1943	
189	請求書	청구서	1943.10.01	山本箕允	강릉향교 재산관리자, 강릉군수	[釋奠祭起案]	1940~1943	공자 탄신 참배비 내역
190	請求書	청구서	1943.10.02	山本箕允	강릉향교 재산관리자, 강릉군수	[釋奠祭起案]	1940~1943	추기 석전제 헌관 및 제 집사 분담 회비
191	秋期釋奠祭擧行狀況ノ件	추기 석전제 거행상황의 건	1943.10.15	江陵文廟直員 松浦齊河	강릉군수	[釋奠祭起案]	1940~1943	기
192	秋期釋奠祭擧行狀況ノ件	추기 석전제 거행상황의 건	1943.10.15	江陵文廟直員 松浦齊河	경학원 대제학	[釋奠祭起案]	1940~1943	
193	見積書	견적서	1943.10.16	山本箕允, 현품검수 江陵文廟直員 松浦齊河	강릉향교 재산관리자, 강릉군수	[釋奠祭起案]	1940~1943	추기 석전제 수급 물품대
194	請求書	청구서	1943.10.15	山本箕允	강릉향교 재산관리자, 강릉군수	[釋奠祭起案]	1940~1943	문묘 추기 석전제의식 강습회비 내역
195	文廟秋期釋奠祭儀禮講習會開催ノ件	문묘 추기 석전제의례 강습회 개최의 건	1943.10.13	江陵文廟直員 松浦齊河	강릉군수	[釋奠祭起案]	1940~1943	기

연번	문서					문서철		비고
	제목(원문)	제목(한글)	생산시기	생산자	수신자	문서철명	생산연도	
196	見積書	견적서	1943.10.16	山本箕允	강릉향교 재산관리자, 강릉군수	[釋奠祭起案]	1940~1943	강릉향교 방제목대
197	文廟直員巡廻講演二關スル件	문묘직원 순회강연에 관한 건	1943.12.01	江陵文廟直員 松浦齊河	강릉군수	[釋奠祭起案]	1940~1943	기
198	文廟祭器供出ノ件	문묘 제기 공출의 건	1943.11.25	江陵文廟直員 松浦齊河		[釋奠祭起案]	1940~1943	
199	江陵文廟齋田經理二關スル件	강릉문묘재전 경리에 관한 건	1943.12.15	江陵文廟直員 松浦齊河	강릉군수	[釋奠祭起案]	1940~1943	기

【강릉향교 소장】

2. 기장향교(機張鄉校)

연번	문서				문서철		비고
	제목(원문)	제목(한글)	생산시기	생산자	문서철명	생산연도	
1	發文	발문	1921.00.00	朴尙烈 等	大成殿修葺贊成錄 大正拾年三月 日	1921	
2	義捐金都錄	의연금 도록	1921.00.00		大成殿修葺贊成錄 大正拾年三月 日	1921	
3	昭和十三年十月十五日	1938년 10월 15일	1938.10.15		議案 機張文廟(會議錄) 昭和十三年十月以降	1938	
4	昭和十三年十一月十日文廟明倫堂애셔開會하고左와如히決議案件	1938년 11월 10일 문묘명륜당에서 개회하고 다음과 같이 결의안 건	1938.11.10		議案 機張文廟(會議錄) 昭和十三年十月以降	1938	
5	昭和十四年一月七日明倫堂애셔開會하고左와如히議案件	1939년 1월 7일 명륜당에서 개회하고 다음과 같이 의안 건	1939.01.07		議案 機張文廟(會議錄) 昭和十三年十月以降	1938	
6	昭和十四年四月五日明倫堂에서開會하고左와如히決議함	1939년 4월 5일 명륜당에서 개회하고 다음과 같이 결의함	1939.04.05		議案 機張文廟(會議錄) 昭和十三年十月以降	1938	
7	昭和十四年五月五日明倫堂애셔開會하고左와如히決議함	1939년 5월 5일 명륜당에서 개회하고 다음과 같이 결의함	1939.05.05		議案 機張文廟(會議錄) 昭和十三年十月以降	1938	
8	昭和十四年七月十三日午前十一時에明倫堂에서協議掌議選擧式를擧行할左記條項을決議함	1939년 7월 13일 오전 11시에 명륜당에서 협의 장의선거식을 거행할 다음 조항을 결의함	1939.07.13		議案 機張文廟(會議錄) 昭和十三年十月以降	1938	
9	昭和十二年丁丑四月十五日機張文廟重修時寄附芳名錄	1937년 정축 4월 15일 기장 문묘 중수시 기부 방명록	1937.04.15		芳名錄 機張鄉校 戊寅九月日重修	1938	
10	己酉年月日	기유년 월 일	1909.00.00		職員錄 機張鄉校 戊寅季秋 日	戊寅	
11	壬子年月日	임자년 월 일	1912.00.00		職員錄 機張鄉校 戊寅季秋 日	戊寅	
12	戊午年月日	무오년 월 일	1918.00.00		職員錄 機張鄉校 戊寅季秋 日	戊寅	
13	乙丑年月日	을축년 월 일	1925.00.00		職員錄 機張鄉校 戊寅季秋 日	戊寅	
14	戊辰年月日	무진년 월 일	1928.00.00		職員錄 機張鄉校 戊寅季秋 日	戊寅	
15	辛未年月日	신미년 월 일	1931.00.00		職員錄 機張鄉校 戊寅季秋 日	戊寅	
16	壬申年月日	임신년 월 일	1932.00.00		職員錄 機張鄉校 戊寅季秋 日	戊寅	
17	甲戌年月日	갑술년 월 일	1934.00.00		職員錄 機張鄉校 戊寅季秋 日	戊寅	
18	丙子年月日	병자년 월 일	1936.00.00		職員錄 機張鄉校 戊寅季秋 日	戊寅	
19	丁丑年月日	정축년 월 일	1937.00.00		職員錄 機張鄉校 戊寅季秋 日	戊寅	
20	己卯年七月十三日	기묘년 7월 13일	1939.07.13		職員錄 機張鄉校 戊寅季秋 日	戊寅	
21	壬午年八月二十日	임오년 8월 20일	1942.08.20		職員錄 機張鄉校 戊寅季秋 日	戊寅	
22	甲申年七月日	갑신년 7월 일	1944.07.00		職員錄 機張鄉校 戊寅季秋 日	戊寅	

연번	문서				문서철		비고
	제목(원문)	제목(한글)	생산시기	생산자	문서철명	생산연도	
23	乙亥六月十七日圃隱先生竪碑時扶助	을해 6월 17일 포은선생 수비시 부조	1935.06.17		圃隱鄭先生竪碑嘗扶助錄(2)乙亥六月十七日	1935	
24	乙亥六月十七日圃隱先生竪碑時到記	을해 6월 17일 포은선생 수비 시도기	1935.06.17		時到記 乙亥六月十七日		
25	丙子七月十五日契會時	병자 7월 15일 계회시	1936.07.15		時到記 乙亥六月十七日		
26	丁丑七月十五日契會時	정축 7월 15일 계회시	1937.07.15		時到記 乙亥六月十七日		
27	戊寅七月十五日契會時	무인 7월 15일 계회시	1938.07.15		時到記 乙亥六月十七日		
28	己卯八月五日契會時	기묘 8월 5일 계회시	1939.08.05		時到記 乙亥六月十七日		
29	庚辰八月十一日契會時	경진 8월 11일 계회시	1940.08.11		時到記 乙亥六月十七日		
30	壬午八月初十日契會時	임오 8월 초 10일 계회시	1942.08.10		時到記 乙亥六月十七日		
31	癸未八月初十日契會時	계미 8월 초 10일 계회시	1943.08.10		時到記 乙亥六月十七日		
32	甲申七月十四日契會時	갑신 7월 14일 계회시	1944.07.14		時到記 乙亥六月十七日		
33	乙酉八月初十日契會時	을유 8월 초 10일 계회시	1945.08.10		時到記 乙亥六月十七日		
34	戊申八月日釋奠祭參齋錄	무신 8월 일 석전제 참재록	1908.08.00	金性龍 等	釋奠祭參齋錄 戊申八月 日	1908~12, 1919~20	
35	社稷大祭參齋綠	사직대제 참재록	1908.08.00	金性龍 等	釋奠祭參齋錄 戊申八月 日	1908~12, 1919~20	
36	己酉二月日釋奠祭參齋錄	기유 2월 일 석전제 참재록	1909.02.00	辛龍奎 等	釋奠祭參齋錄 戊申八月 日	1908~12, 1919~20	
37	社稷大祭參齋綠	사직대제 참재록	1909.02.00	辛龍奎 等	釋奠祭參齋錄 戊申八月 日	1908~12, 1919~20	
38	己酉八月日釋奠祭參齋錄	기유 8월 일 석전제 참재록	1909.08.00	鄭寅準	釋奠祭參齋錄 戊申八月 日	1908~12, 1919~20	
39	社稷祭參齋綠	사직제 참재록	1909.08.00	鄭寅準	釋奠祭參齋錄 戊申八月 日	1908~12, 1919~20	
40	庚戌二月日釋奠祭參齋錄	경술 2월 일 석전제 참재록	1910.02.00	鄭寅準	釋奠祭參齋錄 戊申八月 日	1908~12, 1919~20	
41	社稷大祭參齋綠	사직대제 참재록	1910.02.00	鄭寅準	釋奠祭參齋錄 戊申八月 日	1908~12, 1919~20	
42	同八月日釋奠參齋錄	동 8월 일 석전 참재록	1910.08.00	鄭寅準	釋奠祭參齋錄 戊申八月 日	1908~12, 1919~20	
43	社稷大祭參齋綠	사직대제 참재록	1910.08.00	鄭寅準	釋奠祭參齋錄 戊申八月 日	1908~12, 1919~20	
44	辛亥二月日釋奠參齋錄	신해 2월 일 석전 참재록	1911.02.00	鄭寅準	釋奠祭參齋錄 戊申八月 日	1908~12, 1919~20	
45	辛亥八月日釋奠參齋錄	신해 8월 일 석전 참재록	1911.08.00	鄭寅準	釋奠祭參齋錄 戊申八月 日	1908~12, 1919~20	
46	壬子二月日釋奠祭參齋錄	임자 2월 일 석전제 참재록	1912.02.00	鄭寅準	釋奠祭參齋錄 戊申八月 日	1908~12, 1919~20	
47	[壬子八月日釋奠祭參齋錄]	[임자 8월 일 석전제 참재록]	1912.08.00	崔翔甲	釋奠祭參齋錄 戊申八月 日	1908~12, 1919~20	
48	己未二月日釋奠祭參齋錄	기미 2월 일 석전제 참재록	1919.02.00	崔翔甲	釋奠祭參齋錄 戊申八月 日	1908~12, 1919~20	

연번	문서				문서철		비고
	제목(원문)	제목(한글)	생산시기	생산자	문서철명	생산연도	
49	己未八月日釋奠祭參齋錄	기미 8월 일 석전제 참재록	1919.08.00	崔翔甲	釋奠祭參齋錄 戊申八月 日	1908~12, 1919~20	
50	庚申二月日釋奠祭參齋錄	갑신 2월 일 석전제 참재록	1920.02.00	崔翔甲	釋奠祭參齋錄 戊申八月 日	1908~12, 1919~20	
51	壬子二月日釋奠祭祭器照數	임자 2월 일 석전제 제기조수	1912.02.00		釋奠祭參齋錄 戊申八月 日	1908~12, 1919~20	
52	任子八月日釋奠祭參齋錄	임자 8월 일 석전제 참재록	1912.08.00	金斗昌	携紙		
53	癸丑二月日釋奠祭參齋錄	계축 2월 일 석전제 참재록	1913.02.00	金斗昌	携紙		
54	癸丑年八月日釋奠祭參齋錄	계축년 8월 일 석전제 참재록	1913.08.00	金斗昌	携紙		
55	甲寅二月初六日釋奠祭參齋錄	갑인 2월 초 6일 석전제 참재록	1914.02.06	金斗昌	携紙		
56	甲寅八月初九日釋奠祭參齋錄	갑인 8월 초 9일 석전제 참재록	1914.08.09	金斗昌	携紙		
57	乙卯二月日釋奠祭參齋錄	을묘 2월 일 석전제 참재록	1915.02.00	金斗昌	携紙		
58	乙卯八月日釋奠祭參齋錄	을묘 8월 일 석전제 참재록	1915.08.00	金斗昌	携紙		
59	丙辰二月初八日釋奠祭參齋錄	병진 2월 초 8일 석전제 참재록	1916.02.08	金斗昌	携紙		
60	丙辰八月初十日釋奠祭參齋錄	병진 8월 초 10일 석전제 참재록	1916.08.10	金斗昌	携紙		
61	丁巳二月初三日釋奠祭參齋錄	정사 2월 초 3일 석전제 참재록	1917.02.03	金斗昌	携紙		
62	丁巳八月初七日釋奠祭參齋錄	정사 8월 초 7일 석전제 참재록	1917.08.07	金斗昌	携紙		
63	戊午二月初九日釋奠祭參齋錄	무오 2월 초 9일 석전제 참재록	1918.02.09	金斗昌	携紙		
64	戊午十一月日釋奠祭參齋錄	무오 11월 일 석전제 참재록	1918.11.00	金斗昌	携紙		
65	庚申八月日釋奠祭參齋錄	경신 8월 일 석전제 참재록	1920.08.00	崔翔甲, 宋滿奭	庚申八月日	1920~1924	
66	辛酉二月日釋奠祭參齋錄	신유 2월 일 석전제 참재록	1921.02.00	崔翔甲, 金振華, 尹命龍	庚申八月日	1920~1924	
67	辛酉八月日釋奠祭參齋錄	신유 8월 일 석전제 참재록	1921.08.00	崔翔甲, 安胤浩, 崔泰鉉	庚申八月日	1920~1924	
68	壬戌二月日釋奠祭執事記	임술 2월 일 석전제 집사기	1922.02.00	崔翔甲	庚申八月日	1920~1924	
69	壬戌八月日釋奠祭執事記	임술 8월 일 석전제 집사기	1922.08.00	崔翔甲	庚申八月日	1920~1924	
70	癸亥二月日釋奠祭執事記	계해 2월 일 석전제 집사기	1923.02.00	崔翔甲	庚申八月日	1920~1924	
71	癸亥八月日釋奠祭參齋錄	계해 8월 일 석전제 참재록	1923.08.00	崔翔甲	庚申八月日	1920~1924	

연번	문서				문서철		비고
	제목(원문)	제목(한글)	생산시기	생산자	문서철명	생산 연도	
72	甲子二月日釋奠祭參齋錄	갑자 2월 일 석전제 참재록	1924.02.00	崔翔甲	庚申八月日	1920~ 1924	
73	甲子八月日釋奠祭參齋錄	갑자 8월 일 석전제 참재록	1924.08.00		庚申八月日	1920~ 1924	
74	昭和拾參年以降香案錄) 十月一日	1938년이후 향안록) 10월 1일	1938.10.01		香案錄 焚香都有司 昭和拾參年以降(戊寅)	1938	
75	昭和拾參年以降香案錄) 十月十五日	1938년이후 향안록) 10월 15일	1938.10.15		香案錄 焚香都有司 昭和拾參年以降(戊寅)	1938	
76	昭和拾參年以降香案錄) 十一月一日	1938년이후 향안록) 11월 1일	1938.11.01		香案錄 焚香都有司 昭和拾參年以降(戊寅)	1938	
77	昭和拾參年以降香案錄) 十一月十五日	1938년이후 향안록) 11월 15일	1938.11.15		香案錄 焚香都有司 昭和拾參年以降(戊寅)	1938	
78	昭和拾參年以降香案錄) 十二月一日	1938년이후 향안록) 12월 1일	1938.12.01		香案錄 焚香都有司 昭和拾參年以降(戊寅)	1938	
79	己卯十四年一月一日	기묘 14년 1월 1일	1939.01.01		香案錄 焚香都有司 昭和拾參年以降(戊寅)	1938	
80	己卯十四年二月一日	기묘 14년 2월 1일	1939.02.01		香案錄 焚香都有司 昭和拾參年以降(戊寅)	1938	
81	己卯十四年二月十五日	기묘 14년 2월 15일	1939.02.15		香案錄 焚香都有司 昭和拾參年以降(戊寅)	1938	
82	己卯十四年三月一日	기묘 14년 3월 1일	1939.03.01		香案錄 焚香都有司 昭和拾參年以降(戊寅)	1938	
83	己卯十四年四月一日	기묘 14년 4월 1일	1939.04.01		香案錄 焚香都有司 昭和拾參年以降(戊寅)	1938	
84	辛巳十六年一月一日	신사 16년 1월 1일	1941.01.01		香案錄 焚香都有司 昭和拾參年以降(戊寅)	1938	
85	甲申至月初八日	갑신 음 11월 초 8일	1944.11.08		香案錄 焚香都有司 昭和拾參年以降(戊寅)	1938	
86	甲申十二月一日	갑신 12월 1일	1944.12.01		香案錄 焚香都有司 昭和拾參年以降(戊寅)	1938	
87	乙酉一月一日	을유 1월 1일	1945.01.01		香案錄 焚香都有司 昭和拾參年以降(戊寅)	1938	
88	乙酉二月一日	을유 2월 1일	1945.02.01		香案錄 焚香都有司 昭和拾參年以降(戊寅)	1938	
89	乙丑二月 日釋奠祭參齋錄	을축 2월 일 석전제 참재록	1925.02.00	金璉性 等	釋奠祭參齋錄 乙丑二月 日	1925~ 1930	
90	乙丑八月 日釋奠祭參齋錄	을축 8월 일 석전제 참재록	1925.08.00	金運鎰 等	釋奠祭參齋錄 乙丑二月 日	1925~ 1930	
91	丙寅二月 日釋奠祭參齋錄	병인 2월 일 석전제 참재록	1926.02.00	朴珏鐸 等	釋奠祭參齋錄 乙丑二月 日	1925~ 1930	
92	丙寅八月 日釋奠祭參齋錄	병인 8월 일 석전제 참재록	1926.08.00	金時魯 等	釋奠祭參齋錄 乙丑二月 日	1925~ 1930	
93	丁卯二月 日釋奠祭參齋錄	정묘 2월 일 석전제 참재록	1927.02.00	房極誠 等	釋奠祭參齋錄 乙丑二月 日	1925~ 1930	

연번	문서				문서철		비고
	제목(원문)	제목(한글)	생산시기	생산자	문서철명	생산연도	
94	丁卯八月 日釋奠祭參齋錄	정묘 8월 일 석전제 참재록	1927.08.00	宋德龍 等	釋奠祭參齋錄 乙丑二月 日	1925~1930	
95	戊辰二月 日釋奠祭參齋錄	무진 2월 일 석전제 참재록	1928.02.00	鄭華福 等	釋奠祭參齋錄 乙丑二月 日	1925~1930	
96	戊辰八月 日釋奠祭參齋錄	무진 8월 일 석전제 참재록	1928.08.00		釋奠祭參齋錄 乙丑二月 日	1925~1930	
97	己巳二月 日釋奠祭參齋錄	기사 2월 일 석전제 참재록	1929.02.00	宋萬斗 等	釋奠祭參齋錄 乙丑二月 日	1925~1930	
98	己巳八月 日釋奠祭參齋錄	기사 8월 일 석전제 참재록	1929.08.00	房極園 等	釋奠祭參齋錄 乙丑二月 日	1925~1930	
99	庚午二月 日釋奠祭執事記	경오 2월 일 석전제 집사기	1930.02.00	文鎭鎬	釋奠祭參齋錄 乙丑二月 日	1925~1930	
100	庚午八月 日釋奠祭參齋錄	경오 8월 일 석전제 참재록	1930.08.00	金鯉祥 等	釋奠祭參齋錄 乙丑二月 日	1925~1930	
101	辛未二月 日釋奠祭參齋錄	신미 2월 일 석전제 참재록	1931.02.00	金景煥 等	釋奠祭參齋錄 乙丑二月 日	1925~1930	
102	辛未八月 日釋奠祭參齋錄	신미 8월 일 석전제 참재록	1931.08.00	金時宅 等	釋奠祭參齋錄 乙丑二月 日	1925~1930	
103	壬申二月 日釋奠祭參齋錄	임신 2월 일 석전제 참재록	1932.02.00	金祥禹 等	釋奠祭參齋錄 乙丑二月 日	1925~1930	
104	壬申八月三日釋奠祭參齋錄	임신 8월 3일 석전제 참재록	1932.08.00	李寅喆 等	釋奠祭參齋錄 乙丑二月 日	1925~1930	
105	癸酉二月 日釋奠祭參齋錄	계유 2월 일 석전제 참재록	1933.02.00	金時健 等	釋奠祭參齋錄 乙丑二月 日	1925~1930	
106	癸酉八月 日釋奠祭參齋錄	계유 8월 일 석전제 참재록	1933.08.00	吳佑根 等	釋奠祭參齋錄 乙丑二月 日	1925~1930	
107	甲戌二月 日釋奠祭參齋錄	갑술 2월 일 석전제 참재록	1934.02.00	鄭潤謨	釋奠祭參齋錄 乙丑二月 日	1925~1930	
108	甲戌八月初五日釋奠祭參齋錄	갑술 8월 초5일 석전제 참재록	1934.08.05	宋炳烈	釋奠祭參齋錄 乙丑二月 日	1925~1930	
109	乙亥二月初八日釋奠祭參齋錄	을해 2월 초8일 석전제 참재록	1935.02.08	金在淡	釋奠祭參齋錄 乙丑二月 日	1925~1930	
110	乙亥八月初一日釋奠祭參齋錄	을해 8월 초1일 석전제 참재록	1935.08.01	鄭勳謨	釋奠祭參齋錄 乙丑二月 日	1925~1930	
111	丙子二月初三日釋奠祭參齋錄	병자 2월 초3일 석전제 참재록	1936.02.03	金炯奭	釋奠祭參齋錄 乙丑二月 日	1925~1930	
112	丙子八月初七日釋奠祭執事記	병자 8월 초7일 석전제 집사기	1936.08.07	宋道龍	釋奠祭參齋錄 乙丑二月 日	1925~1930	
113	丁丑三月初五日釋奠祭參齋錄	정축 3월 초5일 석전제 참재록	1937.03.05	吳鎔錫	釋奠祭參齋錄 乙丑二月 日	1925~1930	
114	丁丑九月十二日釋奠祭參齋錄	정축 9월 12일 석전제 참재록	1937.09.12	鄭大淵	釋奠祭參齋錄 乙丑二月 日	1925~1930	
115	戊寅四月十五日釋奠祭參齋錄	무인 4월 15일 석전제 참재록	1938.04.15	金榮洙	釋奠祭參齋錄 乙丑二月 日	1925~1930	

연번	문서				문서철		비고
	제목(원문)	제목(한글)	생산시기	생산자	문서철명	생산연도	
116	戊寅陽十月十五日釋奠祭參齋錄	무인 양10월 15일 석전제 참재록	1938.10.15	盧性贊	釋奠祭參齋錄 乙丑二月 日	1925~1930	
117	己卯昭和十四年四月十五日釋奠祭參齋錄	기묘 1939년 4월 15일 석전제 참재록	1939.04.15		釋奠祭參齋錄 乙丑二月 日	1925~1930	
118	己卯昭和十四年十月十五日釋奠祭參齋錄	기묘 1939년 10월 15일 석전제 참재록	1939.10.15	盧性福	釋奠祭參齋錄 乙丑二月 日	1925~1930	
119	昭和十五年春季釋奠祭參齋錄	1940년 춘계 석전제 참재록	1940.00.00	金在夏	釋奠祭參齋錄 乙丑二月 日	1925~1930	
120	昭和十五年秋季釋奠祭參齋錄	1940년 추계 석전제 참재록	1940.00.00	金振河	釋奠祭參齋錄 乙丑二月 日	1925~1930	
121	昭和十六年春季釋奠祭參齋錄	1941년 춘계 석전제 참재록	1941.00.00	崔榮鶴	釋奠祭參齋錄 乙丑二月 日	1925~1930	
122	昭和十六年秋季釋奠祭官執事記	1941년 추계 석전 제관집사기	1941.00.00	白基成	釋奠祭參齋錄 乙丑二月 日	1925~1930	
123	昭和十七年四月十五日釋奠祭祭官執事記	1942년 4월 15일 석전제 제관집사기	1942.04.15	宋在鉉	釋奠祭參齋錄 乙丑二月 日	1925~1930	
124	昭和十七年十月十五日釋奠祭官執事記	1942년 10월 15일 석전 제관집사기	1942.10.15	金有夏	釋奠祭參齋錄 乙丑二月 日	1925~1930	
125	昭和十八年四月十五日祭官執事記	1943년 4월 15일 제관집사기	1943.04.15		釋奠祭參齋錄 乙丑二月 日	1925~1930	
126	昭和十八年十月十五日祭官執事記	1943년 10월 15일 제관집사기	1943.10.15	李堤煇	釋奠祭參齋錄 乙丑二月 日	1925~1930	
127	昭和十九年甲申四月十五日祭官執事記	1944년 갑신 4월 15일 제관집사기	1944.04.15	辛鍾得	釋奠祭參齋錄 乙丑二月 日	1925~1930	
128	昭和十九年甲申十月十五日祭官執事記	1944년 갑신 10월 15일 제관집사기	1944.10.15	鄭哲元	釋奠祭參齋錄 乙丑二月 日	1925~1930	
129	昭和二十年乙酉四月十五日祭官執事記	1945년 을유 4월 15일 제관집사기	1945.04.15	金鍾壽	釋奠祭參齋錄 乙丑二月 日	1925~1930	
130	土地[機張面 東部里 一六ノ一]	토지[기장면 동부리 16-1]	1934.10.00~1949.06.00		財産臺帳 土地ノ部 三冊ノ內二號 東萊郡		
131	土地[機張面 東部里 一六ノ二]	토지[기장면 동부리 16-2]	1927.03.31~1949.06.00		財産臺帳 土地ノ部 三冊ノ內二號 東萊郡		
132	土地[機張面 東部里 四〇]	토지[기장면 동부리 40]	1934.10.00~1949.06.00		財産臺帳 土地ノ部 三冊ノ內二號 東萊郡		
133	土地[機張面 東部里 四二]	토지[기장면 동부리 42]	1934.10.00~1949.06.00		財産臺帳 土地ノ部 三冊ノ內二號 東萊郡		
134	土地[機張面 東部里 一四三ノ一]	토지[기장면 동부리 143-1]	1932.05.00~1949.06.00		財産臺帳 土地ノ部 三冊ノ內二號 東萊郡		
135	土地[機張面 東部里 四三四]	토지[기장면 동부리 434]	1929.03.14~1949.06.00		財産臺帳 土地ノ部 三冊ノ內二號 東萊郡		
136	土地[機張面 東部里 四五九]	토지[기장면 동부리 459]	1938.04.00~1949.06.00		財産臺帳 土地ノ部 三冊ノ內二號 東萊郡		
137	土地[機張面 大羅里 二五八]	토지[기장면 대라리 258]	1934.10.00~1949.06.00		財産臺帳 土地ノ部 三冊ノ內二號 東萊郡		

연번	문서				문서철		비고
	제목(원문)	제목(한글)	생산시기	생산자	문서철명	생산연도	
138	土地[機張面 大羅里 二六三]	토지[기장면 대라리 263]	1934.10.00~1949.06.00		財産臺帳 土地ノ部 三冊ノ內二號 東萊郡		
139	土地[機張面 大羅里 三〇五]	토지[기장면 대라리 305]	1930.04.00~1949.06.00		財産臺帳 土地ノ部 三冊ノ內二號 東萊郡		
140	土地[機張面 大羅里 五〇八]	토지[기장면 대라리 508]	1934.10.00~1949.06.00		財産臺帳 土地ノ部 三冊ノ內二號 東萊郡		
141	土地[機張面 大羅里 七二三]	토지[기장면 대라리 723]	1930.05.09~1949.06.00		財産臺帳 土地ノ部 三冊ノ內二號 東萊郡		
142	土地[機張面 校里 三六]	토지[기장면 교리 36]	1934.10.00~1949.06.00		財産臺帳 土地ノ部 三冊ノ內二號 東萊郡		
143	土地[機張面 校里 一三七]	토지[기장면 교리 137]	1933.03.00~1949.06.00		財産臺帳 土地ノ部 三冊ノ內二號 東萊郡		
144	土地[機張面 校里 二六七ノ一]	토지[기장면 교리 267-1]	1938.04.00~1949.06.00		財産臺帳 土地ノ部 三冊ノ內二號 東萊郡		
145	土地[機張面 校里 二六七ノ二]	토지[기장면 교리 267-2]	1932.04.01~1949.06.00		財産臺帳 土地ノ部 三冊ノ內二號 東萊郡		
146	土地[機張面 校里 二九三]	토지[기장면 교리 293]	1938.04.00~1949.06.00		財産臺帳 土地ノ部 三冊ノ內二號 東萊郡		
147	土地[機張面 內里 四二]	토지[기장면 내리 42]	1928.12.26~1949.06.00		財産臺帳 土地ノ部 三冊ノ內二號 東萊郡		
148	土地[機張面 內里 七五]	토지[기장면 내리 75]	1934.10.00~1949.06.00		財産臺帳 土地ノ部 三冊ノ內二號 東萊郡		
149	土地[機張面 內里 一二一]	토지[기장면 내리 121]	1934.10.00~1949.06.00		財産臺帳 土地ノ部 三冊ノ內二號 東萊郡		
150	土地[機張面 內里 一六三]	토지[기장면 내리 163]	1934.10.00~1949.06.00		財産臺帳 土地ノ部 三冊ノ內二號 東萊郡		
151	土地[機張面 內里 二七二]	토지[기장면 내리 272]	1934.10.00~1949.06.00		財産臺帳 土地ノ部 三冊ノ內二號 東萊郡		
152	土地[機張面 竹城里 八二八]	토지[기장면 죽성리 828]	1934.10.00~1949.06.00		財産臺帳 土地ノ部 三冊ノ內二號 東萊郡		
153	土地[機張面 竹城里 八二九]	토지[기장면 죽성리 829]	1929.04.00~1938.04.00		財産臺帳 土地ノ部 三冊ノ內二號 東萊郡		
154	土地[日光面 三聖里 一七六]	토지[일광면 삼성리 176]	1934.10.00~1949.06.00		財産臺帳 土地ノ部 三冊ノ內二號 東萊郡		
155	土地[日光面 三聖里 三三二]	토지[일광면 삼성리 332]	1934.10.00~1949.06.00		財産臺帳 土地ノ部 三冊ノ內二號 東萊郡		
156	土地[日光面 三聖里 三三六]	토지[일광면 삼성리 336]	1934.10.00~1949.06.00		財産臺帳 土地ノ部 三冊ノ內二號 東萊郡		
157	土地[日光面 三聖里 四七五]	토지[일광면 삼성리 475]	1926.03.15~1949.06.00		財産臺帳 土地ノ部 三冊ノ內二號 東萊郡		
158	土地[日光面 三聖里 五〇八ノ一]	토지[일광면 삼성리 508-1]	1932.04.01~1949.06.00		財産臺帳 土地ノ部 三冊ノ內二號 東萊郡		
159	土地[日光面 三聖里 五〇八ノ二]	토지[일광면 삼성리 508-2]	1934.10.00~1942.09.23		財産臺帳 土地ノ部 三冊ノ內二號 東萊郡		

연번	문서				문서철		비고
	제목(원문)	제목(한글)	생산시기	생산자	문서철명	생산연도	
160	土地[日光面 三聖里 五一八ノ一]	토지[일광면 삼성리 518-1]	1934.10.00~1949.06.00		財産臺帳 土地ノ部 三冊ノ內二號 東萊郡		
161	土地[日光面 三聖里 五一八ノ二]	토지[일광면 삼성리 518-2]	1934.10.00~1949.06.00		財産臺帳 土地ノ部 三冊ノ內二號 東萊郡		
162	土地[日光面 三聖里 五一八ノ三]	토지[일광면 삼성리 518-3]	1932.00.00~1949.06.00		財産臺帳 土地ノ部 三冊ノ內二號 東萊郡		
163	土地[日光面 三聖里 五二一ノ一]	토지[일광면 삼성리 521-1]	1934.10.00~1949.06.00		財産臺帳 土地ノ部 三冊ノ內二號 東萊郡		
164	土地[日光面 三聖里 五二七]	토지[일광면 삼성리 527]	1934.10.00~1949.06.00		財産臺帳 土地ノ部 三冊ノ內二號 東萊郡		
165	土地[日光面 三聖里 五三五]	토지[일광면 삼성리 535]	1929.04.01~1949.06.00		財産臺帳 土地ノ部 三冊ノ內二號 東萊郡		
166	土地[日光面 三聖里 五三六ノ一]	토지[일광면 삼성리 536-1]	1929.04.01~1949.06.00		財産臺帳 土地ノ部 三冊ノ內二號 東萊郡		
167	土地[日光面 三聖里 五三六ノ二]	토지[일광면 삼성리 536-2]	1934.10.01~1949.06.00		財産臺帳 土地ノ部 三冊ノ內二號 東萊郡		
168	土地[日光面 三聖里 五三六ノ三]	토지[일광면 삼성리 536-3]	1926.03.15~1949.06.00		財産臺帳 土地ノ部 三冊ノ內二號 東萊郡		
169	土地[日光面 三聖里 五四二]	토지[일광면 삼성리 542]	1926.03.15~1949.06.00		財産臺帳 土地ノ部 三冊ノ內二號 東萊郡		
170	土地[日光面 三聖里 五四三]	토지[일광면 삼성리 543]	1933.05.00~1949.06.00		財産臺帳 土地ノ部 三冊ノ內二號 東萊郡		
171	土地[日光面 三聖里 五五四ノ一]	토지[일광면 삼성리 554-1]	1933.05.29~1938.04.00		財産臺帳 土地ノ部 三冊ノ內二號 東萊郡		
172	土地[日光面 三聖里 六六六]	토지[일광면 삼성리 666]	1926.03.15~1949.06.00		財産臺帳 土地ノ部 三冊ノ內二號 東萊郡		
173	土地[日光面 三聖里 六六七]	토지[일광면 삼성리 667]	1938.04.00~1949.06.00		財産臺帳 土地ノ部 三冊ノ內二號 東萊郡		
174	土地[日光面 花田里 三二]	토지[일광면 화전리 32]	1934.10.00~1949.06.00		財産臺帳 土地ノ部 三冊ノ內二號 東萊郡		
175	土地[日光面 花田里 七三]	토지[일광면 화전리 73]	1934.10.00~1949.06.00		財産臺帳 土地ノ部 三冊ノ內二號 東萊郡		
176	土地[日光面 花田里 七六ノ一]	토지[일광면 화전리 76-1]	1934.10.00~1949.06.00		財産臺帳 土地ノ部 三冊ノ內二號 東萊郡		
177	土地[日光面 花田里 一四三]	토지[일광면 화전리 143]	1929.03.15~1949.06.00		財産臺帳 土地ノ部 三冊ノ內二號 東萊郡		
178	土地[日光面 花田里 四一二]	토지[일광면 화전리 412]	1933.03.00~1938.04.00		財産臺帳 土地ノ部 三冊ノ內二號 東萊郡		
179	土地[日光面 院里 二四]	토지[일광면 원리 24]	1932.01.00~1949.06.00		財産臺帳 土地ノ部 三冊ノ內二號 東萊郡		
180	土地[日光面 靑光里 三四ノ一]	토지[일광면 청광리 34-1]	1934.10.00~1938.04.00		財産臺帳 土地ノ部 三冊ノ內二號 東萊郡		
181	土地[日光面 靑光里 八九]	토지[일광면 청광리 89]	1926.04.07~1949.06.00		財産臺帳 土地ノ部 三冊ノ內二號 東萊郡		

연번	문서				문서철		비고
	제목(원문)	제목(한글)	생산시기	생산자	문서철명	생산연도	
182	土地[日光面 靑光里 二四七ノ一]	토지[일광면 청광리 247-1]	1933.03.25~1949.06.00		財産臺帳 土地ノ部 三冊ノ內二號 東萊郡		
183	土地[日光面 靑光里 二四七ノ二]	토지[일광면 청광리 247-2]	1934.10.00~1949.06.00		財産臺帳 土地ノ部 三冊ノ內二號 東萊郡		
184	土地[日光面 橫溪里 五三]	토지[일광면 횡계리 53]	1934.10.00~1949.06.00		財産臺帳 土地ノ部 三冊ノ內二號 東萊郡		
185	土地[日光面 橫溪里 八九]	토지[일광면 횡계리 89]	1932.01.00~1949.06.00		財産臺帳 土地ノ部 三冊ノ內二號 東萊郡		
186	土地[日光面 橫溪里 二四二]	토지[일광면 횡계리 242]	1934.03.00~1949.06.00		財産臺帳 土地ノ部 三冊ノ內二號 東萊郡		
187	土地[鼎冠面 禮林里 一〇二一ノ二ノ一]	토지[정관면 예림리 1021-2-1]	1934.10.00~1949.06.00		財産臺帳 土地ノ部 三冊ノ內二號 東萊郡		
188	土地[鼎冠面 禮林里 一〇二一ノ二ノ二]	토지[정관면예림리 1021-2-2]	1928.03.30~1949.06.00		財産臺帳 土地ノ部 三冊ノ內二號 東萊郡		
189	土地[鼎冠面 禮林里 一〇二一ノ二ノ三]	토지[정관면예림리 1021-2-3]	1934.10.00~1949.06.00		財産臺帳 土地ノ部 三冊ノ內二號 東萊郡		
190	土地[鼎冠面 達山里 一五九]	토지[정관면 달산리 159]	1934.10.00~1928.03.31		財産臺帳 土地ノ部 三冊ノ內二號 東萊郡		
191	土地[鼎冠面 達山里 一六〇]	토지[정관면 달산리 160]	1934.10.01~1949.06.00		財産臺帳 土地ノ部 三冊ノ內二號 東萊郡		
192	土地[鼎冠面 達山里 一六七ノ一]	토지[정관면 달산리 167-1]	1934.10.01~1949.06.00		財産臺帳 土地ノ部 三冊ノ內二號 東萊郡		
193	土地[鼎冠面 達山里 一六七ノ二]	토지[정관면 달산리 167-2]	1934.10.01~1949.06.00		財産臺帳 土地ノ部 三冊ノ內二號 東萊郡		
194	土地[鼎冠面 達山里 一六八]	토지[정관면 달산리 168]	1934.10.00~1949.06.00		財産臺帳 土地ノ部 三冊ノ內二號 東萊郡		
195	土地[鼎冠面 達山里 九〇六]	토지[정관면 달산리 906]	1934.10.00~1949.06.00		財産臺帳 土地ノ部 三冊ノ內二號 東萊郡		
196	土地[鼎冠面 梅鶴里 四二七]	토지[정관면 매학리 427]	1934.10.00~1949.06.00		財産臺帳 土地ノ部 三冊ノ內二號 東萊郡		
197	土地[鼎冠面 月坪里 二〇一ノ一]	토지[정관면 월평리 201-1]	1934.10.00~1949.06.00		財産臺帳 土地ノ部 三冊ノ內二號 東萊郡		
198	土地[鼎冠面 月坪里 二〇一ノ二]	토지[정관면 월평리 201-2]	1929.05.13~1949.06.00		財産臺帳 土地ノ部 三冊ノ內二號 東萊郡		
199	土地[鼎冠面 月坪里 二〇一ノ三]	토지[정관면 월평리 201-3]	1933.04.01~1949.06.00		財産臺帳 土地ノ部 三冊ノ內二號 東萊郡		
200	土地[鼎冠面 月坪里 二〇二]	토지[정관면 월평리 202]	1934.10.01~1949.06.00		財産臺帳 土地ノ部 三冊ノ內二號 東萊郡		
201	土地[鼎冠面 月坪里 二二一ノ一]	토지[정관면 월평리 221-1]	1934.10.01~1949.06.00		財産臺帳 土地ノ部 三冊ノ內二號 東萊郡		
202	土地[鼎冠面 月坪里 二二一ノ二]	토지[정관면 월평리 221-2]	1934.10.01~1949.06.00		財産臺帳 土地ノ部 三冊ノ內二號 東萊郡		
203	土地[鼎冠面 月坪里 二二三]	토지[정관면 월평리 223]	1934.10.00~1949.06.00		財産臺帳 土地ノ部 三冊ノ內二號 東萊郡		

연번	문서				문서철		비고
	제목(원문)	제목(한글)	생산시기	생산자	문서철명	생산연도	
204	土地[鼎冠面 月坪里 二二四ノ一]	토지[정관면 월평리 224-1]	1934.10.00~1949.06.00		財産臺帳 土地ノ部 三冊ノ内二號 東萊郡		
205	土地[鼎冠面 月坪里 二二四ノ二]	토지[정관면 월평리 224-2]	1934.10.01~1949.06.00		財産臺帳 土地ノ部 三冊ノ内二號 東萊郡		
206	土地[鼎冠面 月坪里 二二四ノ三]	토지[정관면 월평리 224-3]	1934.10.00~1949.06.00		財産臺帳 土地ノ部 三冊ノ内二號 東萊郡		
207	土地[鼎冠面 月坪里 二二四ノ四]	토지[정관면 월평리 224-4]	1934.10.00~1949.06.00		財産臺帳 土地ノ部 三冊ノ内二號 東萊郡		
208	土地[鼎冠面 月坪里 二二四ノ五]	토지[정관면 월평리 224-5]	1934.10.01~1949.06.00		財産臺帳 土地ノ部 三冊ノ内二號 東萊郡		
209	土地[鼎冠面 月坪里 二二四ノ六]	토지[정관면 월평리 224-6]	1934.10.00~1949.06.00		財産臺帳 土地ノ部 三冊ノ内二號 東萊郡		
210	土地[鼎冠面 月坪里 二二四ノ七]	토지[정관면 월평리 224-7]	1934.10.00~1949.06.00		財産臺帳 土地ノ部 三冊ノ内二號 東萊郡		
211	土地[鼎冠面 月坪里 二二四ノ八]	토지[정관면 월평리 224-8]	1934.10.00~1949.06.00		財産臺帳 土地ノ部 三冊ノ内二號 東萊郡		
212	土地[鼎冠面 月坪里 二二四ノ九]	토지[정관면 월평리 224-9]	1934.10.01~1949.06.00		財産臺帳 土地ノ部 三冊ノ内二號 東萊郡		
213	土地[鼎冠面 月坪里 二二四ノ一〇]	토지[정관면 월평리 224-10]	1934.10.01~1949.06.00		財産臺帳 土地ノ部 三冊ノ内二號 東萊郡		
214	土地[鼎冠面 月坪里 二二五ノ一]	토지[정관면 월평리 225-1]	1934.10.01~1938.04.00		財産臺帳 土地ノ部 三冊ノ内二號 東萊郡		
215	土地[鼎冠面 月坪里 二二五ノ二]	토지[정관면 월평리 225-2]	1934.10.01~1949.06.00		財産臺帳 土地ノ部 三冊ノ内二號 東萊郡		
216	土地[鼎冠面 月坪里 二二五ノ三]	토지[정관면 월평리 225-3]	1932.01.00~1949.06.00		財産臺帳 土地ノ部 三冊ノ内二號 東萊郡		
217	土地[鼎冠面 月坪里 二二五ノ四]	토지[정관면 월평리 225-4]	1929.05.13~1949.06.00		財産臺帳 土地ノ部 三冊ノ内二號 東萊郡		
218	土地[鼎冠面 月坪里 二二五ノ五]	토지[정관면 월평리 225-5]	1934.10.00~1949.06.00		財産臺帳 土地ノ部 三冊ノ内二號 東萊郡		
219	土地[鼎冠面 月坪里 二二五ノ六]	토지[정관면 월평리 225-6]	1934.10.00~1949.06.00		財産臺帳 土地ノ部 三冊ノ内二號 東萊郡		
220	土地[鼎冠面 月坪里 二二五ノ七]	토지[정관면 월평리 225-7]	1929.05.13~1949.06.00		財産臺帳 土地ノ部 三冊ノ内二號 東萊郡		
221	土地[鼎冠面 月坪里 二二五ノ八]	토지[정관면 월평리 225-8]	1934.10.00~1949.06.00		財産臺帳 土地ノ部 三冊ノ内二號 東萊郡		
222	土地[鼎冠面 月坪里 二二五ノ九]	토지[정관면 월평리 225-9]	1934.10.00~1949.06.00		財産臺帳 土地ノ部 三冊ノ内二號 東萊郡		
223	土地[鼎冠面 月坪里 二二五ノ一〇]	토지[정관면 월평리 225-10]	1934.10.01~1938.04.00		財産臺帳 土地ノ部 三冊ノ内二號 東萊郡		
224	土地[鼎冠面 月坪里 二二五ノ一一]	토지[정관면 월평리 225-11]	1934.10.00~1949.06.00		財産臺帳 土地ノ部 三冊ノ内二號 東萊郡		
225	土地[鼎冠面 月坪里 二四六ノ一]	토지[정관면 월평리 246-1]	1934.10.01~1949.06.00		財産臺帳 土地ノ部 三冊ノ内二號 東萊郡		

연번	문서				문서철		비고
	제목(원문)	제목(한글)	생산시기	생산자	문서철명	생산연도	
226	土地[鼎冠面 月坪里 二四六ノ二]	토지[정관면 월평리 246-2]	1934.10.01~ 1949.06.00		財産臺帳 土地ノ部 三冊ノ内二號 東萊郡		
227	土地[鼎冠面 月坪里 二四六ノ三]	토지[정관면 월평리 246-3]	1934.10.01~ 1949.06.00		財産臺帳 土地ノ部 三冊ノ内二號 東萊郡		
228	土地[鼎冠面 月坪里 二五二]	토지[정관면 월평리 252]	1929.05.13~ 1949.06.00		財産臺帳 土地ノ部 三冊ノ内二號 東萊郡		
229	土地[鼎冠面 月坪里 二五三ノ一]	토지[정관면 월평리 253-1]	1946.07.00~ 1949.06.00		財産臺帳 土地ノ部 三冊ノ内二號 東萊郡		
230	土地[鼎冠面 月坪里 二五三ノ二]	토지[정관면 월평리 253-2]	1934.10.01~ 1949.06.00		財産臺帳 土地ノ部 三冊ノ内二號 東萊郡		
231	土地[鼎冠面 月坪里 二五三ノ三]	토지[정관면 월평리 253-3]	1934.10.01~ 1949.06.00		財産臺帳 土地ノ部 三冊ノ内二號 東萊郡		
232	土地[鼎冠面 月坪里 二五三ノ四]	토지[정관면 월평리 253-4]	1934.03.20~ 1949.06.00		財産臺帳 土地ノ部 三冊ノ内二號 東萊郡		
233	土地[鼎冠面 月坪里 二五三ノ五]	토지[정관면 월평리 253-5]	1934.10.00~ 1949.06.00		財産臺帳 土地ノ部 三冊ノ内二號 東萊郡		
234	土地[鼎冠面 月坪里 二五三ノ六]	토지[정관면 월평리 253-6]	1934.10.00~ 1949.06.00		財産臺帳 土地ノ部 三冊ノ内二號 東萊郡		
235	土地[鼎冠面 月坪里 二七四ノ一]	토지[정관면 월평리 274-1]	1934.10.00~ 1949.06.00		財産臺帳 土地ノ部 三冊ノ内二號 東萊郡		
236	土地[鼎冠面 月坪里 二七四ノ二]	토지[정관면 월평리 274-2]	1934.10.00~ 1949.06.00		財産臺帳 土地ノ部 三冊ノ内二號 東萊郡		
237	土地[鼎冠面 月坪里 二七四ノ三]	토지[정관면 월평리 274-3]	1934.10.00~ 1949.06.00		財産臺帳 土地ノ部 三冊ノ内二號 東萊郡		
238	土地[鼎冠面 月坪里 二七四ノ四]	토지[정관면 월평리 274-4]	1934.10.00~ 1949.06.00		財産臺帳 土地ノ部 三冊ノ内二號 東萊郡		
239	土地[鼎冠面 月坪里 二八〇ノ一]	토지[정관면 월평리 280-1]	1934.10.00~ 1949.06.00		財産臺帳 土地ノ部 三冊ノ内二號 東萊郡		
240	土地[鼎冠面 月坪里 二八〇ノ二]	토지[정관면 월평리 280-2]	1934.03.00~ 1949.06.00		財産臺帳 土地ノ部 三冊ノ内二號 東萊郡		
241	土地[鼎冠面 月坪里 二八〇ノ三]	토지[정관면 월평리 280-3]	1932.01.00~ 1949.06.00		財産臺帳 土地ノ部 三冊ノ内二號 東萊郡		
242	土地[鼎冠面 月坪里 二八〇ノ四]	토지[정관면 월평리 280-4]	1934.10.01~ 1949.06.00		財産臺帳 土地ノ部 三冊ノ内二號 東萊郡		
243	土地[鼎冠面 月坪里 二八〇ノ五]	토지[정관면 월평리 280-5]	1934.10.01~ 1949.06.00		財産臺帳 土地ノ部 三冊ノ内二號 東萊郡		
244	土地[鼎冠面 月坪里 二八〇ノ六]	토지[정관면 월평리 280-6]	1934.10.01~ 1949.06.00		財産臺帳 土地ノ部 三冊ノ内二號 東萊郡		
245	土地[鼎冠面 月坪里 二八〇ノ七]	토지[정관면 월평리 280-7]	1934.10.01~ 1949.06.00		財産臺帳 土地ノ部 三冊ノ内二號 東萊郡		
246	土地[鼎冠面 月坪里 二八〇ノ八]	토지[정관면 월평리 280-8]	1934.10.00~ 1949.06.00		財産臺帳 土地ノ部 三冊ノ内二號 東萊郡		
247	土地[鼎冠面 月坪里 二八〇ノ九]	토지[정관면 월평리 280-9]	1934.10.01~ 1949.06.00		財産臺帳 土地ノ部 三冊ノ内二號 東萊郡		

연번	문서				문서철		비고
	제목(원문)	제목(한글)	생산시기	생산자	문서철명	생산연도	
248	土地[鼎冠面 月坪里 二八〇 ノ 一〇]	토지[정관면 월평리 280-10]	1934.10.01~ 1949.06.00		財産臺帳 土地 ノ 部 三冊 ノ 内二號 東萊郡		
249	土地[鼎冠面 月坪里 二八〇 ノ 一一]	토지[정관면 월평리 280-11]	1934.10.00~ 1949.06.00		財産臺帳 土地 ノ 部 三冊 ノ 内二號 東萊郡		
250	土地[鼎冠面 月坪里 二八〇 ノ 一二]	토지[정관면 월평리 280-12]	1934.10.00~ 1949.06.00		財産臺帳 土地 ノ 部 三冊 ノ 内二號 東萊郡		
251	土地[鼎冠面 月坪里 二八〇 ノ 一三]	토지[정관면 월평리 280-13]	1934.10.00~ 1949.06.00		財産臺帳 土地 ノ 部 三冊 ノ 内二號 東萊郡		
252	土地[鼎冠面 月坪里 二八〇 ノ 一四]	토지[정관면 월평리 280-14]	1934.10.01~ 1949.06.00		財産臺帳 土地 ノ 部 三冊 ノ 内二號 東萊郡		
253	土地[鼎冠面 月坪里 二八〇 ノ 一五]	토지[정관면 월평리 280-15]	1934.10.01~ 1949.06.00		財産臺帳 土地 ノ 部 三冊 ノ 内二號 東萊郡		
254	土地[鼎冠面 月坪里 二八〇 ノ 一六]	토지[정관면 월평리 280-16]	1934.10.01~ 1949.06.00		財産臺帳 土地 ノ 部 三冊 ノ 内二號 東萊郡		
255	土地[鼎冠面 月坪里 二八〇 ノ 一七]	토지[정관면 월평리 280-17]	1934.10.00~ 1949.06.00		財産臺帳 土地 ノ 部 三冊 ノ 内二號 東萊郡		
256	土地[鼎冠面 月坪里 二八一 ノ 一]	토지[정관면 월평리 281-1]	1929.05.13~ 1949.06.00		財産臺帳 土地 ノ 部 三冊 ノ 内二號 東萊郡		
257	土地[鼎冠面 月坪里 二八一 ノ 二]	토지[정관면 월평리 281-2]	1934.10.00~ 1949.06.00		財産臺帳 土地 ノ 部 三冊 ノ 内二號 東萊郡		
258	土地[鼎冠面 月坪里 二八五 ノ 一]	토지[정관면 월평리 285-1]	1929.05.13~ 1949.06.00		財産臺帳 土地 ノ 部 三冊 ノ 内二號 東萊郡		
259	土地[鼎冠面 月坪里 二八五 ノ 二]	토지[정관면 월평리 285-2]	1934.10.01~ 1949.06.00		財産臺帳 土地 ノ 部 三冊 ノ 内二號 東萊郡		
260	土地[鼎冠面 月坪里 二九〇 ノ 一]	토지[정관면 월평리 290-1]	1932.01.00~ 1949.06.00		財産臺帳 土地 ノ 部 三冊 ノ 内二號 東萊郡		
261	土地[鼎冠面 月坪里 二九〇 ノ 二]	토지[정관면 월평리 290-2]	1934.10.00~ 1949.06.00		財産臺帳 土地 ノ 部 三冊 ノ 内二號 東萊郡		
262	土地[鼎冠面 月坪里 二九〇 ノ 三]	토지[정관면 월평리 290-3]	1934.10.01~ 1949.06.00		財産臺帳 土地 ノ 部 三冊 ノ 内二號 東萊郡		
263	土地[鼎冠面 月坪里 二九〇 ノ 四]	토지[정관면 월평리 290-4]	1934.10.01~ 1949.06.00		財産臺帳 土地 ノ 部 三冊 ノ 内二號 東萊郡		
264	土地[鼎冠面 月坪里 二九〇 ノ 五]	토지[정관면 월평리 290-5]	1934.10.01~ 1949.06.00		財産臺帳 土地 ノ 部 三冊 ノ 内二號 東萊郡		

【기장향교 소장】

3. 돌산향교(突山鄕校)

연번	문건				문서철		비고
	제목(원문)	제목(한글)	생산시기	생산자	문서철명	생산연도	
1	丙午八月日	병오 8월 일	1906.08.00		經任案	1958	
2	丁未二月日	정미 2월 일	1907.02.00		經任案	1958	
3	丁未八月日	정미 8월 일	1907.08.00		經任案	1958	
4	戊申二月日	무신 2월 일	1908.02.00		經任案	1958	
5	戊申八月日	무신 8월 일	1908.08.00		經任案	1958	
6	己酉二月日	기유 2월 일	1909.02.00		經任案	1958	
7	己酉八月日	기유 8월 일	1909.08.00		經任案	1958	
8	辛亥三月三日	신해 3월 3일	1911.03.03		經任案	1958	
9	壬子三月十五日	임자 3월 15일	1912.03.15		經任案	1958	
10	癸丑四月一日	계축 4월 1일	1913.04.01		經任案	1958	
11	甲寅二月日	갑인 2월 일	1914.02.00		經任案	1958	
12	乙卯二月日	을묘 2월 일	1915.02.00		經任案	1958	
13	丙辰八月日	병진 8월 일	1916.08.00		經任案	1958	
14	戊午八月日	무오 8월 일	1917.08.00		經任案	1958	
15	己未二月日	기미 2월 일	1919.02.00		經任案	1958	
16	庚申二月日	경신2월일	1920.02.00		經任案	1958	
17	辛酉二月日	신유 2월 일	1921.02.00		經任案	1958	
18	壬戌二月日	임술 2월 일	1922.02.00		經任案	1958	
19	壬戌八月日	임술 8월 일	1922.08.00		經任案	1958	
20	癸亥二月日	계해 2월 일	1923.02.00		經任案	1958	
21	甲子二月日	갑자 2월 일	1924.02.00		經任案	1958	
22	甲子八月日	갑자 8월 일	1924.08.00		經任案	1958	
23	乙丑二月日朱炳守	을축 2월 일 주병수	1925.02.00		經任案	1958	
24	丙寅八月日	병인 8월 일	1926.08.00		經任案	1958	
25	丁卯二月日	정묘 2월 일	1927.02.00		經任案	1958	
26	戊辰二月日	무진 2월 일	1928.02.00		經任案	1958	
27	戊辰八月日	무진 8월 일	1928.08.00		經任案	1958	
28	己巳八月日	기사 8월 일	1929.08.00		經任案	1958	
29	庚午八月日	경오 8월 일	1930.08.00		經任案	1958	
30	辛未二月日	신미 2월 일	1931.02.00		經任案	1958	
31	壬申八月日	임신 8월 일	1932.08.00		經任案	1958	
32	癸酉二月日	계유 2월 일	1933.02.00		經任案	1958	
33	甲戌二月日	갑술 2월 일	1934.02.00		經任案	1958	
34	甲戌八月日	갑술 8월 일	1934.08.00		經任案	1958	
35	乙亥二月日	을해 2월 일	1935.02.00		經任案	1958	
36	乙亥八月日	을해 8월 일	1935.08.00		經任案	1958	

| 연번 | 문건 | | | | 문서철 | | 비고 |
	제목(원문)	제목(한글)	생산시기	생산자	문서철명	생산연도	
37	丙子八月日領袖金才燮	병자 8월 일 영수 김재섭	1936.08.00		經任案	1958	
38	丁丑九月日	정축 9월 일	1937.09.00		經任案	1958	
39	戊寅十月日	무인 10월 일	1938.10.00		經任案	1958	
40	己卯四月日	기묘 4월 일	1939.04.00		經任案	1958	
41	己卯九月日	기묘 9월 일	1939.09.00		經任案	1958	
42	庚辰九月日	경진 9월 일	1940.09.00		經任案	1958	
43	辛巳三月日	신사 3월 일	1941.03.00		經任案	1958	
44	辛巳九月日	신사 9월 일	1941.09.00		經任案	1958	
45	壬午九月日	임오 9월 일	1942.09.00		經任案	1958	
46	1943四月始經任案	계미 4월 시 경임안	1943.04.00		經任案	1943	
47	經任案)1943四月日	경임안) 계미 4월 일	1943.04.00		經任案	1943	
48	1943十月日	계미 10월 일	1943.10.00		經任案	1943	
49	甲申四月日	갑신 4월 일	1944.04.00		經任案	1943	
50	甲申十月日	갑신 10월 일	1944.10.00		經任案	1943	
51	乙酉四月日	을유 4월 일	1945.04.00		經任案	1943	
52	丁亥二月日癸亥春季以後釋奠祭員榜丈記寫)癸亥二月初九日	정해 2월일 계해춘계이후석전제원방장기사)계해 2월초9일	1923.02.09		癸亥春季釋奠祭榜記 謄寫	1947	
53	丁亥二月日癸亥春季以後釋奠祭員榜丈記寫)乙丑二月初十日	정해 2월일 계해춘계이후석전제원방장기사)을축 2월초10일	1925.02.10		癸亥春季釋奠祭榜記 謄寫	1947	
54	丁亥二月日癸亥春季以後釋奠祭員榜丈記寫)乙丑八月初三日秋享	정해 2월일 계해춘계이후석전제원방장기사)을축 9월초3일 추향	1925.09.03		癸亥春季釋奠祭榜記 謄寫	1947	
55	丁亥二月日癸亥春季以後釋奠祭員榜丈記寫)丙寅二月初六日	정해 2월일 계해춘계이후석전제원방장기사)병인 2월초6일	1926.02.06		癸亥春季釋奠祭榜記 謄寫	1947	
56	丁亥二月日癸亥春季以後釋奠祭員榜丈記寫)戊辰二月初七日	정해 2월일 계해춘계이후석전제원방장기사)무진 2월초7일	1928.02.07		癸亥春季釋奠祭榜記 謄寫	1947	
57	丁亥二月日癸亥春季以後釋奠祭員榜丈記寫)戊辰八月初一日	정해 2월일 계해춘계이후석전제원방장기사)무진 8월초1일	1928.08.01		癸亥春季釋奠祭榜記 謄寫	1947	
58	丁亥二月日癸亥春季以後釋奠祭員榜丈記寫)己巳八月初七日	정해 2월일 계해춘계이후석전제원방장기사)기사 8월초7일	1929.08.07		癸亥春季釋奠祭榜記 謄寫	1947	
59	丁亥二月日癸亥春季以後釋奠祭員榜丈記寫)庚午二月初九日	정해 2월일 계해춘계이후석전제원방장기사)경오 2월초9일	1930.02.09		癸亥春季釋奠祭榜記 謄寫	1947	

연번	문건					문서철		비고
	제목(원문)	제목(한글)	생산시기	생산자		문서철명	생산연도	
60	丁亥二月日癸亥春季以後釋奠祭員榜丈記寫)辛未八月初八日	정해 2월일 계해춘계이후 석전제원방장기사) 신미 8월초8일	1931.08.09			癸亥春季釋奠祭榜丈記 謄寫	1947	
61	丁亥二月日癸亥春季以後釋奠祭員榜丈記寫)癸酉二月初七日	정해 2월일 계해춘계이후 석전제원방장기사) 계유 2월초7일	1933.02.07			癸亥春季釋奠祭榜丈記 謄寫	1947	
62	丁亥二月日癸亥春季以後釋奠祭員榜丈記寫)癸酉八月初九日	정해 2월일 계해춘계이후 석전제원방장기사) 계유 8월초9일	1933.08.09			癸亥春季釋奠祭榜丈記 謄寫	1947	
63	丁亥二月日癸亥春季以後釋奠祭員榜丈記寫)甲戌二月初三日	정해 2월일 계해춘계이후 석전제원방장기사) 갑술 2월초3일	1934.02.03			癸亥春季釋奠祭榜丈記 謄寫	1947	
64	丁亥二月日癸亥春季以後釋奠祭員榜丈記寫)甲戌八月初五日	정해 2월일 계해춘계이후 석전제원방장기사) 갑술 8월초5일	1934.08.05			癸亥春季釋奠祭榜丈記 謄寫	1947	
65	丁亥二月日癸亥春季以後釋奠祭員榜丈記寫)乙亥二月初八日	정해 2월일 계해춘계이후 석전제원방장기사) 을해 2월초8일	1935.02.08			癸亥春季釋奠祭榜丈記 謄寫	1947	
66	丁亥二月日癸亥春季以後釋奠祭員榜丈記寫)乙亥八月初一日	정해 2월일 계해춘계이후 석전제원방장기사) 을해 8월초1일	1935.08.01			癸亥春季釋奠祭榜丈記 謄寫	1947	
67	丁亥二月日癸亥春季以後釋奠祭員榜丈記寫)丙子二月初三日	정해 2월일 계해춘계이후 석전제원방장기사) 병자 2월초3일	1936.02.03			癸亥春季釋奠祭榜丈記 謄寫	1947	
68	丁亥二月日癸亥春季以後釋奠祭員榜丈記寫)丙子八月初七日	정해 2월일 계해춘계이후 석전제원방장기사) 병자 8월초7일	1936.08.07			癸亥春季釋奠祭榜丈記 謄寫	1947	
69	丁亥二月日癸亥春季以後釋奠祭員榜丈記寫)丁丑陽四月十五日	정해 2월일 계해춘계이후 석전제원방장기사) 정축 양4월15일	1937.04.15			癸亥春季釋奠祭榜丈記 謄寫	1947	
70	丁亥二月日癸亥春季以後釋奠祭員榜丈記寫)己卯陽十月十五日	정해 2월일 계해춘계이후 석전제원방장기사) 기묘 양10월15일	1939.10.15			癸亥春季釋奠祭榜丈記 謄寫	1947	
71	丁亥二月日癸亥春季以後釋奠祭員榜丈記寫)辛巳陽四月十五日	정해 2월일 계해춘계이후 석전제원방장기사) 신사 양4월15일	1941.04.15			癸亥春季釋奠祭榜丈記 謄寫	1947	
72	丁亥二月日癸亥春季以後釋奠祭員榜丈記寫)辛巳陽十月十五日	정해 2월일 계해춘계이후 석전제원방장기사) 신사 양10월15일	1941.10.15			癸亥春季釋奠祭榜丈記 謄寫	1947	
73	丁亥二月日癸亥春季以後釋奠祭員榜丈記寫)壬午陽四月十五日	정해 2월일 계해춘계이후 석전제원방장기사) 임오 양4월15일	1942.04.15			癸亥春季釋奠祭榜丈記 謄寫	1947	
74	丁亥二月日癸亥春季以後釋奠祭員榜丈記寫)壬午十月十五日	정해 2월일 계해춘계이후 석전제원방장기사) 임오 10월15일	1942.10.15			癸亥春季釋奠祭榜丈記 謄寫	1947	

연번	문건				문서철		비고
	제목(원문)	제목(한글)	생산시기	생산자	문서철명	생산연도	
75	丁亥二月日癸亥春季以後釋奠祭員榜丈記寫)1943四月十五日	정해 2월일 계해춘계이후석전제원방장기사)계미 4월15일	1943.04.15		癸亥春季釋奠祭榜丈記 謄寫	1947	
76	丁亥二月日癸亥春季以後釋奠祭員榜丈記寫)1943十月十五日	정해 2월일 계해춘계이후석전제원방장기사)계미 10월15일	1943.10.15		癸亥春季釋奠祭榜丈記 謄寫	1947	
77	丁亥二月日癸亥春季以後釋奠祭員榜丈記寫)(十九年)甲申四月十五日春享	정해 2월일 계해춘계이후석전제원방장기사)(19년)갑신 4월15일 춘향	1944.04.15		癸亥春季釋奠祭榜丈記 謄寫	1947	
78	丁亥二月日癸亥春季以後釋奠祭員榜丈記寫)(十九年)甲申十月十五日秋享	정해 2월일 계해춘계이후석전제원방장기사)(19년)갑신 10월15일 추향	1944.04.15		癸亥春季釋奠祭榜丈記 謄寫	1947	
79	丁亥二月日癸亥春季以後釋奠祭員榜丈記寫)(二十年)乙酉四月十五日春享	정해 2월일 계해춘계이후석전제원방장기사)(20년)을유 4월15일 춘향	1945.04.15		癸亥春季釋奠祭榜丈記 謄寫	1947	
80	癸酉二月初二日會計	계유 2월초2일 회계	1933.02.02		命米會計冊 校中下記		
81	己卯年會計爲別邊錢九十兩八十五卜	기묘년회계위별변전90냥85복	1927.00.00		命米會計冊 校中下記		
82	庚午十一月十五日鄕會時到員	경오 11월15일 향회시도원	1930.11.15		庚午十一月十五日鄕會時到員		
83	申未二月日義捐金持上日記	신미2월일 의연금지상일기	1931.02.00		庚午十一月十五日鄕會時到員		
84	儒林會員名簿 昭和18年 11月 現在	유림회원 명부 1943년 11월 현재	1943.11.00		儒林會員名簿	1943	
85	己未二月日尊聖禊錢分給冊	기미 2월일 존성계전분급책	1919.02.00		尊聖禊分給冊	1919	
86	己未八月日鄕校殖利錢分給冊	기미 8월일 향교식리전분급책	1919.08.00		尊聖禊分給冊	1919	
87	庚申二月日鄕校殖利錢分給冊	경신 2월일 향교식리전분급책	1920.02.00		尊聖禊分給冊	1919	
88	庚申八月日校錢植本金利條捧上	경신 8월일 교전식본금리조봉상	1920.08.00		尊聖禊分給冊	1919	
89	辛酉二月日校錢植本金利條捧上冊	신유 2월일 교전식본금리조봉상책	1921.02.00		尊聖禊分給冊	1919	
90	辛酉八月日本校植利金捧上冊	신유 8월일 본교식리금봉상책	1921.08.00		尊聖禊分給冊	1919	
91	壬戌二月日本校植本錄	임술 2월일 본교식본록	1922.02.00		尊聖禊分給冊	1919	
92	壬戌八月初六日本金利捧上件	임술 8월초6일 본금리봉상건	1922.08.06		尊聖禊分給冊	1919	
93	癸亥年二月日植本錢利子捧上件	계해년 2월일 식본전이자봉상건	1923.02.00		尊聖禊分給冊	1919	

연번	문건					문서철		비고
	제목(원문)	제목(한글)	생산시기	생산자		문서철명	생산연도	
94	癸亥八月日各宅植利錢利子捧上冊	계해 8월일 각댁 식리전이자봉상책	1923.08.00			尊聖稧分給冊	1919	
95	己未八月日尊聖稧錢未收記	기미 8월일 존성계전미수기	1919.08.00			尊聖稧分給冊	1919	
96	甲子八月日殖本錢列名	갑자 8월일 식본전열명	1924..08.00			尊聖稧分給冊	1919	
97	乙丑二月日殖本錢列名	을축 2월일 식본전열명	1925.02.00			尊聖稧分給冊	1919	
98	乙丑八月日殖本錢列名	을축 8월일 식본전열명	1925.08.00			尊聖稧分給冊	1919	
99	丙寅二月日殖本金列名	병인 2월일 식본금열명	1926.02.00			尊聖稧分給冊	1919	
100	丙寅八月日殖本金列名	병인 8월일 식본금열명	1926.08.00			尊聖稧分給冊	1919	
101	丁卯二月日殖本錢列名	정묘 2월일 식본전열명	1927.02.00			尊聖稧分給冊	1919	
102	丁卯八月日殖本錢列名	정묘 8월일 식본전열명	1927.08.00			尊聖稧分給冊	1919	
103	戊辰二月日殖本錢列名	무진 2월일 식본전열명	1928.02.00			尊聖稧分給冊	1919	
104	戊辰八月日殖本錢列名	무진 8월일 식본전열명	1928.08.00			尊聖稧分給冊	1919	
105	己巳二月日殖本錢記	기사 2월일 식본전기	1929.02.00			尊聖稧分給冊	1919	
106	己巳八月日殖本錢債給冊	기사 8월일 식본전채급책	1929.08.00			尊聖稧分給冊	1919	
107	庚午二月日殖本錢及債給冊	경오 2월일 식본전 및 채급책	1930.02.00			尊聖稧分給冊	1919	
108	庚午八月日殖本錢及債給冊	경오 8월일 식본전 및 채급책	1930.08.00			尊聖稧分給冊	1919	
109	辛未八月日殖本錢分給冊	신미 8월일 식본전분급책	1931.08.00			尊聖稧分給冊	1919	
110	壬申八月日殖本錢分給冊	임신 8월일 식본전분급책	1932.08.00			尊聖稧分給冊	1919	
111	癸酉八月日殖本錢分給冊	계유 8월일 식본전분급책	1933.08.00			尊聖稧分給冊	1919	
112	甲戌八月日殖本錢分給冊	갑술 8월일 식본전분급책	1934.08.00			尊聖稧分給冊	1919	
113	戊午八月日庠校備品引繼部	무오 8월일 상교비품인계부	1918.08.00			突山鄕校備品引繼部	1918	
114	任戌二月日突山鄕校引繼部	임술 2월일 돌산향교인계부	1922.02.00			突山鄕校備品引繼部	1922	
115	丙寅九月日食床記	병인 9월일 식상기	1926.09.00			校畓禾租會計冊		
116	丁卯年正月日	정묘년 정월일	1927.01.00			校畓禾租會計冊		
117	丁卯三月二十七日計	정묘 3월27일 계	1927.03.27			校畓禾租會計冊		
118	丁卯十二月十五日至計	정묘 12월15일 지계	1927.12.15			校畓禾租會計冊		
119	戊辰六月一日計	무진 6월1일 계	1928.06.01			校畓禾租會計冊		
120	戊辰八月大享日至計	무진 8월 대향일 지계	1928.08.00			校畓禾租會計冊		
121	己巳八月日享至食床會計	기사 8월일 대향지 식상회계	1929.08.00			校畓禾租會計冊		
122	庚午八月至食床會計	경오 8월지 식상회계	1930.08.00			校畓禾租會計冊		
123	壬申十二月日本校禾租收入會計	임신 12월일 본교화조수입회계	1932.12.00			校畓禾租會計冊		
124	癸酉十二月日本校禾租收入會計	계유 12월일 본교화조수입회계	1933.12.00			校畓禾租會計冊		

연번	문건				문서철		비고
	제목(원문)	제목(한글)	생산시기	생산자	문서철명	생산연도	
125	甲戌十二月日本校禾租收入會計	갑술 12월일 본교화조수입회계	1934.12.00		校畓禾租會計冊		
126	乙亥十二月日本校禾租捧上	을해 12월일 본교화조봉상	1935.12.00		校畓禾租會計冊		
127	丙子十二月日本校禾租捧上冊	병자 12월일 본교화조봉상책	1936.12.00		校畓禾租會計冊		
128	丁丑十二月日本校禾租捧上冊	정축 12월일 본교화조봉상책	1937.12.00		校畓禾租會計冊		
129	戊寅十二月日本校禾租捧上冊	무인 12월일 본교화조봉상책	1937.12.00		校畓禾租會計冊		
130	鄕校土地小作料에關한件	향교 토지 소작료에 관한 건	1945.01.28	金仁箕	各官署書類綴(突山鄕校)	1946	
131	突山彰善稧序	돌산 창선계서	1925.00.00	金在倫	突山彰善稧案	1925.02	
132	條項	조항			突山彰善稧案	1925.02	
133	座目	좌목			突山彰善稧案	1925.02	
134	突山儒林稧座目	돌산유림계 좌목	1925.02.23		突山彰善稧案	1925.02	
135	突山儒林彰善稧序	돌산유림 창선계서	1925.00.00	金在倫	突山彰善稧案	1925.02	
136	訂修契案	정수계안			突山彰善稧案	1925.02	
137	改修契員名簿	개수계원 명부			突山彰善稧案		
138	彰善稧名下錢	창선계명하전			突山彰善稧案		
139	尊聖稧案序	존성계안서	1922.12.00		突山文廟尊聖稧新舊案合編	1922	
140	尊聖稧案	존성계안	1922.12.00		突山文廟尊聖稧新舊案合編	1922	
141	突山鄕校會計簿	돌산향교 회계부	1940		突山鄕校會計簿	1940	
142	昭和十五年度地稅分當(앞)/昭和十三年度高興稅金鄕校及金門花樹稧區分記(뒤)	1940년도 지세분당(앞)/ 1938년도 고흥세금 향교 및 김문 화수계 구분기(뒤)	1940~1938		突山鄕校會計簿	1940	
143	領收證-右	영수증	1941.12.18	高興郡農會	突山鄕校會計簿	1940	
144	領收證-中	영수증	1941.12.18	高興郡占岩面	突山鄕校會計簿	1940	
145	領收證-左	영수증	1941.12.18	高興郡占岩面	突山鄕校會計簿	1940	
146	昭和十五年三月日突山鄕校會計簿庚辰	1940년 3월 일 돌산향교 회계부 경진	1940.03.00		突山鄕校會計簿	1940	
147	昭和十五年十二月十二日(舊十一月十四日)會計冊	1940년 12월 12일(음 11월 14일) 회계책	1940.12.12		突山鄕校會計簿	1940	
148	昭和十六年十一月八日(舊辛巳九月二十日)會計	1941년 11월 8일(음 신사 9월 20일) 회계	1941.11.08		突山鄕校會計簿	1940	
149	昭和十七年九月三十日(陰八月二十一日)收支會計	1942년 9월 30일(음 8월 21일) 수지회계	1942.09.30		突山鄕校會計簿	1940	
150	自昭和十七年十月一日至昭和十八年二月十二日收支會計	1942년 10월 1일부터 1943년 2월 12일까지 수지회계	1943.10.01~ 1943.02.12		突山鄕校會計簿	1940	

연번	문건				문서철		비고
	제목(원문)	제목(한글)	생산시기	생산자	문서철명	생산연도	
151	自昭和十八年二月十三日至昭和十九年二月十五日各收支會計秩	1943년 2월 13일부터 1944년 2월 15일까지 각 수지회계 질	1943.02.13~1944.02.15		突山鄕校會計簿	1940	
152	自昭和十九年二月十五日至昭和二十年三月三十日各收入支出秩	1944년 2월 15일부터 1945년 03월 30일까지 각 수입 지출 질	1944.02.15~1945.03.30		突山鄕校會計簿	1940	
153	自乙酉陽三月三十一日至丙戌陰二月初一日各收支秩	을유 양 3월 31일부터 병술 음 2월 1일까지 각 수지 질	1945.03.31~1946.02.01		突山鄕校會計簿	1940	
154	建國大詔	건국대조	1943.12.01	黃海道儒道聯合會	皇道儒經 全	1943	
155	戊申詔書	무신조서	1943.12.01	黃海道儒道聯合會	皇道儒經 全	1943	
156	國民精神作興詔書	국민정신작흥조서	1943.12.01	黃海道儒道聯合會	皇道儒經 全	1943	
157	大東亞戰爭宣戰詔書	대동아전쟁선전조서	1943.12.01	黃海道儒道聯合會	皇道儒經 全	1943	
158	序	서	1943.12.01	黃海道儒道聯合會	皇道儒經 全	1943	
159	緒言	서언	1943.12.01	黃海道儒道聯合會	皇道儒經 全	1943	
160	第一章性命	제1장 성명	1943.12.01	黃海道儒道聯合會	皇道儒經 全	1943	
161	第二章道	제2장 도	1943.12.01	黃海道儒道聯合會	皇道儒經 全	1943	
162	第三章理	제3장 이	1943.12.01	黃海道儒道聯合會	皇道儒經 全	1943	
163	第四章心	제4장 심	1943.12.01	黃海道儒道聯合會	皇道儒經 全	1943	
164	第五章德	제5장 덕	1943.12.01	黃海道儒道聯合會	皇道儒經 全	1943	
165	第六章仁	제6장 인	1943.12.01	黃海道儒道聯合會	皇道儒經 全	1943	
166	第七章義	제7장 의	1943.12.01	黃海道儒道聯合會	皇道儒經 全	1943	
167	第八章誠	제8장 성	1943.12.01	黃海道儒道聯合會	皇道儒經 全	1943	
168	第九章忠,信,恕	제9장 충, 신, 서	1943.12.01	黃海道儒道聯合會	皇道儒經 全	1943	
169	第十章孝	제10장 효	1943.12.01	黃海道儒道聯合會	皇道儒經 全	1943	
170	第十一章敬	제11장 경	1943.12.01	黃海道儒道聯合會	皇道儒經 全	1943	
171	第十二章立志	제12장 입지	1943.12.01	黃海道儒道聯合會	皇道儒經 全	1943	
172	第十三章篤學	제13장 독학	1943.12.01	黃海道儒道聯合會	皇道儒經 全	1943	
173	第十四章窮理	제14장 궁리	1943.12.01	黃海道儒道聯合會	皇道儒經 全	1943	
174	第十五章修己	제15장 수기	1943.12.01	黃海道儒道聯合會	皇道儒經 全	1943	
175	第十六章治人	제16장 치인	1943.12.01	黃海道儒道聯合會	皇道儒經 全	1943	
176	第十七章齊家	제17장 제가	1943.12.01	黃海道儒道聯合會	皇道儒經 全	1943	
177	第十八章爲政	제18장 위정	1943.12.01	黃海道儒道聯合會	皇道儒經 全	1943	
178	第十九章治國	제19장 치국	1943.12.01	黃海道儒道聯合會	皇道儒經 全	1943	
179	第二十章平天下	제20장 평천하	1943.12.01	黃海道儒道聯合會	皇道儒經 全	1943	
180	第二十一章哲理	제21장 철리	1943.12.01	黃海道儒道聯合會	皇道儒經 全	1943	

【돌산향교 소장】

4. 순천향교(順天鄕校)

연번	문서					문서철		비고
	제목 (원문)	제목 (한글)	생산시기	생산자/ 조사자	수신자/ 소작인	문서철명	생산연도	
1	備品目錄	비품목록				文廟存案	임인12.00	
2	金錢收支簿	금전수지부	1917.07.00			文廟存案	임인12.00	
3	証憑書謄本	증빙서등본	1917.09.01	향교 도유사 계약주 조용승, 전곡증필 김창영	순천향교직원 박승림	文廟存案	임인12.00	계약서, 승낙서, 증
4	鄕校修理ニ關スル件	향교수리에 관한 건	1918.08.30	순천군수	직원 박승림	文廟存案	임인12.00	
5	辭職願返戻의件	사직원 반려의 건	1918.11.18	순천군수	직원 박승림	文廟存案	임인12.00	증서
6	小作料實地調査簿 (順天面佳谷里五三番 地畓)	소작료 실지 조사부 (순천면 가곡리 53번지 답)	1934년		양성은	小作料實地調査簿 順天郡鄕校財産	1933년~ 1934년	
7	小作料實地調査簿 (順天面佳谷里三一九 番地畓)	소작료 실지 조사부 (순천면 가곡리 319번지 답)	1934년		양성은	小作料實地調査簿 順天郡鄕校財産	1933년~ 1934년	
8	小作料實地調査簿 (順天面佳谷里三三七 番地畓)	소작료 실지 조사부 (순천면 가곡리 337번지 답)	1934년		정도남	小作料實地調査簿 順天郡鄕校財産	1933년~ 1934년	
9	小作料實地調査簿 (順天面石峴里一四番 地畓)	소작료 실지 조사부 (순천면 석현리 14번지 답)	1934년		한정규	小作料實地調査簿 順天郡鄕校財産	1933년~ 1934년	
10	小作料實地調査簿 (順天面石峴里四二番 地畓)	소작료 실지 조사부 (순천면 석현리 42번지 답)	1934년		배순오	小作料實地調査簿 順天郡鄕校財産	1933년~ 1934년	
11	小作料實地調査簿 (順天面石峴里一三三 番地畓)	소작료 실지 조사부 (순천면 석현리 133번지 답)	1934년		박잉보	小作料實地調査簿 順天郡鄕校財産	1933년~ 1934년	
12	小作料實地調査簿 (順天面石峴里二三六 番地畓)	소작료 실지 조사부 (순천면 석현리 236번지 답)	1934년		정원주	小作料實地調査簿 順天郡鄕校財産	1933년~ 1934년	
13	小作料實地調査簿 (順天面石峴里三二六 番地畓)	소작료 실지 조사부 (순천면 석현리 326번지 답)	1934년		김용석	小作料實地調査簿 順天郡鄕校財産	1933년~ 1934년	
14	小作料實地調査簿 (順天面石峴里三二六 番地畓)	소작료 실지 조사부 (순천면 석현리 326번지 답)	1934년		황상렬	小作料實地調査簿 順天郡鄕校財産	1933년~ 1934년	
15	小作料實地調査簿 (順天面石峴里三二六 番地畓)	소작료 실지 조사부 (순천면 석현리 326번지 답)	1934년		박화인	小作料實地調査簿 順天郡鄕校財産	1933년~ 1934년	

연번	문서					문서철		비고
	제목 (원문)	제목 (한글)	생산시기	생산자/ 조사자	수신자/ 소작인	문서철명	생산연도	
16	小作料實地調査簿 (順天面石峴里八一四 番地畓)	소작료 실지 조사부 (순천면 석현리 814번지 답)	1934년		이두금	小作料實地調査簿 順天郡鄉校財産	1933년~ 1934년	
17	小作料實地調査簿 (順天面石峴里八一五 番地畓)	소작료 실지 조사부 (순천면 석현리 815번지 답)	1934년		서병주	小作料實地調査簿 順天郡鄉校財産	1933년~ 1934년	
18	小作料實地調査簿 (順天面石峴里八一五 番地畓)	소작료 실지 조사부 (순천면 석현리 815번지 답)	1934년		오길수	小作料實地調査簿 順天郡鄉校財産	1933년~ 1934년	
19	小作料實地調査簿 (順天面石峴里八二四 番地畓)	소작료 실지 조사부 (순천면 석현리 824번지 답)	1934년		이두금	小作料實地調査簿 順天郡鄉校財産	1933년~ 1934년	
20	小作料實地調査簿 (順天面龍堂里五六四 番地畓)	소작료 실지 조사부 (순천면 용당리 564번지 답)	1934년		백서외수	小作料實地調査簿 順天郡鄉校財産	1933년~ 1934년	
21	小作料實地調査簿 (順天面龍堂里六一一 番地畓)	소작료 실지 조사부 (순천면 용당리 611번지 답)	1934년		이막동	小作料實地調査簿 順天郡鄉校財産	1933년~ 1934년	
22	小作料實地調査簿 (順天面全谷里二二六 番地畓)	소작료 실지 조사부 (순천면 전곡리 226번지 답)	1934년		김순용	小作料實地調査簿 順天郡鄉校財産	1933년~ 1934년	
23	小作料實地調査簿 (順天面全谷里二五六 番地畓)	소작료 실지 조사부 (순천면 전곡리 256번지 답)	1934년		김순용	小作料實地調査簿 順天郡鄉校財産	1933년~ 1934년	
24	小作料實地調査簿 (順天面全谷里二六0 番地畓)	소작료 실지 조사부 (순천면 전곡리 260번지 답)	1934년		박영진	小作料實地調査簿 順天郡鄉校財産	1933년~ 1934년	
25	小作料實地調査簿 (順天面全谷里二九六 番地畓)	소작료 실지 조사부 (순천면 전곡리 296번지 답)	1934년		장사일	小作料實地調査簿 順天郡鄉校財産	1933년~ 1934년	
26	小作料實地調査簿 (順天面全谷里三0二 番地畓)	소작료 실지 조사부 (순천면 전곡리 302번지 답)	1934년		장사일	小作料實地調査簿 順天郡鄉校財産	1933년~ 1934년	
27	小作料實地調査簿 (順天面全谷里三0二 番地畓)	소작료 실지 조사부 (순천면 전곡리 302번지 답)	1934년		선봉권	小作料實地調査簿 順天郡鄉校財産	1933년~ 1934년	
28	小作料實地調査簿 (順天面全谷里三0二 番地畓)	소작료 실지 조사부 (순천면 전곡리 302번지 답)	1934년		김흥렬	小作料實地調査簿 順天郡鄉校財産	1933년~ 1934년	
29	小作料實地調査簿 (順天面全谷里四二八 番地畓)	소작료 실지 조사부 (순천면 전곡리 428번지 답)	1934년		김택서	小作料實地調査簿 順天郡鄉校財産	1933년~ 1934년	
30	小作料實地調査簿 (順天面玉川里二三0 番地畓)	소작료 실지 조사부 (순천면 옥천리 230번지 답)	1934년		김재근	小作料實地調査簿 順天郡鄉校財産	1933년~ 1934년	

연번	문서					문서철		비고
	제목 (원문)	제목 (한글)	생산시기	생산자/ 조사자	수신자/ 소작인	문서철명	생산연도	
31	小作料實地調査簿 (順天面玉川里三四二番地畓)	소작료 실지 조사부 (순천면 옥천리 342번지 답)	1934년		김순용	小作料實地調査簿 順天郡鄕校財産	1933년~ 1934년	
32	小作料實地調査簿 (順天面楮田里五三番地畓)	소작료 실지 조사부 (순천면 저전리 53번지 답)	1934년		이덕심	小作料實地調査簿 順天郡鄕校財産	1933년~ 1934년	
33	小作料實地調査簿 (順天面楮田里一三七番地畓)	소작료 실지 조사부 (순천면 저전리 137번지 답)	1934년		김재근	小作料實地調査簿 順天郡鄕校財産	1933년~ 1934년	
34	小作料實地調査簿 (順天面楮田里二一八番地畓)	소작료 실지 조사부 (순천면 저전리 218번지 답)	1933년		박상운	小作料實地調査簿 順天郡鄕校財産	1933년~ 1934년	
35	小作料實地調査簿 (順天面楮田里二一九番地畓)	소작료 실지 조사부 (순천면 저전리 219번지 답)	1933년		박상운	小作料實地調査簿 順天郡鄕校財産	1933년~ 1934년	
36	小作料實地調査簿 (順天面楮田里二八五番地畓)	소작료 실지 조사부 (순천면 저전리 285번지 답)	1934년		한태선	小作料實地調査簿 順天郡鄕校財産	1933년~ 1934년	
37	小作料實地調査簿 (順天面卧龍里二五六番地畓)	소작료 실지 조사부 (순천면 와용리 256번지 답)	1934년		김한영	小作料實地調査簿 順天郡鄕校財産	1933년~ 1934년	
38	小作料實地調査簿 (順天面麟蹄里二番地畓)	소작료 실지 조사부 (순천면 린제리 2번지 답)	1934년		김경만	小作料實地調査簿 順天郡鄕校財産	1933년~ 1934년	
39	小作料實地調査簿 (順天面南亭里一番地畓)	소작료 실지 조사부 (순천면 남정리 1번지 답)	1934년		이덕심	小作料實地調査簿 順天郡鄕校財産	1933년~ 1934년	
40	小作料實地調査簿 (順天面南亭里一九番地畓)	소작료 실지 조사부 (순천면 남정리 19번지 답)	1934년		황의경	小作料實地調査簿 順天郡鄕校財産	1933년~ 1934년	
41	小作料實地調査簿 (順天面南亭里九八番地畓)	소작료 실지 조사부 (순천면 남정리 98번지 답)	1934년		김성서	小作料實地調査簿 順天郡鄕校財産	1933년~ 1934년	
42	小作料實地調査簿 (順天面稠谷里一七七番地畓)	소작료 실지 조사부 (순천면 조곡리 177번지 답)	1934년		황선유	小作料實地調査簿 順天郡鄕校財産	1933년~ 1934년	
43	小作料實地調査簿 (順天面生木里一九番地畓)	소작료 실지 조사부 (순천면 생목리 19번지 답)	1934년		최원길	小作料實地調査簿 順天郡鄕校財産	1933년~ 1934년	
44	小作料實地調査簿 (順天面生木里二一番地畓)	소작료 실지 조사부 (순천면 생목리 21번지 답)	1934년		박철조	小作料實地調査簿 順天郡鄕校財産	1933년~ 1934년	
45	小作料實地調査簿 (順天面德岩里二四六番地畓)	소작료 실지 조사부 (순천면 덕암리 246번지 답)	1934년		황선유	小作料實地調査簿 順天郡鄕校財産	1933년~ 1934년	

연번	문서					문서철		비고
	제목 (원문)	제목 (한글)	생산시기	생산자/ 조사자	수신자/ 소작인	문서철명	생산연도	
46	小作料實地調査簿 (順天面德岩里一四0 番地畓)	소작료 실지 조사부 (순천면 덕암리 140번지 답)	1934년		황선유	小作料實地調査簿 順天郡鄕校財産	1933년~ 1934년	
47	小作料實地調査簿 (順天面德岩里一四0 番地畓)	소작료 실지 조사부 (순천면 덕암리 140번지 답)	1934년		임몽치	小作料實地調査簿 順天郡鄕校財産	1933년~ 1934년	
48	小作料實地調査簿 (順天面德岩里一四0 番地畓)	소작료 실지 조사부 (순천면 덕암리 140번지 답)	1934년		김태우	小作料實地調査簿 順天郡鄕校財産	1933년~ 1934년	
49	小作料實地調査簿 (順天面豊德里一三一 番地畓)	소작료 실지 조사부 (순천면 풍덕리 131번지 답)	1934년		강낙순	小作料實地調査簿 順天郡鄕校財産	1933년~ 1934년	
50	小作料實地調査簿 (順天面豊德里一三八 番地畓)	소작료 실지 조사부 (순천면 풍덕리 138번지 답)	1934년		김정숙	小作料實地調査簿 順天郡鄕校財産	1933년~ 1934년	
51	小作料實地調査簿 (順天面豊德里一五0 番地畓)	소작료 실지 조사부 (순천면 풍덕리 150번지 답)	1934년		김정숙	小作料實地調査簿 順天郡鄕校財産	1933년~ 1934년	
52	小作料實地調査簿 (順天面豊德里一五0 番地畓)	소작료 실지 조사부 (순천면 풍덕리 150번지 답)	1934년		이국언	小作料實地調査簿 順天郡鄕校財産	1933년~ 1934년	
53	小作料實地調査簿 (順天面豊德里一八一 番地畓)	소작료 실지 조사부 (순천면 풍덕리 181번지 답)	1934년		전수암	小作料實地調査簿 順天郡鄕校財産	1933년~ 1934년	
54	小作料實地調査簿 (順天面豊德里三二九 番地畓)	소작료 실지 조사부 (순천면 풍덕리 329번지 답)	1934년		이영한	小作料實地調査簿 順天郡鄕校財産	1933년~ 1934년	
55	小作料實地調査簿 (順天面豊德里五0七 番地畓)	소작료 실지 조사부 (순천면 풍덕리 507번지 답)	1934년		황의경	小作料實地調査簿 順天郡鄕校財産	1933년~ 1934년	
56	小作料實地調査簿 (順天面豊德里六七四 番地畓)	소작료 실지 조사부 (순천면 풍덕리 674번지 답)	1934년		황의경	小作料實地調査簿 順天郡鄕校財産	1933년~ 1934년	
57	小作料實地調査簿 (順天面豊德里八四五 番地畓)	소작료 실지 조사부 (순천면 풍덕리 845번지 답)	1933년		서상근	小作料實地調査簿 順天郡鄕校財産	1933년~ 1934년	
58	小作料實地調査簿 (順天面豊德里八八0 番地畓)	소작료 실지 조사부 (순천면 풍덕리 880번지 답)	1934년		김창일	小作料實地調査簿 順天郡鄕校財産	1933년~ 1934년	
59	小作料實地調査簿 (順天面豊德里八八六 番地畓)	소작료 실지 조사부 (순천면 풍덕리 886번지 답)	1934년		황의경	小作料實地調査簿 順天郡鄕校財産	1933년~ 1934년	
60	小作料實地調査簿 (順天面豊德里九00番 地畓)	소작료 실지 조사부 (순천면 풍덕리 900번지 답)	1934년		이순규	小作料實地調査簿 順天郡鄕校財産	1933년~ 1934년	

연번	문서					문서철		비고
	제목 (원문)	제목 (한글)	생산시기	생산자/ 조사자	수신자/ 소작인	문서철명	생산연도	
61	小作料實地調査簿 (順天面豊德里一〇九 一番地畓)	소작료 실지 조사부 (순천면 풍덕리 1091번지 답)	1934년		황의경	小作料實地調査簿 順天郡鄕校財産	1933년~ 1934년	
62	小作料實地調査簿 (海龍面照禮里二一五 番地畓)	소작료 실지 조사부 (해룡면 조례리 215번지 답)	1934년		이승렬	小作料實地調査簿 順天郡鄕校財産	1933년~ 1934년	
63	小作料實地調査簿 (海龍面照禮里三八四 番地畓)	소작료 실지 조사부 (해룡면 조례리 384번지 답)	1934년		김명호	小作料實地調査簿 順天郡鄕校財産	1933년~ 1934년	
64	小作料實地調査簿 (海龍面照禮里三九二 番地畓)	소작료 실지 조사부 (해룡면 조례리 392번지 답)	1934년		김명호	小作料實地調査簿 順天郡鄕校財産	1933년~ 1934년	
65	小作料實地調査簿 (海龍面照禮里三九五 番地畓)	소작료 실지 조사부 (해룡면 조례리 395번지 답)	1933년		이연거	小作料實地調査簿 順天郡鄕校財産	1933년~ 1934년	
66	小作料實地調査簿 (海龍面照禮里四五四 番地畓)	소작료 실지 조사부 (해룡면 조례리 454번지 답)	1933년		신두만	小作料實地調査簿 順天郡鄕校財産	1933년~ 1934년	
67	小作料實地調査簿 (海龍面照禮里五二八 番地畓)	소작료 실지 조사부 (해룡면 조례리 528번지 답)	1933년		이복금	小作料實地調査簿 順天郡鄕校財産	1933년~ 1934년	
68	小作料實地調査簿 (海龍面照禮里一〇四 四番地畓)	소작료 실지 조사부 (해룡면 조례리 1044번지 답)	1933년		강달천	小作料實地調査簿 順天郡鄕校財産	1933년~ 1934년	
69	小作料實地調査簿 (海龍面照禮里一〇四 六番地畓)	소작료 실지 조사부 (해룡면 조례리 1046번지 답)	1933년		강달천	小作料實地調査簿 順天郡鄕校財産	1933년~ 1934년	
70	小作料實地調査簿 (海龍面照禮里一一九 六番地畓)	소작료 실지 조사부 (해룡면 조례리 1196번지 답)	1933년		최원길	小作料實地調査簿 順天郡鄕校財産	1933년~ 1934년	
71	小作料實地調査簿 (海龍面照禮里一二四 七番地畓)	소작료 실지 조사부 (해룡면 조례리 1247번지 답)	1933년		김찬길	小作料實地調査簿 順天郡鄕校財産	1933년~ 1934년	
72	小作料實地調査簿 (海龍面照禮里一二七 二番地畓)	소작료 실지 조사부 (해룡면 조례리 1272번지 답)	1933년		백금암	小作料實地調査簿 順天郡鄕校財産	1933년~ 1934년	
73	小作料實地調査簿 (海龍面照禮里一三二 九番地畓)	소작료 실지 조사부 (해룡면 조례리 1329번지 답)	1933년		최원길	小作料實地調査簿 順天郡鄕校財産	1933년~ 1934년	
74	小作料實地調査簿 (海龍面旺之里五一五 番地畓)	소작료 실지 조사부 (해룡면 왕지리 515번지 답)	1933년		이영호	小作料實地調査簿 順天郡鄕校財産	1933년~ 1934년	
75	小作料實地調査簿 (海龍面旺之里六二八 番地畓)	소작료 실지 조사부 (해룡면 왕지리 628번지 답)	1933년		조영두	小作料實地調査簿 順天郡鄕校財産	1933년~ 1934년	

연번	문서					문서철		비고
	제목 (원문)	제목 (한글)	생산시기	생산자/ 조사자	수신자/ 소작인	문서철명	생산연도	
76	小作料實地調査簿 (海龍面旺之里七三七 番地畓)	소작료 실지 조사부 (해룡면 왕지리 737번지 답)	1933년		장기환	小作料實地調査簿 順天郡鄕校財産	1933년~ 1934년	
77	小作料實地調査簿 (海龍面旺之里七五0 番地畓)	소작료 실지 조사부 (해룡면 왕지리 750번지 답)	1933년		이준호	小作料實地調査簿 順天郡鄕校財産	1933년~ 1934년	
78	小作料實地調査簿 (海龍面旺之里七九四 番地畓)	소작료 실지 조사부 (해룡면 왕지리 794번지 답)	1933년		신영균	小作料實地調査簿 順天郡鄕校財産	1933년~ 1934년	
79	小作料實地調査簿 (海龍面旺之里八0七 番地畓)	소작료 실지 조사부 (해룡면 왕지리 807번지 답)	1933년		이승우	小作料實地調査簿 順天郡鄕校財産	1933년~ 1934년	
80	小作料實地調査簿 (海龍面新垈里一一 一番地畓)	소작료 실지 조사부 (해룡면 신대리 1111번지 답)	1933년		양선호	小作料實地調査簿 順天郡鄕校財産	1933년~ 1934년	
81	小作料實地調査簿 (海龍面上三里四九四 番地畓)	소작료 실지 조사부 (해룡면 상3리 494번지 답)	1933년		이병주	小作料實地調査簿 順天郡鄕校財産	1933년~ 1934년	
82	小作料實地調査簿 (海龍面上三里五0七 番地畓)	소작료 실지 조사부 (해룡면 상3리 507번지 답)	1933년		신인수	小作料實地調査簿 順天郡鄕校財産	1933년~ 1934년	
83	小作料實地調査簿 (海龍面南佳里一0八0 番地畓)	소작료 실지 조사부 (해룡면 남가리 1080번지 답)	1933년		추수진	小作料實地調査簿 順天郡鄕校財産	1933년~ 1934년	
84	小作料實地調査簿 (海龍面蓮香里二五七 番地畓)	소작료 실지 조사부 (해룡면 연향리 257번지 답)	1933년		소진3	小作料實地調査簿 順天郡鄕校財産	1933년~ 1934년	
85	小作料實地調査簿 (海龍面蓮香里二六二 番地畓)	소작료 실지 조사부 (해룡면 연향리 262번지 답)	1933년		백금암	小作料實地調査簿 順天郡鄕校財産	1933년~ 1934년	
86	小作料實地調査簿 (海龍面蓮香里二六二 番地畓)	소작료 실지 조사부 (해룡면 연향리 262번지 답)	1933년		소성규	小作料實地調査簿 順天郡鄕校財産	1933년~ 1934년	
87	小作料實地調査簿 (海龍面蓮香里二八二 番地畓)	소작료 실지 조사부 (해룡면 연향리 282번지 답)	1933년		이병주	小作料實地調査簿 順天郡鄕校財産	1933년~ 1934년	
88	小作料實地調査簿 (海龍面蓮香里四一0 番地畓)	소작료 실지 조사부 (해룡면 연향리 410번지 답)	1933년		신봉9	小作料實地調査簿 順天郡鄕校財産	1933년~ 1934년	
89	小作料實地調査簿 (海龍面蓮香里四三一 番地畓)	소작료 실지 조사부 (해룡면 연향리 431번지 답)	1933년		최원길	小作料實地調査簿 順天郡鄕校財産	1933년~ 1934년	
90	小作料實地調査簿 (海龍面蓮香里四七三 番地畓)	소작료 실지 조사부 (해룡면 연향리 473번지 답)	1933년		6영주	小作料實地調査簿 順天郡鄕校財産	1933년~ 1934년	

연번	문서					문서철		비고
	제목 (원문)	제목 (한글)	생산시기	생산자/ 조사자	수신자/ 소작인	문서철명	생산연도	
91	小作料實地調查簿 (海龍面蓮香里四七三 番地畓)	소작료 실지 조사부 (해룡면 연향리 473번지 답)	1933년		최봉관	小作料實地調查簿 順天郡鄕校財産	1933년~ 1934년	
92	小作料實地調查簿 (海龍面蓮香里五一四 番地畓)	소작료 실지 조사부 (해룡면 연향리 514번지 답)	1933년		6영주	小作料實地調查簿 順天郡鄕校財産	1933년~ 1934년	
93	小作料實地調查簿 (海龍面蓮香里五九八 番地畓)	소작료 실지 조사부 (해룡면 연향리 598번지 답)	1933년		최원길	小作料實地調查簿 順天郡鄕校財産	1933년~ 1934년	
94	小作料實地調查簿 (海龍面蓮香里六一七 番地畓)	소작료 실지 조사부 (해룡면 연향리 617번지 답)	1933년		안공수	小作料實地調查簿 順天郡鄕校財産	1933년~ 1934년	
95	小作料實地調查簿 (海龍面蓮香里八0八 番地畓)	소작료 실지 조사부 (해룡면 연향리 808번지 답)	1933년		임안모	小作料實地調查簿 順天郡鄕校財産	1933년~ 1934년	
96	小作料實地調查簿 (海龍面蓮香里四八五 番地畓)	소작료 실지 조사부 (해룡면 연향리 485번지 답)	1933년		윤송보	小作料實地調查簿 順天郡鄕校財産	1933년~ 1934년	
97	小作料實地調查簿 (海龍面蓮香里九八九 番地畓)	소작료 실지 조사부 (해룡면 연향리 989번지 답)	1933년		임태정	小作料實地調查簿 順天郡鄕校財産	1933년~ 1934년	
98	小作料實地調查簿 (海龍面蓮香里一0三 三番地畓)	소작료 실지 조사부 (해룡면 연향리 1033번지 답)	1933년		김영일	小作料實地調查簿 順天郡鄕校財産	1933년~ 1934년	
99	小作料實地調查簿 (海龍面蓮香里一0三 八番地畓)	소작료 실지 조사부 (해룡면 연향리 1038번지 답)	1933년		김영일	小作料實地調查簿 順天郡鄕校財産	1933년~ 1934년	
100	小作料實地調查簿 (海龍面蓮香里一二0 七番地畓)	소작료 실지 조사부 (해룡면 연향리 1207번지 답)	1933년		문재숙	小作料實地調查簿 順天郡鄕校財産	1933년~ 1934년	
101	小作料實地調查簿 (海龍面蓮香里一二二 六番地畓)	소작료 실지 조사부 (해룡면 연향리 1226번지 답)	1933년		최원길	小作料實地調查簿 順天郡鄕校財産	1933년~ 1934년	
102	小作料實地調查簿 (海龍面大安里五一七 番地畓)	소작료 실지 조사부 (해룡면 대안리 517번지 답)	1933년		허용환	小作料實地調查簿 順天郡鄕校財産	1933년~ 1934년	
103	小作料實地調查簿 (海龍面大安里五三八 番地畓)	소작료 실지 조사부 (해룡면 대안리 538번지 답)	1933년		양제출	小作料實地調查簿 順天郡鄕校財産	1933년~ 1934년	
104	小作料實地調查簿 (海龍面大安里五七七 番地畓)	소작료 실지 조사부 (해룡면 대안리 577번지 답)	1933년		김창영	小作料實地調查簿 順天郡鄕校財産	1933년~ 1934년	
105	小作料實地調查簿 (海龍面大安里五九八 番地畓)	소작료 실지 조사부 (해룡면 대안리 598번지 답)	1933년		김창영	小作料實地調查簿 順天郡鄕校財産	1933년~ 1934년	

연번	문서					문서철		비고
	제목 (원문)	제목 (한글)	생산시기	생산자/ 조사자	수신자/ 소작인	문서철명	생산연도	
106	小作料實地調查簿 (海龍面大安里一0五 八番地畓)	소작료 실지 조사부 (해룡면 대안리 1058번지 답)	1933년		김창영	小作料實地調查簿 順天郡鄉校財産	1933년~ 1934년	
107	小作料實地調查簿 (海龍面大安里一0七 四番地畓)	소작료 실지 조사부 (해룡면 대안리 1074번지 답)	1933년		박학윤	小作料實地調查簿 順天郡鄉校財産	1933년~ 1934년	
108	小作料實地調查簿 (海龍面狐頭里九四六 番地畓)	소작료 실지 조사부 (해룡면 호두리 946번지 답)	1933년		정시철	小作料實地調查簿 順天郡鄉校財産	1933년~ 1934년	
109	小作料實地調查簿 (海龍面龍田里二二四 番地畓)	소작료 실지 조사부 (해룡면 용전리 224번지 답)	1933년		김명주	小作料實地調查簿 順天郡鄉校財産	1933년~ 1934년	
110	小作料實地調查簿 (海龍面龍田里七九六 番地畓)	소작료 실지 조사부 (해룡면 용전리 796번지 답)	1933년		임종한	小作料實地調查簿 順天郡鄉校財産	1933년~ 1934년	
111	小作料實地調查簿 (海龍面下沙里一四0 番地畓)	소작료 실지 조사부 (해룡면 하사리 140번지 답)	1933년		허인수	小作料實地調查簿 順天郡鄉校財産	1933년~ 1934년	
112	[판독불가]	[판독불가]	1933년		허인수	小作料實地調查簿 順天郡鄉校財産	1933년~ 1934년	
113	小作料實地調查簿 (西面東山里三七三番 地畓)	소작료 실지 조사부 (서면 동산리 373번지 답)	1933년		조양렬	小作料實地調查簿 順天郡鄉校財産	1933년~ 1934년	
114	小作料實地調查簿 (西面東山里四三九番 地畓)	소작료 실지 조사부 (서면 동산리 439번지 답)	1933년		조양렬	小作料實地調查簿 順天郡鄉校財産	1933년~ 1934년	
115	小作料實地調查簿 (西面雲坪里一八三番 地畓)	소작료 실지 조사부 (서면 운평리 183번지 답)	1933년		이갑호	小作料實地調查簿 順天郡鄉校財産	1933년~ 1934년	
116	小作料實地調查簿 (西面雲坪里一八四番 地畓)	소작료 실지 조사부 (서면 운평리 184번지 답)	1933년		이갑호	小作料實地調查簿 順天郡鄉校財産	1933년~ 1934년	
117	小作料實地調查簿 (西面雲坪里三二二番 地畓)	소작료 실지 조사부 (서면 운평리 322번지 답)	1933년		김홍운	小作料實地調查簿 順天郡鄉校財産	1933년~ 1934년	
118	小作料實地調查簿 (西面雲坪里四二二番 地畓)	소작료 실지 조사부 (서면 운평리 422번지 답)	1933년		장선종	小作料實地調查簿 順天郡鄉校財産	1933년~ 1934년	
119	小作料實地調查簿 (西面雲坪里六五五番 地畓)	소작료 실지 조사부 (서면 운평리 655번지 답)	1933년		장상기	小作料實地調查簿 順天郡鄉校財産	1933년~ 1934년	
120	小作料實地調查簿 (西面雲坪里六五五番 地畓)	소작료 실지 조사부 (서면 운평리 655번지 답)	1933년		김혁주	小作料實地調查簿 順天郡鄉校財産	1933년~ 1934년	

연번	문서 제목 (원문)	제목 (한글)	생산시기	생산자/ 조사자	수신자/ 소작인	문서철 문서철명	생산연도	비고
121	小作料實地調査簿 (西面雲坪里九五六番地畓)	소작료 실지 조사부 (서면 운평리 956번지 답)	1933년		장상기	小作料實地調査簿 順天郡鄕校財産	1933년~ 1934년	
122	小作料實地調査簿 (西面竹坪里二一三番地畓)	소작료 실지 조사부 (서면 죽평리 213번지 답)	1933년		윤기안	小作料實地調査簿 順天郡鄕校財産	1933년~ 1934년	
123	小作料實地調査簿 (西面鴨谷里五八番地畓)	소작료 실지 조사부 (서면 압곡리 58번지 답)	1933년		김순기	小作料實地調査簿 順天郡鄕校財産	1933년~ 1934년	
124	小作料實地調査簿 (西面九上里一六五地畓)	소작료 실지 조사부 (서면 9상리 165번지 답)	1933년		박종련	小作料實地調査簿 順天郡鄕校財産	1933년~ 1934년	
125	小作料實地調査簿 (西面池本里三0六番地畓)	소작료 실지 조사부 (서면 지본리 306번지 답)	1933년		박채오	小作料實地調査簿 順天郡鄕校財産	1933년~ 1934년	
126	小作料實地調査簿 (西面船坪里三0三番地畓)	소작료 실지 조사부 (서면 선평리 303번지 답)	1933년		황봉주	小作料實地調査簿 順天郡鄕校財産	1933년~ 1934년	
127	小作料實地調査簿 (西面船坪里七四六番地畓)	소작료 실지 조사부 (서면 선평리 746번지 답)	1933년		박화인	小作料實地調査簿 順天郡鄕校財産	1933년~ 1934년	
128	小作料實地調査簿 (西面船坪里七四六番地畓)	소작료 실지 조사부 (서면 선평리 746번지 답)	1933년		허 준	小作料實地調査簿 順天郡鄕校財産	1933년~ 1934년	
129	小作料實地調査簿 (西面大九里七二0番地畓)	소작료 실지 조사부 (서면 대9리 720번지 답)	1933년		윤만영	小作料實地調査簿 順天郡鄕校財産	1933년~ 1934년	
130	小作料實地調査簿 (黃田面仙邊里七九番地畓)	소작료 실지 조사부 (황전면 선변리 79번지 답)	1933년		조병해	小作料實地調査簿 順天郡鄕校財産	1933년~ 1934년	
131	小作料實地調査簿 (黃田面仙邊里二一0番地畓)	소작료 실지 조사부 (황전면 선변리 210번지 답)	1933년		조병묵	小作料實地調査簿 順天郡鄕校財産	1933년~ 1934년	
132	小作料實地調査簿 (黃田面仙邊里七三0一番地畓)	소작료 실지 조사부 (황전면 선변리 7301번지 답)	1933년		조삼조	小作料實地調査簿 順天郡鄕校財産	1933년~ 1934년	
133	小作料實地調査簿 (黃田面仙邊里七四八番地畓)	소작료 실지 조사부 (황전면 선변리 748번지 답)	1933년		조삼조	小作料實地調査簿 順天郡鄕校財産	1933년~ 1934년	
134	小作料實地調査簿 (黃田面琴坪里六0五番地畓)	소작료 실지 조사부 (황전면 금평리 605번지 답)	1933년		조병구	小作料實地調査簿 順天郡鄕校財産	1933년~ 1934년	
135	小作料實地調査簿 (黃田面琴坪里六二0番地畓)	소작료 실지 조사부 (황전면 금평리 620번지 답)	1933년		김영교	小作料實地調査簿 順天郡鄕校財産	1933년~ 1934년	

연번	문서					문서철		비고
	제목 (원문)	제목 (한글)	생산시기	생산자/ 조사자	수신자/ 소작인	문서철명	생산연도	
136	小作料實地調査簿 (黃田面鳳德里二一〇 番地畓)	소작료 실지 조사부 (황전면 봉덕리 210번지 답)	1933년		김차주	小作料實地調査簿 順天郡鄕校財産	1933년~ 1934년	
137	小作料實地調査簿 (黃田面鳳德里二一四 番地畓)	소작료 실지 조사부 (황전면 봉덕리 214번지 답)	1933년		김차주	小作料實地調査簿 順天郡鄕校財産	1933년~ 1934년	
138	小作料實地調査簿 (黃田面月山里三六九 番地畓)	소작료 실지 조사부 (황전면 월산리 369번지 답)	1933년		허 윤	小作料實地調査簿 順天郡鄕校財産	1933년~ 1934년	
139	小作料實地調査簿 (黃田面竹內里七三番 地畓)	소작료 실지 조사부 (황전면 죽내리 73번지 답)	1933년		조병기	小作料實地調査簿 順天郡鄕校財産	1933년~ 1934년	
140	小作料實地調査簿 (黃田面水坪里二七三 番地畓)	소작료 실지 조사부 (황전면 수평리 273번지 답)	1933년		강인회	小作料實地調査簿 順天郡鄕校財産	1933년~ 1934년	
141	小作料實地調査簿 (黃田面水坪里五一六 番地畓)	소작료 실지 조사부 (황전면 수평리 516번지 답)	1933년		고재연	小作料實地調査簿 順天郡鄕校財産	1933년~ 1934년	
142	小作料實地調査簿 (黃田面水坪里五二二 番地畓)	소작료 실지 조사부 (황전면 수평리 522번지 답)	1933년		고재연	小作料實地調査簿 順天郡鄕校財産	1933년~ 1934년	
143	小作料實地調査簿 (黃田面德林里九七三 番地畓)	소작료 실지 조사부 (황전면 덕림리 973번지 답)	1933년		정문조	小作料實地調査簿 順天郡鄕校財産	1933년~ 1934년	
144	小作料實地調査簿 (黃田面竹淸里四三八 番地畓)	소작료 실지 조사부 (황전면 죽청리 438번지 답)	1933년		고재연	小作料實地調査簿 順天郡鄕校財産	1933년~ 1934년	
145	小作料實地調査簿 (黃田面竹淸里七六八 番地畓)	소작료 실지 조사부 (황전면 죽청리 768번지 답)	1933년		고재연	小作料實地調査簿 順天郡鄕校財産	1933년~ 1934년	
146	小作料實地調査簿 (黃田面竹淸里七六九 番地畓)	소작료 실지 조사부 (황전면 죽청리 769번지 답)	1933년		고재연	小作料實地調査簿 順天郡鄕校財産	1933년~ 1934년	
147	小作料實地調査簿 (双岩面月溪里五五三 番地畓)	소작료 실지 조사부 (쌍암면 월계리 553번지 답)	1933년		박송자	小作料實地調査簿 順天郡鄕校財産	1933년~ 1934년	
148	小作料實地調査簿 (双岩面月溪里六七六 番地畓)	소작료 실지 조사부 (쌍암면 월계리 676번지 답)	1933년		남순희	小作料實地調査簿 順天郡鄕校財産	1933년~ 1934년	
149	小作料實地調査簿 (双岩面新星里七一七 番地畓)	소작료 실지 조사부 (쌍암면 신성리 717번지 답)	1933년		박주찬	小作料實地調査簿 順天郡鄕校財産	1933년~ 1934년	
150	小作料實地調査簿 (双岩面西平里一八九 番地畓)	소작료 실지 조사부 (쌍암면 서평리 189번지 답)	1933년		박재석	小作料實地調査簿 順天郡鄕校財産	1933년~ 1934년	

연번	문서					문서철		비고
	제목 (원문)	제목 (한글)	생산시기	생산자/ 조사자	수신자/ 소작인	문서철명	생산연도	
151	小作料實地調査簿 (双岩面西平里四八七 番地畓)	소작료 실지 조사부 (쌍암면 서평리 487번지 답)	1933년		송길변	小作料實地調査簿 順天郡鄕校財産	1933년~ 1934년	
152	小作料實地調査簿 (双岩面九江里四二九 番地畓)	소작료 실지 조사부 (쌍암면 9강리 429번지 답)	1933년		고정온	小作料實地調査簿 順天郡鄕校財産	1933년~ 1934년	
153	小作料實地調査簿 (双岩面九江里四三三 番地畓)	소작료 실지 조사부 (쌍암면 9강리 433번지 답)	1933년		신신문	小作料實地調査簿 順天郡鄕校財産	1933년~ 1934년	
154	小作料實地調査簿 (双岩面九江里六九五 番地畓)	소작료 실지 조사부 (쌍암면 9강리 695번지 답)	1933년		조찬식	小作料實地調査簿 順天郡鄕校財産	1933년~ 1934년	
155	小作料實地調査簿 (双岩面道亭里八七番 地畓)	소작료 실지 조사부 (쌍암면 도정리 87번지 답)	1933년		조찬식	小作料實地調査簿 順天郡鄕校財産	1933년~ 1934년	
156	小作料實地調査簿 (双岩面道亭里八七番 地畓)	소작료 실지 조사부 (쌍암면 도정리 87번지 답)	1933년		최동석	小作料實地調査簿 順天郡鄕校財産	1933년~ 1934년	
157	小作料實地調査簿 (双岩面道亭里一三六 二番地畓)	소작료 실지 조사부 (쌍암면 도정리 1362번지 답)	1933년		신병휴	小作料實地調査簿 順天郡鄕校財産	1933년~ 1934년	
158	小作料實地調査簿 (双岩面鳳德里二一七 番地畓)	소작료 실지 조사부 (쌍암면 봉덕리 217번지 답)	1933년		권재봉	小作料實地調査簿 順天郡鄕校財産	1933년~ 1934년	
159	小作料實地調査簿 (双岩面鳳德里四四七 番地畓)	소작료 실지 조사부 (쌍암면 봉덕리 447번지 답)	1933년		황신화	小作料實地調査簿 順天郡鄕校財産	1933년~ 1934년	
160	小作料實地調査簿 (双岩面鳳德里四六三 番地畓)	소작료 실지 조사부 (쌍암면 봉덕리 463번지 답)	1933년		서기성	小作料實地調査簿 順天郡鄕校財産	1933년~ 1934년	
161	小作料實地調査簿 (双岩面鳳德里四七二 番地畓)	소작료 실지 조사부 (쌍암면 봉덕리 472번지 답)	1933년		황신화	小作料實地調査簿 順天郡鄕校財産	1933년~ 1934년	
162	小作料實地調査簿 (双岩面西興里六一番 地畓)	소작료 실지 조사부 (쌍암면 유흥리 61번지 답)	1933년		조광선	小作料實地調査簿 順天郡鄕校財産	1933년~ 1934년	
163	小作料實地調査簿 (双岩面西興里五九八 番地畓)	소작료 실지 조사부 (쌍암면 유흥리 598번지 답)	1933년		조규순	小作料實地調査簿 順天郡鄕校財産	1933년~ 1934년	
164	小作料實地調査簿 (双岩面西興里六三三 番地畓)	소작료 실지 조사부 (쌍암면 유흥리 633번지 답)	1933년		장쌍현	小作料實地調査簿 順天郡鄕校財産	1933년~ 1934년	
165	小作料實地調査簿 (双岩面斗月里六六番 地畓)	소작료 실지 조사부 (쌍암면 두월리 66번지 답)	1933년		김학진	小作料實地調査簿 順天郡鄕校財産	1933년~ 1934년	

연번	문서					문서철		비고
	제목 (원문)	제목 (한글)	생산시기	생산자/ 조사자	수신자/ 소작인	문서철명	생산연도	
166	小作料實地調査簿 (双岩面斗月里二二一 番地畓)	소작료 실지 조사부 (쌍암면 두월리 221번지 답)	1933년		이영숙	小作料實地調査簿 順天郡鄕校財産	1933년~ 1934년	
167	小作料實地調査簿 (双岩面斗月里二三一 番地畓)	소작료 실지 조사부 (쌍암면 두월리 231번지 답)	1933년		김치순	小作料實地調査簿 順天郡鄕校財産	1933년~ 1934년	
168	小作料實地調査簿 (佳岩面佳岩里三六九 番地畓)	소작료 실지 조사부 (가암면 가암리 369번지 답)	1933년		김치순	小作料實地調査簿 順天郡鄕校財産	1933년~ 1934년	
169	小作料實地調査簿 (佳岩面佳岩里三六九 番地畓)	소작료 실지 조사부 (가암면 가암리 369번지 답)	1933년		김치순	小作料實地調査簿 順天郡鄕校財産	1933년~ 1934년	
170	小作料實地調査簿 (佳岩面佳岩里三六九 番地畓)	소작료 실지 조사부 (가암면 가암리 369번지 답)	1933년		김동호	小作料實地調査簿 順天郡鄕校財産	1933년~ 1934년	
171	小作料實地調査簿 (佳岩面佳岩里四三四 番地畓)	소작료 실지 조사부 (가암면 가암리 434번지 답)	1933년			小作料實地調査簿 順天郡鄕校財産	1933년~ 1934년	
172	小作料實地調査簿 (佳岩面佳岩里四三四 番地畓)	소작료 실지 조사부 (가암면 가암리 434번지 답)	1933년		조상현	小作料實地調査簿 順天郡鄕校財産	1933년~ 1934년	
173	小作料實地調査簿 (佳岩面五山里八六番 地畓)	소작료 실지 조사부 (가암면 오산리 86번지 답)	1933년		조상현	小作料實地調査簿 順天郡鄕校財産	1933년~ 1934년	
174	小作料實地調査簿 (佳岩面五山里五二六 番地畓)	소작료 실지 조사부 (가암면 오산리 526번지 답)	1933년		최인익	小作料實地調査簿 順天郡鄕校財産	1933년~ 1934년	
175	小作料實地調査簿 (佳岩面倉村里二九五 番地畓)	소작료 실지 조사부 (가암면 창촌리 295번지 답)	1933년		이길휘	小作料實地調査簿 順天郡鄕校財産	1933년~ 1934년	
176	小作料實地調査簿 (佳岩面倉村里六0四 番地畓)	소작료 실지 조사부 (가암면 창촌리 604번지 답)	1933년		김판수	小作料實地調査簿 順天郡鄕校財産	1933년~ 1934년	
177	小作料實地調査簿 (佳岩面倉村里六一0 番地畓)	소작료 실지 조사부 (가암면 창촌리 610번지 답)	1933년		최재봉	小作料實地調査簿 順天郡鄕校財産	1933년~ 1934년	
178	小作料實地調査簿 (松光面新興里一九六 番地畓)	소작료 실지 조사부 (송광면 신흥리 196번지 답)	1933년		임흥택	小作料實地調査簿 順天郡鄕校財産	1933년~ 1934년	
179	小作料實地調査簿 (松光面大谷里二九0 番地畓)	소작료 실지 조사부 (송광면 대곡리 290번지 답)	1933년		오즉상	小作料實地調査簿 順天郡鄕校財産	1933년~ 1934년	
180	小作料實地調査簿 (松光面大谷里三0八 番地畓)	소작료 실지 조사부 (송광면 대곡리 308번지 답)	1933년		조병규	小作料實地調査簿 順天郡鄕校財産	1933년~ 1934년	

연번	문서					문서철		비고
	제목 (원문)	제목 (한글)	생산시기	생산자/ 조사자	수신자/ 소작인	문서철명	생산연도	
181	小作料實地調査簿 (松光面大谷里四0一 番地畓)	소작료 실지 조사부 (송광면 대곡리 401번지 답)	1933년		조광변	小作料實地調査簿 順天郡鄕校財産	1933년~ 1934년	
182	小作料實地調査簿 (松光面鳳山里四九三 番地畓)	소작료 실지 조사부 (송광면 봉산리 493번지 답)	1933년		조재훈	小作料實地調査簿 順天郡鄕校財産	1933년~ 1934년	
183	小作料實地調査簿 (松光面梨邑里六六五 番地畓)	소작료 실지 조사부 (송광면 이읍리 665번지 답)	1933년		성대련	小作料實地調査簿 順天郡鄕校財産	1933년~ 1934년	
184	小作料實地調査簿 (外西面新德里三九番 地畓)	소작료 실지 조사부 (외서면 신덕리 39번지 답)	1933년		신덕○○	小作料實地調査簿 順天郡鄕校財産	1933년~ 1934년	
185	小作料實地調査簿 (外西面新德里三九番 地畓)	소작료 실지 조사부 (외서면 신덕리 39번지 답)	1933년		신덕○○	小作料實地調査簿 順天郡鄕校財産	1933년~ 1934년	
186	小作料實地調査簿 (外西面新德里七五六 番地畓)	소작료 실지 조사부 (외서면 신덕리 756번지 답)	1933년		신덕○○	小作料實地調査簿 順天郡鄕校財産	1933년~ 1934년	
187	小作料實地調査簿 (外西面新德里七五六 番地畓)	소작료 실지 조사부 (외서면 신덕리 756번지 답)	1933년		신덕○○	小作料實地調査簿 順天郡鄕校財産	1933년~ 1934년	
188	小作料實地調査簿 (外西面月岩里三四番 地畓)	소작료 실지 조사부 (외서면 월암리 34번지 답)	1934년		강두팔	小作料實地調査簿 順天郡鄕校財産	1933년~ 1934년	
189	小作料實地調査簿 (外西面道新里二六三 番地畓)	소작료 실지 조사부 (외서면 도신리 263번지 답)	1934년		선영철	小作料實地調査簿 順天郡鄕校財産	1933년~ 1934년	
190	小作料實地調査簿 (外西面道新里六0四 番地畓)	소작료 실지 조사부 (외서면 도신리 604번지 답)	1934년		선영순	小作料實地調査簿 順天郡鄕校財産	1933년~ 1934년	
191	小作料實地調査簿 (外西面道新里六二一 番地畓)	소작료 실지 조사부 (외서면 도신리 621번지 답)	1934년		선영순	小作料實地調査簿 順天郡鄕校財産	1933년~ 1934년	
192	小作料實地調査簿 (外西面盤龍里二九九 番地畓)	소작료 실지 조사부 (외서면 반용리 299번지 답)	1934년		강문주	小作料實地調査簿 順天郡鄕校財産	1933년~ 1934년	
193	小作料實地調査簿 (外西面盤龍里五七六 番地畓)	소작료 실지 조사부 (외서면 반용리 576번지 답)	1934년		김원석	小作料實地調査簿 順天郡鄕校財産	1933년~ 1934년	
194	小作料實地調査簿 (樂安面平村里四七一 番地畓)	소작료 실지 조사부 (낙안면 평촌리 471번지 답)	1934년		김영표	小作料實地調査簿 順天郡鄕校財産	1933년~ 1934년	
195	小作料實地調査簿 (樂安面平村里四七八 番地畓)	소작료 실지 조사부 (낙안면 평촌리 478번지 답)	1934년		김효근	小作料實地調査簿 順天郡鄕校財産	1933년~ 1934년	

연번	문서 제목 (원문)	제목 (한글)	생산시기	생산자/조사자	수신자/소작인	문서철 문서철명	생산연도	비고
196	小作料實地調査簿 (樂安面平村里四八三番地畓)	소작료 실지 조사부 (낙안면 평촌리 483번지 답)	1934년		김효근	小作料實地調査簿 順天郡鄕校財産	1933년~1934년	
197	小作料實地調査簿 (樂安面平村里四八五番地畓)	소작료 실지 조사부 (낙안면 평촌리 485번지 답)	1934년		김효근	小作料實地調査簿 順天郡鄕校財産	1933년~1934년	
198	小作料實地調査簿 (樂安面平村里四九0番地畓)	소작료 실지 조사부 (낙안면 평촌리 490번지 답)	1934년		이이선	小作料實地調査簿 順天郡鄕校財産	1933년~1934년	
199	小作料實地調査簿 (樂安面南內里二一九番地畓)	소작료 실지 조사부 (낙안면 남내리 219번지 답)	1934년		김효근	小作料實地調査簿 順天郡鄕校財産	1933년~1934년	
200	小作料實地調査簿 (樂安面下松里一二三番地畓)	소작료 실지 조사부 (낙안면 하송리 123번지 답)	1933년		노한전	小作料實地調査簿 順天郡鄕校財産	1933년~1934년	
201	小作料實地調査簿 (樂安面木村里七九番地畓)	소작료 실지 조사부 (낙안면 목촌리 79번지 답)	1934년		이종진	小作料實地調査簿 順天郡鄕校財産	1933년~1934년	
202	小作料實地調査簿 (樂安面木村里四一九番地畓)	소작료 실지 조사부 (낙안면 목촌리 419번지 답)	1934년		이종진	小作料實地調査簿 順天郡鄕校財産	1933년~1934년	
203	小作料實地調査簿 (樂安面金山里二0番地畓)	소작료 실지 조사부 (낙안면 김산리 20번지 답)	1934년		최병주	小作料實地調査簿 順天郡鄕校財産	1933년~1934년	
204	小作料實地調査簿 (樂安面金山里一二0番地畓)	소작료 실지 조사부 (낙안면 김산리 120번지 답)	1934년		정양영	小作料實地調査簿 順天郡鄕校財産	1933년~1934년	
205	小作料實地調査簿 (樂安面金山里二一五番地畓)	소작료 실지 조사부 (낙안면 김산리 215번지 답)	1934년		정양영	小作料實地調査簿 順天郡鄕校財産	1933년~1934년	
206	小作料實地調査簿 (樂安面金山里三一七番地畓)	소작료 실지 조사부 (낙안면 김산리 317번지 답)	1934년		최병주	小作料實地調査簿 順天郡鄕校財産	1933년~1934년	
207	小作料實地調査簿 (樂安面校村里八五番地畓)	소작료 실지 조사부 (낙안면 교촌리 85번지 답)	1934년		김장변	小作料實地調査簿 順天郡鄕校財産	1933년~1934년	
208	小作料實地調査簿 (樂安面校村里九0番地畓)	소작료 실지 조사부 (낙안면 교촌리 90번지 답)	1934년		이 공	小作料實地調査簿 順天郡鄕校財産	1933년~1934년	
209	小作料實地調査簿 (樂安面校村里一一0番地畓)	소작료 실지 조사부 (낙안면 교촌리 110번지 답)	1934년		이재황	小作料實地調査簿 順天郡鄕校財産	1933년~1934년	
210	小作料實地調査簿 (樂安面校村里二六六番地畓)	소작료 실지 조사부 (낙안면 교촌리 266번지 답)	1934년		강경순	小作料實地調査簿 順天郡鄕校財産	1933년~1934년	

연번	문서					문서철		비고
	제목 (원문)	제목 (한글)	생산시기	생산자/ 조사자	수신자/ 소작인	문서철명	생산연도	
211	小作料實地調査簿 (樂安面校村里四五四 番地畓)	소작료 실지 조사부 (낙안면 교촌리 454번지 답)	1934년		김재병	小作料實地調査簿 順天郡鄕校財産	1933년~ 1934년	
212	小作料實地調査簿 (樂安面校村里四五六 番地畓)	소작료 실지 조사부 (낙안면 교촌리 456번지 답)	1934년		이장선	小作料實地調査簿 順天郡鄕校財産	1933년~ 1934년	
213	小作料實地調査簿 (樂安面校村里四七五 番地畓)	소작료 실지 조사부 (낙안면 교촌리 475번지 답)	1934년		강경순	小作料實地調査簿 順天郡鄕校財産	1933년~ 1934년	
214	小作料實地調査簿 (樂安面校村里四八二 番地畓)	소작료 실지 조사부 (낙안면 교촌리 482번지 답)	1933년		양갑철	小作料實地調査簿 順天郡鄕校財産	1933년~ 1934년	
215	小作料實地調査簿 (樂安面校村里四九七 番地畓)	소작료 실지 조사부 (낙안면 교촌리 497번지 답)	1934년		강경순	小作料實地調査簿 順天郡鄕校財産	1933년~ 1934년	
216	小作料實地調査簿 (樂安面校村里五〇一 番地畓)	소작료 실지 조사부 (낙안면 교촌리 501번지 답)	1934년		강경순	小作料實地調査簿 順天郡鄕校財産	1933년~ 1934년	
217	小作料實地調査簿 (樂安面校村里五〇九 番地畓)	소작료 실지 조사부 (낙안면 교촌리 509번지 답)	1933년		양갑철	小作料實地調査簿 順天郡鄕校財産	1933년~ 1934년	
218	小作料實地調査簿 (樂安面校村里五一二 番地畓)	소작료 실지 조사부 (낙안면 교촌리 512번지 답)	1934년		윤병진	小作料實地調査簿 順天郡鄕校財産	1933년~ 1934년	
219	小作料實地調査簿 (樂安面校村里五六四 番地畓)	소작료 실지 조사부 (낙안면 교촌리 564번지 답)	1934년		김흥석	小作料實地調査簿 順天郡鄕校財産	1933년~ 1934년	
220	小作料實地調査簿 (樂安面校村里五七六 番地畓)	소작료 실지 조사부 (낙안면 교촌리 576번지 답)	1934년		김재홍	小作料實地調査簿 順天郡鄕校財産	1933년~ 1934년	
221	小作料實地調査簿 (樂安面校村里五七六 番地畓)	소작료 실지 조사부 (낙안면 교촌리 576번지 답)	1934년		김사원	小作料實地調査簿 順天郡鄕校財産	1933년~ 1934년	
222	小作料實地調査簿 (樂安面校村里五八二 番地畓)	소작료 실지 조사부 (낙안면 교촌리 582번지 답)	1934년		기원도	小作料實地調査簿 順天郡鄕校財産	1933년~ 1934년	
223	小作料實地調査簿 (樂安面校村里五八五 番地畓)	소작료 실지 조사부 (낙안면 교촌리 585번지 답)	1934년		김암우	小作料實地調査簿 順天郡鄕校財産	1933년~ 1934년	
224	小作料實地調査簿 (樂安面校村里五九〇 番地畓)	소작료 실지 조사부 (낙안면 교촌리 590번지 답)	1934년		기원도	小作料實地調査簿 順天郡鄕校財産	1933년~ 1934년	
225	小作料實地調査簿 (樂安面校村里六〇五 番地畓)	소작료 실지 조사부 (낙안면 교촌리 605번지 답)	1934년		이관중	小作料實地調査簿 順天郡鄕校財産	1933년~ 1934년	

연번	문서					문서철		비고
	제목 (원문)	제목 (한글)	생산시기	생산자/ 조사자	수신자/ 소작인	문서철명	생산연도	
226	小作料實地調査簿 (樂安面校村里六〇七 番地畓)	소작료 실지 조사부 (낙안면 교촌리 607번지 답)	1934년		김원협	小作料實地調査簿 順天郡鄕校財産	1933년~ 1934년	
227	小作料實地調査簿 (樂安面校村里六七〇 番地畓)	소작료 실지 조사부 (낙안면 교촌리 670번지 답)	1934년		서윤덕	小作料實地調査簿 順天郡鄕校財産	1933년~ 1934년	
228	小作料實地調査簿 (樂安面校村里七四七 番地畓)	소작료 실지 조사부 (낙안면 교촌리 747번지 답)	1934년		서병선	小作料實地調査簿 順天郡鄕校財産	1933년~ 1934년	
229	小作料實地調査簿 (樂安面校村里八一二 番地畓)	소작료 실지 조사부 (낙안면 교촌리 812번지 답)	1934년		도7송	小作料實地調査簿 順天郡鄕校財産	1933년~ 1934년	
230	小作料實地調査簿 (樂安面校村里八二五 番地畓)	소작료 실지 조사부 (낙안면 교촌리 825번지 답)	1934년		조직송	小作料實地調査簿 順天郡鄕校財産	1933년~ 1934년	
231	小作料實地調査簿 (樂安面校村里八二五 番地畓)	소작료 실지 조사부 (낙안면 교촌리 825번지 답)	1934년		박치홍	小作料實地調査簿 順天郡鄕校財産	1933년~ 1934년	
232	小作料實地調査簿 (樂安面校村里八三六 番地畓)	소작료 실지 조사부 (낙안면 교촌리 836번지 답)	1934년		오덕윤	小作料實地調査簿 順天郡鄕校財産	1933년~ 1934년	
233	小作料實地調査簿 (樂安面校村里八三六 番地畓)	소작료 실지 조사부 (낙안면 교촌리 836번지 답)	1933년		장명규	小作料實地調査簿 順天郡鄕校財産	1933년~ 1934년	
234	小作料實地調査簿 (樂安面校村里八三六 番地畓)	소작료 실지 조사부 (낙안면 교촌리 836번지 답)	1934년		최익선	小作料實地調査簿 順天郡鄕校財産	1933년~ 1934년	
235	小作料實地調査簿 (樂安面校村里八四五 番地畓)	소작료 실지 조사부 (낙안면 교촌리 845번지 답)	1934년		김명찬	小作料實地調査簿 順天郡鄕校財産	1933년~ 1934년	
236	小作料實地調査簿 (樂安面校村里八五一 番地畓)	소작료 실지 조사부 (낙안면 교촌리 851번지 답)	1933년		김성환	小作料實地調査簿 順天郡鄕校財産	1933년~ 1934년	
237	小作料實地調査簿 (樂安面校村里八五一 番地畓)	소작료 실지 조사부 (낙안면 교촌리 851번지 답)	1934년		김판암	小作料實地調査簿 順天郡鄕校財産	1933년~ 1934년	
238	小作料實地調査簿 (樂安面校村里八五一 番地畓)	소작료 실지 조사부 (낙안면 교촌리 851번지 답)	1934년		김귀남	小作料實地調査簿 順天郡鄕校財産	1933년~ 1934년	
239	小作料實地調査簿 (樂安面校村里八五七 番地畓)	소작료 실지 조사부 (낙안면 교촌리 857번지 답)	1933년		오봉안	小作料實地調査簿 順天郡鄕校財産	1933년~ 1934년	
240	小作料實地調査簿 (樂安面校村里八五七 番地畓)	소작료 실지 조사부 (낙안면 교촌리 857번지 답)	1934년		장우3	小作料實地調査簿 順天郡鄕校財産	1933년~ 1934년	

연번	문서					문서철		비고
	제목 (원문)	제목 (한글)	생산시기	생산자/ 조사자	수신자/ 소작인	문서철명	생산연도	
241	小作料實地調査簿 (樂安面校村里八六四 番地畓)	소작료 실지 조사부 (낙안면 교촌리 864번지 답)	1933년		정규수	小作料實地調査簿 順天郡鄕校財産	1933년~ 1934년	
242	小作料實地調査簿 (樂安面校村里八七一 番地畓)	소작료 실지 조사부 (낙안면 교촌리 871번지 답)	1934년		김재홍	小作料實地調査簿 順天郡鄕校財産	1933년~ 1934년	
243	小作料實地調査簿 (樂安面校村里八九二 番地畓)	소작료 실지 조사부 (낙안면 교촌리 892번지 답)	1933년		[판독불가]	小作料實地調査簿 順天郡鄕校財産	1933년~ 1934년	
244	[판독불가]	[판독불가]	1933년		이윤경	小作料實地調査簿 順天郡鄕校財産	1933년~ 1934년	
245	小作料實地調査簿 (樂安面校村里九一七 番地畓)	소작료 실지 조사부 (낙안면 교촌리 917번지 답)	1934년		김치권	小作料實地調査簿 順天郡鄕校財産	1933년~ 1934년	
246	小作料實地調査簿 (樂安面校村里九一七 番地畓)	소작료 실지 조사부 (낙안면 교촌리 917번지 답)	1934년		정한우	小作料實地調査簿 順天郡鄕校財産	1933년~ 1934년	
247	小作料實地調査簿 (樂安面校村里九一七 番地畓)	소작료 실지 조사부 (낙안면 교촌리 917번지 답)	1934년		김문화	小作料實地調査簿 順天郡鄕校財産	1933년~ 1934년	
248	小作料實地調査簿 (樂安面校村里九三八 番地畓)	소작료 실지 조사부 (낙안면 교촌리 938번지 답)	1934년		강판삼	小作料實地調査簿 順天郡鄕校財産	1933년~ 1934년	
249	小作料實地調査簿 (樂安面五山里二九七 番地畓)	소작료 실지 조사부 (낙안면 오산리 297번지 답)	1934년		임덕화	小作料實地調査簿 順天郡鄕校財産	1933년~ 1934년	
250	小作料實地調査簿 (樂安面內雲里六八七 番地畓)	소작료 실지 조사부 (낙안면 내운리 687번지 답)	1934년		정선영	小作料實地調査簿 順天郡鄕校財産	1933년~ 1934년	
251	小作料實地調査簿 (樂安面內雲里七0八 番地畓)	소작료 실지 조사부 (낙안면 내운리 708번지 답)	1934년		김오현	小作料實地調査簿 順天郡鄕校財産	1933년~ 1934년	
252	小作料實地調査簿 (樂安面內雲里七八六 番地畓)	소작료 실지 조사부 (낙안면 내운리 786번지 답)	1934년		문성중	小作料實地調査簿 順天郡鄕校財産	1933년~ 1934년	
253	小作料實地調査簿 (樂安面李谷里四三番 地畓)	소작료 실지 조사부 (낙안면 이곡리 43번지 답)	1934년		윤기채	小作料實地調査簿 順天郡鄕校財産	1933년~ 1934년	
254	小作料實地調査簿 (樂安面李谷里一一四 番地畓)	소작료 실지 조사부 (낙안면 이곡리 114번지 답)	1934년		박사문	小作料實地調査簿 順天郡鄕校財産	1933년~ 1934년	
255	小作料實地調査簿 (樂安面李谷里一四九 番地畓)	소작료 실지 조사부 (낙안면 이곡리 149번지 답)	1934년		안규순	小作料實地調査簿 順天郡鄕校財産	1933년~ 1934년	

연번	문서					문서철		비고
	제목 (원문)	제목 (한글)	생산시기	생산자/ 조사자	수신자/ 소작인	문서철명	생산연도	
256	小作料實地調查簿 (樂安面李谷里一八四 番地畓)	소작료 실지 조사부 (낙안면 이곡리 184번지 답)	1934년		안봉주	小作料實地調查簿 順天郡鄕校財産	1933년~ 1934년	
257	小作料實地調查簿 (樂安面李谷里三六四 番地畓)	소작료 실지 조사부 (낙안면 이곡리 364번지 답)	1934년		안봉주	小作料實地調查簿 順天郡鄕校財産	1933년~ 1934년	
258	小作料實地調查簿 (樂安面李谷里三八四 番地畓)	소작료 실지 조사부 (낙안면 이곡리 384번지 답)	1934년		안규열	小作料實地調查簿 順天郡鄕校財産	1933년~ 1934년	
259	小作料實地調查簿 (樂安面李谷里三八六 番地畓)	소작료 실지 조사부 (낙안면 이곡리 386번지 답)	1934년		안봉준	小作料實地調查簿 順天郡鄕校財産	1933년~ 1934년	
260	小作料實地調查簿 (樂安面李谷里四三二 番地畓)	소작료 실지 조사부 (낙안면 이곡리 432번지 답)	1933년		안봉준	小作料實地調查簿 順天郡鄕校財産	1933년~ 1934년	
261	小作料實地調查簿 (樂安面李谷里四七一 番地畓)	소작료 실지 조사부 (낙안면 이곡리 471번지 답)	1933년		이병수	小作料實地調查簿 順天郡鄕校財産	1933년~ 1934년	
262	小作料實地調查簿 (樂安面李谷里四七六 番地畓)	소작료 실지 조사부 (낙안면 이곡리 476번지 답)	1934년		안용순	小作料實地調查簿 順天郡鄕校財産	1933년~ 1934년	
263	小作料實地調查簿 (樂安面李谷里四八三 番地畓)	소작료 실지 조사부 (낙안면 이곡리 483번지 답)	1934년		곽인석	小作料實地調查簿 順天郡鄕校財産	1933년~ 1934년	
264	小作料實地調查簿 (樂安面李谷里五四六 番地畓)	소작료 실지 조사부 (낙안면 이곡리 546번지 답)	1934년		안진환	小作料實地調查簿 順天郡鄕校財産	1933년~ 1934년	
265	小作料實地調查簿 (樂安面李谷里五七三 番地畓)	소작료 실지 조사부 (낙안면 이곡리 573번지 답)	1934년		안진환	小作料實地調查簿 順天郡鄕校財産	1933년~ 1934년	
266	小作料實地調查簿 (樂安面新基里三一二 番地畓)	소작료 실지 조사부 (낙안면 신기리 312번지 답)	1934년		김진두	小作料實地調查簿 順天郡鄕校財産	1933년~ 1934년	
267	小作料實地調查簿 (樂安面新基里三四三 番地畓)	소작료 실지 조사부 (낙안면 신기리 343번지 답)	1934년		배덕개	小作料實地調查簿 順天郡鄕校財産	1933년~ 1934년	
268	小作料實地調查簿 (樂安面新基里四七九 番地畓)	소작료 실지 조사부 (낙안면 신기리 479번지 답)	1934년		안구순	小作料實地調查簿 順天郡鄕校財産	1933년~ 1934년	
269	小作料實地調查簿 (筏橋面蓮山里五二八 番地畓)	소작료 실지 조사부 (벌교면 연산리 528번지 답)	1934년		윤행렬	小作料實地調查簿 順天郡鄕校財産	1933년~ 1934년	
270	小作料實地調查簿 (筏橋面蓮山里五三七 番地畓)	소작료 실지 조사부 (벌교면 연산리 537번지 답)	1933년		김두현	小作料實地調查簿 順天郡鄕校財産	1933년~ 1934년	

연번	문서					문서철		비고
	제목 (원문)	제목 (한글)	생산시기	생산자/ 조사자	수신자/ 소작인	문서철명	생산연도	
271	小作料實地調査簿 (筏橋面典洞里二五五 番地畓)	소작료 실지 조사부 (벌교면 전동리 255번지 답)	1934년		김원석	小作料實地調査簿 順天郡鄕校財産	1933년~ 1934년	
272	小作料實地調査簿 (筏橋面壯陽里一八四 番地畓)	소작료 실지 조사부 (벌교면 장양리 184번지 답)	1933년		김명옥	小作料實地調査簿 順天郡鄕校財産	1933년~ 1934년	
273	小作料實地調査簿 (筏橋面壯陽里六六二 番地畓)	소작료 실지 조사부 (벌교면 장양리 662번지 답)	1934년		중음진하	小作料實地調査簿 順天郡鄕校財産	1933년~ 1934년	
274	小作料實地調査簿 (筏橋面回亭里五五二 番地畓)	소작료 실지 조사부 (벌교면 회정리 552번지 답)	1934년		동야연차	小作料實地調査簿 順天郡鄕校財産	1933년~ 1934년	
275	小作料實地調査簿 (別良面牛山里一一三 七番地畓)	소작료 실지 조사부 (별량면 우산리 1137번지 답)	1934년		서상국	小作料實地調査簿 順天郡鄕校財産	1933년~ 1934년	
276	小作料實地調査簿 (別良面牛山里一二二 九番地畓)	소작료 실지 조사부 (별량면 우산리 1229번지 답)	1933년		정정삼	小作料實地調査簿 順天郡鄕校財産	1933년~ 1934년	
277	小作料實地調査簿 (別良面牛山里一二四 三番地畓)	소작료 실지 조사부 (별량면 우산리 1243번지 답)	1933년		정정삼	小作料實地調査簿 順天郡鄕校財産	1933년~ 1934년	
278	小作料實地調査簿 (別良面牛山里一二五 0番地畓)	소작료 실지 조사부 (별량면 우산리 1250번지 답)	1933년		박봉실	小作料實地調査簿 順天郡鄕校財産	1933년~ 1934년	
279	小作料實地調査簿 (別良面牛山里一二七 一番地畓)	소작료 실지 조사부 (별량면 우산리 1271번지 답)	1933년		김동율	小作料實地調査簿 順天郡鄕校財産	1933년~ 1934년	
280	小作料實地調査簿 (別良面牛山里一二八 四番地畓)	소작료 실지 조사부 (별량면 우산리 1284번지 답)	1933년		박한기	小作料實地調査簿 順天郡鄕校財産	1933년~ 1934년	
281	小作料實地調査簿 (別良面牛山里一三0 一番地畓)	소작료 실지 조사부 (별량면 우산리 1301번지 답)	1933년		차도영	小作料實地調査簿 順天郡鄕校財産	1933년~ 1934년	
282	小作料實地調査簿 (別良面双林里五五六 番地畓)	소작료 실지 조사부 (별량면 쌍림리 556번지 답)	1933년		정각조	小作料實地調査簿 順天郡鄕校財産	1933년~ 1934년	
283	小作料實地調査簿 (別良面双林里五八六 番地畓)	소작료 실지 조사부 (별량면 쌍림리 586번지 답)	1933년		정귀보	小作料實地調査簿 順天郡鄕校財産	1933년~ 1934년	
284	小作料實地調査簿 (別良面双林里七七五 番地畓)	소작료 실지 조사부 (별량면 쌍림리 775번지 답)	1933년		정재수	小作料實地調査簿 順天郡鄕校財産	1933년~ 1934년	
285	小作料實地調査簿 (別良面ㅇ山里一五七 番地畓)	소작료 실지조사부 (별량면 ㅇ산리157번지 답)	1933년		심채구	小作料實地調査簿 順天郡鄕校財産	1933년~ 1934년	

연번	문서					문서철		비고
	제목 (원문)	제목 (한글)	생산시기	생산자/ 조사자	수신자/ 소작인	문서철명	생산연도	
286	小作料實地調査簿 (別良面ㅇ山里一五七 番地畓)	소작료실지조사부 (별량면ㅇ산리449번지 답)	1933년		이종길	小作料實地調査簿 順天郡郷校財産	1933년~ 1934년	
287	小作料實地調査簿 (別良面武風里六三番 地畓)	소작료 실지 조사부 (별량면 무풍리 63번지 답)	1933년		김경갑	小作料實地調査簿 順天郡郷校財産	1933년~ 1934년	
288	小作料實地調査簿 (別良面武風里三八三 番地畓)	소작료 실지 조사부 (별량면 무풍리 383번지 답)	1933년		김인채	小作料實地調査簿 順天郡郷校財産	1933년~ 1934년	
289	小作料實地調査簿 (別良面大谷里一三五 番地畓)	소작료 실지 조사부 (별량면 대곡리 135번지 답)	1933년		심상오	小作料實地調査簿 順天郡郷校財産	1933년~ 1934년	
290	小作料實地調査簿 (別良面東松里七二番 地畓)	소작료 실지 조사부 (별량면 동송리 72번지 답)	1933년		이성학	小作料實地調査簿 順天郡郷校財産	1933년~ 1934년	
291	小作料實地調査簿 (別良面東松里五七九 番地畓)	소작료 실지 조사부 (별량면 동송리 579번지 답)	1933년		최재용	小作料實地調査簿 順天郡郷校財産	1933년~ 1934년	
292	小作料實地調査簿 (別良面鳳林里一ㅇ番 地畓)	소작료 실지 조사부 (별량면 봉림리 10번지 답)	1933년		최재용	小作料實地調査簿 順天郡郷校財産	1933년~ 1934년	
293	小作料實地調査簿 (別良面鳳林里一ㅇ番 地畓)	소작료 실지 조사부 (별량면 봉림리 10번지 답)	1933년		김정수	小作料實地調査簿 順天郡郷校財産	1933년~ 1934년	
294	小作料實地調査簿 (別良面鳳林里一五番 地畓)	소작료 실지 조사부 (별량면 봉림리 15번지 답)	1933년		정기준	小作料實地調査簿 順天郡郷校財産	1933년~ 1934년	
295	小作料實地調査簿 (別良面鳳林里三五番 地畓)	소작료 실지 조사부 (별량면 봉림리 35번지 답)	1933년		정기준	小作料實地調査簿 順天郡郷校財産	1933년~ 1934년	
296	小作料實地調査簿 (別良面鳳林里一四三 番地畓)	소작료 실지 조사부 (별량면 봉림리 143번지 답)	1933년		정기준	小作料實地調査簿 順天郡郷校財産	1933년~ 1934년	
297	小作料實地調査簿 (別良面鳳林里一四三 番地畓)	소작료 실지 조사부 (별량면 봉림리 143번지 답)	1933년		학교	小作料實地調査簿 順天郡郷校財産	1933년~ 1934년	
298	小作料實地調査簿 (別良面鳳林里二四九 番地畓)	소작료 실지 조사부 (별량면 봉림리 249번지 답)	1933년		배영월	小作料實地調査簿 順天郡郷校財産	1933년~ 1934년	
299	小作料實地調査簿 (別良面鳳林里七二三 番地畓)	소작료 실지 조사부 (별량면 봉림리 723번지 답)	1933년		정화문	小作料實地調査簿 順天郡郷校財産	1933년~ 1934년	
300	小作料實地調査簿 (別良面雲川里三一四 番地畓)	소작료 실지 조사부 (별량면 운천리 314번지 답)	1933년		양회상	小作料實地調査簿 順天郡郷校財産	1933년~ 1934년	

연번	문서					문서철		비고
	제목 (원문)	제목 (한글)	생산시기	생산자/ 조사자	수신자/ 소작인	문서철명	생산연도	
301	小作料實地調查簿 (別良面松ㅇ里一八二 番地畓)	소작료실지조사부 (별량면송ㅇ리182번지 답)	1933년		조찬휘	小作料實地調查簿 順天郡鄕校財産	1933년~ 1934년	
302	小作料實地調查簿 (別良面松ㅇ里一八二 番地畓)	소작료실지조사부 (별량면송ㅇ리182번지 답)	1933년		유판돌	小作料實地調查簿 順天郡鄕校財産	1933년~ 1934년	
303	小作料實地調查簿 (別良面德亭里五五番 地畓)	소작료 실지 조사부 (별량면 덕정리 55번지 답)	1933년		김봉진	小作料實地調查簿 順天郡鄕校財産	1933년~ 1934년	
304	小作料實地調查簿 (別良面德亭里二六九 番地畓)	소작료 실지 조사부 (별량면 덕정리 269번지 답)	1933년		박우후	小作料實地調查簿 順天郡鄕校財産	1933년~ 1934년	
305	小作料實地調查簿 (別良面德亭里三八四 番地畓)	소작료 실지 조사부 (별량면 덕정리 384번지 답)	1933년		정길문	小作料實地調查簿 順天郡鄕校財産	1933년~ 1934년	
306	小作料實地調查簿 (別良面德亭里三九一 番地畓)	소작료 실지 조사부 (별량면 덕정리 391번지 답)	1933년		신갑우	小作料實地調查簿 順天郡鄕校財産	1933년~ 1934년	
307	小作料實地調查簿 (別良面丰庫里六六番 地畓)	소작료 실지 조사부 (별량면 봉고리 66번지 답)	1933년		이영수	小作料實地調查簿 順天郡鄕校財産	1933년~ 1934년	
308	小作料實地調查簿 (別良面丰庫里一一九 番地畓)	소작료 실지 조사부 (별량면 봉고리 119번지 답)	1933년		김제선	小作料實地調查簿 順天郡鄕校財産	1933년~ 1934년	
309	小作料實地調查簿 (別良面丰庫里一二0 番地畓)	소작료 실지 조사부 (별량면 봉고리 120번지 답)	1933년		김제선	小作料實地調查簿 順天郡鄕校財産	1933년~ 1934년	
310	小作料實地調查簿 (別良面丰庫里一五0 番地畓)	소작료 실지 조사부 (별량면 봉고리 150번지 답)	1933년		김제선	小作料實地調查簿 順天郡鄕校財産	1933년~ 1934년	
311	小作料實地調查簿 (別良面丰庫里一四0 番地畓)	소작료 실지 조사부 (별량면 봉고리 140번지 답)	1933년		서연만	小作料實地調查簿 順天郡鄕校財産	1933년~ 1934년	
312	小作料實地調查簿 (別良面丰庫里一八四 番地畓)	소작료 실지 조사부 (별량면 봉고리 184번지 답)	1933년		서봉석	小作料實地調查簿 順天郡鄕校財産	1933년~ 1934년	
313	小作料實地調查簿 (別良面丰庫里一五0 番地畓)	소작료 실지 조사부 (별량면 봉고리 150번지 답)	1933년		서연수	小作料實地調查簿 順天郡鄕校財産	1933년~ 1934년	
314	小作料實地調查簿 (別良面松基里二八六 番地畓)	소작료 실지 조사부 (별량면 송기리 286번지 답)	1934년		박인식	小作料實地調查簿 順天郡鄕校財産	1933년~ 1934년	
315	小作料實地調查簿 (道沙面橋良里三九八 番地畓)	소작료 실지 조사부 (도사면 교량리 398번지 답)	1934년		전응선	小作料實地調查簿 順天郡鄕校財産	1933년~ 1934년	

연번	문서					문서철		비고
	제목 (원문)	제목 (한글)	생산시기	생산자/ 조사자	수신자/ 소작인	문서철명	생산연도	
316	小作料實地調査簿 (道沙面橋良里四六二 番地畓)	소작료 실지 조사부 (도사면 교량리 462번지 답)	1934년		유종렬	小作料實地調査簿 順天郡鄕校財産	1933년~ 1934년	
317	小作料實地調査簿 (道沙面橋良里五三一 番地畓)	소작료 실지 조사부 (도사면 교량리 531번지 답)	1934년		조조백	小作料實地調査簿 順天郡鄕校財産	1933년~ 1934년	
318	小作料實地調査簿 (道沙面橋良里六二五 番地畓)	소작료 실지 조사부 (도사면 교량리 625번지 답)	1934년		이홍식	小作料實地調査簿 順天郡鄕校財産	1933년~ 1934년	
319	小作料實地調査簿 (道沙面橋良里六二五 番地畓)	소작료 실지 조사부 (도사면 교량리 625번지 답)	1934년		이대재	小作料實地調査簿 順天郡鄕校財産	1933년~ 1934년	
320	小作料實地調査簿 (道沙面橋良里一0八 八番地畓)	소작료 실지 조사부 (도사면 교량리 1088번지 답)	1933년		김응준	小作料實地調査簿 順天郡鄕校財産	1933년~ 1934년	
321	小作料實地調査簿 (道沙面也興里一七八 番地畓)	소작료 실지 조사부 (도사면 야흥리 178번지 답)	1934년		이근량	小作料實地調査簿 順天郡鄕校財産	1933년~ 1934년	
322	小作料實地調査簿 (道沙面鴻內里一八番 地畓)	소작료 실지 조사부 (도사면 홍내리 18번지 답)	1934년		조병칠	小作料實地調査簿 順天郡鄕校財産	1933년~ 1934년	
323	小作料實地調査簿 (道沙面鴻內里一九九 番地畓)	소작료 실지 조사부 (도사면 홍내리 199번지 답)	1934년		오덕오	小作料實地調査簿 順天郡鄕校財産	1933년~ 1934년	
324	小作料實地調査簿 (道沙面鴻內里二四四 番地畓)	소작료 실지 조사부 (도사면 홍내리 244번지 답)	1934년		조판수	小作料實地調査簿 順天郡鄕校財産	1933년~ 1934년	
325	小作料實地調査簿 (道沙面鴻內里二四八 番地畓)	소작료 실지 조사부 (도사면 홍내리 248번지 답)	1934년		오덕오	小作料實地調査簿 順天郡鄕校財産	1933년~ 1934년	
326	小作料實地調査簿 (道沙面五泉里二三番 地畓)	소작료 실지 조사부 (도사면 오천리 23번지 답)	1934년		문증섭	小作料實地調査簿 順天郡鄕校財産	1933년~ 1934년	
327	小作料實地調査簿 (道沙面五泉里二三番 地畓)	소작료 실지 조사부 (도사면 오천리 23번지 답)	1934년		유능우	小作料實地調査簿 順天郡鄕校財産	1933년~ 1934년	
328	小作料實地調査簿 (道沙面五泉里三七四 番地畓)	소작료 실지 조사부 (도사면 오천리 374번지 답)	1934년		조채섭	小作料實地調査簿 順天郡鄕校財産	1933년~ 1934년	
329	小作料實地調査簿 (道沙面五泉里三七五 番地畓)	소작료 실지 조사부 (도사면 오천리 375번지 답)	1934년		문성현	小作料實地調査簿 順天郡鄕校財産	1933년~ 1934년	
330	小作料實地調査簿 (道沙面五泉里七0六 番地畓)	소작료 실지 조사부 (도사면 오천리 706번지 답)	1934년		김사준	小作料實地調査簿 順天郡鄕校財産	1933년~ 1934년	

연번	문서 제목 (원문)	문서 제목 (한글)	생산시기	생산자/ 조사자	수신자/ 소작인	문서철 문서철명	문서철 생산연도	비고
331	小作料實地調查簿 (道沙面五泉里七一三 番地畓)	소작료 실지 조사부 (도사면 오천리 713번지 답)	1934년		정구택	小作料實地調查簿 順天郡鄉校財産	1933년~ 1934년	
332	小作料實地調查簿 (道沙面五泉里八四九 番地畓)	소작료 실지 조사부 (도사면 오천리 849번지 답)	1934년		[판독불가]	小作料實地調查簿 順天郡鄉校財産	1933년~ 1934년	
333	[판독불가]	[판독불가]	1934년		김만흥	小作料實地調查簿 順天郡鄉校財産	1933년~ 1934년	
334	小作料實地調查簿 (道沙面德月里八五四 番地畓)	소작료 실지 조사부 (도사면 덕월리 854번지 답)	1934년		박영호	小作料實地調查簿 順天郡鄉校財産	1933년~ 1934년	
335	小作料實地調查簿 (道沙面德月里八五八 番地畓)	소작료 실지 조사부 (도사면 덕월리 858번지 답)	1934년		박영호	小作料實地調查簿 順天郡鄉校財産	1933년~ 1934년	
336	小作料實地調查簿 (道沙面德月里九六番 地畓)	소작료 실지 조사부 (도사면 덕월리 96번지 답)	1934년		조병인	小作料實地調查簿 順天郡鄉校財産	1933년~ 1934년	
337	小作料實地調查簿 (道沙面仁月里六0三 番地畓)	소작료 실지 조사부 (도사면 인월리 603번지 답)	1934년		조재보	小作料實地調查簿 順天郡鄉校財産	1933년~ 1934년	
338	小作料實地調查簿 (道沙面仁月里九五六 番地畓)	소작료 실지 조사부 (도사면 인월리 956번지 답)	1934년		정기모	小作料實地調查簿 順天郡鄉校財産	1933년~ 1934년	
339	小作料實地調查簿 (道沙面安豊里四三九 番地畓)	소작료 실지 조사부 (도사면 안풍리 439번지 답)	1934년		정래성	小作料實地調查簿 順天郡鄉校財産	1933년~ 1934년	
340	小作料實地調查簿 (道沙面下垈里四五一 番地畓)	소작료 실지 조사부 (도사면 하대리 451번지 답)	1934년		서정안	小作料實地調查簿 順天郡鄉校財産	1933년~ 1934년	
341	小作料實地調查簿 (道沙面下垈里九九八 番地畓)	소작료 실지 조사부 (도사면 하대리 998번지 답)	1934년		박봉애	小作料實地調查簿 順天郡鄉校財産	1933년~ 1934년	
342	小作料實地調查簿 (道沙面下垈里一0四 六番地畓)	소작료 실지 조사부 (도사면 하대리 1046번지 답)	1934년		김두혁	小作料實地調查簿 順天郡鄉校財産	1933년~ 1934년	
343	小作料實地調查簿 (道沙面大海里九五八 番地畓)	소작료 실지 조사부 (도사면 대회리 958번지 답)	1934년		이덕완	小作料實地調查簿 順天郡鄉校財産	1933년~ 1934년	
344	小作料實地調查簿 (上沙面屹山里二0番 地畓)	소작료 실지 조사부 (상사면 흘산리 20번지 답)	1934년		김병수	小作料實地調查簿 順天郡鄉校財産	1933년~ 1934년	
345	小作料實地調查簿 (上沙面屹山里三二番 地畓)	소작료 실지 조사부 (상사면 흘산리 32번지 답)	1934년		정정현	小作料實地調查簿 順天郡鄉校財産	1933년~ 1934년	

연번	문서					문서철		비고
	제목 (원문)	제목 (한글)	생산시기	생산자/ 조사자	수신자/ 소작인	문서철명	생산연도	
346	小作料實地調查簿 (上沙面屹山里六二番 地畓)	소작료 실지 조사부 (상사면 흘산리 62번지 답)	1934년		선병언	小作料實地調查簿 順天郡鄕校財産	1933년~ 1934년	
347	小作料實地調查簿 (上沙面屹山里七二番 地畓)	소작료 실지 조사부 (상사면 흘산리 72번지 답)	1934년		선병언	小作料實地調查簿 順天郡鄕校財産	1933년~ 1934년	
348	小作料實地調查簿 (上沙面屹山里三六三 番地畓)	소작료 실지 조사부 (상사면 흘산리 363번지 답)	1934년		이영윤	小作料實地調查簿 順天郡鄕校財産	1933년~ 1934년	
349	小作料實地調查簿 (上沙面鷹嶺里五二番 地畓)	소작료 실지 조사부 (상사면 응령리 52번지 답)	1934년		서순신	小作料實地調查簿 順天郡鄕校財産	1933년~ 1934년	
350	小作料實地調查簿 (上沙面鷹嶺里六五番 地畓)	소작료 실지 조사부 (상사면 응령리 65번지 답)	1934년		서순조	小作料實地調查簿 順天郡鄕校財産	1933년~ 1934년	
351	小作料實地調查簿 (上沙面鷹嶺里九二番 地畓)	소작료 실지 조사부 (상사면 응령리 92번지 답)	1934년		김학주	小作料實地調查簿 順天郡鄕校財産	1933년~ 1934년	
352	小作料實地調查簿 (上沙面鷹嶺里九六番 地畓)	소작료 실지 조사부 (상사면 응령리 96번지 답)	1934년		김학주	小作料實地調查簿 順天郡鄕校財産	1933년~ 1934년	
353	小作料實地調查簿 (上沙面鷹嶺里九六番 地畓)	소작료 실지 조사부 (상사면 응령리 96번지 답)	1934년		강인수	小作料實地調查簿 順天郡鄕校財産	1933년~ 1934년	
354	小作料實地調查簿 (上沙面鷹嶺里九六番 地畓)	소작료 실지 조사부 (상사면 응령리 96번지 답)	1934년		장두업	小作料實地調查簿 順天郡鄕校財産	1933년~ 1934년	
355	小作料實地調查簿 (上沙面龍溪里二五六 番地畓)	소작료 실지 조사부 (상사면 용계리 256번지 답)	1934년		임상곤	小作料實地調查簿 順天郡鄕校財産	1933년~ 1934년	
356	小作料實地調查簿 (上沙面龍溪里二七九 番地畓)	소작료 실지 조사부 (상사면 용계리 279번지 답)	1934년		박종세	小作料實地調查簿 順天郡鄕校財産	1933년~ 1934년	
357	小作料實地調查簿 (上沙面道月里八三六 番地畓)	소작료 실지 조사부 (상사면 도월리 836번지 답)	1934년		박성모	小作料實地調查簿 順天郡鄕校財産	1933년~ 1934년	
358	小作料實地調查簿 (上沙面蓬萊里一五一 番地畓)	소작료 실지 조사부 (상사면 봉래리 151번지 답)	1934년		박성모	小作料實地調查簿 順天郡鄕校財産	1933년~ 1934년	
359	小作料實地調查簿 (上沙面蓬萊里一五五 番地畓)	소작료 실지 조사부 (상사면 봉래리 155번지 답)	1934년		박성모	小作料實地調查簿 順天郡鄕校財産	1933년~ 1934년	
360	小作料實地調查簿 (上沙面蓬萊里一八八 番地畓)	소작료 실지 조사부 (상사면 봉래리 188번지 답)	1934년		정사원	小作料實地調查簿 順天郡鄕校財産	1933년~ 1934년	

연번	문서					문서철		비고
	제목 (원문)	제목 (한글)	생산시기	생산자/ 조사자	수신자/ 소작인	문서철명	생산연도	
361	小作料實地調査簿 (上沙面蓬萊里六五四 番地畓)	소작료 실지 조사부 (상사면 봉래리 654번지 답)	1934년		정사원	小作料實地調査簿 順天郡鄕校財産	1933년~ 1934년	
362	小作料實地調査簿 (上沙面五谷里九九番 地畓)	소작료 실지 조사부 (상사면 오곡리 99번지 답)	1934년		박모래	小作料實地調査簿 順天郡鄕校財産	1933년~ 1934년	
363	小作料實地調査簿 (上沙面五谷里二五三 番地畓)	소작료 실지 조사부 (상사면 오곡리 253번지 답)	1934년		오장수	小作料實地調査簿 順天郡鄕校財産	1933년~ 1934년	
364	小作料實地調査簿 (上沙面五谷里二七五 番地畓)	소작료 실지 조사부 (상사면 오곡리 275번지 답)	1934년		오장수	小作料實地調査簿 順天郡鄕校財産	1933년~ 1934년	
365	小作料實地調査簿 (上沙面五谷里二七六 番地畓)	소작료 실지 조사부 (상사면 오곡리 276번지 답)	1934년		오장수	小作料實地調査簿 順天郡鄕校財産	1933년~ 1934년	
366	小作料實地調査簿 (上沙面五谷里二七三 番地畓)	소작료 실지 조사부 (상사면 오곡리 273번지 답)	1934년		박병호	小作料實地調査簿 順天郡鄕校財産	1933년~ 1934년	
367	小作料實地調査簿 (上沙面馬輪里三一七 番地畓)	소작료 실지 조사부 (상사면 마륜리 317번지 답)	1934년		김영국	小作料實地調査簿 順天郡鄕校財産	1933년~ 1934년	
368	鄕校財産土地調査票 (西面大九里七二0番 地畓)	향교재산토지조사표 (서면 대9리 720번지 답)	1943.10.23	南泰男	이판돌	順天鄕校財産 西面小作料實地調 査簿	1934년~ 1946년	
369	小作料實地調査簿 (西面東山里六九一番 地畓)	소작료 실지 조사부 (서면 동산리 691번지 답)	1943.10.23	南泰男	石渡仁洙	順天鄕校財産 西面小作料實地調 査簿	1934년~ 1946년	
370	鄕校財産土地調査票 (西面東山里六九一番 地畓)	향교재산토지조사표 (서면 동산리 691번지 답)	1943.10.23	南泰男	石渡仁洙	順天鄕校財産 西面小作料實地調 査簿	1934년~ 1946년	
371	鄕校財産土地調査票 (西面東山里六九三番 地畓)	향교재산토지조사표 (서면 동산리 693번지 답)	1943.10.23	南泰男	石渡仁洙	順天鄕校財産 西面小作料實地調 査簿	1934년~ 1946년	
372	小作料實地調査簿 (西面東山里三七三番 地畓)	소작료 실지 조사부 (서면 동산리 373번지 답)	1943.10.23	南泰男	原田玟枸	順天鄕校財産 西面小作料實地調 査簿	1934년~ 1946년	
373	鄕校財産土地調査票 (西面東山里三七三番 地畓)	향교재산토지조사표 (서면 동산리 373번지 답)	1943.10.23	南泰男	原田玟枸	順天鄕校財産 西面小作料實地調 査簿	1934년~ 1946년	
374	小作料實地調査簿 (西面東山里四三九番 地畓)	소작료 실지 조사부 (서면 동산리 439번지 답)	1943.10.23	南泰男	原田玟枸	順天鄕校財産 西面小作料實地調 査簿	1934년~ 1946년	
375	鄕校財産土地調査票 (西面東山里四三九番 地畓)	향교재산토지조사표 (서면 동산리 439번지 답)	1943.10.23	南泰男	原田玟枸	順天鄕校財産 西面小作料實地調 査簿	1934년~ 1946년	

연번	문서					문서철		비고
	제목 (원문)	제목 (한글)	생산시기	생산자/ 조사자	수신자/ 소작인	문서철명	생산연도	
376	小作料實地調査簿 (西面雲坪里一八三 番地畓)	소작료 실지 조사부 (서면 운평리 183번지 답)	1943.10.23	南泰男	光山甲鎬	順天鄕校財産 西面小作料實地調 査簿	1934년~ 1946년	
377	鄕校財産土地調査票 (西面雲坪里一八三番 地畓)	향교재산토지조사표 (서면 운평리 183번지 답)	1943.10.23	南泰男	光山甲鎬	順天鄕校財産 西面小作料實地調 査簿	1934년~ 1946년	
378	小作料實地調査簿 (西面雲坪里一八四番 地畓)	소작료 실지 조사부 (서면 운평리 184번지 답)	1943.10.23	南泰男	光山甲鎬	順天鄕校財産 西面小作料實地調 査簿	1934년~ 1946년	
379	鄕校財産土地調査票 (西面雲坪里一八四番 地畓)	향교재산토지조사표 (서면 운평리 184번지 답)	1943.10.23	南泰男	光山甲鎬	順天鄕校財産 西面小作料實地調 査簿	1934년~ 1946년	
380	小作料實地調査簿 (西面雲坪里三二二番 地畓)	소작료 실지 조사부 (서면 운평리 322번지 답)	1943.10.23	南泰男	金城洪雲	順天鄕校財産 西面小作料實地調 査簿	1934년~ 1946년	
381	鄕校財産土地調査票 (西面雲坪里三二二番 地畓)	향교재산토지조사표 (서면 운평리 322번지 답)	1943.10.24	南泰男	金城洪雲	順天鄕校財産 西面小作料實地調 査簿	1934년~ 1946년	
382	小作料實地調査簿 (西面雲坪里三二二番 地畓)	소작료 실지 조사부 (서면 운평리 322번지 답)	1943.10.24	南泰男	張本先宗	順天鄕校財産 西面小作料實地調 査簿	1934년~ 1946년	
383	鄕校財産土地調査票 (西面雲坪里三二二番 地畓)	향교재산토지조사표 (서면 운평리 322번지 답)	1943.10.24	南泰男	張本先宗	順天鄕校財産 西面小作料實地調 査簿	1934년~ 1946년	
384	小作料實地調査簿 (西面雲坪里六五五番 地畓)	소작료 실지 조사부 (서면 운평리 655번지 답)	1943.10.24	南泰男	張川相基	順天鄕校財産 西面小作料實地調 査簿	1934년~ 1946년	
385	鄕校財産土地調査票 (西面雲坪里六五五番 地畓)	향교재산토지조사표 (서면 운평리 655번지 답)	1943.10.24	南泰男	張川相基	順天鄕校財産 西面小作料實地調 査簿	1934년~ 1946년	
386	小作料實地調査簿 (西面雲坪里六五五番 地畓)	소작료 실지 조사부 (서면 운평리 655번지 답)	1943.10.24	南泰男	金城赫柱	順天鄕校財産 西面小作料實地調 査簿	1934년~ 1946년	
387	鄕校財産土地調査票 (西面雲坪里六五五番 地畓)	향교재산토지조사표 (서면 운평리 655번지 답)	1943.10.24	南泰男	金城赫柱	順天鄕校財産 西面小作料實地調 査簿	1934년~ 1946년	
388	小作料實地調査簿 (西面雲坪里九五六番 地畓)	소작료 실지 조사부 (서면 운평리 956번지 답)	1943.10.24	南泰男	張川相基	順天鄕校財産 西面小作料實地調 査簿	1934년~ 1946년	
389	鄕校財産土地調査票 (西面雲坪里九五六番 地畓)	향교재산토지조사표 (서면 운평리 956번지 답)	1943.10.24	南泰男	張川相基	順天鄕校財産 西面小作料實地調 査簿	1934년~ 1946년	
390	小作料實地調査簿 (西面竹坪里二一三番 地畓)	소작료 실지 조사부 (서면 죽평리 213번지 답)	1943.10.24	南泰男	윤봉한	順天鄕校財産 西面小作料實地調 査簿	1934년~ 1946년	

연번	문서					문서철		비고
	제목 (원문)	제목 (한글)	생산시기	생산자/ 조사자	수신자/ 소작인	문서철명	생산연도	
391	鄕校財産土地調査票 (西面竹坪里二一三番 地畓)	향교재산토지조사표 (서면 죽평리 213번지 답)	1943.10.24	南泰男	윤봉한	順天鄕校財産 西面小作料實地調 査簿	1934년~ 1946년	
392	小作料實地調査簿 (西面船坪里三0三番 地畓)	소작료 실지 조사부 (서면 선평리 303번지 답)	1943.10.24	南泰男	石渡奉基	順天鄕校財産 西面小作料實地調 査簿	1934년~ 1946년	
393	鄕校財産土地調査票 (西面船坪里三0三番 地畓)	향교재산토지조사표 (서면 선평리 303번지 답)	1943.10.24	南泰男	石渡奉基	順天鄕校財産 西面小作料實地調 査簿	1934년~ 1946년	
394	小作料實地調査簿 (西面船坪里七四六番 地畓)	소작료 실지 조사부 (서면 선평리 746번지 답)	1943.10.24	南泰男	石渡峻	順天鄕校財産 西面小作料實地調 査簿	1934년~ 1946년	
395	鄕校財産土地調査票 (西面船坪里七四六番 地畓)	향교재산토지조사표 (서면 선평리 746번지 답)	1943.10.24	南泰男	石渡峻	順天鄕校財産 西面小作料實地調 査簿	1934년~ 1946년	
396	小作料實地調査簿 (西面船坪里七四六番 地畓)	소작료 실지 조사부 (서면 선평리 746번지 답)	1943.10.24	南泰男	朴化仁	順天鄕校財産 西面小作料實地調 査簿	1934년~ 1946년	
397	鄕校財産土地調査票 (西面船坪里七四六番 地畓)	향교재산토지조사표 (서면 선평리 746번지 답)	1943.10.25	南泰男	朴化仁	順天鄕校財産 西面小作料實地調 査簿	1934년~ 1946년	
398	小作料實地調査簿 (西面鴨谷里五八番地 畓)	소작료 실지 조사부 (서면 압곡리 58번지 답)	1943.10.25	南泰男	金谷順奇	順天鄕校財産 西面小作料實地調 査簿	1934년~ 1946년	
399	鄕校財産土地調査票 (西面鴨谷里五八番地 畓)	향교재산토지조사표 (서면 압곡리 58번지 답)	1943.10.27	南泰男	金谷順奇	順天鄕校財産 西面小作料實地調 査簿	1934년~ 1946년	
400	小作料實地調査簿 (西面九上里一六五番 地畓)	소작료 실지 조사부 (서면 9상리 165번지 답)	1943.10.27	南泰男	尙山重璉	順天鄕校財産 西面小作料實地調 査簿	1934년~ 1946년	
401	鄕校財産土地調査票 (西面九上里一六五番 地畓)	향교재산토지조사표 (서면 9상리 165번지 답)	1943.10.27	南泰男	尙山重璉	順天鄕校財産 西面小作料實地調 査簿	1934년~ 1946년	
402	鄕校財産土地調査票 (西面九上里一六五番 地畓)	향교재산토지조사표 (서면 9상리 165번지 답)	1943.10.28	南泰男	尙山峰錫	順天鄕校財産 西面小作料實地調 査簿	1934년~ 1946년	
403	小作料實地調査簿 (西面池本里二0六五 番地畓)	소작료 실지 조사부 (서면 지본리 206번지 답)	1943.10.28	南泰男	尙山重璉	順天鄕校財産 西面小作料實地調 査簿	1934년~ 1946년	
404	鄕校財産土地調査票 (西面九上里一六五番 地畓)	향교재산토지조사표 (서면 9상리 165번지 답)	1943.10.28	南泰男	尙山重璉	順天鄕校財産 西面小作料實地調 査簿	1934년~ 1946년	
405	小作料實地調査簿 (西面池本里三0六番 地畓)	소작료 실지 조사부 (서면 지본리 306번지 답)	1943.10.26	南泰男	林采五	順天鄕校財産 西面小作料實地調 査簿	1934년~ 1946년	

연번	문서					문서철		비고
	제목 (원문)	제목 (한글)	생산시기	생산자/ 조사자	수신자/ 소작인	문서철명	생산연도	
406	鄕校財産土地調査票 (西面池本里三0六番 地番)	향교재산토지조사표 (서면 지본리 306번지 답)	1943.10.26	南泰男	林采五	順天鄕校財産 西面小作料實地調 査簿	1934년~ 1946년	

【순천향교 소장】

5. 익산향교(益山鄉校)

연번	문서					문서철			비고
	제목(원문)	제목(한글)	생산시기	생산자	수신자	문서철명	생산연도	생산처	
1	鄉約總會狀況報告方ノ件	향약 총회 상황보고 건	1935.12.10	익산군수	각 문묘직원	例規	영구보존	익산문묘	
2	釋奠參拜人數調의件	석전 참배인 수 조사 건	1936.03.11	경학원 대제학	[익산향교 직원]	例規	영구보존	익산문묘	
3	文廟祭祀用朝鮮酒製造免許證	문묘 제사용 조선술 제조 면허증	1936.05.28	이리 세무서	[익산향교 직원]	例規	영구보존	익산문묘	
4	釋奠期日을陽曆으로改正之件	석전 기일을 양력으로 개정 건	1937.02.18	경학원 대제학 정봉시	익산문묘 직원	例規	영구보존	익산문묘	左記
5	釋奠期日ヲ陽曆二改正ノ件	석전 기일을 양력으로 개정 건	1937.02.12			例規	영구보존	익산문묘	통첩
6	釋奠期日ヲ陽曆二改正ノ件	석전 기일을 양력으로 개정 건	1937.02.24	익산군수	각 읍면장, 각 공립중등학교장, 각 공사립 초등학교장, 각 문묘직원	例規	영구보존	익산문묘	
7	釋奠祭祝文改撰의件	석전제 축문 개선의 건	1937.04.07	경학원 대제학	문묘직원	例規	영구보존	익산문묘	한문식
8	文廟釋奠祭文改正二關スル件	문묘 석전 제문 개정에 관한 건	1937.04.07	익산군수	각 문묘직원, 각 읍면장	例規	영구보존	익산문묘	제문식
9	文廟釋奠時刻二關スル件	문묘 석전 시각에 관한 건	1937.04.17	익산군수	문묘직원	例規	영구보존	익산문묘	
10	文廟釋奠時刻二關スル件	문묘 석전 시각에 관한 건	1937.04.17	익산군수	각 문묘직원, 각 읍면장, 각 공립 중초등학교장	例規	영구보존	익산문묘	
11	經學院講士二與ヘタル大提學指示事項	경학원 강사에게 준 대제학 지시사항	1937.04.16			例規	영구보존	익산문묘	
12	經學院及鄉校文廟ノ狀況	경학원 및 향교문묘의 상황	1937.00.00			例規	영구보존	익산문묘	
13	文廟釋奠祭文改正二關スル件	문묘 석전 제문 개정에 관한 건	1937.05.03	익산군수	각 면장, 각 문묘직원	例規	영구보존	익산문묘	기
14	文廟釋奠祭文改正에關한件	문묘 석전 제문 개정에 관한 건	1937.05.18	경학원 대제학		例規	영구보존	익산문묘	별지
15	院校聯絡에關한件	원교 연락에 관한 건	1937.06.01	경학원 대제학	향교직원	例規	영구보존	익산문묘	기
16	經學院使用規程二關スル件	경학원 사용 규정에 관한 건	1937.06.28	익산군수	각 문묘직원	例規	영구보존	익산문묘	경학원 사용 규정

연번	문서					문서철		생산연도	생산처	비고
	제목(원문)	제목(한글)	생산시기	생산자	수신자	문서철명				
17	地方文廟釋奠尊笏記寫送付ノ件	지방문묘 석전 홀기 사송부의 건	1943.03.20	경학원 대제학	익산문묘 직원 桂城祥永	例規		영구보존	익산문묘	地方文廟釋奠笏記
18	經學院文廟釋奠祭舉行ニ使用スル笏記印刷送付ノ件	경학원 문묘 석전제 거행의 사용에 홀기 인쇄송부의 건	1943.03.07	전라북도 익산문묘 직원 桂城祥永	경학원 대제학	例規		영구보존	익산문묘	
19	文廟釋奠祭物名中字解	문묘 석전 제물이름 중 자해	1943.10.14			例規		영구보존	익산문묘	직원 桂城祥永 記
20	春秋二祭樂章	춘추 이제 악장				例規		영구보존	익산문묘	出孔子通紀
21	入契申込書	입계신청서	1943.04.14	입계자 조웅희	익산문묘 모성계장	入契申込書及支出領收證綴(昭和18年以降, 益山文廟慕聖契)		1943	익산문묘 모성계	
22	入契申込書	입계신청서	1943.10.15	입계자 김도국	익산문묘 모성계장	入契申込書及支出領收證綴(昭和18年以降, 益山文廟慕聖契)		1943	익산문묘 모성계	
23	入契申込書	입계신청서	1943.10.15	입계자 이중익	익산문묘 모성계장	入契申込書及支出領收證綴(昭和18年以降, 益山文廟慕聖契)		1943	익산문묘 모성계	
24	入契申込書	입계신청서	1943.10.15	입계자 송병교	익산문묘 모성계장	入契申込書及支出領收證綴(昭和18年以降, 益山文廟慕聖契)		1943	익산문묘 모성계	
25	入契申込書	입계신청서	1943.10.15	입계자 권승하	익산문묘 모성계장	入契申込書及支出領收證綴(昭和18年以降, 益山文廟慕聖契)		1943	익산문묘 모성계	
26	入契申込書	입계신청서	1943.10.15	입계자 조성기	익산문묘 모성계장	入契申込書及支出領收證綴(昭和18年以降, 益山文廟慕聖契)		1943	익산문묘 모성계	
27	入契申込書	입계신청서	1943.10.15	입계자 고경일	익산문묘 모성계장	入契申込書及支出領收證綴(昭和18年以降, 益山文廟慕聖契)		1943	익산문묘 모성계	
28	入契申込書	입계신청서	1943.11.13	입계자 소상영	익산문묘 모성계장	入契申込書及支出領收證綴(昭和18年以降, 益山文廟慕聖契)		1943	익산문묘 모성계	

연번	문서					문서철			비고
	제목(원문)	제목(한글)	생산시기	생산자	수신자	문서철명	생산연도	생산처	
29	入契申込書	입계신청서	1943.11.13	입계자 송영식	익산문묘 모성계장	入契申込書及支出領收證綴(昭和18年以降, 益山文廟慕聖契)	1943	익산문묘 모성계	
30	入契申込書	입계신청서	1943.11.13	입계자 임상호	익산문묘 모성계장	入契申込書及支出領收證綴(昭和18年以降, 益山文廟慕聖契)	1943	익산문묘 모성계	
31	入契申込書	입계신청서	1943.12.15	입계자 은희수	익산문묘 모성계장	入契申込書及支出領收證綴(昭和18年以降, 益山文廟慕聖契)	1943	익산문묘 모성계	
32	領收證	영수증	1942.04.17	정난섭	익산문묘 모성계장	入契申込書及支出領收證綴(昭和18年以降, 益山文廟慕聖契)	1943	익산문묘 모성계	영수증 외 6매
33	書院鄕賢祠齋壇名號及所在地調査ノ件	서원향현사 재단 명호 및 소재지 조사의 건	1926.07.00	태극교본부 김종수		諸關係書類(自大正15年至昭和3年)	1916~1928	익산문묘	
34	李覺鍾聲討ノ件	이각종 성토의 건	1926.08.00	태극교본부 송인헌 외 6인		諸關係書類(自大正15年至昭和3年)	1916~1928	익산문묘	
35	吳炳學先祖兄弟壇享ノ件	오병학 선조 형제 단향의 건	1927.03.18	익산문묘 직원 서상선 외 9인	경학원 대제학 사무취급	諸關係書類(自大正15年至昭和3年)	1916~1928	익산문묘	
36	李別龍等各人이文廟林野區域內(左麓)埋葬ノ件	이병룡 등 각인이 문묘임야구역 내(좌록) 매장의 건	1928.01.25	익산문묘		諸關係書類(自大正15年至昭和3年)	1916~1928	익산문묘	
37	昭和九年度 益山郡鄕校財産 歲入出豫算	1934년도 익산군 향교재산 세입출 예산	1934.02.22	익산군수 吉津五郎	익산군장의회	諸關係書類(昭和九年, 益山文廟)	1934	익산문묘	예산서, 예산설명서, 재산명세서,
38	請求書[益山文廟春季釋奠祭享祀費]	청구서[익산문묘 춘계석전제 향사비]	1934.03.00	익산문묘 직원 黃炳護	익산군수 吉津五郎	諸關係書類(昭和九年, 益山文廟)	1934		
39	領收證[益山文廟春季釋奠祭享祀費]	영수증[익산문묘 춘계석전제 향사비]	1934.03.00	黃在田	익산문묘 직원 黃炳護	諸關係書類(昭和九年, 益山文廟)	1934		
40	請求書[益山文廟秋季釋奠祭享祀費]	영수증[익산문묘 추계석전제 향사비]	1934.09.00	익산문묘 직원 黃炳護	익산군수	諸關係書類(昭和九年, 益山文廟)	1934		
41	昭和拾年度文廟費豫算資料提出方ノ件	1934년도 문묘비 예산 자료 제출의 건	1935.02.12	익산문묘 직원 소진덕	익산군수	諸關係書類(昭和十年, 益山文廟)	1935	익산문묘	익산문묘 물건비 요구서

연번	문서					문서철			비고
	제목(원문)	제목(한글)	생산시기	생산자	수신자	문서철명	생산연도	생산처	
42	昭和十年度益山文廟春季釋奠祭祭官分定의關한件	1935년도 익산문묘 춘계 석전제 제관 분정에 관한 건	1935.02.25	익산문묘 직원 소진덕	각 장의, 유사, 유장, 사원유사	諸關係書類(昭和十年, 益山文廟)	1935	익산문묘	기
43	昭和十年春季釋奠祭祭官分定報告의件	1935년 춘계 석전제 제관 분정 보고의 건	1935.02.26	익산문묘 직원 소진덕	인산군수	諸關係書類(昭和十年, 益山文廟)	1935	익산문묘	제관분정기
44	掌議會開催ノ件	장의회 개최의 건	1935.02.25	익산군수	각 문묘직원	諸關係書類(昭和十年, 益山文廟)	1935	익산문묘	
45	孝子節婦表彰式擧行ニ關スル件	효자절부 표창식 거행에 관한 건	1935.03.01	익산군수	익산문묘 직원, 면장	諸關係書類(昭和十年, 益山文廟)	1935	익산문묘	
46	昭和十年度益山郡鄉校財産歲入出豫算別冊ノ通定メントス	1935년도 익산군 향교재산 세입출예산을 별책과 같이 정함	1935.03.05	익산군수 吉津五郎	익산군장의회	諸關係書類(昭和十年, 益山文廟)	1935	익산문묘	예산, 세입세출, 예산설명서, 재산명세서
47	本郡鄉校財産備荒積立金設置及管理規則別紙ノ通定メントス	익산군 향교재산 비황 적립금 설치 및 관리규칙을 별지와 같이 정함	1935.03.05	익산군수 吉津五郎	익산군장의회	諸關係書類(昭和十年, 益山文廟)	1935	익산문묘	이유, 규칙, 부칙,
48	昭和九年度益山郡鄉校財産歲入出追加豫算ノ件	1934년도 익산군 향교재산 세입출 추가예산의 건	1935.03.05	익산군수 吉津五郎	익산군장의회	諸關係書類(昭和十年, 益山文廟)	1935	익산문묘	추가예산세입세출, 예산설명서
49	昭和八年度益山郡鄉校財産歲入出決算ノ件	1933년도 익산군 향교재산 세입출 결산의 건	1935.03.05	익산군수 吉津五郎	익산군장의회	諸關係書類(昭和十年, 益山文廟)	1935	익산문묘	세입세출
50	文廟釋奠祭擧行의件	문묘석전제 거행의 건	1935.03.10	익산문묘 직원 소진덕	금마면사무소, 금마면경찰관주재소, 금마공립보통학교	諸關係書類(昭和十年, 益山文廟)	1935	익산문묘	
51	儒林團視察에關한件	유림단 시찰에 관한 건	1935.05.18	익산군수	소진덕	諸關係書類(昭和十年, 益山文廟)	1935	익산문묘	기, 명부,
52	儒林團視察ニ關スル件	유림단 시찰에 관한 건	1935.05.13	익산군수	각 직원, 각 장의	諸關係書類(昭和十年, 益山文廟)	1935	익산문묘	기, 여행일정표
53	[昭和十年度秋季釋奠祭祭官分定의關한件]	[1935년도 추계 석전제 제관 분정에 관한 건]	1935.08.10	익산문묘 직원 소진덕	익산문묘장의, 유사, 유장	諸關係書類(昭和十年, 益山文廟)	1935	익산문묘	기

연번	문서					문서철			비고
	제목(원문)	제목(한글)	생산시기	생산자	수신자	문서철명	생산연도	생산처	
54	昭和十年度秋季釋奠祭祭官分定報告의件	1935년도 추계 석전제 제관 분정 보고의 건	1935.08.15	익산문묘 직원 소진덕	익산군수	諸關係書類 (昭和十年, 益山文廟)	1935	익산문묘	제관분정기
55	文廟釋奠祭擧行의件	문묘석전제 거행의 건	1935.08.24	익산문묘 직원 소진덕	금마면사무소, 금마면경찰 관주재소, 금마공립보통학교	諸關係書類 (昭和十年, 益山文廟)	1935	익산문묘	
56	[文廟秋季釋奠祭擧行後慕聖契 會議通知]	[문묘추계석전제 거행후 모성계 회의 통지]	1935.08.25	익산문묘 직원 소진덕	이석우	諸關係書類 (昭和十年, 益山文廟)	1935	익산문묘	
57	年賀狀	연하장	1936.01.01	경학원 및 명륜학원 정만조 외 11인		諸關係書類 (昭和十一年, 益山文廟)	1936	익산문묘	
58	大提學卒逝ノ件	대제학 졸서의 건	1936.01.09	경원원사 성, 명륜학원 간사		諸關係書類 (昭和十一年, 益山文廟)	1936	익산문묘	정만조 사망 부고, 기
59	學議選擧ニ關スル件	장의선거에 관한 건	1936.01.10	익산군수	각 문묘직원	諸關係書類 (昭和十一年, 益山文廟)	1936	익산문묘	
60	學議選擧ニ關スル件	장의선거에 관한 건	1935.11.25	익산군수	각 문묘직원	諸關係書類 (昭和十一年, 益山文廟)	1936	익산문묘	
61	學議選擧ニ關スル件	장의선거에 관한 건	1935.11.25	익산군수	이리읍장, 각 명장	諸關係書類 (昭和十一年, 益山文廟)	1936	익산문묘	기
62	益山文廟所屬儒林名簿寫送付의件	익산문묘소속 유림명부 사본 송부의 건	1936.01.15	북이면장	익산문묘 직원 소진덕	諸關係書類 (昭和十一年, 益山文廟)	1936	익산문묘	유림명부
63	益山文廟附屬儒林名簿寫送付ノ件	익산문묘부속 유림명부 사본 송부의 건	1936.01.06	이리읍장	익산문묘 직원 소진덕	諸關係書類 (昭和十一年, 益山文廟)	1936	익산문묘	유림명부
64	益山文廟所屬儒林名簿寫送付의件	익산문묘소속 유림명부 사본 송부의 건	1936.01.06	춘포면장	익산문묘 직원 소진덕	諸關係書類 (昭和十一年, 益山文廟)	1936	익산문묘	유림명부
65	益山文廟所屬儒林名簿寫送付의件	익산문묘소속 유림명부 사본 송부의 건	1935.12.29	팔봉면장	익산문묘 직원 소진덕	諸關係書類 (昭和十一年, 益山文廟)	1936	익산문묘	유림명부
66	益山文廟所屬儒林名簿寫送付의件	익산문묘소속 유림명부 사본 송부의 건	1935.12.27	삼기면장	익산문묘 직원	諸關係書類 (昭和十一年, 益山文廟)	1936	익산문묘	유림명부
67	學議選擧의關한件	장의선거에 관한 건	1935.12.27	왕궁면장	익산문묘 직원 소진덕	諸關係書類 (昭和十一年, 益山文廟)	1936	익산문묘	유림명부

연번	문서					문서철			비고
	제목(원문)	제목(한글)	생산시기	생산자	수신자	문서철명	생산연도	생산처	
68	益山文廟所屬儒林名簿寫送付의件	익산문묘소속 유림명부 사본 송부의 건	1935.12.25	금마면장	익산문묘 직원 소진덕	諸關係書類 (昭和十一年, 益山文廟)	1936	익산문묘	유림 명부
69	益山文廟附屬儒林名簿寫送付ノ件	익산문묘소속 유림명부 사본 송부의 건	1935.12.23	오산면장	소진덕	諸關係書類 (昭和十一年, 益山文廟)	1936	익산문묘	유림 명부
70	益山文廟所屬儒林名簿寫送付의件	익산문묘소속 유림명부 사본 송부의 건	1935.12.29	익산문묘 직원 소진덕	각면장	諸關係書類 (昭和十一年, 益山文廟)	1936	익산문묘	유림 명부
71	掌議選擧二關スル件	장의선거에 관한 건	1936.01.20	익산군수	각 문묘직원	諸關係書類 (昭和十一年, 益山文廟)	1936	익산문묘	유림 명부
72	掌議候補選出二關スル件	장의후보자 선출에 관한 건	1936.01.20	익산군수		諸關係書類 (昭和十一年, 益山文廟)	1936	익산문묘	직원 회의 협의 사항, 선거록
73	昭和十一年度文廟費豫算資料提出方ノ件	1936년도 문묘비 예산자료 제출의 건	1936.01.31	익산문묘 직원 소진덕	익산군수	諸關係書類 (昭和十一年, 益山文廟)	1936	익산문묘	물건비 요구서, 동서재 수리공 사비 요구서
74	昭和十一年度文廟費豫算資料提出方ノ件	1936년도 문묘비 예산 자료 제출의 건	1936.01.27	익산군수	각 문묘직원	諸關係書類 (昭和十一年, 益山文廟)	1936	익산문묘	
75	善行者推薦에關한件	선행자 추천에 관한 건	1936.01.31	익산문묘 직원 소진덕	익산군수	諸關係書類 (昭和十一年, 益山文廟)	1936	익산문묘	기
76	德過者調査에關한件	덕과자 조사에 관한 건	1936.01.15	북일면장	익산문묘 직원 소진덕	諸關係書類 (昭和十一年, 益山文廟)	1936	익산문묘	기
77	德過者調査에關한件	덕과자 조사에 관한 건	1936.01.24	오산면장	소진덕	諸關係書類 (昭和十一年, 益山文廟)	1936	익산문묘	
78	德過者調査에關한件 回答	덕과자 조사에 관한 건 회답	1936.01.18	춘포면장	익산문묘 직원	諸關係書類 (昭和十一年, 益山文廟)	1936	익산문묘	
79	德過者調査二關スル件回答	덕과자 조사에 관한 건 회답	1936.01.06	이리읍	익산문묘 직원 소진덕	諸關係書類 (昭和十一年, 益山文廟)	1936	익산문묘	
80	德過者調査에關한照會의件	덕과자 조사에 관한 조회의 건	1935.12.27	삼기면장	익산문묘 직원	諸關係書類 (昭和十一年, 益山文廟)	1936	익산문묘	
81	德過者調査에關한照會의件	덕과자 조사에 관한 조회의 건	1935.12.25	금마면장	익산문묘 직원 소진덕	諸關係書類 (昭和十一年, 益山文廟)	1936	익산문묘	

연번	문서					문서철	생산연도	생산처	비고
	제목(원문)	제목(한글)	생산시기	생산자	수신자	문서철명			
82	德過者調査에關한照會의件	덕과자 조사에 관한 조회의 건	1935.12.19	익산문묘 직원 소진덕	각면장	諸關係書類 (昭和十一年, 益山文廟)	1936	익산문묘	기
83	春季釋奠祭準備二關スル件	춘계 석전제 준비에 관한 건	1936.02.10	익산군수	각 직원	諸關係書類 (昭和十一年, 益山文廟)	1936	익산문묘	기
84	昭和十一年度春季釋奠祭祭官分定報告의件	1936년도 춘계 석전제 제관분정 보고에 관한 건	1936.02.13	익산문묘 직원 소진덕	익산군수	諸關係書類 (昭和十一年, 益山文廟)	1936	익산문묘	
85	昭和十一年度益山郡鄉校財産歲入出豫算別冊ノ通定メントス	1936년도 익산군 향교재산 세입출 예산을 별책과 같이 정함	1936.02.28	익산군 장의회	익산군수 吉津五郎	諸關係書類 (昭和十一年, 益山文廟)	1936	익산문묘	예산, 세입 세출, 예산 설명서, 재산 명세서
86	昭和十年度益山郡鄉校財産歲入出追加豫算ノ件	1935년도 익산군 향교재산 세입출 추가예산의 건	1936.02.28	익산군 장의회	익산군수 吉津五郎	諸關係書類 (昭和十一年, 益山文廟)	1936	익산문묘	추가 예산 세입 세출, 설명서
87	昭和九年度益山郡鄉校財産歲入出決算ノ件	1934년도 익산군 향교재산 세입출 결산의 건	1936.02.28	익산군 장의회	익산군수 吉津五郎	諸關係書類 (昭和十一年, 益山文廟)	1936	익산문묘	재산세 입출 결산
88	憲附者調査依賴方의件	기부자 조사 의뢰에 관한 건	1936.03.16	익산군 문묘직원 소진덕	옥구문묘직원	諸關係書類 (昭和十一年, 益山文廟)	1936	익산문묘	
89	憲附者調査依賴方의件	기부자 조사 의뢰에 관한 건	1936.03.09	옥구문묘 직원 문종각	익산문묘 직원	諸關係書類 (昭和十一年, 益山文廟)	1936	익산문묘	
90	善行者報告의件	선행자 보고의 건	1936.03.17	익산군 문묘직원 소진덕	익산군수	諸關係書類 (昭和十一年, 益山文廟)	1936	익산문묘	
91	德過者調査에關한件	덕과자 조사에 관한 건	1936.02.24	익산왕궁 면장 송정식	익산군 문묘직원 소진덕	諸關係書類 (昭和十一年, 益山文廟)	1936	익산문묘	기
92	文廟祭祀用朝鮮酒製造免許申請ノ件	문묘 제사용 조선술 제조 면허증 신청의 건	1936.05.19	익산군수	소진덕	諸關係書類 (昭和十一年, 益山文廟)	1936	익산문묘	
93	秋季文廟大祭準備二關スル件	추계 문묘대제 준비에 관한 건	1936.08.13	익산군수	각 문묘직원	諸關係書類 (昭和十一年, 益山文廟)	1936	익산문묘	
94	秋季文廟大祭準備二關スル回報ノ件	추계 문묘대제 준비에 관한 회보의 건	1936.08.15	익산군 문묘직원 소진덕	익산군수	諸關係書類 (昭和十一年, 益山文廟)	1936	익산문묘	

연번	문서					문서철			비고
	제목(원문)	제목(한글)	생산시기	생산자	수신자	문서철명	생산연도	생산처	
95	秋季文廟大祭準備二關スル件	추계 문묘대제 준비에 관한 건	1936.08.10	익산군수	문묘직원	諸關係書類 (昭和十一年, 益山文廟)	1936	익산문묘	기
96	祭服祭席其他備品物件就調要求二關スル件	제복 제석 기타비품 물건 취조 요구에 관한 건	1936.08.15	익산군 문묘직원 소진덕	익산군수	諸關係書類 (昭和十一年, 益山文廟)	1936	익산문묘	기
97	本年度秋季釋奠祭官分定에關한件	본년도 추계 석전제관 분정에 관한 건	1936.08.25	익산문묘 직원 소진덕	각장의,유사	諸關係書類 (昭和十一年, 益山文廟)	1936	익산문묘	기
98	昭和十一年度秋季釋奠祭祭官分定報告ノ件	1936년도 추계 석전제 제관분정 보고의 건	1936.09.02	익산군 문묘직원 소진덕	익산군수	諸關係書類 (昭和十一年, 益山文廟)	1936	익산문묘	제관분정기
99	文廟釋典祭用祭官服二關スル件	문묘 석전제용 제관복에 관한 건	1936.09.04	익산군수	익산문묘 직원	諸關係書類 (昭和十一年, 益山文廟)	1936	익산문묘	기
100	文廟釋奠祭參拜에關한件	문묘석전제 참배에 관한 건	1936.06.10	익산군 문묘직원 소진덕		諸關係書類 (昭和十一年, 益山文廟)	1936	익산문묘	경고, 유림 조사서
101	儒林關係事項調查의件	유림 관계사항 조사의 건	1936.11.01	익산군 문묘직원 소진덕	각 장의	諸關係書類 (昭和十一年, 益山文廟)	1936	익산문묘	
102	儒林關係事項調查의件	유림 관계사항 조사의 건	1936.10.31	금마면장	문묘직원	諸關係書類 (昭和十一年, 益山文廟)	1936	익산문묘	
103	儒林關係事項調查ノ件	유림 관계사항 조사의 건	1936.10.30	익산군수	읍면장	諸關係書類 (昭和十一年, 益山文廟)	1936	익산문묘	
104	昭和十一年度郡鄕校財産蔵入缺隔隔依ル豫算經理二關スル件	1936년도 군 향교재산 세입 결격에 의한 예산 경리에 관한 건	1936.12.08	익산군수	문묘직원	諸關係書類 (昭和十一年, 益山文廟)	1936	익산문묘	기, 실행 예산안, 세입 세출, 보고서
105	昭和十二年度文廟費豫算資料提出方ノ件	1937년도 문묘비 예산 자료 제출의 건	1937.01.29	익산군 문묘직원 소진덕	익산군수	諸關係書類 (昭和十二年, 益山文廟)	1937	익산문묘	기
106	昭和十二年度郡鄕校財産蔵入歳出豫算編成二關スル件	1935년도 군 향교재산 세입세출 예산편성에 관한 건	1937.01.22	익산군수	각 문묘직원	諸關係書類 (昭和十二年, 益山文廟)	1937	익산문묘	
107	屠殺申告에關한件	도살 신고에 관한 건	1937.03.02	금마면장	문묘직원 소진덕	諸關係書類 (昭和十二年, 益山文廟)	1937	익산문묘	
108	白日場開催에關한件	백일장 개최에 관한 건	1937.03.08	익산군 문묘직원 소진덕	각 장의	諸關係書類 (昭和十二年, 益山文廟)	1937	익산문묘	

연번	문서					문서철			비고
	제목(원문)	제목(한글)	생산시기	생산자	수신자	문서철명	생산연도	생산처	
109	白日場開催ニ關スル件	백일장 개최에 관한 건	1937.02.08	익산경찰서장	익산군수, 각읍면장, 각 문묘직원	諸關係書類(昭和十二年, 益山文廟)	1937	익산문묘	
110	昭和十二年度益山郡鄉校財産歳入出豫算別紙ノ通定メントス	1937년도 익산군 향교재산 세입출 예산 별지의 통정에 관한 건	1937.03.12	익산군수 吉津五郎	익산군장의회	諸關係書類(昭和十二年, 益山文廟)	1937	익산문묘	예산, 세입세출, 예산설명서, 재산표
111	益山郡鄉校財産ノ基金ヲ別紙ノ通處分セントス	익산군 향교재산의 기금을 별지와 같이 처분하기로 함	1937.03.12	익산군수 吉津五郎	익산군장의회	諸關係書類(昭和十二年, 益山文廟)	1937	익산문묘	익산군 향교재산 기금 처부의 건, 이유
112	昭和十年度益山郡鄉校財産歳入出決算ノ件	1935년도 익산군 향교재산 세입출 결산의 건	1937.03.12	익산군수 吉津五郎	익산군장의회	諸關係書類(昭和十二年, 益山文廟)	1937	익산문묘	재산세입출 결산
113	昭和十二年度春季釋奠祭官分定의件	1937년도 춘계 석전제관 분정의 건	1937.03.25	익산군 문묘직원 소진덕	각 장의유사	諸關係書類(昭和十二年, 益山文廟)	1937	익산문묘	
114	經學院及地方文廟釋奠參拜에關호件	경학원 및 지방문묘 석전참배에 관한 건	1937.03.25	익산군 문묘직원 소진덕	익산군수	諸關係書類(昭和十二年, 益山文廟)	1937	익산문묘	
115	經學院及地方文廟釋奠參拜ニ關スル件	경학원 및 지방문묘 석전참배에 관한 건	1937.03.20	익산군수	각읍면장, 각공사립 중초등학교장, 각문묘직원	諸關係書類(昭和十二年, 益山文廟)	1937	익산문묘	기
116	益山文廟祭器及備品物購込要求의件	익산문묘제기 및 비품물 구입 요구의 건	1937.03.26	익산군 문묘직원 소진덕	익산군수	諸關係書類(昭和十二年, 益山文廟)	1937	익산문묘	기
117	昭和十二年度春季釋奠祭官分定報告ノ件	1937년도 춘계 석전제관 분정 보고의 건	1937.04.04	익산군 문묘직원 소진덕	익산군수	諸關係書類(昭和十二年, 益山文廟)	1937	익산문묘	제관분정기
118	春季釋奠祭祭官及執事內申方ノ件	춘계 석전제 제전 및 집사내신의 건	1937.03.31	익산군수	익산문묘직원	諸關係書類(昭和十二年, 益山文廟)	1937	익산문묘	
119	掌議死亡報告의件	장의 사망보고의 건	1937.04.05	익산군 문묘직원 소진덕	익산군수	諸關係書類(昭和十二年, 益山文廟)	1937	익산문묘	
120	掌議死亡에 對하야補缺에關한件	장의 사망에 대하여 보결에 관한 건	1937.04.05	익산군 문묘직원 소진덕 외 장의 4인	익산군수	諸關係書類(昭和十二年, 益山文廟)	1937	익산문묘	기

| 연번 | 문서 | | | | | 문서철 | | | 비고 |
	제목(원문)	제목(한글)	생산시기	생산자	수신자	문서철명	생산연도	생산처	
121	善行者報告의件	선행자 보고의 건	1937.04.05	익산군 문묘직원 소진덕	익산군수	諸關係書類 (昭和十二年, 益山文廟)	1937	익산문묘	선행자 보고서
122	文廟春序釋奠祭參拜에關흔件	문묘 춘서 석전제 참배에 관한 건	1937.04.11	익산군 문묘직원 소진덕		諸關係書類 (昭和十二年, 益山文廟)	1937	익산문묘	
123	善行者表彰ノ件	선행자 표창의 건	1937.04.12	익산군수	각 문묘직원, 각 읍면장, 각 공립학교장, 이리 경찰서장	諸關係書類 (昭和十二年, 益山文廟)	1937	익산문묘	공함
124	鄕約調査ノ件	향약 조사의 건	1937.06.17	금마면장	익산문묘 직원	諸關係書類 (昭和十二年, 益山文廟)	1937	익산문묘	기
125	掌議任免報告의件	장의 임면보고의 건	1937.06.18	익산군 문묘직원 소진덕	경학원	諸關係書類 (昭和十二年, 益山文廟)	1937	익산문묘	
126	北支事變에關한對處方의件	북지사변에 관한 대처의 건	1937.07.31	경학원 대제학	문묘직원	諸關係書類 (昭和十二年, 益山文廟)	1937	익산문묘	
127	北支事變에關한對處方의件	북지사변에 관한 대처의 건	1937.07.20	경학원 대제학	문묘직원	諸關係書類 (昭和十二年, 益山文廟)	1937	익산문묘	
128	儒職名簿修正에關한件	유림명부 수정에 관한 건	1937.08.05	익산군 문묘직원 소진덕	경학원	諸關係書類 (昭和十二年, 益山文廟)	1937	익산문묘	
129	儒職名簿修正에關한件	유림명부 수정에 관한 건	1937.07.31	경학원 대제학	문묘직원	諸關係書類 (昭和十二年, 益山文廟)	1937	익산문묘	
130	文廟修繕工事着工에關한件	문묘수선공사 착공에 관한 건	1937.08.06	익산군수	익산문묘 직원	諸關係書類 (昭和十二年, 益山文廟)	1937	익산문묘	기
131	文廟修繕工事見積書提出의件	문묘수선공사 견적서 제출의 건	1937.06.30	익산군수	익산문묘 직원	諸關係書類 (昭和十二年, 益山文廟)	1937	익산문묘	기
132	文廟誓告式及時局講演會狀況報告ノ件	문묘서고식 및 시국강연회 상황 보고의 건	1937.08.25	익산문묘 직원	경학원	諸關係書類 (昭和十二年, 益山文廟)	1937	익산문묘	기
133	文廟誓告式及時局講演會狀況	문묘서고식및시국강연회상황	1937.08.21	경학원 대제학	문묘직원	諸關係書類 (昭和十二年, 益山文廟)	1937	익산문묘	기
134	時局認識講演會開催의件	시국인식 강연회 개최의 건	1937.08.13	익산군 문묘직원 소진덕	각 장의 유사, 유림	諸關係書類 (昭和十二年, 益山文廟)	1937	익산문묘	

연번	문서					문서철			비고
	제목(원문)	제목(한글)	생산시기	생산자	수신자	문서철명	생산연도	생산처	
135	時局認識講演會開催 의件	시국인식 강연회 개최의 건	1937.08.13	익산군 문묘직원 소진덕	각읍면장	諸關係書類 (昭和十二年, 益山文廟)	1937	익산문묘	
136	時局對應에關한件	시국 대응에 관한 건	1937.08.12	익산군수	각 문묘직원	諸關係書類 (昭和十二年, 益山文廟)	1937	익산문묘	기
137	時局對處ニ關スル件	시국 대처에 관한 건	1937.08.09	경학원 대제학	익산문묘 직원	諸關係書類 (昭和十二年, 益山文廟)	1937	익산문묘	기, 서원문
138	[朝鮮儒林聯合會] 通告文	[조선유림연합회] 통고문	1937.08.00	조선유림 연합회		諸關係書類 (昭和十二年, 益山文廟)	1937	익산문묘	조선 유도 연합회 회칙
139	朝鮮儒林聯合會會則	조선유림연합회 회칙	1937.08.00	조선유림 연합회		諸關係書類 (昭和十二年, 益山文廟)	1937	익산문묘	
140	皇軍慰問金納付方의 件	황군 위문금 납부의 건	1937.09.08	익산군 문묘직원 소진덕	익산군 군사후원연 맹 사무소	諸關係書類 (昭和十二年, 益山文廟)	1937	익산문묘	위문금 각출 유림 명부
141	皇軍慰問金釀出狀況 報告의件	황군 위문금 각출상황 보고의 건	1937.09.08	익산군 문묘직원 소진덕	경학원	諸關係書類 (昭和十二年, 益山文廟)	1937	익산문묘	
142	皇軍慰問之件	황군 위문의 건	1937.08.18	경학원 대제학	향교직원	諸關係書類 (昭和十二年, 益山文廟)	1937	익산문묘	
143	時局認識講演會幷座 談會狀況報告의件	시국인식 강연회 및 좌담회 상황 보고의 건	1937.09.08	익산군 문묘직원 소진덕	경학원	諸關係書類 (昭和十二年, 益山文廟)	1937	익산문묘	기
144	時局認識講演幷座談 會開催의件	시국인식 강연 및 좌담회 개최의 건	1937.08.29	익산군 문묘직원 소진덕	각 장의 유사	諸關係書類 (昭和十二年, 益山文廟)	1937	익산문묘	기
145	時局認識講演幷座談 會開催의件	시국인식 강연 및 좌담회 개최의 건	1937.08.29	익산군 문묘직원 소진덕	각 면장	諸關係書類 (昭和十二年, 益山文廟)	1937	익산문묘	기
146	時局認識講演幷座談 會開催ノ件	시국인식 강연 및 좌담회 개최의 건	1937.08.28	익산군수	익산문묘 직원	諸關係書類 (昭和十二年, 益山文廟)	1937	익산문묘	기
147	[華陽祠 재산 보존의 건 통지]	[화양사 재산 보존의 건 통지]	1937.09.15	대동사문 회 총무 민건식		諸關係書類 (昭和十二年, 益山文廟)	1937	익산문묘	
148	職員會開催의件	직원회 개최의 건	1937.09.25	익산군 문묘직원 소진덕	각 장의 유사	諸關係書類 (昭和十二年, 益山文廟)	1937	익산문묘	

연번	문서					문서철		생산처	비고
	제목(원문)	제목(한글)	생산시기	생산자	수신자	문서철명	생산연도		
149	誓告式에關한件	서고식에 관한 건	1937.09.28	경학원 대제학	향교직원	諸關係書類 (昭和十二年, 益山文廟)	1937	익산문묘	
150	昭和十二年度秋季釋 奠祭官分定報告의件	1937년도 추계 석전제관 분정 보고의 건	1937.10.03	익산군 문묘직원 소진덕	익산군수	諸關係書類 (昭和十二年, 益山文廟)	1937	익산문묘	1937년 도 추계 석전 제관 분정기
151	祭具要求의件	제구요구의 건	1937.10.04	익산군 문묘직원 소진덕	익산군수	諸關係書類 (昭和十二年, 益山文廟)	1937	익산문묘	기
152	秋季文廟釋奠祭擧行 ニ關スル件	추계문묘 석전제 거행에 관한 건	1937.10.08	익산군수	익산문묘 직원	諸關係書類 (昭和十二年, 益山文廟)	1937	익산문묘	기
153	文廟秋季釋奠祭參拜 에關한件	문묘 추계석전제 참배에 관한 건	1937.10.09	익산문묘 직원 소진덕	금마면사무소, 금마공립보 통학교 등	諸關係書類 (昭和十二年, 益山文廟)	1937	익산문묘	
154	文廟秋季釋奠狀況報 告方之件	문묘추계 석전상황 보고의 건	1937.10.18	경학원 대제학	문묘직원	諸關係書類 (昭和十二年, 益山文廟)	1937	익산문묘	경계
155	國民精神振作에關한 件	국민정신 진작에 관한 건	1937.11.07	금마면장	익산문묘 직원	諸關係書類 (昭和十二年, 益山文廟)	1937	익산문묘	국민 정신 진작 요강
156	國體明徵時局認識ヲ 儒林ニ徹底セシムル ノ件	국체명칭· 시국인식을 유림에게 철저히 하도록 하기 위한 건	1937.11.08	익산군수	각 읍면장, 각 문묘직원	諸關係書類 (昭和十二年, 益山文廟)	1937	익산문묘	기
157	文廟直員及掌議先進 地視察에關한件	문묘직원 및 장의 선진지 시찰에 관한 건	1937.11.14	익산군수	각 문묘직원, 각 장의	諸關係書類 (昭和十二年, 益山文廟)	1937	익산문묘	기, 여행 일정표
158	大提學卒逝之件[鄭 鳳時]	대제학 졸서의 건[정봉시]	1937.12.04	경학원 사성, 명륜학원 간사		諸關係書類 (昭和十二年, 益山文廟)	1937	익산문묘	기
159	鄭大提學卒逝에關한 件	정대제학 졸서에 관한 건	1937.12.04	경학원 사성, 명륜학원 간사		諸關係書類 (昭和十二年, 益山文廟)	1937	익산문묘	
160	時局詩文集刊行에關 흔件	시국 시문집 간행에 관한 건	1937.11.11	익산문묘 직원 소진덕	경학원	諸關係書類 (昭和十二年, 益山文廟)	1937	익산문묘	기
161	時局詩文集刊行ニ關 スル件	시국 시문집 간행에 관한 건	1937.11.06	익산군수	각 읍면장, 각 문묘직원	諸關係書類 (昭和十二年, 益山文廟)	1937	익산문묘	기

연번	문서					문서철			비고
	제목(원문)	제목(한글)	생산시기	생산자	수신자	문서철명	생산연도	생산처	
162	時局詩文集刊行ノ件	시국 시문집 간행의 건	1937.10.23	익산군수	각 읍면장, 각 문묘직원	諸關係書類(昭和十二年, 益山文廟)	1937	익산문묘	
163	時局詩文集刊行의件	시국 시문집 간행의 건	1937.10.18	경학원	문묘직원	諸關係書類(昭和十二年, 益山文廟)	1937	익산문묘	
164	[정봉시 장례후 감사의 글	[정봉시 장례후 감사의 글	1937.12.00	鄭鎬贊		諸關係書類(昭和十二年, 益山文廟)	1937	익산문묘	
165	儒林團의視察에關한件	유림단의 시찰에 관한 건	1937.12.14	익산군수	익산 각 문묘직원	諸關係書類(昭和十二年, 益山文廟)	1937	익산문묘	기
166	儒林의國防費及皇軍慰問品獻納者調의件	유림의 국방비 및 황군 위문품 헌납자 조사의 건	1937.12.21	익산문묘 직원 소진덕	경학원	諸關係書類(昭和十二年, 益山文廟)	1937	익산문묘	기
167	儒林의國防費及皇軍慰問品獻納者調査의件	유림의 국방비 및 황군 위문품 헌납자 조사의 건	1937.12.14	오산면장	익산문묘 직원 소진덕	諸關係書類(昭和十二年, 益山文廟)	1937	익산문묘	
168	儒林ノ國防費及皇軍慰問品獻納者調査ノ件	유림의 국방비 및 황군 위문품 헌납자 조사의 건	1937.12.13	춘포면장	익산문묘 직원	諸關係書類(昭和十二年, 益山文廟)	1937	익산문묘	좌기
169	儒林의國防費及皇軍慰問品獻納者調査의件	유림의 국방비 및 황군 위문품 헌납자 조사의 건	1937.12.06	익산문묘 직원 소진덕	각 읍면장	諸關係書類(昭和十二年, 益山文廟)	1937	익산문묘	기, 주의
170	儒林의國防費及皇軍慰問品獻納者調의件	유림의 국방비 및 황군 위문품 헌납자 조사의 건	1937.11.17	경학원 대제학	문묘직원	諸關係書類(昭和十二年, 益山文廟)	1937	익산문묘	기
171	[柳正秀를 경학원 대제학, 명륜학원 총재에 명함]	[유정수를 경학원 대제학, 명륜학원 총재에 명함]	1938.01.25	경학원 사성, 명륜학원 간사		諸關係書類(昭和十三年, 益山文廟)	1938	익산문묘	
172	昭和十三年度文廟費豫算資料提出方의件	1938년도 문묘비 예산 자료제출의 건	1938.02.17	익산문묘 직원 소진덕	익산군수	諸關係書類(昭和十三年, 益山文廟)	1938	익산문묘	기
173	昭和十三年度本郡鄕校財産歲入出豫算編成二關スル件	1938년도 본군 향교재산 세입출 예산편성에 관한 건	1938.02.14	익산군수	각 문묘직원	諸關係書類(昭和十三年, 益山文廟)	1938	익산문묘	기
174	補闕掌議任命二關スル件	보궐 장의 임명에 관한 건	1938.02.17	익산군수	각 문묘직원, 용안면장	諸關係書類(昭和十三年, 益山文廟)	1938	익산문묘	기
175	掌議會開催ノ件	장의회 개최의 건	1938.02.28	익산군수	각 문묘직원	諸關係書類(昭和十三年, 益山文廟)	1938	익산문묘	익산군 장의 소속 문묘 및 석차번호 조

연번	문서					문서철			비고
	제목(원문)	제목(한글)	생산시기	생산자	수신자	문서철명	생산연도	생산처	
176	昭和十三年度益山郡鄕校財産歲入出豫算別紙ノ通定メントス	1938년도 익산군 향교재산 세입출예산을 별지와 같이 정함	1938.03.05	익산군수 吉津五郎	익산군장의회	諸關係書類(昭和十三年, 益山文廟)	1938	익산문묘	향교재산 세입출예산, 설명서, 재산표
177	昭和十一年度益山郡鄕校財産歲入出決算別紙ノ通ナリ	1936년도 익산군 향교재산 세입출결산은 별지와 같음	1938.03.05	익산군수 吉津五郎	익산군장의회	諸關係書類(昭和十三年, 益山文廟)	1938	익산문묘	향교재산 세입출결산
178	善行者表彰에關한件	선행자 표창에 관한 건	1938.03.15	익산문묘직원 소진덕	익산군수	諸關係書類(昭和十三年, 益山文廟)	1938	익산문묘	선행자 조사서
179	職員會開催의件	직원회 개최의 건	1938.03.27	익산문묘직원 소진덕	각 장의유사	諸關係書類(昭和十三年, 益山文廟)	1938	익산문묘	
180	昭和十三年度春季釋奠祭官分定報告의件	1938년도 춘계 석전제관 분정 보고의 건	1938.04.04	익산문묘직원 소진덕	익산군수	諸關係書類(昭和十三年, 益山文廟)	1938	익산문묘	
181	善行者報告의件	선행자 보고의 건	1938.04.08	익산문묘직원 소진덕	익산군수	諸關係書類(昭和十三年, 益山文廟)	1938	익산문묘	선행자 조사서, 선행자 추보서
182	益山文廟春季釋奠祭參拜의件	익산문묘 춘계석전제 참배의 건	1938.04.10	익산문묘직원 소진덕	금마면사무소, 금마면 경찰관주재소, 금마공립심상소학교	諸關係書類(昭和十三年, 益山文廟)	1938	익산문묘	
183	笏記寫送의件	홀기 사본 송부의 건	1938.04.10	익산문묘직원 소진덕	각 제관	諸關係書類(昭和十三年, 益山文廟)	1938	익산문묘	
184	善行者表彰ノ件	선행자 표창의 건	1938.04.12	익산군수	각 문묘직원, 이리 경찰서장, 각 읍면장, 각 소학교장	諸關係書類(昭和十三年, 益山文廟)	1938	익산문묘	기
185	[경학원대제학 명륜학원총재 柳正秀 喪逝 보고]	[경학원대제학 명륜학원총재 유정수 사망 보고]	1938.04.18	경학원 사성, 명륜학원 간사		諸關係書類(昭和十三年, 益山文廟)	1938	익산문묘	기
186	國民精神總動員銃後報國强調週間에關한件	국민정신총동원총후 보국 강조주간에 관한 건	1938.04.23	경학원 대제학 대리	향교직원	諸關係書類(昭和十三年, 益山文廟)	1938	익산문묘	기, 향교석전홀기, 집예창홀, 분향홀기, 석전의 진설도

| 연번 | 문서 | | | | | 문서철 | | | 비고 |
	제목(원문)	제목(한글)	생산시기	생산자	수신자	문서철명	생산연도	생산처	
187	[尹德榮 경학원 대제학과 명륜학원 총재 임명 통지]	[윤덕영경학원 대제학과 명륜학원 총재 임명 통지]	1938.05.21	경학원 및 명륜학원		諸關係書類 (昭和十三年, 益山文廟)	1938	익산문묘	李敬植, 朴相駿
188	職員會開催의件	직원회 개최의 건	1938.09.18	익산문묘 직원 소진덕	각 장의 유사	諸關係書類 (昭和十三年, 益山文廟)	1938	익산문묘	
189	昭和十三年度秋季釋奠祭官分定報告의件	1938년도 추계 석전 제관분정 보고의 건	1938.09.26	익산문묘 직원 소진덕	익산군수	諸關係書類 (昭和十三年, 益山文廟)	1938	익산문묘	
190	益山文廟秋季釋奠祭參拜의件	익산문묘 추계석전제 참배의 건	1938.10.10	익산문묘 직원 소진덕	금마면사무소, 금마면 경찰관주재소, 금마공립심상소학교	諸關係書類 (昭和十三年, 益山文廟)	1938	익산문묘	
191	益山文廟釋奠參拜人數報告의件	익산문묘 석전제 참배인수 보고의 건	1938.10.17	익산문묘 직원 소진덕	경학원	諸關係書類 (昭和十三年, 益山文廟)	1938	익산문묘	기
192	儒林名簿에關한件	유림명부에 관한 건	1939.01.15	금마면장	익산문묘 직원	諸關係書類 (昭和十四年, 益山文廟)	1939	익산문묘	유림 명부
193	掌議選擧에關한打合會의 件	장의선거에 관한 협의회의 건	1939.01.16	익산군수	각 문묘직원	諸關係書類 (昭和十四年, 益山文廟)	1939	익산문묘	기
194	儒林名簿ニ關スル件	유림명부에 관한 건	1939.01.17	익산문묘 직원 소진덕	익산군수	諸關係書類 (昭和十四年, 益山文廟)	1939	익산문묘	
195	儒林名簿ニ關スル件	유림명부에 관한 건	1939.01.09	익산군수	각 문묘직원	諸關係書類 (昭和十四年, 益山文廟)	1939	익산문묘	기
196	益山郡掌議候補者益山文廟選擧會選擧錄	익산군 장의 후보자 익산문묘선거회 선거록	1939.01.28			諸關係書類 (昭和十四年, 益山文廟)	1939	익산문묘	
197	掌議任命ノ件報告	장의 임명의 건 보고	1939.02.08	익산군수	각 문묘직원, 읍면장	諸關係書類 (昭和十四年, 益山文廟)	1939	익산문묘	기
198	昭和十四年度益山郡鄕校財産歲入出豫算別紙ノ通定メントス	1939년도 익산군 향교재산 세입출예산을 별지와 같이 정함	1939.03.23	익산군 장의회	익산군수 橋本一男	諸關係書類 (昭和十四年, 益山文廟)	1939	익산문묘	향교 재산 세입출 예산, 재산표, 설명서, 결산서
199	掌議任免ニ關スル件	장의 임면에 관한 건	1939.03.27	익산군수	각 문묘직원	諸關係書類 (昭和十四年, 益山文廟)	1939	익산문묘	기

연번	문서					문서철			비고
	제목(원문)	제목(한글)	생산시기	생산자	수신자	문서철명	생산연도	생산처	
200	昭和拾四年度春季釋奠祭官分定報告의件	1939년도 춘계 석전제관 분정 보고의 건	1939.04.04	익산문묘 직원 소진덕	익산군수	諸關係書類 (昭和十四年, 益山文廟)	1939	익산문묘	
201	春季釋奠祭參拜通知의件	춘계 석전제 참배 통지의 건	1939.04.09	익산문묘 직원 소진덕	금마면사무소, 금마면 경찰관주재소, 금마공립심상소학교	諸關係書類 (昭和十四年, 益山文廟)	1939	익산문묘	
202	樂工使用例下金下附	악공 사용 예하금 하부	1939.04.17	익산문묘 직원 소진덕	익산군수	諸關係書類 (昭和十四年, 益山文廟)	1939	익산문묘	
203	釋奠祭官祭禮講習狀況報告의件	석전제관 제례강습 상황보고의 건	1939.04.17	익산문묘 직원 소진덕	익산군수	諸關係書類 (昭和十四年, 益山文廟)	1939	익산문묘	
204	文廟釋奠祭官祭禮講習의件	문묘 석전제관 제례강습의 건	1939.04.09	익산문묘 직원 소진덕	각 석전제관	諸關係書類 (昭和十四年, 益山文廟)	1939	익산문묘	
205	直員上郡二關スル件	직원 상군에 관한 건	1939.05.08	익산군수	익산문묘 직원 소진덕	諸關係書類 (昭和十四年, 益山文廟)	1939	익산문묘	
206	報告書[金昇準 효행]	보고서[김승준 효행]	1939.05.13	익산군 이리읍 고현정 구장 전하상 고백	금마문묘 직원	諸關係書類 (昭和十四年, 益山文廟)	1939	익산문묘	
207	里薦狀[金昇準 효행]	이장 추천장[김승준 효행]	1939.05.16	익산군 이리읍 고현정 진흥회 대표인 회장 李鷥鎔	금마문묘 직원	諸關係書類 (昭和十四年, 益山文廟)	1939	익산문묘	
208	訂正通知[『明倫』3, 誤記]	정정통지 [『명륜』3, 오기]	1939.08.22	개성명륜 회장 공성학		諸關係書類 (昭和十四年, 益山文廟)	1939	익산문묘	
209	秋季釋奠祭官分定報告의件	추계 석전 제관분정 보고의 건	1939.10.02	익산문묘 직원 소진덕	익산군수	諸關係書類 (昭和十四年, 益山文廟)	1939	익산문묘	기
210	秋季文廟釋奠祭及其他諸行事執行의件	추계 문묘석전제 및 기타 제행사 집행의 건	1939.10.06	익산군수	익산문묘 직원	諸關係書類 (昭和十四年, 益山文廟)	1939	익산문묘	기
211	秋季釋奠祭參拜通知의件	추계 석전제 참배 통지의 건	1939.10.08	익산문묘 직원 소진덕	금마면사무소, 금마면 경찰관주재소, 금마공립심상소학교	諸關係書類 (昭和十四年, 益山文廟)	1939	익산문묘	

연번	문서					문서철			비고
	제목(원문)	제목(한글)	생산시기	생산자	수신자	문서철명	생산연도	생산처	
212	儒林ノ會同ニ關之件	유림의 회동에 관한 건	1939.10.09	익산군수	각 문묘직원	諸關係書類 (昭和十四年, 益山文廟)	1939	익산문묘	
213	樂工費下附의件	악공비 하부의 건	1939.10.17	익산문묘 직원 소진덕	익산군수	諸關係書類 (昭和十四年, 益山文廟)	1939	익산문묘	
214	文廟一部應急修繕에 關한件	문묘 일부 응급 수선에 관한 건	1939.10.18	익산문묘 직원 소진덕	익산군수	諸關係書類 (昭和十四年, 益山文廟)	1939	익산문묘	
215	慕聖契日通知件	모성계일 통지 건	1939.11.29	익산문묘 직원 소진덕	각 장의 유사	諸關係書類 (昭和十四年, 益山文廟)	1939	익산문묘	
216	全羅北道儒道聯合會 結成式參席에關한件	전라북도 유도연합회 결성식 참석에 관한 건	1939.11.29	익산문묘 직원 소진덕	전라북도 유림	諸關係書類 (昭和十四年, 益山文廟)	1939	익산문묘	기
217	儒道振興에關한件	유도진흥에 관한 건	1939.11.29	익산문묘 직원 소진덕	익산군수	諸關係書類 (昭和十四年, 益山文廟)	1939	익산문묘	좌기
218	儒道振興에關한件	유도진흥에 관한 건	1939.11.27	익산군수	익산문묘 직원	諸關係書類 (昭和十四年, 益山文廟)	1939	익산문묘	기
219	全羅北道儒道聯合會 結成趣意書	전라북도 유도연합회 결성 취의서	1939.12.03		조선유도연 합회장 경학원 대제학 자작 윤덕영	諸關係書類 (昭和十四年, 益山文廟)	1939	익산문묘	선언, 규칙, 명부
220	[조선유도연합회 결성식 참석 감사 엽서]	[조선유도연합회 결성식 참석 감사 엽서]	1939.12.03	회장 尹德榮		諸關係書類 (昭和十四年, 益山文廟)	1939	익산문묘	
221	儒道振興에關한件	유도진흥에 관한 건	1939.12.13	익산군수	익산문묘 직원	諸關係書類 (昭和十四年, 益山文廟)	1939	익산문묘	
222	儒道振興ニ關スル件	유도진흥에 관한 건	1939.12.13	익산군수	이리읍장, 각 명장	諸關係書類 (昭和十四年, 益山文廟)	1939	익산문묘	기
223	益山郡儒道會結成趣 意書	익산군 유도회 결성 취의서	1939.12.20			諸關係書類 (昭和十四年, 益山文廟)	1939	익산문묘	선언, 규칙, 명부
224	掌議會開催ノ件	장의회 개최의 건	1940.03.21	익산군수		諸關係書類 (昭和十五年, 益山文廟)	1940	익산문묘	
225	昭和十五年度益山郡 鄕校財産歲入出豫算 別紙ノ通定メントス	1940년도 익산군 향교재산 세입출 예산을 별지와 같이 정함	1940.03.25	익산군수 竹崎茂	익산군장의 회	諸關係書類 (昭和十五年, 益山文廟)	1940	익산문묘	

연번	문서					문서철			비고
	제목(원문)	제목(한글)	생산시기	생산자	수신자	문서철명	생산연도	생산처	
226	益山郡鄉校財産土地處分ノ件	익산군 향교재산 토지처분의 건	1940.03.25	익산군수 竹崎茂	익산군장의회	諸關係書類(昭和十五年, 益山文廟)	1940	익산문묘	
227	昭和十三年度益山郡鄉校財産歲入出決算別冊ノ通	1938년도 익산군 향교재산 세입출결산은 별책과 같음	1940.03.25	익산군수 竹崎茂	익산군장의회	諸關係書類(昭和十五年, 益山文廟)	1940	익산문묘	
228	春季釋奠祭官分定報告ノ件	춘계 석전제관 분정 보고의 건	1940.04.04	익산문묘직원 소진덕	익산군수	諸關係書類(昭和十五年, 益山文廟)	1940	익산문묘	
229	春季釋奠祭參拜通知의件	춘계석전제 참배 통지의 건	1940.04.07	익산문묘직원 소진덕	금마면사무소, 금마면 경찰관주재소, 금마공립심상소학교	諸關係書類(昭和十五年, 益山文廟)	1940	익산문묘	
230	春季文廟釋奠祭及其他諸行事執行ノ件	추계 문묘 석전제 및 기타 모든 행사 집행의 건	1940.04.10	익산군수	익산문묘직원	諸關係書類(昭和十五年, 益山文廟)	1940	익산문묘	
231	樂工例下金下附願	악공 예하금 하부액	1940.04.17	익산문묘직원 소진덕	익산군수	諸關係書類(昭和十五年, 益山文廟)	1940	익산문묘	
232	東廡及墻垣崩壞狀況報告의件	동부 및 담장 붕괴 상황 보고의 건	1940.08.05	익산문묘직원 소진덕	익산군수	諸關係書類(昭和十五年, 益山文廟)	1940	익산문묘	
233	文廟所屬林野實測에關한件	문묘 소속 임야 실측에 관한 건	1940.09.23	익산문묘직원 소진덕	익산군수	諸關係書類(昭和十五年, 益山文廟)	1940	익산문묘	
234	秋季釋奠祭官分定報告의件	추계 석전 제관분정 보고의 건	1940.09.30	익산문묘직원 소진덕	익산군수	諸關係書類(昭和十五年, 益山文廟)	1940	익산문묘	
235	秋季釋奠祭參拜通知의件	추계석전제 참배 통지의 건	1940.10.08	익산문묘직원 소진덕	금마면사무소, 금마면 경찰관주재소, 왕궁 공립심상소학교, 금마 공립심상소학교	諸關係書類(昭和十五年, 益山文廟)	1940	익산문묘	
236	秋季文廟釋奠祭及其他諸行事執行의件	추계 문묘석전제 및 기타 모든 행사 집행의 건	1940.10.08	익산군수	각 문묘직원	諸關係書類(昭和十五年, 益山文廟)	1940	익산문묘	
237	樂工例下金下附願	악공 예하금 하부액	1940.10.19	익산문묘직원 소진덕	익산군수	諸關係書類(昭和十五年, 益山文廟)	1940	익산문묘	
238	[경학원 대제학 명륜전문학원총재 박상준 발령통지서]	[경학원 대제학 명륜전문학원총재 박상준 발령통지서]	1940.11.14	경학원, 명륜전문학원	조선통독부	諸關係書類(昭和十五年, 益山文廟)	1940	익산문묘	

연번	문서					문서철			비고
	제목(원문)	제목(한글)	생산시기	생산자	수신자	문서철명	생산연도	생산처	
239	道儒道聯合會總會開催ノ件	도유도연합회 총회 개최의 건	1941.02.12	익산군 유도회장	각 문묘직원	諸關係書類 (昭和十六年, 益山文廟)	1941	익산문묘	배계
240	[전라북도유도연합회 제2회 총회 안내장]	[전라북도유도연합회 제2회 총회 안내장]	1941.02.18	회장 李家源甫		諸關係書類 (昭和十六年, 益山文廟)	1941	익산문묘	
241	道儒道聯合會總會開催에關한件	도유도연합회 총회 개최에 관한 건	1941.02.02	익산문묘 직원 소진덕		諸關係書類 (昭和十六年, 益山文廟)	1941	익산문묘	
242	會員總數報告ニ關スル件	회원 총수 보고에 관한 건	1941.02.02	익산문묘 직원 소진덕	익산군수	諸關係書類 (昭和十六年, 益山文廟)	1941	익산문묘	기
243	道儒道聯合會總會開催ニ關スル件	도유도연합회 총회 개최에 관한 건	1941.02.02	익산문묘 직원 소진덕	익산군수	諸關係書類 (昭和十六年, 益山文廟)	1941	익산문묘	기
244	道儒道聯合會總會開催ニ關スル件	도유도연합회 총회 개최에 관한 건	1941.01.28	익산군수	각 문묘직원	諸關係書類 (昭和十六年, 益山文廟)	1941	익산문묘	
245	道儒道聯合會總會開催ニ關スル件	도유도연합회 총회 개최에 관한 건	1941.01.23	익산군 유도회장	익산문묘 직원	諸關係書類 (昭和十六年, 益山文廟)	1941	익산문묘	기, 결의문, 회원 명부, 규칙
246	掌議會開催ノ件	장의회 개최의 건	1941.03.25	익산군수	각 문묘직원	諸關係書類 (昭和十六年, 益山文廟)	1941	익산문묘	
247	昭和十六年度益山郡鄕校財産歲入出豫算別冊ノ通定メントス	1941년도 익산군 향교재산 세입출예산을 별책과 같이 정함	1941.03.28	익산군수 茂山春元	익산군 장의회	諸關係書類 (昭和十六年, 益山文廟)	1941	익산문묘	예산, 설명서
248	昭和十五年度益山郡鄕校財産歲入出豫算別紙ノ通定メントス	1940년도 익산군 향교재산 세입출 예산 별지와 같이 정함	1941.03.28	익산군수 茂山春元	익산군 장의회	諸關係書類 (昭和十六年, 益山文廟)	1941	익산문묘	예산, 설명서
249	益山郡鄕校財産土地處分ノ件	익산군 향교재산 토지처분의 건	1941.03.28	익산군수 茂山春元	익산군 장의회	諸關係書類 (昭和十六年, 益山文廟)	1941	익산문묘	이유, 토지 표시, 조서
250	昭和十四年度益山郡鄕校財産歲入出決算別冊ノ通	1939년도 익산군 향교재산 세입출 결산 별책과 같음	1941.03.28	익산군수 茂山春元	익산군 장의회	諸關係書類 (昭和十六年, 益山文廟)	1941	익산문묘	결산, 설명서
251	春季釋尊祭ニ供スベキ朝鮮酒製造ノ件	춘계 석전제에 공급할 조선주 제조의 건	1941.04.04	익산군수	익산문묘 직원	諸關係書類 (昭和十六年, 益山文廟)	1941	익산문묘	

연번	문서					문서철			비고
	제목(원문)	제목(한글)	생산시기	생산자	수신자	문서철명	생산연도	생산처	
252	道儒道聯合會總會出席者의關한要補助額調査方의件	도유도연합회 총회 출석자에 관한 수요 보조액 조사에 관한 건	1941.04.07	익산문묘 직원 소진덕	익산군수	諸關係書類 (昭和十六年, 益山文廟)	1941	익산문묘	기
253	道儒道聯合會總會ニ出席セル者ニ尋スル要補助額調査方ノ件	도유도연합회 총회 출석자에 관한 수요 보조액 조사에 관한 건	1941.03.29	익산군수	익산문묘 직원	諸關係書類 (昭和十六年, 益山文廟)	1941	익산문묘	기
254	春季釋奠祭參拜通知의件	춘계 석전제 참배 통지의 건	1941.04.09	익산문묘 직원 소진덕	금마면사무소, 금마면 경찰관주재소, 왕궁 공립 국민학교, 금마 공립 국민학교	諸關係書類 (昭和十六年, 益山文廟)	1941	익산문묘	
255	春季釋奠祭官分定報告의件	춘계 석전 제관분정 보고의 건	1941.04.10	익산문묘 직원 소진덕	익산군수	諸關係書類 (昭和十六年, 益山文廟)	1941	익산문묘	기
256	春季釋奠祭祭官諸執事任命ノ件	춘계 석전제 제관 제집사 임명의 건	1941.04.09	익산군수	익산문묘 직원	諸關係書類 (昭和十六年, 益山文廟)	1941	익산문묘	
257	前塩原學務局長送別詩募集ノ件	전 시오하라 학무국장 송별시 모집의 건	1941.04.10	익산군 유도회장	각 문묘직원	諸關係書類 (昭和十六年, 益山文廟)	1941	익산문묘	
258	文廟水害狀況報告의件	문묘 수해 상황 보고의 건	1941.08.07	익산문묘 직원 소진덕	익산군수	諸關係書類 (昭和十六年, 益山文廟)	1941	익산문묘	기
259	益山文廟修繕ニ關スル件	익산문묘 수선에 관한 건	1941.09.07	익산문묘 직원 소진덕	익산군수	諸關係書類 (昭和十六年, 益山文廟)	1941	익산문묘	기, 견적서 2개, 청부 계약서, 명세서
260	冊子「臣民の道」配付ニ關スル件	책자「신민의도」 배부에 관한 건	1941.10.03	익산군 유도회장	각 문묘직원	諸關係書類 (昭和十六年, 益山文廟)	1941	익산문묘	
261	秋季釋奠祭官分定報告의件	추계 석전 제관분정 보고의 건	1941.10.04	익산문묘 직원 소진덕	익산군수	諸關係書類 (昭和十六年, 益山文廟)	1941	익산문묘	
262	文廟秋季釋奠祭臨席者決定ノ件	문묘 추계 석전제 임석자 결정의 건	1941.10.10	익산군수	각 문묘직원	諸關係書類 (昭和十六年, 益山文廟)	1941	익산문묘	기
263	軍用機具獻納ニ關スル件	군용기구 헌납에 관한 건	1941.10.17	익산군 유도회장	소진덕	諸關係書類 (昭和十六年, 益山文廟)	1941	익산문묘	읍면별 유림수 및 할당 금액표

연번	문서					문서철			비고
	제목(원문)	제목(한글)	생산시기	생산자	수신자	문서철명	생산연도	생산처	
264	軍用機具獻納ニ關スル件	군용기구 헌납에 관한 건	1941.10.17	익산군 유도회장	각 면장	諸關係書類(昭和十六年, 益山文廟)	1941	익산문묘	기, 分脯記
265	印刷物「榮ある明日を建設せよ」配付ニ關スル件	인쇄물「영광이 있는 내일을 건설하자」배부의 건	1942.01.08	익산군 유도회장	각 문묘직원	諸關係書類(昭和十七年, 益山文廟)	1942	익산문묘	
266	儒林名簿ニ關スル件	유림명부에 관한 건	1942.01.08	익산군수	각 문묘직원	諸關係書類(昭和十七年, 益山文廟)	1942	익산문묘	기, 명부 제작상의 주의
267	儒林名簿ニ關スル件	유림명부에 관한 건	1942.01.17	춘포면장	소진덕	諸關係書類(昭和十七年, 益山文廟)	1942	익산문묘	
268	儒林名簿送付ノ件	유림명부 송부의 건	1942.01.19	삼기면장	소진덕	諸關係書類(昭和十七年, 益山文廟)	1942	익산문묘	기,금마문묘 소속삼기면유림명부, 삼기면유림자제외명부,
269	掌議候補者選擧ニ關スル件	장의 후보자 선거에 관한 건	1942.01.20			諸關係書類(昭和十七年, 益山文廟)	1942	익산문묘	직원 打合會 議事項 익산군
270	益山郡掌議候補者何支願選擧會選擧錄	익산군 장의 후보자 하지원 선거회 선거록	1942.01.28			諸關係書類(昭和十七年, 益山文廟)	1942	익산문묘	직원 打合會 議事項 익산군
271	昭和十六年度益山郡鄕校財産歲入出追加更正豫算別紙ノ通定メントス	1941년도 익산군 향교재산 세입출 추가 갱정예산을 별지와 같이 정함	1942.01.20	익산군수 茂山春元	익산군 장의회	諸關係書類(昭和十七年, 益山文廟)	1942	익산문묘	추경예산, 예산설명서,
272	[益山郡鄕校財産基金]	[명륜전문학교설립 기금 기부]	1942.01.20	익산군수 茂山春元	익산군 장의회	諸關係書類(昭和十七年, 益山文廟)	1942	익산문묘	이유서
273	昭和十五年度益山郡鄕校財産歲入出決算	1940년도 익산군 향교재산 세입출 결산	1942.01.20			諸關係書類(昭和十七年, 益山文廟)	1942	익산문묘	잔액 익년도 이월
274	掌議候補者選擧報告	장의후보자 선거 보고	1942.01.28	익산문묘 직원 소진덕	익산군수	諸關係書類(昭和十七年, 益山文廟)	1942	익산문묘	기

연번	문서					문서철			비고
	제목(원문)	제목(한글)	생산시기	생산자	수신자	문서철명	생산연도	생산처	
275	掌議任命ノ件	장의 임명의 건	1942.02.07	익산군수	익산문묘 직원	諸關係書類 (昭和十七年, 益山文廟)	1942	익산문묘	익산군 장의 피임명자
276	中堅儒林講習會開催 二關スル件	중견유림 강습회 개최에 관한 건	1942.02.15	익산군수	각 읍면장, 각 문묘직원	諸關係書類 (昭和十七年, 益山文廟)	1942	익산문묘	기
277	昭和十七年度文廟費 豫算資料提出方의件	1942년도 문묘비 예산 자료 제출의 건	1942.02.20	익산문묘 직원 소진덕	익산군수	諸關係書類 (昭和十七年, 益山文廟)	1942	익산문묘	기
278	掌議會開催ノ件	장의회 개회의 건	1942.03.11	익산군수	각 문묘직원	諸關係書類 (昭和十七年, 益山文廟)	1942	익산문묘	
279	昭和十七年度益山郡 鄕校財産歲入出豫算 別冊ノ通定メントス	1942년도 익산군 향교재산 세입출예산을 별책과 같이 정함	1942.03.14	익산군수 茂山春元	익산군 장의회	諸關係書類 (昭和十七年, 益山文廟)	1942	익산문묘	예산, 예산 설명서
280	雜誌原稿二關スル件	잡지 원고에 관한 건	1942.03.25	익산문묘 직원	익산군 유도회장	諸關係書類 (昭和十七年, 益山文廟)	1942	익산문묘	홍도 유학 천명논문, 한시, 우
281	雜誌原稿二關スル件	잡지 원고에 관한 건	1942.03.19	익산군 유도회장	각 문묘직원	諸關係書類 (昭和十七年, 益山文廟)	1942	익산문묘	기
282	諸用紙請求ノ件	모든 용지 청구의 건	1942.03.27	익산문묘 직원 桂城祥永	익산군수	諸關係書類 (昭和十七年, 益山文廟)	1942	익산문묘	
283	儒學硏究生募集二關 スル件	유학연구생 모집에 관한 건	1942.06.15	익산문묘 직원 桂城祥永	익산군수	諸關係書類 (昭和十七年, 益山文廟)	1942	익산문묘	
284	儒學硏究生募集二關 スル件	유학연구생 모집에 관한 건	1942.06.02	익산군수	각 문묘직원	諸關係書類 (昭和十七年, 益山文廟)	1942	익산문묘	연구생 모집 요강, 이력서, 서약서
285	徵兵制施行卜儒林層 ノ啓導二關スル件	징병제 시행과 유림층의 계도에 관한 건	1942.06.15	익산문묘 직원 桂城祥永	익산군 유도회장	諸關係書類 (昭和十七年, 益山文廟)	1942	익산문묘	
286	徵兵制施行卜儒林層 ノ啓導二關スル件	징병제 시행과 유림층의 계도에 관한 건	1942.06.13	익산군 유도회장	각 문묘직원, 각 장의	諸關係書類 (昭和十七年, 益山文廟)	1942	익산문묘	
287	徵兵制施行卜儒林層 ノ啓導二關スル件	징병제 시행과 유림층의 계도에 관한 건	1942.06.03	익산군 유도회장	각 문묘직원, 각 장의	諸關係書類 (昭和十七年, 益山文廟)	1942	익산문묘	

연번	문서					문서철			비고
	제목(원문)	제목(한글)	생산시기	생산자	수신자	문서철명	생산연도	생산처	
288	篤行者表彰二關スル件	독행자 표창에 관한 건	1942.06.21	익산문묘 직원 桂城祥永	오산면장, 춘포면장	諸關係書類 (昭和十七年, 益山文廟)	1942	익산문묘	독생자 열녀 사적 조사, 통문 2개 (오산, 춘포), 효행 사실 보고서
289	篤行者表彰二關スル件	독행자 표창에 관한 건	1942.06.15	익산군 유도회장	각 읍면장, 각 직원 및 장의	諸關係書類 (昭和十七年, 益山文廟)	1942	익산문묘	독행자 사적 조사
290	前總督政務總監兩閣下惜別記念 漢詩 募集ノ件	전 총독 정무총감 양각하 석별기념 한시 모집의 건	1942.06.29	익산문묘 직원 桂城祥永	익산군 유도회장	諸關係書類 (昭和十七年, 益山文廟)	1942	익산문묘	
291	前總督政務總監兩閣下惜別記念 漢詩 募集ノ件	전 총독 정무총감 양각하 석별기념 한시 모집의 건	1942.06.19	익산군 유도회장	각 면장, 각 문묘직원, 각 장의	諸關係書類 (昭和十七年, 益山文廟)	1942	익산문묘	
292	地方巡廻講演會開催二關スル件	지방순회강연회 개최의 건	1942.07.10	익산문묘 직원 桂城祥永	이리읍장, 금마 삼안 팔봉 삼기 북일 오산 춘포 명장	諸關係書類 (昭和十七年, 益山文廟)	1942	익산문묘	기
293	地方巡廻講演會開催二關スル件	지방순회강연회 개최의 건	1942.07.09	익산군 유도회장	각 면장, 각 문묘직원, 각 장의	諸關係書類 (昭和十七年, 益山文廟)	1942	익산문묘	기
294	建國詔書及橿原神宮繪入軸物頒布二關スル件	건국 조서 및 가시하라신궁 회입축물 반포에 관한 건	1942.07.13	익산군 유도회장	각 문묘직원	諸關係書類 (昭和十七年, 益山文廟)	1942	익산문묘	
295	國語普及方策二關スル件	국어보급 방책에 관한 건	1942.07.18	익산군 유도회장	각 직원, 각 장의	諸關係書類 (昭和十七年, 益山文廟)	1942	익산문묘	
296	扶餘神宮御造營勤勞奉仕二關スル件	부여신궁 어조영 근로봉사에 관한 건	1942.08.05	익산군 유도회장	각 직원, 각 장의	諸關係書類 (昭和十七年, 益山文廟)	1942	익산문묘	기
297	文廟瓦葺及石壇修繕ヲ要スル件	문묘 지붕과 석단 수선에 관한 건	1942.08.10	익산문묘 직원 桂城祥永	익산군수	諸關係書類 (昭和十七年, 益山文廟)	1942	익산문묘	기
298	篤行者表彰二關スル件	독행자 표창에 관한 건	1942.10.15	익산군 유도회장	익산문묘 직원	諸關係書類 (昭和十七年, 益山文廟)	1942	익산문묘	
299	國語ノ普及二關スル件	국어의 보급에 관한 건	1942.07.13	익산군수 영왕 경찰서장	국어 보급 강습회, 계획의(3) 주최자	諸關係書類 (昭和十七年, 益山文廟)	1942	익산문묘	

연번	문서					문서철			비고
	제목(원문)	제목(한글)	생산시기	생산자	수신자	문서철명	생산연도	생산처	
300	國語ノ普及ニ關スル件	국어의 보급에 관한 건	1942.06.13	익산군수	익산문묘직원	諸關係書類(昭和十七年, 益山文廟)	1942	익산문묘	기
301	國語ノ普及ニ關スル件	국어의 보급에 관한 건	1942.06.13	익산문묘직원 桂城祥永	익산군수	諸關係書類(昭和十七年, 益山文廟)	1942	익산문묘	국어 보급 강습회 대장, 국어 보급에 대한 강습생 명부
302	國語ノ普及ニ關スル件	국어의 보급에 관한 건	1942.06.08	익산군수	각 읍면장, 각 공사립 초등학교장, 익산문묘 명륜당	諸關係書類(昭和十七年, 益山文廟)	1942	익산문묘	
303	國語ノ普及ニ關スル件	국어의 보급에 관한 건	1942.06.03	익산군수, 이리 경찰서장	각 읍면장, 각 면 경찰관주재소 수석, 전국민학교장(제학교조합립), 두 사립학교장, 별자 각 단체 대표자	諸關係書類(昭和十七年, 益山文廟)	1942	익산문묘	기, 익산군 국어 보급 및 강습회 확충 계획서
304	冊子「三大神韵謹解」配付ノ件	책자「3대신운근해」배부의 건	1942.11.05	익산군 유도회장	부회장, 각 문묘직원	諸關係書類(昭和十七年, 益山文廟)	1942	익산문묘	기
305	[大同文廟로부터 우편물]	[대동문묘로부터 우편물]	1942.12.18	부산 수정정 대동문묘	익산군 문묘직원	諸關係書類(昭和十七年, 益山文廟)	1942	익산문묘	
306	[통문]	[통문]	1942.12.16			諸關係書類(昭和十七年, 益山文廟)	1942	익산문묘	발기인 현직원 이주호 외
307	有司任免決議	유사 임면 결의	1942.10.02	익산문묘직원 桂城祥永 외		諸關係書類(昭和十七年, 益山文廟)	1942	익산문묘	기
308	[海雲亭 시현판 한시모음 알림]	[해운정 시현판 한시모음 알림]	1943.01.20	광양군 진월면장 安子尙善	익산문묘직원	諸關係書類(昭和十八年, 益山文廟)	1943	익산문묘	해운정 시모집 광고, 기, 해운정 경개

연번	문서					문서철			비고
	제목(원문)	제목(한글)	생산시기	생산자	수신자	문서철명	생산연도	생산처	
309	昭和十七年度郡鄕校財産歲出豫算中文廟費處理ニ關スル件	1942년도 군 향교재산 세출 예산 중 문묘비 처리에 관한 건	1943.03.01	익산문묘 직원 桂城祥永	익산군수	諸關係書類 (昭和十八年, 益山文廟)	1943	익산문묘	
310	昭和十八年度郡鄕校財産歲入出豫算編成資料ニ關スル件	1943년도 군 향교재산 세입출 예산 편성 자료에 관한 건	1943.03.01	익산문묘 직원 桂城祥永	익산군수	諸關係書類 (昭和十八年, 益山文廟)	1943	익산문묘	기
311	掌議會開催ノ件	장의회 개최의 건	1943.03.21	익산군수	각 문묘직원	諸關係書類 (昭和十八年, 益山文廟)	1943	익산문묘	
312	昭和十八年度益山郡鄕校財産歲入歲出豫算別冊ノ通定メ ント ス	1943년도 익산군 향교재산 세입세출예산을 별책과 같이 정함	1943.03.27	익산군수 茂山春元	익산군 장의회	諸關係書類 (昭和十八年, 益山文廟)	1943	익산문묘	세입세출예산, 예산설명서
313	益山郡鄕校財産土地處分ノ件	익산군 향교재산 토지 처분의 건	1943.03.27	익산군수 茂山春元	익산군 장의회	諸關係書類 (昭和十八年, 益山文廟)	1943	익산문묘	이유
314	昭和十六年度益山郡鄕校財産歲入歲出決算別冊ノ通	1941년도 익산군 향교재산 세입세출결산은 별책과 같음	1943.03.27	익산군수 茂山春元	익산군 장의회	諸關係書類 (昭和十八年, 益山文廟)	1943	익산문묘	세입세출결산, 향교재산결산설명서, 유도회예산, 유도회예산설명서
315	國語普及講習會ニ關スル件	국어보급 강습회에 관한 건	1943.03.21	익산문묘 직원 桂城祥永	익산군 유도회장	諸關係書類 (昭和十八年, 益山文廟)	1943	익산문묘	기
316	國語普及講習會ニ關スル件	국어보급 강습회에 관한 건	1943.03.16	익산군 유도회장	각 문묘직원	諸關係書類 (昭和十八年, 益山文廟)	1943	익산문묘	기
317	善行者各處通文發送決議	선행자 각처 통문 발송 결의	1943.04.14			諸關係書類 (昭和十八年, 益山文廟)	1943	익산문묘	기, 통문 2건, 동민보고서, 경통, 보고서 2건
318	五岡院移建答通發送決議	오강원 이전건립답통 발송 결의	1943.05.18	직원 소상영 외		諸關係書類 (昭和十八年, 益山文廟)	1943	익산문묘	답통

연번	문서					문서철			비고
	제목(원문)	제목(한글)	생산시기	생산자	수신자	문서철명	생산연도	생산처	
319	鄕校事務打合에關한件	향교사무 타합에 관한 건	1943.05.12	익산문묘 직원 桂城祥永	장의, 유사	諸關係書類 (昭和十八年, 益山文廟)	1943	익산문묘	기, 경통
320	有司任免決議	유사 임면 결의	1943.05.18	익산문묘 직원 桂城祥永 외		諸關係書類 (昭和十八年, 益山文廟)	1943	익산문묘	기
321	免任願書	면임원서	1943.04.15	익산문묘 유사 박병도	익산문묘	諸關係書類 (昭和十八年, 益山文廟)	1943	익산문묘	
322	儒道大會ニ於ケル懇談事項	유도대회에서 간담 사항	1943.06.15	전라북도 유도 연합회		諸關係書類 (昭和十八年, 益山文廟)	1943	익산문묘	선언문, 유도대회식순, 전라북도 유도 연합회 규칙 및 역원 명부
323	儒林大會開催ノ件	유림대회 개최의 건	1943.06.11	익산군수		諸關係書類 (昭和十八年, 益山文廟)	1943	익산문묘	통지서
324	儒林大會開催ノ件	유림대회 개최의 건	1943.06.05	익산군 유도회장		諸關係書類 (昭和十八年, 益山文廟)	1943	익산문묘	기, 통지서
325	儒林大會開催ノ件	유림대회 개최의 건	1943.05.12	익산군 유도회장	부회장, 각 문묘직원, 각 문묘장의	諸關係書類 (昭和十八年, 益山文廟)	1943	익산문묘	전도 유림 대회 개최 사항, 통지서, 수취서
326	文廟祭器獻納品送付ニ關スル件	문묘제기 헌납품 송부에 관한 건	1943.07.05	익산문묘 직원 桂城祥永	익산군수	諸關係書類 (昭和十八年, 益山文廟)	1943	익산문묘	익산 문묘 제기조
327	益山文廟祭器調査ノ件	익산문묘 제기조사의 건	1943.06.26	익산문묘 직원	익산군수	諸關係書類 (昭和十八年, 益山文廟)	1943	익산문묘	
328	山本元帥追悼詩募集ノ件	야마모토 원수 추도시 모집의 건	1943.07.08	익산문묘 직원 桂城祥永	익산군 유도회장	諸關係書類 (昭和十八年, 益山文廟)	1943	익산문묘	悼山本元帥
329	山本元帥追悼詩募集ノ件	야마모토 원수 추도시 모집의 건	1943.06.30	익산군 유도회장	각 문묘 직원 장의	諸關係書類 (昭和十八年, 益山文廟)	1943	익산문묘	기, 수취서

연번	문서					문서철			비고
	제목(원문)	제목(한글)	생산시기	생산자	수신자	문서철명	생산연도	생산처	
330	儒林ノ金屬類獻納ニ關スル件	유림의 금속류 헌납에 관한 건	1943.08.11	익산문묘 직원 桂城祥永	익산군수	諸關係書類 (昭和十八年, 益山文廟)	1943	익산문묘	좌기, 금속류 헌납자 조서 (금마, 왕궁, 춘포, 삼기, 이리읍, 북일면, 오산면)
331	金屬類(鍮器를 含함)回收獻納에關한件	금속류(유기를 포함함)회수 헌납에 관한 건	1943.07.17	익산문묘 직원 桂城祥永	각 장의	諸關係書類 (昭和十八年, 益山文廟)	1943	익산문묘	
332	金屬類(鍮器를 含함)回收獻納에關한件	금속류(유기를 포함함)회수 헌납에 관한 건	1943.07.03	익산문묘 직원 桂城祥永	각 유림	諸關係書類 (昭和十八年, 益山文廟)	1943	익산문묘	재고
333	文廟祭器獻納及儒林 家鍮器收集獻納에關한件	문묘제기 헌납 및 유림가 유기수집 헌납에 관한 건	1943.07.01	익산문묘 직원 桂城祥永	각 장의	諸關係書類 (昭和十八年, 益山文廟)	1943	익산문묘	
334	直員打合會開催ニ關スル件	직원 회의 개최에 관한 건	1943.06.28	익산군수	익산문묘 직원 桂城祥永	諸關係書類 (昭和十八年, 益山文廟)	1943	익산문묘	송장
335	誓願文奉讀休止ニ關スル件	서원문 봉독 휴지에 관한 건	1943.10.06	경학원 대제학	각 지방 문묘직원	諸關係書類 (昭和十八年, 益山文廟)	1943	익산문묘	
336	直員掌議會開催方通知의件	직원 장의회 개최 통지의 건	1943.11.15	익산문묘 직원 桂城祥永	각 장의	諸關係書類 (昭和十八年, 益山文廟)	1943	익산문묘	
337	專門大學學生臨時陸 軍特別志願兵該當者 志願狀況報告ノ件	전문대학 학생 임시 육군 특별 지원병 해당자 지원 상황 보고의 건	1943.11.18	익산문묘 직원 桂城祥永	익산군수	諸關係書類 (昭和十八年, 益山文廟)	1943	익산문묘	임시 육군 특별 지원병 해당자 지원 상황표
338	昭和十九年度益山郡 鄕校財産蔵入出豫算 別冊ノ通定メントス	1944년도 익산군 향교재산 세입출예산을 별책과 같이 정함	1944.03.29	익산군수 茂山春元	익산군 장의회	昭和十九年諸關 係書類	1944	익산문묘	세입출 예산
339	益山郡鄕校財産土地 處分ノ件	익산군 향교재산 토지 처분의 건	1944.03.29	익산군수 茂山春元	익산군 장의회	昭和十九年諸關 係書類	1944	익산문묘	이유
340	昭和十八年度益山郡 鄕校財産蔵入出追加	1943년도 익산군 향교재산 세입출 추가	1944.03.29	익산군수 茂山春元	익산군 장의회	昭和十九年諸關 係書類	1944	익산문묘	추가 경정 예산, 결산서

연번	문서					문서철			비고
	제목(원문)	제목(한글)	생산시기	생산자	수신자	문서철명	생산연도	생산처	
341	釋奠祭祭官分定後에 有司任免決議	석전제 제관분정 후에 유사 임면 결의	1944.03.31	익산문묘직원 石山創寓 외		昭和十九年諸關係書類	1944	익산문묘	기
342	[高山鄕校敬通 - 通文]	[고산향교 경통-통문]	1943.09.00	고산 향교직원 고경식 외		昭和十九年諸關係書類	1944	익산문묘	
343	徵兵檢査參觀의關한 件	징병검사 참관에 관한 건	1944.05.08	익산문묘직원 石山仁元	각 장의	昭和十九年諸關係書類	1944	익산문묘	
344	徵兵檢査參觀ニ關スル件	징병검사 참관에 관한 건	1944.05.06	익산군 유도회장	각 문묘직원, 각 장의	昭和十九年諸關係書類	1944	익산문묘	기, 승차구 일람 조서
345	徵兵檢査參觀ニ關スル件	징병검사 참관에 관한 건	1944.05.08	익산군 유도회장	각 직원, 각 장의	昭和十九年諸關係書類	1944	익산문묘	
346	烈行實蹟報告書	열행실적보고서	1944.04.00	보고인 이재후 외	익산향교	昭和十九年諸關係書類	1944	익산문묘	
347	儒林指導者鍊成實施 ニ關スル件	유림지도자 연성 실시에 관한 건	1944.09.01	익산군 유도회장		昭和十九年諸關係書類	1944	익산문묘	기
348	祭官分定及作脯에關 한件	제관분정 및 작포에 관한 건	1942.03.27	익산문묘직원 桂城祥永	익산문묘 장의 蘇錫喆 외, 유사 박병도	享祀關係書類 (昭和十七年, 益山文廟)	1942	익산문묘	곡자반 출전표
349	[석전제 사용 祭酒 證明書]	[석전제 사용 제주 증명서]	1942.03.31	익산군수 茂山春元	이리 세무서장	享祀關係書類 (昭和十七年, 益山文廟)	1942	익산문묘	출석 인원, 제관 선정
350	益山文廟昭和十七年 春季釋奠祭官選定決 議	익산문묘 1942년 춘계 석전제관 선정 결의	1942.04.03			享祀關係書類 (昭和十七年, 益山文廟)	1942	익산문묘	
351	春季文廟釋奠祭祭官 及諸執事內申ノ件	춘계 문묘 석전제 제관 및 제 집사 내신의 건	1942.04.04	익산문묘직원 桂城祥永	익산군수	享祀關係書類 (昭和十七年, 益山文廟)	1942	익산문묘	기, 청구서
352	請求書	청구서[익산문묘 춘계석전제 향사비]	1942.04.06	桂城壽永	익산군수	享祀關係書類 (昭和十七年, 益山文廟)	1942	익산문묘	
353	春季文廟釋奠祭擧行 의件	춘계 문묘 석전제 거행의 건	1942.04.08	익산문묘직원 桂城祥永	석전제 각 제관	享祀關係書類 (昭和十七年, 益山文廟)	1942	익산문묘	
354	文廟春季釋奠祭臨席 者決定ノ件	문묘 춘계 석전제 임석자 결정의 건	1942.04.08	익산군수	익산 군수	享祀關係書類 (昭和十七年, 益山文廟)	1942	익산문묘	기
355	釋奠祭及鄕約總會開 催屆	석전제 및 향약총회 개최 안내	1942.04.11	익산문묘직원 桂城祥永	이리 경찰서장	享祀關係書類 (昭和十七年, 益山文廟)	1942	익산문묘	

연번	문서					문서철			비고
	제목(원문)	제목(한글)	생산시기	생산자	수신자	문서철명	생산연도	생산처	
356	春季文廟釋奠祭參拜通知ノ件	춘계 문묘 석전제 참배 통지의 건	1942.04.11	익산문묘 직원 桂城祥永	금마 면사무소, 금마 사립국민학교, 금마면 경찰관 주재소, 금마우편국, 금마수리조합	享祀關係書類 (昭和十七年, 益山文廟)	1942	익산문묘	
357	精鹽配給ノ件	정염 배급의 건	1942.04.13	익산문묘 직원 桂城祥永	금마면장	享祀關係書類 (昭和十七年, 益山文廟)	1942	익산문묘	
358	昭和十七年春季釋奠祭祭物單子	1942년 춘계 석전제 제물 단자	1942.04.15			享祀關係書類 (昭和十七年, 益山文廟)	1942	익산문묘	춘계 익산 석전제 제물 분급 처분기
359	昭和十七年春季益山文廟釋奠祭祭物分給處分記	1942년 춘계 익산문묘 석전제 제물분급 처분기	1942.04.15			享祀關係書類 (昭和十七年, 益山文廟)	1942	익산문묘	
360	白米配給二關スル件	백미 배급에 관한 건	1942.09.22	익산문묘 직원 桂城祥永	익산 군수	享祀關係書類 (昭和十七年, 益山文廟)	1942	익산문묘	기
361	秋季文廟釋奠祭官及諸執事選定二關スル件	추계 문묘 석전제 제관 및 제 집사 선정에 관한 건	1942.09.25	익산문묘 직원 桂城祥永	익산문묘 장의 외	享祀關係書類 (昭和十七年, 益山文廟)	1942	익산문묘	
362	秋季文廟釋奠祭獻官及諸執事選定決議	추계 문묘 석전제 헌관 및 제 집사 선정 결의	1942.10.03	익산문묘 직원 桂城祥永	익산 군수	享祀關係書類 (昭和十七年, 益山文廟)	1942	익산문묘	
363	秋季文廟釋奠祭擧行ノ件	추계 문묘 석전제 거행의 건	1942.10.08	익산문묘 직원 桂城祥永	文廟釋奠祭 獻官 및 諸執事	享祀關係書類 (昭和十七年, 益山文廟)	1942	익산문묘	기
364	秋季文廟釋奠祭參拜通知ノ件	추계 문묘 석전제 참배 통지의 건	1942.10.08	익산문묘 직원 桂城祥永	금마 면사무소, 사립 국민학교, 면 경찰관 주재소, 우편국, 수리조합	享祀關係書類 (昭和十七年, 益山文廟)	1942	익산문묘	
365	釋奠祭及鄕約總會開屆	석전제 및 향약총회 개최 신고	1942.10.08	익산문묘 직원	이리 경찰서장	享祀關係書類 (昭和十七年, 益山文廟)	1942	익산문묘	
366	秋季文廟釋奠祭擧行及鄕約總會開催ノ件	추계 문묘 석전제 거행 및 향약 총회 개최의 건	1942.10.08	익산문묘 직원 桂城祥永	익산군 유도회 부회장	享祀關係書類 (昭和十七年, 益山文廟)	1942	익산문묘	청구서

연번	문서					문서철			비고
	제목(원문)	제목(한글)	생산시기	생산자	수신자	문서철명	생산연도	생산처	
367	秋季文廟尊祭及其他諸行事執行ノ件	추계 문묘 석전제 및 기타 모든 행사 집행의 건	1942.10.10	익산 군수	익산 군수	享祀關係書類 (昭和十七年, 益山文廟)	1942	익산문묘	기
368	昭和十七年秋季釋尊祭祭物單子	1942년 추계 석전제 제물 단자	1942.10.15			享祀關係書類 (昭和十七年, 益山文廟)	1942	익산문묘	1942년 추계 익산 문묘 석전제 제물 처분기
369	昭和十七年秋季益山文廟釋奠祭祭物分給處分記	1942년 춘계 익산문묘 석전제 제물분급 처분기	1942.10.15			享祀關係書類 (昭和十七年, 益山文廟)	1942	익산문묘	
370	文廟春季釋尊祭用白米及白鹽配給ニ關スル件	문묘 춘계석전제용 백미 및 백염 배급에 관한 건	1943.03.07	익산문묘 직원 桂城祥永	금마 면장	享祀關係書類 (昭和十八年, 益山文廟)	1943	익산문묘	기
371	文廟春季釋尊祭用白米及白鹽配給ニ關スル件	문묘 춘계석전제용 백미 및 백염 배급에 관한 건	1943.03.05	금마 면장	문묘직원	昭和十八年享祀關係書類	1943	익산문묘	기
372	文廟春季釋尊祭用白米及白鹽配給ニ關スル件	문묘 춘계석전제용 백미 및 백염 배급에 관한 건	1943.02.24	익산문묘 직원 桂城祥永	익산군수	昭和十八年享祀關係書類	1943	익산문묘	기
373	春季文廟釋尊祭獻官及諸執事選定ニ關スル件	춘계 문묘 석전제 헌관 및 제 집사 선정에 관한 건	1943.03.22	익산문묘 직원 桂城祥永	익산 문묘 장의, 유사	昭和十八年享祀關係書類	1943	익산문묘	선정 결의
374	春季文廟釋尊祭獻官及諸執事任命內申	춘계 문묘 석전제 헌관 및 제 집사 임명 내신	1943.03.31	익산문묘 직원 桂城祥永	익산군수	昭和十八年享祀關係書類	1943	익산문묘	영수증, 1943년 도 문묘 주용 곡자 매입증 하부 신청서, 곡자 반출 전표
375	春季文廟釋尊祭祭官講習ニ關スル件	춘계 문묘 석전제 제관 강습에 관한 건	1943.04.07	익산문묘 직원 桂城祥永	익산군수	昭和十八年享祀關係書類	1943	익산문묘	
376	春季文廟釋尊祭擧行及鄕約總會開催屆	춘계 문묘 석전제 거행 및 향약 총회 개최 신고	1943.04.08	익산문묘 직원 桂城祥永	이리 경찰서장	昭和十八年享祀關係書類	1943	익산문묘	
377	春季文廟尊祭參拜通知ノ件	춘계 문묘 석전제 참배 통지의 건	1943.04.08	익산문묘 직원	금마 외	昭和十八年享祀關係書類	1943	익산문묘	
378	春季文廟尊祭擧行의件	춘계 문묘 석전제 거행의 건	1943.04.08	익산문묘 직원 桂城祥永	文廟釋尊祭獻官 및 諸執事	昭和十八年享祀關係書類	1943	익산문묘	기, 영수증, 청구서

| 연번 | 문서 | | | | | 문서철 | | | 비고 |
	제목(원문)	제목(한글)	생산시기	생산자	수신자	문서철명	생산연도	생산처	
379	春季文廟釋奠祭及其他諸行事執行ノ件	춘계 문묘 석전제 및 기타 모든 행사 집행의 건	1943.04.08	익산군수	각 문묘직원	昭和十八年享祀關係書類	1943	익산문묘	기, 기
380	昭和十八年春季釋奠祭祭物單子	1943년 춘계 석전제 제물 단자	1943.04.15			昭和十八年享祀關係書類	1943	익산문묘	1943년 춘계 익산 문묘 석전제 제물 처분기
381	文廟釋奠祭參拜人數ノ件	문묘 석전제 참배인 수의 건	1943.04.17	전라북도 익산문묘 직원 桂城祥永	경학원	昭和十八年享祀關係書類	1943	익산문묘	기
382	秋季文廟釋奠祭獻官及諸執事選定ニ關スル件	추계 문묘 석전제 헌관 및 제 집사 선정에 관한 건	1943.09.22	익산문묘 직원 桂城祥永	익산문묘 장의, 유사	昭和十八年享祀關係書類	1943	익산문묘	결의
383	秋季文廟釋奠祭獻官及諸執事任命內申	추계 문묘 석전제 헌관 및 제 집사 임명 내신	1943.09.29	익산문묘 직원 桂城祥永	익산 군수	昭和十八年享祀關係書類	1943	익산문묘	청구서, 검수제, 영수증, 곡자 반출 전표, 1943년도 문묘 주용 곡자 매입증 하부 신청서
384	秋季文廟釋奠祭擧行의件	추계 문묘 석전제 거행의 건	1943.10.07	익산문묘 직원 桂城祥永	文廟釋奠祭獻官 및 諸執事	昭和十八年享祀關係書類	1943	익산문묘	기
385	秋季文廟釋奠祭參拜通知ノ件	추계 문묘 석전제 참배 통지의 건	1943.10.07	익산문묘 직원	금마 외	昭和十八年享祀關係書類	1943	익산문묘	
386	秋季釋奠祭祭官講習會開催ノ件	추계 석전제 제관 강습회 개최의 건	1943.10.07	익산문묘 직원 桂城祥永	익산 군수	昭和十八年享祀關係書類	1943	익산문묘	
387	秋季文廟釋奠祭及其他諸行事執行ノ件	추계 문묘 석전제 및 기타 모든 행사 집행의 건	1943.10.09	익산군수	각 문묘 직원	昭和十八年享祀關係書類	1943	익산문묘	기, 1943년 추계 석전제 제물 목록, 제물 처분기

| 연번 | 문서 | | | | | 문서철 | | | 비고 |
	제목(원문)	제목(한글)	생산시기	생산자	수신자	문서철명	생산연도	생산처	
388	文廟釋奠祭參拜人數ノ件	문묘 석전제 참배인수의 건	1943.10.18	전라북도 익산문묘 직원 桂城祥永	경학원	昭和十八年享祀關係書類	1943	익산문묘	기
389	文廟享祀用豚肉代請求ノ件	문묘 향사용 돈육대 청구의 건	1943.10.23	익산문묘 직원 桂城祥永	익산 군수	昭和十八年享祀關係書類	1943	익산문묘	
390	文廟春季釋奠祭用白米及白鹽配給ニ關スル件	문묘 춘계석전제용 백미 및 백염 배급에 관한 건	1944.03.27	익산문묘 직원 石山創寅	익산 군수	享祀關係書類(昭和十九年, 益山文廟)	1944	익산문묘	기
391	益山文廟春季釋奠祭獻官及諸執事選定ニ關スル件	익산 문묘 석전제 헌관 및 제 집사 선정에 관한 건	1944.03.26	익산문묘 직원 石山仁元	익산문묘 장의 및 유사	享祀關係書類(昭和十九年, 益山文廟)	1944	익산문묘	결의,
392	春季文廟釋奠祭獻官及諸執事任命內申	춘계 문묘 석전제 헌관 및 제 집사 임명 내신	1944.03.31	익산문묘 직원 石山創寅	익산 군수	享祀關係書類(昭和十九年, 益山文廟)	1944	익산문묘	
393	昭和拾九年度文廟酒用麴子購入證下附申請書	1944년도 문묘주용 누룩 구입증 하부 신청서	1944.03.27	익산문묘 직원 石山創寅	이리 세무서장	享祀關係書類(昭和十九年, 益山文廟)	1944	익산문묘	누룩반 출전표
394	春季釋奠祭祭官講習ニ關スル件	춘계 석전제 제관 강습에 관한 건	1944.04.04	익산문묘 직원 石山創寅	익산 군수	享祀關係書類(昭和十九年, 益山文廟)	1944	익산문묘	
395	春季文廟釋奠祭擧行及鄕約總會開催届	춘계 문묘 석전제 거행 및 향약 총회 개최	1944.04.08	익산문묘 직원 石山創寅	이리 경찰서장	享祀關係書類(昭和十九年, 益山文廟)	1944	익산문묘	
396	春季文廟釋奠祭參拜通知ノ件	춘계 문묘 석전제 참배 통지의 건	1944.04.06	익산문묘 직원 石山創寅	팔봉면사무소	享祀關係書類(昭和十九年, 益山文廟)	1944	익산문묘	
397	春季文廟釋奠祭參拜通知ノ件	춘계 문묘 석전제 참배 통지의 건	1944.04.06	익산문묘 직원 石山創寅	왕궁면사무소	享祀關係書類(昭和十九年, 益山文廟)	1944	익산문묘	
398	春季文廟釋奠祭參拜通知ノ件	춘계 문묘 석전제 참배 통지의 건	1944.04.00	익산문묘 직원 石山創寅	금마면 경찰관 주재소	享祀關係書類(昭和十九年, 益山文廟)	1944	익산문묘	
399	春季文廟釋奠祭參拜通知ノ件	춘계 문묘 석전제 참배 통지의 건	1944.04.00	익산문묘 직원 石山創寅	금마공립 국민학교	享祀關係書類(昭和十九年, 益山文廟)	1944	익산문묘	
400	春季文廟釋奠祭參拜通知ノ件	춘계 문묘 석전제 참배 통지의 건	1944.04.10	익산문묘 직원 石山創寅	금마면사무소	享祀關係書類(昭和十九年, 益山文廟)	1944	익산문묘	
401	春季文廟釋奠祭參拜通知ノ件	춘계 문묘 석전제 참배 통지의 건	1944.04.06	익산문묘 직원 石山仁元	왕궁면사무소	享祀關係書類(昭和十九年, 益山文廟)	1944	익산문묘	
402	春季文廟釋奠祭參拜通知ノ件	춘계 문묘 석전제 참배 통지의 건	1944.04.06	익산문묘 직원 石山創寅	금마 수리조합	享祀關係書類(昭和十九年, 益山文廟)	1944	익산문묘	

| 연번 | 문서 | | | | | 문서철 | | | 비고 |
	제목(원문)	제목(한글)	생산시기	생산자	수신자	문서철명	생산연도	생산처	
403	春季文廟釋奠祭參拜通知ノ件	춘계 문묘 석전제 참배 통지의 건	1944.04.06	익산문묘 직원 石山創寅	춘포면사무소	享祀關係書類(昭和十九年, 益山文廟)	1944	익산문묘	
404	春季文廟釋奠祭擧行의件	춘계 문묘 석전제 거행의 건	1944.04.08	익산문묘 직원 石山仁元	文廟釋奠祭獻官 및 諸執事	享祀關係書類(昭和十九年, 益山文廟)	1944	익산문묘	기, 청구서
405	春季文廟釋奠祭及其他諸行事執行ノ件	춘계 문묘 석전제 및 기타 모든 행사 집행의 건	1944.04.13	익산군수	각 문묘 직원	享祀關係書類(昭和十九年, 益山文廟)	1944	익산문묘	기
406	[昭和十九年秋季釋奠祭祭物單子]	[1944년 추계 석전제 제물 단자]	1944.04.15			享祀關係書類(昭和十九年, 益山文廟)	1944	익산문묘	
407	[昭和十九年春季益山文廟釋奠祭祭物處分記]	[1944년 춘계 익산문묘 석전제 제물 처분 기]	1944.04.15			享祀關係書類(昭和十九年, 益山文廟)	1944	익산문묘	기
408	文廟釋奠祭參拜人數ノ件	문묘 석전제 참배인 수의 건	1944.04.16	전라북도 익산문묘 직원 石山創寅	경학원	享祀關係書類(昭和十九年, 益山文廟)	1944	익산문묘	기
409	徵兵檢查參觀의關한件	징병검사 참관에 관한 건	1944.05.08	익산문묘 직원 石山仁元	각 장의	享祀關係書類(昭和十九年, 益山文廟)	1944	익산문묘	
410	文廟秋季釋奠祭用白米及白鹽配給ニ關スル件	문묘 추계석전제용 백미 및 백염 배급에 관한 건	1944.09.00	익산문묘 직원 石山創寅	익산 군수	享祀關係書類(昭和十九年, 益山文廟)	1944	익산문묘	기
411	昭和拾九年度文廟酒用麯子購入證下附申請書	1944년도 문묘주용 누룩 구입증 하부 신청서	1944.09.00	익산문묘 직원 石山創寅	이리 세무서장	享祀關係書類(昭和十九年, 益山文廟)	1944	익산문묘	누룩반출전표
412	秋季文廟釋奠祭獻官及諸執事選定決議	추계 문묘 석전제 헌관 및 제 집사 선정 결의	1944.10.03			享祀關係書類(昭和十九年, 益山文廟)	1944	익산문묘	
413	春季文廟釋奠祭獻官及諸執事任命內申	춘계 문묘 석전제 헌관 및 제 집사 임명 내신	1944.10.04	익산문묘 직원 石山創寅	익산 군수	享祀關係書類(昭和十九年, 益山文廟)	1944	익산문묘	
414	秋季釋奠祭官講習會開催ノ件	추계 석전제 제관 강습회 개최의 건	1944.10.04	익산문묘 직원 石山創寅	익산 군수	享祀關係書類(昭和十九年, 益山文廟)	1944	익산문묘	
415	秋季文廟釋奠祭及其他諸行事執行ノ件	추계 문묘 석전제 및 기타 모든 행사 집행의 건	1944.10.02	익산군수	각 문묘 직원	享祀關係書類(昭和十九年, 益山文廟)	1944	익산문묘	기
416	昭和拾九年秋季釋奠祭祭物單子	1944년 추계 석전제 제물 단자	1944.10.15			享祀關係書類(昭和十九年, 益山文廟)	1944	익산문묘	

연번	문서					문서철			비고
	제목(원문)	제목(한글)	생산시기	생산자	수신자	문서철명	생산연도	생산처	
417	益山郡益山文廟鄕約規則	익산군 익산문묘 향약 규칙	1935.01.00			鄕約關係書類(昭和十年以降, 益山文廟鄕約)	1935~1945	익산문묘 향약	익산군 향약 실행 세목, 예의 준칙
418	鄕約事務取扱ニ關スル件	향약 사무 취급에 관한 건	1935.02.14	익산군수	각 문묘 향약장	鄕約關係書類(昭和十年以降, 益山文廟鄕約)	1935~1945	익산문묘 향약	기, 하년도 하문묘 향약 수입 지출 예산 과 결산, 하년도 현금수 어부, 하년도 수수 납부, 집계부, 향약 가맹원
419	鄕約總會開催의件	향약 총회 개최의 건	1935.02.26	익산문묘 향약장 소진덕	각 부약장 유사 약정	鄕約關係書類(昭和十年以降, 益山文廟鄕約)	1935~1945	익산문묘 향약	기
420	鄕約總會開催의件	향약 총회 개최의 건	1935.08.25	익산문묘 향약장 소진덕	각 부약장 유사 약정	鄕約關係書類(昭和十年以降, 益山文廟鄕約)	1935~1945	익산문묘 향약	기
421	鄕約總會狀況報告方의件	향약 총회 상황 보고의 건	1935.12.19	익산문묘 향약장 소진덕	익산군수	鄕約關係書類(昭和十年以降, 益山文廟鄕約)	1935~1945	익산문묘 향약	기
422	鄕約總會開催의件	향약 총회 개최의 건	1936.02.21	익산문묘 향약장 소진덕	각 유사, 약정	鄕約關係書類(昭和十年以降, 益山文廟鄕約)	1935~1945	익산문묘 향약	기
423	鄕約第三回定期總會狀況報告方의件	향약 제3회 정기총회 상황 보고의 건	1936.02.27	익산문묘 향약장 소진덕	익산군수	鄕約關係書類(昭和十年以降, 益山文廟鄕約)	1935~1945	익산문묘 향약	기
424	鄕約總會開催에關한件	향약 총회 개최에 관한 건	1936.09.10	익산문묘 향약장 소진덕	각 유사, 약정	鄕約關係書類(昭和十年以降, 益山文廟鄕約)	1935~1945	익산문묘 향약	기
425	鄕約第四回定期總會狀況報告方의件	향약 제4회 정기총회 상황 보고의 건	1936.09.23	익산문묘 향약장 소진덕	익산군수	鄕約關係書類(昭和十年以降, 益山文廟鄕約)	1935~1945	익산문묘 향약	기
426	鄕約總會開催에關한件	향약 총회 개최에 관한 건	1937.04.11	익산문묘 향약장 소진덕	각 약장, 유사	鄕約關係書類(昭和十年以降, 益山文廟鄕約)	1935~1945	익산문묘 향약	기

연번	문서					문서철			비고
	제목(원문)	제목(한글)	생산시기	생산자	수신자	문서철명	생산연도	생산처	
427	鄕約第五回定期總會狀況報告方의件	향약 제5회 정기총회 상황 보고의 건	1937.04.20	익산문묘 향약장 소진덕	익산군수	鄕約關係書類 (昭和十年以降, 益山文廟鄕約)	1935~1945	익산문묘 향약	기
428	鄕約簿提出의件	향약부 제출의 건	1937.08.09	금마면장	익산문묘향약장 소진덕	鄕約關係書類 (昭和十年以降, 益山文廟鄕約)	1935~1945	익산문묘 향약	기
429	鄕約總會開催의件	향약 총회 개최의 건	1937.10.09	익산문묘 향약장 소진덕	각 부약장 유사 약정	鄕約關係書類 (昭和十年以降, 益山文廟鄕約)	1935~1945	익산문묘 향약	기
430	鄕約第六回定期總會狀況報告方의件	향약 제6회 정기총회 상황 보고의 건	1937.10.17	익산문묘 향약장 소진덕	익산군수	鄕約關係書類 (昭和十年以降, 益山文廟鄕約)	1935~1945	익산문묘 향약	기
431	鄕約役員被選擧通知의件	향약 역원 피선거 통지의 건	1937.10.20	익산문묘 향약장 소진덕	각 역원	鄕約關係書類 (昭和十年以降, 益山文廟鄕約)	1935~1945	익산문묘 향약	기
432	鄕約第七回定期總會開催의件	향약 제7회 정기총회 개최의 건	1938.04.10	익산문묘 향약장 소진덕	각 부약장 유사 약정 고문	鄕約關係書類 (昭和十年以降, 益山文廟鄕約)	1935~1945	익산문묘 향약	기
433	鄕約第七回定期總會狀況報告方의件	향약 제7회 정기총회 상황 보고의 건	1938.04.18	익산문묘 향약장 소진덕	익산군수	鄕約關係書類 (昭和十年以降, 益山文廟鄕約)	1935~1945	익산문묘 향약	기
434	鄕約第八回定期總會開催의件	향약 제8회 정기총회 개최의 건	1938.10.10	익산문묘 향약장 소진덕	각 부약장 유사 약정 고문	鄕約關係書類 (昭和十年以降, 益山文廟鄕約)	1935~1945	익산문묘 향약	기
435	鄕約第八回定期總會狀況報告方의件	향약 제8회 정기총회 상황 보고의 건	1938.10.18	익산문묘 향약장 소진덕	익산군수	鄕約關係書類 (昭和十年以降, 益山文廟鄕約)	1935~1945	익산문묘 향약	기
436	鄕約第九回定期總會開催의件	향약 제9회 정기총회 개최의 건	1939.04.09	익산문묘 향약장 소진덕	각 부약장 유사 약정 고문	鄕約關係書類 (昭和十年以降, 益山文廟鄕約)	1935~1945	익산문묘 향약	기
437	鄕約第九回定期總會狀況報告方의件	향약 제9회 정기총회 상황 보고의 건	1939.04.17	익산문묘 향약장 소진덕	익산군수	鄕約關係書類 (昭和十年以降, 益山文廟鄕約)	1935~1945	익산문묘 향약	기
438	鄕約第十回定期總會開催의件	향약 제10회 정기총회 개최의 건	1939.10.08	익산문묘 향약장 소진덕	각 부약장 유사 약정 고문	鄕約關係書類 (昭和十年以降, 益山文廟鄕約)	1935~1945	익산문묘 향약	기
439	鄕約第十回定期總會狀況報告方의件	향약 제10회 정기총회 상황 보고의 건	1939.10.18	익산문묘 향약장 소진덕	익산군수	鄕約關係書類 (昭和十年以降, 益山文廟鄕約)	1935~1945	익산문묘 향약	기
440	鄕約第十一回定期總會開催의件	향약 제11회 정기총회 개최의 건	1940.04.07	익산문묘 향약장 소진덕	각 부약장 유사 약정 고문	鄕約關係書類 (昭和十年以降, 益山文廟鄕約)	1935~1945	익산문묘 향약	기
441	鄕約第一一回定期總會狀況報告方의件	향약 제11회 정기총회 상황 보고의 건	1940.04.20	익산문묘 향약장 소진덕	익산군수	鄕約關係書類 (昭和十年以降, 益山文廟鄕約)	1935~1945	익산문묘 향약	기

연번	문서					문서철			비고
	제목(원문)	제목(한글)	생산시기	생산자	수신자	문서철명	생산연도	생산처	
442	鄕約台帳作製에關한件	향약대장 제작에 관한 건	1940.08.20	익산문묘 향약장 소진덕	익산군수	鄕約關係書類 (昭和十年以降, 益山文廟鄕約)	1935~1945	익산문묘 향약	기
443	鄕約台帳作製ニ關スル件	향약대장 제작에 관한 건	1940.08.15	익산군수	각 향약장	鄕約關係書類 (昭和十年以降, 益山文廟鄕約)	1935~1945	익산문묘 향약	기
444	鄕約第十二回定期總會開催의件	향약 제12회 정기총회 개최의 건	1940.10.08	익산문묘 향약장 소진덕	각 부약장 유사 약정 고문	鄕約關係書類 (昭和十年以降, 益山文廟鄕約)	1935~1945	익산문묘 향약	기
445	鄕約第一二回定期總會狀況報告方의件	향약 제12회 정기총회 상황 보고의 건	1940.10.17	익산문묘 향약장 소진덕	익산군수	鄕約關係書類 (昭和十年以降, 益山文廟鄕約)	1935~1945	익산문묘 향약	기
446	鄕約第十三回定期總會開催의件	향약 제13회 정기총회 개최의 건	1941.04.09	익산문묘 향약장 소진덕	각 부약장 약정 유사	鄕約關係書類 (昭和十年以降, 益山文廟鄕約)	1935~1945	익산문묘 향약	기
447	鄕約第十三回定期總會狀況報告方의件	향약 제13회 정기총회 상황 보고의 건	1941.04.16	익산문묘 향약장 소진덕	익산군수	鄕約關係書類 (昭和十年以降, 益山文廟鄕約)	1935~1945	익산문묘 향약	기, 제13회 향약 정기 총회
448	鄕約第十四回定期總會開催의件	향약 제14회 정기총회 개최의 건	1941.10.10	익산문묘 향약장 소진덕	각 부약장 약정 유사	鄕約關係書類 (昭和十年以降, 益山文廟鄕約)	1935~1945	익산문묘 향약	기
449	鄕約第十四回定期總會狀況報告方의件	향약 제14회 정기총회 상황 보고의 건	1941.10.20	익산문묘 향약장 소진덕	익산군수	鄕約關係書類 (昭和十年以降, 益山文廟鄕約)	1935~1945	익산문묘 향약	기
450	鄕約第十五回定期總會開催ノ件	향약 제15회 정기총회 개최의 건	1942.04.11	익산문묘 향약장 桂城祥永	부약장, 유사, 약정, 고문	鄕約關係書類 (昭和十年以降, 益山文廟鄕約)	1935~1945	익산문묘 향약	기, 익산 문묘 향약 총회 순서, 황국 신민, 서, 사
451	鄕約第十五回春期定期總會狀況報告	향약 제15회 춘기 정기총회 상황 보고	1942.04.18	익산문묘 향약장 桂城祥永	익산군수	鄕約關係書類 (昭和十年以降, 益山文廟鄕約)	1935~1945	익산문묘 향약	기
452	鄕約役員改選通知ノ件	향약역원 개선 통지의 건	1942.10.08	익산문묘 향약장 桂城祥永	익산문묘 향약역원	鄕約關係書類 (昭和十年以降, 益山文廟鄕約)	1935~1945	익산문묘 향약	기
453	鄕約第十六回秋期定期總會開催ノ件	향약 제16회 추기 정기총회 개최의 건	1942.10.08	익산문묘 향약장 桂城祥永	부약장, 유사, 약정, 고문	鄕約關係書類 (昭和十年以降, 益山文廟鄕約)	1935~1945	익산문묘 향약	기, 익산 문묘 향약 총회 순서

| 연번 | 문서 | | | | | 문서철 | | | 비고 |
	제목(원문)	제목(한글)	생산시기	생산자	수신자	문서철명	생산연도	생산처	
454	鄕約第十六回秋期定期總會狀況報告	향약 제16회 추기 정기총회 상황 보고	1942.10.19	익산문묘 향약장 桂城祥永	익산군수	鄕約關係書類 (昭和十年以降, 益山文廟鄕約)	1935~1945	익산문묘 향약	기
455	鄕約第十七回春期定期總會開催ノ件	향약 제17회 춘기 정기총회 개최의 건	1943.04.08	익산문묘 향약장 桂城祥永	부약장, 유사, 약정, 고문	鄕約關係書類 (昭和十年以降, 益山文廟鄕約)	1935~1945	익산문묘 향약	
456	鄕約第十七回春期定期總會狀況報告	향약 제15회 춘기 정기총회 상황 보고	1943.04.18	익산문묘 향약장 桂城祥永	익산군수	鄕約關係書類 (昭和十年以降, 益山文廟鄕約)	1935~1945	익산문묘 향약	기
457	鄕約第十八回秋期定期總會開催ノ件	향약 제18회 추기 정기총회 개최의 건	1943.10.07	익산문묘 향약장	부약장, 유사, 약정, 고문	鄕約關係書類 (昭和十年以降, 益山文廟鄕約)	1935~1945	익산문묘 향약	익산 문묘 향약 총회 순서
458	鄕約第十八回秋期定期總會狀況報告	향약 제18회 추기 정기총회 상황 보고	1943.10.20	익산문묘 향약장 桂城祥永	익산군수	鄕約關係書類 (昭和十年以降, 益山文廟鄕約)	1935~1945	익산문묘 향약	기
459	鄕約第十九回定期總會狀況報告方의件	향약 제19회 정기총회 상황 보고의 건	1944.10.15	익산문묘 향약장 石山創寓	익산군수	鄕約關係書類 (昭和十年以降, 益山文廟鄕約)	1935~1945	익산문묘 향약	제19회 익산 문묘 향약 총회 순서, 기
460	鄕約第十九回秋期定期總會狀況報告	향약 제19회 추기 정기총회 상황 보고	1944.10.22	익산문묘 향약장 石山創寓	익산군수	鄕約關係書類 (昭和十年以降, 益山文廟鄕約)	1935~1945	익산문묘 향약	기
461	第二十回益山文廟鄕約總會順序	제20회 익산문묘 향약총회 순서	1945.04.15			鄕約關係書類 (昭和十年以降, 益山文廟鄕約)	1935~1945	익산문묘 향약	
462	鄕約第二十回春期定期總會狀況報告	향약 제20회 추기 정기총회 상황 보고	1945.04.20	익산문묘 향약장 石山創寓	익산군수	鄕約關係書類 (昭和十年以降, 益山文廟鄕約)	1935~1945	익산문묘 향약	기
463	[直員名簿]	[직원 명부]	1900.00.00 ~1944.03.00			直員掌議名簿 附有司小使名簿	1900~1971	익산문묘	
464	[掌議名簿]	[장의 명부]	1921.00.00 ~1942.00.00			直員掌議名簿 附有司小使名簿	1900~1972	익산문묘	
465	[有司名簿]	[유사 명부]	1942.10.02 ~1943.05.18			直員掌議名簿 附有司小使名簿	1900~1973	익산문묘	
466	[小使名簿]	[소사 명부]				直員掌議名簿 附有司小使名簿	1900~1974	익산문묘	
467	[昭和十七年文書件名簿]	[1942년 문서건 명부]				昭和十七年 文書件名簿 (益山文廟)	1942~1943	익산문묘	

연번	문서					문서철			비고
	제목(원문)	제목(한글)	생산시기	생산자	수신자	문서철명	생산연도	생산처	
468	慕聖契講信記	모성계 강신기	1926.11.01			現金受拂簿 (益山文廟慕聖契 大正十五年度丙 寅以降)	1926~ 1941	익산문묘 모성계	
469	丁卯十月三十日 講信記	정묘 10월 30일 강신기	1927.10.30			現金受拂簿 (益山文廟慕聖契 大正十五年度丙 寅以降)	1926~ 1941	익산문묘 모성계	
470	己巳十月三十日講信	기사 10월 30일 강신	1929.10.30			現金受拂簿 (益山文廟慕聖契 大正十五年度丙 寅以降)	1926~ 1941	익산문묘 모성계	
471	庚午十月三十日講信 時收入記	경오 10월 30일 강신시수입기	1930.10.30			現金受拂簿 (益山文廟慕聖契 大正十五年度丙 寅以降)	1926~ 1941	익산문묘 모성계	
472	辛未十月三十日收入 記	신미 10월 30일 수입기	1931.10.30			現金受拂簿 (益山文廟慕聖契 大正十五年度丙 寅以降)	1926~ 1941	익산문묘 모성계	
473	壬申十一月十日講信 記	임신 11월 10일 강신기	1932.11.10			現金受拂簿 (益山文廟慕聖契 大正十五年度丙 寅以降)	1926~ 1941	익산문묘 모성계	
474	癸酉十月三十日講信	계유 10월 30일 강신	1933.10.30			現金受拂簿 (益山文廟慕聖契 大正十五年度丙 寅以降)	1926~ 1941	익산문묘 모성계	
475	甲戌十月三十日講信	갑술 10월 30일 강신	1934.10.30			現金受拂簿 (益山文廟慕聖契 大正十五年度丙 寅以降)	1926~ 1941	익산문묘 모성계	
476	乙亥十月三十日講信	을해 10월 30일 강신	1935.10.30			現金受拂簿 (益山文廟慕聖契 大正十五年度丙 寅以降)	1926~ 1941	익산문묘 모성계	
477	丙子十月晦日講信記	병자 10월 그믐 강신기	1936.10.31			現金受拂簿 (益山文廟慕聖契 大正十五年度丙 寅以降)	1926~ 1941	익산문묘 모성계	
478	丁丑十月三十日 講信記	정축 10월 30일 강신기	1937.10.30			現金受拂簿 (益山文廟慕聖契 大正十五年度丙 寅以降)	1926~ 1941	익산문묘 모성계	

연번	문서					문서철			비고
	제목(원문)	제목(한글)	생산시기	생산자	수신자	문서철명	생산연도	생산처	
479	戊寅十月三十日 講信記	무인 10월 30일 강신기	1938.10.30			現金受拂簿 (益山文廟慕聖契 大正十五年度丙 寅以降)	1926~ 1941	익산문묘 모성계	
480	己卯十月三十日 講信記	기묘 10월 30일 강신기	1939.10.30			現金受拂簿 (益山文廟慕聖契 大正十五年度丙 寅以降)	1926~ 1941	익산문묘 모성계	
481	辛巳十月二十九日 講信記	신사 10월 29일 강신기	1941.10.30			現金受拂簿 (益山文廟慕聖契 大正十五年度丙 寅以降)	1926~ 1941	익산문묘 모성계	
482	[乙丑九月十五日 總會時 收入	[1925년 9월 15일 총회시 수입]	1925.09.15			契金收支簿加入 願書綴幷附 (大正十四年度乙 丑,益山文廟慕聖 契)	1925	익산문묘 모성계	
483	乙丑九月十五日總會 會計記	을축 9월15일 총회 회계기	1925.09.15			契金收支簿加入 願書綴幷附 (大正十四年度乙 丑,益山文廟慕聖 契)	1925	익산문묘 모성계	
484	證書	증서	1925.10.01			契金收支簿加入 願書綴幷附 (大正十四年度乙 丑,益山文廟慕聖 契)	1925	익산문묘 모성계	
485	乙丑十月一日會席決 議錄	을축 10월 1일 회의석 결의록	1925.10.01			契金收支簿加入 願書綴幷附 (大正十四年度乙 丑,益山文廟慕聖 契)	1925	익산문묘 모성계	
486	乙丑十月初一日收入 記	을축 10월 1일 수입기	1925.10.01			契金收支簿加入 願書綴幷附 (大正十四年度乙 丑,益山文廟慕聖 契)	1925	익산문묘 모성계	
487	契約證書	계약증서	1926.01.12			契金收支簿加入 願書綴幷附 (大正十四年度乙 丑,益山文廟慕聖 契)	1925	익산문묘 모성계	
488	慕聖契加入願書綴	모성계 가입원서철	1925.00.00			契金收支簿加入 願書綴幷附 (大正十四年度乙 丑,益山文廟慕聖 契)	1925	익산문묘 모성계	가입 원서, 지원서

| 연번 | 문서 | | | | | 문서철 | 생산 연도 | 생산처 | 비고 |
	제목(원문)	제목(한글)	생산시기	생산자	수신자	문서철명			
489	昭和十年春季益山文廟釋奠祭獻官及諸執事名簿	1935년 춘계 익산문묘 석전제 헌관 및 제집사 명부	1935.00.00			獻官及諸執事名簿 (昭和十年,益山文廟)	1935~ 1942	익산문묘	1935~ 1942년 춘추 익산 문묘 석전제 헌관 및 모든 집사 명부
490	昭和十年秋季益山文廟釋奠祭獻官及諸執事名簿	1935년 추계 익산문묘 석전제 헌관 및 제집사 명부	1935.00.00			獻官及諸執事名簿 (昭和十年,益山文廟)	1935~ 1942	익산문묘	
491	昭和十一年春季益山文廟釋奠祭獻官及諸執事名簿	1936년 춘계 익산문묘 석전제 헌관 및 제집사 명부	1936.00.00			獻官及諸執事名簿 (昭和十年,益山文廟)	1935~ 1942	익산문묘	
492	昭和十一年秋季益山文廟釋奠祭獻官及諸執事名簿	1936년 추계 익산문묘 석전제 헌관 및 제집사 명부	1936.00.00			獻官及諸執事名簿 (昭和十年,益山文廟)	1935~ 1942	익산문묘	
493	昭和十二年春季益山文廟釋奠祭獻官及諸執事名簿	1937년 춘계 익산문묘 석전제 헌관 및 제집사 명부	1937.00.00			獻官及諸執事名簿 (昭和十年,益山文廟)	1935~ 1942	익산문묘	
494	昭和十二年秋季益山文廟釋奠祭獻官及諸執事名簿	1937년 추계 익산문묘 석전제 헌관 및 제집사 명부	1937.00.00			獻官及諸執事名簿 (昭和十年,益山文廟)	1935~ 1942	익산문묘	
495	昭和十三年春季益山文廟釋奠祭獻官及諸執事名簿	1938년 춘계 익산문묘 석전제 헌관 및 제집사 명부	1938.00.00			獻官及諸執事名簿 (昭和十年,益山文廟)	1935~ 1942	익산문묘	
496	昭和十三年秋季益山文廟釋奠祭獻官及諸執事名簿	1938년 추계 익산문묘 석전제 헌관 및 제집사 명부	1938.00.00			獻官及諸執事名簿 (昭和十年,益山文廟)	1935~ 1942	익산문묘	
497	昭和十四年春季益山文廟釋奠祭獻官及諸執事名簿	1939년 춘계 익산문묘 석전제 헌관 및 제집사 명부	1939.00.00			獻官及諸執事名簿 (昭和十年,益山文廟)	1935~ 1942	익산문묘	
498	昭和十四年秋季益山文廟釋奠祭獻官及諸執事名簿	1939년 추계 익산문묘 석전제 헌관 및 제집사 명부	1939.00.00			獻官及諸執事名簿 (昭和十年,益山文廟)	1935~ 1942	익산문묘	

연번	문서					문서철			비고
	제목(원문)	제목(한글)	생산시기	생산자	수신자	문서철명	생산연도	생산처	
499	昭和十五年春季益山文廟釋奠祭獻官及諸執事名簿	1940년 춘계 익산문묘 석전제 헌관 및 제집사 명부	1940.00.00			獻官及諸執事名簿(昭和十年,益山文廟)	1935~1942	익산문묘	
500	昭和十五年秋季益山文廟釋奠祭獻官及諸執事名簿	1940년 추계 익산문묘 석전제 헌관 및 제집사 명부	1940.00.00			獻官及諸執事名簿(昭和十年,益山文廟)	1935~1942	익산문묘	
501	昭和十六年春季益山文廟釋奠祭獻官及諸執事名簿	1941년 춘계 익산문묘 석전제 헌관 및 제집사 명부	1941.00.00			獻官及諸執事名簿(昭和十年,益山文廟)	1935~1942	익산문묘	
502	昭和十六年秋季益山文廟釋奠祭獻官及諸執事名簿	1941년 추계 익산문묘 석전제 헌관 및 제집사 명부	1941.00.00			獻官及諸執事名簿(昭和十年,益山文廟)	1935~1942	익산문묘	
503	昭和十七年春季益山文廟釋奠祭獻官及諸執事名簿	1942년 춘계 익산문묘 석전제 헌관 및 제집사 명부	1942.00.00			獻官及諸執事名簿(昭和十年,益山文廟)	1935~1942	익산문묘	
504	昭和十七年秋季益山文廟釋奠祭獻官及諸執事名簿	1942년 추계 익산문묘 석전제 헌관 및 제집사 명부	1942.00.00			獻官及諸執事名簿(昭和十年,益山文廟)	1935~1942	익산문묘	
505	昭和十八年春季益山文廟釋奠祭獻官及諸執事名簿	1943년 춘계 익산문묘 석전제 헌관 및 제집사 명부	1943.00.00			獻官及諸執事名簿(昭和十年,益山文廟)	1935~1942	익산문묘	
506	昭和十八年秋季益山文廟釋奠祭獻官及諸執事名簿	1943년 추계 익산문묘 석전제 헌관 및 제집사 명부	1943.00.00			獻官及諸執事名簿(昭和十年,益山文廟)	1935~1942	익산문묘	
507	經學院沿革及現況	경학원연혁 및 현황	1945.00.00 이전			經學院沿革及現況	1945년 이전	익산문묘	명륜학원규정
508	經學院附設明倫學院規程	경학원 부설 명륜학원 규정	1945.00.01 이전			經學院沿革及現況		익산문묘	
509	[契金貸借簿]	[계금대차부]	1941.00.00			昭和十六年度契金貸借簿	1941	익산문묘 모성계	
510	益山文廟祭器祭服登錄簿	익산문묘 제기 제복 등록부	1936.00.00			益山文廟登錄簿(永久保存 丙子二月三日)	1936	[익산문묘]	
511	備品物登錄簿	비품물 등록부	1936.00.00			益山文廟登錄簿(永久保存 丙子二月三日)	1936	[익산문묘]	

연번	문서					문서철			비고
	제목(원문)	제목(한글)	생산시기	생산자	수신자	문서철명	생산연도	생산처	
512	各位祭脯張數登錄	각위 제포 장수 등록	1936.00.00			益山文廟登錄簿(永久保存 丙子二月三日)	1936	[익산문묘]	
513	分脯登錄	분포등록	1936.00.00			益山文廟登錄簿(永久保存 丙子二月三日)	1936	[익산문묘]	
514	[鄕校地小作者]	[향교지 소작인]			金岡鍾任	契金貸借簿(昭和十六年度, 益山文廟慕聖契)	契金貸借簿(昭和十六年度, 益山文廟慕聖契)	[익산문묘] 契金貸借簿(昭和十六年度, 益山文廟慕聖契)	

【개인 소장】

6. 칠곡향교(漆谷鄕校)

연번	문서					문서철		비고
	제목(원문)	제목(한글)	생산시기	생산자	수신자	문서철명	생산연도	
1	重煥告瓱湔劣百不猶人而猥蒙	중환자유전열백불유인이외몽	1907.10.00	宣諭使 金重煥		1.京道郡通牒		
2	收單通文	수단통문	1919.11.05	永同耆湖慕義堂襄氏大同普所會中		1.京道郡通牒		永同耆湖慕義堂襄氏大同譜所會中發文宗下
3	通文	통문	1920.02.27	大同普所會中		1.京道郡通牒		
4	通文	통문	1920.09.00	이운영 외		1.京道郡通牒		
5	賢遠堂通告文	현원당통고문	1920.09.00	장의 전참승 김만진 외 15명		1.京道郡通牒		천안군 유림 찬성원, 황해도 안악군 향교유림 찬성원, 황해도 봉산군 유림 찬성원, 함경도 안변군 향교유림 찬성원, 함남 덕원군 유림 찬성원, 함남 정평군 향교유림 찬성원(8087~8090)
6	通文	통문	1920.09.09			1.京道郡通牒		
7	敬告文	경고문	1920.12.01	南鵬		1.京道郡通牒		
8	通文	통문	1920.12.03	태극교본부 교정 윤충하 외 9명	南道列都紳紳章甫僉尊	1.京道郡通牒		
9	通牒	통첩	1920.12.16	태극교본부 편집과 김종수		1.京道郡通牒		
10	[太極敎]	[태극교]	1920.12.25			1.京道郡通牒		
11	敬通[洪陵堅碑]	경통[홍릉수비]	1920.12.27	태극교본부 도유사 이동석		1.京道郡通牒		
12	經學專門科揭示文	경학전문과 게시문	1920.11.至日	태극교 본부		1.京道郡通牒		규례
13	[통문]	[통문]	1921.02.28	齋有司 金庭植 외	칠곡향교	1.京道郡通牒		
14	通文	통문	1921.03.00	太極敎南道總支部設立監督南鵬,慶北金泉郡文廟直員姜○○		1.京道郡通牒		
15	通文	통문	1921.03.00	태극교본부 도유사이동석	유림	1.京道郡通牒		經義問目
16	通文	통문	1921.03.00	太極敎本部 都有司 李東奭	儒林	1.京道郡通牒		經義問目
17	通文	통문	1921.03.00	창절서원원장 김돈경 외 63명		1.京道郡通牒		

연번	문서					문서철		비고
	제목(원문)	제목(한글)	생산시기	생산자	수신자	문서철명	생산연도	
18	公函	공함	1921.03.00	도유사 황익성 외 9명		1.京道郡通牒		
19	[성호문집 간행 관련 통문]	[성호문집 간행 관련 통문]	1921.03.05	密陽郡禮林齋會中 前參書孫宗鉉 외		1.京道郡通牒		
20	[통문]	[통문]	1921.03.12	곽원근, 김태수		1.京道郡通牒		
21	[태극교]	[태극교]	1921.05.00	태극교 교원 윤영의 외 21명		1.京道郡通牒		
22	[태극교]	[태극교]	1921.05.00	태극교 본부 교원 尹忠夏 외 13명		1.京道郡通牒		
23	公函	공함	1921.05.00	공부자 성적도오륜행실편집 발행소 도유사 정은채		1.京道郡通牒		
24	通牒	통첩	1921.05.15	태극교본부 도유사 이동석		1.京道郡通牒		효자록, 열녀록
25	公函	공함	1921.06.00	都約正代理副約正 有司 朴昇和 외	각 도 군	1.京道郡通牒		
26	通告文全鮮邑誌總刊]	통고문[전선읍지 총간]	1921.08.00	태극교본부 내 전선읍지총간소 총무 이병선 외 5명	유림	1.京道郡通牒		
27	通牒經義題及詩文題	통첩[경의제 및 시문제]	1921.09.00	大東斯文會長代辨副會長 鄭萬朝		1.京道郡通牒		좌개
28	孔夫子忌辰四十周甲追慕禮式及第三回定期總會에關한件	공부자 기신 40주갑 추모예식 및 제3회 정기 총회에 관한 건	1921.09.00	태극교본부 교정 원영의 외 8명		1.京道郡通牒		
29	孔夫子忌辰四十周甲追慕式發起文	공부자 기신40주갑 추모식 발기문	1921.11.01/ 1921.11.29	대동사문회 부회장 정만조 외		1.京道郡通牒		대동사문회, 기념으로 창입하는 학교의 요목, 학과 과정표
30	孔夫子忌辰四十週甲追慕式發起文	공부자 기신40주갑 추모식 발기문	1922.02.29/ 1922.03.27	경학원, 대동사문회, 유도진흥회		1.京道郡通牒		발기인-경학원, 대동사문회,유도진흥회, 기념으로 창입하는 학교의 요목, 학과 과정표
31	衣服原料及色彩改良趣意書	의복원료 및 색채개량 취의서	1921.12.00	朝鮮矯風會長 侯爵 朴泳孝		1.京道郡通牒		
32	[矯風會]	[교풍회]	1921.12.11	조선교풍회장 후작 박영효		1.京道郡通牒		
33	儒林聯合大會趣旨書	유림 연합대회 취지서	1922.01.00	발기인 김영수 외 119인		1.京道郡通牒		5대 강령
34	通告文	통고문	1922.03.01	東鶴儒會所, 송주헌 외 2인		1.京道郡通牒		
35	朝鮮靑衿錄合刊趣旨書	조선 청금록 합간 취지서	1922.03.11	發起人 前判書 金宗漢 외 9명		1.京道郡通牒		발기인 전판서 김종한 외9명

연번	문서					문서철		비고
	제목(원문)	제목(한글)	생산시기	생산자	수신자	문서철명	생산연도	
36	通文靑衿錄發刊	통문청금록 발간	1922.06.00	충남 논산군 노성면읍내리 권리 사내 조선청금록발간소 도부사 전판서 김종한 외 40명		1.京道郡通牒		
37	錄告	녹고		朝鮮靑衿錄刊所		1.京道郡通牒		朝鮮靑衿錄刊印
38	公函賢遠堂享祀	공함현원당 향사	1922.03.13	幼學 張厚載 외		1.京道郡通牒		
39	通文	통문	1922.03.15	某里齋會中 卞膺欽 외	칠곡향교	1.京道郡通牒		
40	孔夫子聖蹟圖續修五倫行實 敬函	공부자 성적도 속수오륜 행실 경함	1922.04.00	孔夫子聖蹟圖續修五倫行實校正所長高永根		1.京道郡通牒		재, 1920.04.12 조선총독부 허가
41	孔夫子聖蹟圖續修五倫行實 敬函	공부자성적도속수오륜행실 경함	1922.04.00	孔夫子聖蹟圖續修五倫行實校正所長高永根		1.京道郡通牒		1920.04.22 조선총독부허가
42	[孔夫子追慕大祭]	[공부자 추모대체]	1922.04.10		경학원 대제학 사무취급부 제학 성기원, 대동사문회장 대변 부회장 정만조, 유도진흥회장 박기양	1.京道郡通牒		
43	敬告十三道儒林	경고 13도 유림	1922.05.00	太極敎本部都有司 李炳善	각도군, 太極敎員	1.京道郡通牒		
44	全鮮邑誌通文	전선읍지 통문	1922.05.00	太極敎本部都有司 李炳善	각 도 군, 유림	1.京道郡通牒		좌개
45	通牒[風化錄編纂]	통첩[풍화록 편찬]	1922.05.00	태극교본부도유사 이병선 외 2명	도, 군	1.京道郡通牒		
46	通牒	통첩	1922.07.00	大東斯文會長代辨副會長 鄭萬朝		1.京道郡通牒		
47	通告文	통고문	1922.09.00	박기양 외 40명		1.京道郡通牒		1922.09.14 총독부허가
48	通文	통문	1922.11.00	宗下 裵聖白 외 4명	各派 僉宗	1.京道郡通牒		
49	通文	통문	1923.09.00	紫陽祠道會中 班首幼學 李中澤 외 58명		1.京道郡通牒		
50	通文靑丘氏譜	통문[청구씨보]	1924.01.27	청구씨보도회공사원 정동순 외 5명		1.京道郡通牒		
51	通牒	통첩	1924.03.00	대동사문회 함흥지회		1.京道郡通牒		좌기
52	通告	통고	1924.04.27	刊所會中 李中喆 외		1.京道郡通牒		
53	通文	통문	1924.05.00	태극교 본부 도유사 이병선 외 11명	각 도 군, 유림	1.京道郡通牒		

연번	문서					문서철		비고
	제목(원문)	제목(한글)	생산시기	생산자	수신자	문서철명	생산연도	
54	[이충무공전서 중간 간행 통문]	[이충무공전서 중간 관련 통문]	1925.02.00	李忠武公全書重刊 及廟宇重修期成發起所	칠곡문묘 직원	1.京道郡通牒		
55	忠武公全書重刊 及廟宇重修期成 發起文	충무공전서 중간 및 묘우 중수기성 발기문	1925.02.00	발기인 김종한 외		1.京道郡通牒		발기인: 김종한 외 31명
56	敬函[先聖廟任員 五倫行實重刊]	경함[선성묘임원오 륜행실 중간]	1925.06.00	李敏世 외 19명		1.京道郡通牒		再
57	先聖廟孔子道統 古今淵源紀念碑 追加公○函	선성묘 공자도통 고금연원 기념비 추가공○함	1925.06.00	저작 겸 발행 도유사 鄭成默		1.京道郡通牒		관보, 조선총독부 관보, 1925.06.06경성지 방법원에 등기
58	通文	통문	1925.11.05	尙州鄕校道會 會中		1.京道郡通牒		爬任錄 (8032~8035)
59	通文	통문	1925.12.00	龜巖齋 會中 金鎭懿 외		1.京道郡通牒		
60	直員僞稱之件	직원사칭의 건	1925.12.25	경학원대제학 사무취급	칠곡향교 직원	1.京道郡通牒		漆谷鄕校直員 殿
61	鄕校連絡에 關한 件	향교연락에 관한 건	1926.01.11	경학원 대제학 사무취급	칠곡향교 직원	1.京道郡通牒		칠곡향교직원전
62	通文	통문	1926.02.16	京畿道 漣川郡 嵋山面 東梨里 嵋江壇所 都有司 李明翔 외 26명		1.京道郡通牒		
63	[文正公 遺墟費]	[문정공 유허비]	1926.07.17	유림건약소 본부 부유사 정원섭 외 3명	각 군 향교 직원 장의 유림	1.京道郡通牒		
64	通文	통문	1927.01.30	密城大君設壇道會中 班首進士趙世煥 외 66명		1.京道郡通牒		부밀성 대구 유위증
65	[陶山夫子 寒水亭重建]	[도산부자 한수정 중건]	1927.03.00	김시동 외 5명		1.京道郡通牒		
66	盆城君齋室移建 費表誠金募捐文	분성군 재실이건비표 성금모연문	1928.05.00	發文人 裵秉矩 외		1.京道郡通牒		
67	[金海七山齋大宗 會 公議]	[김해 칠산재 대종회 공의]	1929.02.00	文宗下 裵秉矩 등		1.京道郡通牒		
68	輪告	수고	1929.11.00	충주군 소태면 청룡리 한천재유회소 허탁 외 44명		1.京道郡通牒		
69	[嵋江壇所]	[미강단소]	1930.03.00	미강단소 유사 이건우 외 4명		1.京道郡通牒		
70	通文[嵋江壇所 建築]	통문[미강단소 건축]	1930.11.00	유사 이건우 외 46명		1.京道郡通牒		

연번	문서					문서철		비고
	제목(원문)	제목(한글)	생산시기	생산자	수신자	문서철명	생산연도	
71	嵋江壇所維持稧規則	미강단소 유지계 규칙				1.京道郡通牒		
72	箕師敎振興會趣旨書	기사교 진흥회 취지서	箕師紀元3413	발기인 정봉시 외 32인		1.京道郡通牒		발기인, 찬 교원씨명
73	箕師敎振興會會則	기사교 진흥회 회칙				1.京道郡通牒		
74	[통문]	[통문]	신유02.28	노봉서원회중 제유사 김정식 외 1명	칠곡향교	1.京道郡通牒		
75	儒林建約所趣旨書	유림 건약소 취지서				1.京道郡通牒		관리소무, 약칙,
76	[詩文 모집]	[시문 모집]			朝鮮總督府參事官室分室	1.京道郡通牒		條例
77	慕聖公會趣旨書	모성공회 취지서				1.京道郡通牒		모성공회규칙

【배종찬 소장】

7. 함양향교(咸陽鄕校)

| 연번 | 문서 | | | | 문서철 | | 비고 |
	제목(원문)	제목(한글)	생산시기	생산자	문서철명	생산연도	
1	享禮備品(戊午二月 日)	향례비품(무오 2월 일)	1918.02.00		備品臺帳(檀紀四二五一年 戊午 以降)	1918~1975	
2	辛酉二月 日	신유 2월 일	1921.02.00		備品臺帳(檀紀四二五一年 戊午 以降)	1918~1975	
3	癸亥二月 日	계해 2월 일	1923.02.00		備品臺帳(檀紀四二五一年 戊午 以降)	1918~1975	
4	甲子二月 日	갑자 2월 일	1924.02.00		備品臺帳(檀紀四二五一年 戊午 以降)	1918~1975	
5	丁卯正月十五日現在備品調査	정묘 1월 15일 현재비품조사	1927.01.14		備品臺帳(檀紀四二五一年 戊午 以降)	1918~1975	
6	癸酉六月十五日現在備品調査	계유 6월15일 현재비품조사	1921.06.15		備品臺帳(檀紀四二五一年 戊午 以降)	1918~1975	
7	丙子正月二十九日備品目錄	병자 1월 29일 비품목록	1936.01.29		備品臺帳(檀紀四二五一年 戊午 以降)	1918~1975	
8	甲申四月十五日備品目錄	갑신 4월 15일 비품목록	1944.04.15		備品臺帳(檀紀四二五一年 戊午 以降)	1918~1975	
9	甲申十一月一日現在備品目錄	갑신 11월 1일 현재비품목록	1944.11.01		備品臺帳(檀紀四二五一年 戊午 以降)	1918~1975	
10	朝鮮儒教會(中字旗)	조선유교회(중자기)	1933.05.11	조선유교회총본부	朝鮮儒教會創立宣言書及憲章	1933	
11	朝鮮儒教會創立宣言書及憲章目錄	조선유교회 창립선언서 및 헌장 목록	1933.05.11	조선유교회총본부	朝鮮儒教會創立宣言書及憲章	1933	
12	朝鮮儒教會刱立宣言書	조선유교회 창립선언서	1933.05.11	조선유교회총본부	朝鮮儒教會創立宣言書及憲章	1933	
13	朝鮮儒教會憲章	조선유교회 헌장	1933.05.11	조선유교회총본부	朝鮮儒教會創立宣言書及憲章	1933	
14	附儀節	부의절	1933.05.11	조선유교회총본부	朝鮮儒教會創立宣言書及憲章	1933	
15	朝鮮儒教會教職名錄	조선유교회 교직명록	1933.05.11	조선유교회총본부	朝鮮儒教會創立宣言書及憲章	1933	
16	朝鮮儒教會刱立同志代表者道別簿	조선유교회창립동지 대표자 도별부	1933.05.11	조선유교회총본부	朝鮮儒教會創立宣言書及憲章	1933	
17	朝鮮儒教會刱立同志代表者集計表	조선유교회창립동지 대표자 집계표	1933.05.11	조선유교회총본부	朝鮮儒教會創立宣言書及憲章	1933	
18	朝鮮儒教會刱立同志代表者氏名簿	조선유교회창립동지 대표자 씨명부	1933.05.11	조선유교회총본부	朝鮮儒教會創立宣言書及憲章	1933	
19	朝鮮儒教會刱立略歷	조선유교회창립 약력	1933.05.11	조선유교회총본부	朝鮮儒教會創立宣言書及憲章	1933	

연번	문서				문서철		비고
	제목(원문)	제목(한글)	생산시기	생산자	문서철명	생산연도	
20	朝鮮儒敎會刱立者安淳煥略歷	조선유교회창립자 안순환 약력	1933.05.11	조선유교회총본부	朝鮮儒敎會創立宣言書及憲章	1933	
21	朝鮮儒敎會刱立會會錄	조선유교회창립회 회록	1933.05.11	조선유교회총본부	朝鮮儒敎會創立宣言書及憲章	1933	
22	刱立式記錄	창립식기록	1933.05.11	조선유교회총본부	朝鮮儒敎會創立宣言書及憲章	1933	
23	大成節紀念式記錄	대성절기념식 기록	1933.05.11	조선유교회총본부	朝鮮儒敎會創立宣言書及憲章	1933	
24	第一回復日記錄	제1회 복일기록	1933.05.11	조선유교회총본부	朝鮮儒敎會創立宣言書及憲章	1933	
25	第二回復日記錄	제2회 복일기록	1933.05.11	조선유교회총본부	朝鮮儒敎會創立宣言書及憲章	1933	
26	第三回復日記錄	제3회 복일기록	1933.05.11	조선유교회총본부	朝鮮儒敎會創立宣言書及憲章	1933	
27	第四回復日記錄	제4회 복일기록	1933.05.11	조선유교회총본부	朝鮮儒敎會創立宣言書及憲章	1933	
28	第五回復日記錄	제5회 복일기록	1933.05.11	조선유교회총본부	朝鮮儒敎會創立宣言書及憲章	1933	
29	第六回復日記錄	제6회 복일기록	1933.05.11	조선유교회총본부	朝鮮儒敎會創立宣言書及憲章	1933	
30	第七回復日記錄	제7회 복일기록	1933.05.11	조선유교회총본부	朝鮮儒敎會創立宣言書及憲章	1933	
31	第八回復日記錄	제8회 복일기록	1933.05.11	조선유교회총본부	朝鮮儒敎會創立宣言書及憲章	1933	
32	第九回復日記錄	제9회 복일기록	1933.05.11	조선유교회총본부	朝鮮儒敎會創立宣言書及憲章	1933	
33	第十回復日記錄	제10회 복일기록	1933.05.11	조선유교회총본부	朝鮮儒敎會創立宣言書及憲章	1933	
34	第十一回復日講演記事	제11회 복일강연기사	1933.05.11	조선유교회총본부	朝鮮儒敎會創立宣言書及憲章	1933	
35	第十二回復日講演記事	제12회 복일강연기사	1933.05.11	조선유교회총본부	朝鮮儒敎會創立宣言書及憲章	1933	
36	公函	공함	1933.06.00	조선유교회총본부	朝鮮儒敎會創立宣言書及憲章	1933	
37	追告	추고	1933.05.11	조선유교회총본부	朝鮮儒敎會創立宣言書及憲章	1933	
38	儒敎倡明文	유교창명문	1933.05.11	조선유교회총본부	朝鮮儒敎會創立宣言書及憲章	1933	안순환
39	丁巳八月日	정사 8월 일	1917.08.00		春秋享需抄冊 (丁巳二月 日)		
40	戊午二月日	무오 2월 일	1918.02.00		春秋享需抄冊 (丁巳二月 日)		
41	戊午八月日	무오 8월 일	1918.08.00		春秋享需抄冊 (丁巳二月 日)		

연번	문서				문서철		비고
	제목(원문)	제목(한글)	생산시기	생산자	문서철명	생산연도	
42	己未二月日	기미 2월 일	1919.02.00		春秋享需抄冊 (丁巳二月 日)		
43	己未八月日	기미 8.월 일	1919.08.00		春秋享需抄冊 (丁巳二月 日)		
44	庚申八月初五日	경신 8월5일	1920.02.02		春秋享需抄冊 (丁巳二月 日)		
45	庚申二月初二日	경신 2월 2일	1920.08.05		春秋享需抄冊 (丁巳二月 日)		
46	辛酉二月初六日	신유 2월 6일	1921.02.06		春秋享需抄冊 (丁巳二月 日)		
47	辛酉八月初十日	신유 8월 10일	1921.08.10		春秋享需抄冊 (丁巳二月 日)		
48	壬戌八月初六日	임술 8월 6일	1933.08.06		春秋享需抄冊 (丁巳二月 日)		
49	癸亥二月初九日	계해 2월 9일	1923.02.09		春秋享需抄冊 (丁巳二月 日)		
50	癸亥八月初一日	계해 8월 1일	1923.08.01		春秋享需抄冊 (丁巳二月 日)		
51	甲子二月初四日	갑자 2월 4일	1924.02.04		春秋享需抄冊 (丁巳二月 日)		
52	甲子八月初七日	갑자 8월 7일	1924.08.07		春秋享需抄冊 (丁巳二月 日)		
53	乙丑八月初三日	을축 8월 3일	1925.08.03		春秋享需抄冊 (丁巳二月 日)		
54	丙寅二月初六日春 享	병인 2월 6일 춘 향	1926.02.06		春秋享需抄冊 (丁巳二月 日)		
55	丙寅八月初九日秋 享	병인 8월 9일 추 향	1926.08.09		春秋享需抄冊 (丁巳二月 日)		
56	丁卯二月初一日春 享	정묘 2월 1일 춘 향	1927.02.01		春秋享需抄冊 (丁巳二月 日)		
57	丁卯八月初五日秋 享	정묘 8월 5일 추 향	1927.08.05		春秋享需抄冊 (丁巳二月 日)		
58	戊辰二月初七日春 享	무진 2월 7일 춘 향	1928.02.07		春秋享需抄冊 (丁巳二月 日)		
59	戊辰八月初一日秋 享	무진 8월 1일 추 향	1928.08.01		春秋享需抄冊 (丁巳二月 日)		
60	己巳二月初三日春 享	기사 2월 3일 춘 향	1929.02.03		春秋享需抄冊 (丁巳二月 日)		
61	己巳八月初七日秋 享	기사 8월 7일 추 향	1929.08.07		春秋享需抄冊 (丁巳二月 日)		
62	庚午二月初九日春 享	경오 2월 9일 춘 향	1930.02.09		春秋享需抄冊 (丁巳二月 日)		
63	辛未十一月二十日 宋朝六賢陞殿時	신미 11월 20일 송조 6현 승전시	1931.11.20		釋奠祭參祭錄 (日政 辛未十一月日)	1931~	

연번	문서				문서철		비고
	제목(원문)	제목(한글)	생산시기	생산자	문서철명	생산 연도	
64	癸酉二月初七日春 享	계유 2월 7일 춘 향	1932.02.07		釋奠祭參祭錄 (日政 辛未十一月日)	1931~	
65	癸酉八月初九日秋 享	계유 8월 9일 추 향	1932.08.09		釋奠祭參祭錄 (日政 辛未十一月日)	1931~	
66	甲戌二月初三日春 享	갑술 2월 3일 춘 향	1934.02.03		釋奠祭參祭錄 (日政 辛未十一月日)	1931~	
67	甲戌六月二十八日 聖殿 還安	갑술 6월28일 성전 환안	1934.06.28		釋奠祭參祭錄 (日政 辛未十一月日)	1931~	
68	甲戌八月初五日秋 享	갑술 8월 5일 추 향	1934.08.05		釋奠祭參祭錄 (日政 辛未十一月日)	1931~	
69	乙亥二月初八日春 享	을해 2월 8일 춘 향	1935.02.08		釋奠祭參祭錄 (日政 辛未十一月日)	1931~	
70	乙亥八月初一日秋 享	을해 8월 1일 추 향	1935.08.01		釋奠祭參祭錄 (日政 辛未十一月日)	1931~	
71	丙子二月初三日春 享	병자 2월 3일 춘 향	1936.02.03		釋奠祭參祭錄 (日政 辛未十一月日)	1931~	
72	丙子八月初七日秋 享	병자 8월 7일 추 향	1936.08.07		釋奠祭參祭錄 (日政 辛未十一月日)	1931~	
73	丁丑陽四月十五日春 享	정축 4월 15일 춘(양) 향	1937.04.15		釋奠祭參祭錄 (日政 辛未十一月日)	1931~	
74	丁丑陽十月十五日秋 享	정축 10월 15일 추(양) 향	1937.10.05		釋奠祭參祭錄 (日政 辛未十一月日)	1931~	
75	戊寅陽四月十五日春 享	무인 4월 15일 춘(양) 향	1938.04.15		釋奠祭參祭錄 (日政 辛未十一月日)	1931~	
76	戊寅十月十五日秋 享	무인 10월 15일 추 향	1938.10.15		釋奠祭參祭錄 (日政 辛未十一月日)	1931~	
77	己卯四月十五日春 享	기묘 4월 15일 춘 향	1939.04.15		釋奠祭參祭錄 (日政 辛未十一月日)	1931~	
78	己卯十月十五日秋 享	기묘 10월 15일 추 향	1939.10.15		釋奠祭參祭錄 (日政 辛未十一月日)	1931~	
79	庚辰陽四月十五日春 享	경진 4월 15일 춘(양) 향	1940.04.15		釋奠祭參祭錄 (日政 辛未十一月日)	1931~	
80	庚辰陽十月十五日秋 享	경진 10월 15일 추(양) 향	1940.10.15		釋奠祭參祭錄 (日政 辛未十一月日)	1931~	
81	辛巳四月十五日	신사 4월 15일	1941.04.15		釋奠祭參祭錄 (日政 辛未十一月日)	1931~	
82	辛巳十月十五日	신사 10월 15일	1941.10.15		釋奠祭參祭錄 (日政 辛未十一月日)	1931~	
83	壬午四月十五日	임오 4월 15일	1942.04.15		釋奠祭參祭錄 (日政 辛未十一月日)	1931~	
84	壬午十月十五日	임오 10월 15일	1942.10.15		釋奠祭參祭錄 (日政 辛未十一月日)	1931~	
85	癸未四月十五日	계미 4월 15일	1943.04.15		釋奠祭參祭錄 (日政 辛未十一月日)	1931~	

연번	문서				문서철		비고
	제목(원문)	제목(한글)	생산시기	생산자	문서철명	생산연도	
86	癸未十月十五日	계미 10월 15일	1943.10.15		釋奠祭參祭錄 (日政 辛未十一月日)	1931~	
87	甲申四月十五日	갑신 4월 15일	1944.04.15		釋奠祭參祭錄 (日政 辛未十一月日)	1931~	
88	甲申十月十五日	갑신 10월 15일	1944.04.15		釋奠祭參祭錄 (日政 辛未十一月日)	1931~	
89	己酉四月十五日	기유 4월 15일	1945.04.15		釋奠祭參祭錄 (日政 辛未十一月日)	1931~	
90	己酉八月十日	기유 8월 10일	1945.08.10		釋奠祭參祭錄 (日政 辛未十一月日)	1931~	
91	丁巳二月初三日春 享	정사 1월 3일 춘 향	1917.01.03		釋奠祭參祭錄 (日政丁巳)	1917~	
92	丁巳八月初七日秋 享	정사 8월 7일 추 향	1917.08.07		釋奠祭參祭錄 (日政丁巳)	1917~	
93	戊午二月初九日春 享	무오 2월 9일 춘 향	1918.02.09		釋奠祭參祭錄 (日政丁巳)	1917~	
94	戊午八月初三日秋 享	무오 8월 3일 추 향	1918.08.03		釋奠祭參祭錄 (日政丁巳)	1917~	
95	己未二月初五日春 享	기미 2월 5일 춘 향	1919.02.05		釋奠祭參祭錄 (日政丁巳)	1917~	
96	己未八月初九日秋 享	기미 8월 9일 추 향	1919.08.09		釋奠祭參祭錄 (日政丁巳)	1917~	
97	庚申二月初一日春 享	경신 2월 1일 춘 향	1920.02.01		釋奠祭參祭錄 (日政丁巳)	1917~	
98	庚申八月初五日秋 享	경신 8월 5일 추 향	1920.08.05		釋奠祭參祭錄 (日政丁巳)	1917~	
99	辛酉二月初六日春 享	신유 2월 6일 춘 향	1921.02.06		釋奠祭參祭錄 (日政丁巳)	1917~	
100	辛酉八月初十日秋 享	신유 8월 10일 추 향	1921.08.10		釋奠祭參祭錄 (日政丁巳)	1917~	
101	壬戌二月初二日春 享	임술 2월 2일 춘 향	1922.02.02		釋奠祭參祭錄 (日政丁巳)	1917~	
102	壬戌四月十一日 文宣王四十周甲追慕大祭	임술 4월 11일 문선왕 40주갑 추모대제	1922.04.10		釋奠祭參祭錄 (日政丁巳)	1917~	
103	壬戌八月初六日秋 享	임술 8월 6일 추 향	1922.08.06		釋奠祭參祭錄 (日政丁巳)	1917~	
104	癸亥二月初九日春 享	계해 2월 9일 춘 향	1923.02.09		釋奠祭參祭錄 (日政丁巳)	1917~	
105	癸亥八月初一日秋 享	계해 8월1일 추 향	1923.08.01		釋奠祭參祭錄 (日政丁巳)	1917~	
106	甲子二月初四日春 享	갑자 2월 4일 춘 향	1924.02.04		釋奠祭參祭錄 (日政丁巳)	1917~	
107	甲子八月七日秋 享	갑자 8월 7일 추 향	1924.08.07		釋奠祭參祭錄 (日政丁巳)	1917~	

연번	문서				문서철		비고
	제목(원문)	제목(한글)	생산시기	생산자	문서철명	생산연도	
108	乙丑二月十日春 享	을축 2월 10일 춘 향	1925.02.10		釋奠祭參祭錄 (日政丁巳)	1917~	
109	乙丑八月初三日秋 享	을축 8월 3일 추 향	1925.08.03		釋奠祭參祭錄 (日政丁巳)	1917~	
110	丙寅二月初六日春 享	병인 2월 6일 춘 향	1926.02.06		釋奠祭參祭錄 (日政丁巳)	1917~	
111	丙寅八月初九日秋 享	병인 8월 9일 추 향	1926.08.09		釋奠祭參祭錄 (日政丁巳)	1917~	
112	丁卯二月初一日春 享	정묘 2월 1일 춘 향	1927.02.01		釋奠祭參祭錄 (日政丁巳)	1917~	
113	丁卯八月初五日秋 享	정묘 8월 5일 추 향	1927.08.05		釋奠祭參祭錄 (日政丁巳)	1917~	
114	戊辰二月初七日春 享	무진 2월 7일 춘 향	1928.02.07		釋奠祭參祭錄 (日政丁巳)	1917~	
115	戊辰八月初一日秋 享	무진 8월 1일 추 향	1928.08.01		釋奠祭參祭錄 (日政丁巳)	1917~	
116	己巳二月初三日春 享	기사 2월 3일 춘 향	1929.02.03		釋奠祭參祭錄 (日政丁巳)	1917~	
117	己巳八月初七日秋 享	기사 8월 7일 추 향	1929.08.07		釋奠祭參祭錄 (日政丁巳)	1917~	
118	庚午二月初九日春 享	경오 2월 9일 춘 향	1930.02.09		釋奠祭參祭錄 (日政丁巳)	1917~	
119	庚午八月初三日秋 享	경오 8월 3일 추 향	1930.08.03		釋奠祭參祭錄 (日政丁巳)	1917~	
120	辛未二月初五日春 享	신미 2월 5일 춘 향	1931.02.05		釋奠祭參祭錄 (日政丁巳)	1917~	
121	辛未八月初八日秋 享	신미 8월 8일 추 향	1931.08.08		釋奠祭參祭錄 (日政丁巳)	1917~	
122	矯風會報第24호(1925년慶南矯風會咸陽郡支部)	교풍회보제24호(1925년경남교풍회함양군지부)	1925		矯風會報第24호 (1925년慶南矯風會咸陽郡支部)		
123	第二十四號目次	제24호 목차	1925		矯風會報第24호 (1925년慶南矯風會咸陽郡支部)		
124	우리는 前日倍以上勤勞하자	우리는 전 일배 이상 근로하자	1925		矯風會報第24호 (1925년慶南矯風會咸陽郡支部)		
125	農事改良上地主의覺自를멸홈	농사개량사지주의 각자를 망홈	1925		矯風會報第24호 (1925년慶南矯風會咸陽郡支部)		
126	孝子節婦表彰	효자절부표창	1925		矯風會報第24호 (1925년慶南矯風會咸陽郡支部)		

연번	문서				문서철		비고
	제목(원문)	제목(한글)	생산시기	생산자	문서철명	생산연도	
127	頭流日記	두류일기	1925	鄭近相	矯風會報제24호 (1925년慶南矯風會咸陽郡支部)		
128	金泉視察에對한感想	김천시찰에 대한 감상	1925	河宗鐸	矯風會報제24호 (1925년慶南矯風會咸陽郡支部)		

【함양향교 소장】

8. 기타향교

남해향교(南海鄕校)

연번	문서				문서철		비고
	제목(원문)	제목(한글)	생산시기	생산자	문서철명	생산연도	
1	大正丁巳四月初十日上樑文	1917년 4월10일 상량문	1917.04.10	남해군수 成斗植	南海鄕校重修沿革芳名錄 (甲戌八月 日 新備)) [南海鄕校重修沿革及上樑文抄]	1934	
2	明倫堂重建實記	명륜당 중건실기	1917.00.00	幼學 蔡東薰	南海鄕校重修沿革芳名錄 (甲戌八月 日 新備)	1934	
3	明倫堂記	명륜당기	1917.12.00	全羅 趙鏑來	南海鄕校重修沿革芳名錄 (甲戌八月 日 新備)	1934	
4	南海郡 文廟重修記	남해군 문묘중수기	1933.00.00	大提學 鄭萬朝	南海鄕校重修沿革芳名錄 (甲戌八月 日 新備)	1934	
5	南海郡鄕校重修事蹟記	남해군 향교중수 사적기	1934.08.14	南海郡守 朴海柱	南海鄕校重修沿革芳名錄 (甲戌八月 日 新備)	1934	
6	南海鄕校重修出力諸位及各團體芳名錄序	남해향교중수출력제위 및 각 단체 방명록서	1934.08.00	晋陽 鄭奉禧	南海鄕校重修沿革芳名錄 (甲戌八月 日 新備)	1934	
7	南海鄕校重修出力諸位及各團體芳名錄	남해향교중수출력제위 및 각 단체 방명록	1934.08.00		南海鄕校重修沿革芳名錄 (甲戌八月 日 新備)	1934	
8	出力諸位芳名錄	출력 제위 방명록	1934.08.00		南海鄕校重修沿革芳名錄 (甲戌八月 日 新備)	1934	
9	鄕校落成時出力諸位芳名錄	향교낙성시 출력 제위 방명록	1934.08.00		南海鄕校重修沿革芳名錄 (甲戌八月 日 新備)	1934	
10	南海面成會奉獻諸氏及任員芳名錄	남해면 기성회 봉헌 제씨 및 임원 방명록	1934.08.00		南海鄕校重修沿革芳名錄 (甲戌八月 日 新備)	1934	
11	二東面期成會奉獻諸氏及任員芳名錄	이동면 기성회 봉헌 제씨 및 임원 방명록	1934.08.00		南海鄕校重修沿革芳名錄 (甲戌八月 日 新備)	1934	
12	三東面期成會奉獻諸氏及任員芳名錄	삼동면 기성회 봉헌 제씨 및 임원 방명록	1934.08.00		南海鄕校重修沿革芳名錄 (甲戌八月 日 新備)	1934	
13	南面期成會奉獻諸氏及任員芳名錄	남면 기성회 봉헌 제씨 및 임원 방명록	1934.08.00		南海鄕校重修沿革芳名錄 (甲戌八月 日 新備)	1934	
14	西面期成會奉獻諸氏及任員芳名錄	서면 기성회 봉헌 제씨 및 임원 방명록	1934.08.00		南海鄕校重修沿革芳名錄 (甲戌八月 日 新備)	1934	
15	古縣面期成會奉獻諸氏及任員芳名錄	고현면 기성회 봉헌 제씨 및 임원 방명록	1934.08.00		南海鄕校重修沿革芳名錄 (甲戌八月 日 新備)	1934	
16	雪川面期成會奉獻諸氏及任員芳名錄	설천면 기성회 봉헌 제씨 및 임원 방명록	1934.08.00		南海鄕校重修沿革芳名錄 (甲戌八月 日 新備)	1934	
17	昌善面期成會奉獻諸氏及任員芳名錄	창선면 기성회 봉헌 제씨 및 임원 방명록	1934.08.00		南海鄕校重修沿革芳名錄 (甲戌八月 日 新備)	1934	

연번	문서				문서철		비고
	제목(원문)	제목(한글)	생산시기	생산자	문서철명	생산연도	
18	追錄 南海面	추록 남해면	1934.08.01		南海鄕校重修沿革芳名錄 (甲戌八月 日 新備)	1934	

【남해향교 소장】

동래향교(東萊鄕校)

연번	문서				문서철		비고
	제목(원문)	제목(한글)	생산시기	생산자	문서철명	생산연도	
1	開校記念日	개교기념일	1908.05.28		明倫學校日史	1907.12.15	
2	隆熙元年十二月十五日明倫學校日史	1907년 12월 15일 명륜학교 일지	1907.11.11~12.15		明倫學校日史	1907.12.15	
3	敎授日誌	교수일지	1909.04.01~11.17		明倫學校日史	1907.12.15	
4	敎授日誌續	교수일지 속	1909.11.18~12.29	李存熙	明倫學校日史	1907.12.15	
5	第四學年 授業時間表, 第二學年授業時間表	4학년 수업시간표, 2학년 수업시간표			明倫學校日史	1907.12.15	
6	東萊鄕校儒林慕聖契序	동래향교 유림모성계서		剛菴李容植	舊案 儒林慕聖契案	1918.09.00	
7	東萊鄕校儒林慕聖契序	동래향교 유림모성계서		黃敦秀謹序	舊案 儒林慕聖契案	1918.09.00	
8	東萊鄕校儒林慕聖契序	동래향교 유림모성계서	1918.09.00	성균관진사 죽산 朴銓弼書	舊案 儒林慕聖契案	1918.09.00	성균관박사 南平 文聲駿序
9	儒契規約	유계규약			舊案 儒林慕聖契案	1918.09.00	
10	儒契案	유계안		김윤식, 이용식, 황돈수, 黃翼淵, 黃演秀	舊案 儒林慕聖契案	1918.09.00	
11	儒契契員名簿	유계 계원명부		문유봉 외	舊案 儒林慕聖契案	1918.09.00	
12	東萊鄕校儒契任員名簿	동래향교 유계 임원명부	1918.10.00		儒林慕聖契任員名簿	1918.09.00	儒契中
13	舊機張南面區管 盧載徹	구 기장남면구관 노재철	1919.04.00		儒林慕聖契任員名簿	1918.09.00	
14	東上面區管 鄭佑朝, 東平面區管 徐祥洪	동상면구관 정우조, 동평면구관 서상홍	1921.02.00		儒林慕聖契任員名簿	1918.09.00	
15	任員改正	임원개정	1924.02.00		儒林慕聖契任員名簿	1918.09.00	
16	任員改正	임원개정	1924.02.00		儒林慕聖契任員名簿	1918.09.00	

연번	문서				문서철		비고
	제목(원문)	제목(한글)	생산시기	생산자	문서철명	생산연도	
17	任員改正	임원개정	1926.10.00		儒林慕聖契任員名簿	1918.09.00	
18	任員改正	임원개정	1930.01.00		儒林慕聖契任員名簿	1918.09.00	
19	任員改正	임원개정	1934.01.00		儒林慕聖契任員名簿	1918.09.00	
20	東萊鄕校儒林慕聖契序	동래향교 유림모성계서		剛菴李容植	儒林慕聖契案	1918.09.00	
21	東萊鄕校儒林慕聖契序	동래향교 유림모성계서		黃敦秀謹序	儒林慕聖契案	1918.09.00	
22	鄕校儒林慕聖契序	향교 유림모성계서	1918.09.00	죽산 朴銓弼書	儒林慕聖契案	1918.09.00	文聲駿序
23	儒契規約	유계규약			儒林慕聖契案	1918.09.00	
24	儒契案	유계안		김윤식, 이용식, 황돈수, 黃翼淵, 黃演秀	儒林慕聖契案	1918.09.00	
25	儒契契員名簿	유계 계원명부		문유봉 외	儒林慕聖契案	1918.09.00	
26	總計契員契金表	총계 계원 계금표	1918.07.~ 1919.04.		儒林慕聖契案金圓簿	1918.09.00	
27	儒林慕聖契案金圓簿	유림모성계안 금원부		문유봉 외	儒林慕聖契案金圓簿	1918.09.00	

【동래향교 소장】

춘천향교(春川鄕校)

연번	문서				문서철		비고
	제목(원문)	제목(한글)	생산시기	생산자	문서철명	생산 연도	
1	春川郡鄕約敎育會會員錄	춘천군향약교육회회원록	1911.11.03		春川郡鄕約敎育會會員錄		
2	春川郡鄕約契任員錄	춘천군향약계임원록	1920.10.03		春川郡鄕約敎育會會員錄		

【춘천향교 소장】

Ⅳ. 향교소장 근대 주요 자료

1. 『명륜학교일사(明倫學校日史)』

1907년(隆熙 1) 12월 15일(음력 정미년 11월 11일)

개교기념일
1908년(隆熙 2) 5월 28일

1907년 12월 15일(음력 정미년 11월 11일) 명륜학교 일사

음력 11일 맑음

오늘날의 급선무는 교육보다 우선하는 것이 없는데 고을에 학교가 여전히 세워지지 않아 항상 근심스러웠던 중에, 다행히 본부(本府)의 부윤서리 참서관(府尹署理參書官) 최덕(崔悳) 씨가 대소의 여러 사람들을 회동하게 해서 학교 설치를 권유하고 금(金) 30환(圜)을 먼저 출연하였다. 이로 말미암아 여러 선비들이 흥기하여 각각 출연하여 돈이 또 50여 환이 되었다. 고을 선비 가운데 정인우(鄭寅祐), 박문열(朴汶烈), 전(前) 참봉 박전필(朴銓弼), 전 교원(敎員) 김준희(金駿熙), 전 시종(侍從) 김지태(金智泰)가 발기하였다. 이 부윤서리 어른이 학교의 이름을 '명륜'이라 하고, 임원을 선정하였다.

12일 맑음

진(進) 정인우 [인(印)], 박문열 [인], 박전필 [인], 김준희 [인], 김지태 [인]

어제 중론에 따라 교내 임원을 이미 선정하였는데, 문병희(文秉喜), 전 주사(主事) 김문주(金紋柱), 정인우를 교감(校監)으로 삼고, 전 박사(博士) 박필채(朴苾彩), 전 도사(都事) 김병훈(金秉勳), 전 박사 문성준(文聲駿)을 학감(學監)으로 삼았으며, 전 참봉 박전필, 전 교원 김준희, 전 시종 김지태를 감독(監督)으로 삼고, 박문열, 전 의관(議官) 박만영(朴滿英), 전 참봉 오봉근(吳奉根)을 재무원(財務員)으로 삼았다. 온 고을의 신사(紳士)에게 찬성원청첩(贊成員請牒)을 작성하여 보내기로 하였고, 교사(校舍)는 향교 안의 동서 양재(兩齋)로 예정하였다.

13일 맑음

진(進) 박문열 [인], 문성준, 김준희 [인], 박전필 [인], 김지태[인]

찬성원 청첩을 종일 수정하여 발송하였다.

14일 맑음

진 김준희 [인]

15일 맑음

진 김준희 [인]

16일 맑음

진 박전필 [인], 김준희

17일 맑음

진 정인우 [인], 박문열 [인], 김준희 [인]

18일 맑음

진 문병희 [인], 정인우, 박전필 [인], 박문열 [인], 김준희 [인], 김지태 [인]

이날 학교의 지용경비(支用經費)에 대해 방법을 연구하였다.

19일 맑음

진 문병희 [인], 정인우 [인], 박문열 [인], 박전필 [인], 김준희 [인], 김지태 [인]

이날 학교의 필요 경비와 교사 수리비로 접해 있는 답(畓) 254두(斗) 6도지(刀地)를 방매하여 교사 수리에 지출하여 사용한 뒤에, 남은 금액은 본전을 남겨두고 이자를 취하여 경상비용으로 한다는 뜻의 의견을 제출하였다. 학감 김병훈이 오후에 왔다. 학도의 모집은 16인에서 그쳤다. 임원 가운데 박전필, 김준희, 김지태가 이날 밤에 교학과(敎學科) 세칙의 초안을 잡았다.

20일 맑음

진 박전필 [인], 김준희 [인], 김지태 [인]

이날 학교 일로 온 고을의 많은 선비들이 모이기로 한 날이다. 그런데 공교롭게 공사(公事)와 겹쳤기 때문에 다음날로 물려 정하였다. 이날 일기도록(日記都錄)을 수정하였다.

21일 맑음

진 문병희 [인], 박필채, 정인우 [인], 박문열 [인], 문성준, 박전필 [인], 박만영, 김준희 [인], 김지태 [인], 오봉근

이날 오전에 명륜당에서 모임을 열었다. 대소 향사(鄕士)가 일제히 자리하였다. 도훈장(都訓長) 김지태가 개회하고, 자리에 나가 학교설립의 근원, 경비 예산, 인접한 논의 방매에 대해 논의를 거친 것, 교실의 수리에 대하여 아울러 설명하였다. 그랬더니 박영길(朴永吉), 최유붕(崔有鵬), 김영규(金永奎) 3인이 차례로 자리에 나가 말하기를, 향교 논을 방매하는 것은 일의 체모에 흠결이 있으니 이 논은 그대로 두어야 한다고 운운하였다. 혹자는 논을 팔아 본전을 남겨두자고 하고, 혹자는 팔지 말자고 하였다. 학교 설립에 대한 논의가 분분하여 대중에게 가부를 정하기로 하였더니, 팔지 말자는 쪽의 숫자가 매우 많았기 때문에 다수결에 따라 이 논은 팔지 않는 것으로 확정하였다. 교사는 명륜당으로 의논하여 정하였다. 문병희를 교장(校長)으로, 본부의 참서관 최덕을 찬성장(贊成長)으로, 김태연(金泰演)을 교감으로 각자 기부하고 그대로 폐회하였다.

22일 맑음

진 문병희 [인], 박문열 [인], 박전필 [인], 김준희 인], 김지태 [인]

이날 본교 임원 가운데 감독 김준희, 김지태가 회의 안건을 가지고 본부에 가도록 하였다.

23일 맑음

진 박문열 [인], 박전필 [인]

24일 맑음

진 박전필 [인], 김준희 [인], 김지태 [인]

이날 감독 김준희, 김지태가 항아(港衙)로부터 학교로 돌아왔다. 음력 12월 2일에 각처의 임원이 부산육영학교(釜山育英學校)에서 회동하여 청첩을 수정하였다.

25일 맑음

진 문병희 [인], 김문주, 김병훈, 정인우 [인], 박문열 [인], 박전필 [인], 박만영, 김지태 [인], 김준희 [인]

이날 학교 일로 임원이 모여서 각종 문서와 장부의 초안을 잡았다. 일전에 본부에 다녀왔을 때의 왕복 경비는 모두 각자 부담하였다. 지금 이후 어떤 일을 막론하고 여비는 모두 스스로 부담한다는 뜻으로 의논을 확정하였다. 이날 부윤서리 참서관 최덕 씨가 본교 의연금 30원을 맡겨서 보내왔기

때문에 재무원 박만영이 수령증을 즉시 내어주었다. 교감 김태연이 면직을 청하는 서류를 제출하였다.

26일 맑음

진 문병희, 박문열, 김준희 [인], 김지태 [인]

이날 부산육영학교에 편지를 보냈는데 내용은 다음과 같다. '삼가 알립니다. 지금 본교의 교무(敎務)로 인하여 회의할 일이 있기에 각처의 임원이 현재 모일 계획인데, 당일 용접(容接)할 곳은 그 노정을 헤아리며 신제(新制)를 보고자 이에 우러러 아뢰니 조량(照亮)하십시오. 후록. 음력 12월 2일 오전 10시부터 동일 오후까지 귀교(貴校)의 교사(校舍)를 빌려주시기를 요청합니다.' 종일 청첩을 수정하였다.

27일 흐림

진 박전필 [인], 김준희 [인], 김지태 [인]

각처에 보낼 청첩을 이미 다 수정하였기 때문에 찬성장(贊成長)에게 도장을 받기 위해 봉하여 항아에 보냈다. 산성(山城)의 동문(東門)이 무너져 부서진 옥자목(屋子木)을 교사를 수리하는 방목(房木)으로 가져다 쓰기 위하여 보고서를 수정하여 발송하였다. 각 면에 가야할 의연금 책자를 수정하였다.

28일 맑음

진 박전필 [인], 김준희 [인], 김지태 [인]

부윤서리의 전화로 인하여 본교 감독 김지태가 항아로 내려갔다가 바로 학교로 돌아왔는데, 각종 문부(文簿)에 도장을 날인하여 왔다. 부산육영학교에서의 모임 기한을 다시 음력 12월 1일로 정하였다. 각처에 가야할 청첩을 아울러 봉하여 발송하였다.

28일 맑음

진 박전필, 박준희 [인], 김지태 [인]

학감(學監) 박필채가 사직 서류를 보내왔다. 각종 문부의 수정을 마쳤다.

29일 맑음

진 문병희, 박전필 [인], 김준희 [인], 김지태 [인]

각처에 청첩을 발송하였다. 부산육영학교 답신 내용은 해당 학교의 교실을 빌리는 일이다.

30일 맑음

진 문병희, 박만영, 박문열, 박전필 [인], 김준희 [인], 김지태 [인]

금일 부산육영학교 모임의 배수(排需)로 인하여 감독 박전필, 김준희, 김지태, 재무 박만영이 먼저 부산으로 향하였다.

12월

1일 맑음

이날 각 임원 및 각 면의 면장 찬성원(贊成員)이 모두 부산육영학교 교내에서 모였다. 정오에 개회하였고, 찬성장 최덕이 명륜학교 설립 및 목적을 극구 연설하였다. 이후 각자 출연하여 금액이 700여 원이 되었다. 그대로 폐회하였다.

2일 맑음

어제 모임의 오찬 비용이 엽전으로 136냥 8전 5푼이다. 재무원 박만영을 시켜서 계산을 마쳤다.

3일 맑음

진 문병희, 박문열, 박전필 [인], 김준희 [인], 김지태 [인]

교감 김태옥(金泰鈺)이 체차(遞差)를 청하는 서면을 올렸으므로 김환(金煥)을 교감으로 삼았다.

4일 맑음

진 문병희, 정인우 [인], 박전필 [인], 김준희 [인], 김지태 [인]

이날 학교 모임으로 인하여 임원이 가서 향청(鄕廳)에 참여하였다.

5일 맑음

진 정인우 [인], 박문열, 박전필 [인], 김준희 [인], 김지태 [인]

이날 교실을 수리하기 위하여 목수 강가(姜哥)를 불러왔다. 재목(材木) 및 미장이[泥匠], 목장(木匠)에게 돈 700원을 미리 계산해 주었다.

6일 맑음

진 정인우 [인], 박전필 [인], 김준희 [인], 김지태 [인]

본교에 의연금을 내기로 등록한 숫자가 800금(金)에 이르는데 아직 손에 들어오지는 않았다. 그러나 착공은 반드시 먼저 해야 하기 때문에 빚을 얻어 착공하기 위해 임원의 이름을 나열한 증표(證票)를 작성하여 널리 구하였는데 여러 사람의 뜻을 얻지 못하였다. 감회가 많았다.

7일 맑음

진 박전필 [인], 김준희 [인], 김지태 [인]

이날 감독 김지태가 빚을 얻지 못한 것을 염려하여 참서관 최덕에게 가서 의논하여 허락을 받아 돌아왔다.

8일 맑음

진 문병희, 박전필 [인], 김준희 [인], 김지태 [인]

이날 교실 착공 택일기(擇日記)가 왔기 때문에 각처의 임원에게 공함(公函)을 수정하여 발송하였다. 고사(告辭)에 필요한 물품을 재무원을 시켜 사왔다.

9일 맑음

진 문병희, 김문주, 박전필 [인], 김준희 [인], 김지태 [인]

이날 학교 일로 모여서 의논하였다.

10일 아침에 흐렸다가 오후에 비

진 문병희, 김문주, 박필채, 문성준, 정인우 [인], 김환, 김지태 [인], 박전필 [인], 김준희 [인], 박만영, 오봉근

이날이 바로 명륜학교 착공일이다. 당일 인시(寅時) 전에 교원 김준희가 고사 제사를 지내기 위해 빚을 얻는 일로, 교감 정인우, 김환, 감독 박전필, 김지태를 항아에 위임하여 보내서 빚 400금(金)을 얻었다.

11일 흐림

진 문병희, 김준희 [인]

이날 항아에 간 임원이 얻은 채조(債條) 400금 가운데 300원을 목물(木物)을 사기 위해 주사 최유붕

에게 전해 주었는데, 목수를 시켜 나무를 사고 영수증을 받아 왔다.

12일 맑음

진 정인우 [인], 박전필 [인], 김준희 [인]

13일 맑음

진 정인우 [인], 김환, 박전필 [인], 박만영, 김준희 [인], 김지태 [인]

이날 본교에서 필요한 경비를 회계하였다.

14일 흐림

진 정인우 [인], 박전필 [인], 김준희 [인], 김지태 [인]

이날 목수가 일을 시작하였다. 아침에 흐리다가 저물녘에 비가 내렸다.

15일 맑음

진 정인우, 박전필, 김준희, 김지태, 박문열, 김환

이날 부윤 한치유(韓致愈)가 알성(謁聖)한 뒤에 학교 일로 의논하였다.

「교수일지(敎授日誌)」

1909년 4월 1일 시작

4월 1일부터 11일까지 춘기 휴업

4월 12일 월요일 맑음

제4학년

    일어   독본 권6 제2과

    한문   독본 권3 제10과

제2학년

    한문   독본 권2 제2과

일어	권2 제1과	

제1학년

한문	독본 권1 제8과	
일어	독본 권1 제과(第課)	

4월 13일 화요일 맑음

제4학년

지리	제1장 명의(名義)
산술	잡제(雜題) 8의 51, 52
국어	독본 권6 제2과
일어	권6 제3과

제2학년

산술	곱셈[乘法]
국어	권3 제1과
일어	권2 제1과

제1학년

산술	덧셈[加法]
국어	권1 제1과
일어	권1 제1과

4월 14일 수요일 비

제4학년

한문	권3 제11과
일어	권6 제4과

제2학년

산술	네 자리 곱셈
수신	권2 제1과
한문	권2 제2과

제1학년

산술	두 자리 덧셈

수신   권1 제2과

국어   권1 제1과

4월 15일 목요일 맑음

제4학년

지리   제1장 명의

산술   잡제 8의 53, 54

역사   단군조선(檀君朝鮮)

제2학년

산술   다섯 자리 곱셈

국어   권3 제1과

일어   권2 제2과

제1학년

산술   두 자리 덧셈

국어   권1 제1과

일어   권1 제2과

4월 16일 금요일 흐림

제4학년

한문   권2 제12과

국어   권6 제2과

제2학년

산술   간이 곱셈[簡易乘]

국어   권3 제1과

일어   권2 제2과

한문   권2 제3과

제1학년

산술   두 자리 덧셈

국어   권1 제2과

일어   권1 제2과

한문   권1 제10과

4월 17일 토요일 흐림

제4학년

　　역사   단군조선

　　박물   제4절 4 및 제5절 꽃

제2학년

　　국어   권3 제1과

제1학년

　　국어   권 1 제2과

4월 18일 일요일 비

4월 19일 월요일 흐림

제4학년

　　수신   권3 제1과

　　산술   잡제 8의 55, 56

　　일어   권6 제5과

　　한문   권3 제13과

제2학년

　　수신   권2 제2과

　　한문   권2 제3과

제1학년

　　수신   권1 제2과

　　한문   권1 제11, 12과

4월 20일 화요일 맑음

부세감(副稅監) 환영을 위해 부산항에 감

제4학년

　　지리[1]), 산술, 국어, 일어

제2학년

    산술, 국어, 일어

제1학년

    산술, 국어, 일어

4월 21일 수요일 맑음

부세감(副稅監) 환영을 위해 휴업

4월 22일 목요일 맑음

제4학년

    지리   제1장 위치

    산술   잡제8 57, 58, 59

    역사   단군조선

제2학년

    산술   나눗셈[除法] 단위

    국어   권3 제2과

    일어   권2 제3과

제1학년

    산술   덧셈

    국어   권1 제2과

    일어   권1 제3과

4월 23일 금요일 맑음

제4학년

    한문   권3 제13과

    국어   권6 제2과 끝

제2학년

    산술   간이 나눗셈

---

1) 원문에 理地라고 되어 있으나, 地理의 오기로 보임.

국어　　　　제3, 제2과

일어　　　　권2 제3과 끝

한문　　　　제2권 제4과

제1학년

산술　　　　간이 덧셈

국어　　　　권1 제2과

일어　　　　권1 제3과 끝

한문　　　　제1권 제13, 14과

4월 24일 토요일 흐림

제4학년

역사　　　　기자(箕子) 역대(歷代)

박물　　　　제5절 꽃

제2학년

국어　　　　권3 제2과

제1학년

국어　　　　권1 제3과

4월 25일 일요일 맑음

4월 26일 월요일 맑음

관찰사 환영

4월 27일 화요일 흐림, 오전 10시부터 비

제4학년

지리　　　　제3장 경계(境界)

산술　　　　잡제 8의 61, 62

국어　　　　권6 제3과

일어　　　　권6 제5과

제2학년

산술	간이나눗셈
일어	권2 제4과
국어	권2 제2과

제1학년

산술	간이덧셈
일어	권1 제4과
국어	권1 제2과

4월 28일 수요일 비

제4학년

한문	권3 제13과
일어	권6 제6과

제2학년

산술	간이나눗셈
수신	권2 제2과
한문	권2 제4과

제1학년

산술	간이덧셈
수신	권1 제2과
한문	권1 제15, 16과

4월 29일 목요일 비

제4학년

지리	제4장 광무(廣袤)[2]
산술	잡제 8의 64, 65
역사	휴업

제2학년

산술	간이나눗셈

---

2) 광(廣)은 동서의 길이, 무(袤)는 남북의 길이로 광무(廣袤)는 넓이, 면적을 의미함.

　　국어　　　권3 제3과

　　일어　　　휴업(관찰사 영접)

제1학년

　　산술　　　간이덧셈

　　국어　　　권1 제3과

　　일어　　　휴업(관찰사 영접)

4월 30일 금요일 맑음

제4학년

　　한문　　　권3 제16과

　　국어　　　관찰사 영접

제2학년

　　산술　　　간이나눗셈

　　국어　　　관찰사 영접

　　일어　　　권2 제4과

　　한문　　　휴업

제1학년

　　산술　　　간이덧셈

　　국어　　　휴업

　　일어　　　권1 제4과

　　한문　　　휴업

5월 1일 토요일 맑음

제4학년

　　도가(賭價) 미수금을 거두기 위해 마을로 나감

제2학년

　　국어　　　권3 제3과

제1학년

　　국어　　　권1 제3과

5월 2일 일요일 오후 흐림

5월 3일 월요일 비

제4학년

    도가 미수금을 거두기 위해 마을로 나감

제2학년

    수신   권2 제2과

    한문   권2 제5과

제1학년

    수신   권1 제3과

    한문   대신 국어수업 권1 제4과

    회화   대신 일어수업 권1 제5과

5월 4일 화요일 비

제4학년

    도가 미수금을 거두기 위해 마을로 나감

세2학년

    산술   간이나눗셈

    국어   권3 제3과

    일어   권2 제5과

제1학년

    산술   간이덧셈

    국어   권1 제5과

    일어   권1 제6과

5월 5일 수요일 비

제4학년

    마을로 나가 돌아오지 않음

제2학년

    산술   간이나눗셈

    수신   권2 제3과

    한문   권2 제5과

제1학년

    산술   간이덧셈

    수신   권1 제2과

    한문   권1 제16과

    일어   권1 제6과

5월 6일 목요일 흐림

제4학년

    지리   제5장 연혁(沿革)

    산술   잡제 8의 66, 67, 68

    역사

제2학년

    산술   간이나눗셈

    국어   권3 제3과

    일어   권2 제5과

제1학년

    산술   간이덧셈

    국어   권1 제6과

    일어   권1 제7과

5월 7일 금요일 맑음

제4학년

    한문   권3 제17과

    국어   권6 제3과

제2학년

    산술   간이나눗셈

    국어   권3 제3과

    일어   권2 제6과

　　한문
제1학년
　　산술　　　간이덧셈
　　국어　　　권1 제6과
　　일어　　　권1 제7과
　　한문

5월 8일 토요일
대운동회 항구로 감

5월 9일 일요일

10일부터 18일까지 연합대운동회 준비 및 휴식

5월 19일 수요일 맑음, 오후 비
제4학년
　　한문　　　권3 제18과
　　일어　　　권6 제6과
제2학년
　　산술　　　간이나눗셈
　　수신　　　권2 제3과
　　한문　　　권2 제6과
제1학년
　　산술　　　덧셈
　　수신　　　권1 제3과
　　한문　　　권1 제19과

5월 20일 목요일 맑음
제4학년
　　지리　　　제5장 연혁

산술	잡제 8의 69, 70
역사	기자(箕子) 역사

제2학년

산술	간이나눗셈
국어	권2 제4과
일어	권2 제6과

제1학년

산술	덧셈
국어	권1 제8과
일어	권1 제8과

5월 21일 금요일 맑음

제4학년

한문	권3 제18과
국어	권6 제4과

제2학년

산술	간이나눗셈
국어	권3 제4과
일어	권2 제7과
한문	권2 제6과

제1학년

산술	덧셈
국어	권1 제9과
일어	권1 제9과
한문	권1 제12과

5월 22일 토요일 맑음

제4학년

역사	기왕역대(箕王歷代)
박물	제5절 꽃의 기관

제2학년
  국어   권3 제5과
제1학년
  국어   권1 제11과

5월 23일 일요일 맑음

5월 24일 월요일 맑음
제4학년
  수신   권3 제2과
  산술   잡제 8의 71, 72
  일어   권6 제7과
  한문   권3 제19과
제2학년
  수신   권2 제3과
  한문   권2 제7과
제1학년
  수신   권1 제4과
  한문   권1 제21과

5월 25일 화요일 흐림
제4학년
  지리   제5장 연혁
  산술   잡제 8의 73, 74
  국어   권6 제4과
  일어   권6 제7과
제2학년
  산술   간이나눗셈
  국어   권3 제5과
  일어   권2 제7과

제1학년

    산술   덧셈

    국어   권1 제11과

    일어   권1 제10과

5월 26일 수요일 맑음

제4학년

    한문   권3 제20과

    일어   권6 제8과

제2학년

    산술   간이나눗셈

    수신   권2 제3과

    한문   권2 제7과

제1학년

    산술   덧셈

    수신   권1 제4과

    한문   권1 제22과

5월 27일 목요일 구름

제4학년

    지리   제5장 연혁

    산술   잡제 8의 75, 76

    역사   기자역대(箕子歷代)

제2학년

    산술   간이나눗셈

    국어   권3 제5과

    일어   권2 제8과

제1학년

    산술   덧셈 연습

    국어   권1 제12과

일어   권1 제11과

5월 28일

제4학년

 한문   권3 제20과

 국어   권6 제5과

제2학년

 산술   간이나눗셈

 국어   권3 제5과

 일어   권2 제8과

 한문   권2 제8과

제1학년

 산술   덧셈 연습

 국어   권1 제13, 14과

 일어   권1 제11과

 한문   권1 제23과

5월 29일 토요일 맑음

제4학년

 역사   기자역사(箕子歷史)

 박물   제6절 과실과 종자

제2학년

 국어   권3 제5과

제1학년

 국어   권1 제25, 26과

5월 30일 일요일 맑음

5월 31일 월요일 맑음

제4학년

수신   권3 제2과

산술   잡제 8의 제77, 78, 79

일어   권6 제8과

한문   권3 제23과

제2학년

수신   권2 제3, 4과

한문   권2 제8과

제1학년

수신   권1 제4과

한문   권1 제24과

6월 1일 화요일 맑음

제4학년

지리   제5장 연혁

산술   잡제 8의 제80, 81, 82

국어   권6 제6과

일어   권6 제9과

제2학년

산술   간이나눗셈

국어   권3 제6과

일어   권2 제9과

제1학년

산술   덧셈 연습

국어   권1 제17과

일어   권1 제12과

6월 2일 수요일 맑음

제4학년

한문   권3 제22과

일어   권6 제9과

제2학년

    산술   간이나눗셈

    수신   권2 제4과

    한문   권2 제8과

제1학년

    산술   간이뺄셈

    수산   권1 제4과

    한문   권1 제25과

6월 3일 목요일 구름

제4학년

    지리   제5장 연혁

    산술   잡제 8의 제83, 84, 85

    역사   삼국분립

제2학년

    산술   간이나눗셈

    국어   권3 제6과

    일어   권2 제9과 연습

제1학년

    산술   간이뺄셈

    국어   권1 제18과

    일어   권1 제13과

6월 4일 금요일 비

제4학년

    한문   권3 제23과

    국어   권6 제6과

제2학년

    산술   간이나눗셈

    국어   권3 제6과

일어	권2 제10과
한문	권2 제9과

제1학년

산술	간이뺄셈
국어	권1 제19, 20과
일어	권1 제14과
한문	권1 제26과

6월 5일 토요일

제4학년

역사	삼국의 중세
박물	제6절 종자의 산포

제2학년

국어	권3 제6과

제1학년

국어	권1 제21과

6월 6일 일요일 구름

6월 7일 월요일 맑음, 아침 구름

제4학년

수신	권3 제3과
산술	잡제 8의 제86, 87. 88
일어	권6 제10과
한문	권3 제24과

제2학년

수신	권2 제4과
한문	권2 제9과

제1학년

수신	권1 제4과

한문　　　권1 제27과

6월 8일 화요일 구름

제4학년

　　지리　　　제5장 연혁

　　산술　　　잡제 8의 제89, 90

　　국어　　　권6 제7과

　　일어　　　권6 제10과

제2학년

　　산술　　　간이나눗셈

　　국어　　　권3 제6과

　　일어　　　권2 제10과

제1학년

　　산술　　　간이뺄셈

　　국어　　　권1 제22, 23과

　　일어　　　권1 제15과

6월 9일 수요일 맑음

제4학년

　　한문　　　권3 제25과

　　일어　　　권6 제11과

제2학년

　　산술　　　간이나눗셈

　　수신　　　권2 제4과

　　한문　　　권2 제10과

제1학년

　　산술　　　간이뺄셈

　　수신　　　권1 제5과

　　한문　　　권1 제18과

6월 10일 목요일 맑음

제4학년

지리	제5장 연혁
산술	잡제 8의 제91, 92
역사	주재소에서 내부훈령(內部訓令)에 의거하여 책자를 수거하여 휴업

제2학년

산술	간이나눗셈
국어	권3 제6과
일어	권2 제11과

제1학년

산술	간이뺄셈
국어	권1 제24과
일어	권1 제50과

6월 11일 금요일 맑음

제4학년

한문	권3 제26과
국어	권6 제8과

제2학년

산술	간이나눗셈
국어	권2 제7과
일어	권2 제11과
한문	권2 제10과

제1학년

산술	간이뺄셈
국어	권1 제25과
일어	권1 제16과
한문	권1 제18과

6월 12일 토요일 맑음

제4학년

　　박물　　　　제3장 현화식물(顯花植物)[3], 속씨식물[被子植物]

제2학년

　　국어　　　　권3 제7과

제1학년

　　국어　　　　권1 제27과

6월 13일 일요일 비

6월 14일 월요일 맑음

제4학년

　　수신　　　　권3 제3과

　　산술　　　　잡제 8의 제93, 94

　　일어　　　　권6 제11과

　　한문　　　　권6 제11과

제2학년

　　수신　　　　권2 제5과

　　한문　　　　권2 제10과

제1학년

　　수신　　　　권1 제5과

　　한문　　　　권1 제30과

6월 15일 화요일 맑음

제4학년

　　지리　　　　제5장 연혁

　　산술　　　　잡제 8의 제95, 96

　　국어　　　　권6 제8과

---

3) 꽃이 피는 식물의 총칭.

일어   권6 제12과
제2학년
   산술   간이나눗셈
   국어   권3 제7과
   일어   권2 제12과
제1학년
   산술   뺄셈
   국어   권1 제27과
   일어   권1 제16과

6월 16일 목요일

개교기념식 휴업, 단 금년은 음력을 따라 음력 4월 29일

제4학년
   한문, 일어
제2학년
   산술, 수신, 한문
제1학년
   산술, 수신, 한문

6월 17일 목요일 맑음

제4학년
   지리   제5장 연혁
   산술   잡제 8의 제97, 98, 99
제2학년
   산술   나눗셈
   국어   권3 제7과
   일어   권2 제12과
제1학년
   산술   뺄셈

국어	권1 제28과, 29과
일어	권1 제17과

6월 18일 금요일 구름
제4학년
한문	권3 제27과
국어	권6 제8과

제2학년
산술	나눗셈
국어	권3 제8과
일어	권2 제13과
한문	작문

제1학년
산술	뺄셈
국어	권1 제29, 30과
일어	권1 제17과
한문	습자(習字)

6월 19일 토요일 맑음
제4학년
박물	제3장 제1절 쌍떡잎식물[雙子植物]

제2학년
국어	권3 제8과

제1학년
국어	권1 제32, 33과

6월 20일 일요일 구름

6월 21일 월요일 맑음
제4학년

수신　　　　권3 제4과

산술　　　　잡제 8의 제100, 101, 102, 103

일어　　　　권6 제12과

한문

제2학년

수신　　　　권2 제5과

한문　　　　권2 제11과

제1학년

수신　　　　권1 제5과

한문　　　　권1 제31과

6월 22일 화요일 맑음

제4학년

소네[曾彌][4] 통감 환영을 위해 부산진(釜山鎭)으로 감.

지리, 산술, 국어, 일어

제2학년

산술, 국어, 일어

제1학년

산술, 국어, 일어

6월 23일 수요일 구름

제4학년

한문　　　　권3 제27과

일어　　　　복습

제2학년

산술　　　　나눗셈

수신　　　　권2 제5과

일어　　　　회화

---

4) 소네 아라스케[曾彌荒助] : 1849~1910, 1909년 6월 14일 제2대 한국 통감으로 부임.

제1학년

    산술   뺄셈

    수신   권1 제6과

    한문   대신 체조수업

6월 24일 목요일 비

제4학년

    지리   제5장 연혁

    산술   잡제 8의 제104, 105, 106

제2학년

    산술   제거

    국어   권3 제8과

    일어   권2 제13과

제1학년

    산술   뺄셈

    국어   권1 제34과

    일어   권1 제18과

6월 25일 금요일 맑음

제4학년

    한문   권3 제28과

    국어   권6 제9과

제2학년

    산술   사칙문답(四則問答)

    국어   권3 제8과

    일어   권2 제14과

    한문   권2 제11과

제1학년

    산술   덧셈뺄셈 문제

    국어   권1 제25, 26과

일어   권1 제18과

한문   권1 제32과

6월 26일 토요일 구름

제4학년

　　박물   제3장 제1절 능금나무[柰]

제2학년

　　국어   권3 제8과

제1학년

　　국어   권1 제27과

6월 27일 일요일 맑음

6월 28일 월요일 맑음

제4학년

　　수신   권3 제4과

　　일어   권6 제13과

제2학년

　　수신   권2 제5과

　　산술   간이 사칙문제(四則問題)

제1학년

　　수신   권1 제6과

　　산술   덧셈뺄셈 문제

6월 29일 화요일 비

제4학년

　　한문   권3 제29과

　　산술   잡제 8의 제107, 108, 109

제2학년

　　산술   덧셈, 뺄셈, 곱셈, 나눗셈 해식(解式)

국어	권3 제9과
한문	권2 제11과
일어	권2 제14과

제1학년

산술	덧셈, 뺄셈 해식(解式)
국어	권1 제38, 39과
한문	권1 제33과
일어	권1 제19과

6월 30일 수요일 구름

제4학년

| 일어 | 권6 제13과 |

제2학년

| 한문 | 권2 제11과 |
| 수신 | 권2 제5과 |

제1학년

| 한문 | 권1 제34과 |
| 수신 | 권1 제6과 |

7월 1일 목요일 비 조금

제4학년

지리	제5장 연혁
역사	신라역대(新羅歷代)
산술	잡제 8의 제110, 111, 112

제2학년

산술	부호(符號)
국어	권3 제9과
일어	권2 제15과

제1학년

| 산술 | 덧셈, 뺄셈 해식 |

국어   권 제40과

일어   권1 제20과

7월 2일 금요일 비 조금 온 후 맑음, 바람 불순

제4학년

국어   권6 제9과

제2학년

국어   권3 제9과

한문   권2 제11과

제1학년

국어   권1 제41과

한문   권1 제35과

7월 3일 토요일 구름

제4학년

역사   신라역대

박물   제3장 제1절 능금나무의 꽃

제2학년

일어   권2 제16과

국어   권3 제10과

제1학년

일어   권1 제20과

국어   권1 제42과

7월 4일 일요일 구름

7월 5일 월요일 맑음

제4학년

수신   권3 제4과

일어   권6 제14과

제2학년

    수신   권2 제5과

    산술   사칙문제

제1학년

    수신   권1　제9과

    산술   덧셈, 뺄셈 문제

7월 6일 화요일 비

제4학년

    한문   권3 제30과

    산술   잡제 8의 113, 114, 115

제2학년

    산술   덧셈, 뺄셈 문답

    국어   권1 제44과

    일어   권1 제22과

7월 9일 금요일 구름

제4학년

    국어   권6 제9과

제2학년

    국어   권3 제11과

    한문   권2 제14과

제1학년

    국어   권1 제45과

    한문   권1 제38과

7월 10일 토요일 구름

제4학년

    역사   진한(辰韓) 및 변한(弁韓)

    박물   제3장 제1절 유채[蕓薹]

제2학년

    일어   권2 제17과

    국어   권3 제11과

제1학년

    일어   권1 제22과

    국어   권1 제45과

7월 11일 일요일 비

7월 12일 월요일 구름

제4학년

    복습

제2학년

    산술   괄호용례(括弧用例)

제1학년

    산술   덧셈, 뺄셈 문제

7월 13일 화요일 구름

제4학년

    복습

제2학년

    일어   권6 제18과

제1학년

    일어   권1 제23과

7월 14일 수요일 맑음, 시험

제4학년

    수신, 일어 독해, 일어 회화

제2학년

    일어 회화, 수신, 국어

제1학년

　　일어 회화, 수신, 국어

7월 15일 목요일 맑음

제4학년

　　일어 번역, 국어, 한문

제2학년

　　한문, 일어 독본, 도화(圖畫)

제1학년

　　한문, 일어 독본, 도화

7월 16일 금요일 맑음

제4학년

　　지리, 산술, 도화

제2학년

　　산술, 습자

제1학년

　　산술, 습자

7월 17일 토요일 맑음

제4학년

　　역사, 박물

제2학년

　　체조

제1학년

　　체조

7월 18일 일요일 맑음

7월 19일 월요일 맑음

제4학년

    작문, 습자, 체조

7월 20일 화요일 여름휴업

9월 1일 개학, 맑음

9월 2일 목요일 맑음

제4학년

지리	대한신지지(大韓新地誌)[5] 제5장 연혁 미완(未完)
산술	잡제 8의 제120, 121
역사	신라역대 미완

제2학년

산술	덧셈, 뺄셈 잡제
일어	권2 제19과 미완
국어	권3 제12과

제1학년

산술	덧셈 예제
일어	권1 제24과 미완
국어	수신 권2 제7과 수업으로 대체

9월 3일 금요일 비

제4학년

국어	권6 제10과
도화	권3 제12과 잉어[鯉魚]

제2학년

국어	권3 제12과 완

---

5) 1907년 장지연이 학생들의 지리 교육을 위하여 편찬한 교과서.

한문	권2 제15과 미완	

제1학년

국어	수신 권1 제7과 수업으로 대체	
한문	권1 제30과 미완	

9월 4일 토요일 맑음

제4학년

역사	신라역대 미완	
박물	제3장 유채[蕓薹] 완	

제2학년

일어	권2 제19과 완	
국어	권3 제12과 완	

제1학년

일어	권1 제24과 완	
국어	수신 권1 제8과 수업으로 대체	

9월 5일 일요일 비 조금

9월 6일 월요일 맑음

제4학년

수신	권3 제5과 미완	
일어	권6 제15과 미완	

제2학년

수신	권2 제6과 미완	
도화	권2 제11도	
산술	덧셈, 뺄셈 혼제(混題)	

제1학년

수신	권1 제8과 미완	
도화	권1 제8도	
산술	간이 덧셈, 뺄셈	

일어   권1 제25과 미완

9월 7일 화요일 비

제4학년

    한문   경절(慶節) 준비

    산술   경절(慶節) 준비

제2학년

    산술   덧셈, 뺄셈 문제

    국어   산술 수업

    한문   일어 수업

    일어   권2 제20과 미완

제1학년

    산술   간단한 덧셈, 뺄셈

    국어   산술 수업

    한문   일어 수업

    일어   권1 제25과 완

9월 8일 수요일 만수성절(萬壽聖節)[6]

9월 9일 목요일 맑음

제4학년

    지리   제5장 연혁 미완

    산술   잡제 8의 제122, 123

    역사   신라 탈해왕 역대 완

제2학년

    산술   덧셈, 뺄셈 잡제

    국어   권3 제13과 미완

    일어   권2 제20과 완

---

6) 고종의 탄신일. 1897년 10월 12일 대한제국을 선포하면서 고종의 탄신일인 음력 7월 25일, 양력 9월 8일을 만수성절(萬壽聖節)로 정함.

제1학년

    산술   덧셈, 뺄셈 문답 20 이하

    국어   수신 권1 제8과 수업으로 대체

    일어   권1 제26과 미완

9월 10일 금요일 맑음

제4학년

    국어   권6 제10과 완

    도화   권2 제13도

제2학년

    국어   권3 제13과 완

    한문   권2 제15과 완

제1학년

    국어   수신 권1 제8과 수업으로 대체

    한문   권1 제40과 완

9월 11일 토요일 맑음

제4학년

    역사   파사왕 역대 미완

    박물   제3장 민들레[蒲公英] 미완

제2학년

    일어   권2 제21과 미완

    국어   권3 제14과 미완

제1학년

    일어   권1 제26과 완

    국어   수신 권1 제8과 수업으로 대체

9월 12일 일요일 맑음

9월 13일 월요일 맑음

추향사(秋享祀) 휴업

제4학년
　　수신, 일어
제2학년
　　수신, 도화, 산술
제1학년
　　수신, 도화, 산술

9월 14일 화요일 맑음

추향사 휴업

제4학년
　　한문, 산술
제2학년
　　산술, 국어, 한문, 일어
제1학년
　　산술, 국어, 한문, 일어

9월 15일 수요일 맑음

제4학년
　　일어　　　　권6 제15과 완
제2학년
　　한문　　　　권2 제16과 미완
　　수신　　　　권2 제6과 미완
제1학년
　　한문　　　　권1 제41과 미완
　　수신　　　　권1 제9과 미완

9월 16일 목요일 맑음

제4학년

    지리   제5장 연혁 미완

    산술   잡제 8의 제124, 125

    역사   신라 일성왕(逸聖王) 역대 미완

제2학년

    산술   세 자리 수의 덧셈

    국어   권3 제14과 미완

    일어   권2 제22과 완

제1학년

    산술   10 이상 수의 뺄셈

    국어   권2 제1과 완

    일어   권1 제27과 미완

9월 17일 금요일 구름

제4학년

    국어   권5 제11과 완

    도화   권3 제14도

제2학년

    국어   권3 제14과 미완

    한문   권2 제16과 미완

제1학년

    국어   권2 제1과 완

    한문   권1 제42과 완

9월 18일 토요일 구름

제4학년

    역사   신라 벌휴왕(伐休王) 역대 미완

    박물   제3장 민들레 완

제2학년

일어	권2 제23과 완	
국어	권3 제14과 완	

제1학년

일어	권1 제27과 완	
국어	권2 제2과 완	

9월 19일 일요일 비

9월 20일 월요일 구름

제4학년

수신	권3 제5과 완
일어	권6 제16과 완

제2학년

수신	권2 제6과 완
도화	권2 제12도 납촉(蠟燭)
산술	1000 이하 수의 덧셈, 뺄셈

제1학년

수신	권1 제9과 미완
도화	권1 제11도 미선(尾扇)
산술	20 이하 수의 덧셈, 뺄셈
일어	권1 제28과 완

9월 21일 화요일 맑음

제4학년

한문	권3 제31과 완
산술	본국의 도량형(度量衡) 미완

제2학년

산술	1000 이하 수의 덧셈, 뺄셈
한문	권2 제17과 미완
국어	권3 제15과 미완

일어　　　권2 제24과 완

제1학년

산술　　　20 이하 수의 덧셈, **뺄셈**

한문　　　권1 제43과 미완

국어　　　권2 제2과 미완

일어　　　권1 제29과 완

9월 22일 수요일 맑음

제4학년

일어　　　권6 복습

제2학년

한문　　　권2 제17과 완

수신　　　권2 제7과 미완

제1학년

한문　　　권1 제44과 완

수신　　　권1 제9과 미완

9월 23일 목요일 맑음

제4학년

지리[7]　　　제5장 연혁 완

역사　　　신라 내해왕(奈解王) 역대

제2학년

산술

국어　　　권3 제15과 미완

일어　　　권2 제25과 미완

제1학년

산술

국어　　　권2 제3과 미완

---

7) 원문에는 지지(地誌)로 되어 있으나 지리(地理)의 오류로 보임.

일어   권1 제30과 미완

9월 24일 금요일 비

제4학년
    국어   권6 제12과 완

제2학년
    국어   권3 제15과 완
    한문   권2 제18과 미완

제1학년
    국어   권2 제3과 완
    한문   권1 제45과 완

9월 25일부터 10월 2일까지 명절 휴업

10월 4일 월요일 맑음

제4학년
    수신   권3 제6과 완
    산술   본국 도량형. 논밭 면적, 부피, 용량
    일어   권6 제17과 완
    한문

제2학년
    수신   권2 제7과 미완
    한문   권2 제18과 완

제1학년
    수신   권1 제9과 완
    한문   권1 제46과 완

10월 5일 화요일 맑음

제4학년
    지리   본국 해안선 미완

산술	본국 도량형. 형수(衡數) 문제
국어	권6 제13과 완
일어	권6 제18과 완

제2학년
산술	100의 자리 수에 승기수(乘基數)
국어	권3 제16과 미완
일어	권2 제25과 완
도화	권2 제13도

제1학년
산술	20 이하 수의 덧셈, 뺄셈
국어	권2 제4과 미완
일어	권1 제30과 완
도화	권1 제12도

10월 6일 수요일 맑음

제4학년
| 한문 | 권3 제32과 완 |
| 일어 | 권6 제19과 |

제2학년
산술	110의 자리 수에 승기수
수신	권2 제7과 미완
한문	권2 제19과 미완
일어	권2 제31과 미완

제1학년
산술	덧셈, 뺄셈 혼제, 20 이하 수
수신	권1 제10과 미완
한문	권1 제47과 완
일어	권2 제26과 완

10월 7일 목요일 맑음

제4학년

지리	본국 해안선 미완
산술	외국 도량형. 영국, 미국의 길이
역사	신라 첨해왕(沾解王) 역년 미완

제2학년

산술	덧셈, 뺄셈 잡제
국어	권3 제16과 미완
일어	권2 제27과 완

제1학년

산술	덧셈, 뺄셈 잡제
국어	권2 제4과 미완
일어	권1 제31과 완

10월 8일 금요일 맑음

제4학년

한문	권3 제33과 완
국어	권6 제14과 완
도화	권3 제16도

제2학년

산술	덧셈, 뺄셈 잡제
국어	권3 제16과 완
일어	권2 제28과 완
한문	권2 제19과 완

제1학년

산술	나눗셈, 구구단 미완
국어	권2 제4과 완
일어	권1 제32과 완
한문	권1 제48과 완

10월 9일 토요일 맑음

제4학년

  역사   유례왕(儒禮王) 역년 완

  박물   제3장 완두(豌豆) 완

제2학년

  국어   권3 제17과 미완

제1학년

  국어   권2 제5과 미완

10월 10일 일요일 비

10월 11일 월요일 맑음

제4학년

  수신   권3 제7과 완

  산술   미터법[米突法] 길이, 면적, 용적, 중량

  일어   권6 제20과 완

  한문   권3 제34과 완

제2학년

  수신   권2 제7과 미완

  일어   권2 복습

  한문   권2 제20과 미완

제1학년

  수신   권1 제10과 완

  일어   권1 제33과 완

  한문   권1 제49과 완

10월 12일 화요일 맑음

계천기원절(繼天紀元節)[8] 수원지 초읍 운동

---

8) 1897년 대한제국의 선포 및 광무황제의 즉위기념일.

10월 13일 수요일 맑음

운동 후 휴업

10월 14일 목요일 맑음

제4학년

    지리   해안선 미완

    산술   영국과 미국의 통상 형수(衡數) 및 일본 도량형, 각도 완

    역사   신라 나물왕(那勿王) 완

제2학년

    산술   세 자리수에 승기수

    국어   권3 제17과 미완

    일어   권3 제1과 완

제1학년

    산술   20 이하 수의 곱셈, 구구단

    국어   권2 제5과 완

    일어   권1 제34과 미완

10월 15일 금요일 맑음

제4학년

    한문   권3 제35과 완

    국어   권6 제15과 완

    도화   권3 제17도

제2학년

    산술   동상(同上) 문제

    국어   권3 제17과 미완

    일어   권3 제2과 완

    한문   권2 제20과 완

제1학년

    산술   동상(同上) 문제

    국어   권2 제6과 미완

일어	권1 제34과 완
한문	권1 제50과 완

10월 16일 토요일 맑음

제4학년
역사	신라 눌지왕(訥祇王) 역년 완
박물	제3장 제2절 대맥(大麥) 완

제2학년
국어	권3 제17과 완

제1학년
국어	권2 제6과 완

10월 17일 일요일 맑음

10월 18일 월요일 맑음

제4학년
수신	권3 제8과 완
산술	본국 및 외국 도량형 변화
일어	권6 제21과 완
한문	권12 제36과 완

제2학년
수신	권2 제8과 미완
한문	권2 제21과 미완

제1학년
수신	권1 제10과 완
한문	권1 제51과 완

10월 19일 화요일 구름

제4학년
지리	본국 해안선 완

산술	화폐, 본국 및 외국
국어	권6 제16과 완
일어	권6 제22과 완
산술	세 자리 수에 승기수 문제
국어	권3 제18과 완
일어	권3 제3과 완
도화	권2 제14도

제1학년

산술	20 이하 수 나눗셈
국어	권2 제7과 미완
일어	권1 제35과 완
도화	권1 제11도

10월 20일 수요일 맑음

제4학년

한문	권3 제37과 완
일어	복습

제2학년

산술	동상(同上) 문제
수신	권2 제8과 미완
한문	권2 제21과 미완

제1학년

산술	20 이하 수 나눗셈
수신	권1 제11과 미완
한문	권1 제52과 미완

10월 21일 목요일 맑음

제4학년

지리	본국 지세(地勢) 미완
산술	단위 및 주간, 평년, 윤년 구별

    역사　　　　신라 눌지왕(訥祗王) 역년 완

제2학년

    산술　　　　1000 이하 나눗셈 문제

    국어　　　　권3 제19과 미완

    일어　　　　권3 제4과 완

제1학년

    산술　　　　20 이하 수 나눗셈

    국어　　　　권2 제7과 완

    일어　　　　권1 제36과 미완

10월 22일 금요일 구름

제4학년

    한문　　　　권3 제38과 완

    국어　　　　복습

    도화

제2학년

    산술　　　　1000 이하 나눗셈 문제

    국어　　　　복습

    일어　　　　권3 제5과 완

    한문　　　　권2 제22과 미완

제1학년

    산술　　　　20 이하 수 나눗셈

    국어　　　　복습

    일어　　　　권1 제36과 완

    한문　　　　권1 52과 완

10월 23일 토요일 맑음

제4학년

    역사　　　　신라 소지왕(炤智王) 미완

    박물　　　　제1장 제절 벼[稻] 완

제2학년

    국어   권3 제19과 미완

제1학년

    국어   권2 제8과 미완

10월 24일 일요일 맑음

10월 25일 월요일 맑음

제4학년

    수신   권3 제9과 완

    산술   제등수(諸等數)[9]의 통법(通法)[10] 및 명법(命法)[11]

    일어   권6 복습

    한문   권3 제39과 완

제2학년

    수신   권2 제8과 미완

    한문   권2 제23과 미완

제1학년

    수신   권1 제11과 미완

    한문   권1 제53과 완

10월 26일 화요일 맑음

제4학년

    지리   본국 지세 미완

    산술   제등수 통법 및 명법 예제

    국어   권6 제17과 완

    일어   권6 복습

제2학년

---

9) 여러 가지 단위가 섞인 수.

10) 여러 가지 단위가 섞인 수를 한 가지 단위로 고치는 계산법. 예를 들면, 1시간 10분을 70분으로 고치는 계산법.

11) 한 가지 단위로 된 수를 여러 가지 단위가 섞인 수로 고치는 계산법. 예를 들면 70분을 1시간 10분으로 고치는 계산법.

산술	1000 이하 수 곱셈 문제
국어	권3 제19과 완
일어	권3 제6과 완
도화	권2 제15도

제1학년

산술	20 이하 수 나눗셈 문제
국어	권2 제9과 미완
일어	권1 제37과 완
도화	권1 제14도

10월 27일 수요일 맑음

제4학년

한문	권3 제40과 완
일어	권6 복습

제2학년

산술	1000 이하 수의 곱셈문제
수신	권2 제8과 완
한문	권2 제23과 미완

제1학년

산술	20 이하 수 나눗셈 및 문제
수신	권1 제11과 미완
한문	권2 제1과 미완
일어	권1 제38과 완

10월 28일 목요일 맑음

제4학년

지리	본국 산맥[山經] 완
산술	제등수 통법과 명법의 예제
역사	신라 지증왕(智證王) 역년 미완

제2학년

산술   3항(桁) 곱셈 문제

국어   권3 제20과 미완

일어   권3 제7과 완

제1학년

산술   20 이하 나눗셈 연습

국어   권2 제9과 미완

일어   권1 제39과 완

10월 29일 금요일 맑음

제4학년

한문   권3 제41과 완

국어   권3 제18과 완

도화   권3 제19도

제2학년

산술   3항 곱셈문제

국어   권3 제20과 미완

일어   권3 제8과 완

한문   권2 제23과 완

제1학년

산술   20 이하 나눗셈 연습

국어   권2 제9과 미완

일어   권1 복습

한문   권1 복습

10월 30일 토요일 맑음

제4학년

역사   신라 진흥왕(眞興王) 역년 미완

박물   쌍떡잎식물, 외떡잎식물 비교

제2학년

국어   권3 제20과 완

제1학년

    국어   권2 제10과 미완

10월 31일 일요일 맑음

11월 1일 월요일 구름

제4학년

    수신   권3 제10과 완

    산술   복명수(複名數)[12] 통법(通法) 예제

    일어   권6 복습 완

    한문   권3 복습 필독(畢讀)

제2학년

    수신   권2 제9과 미완

    한문   권2 제24과 완

제1학년

    수신   권1 제11과 미완

    한문   권1 복습

11월 2일 화요일 맑음

제4학년

    지리   본국의 수지(水誌) 미완

    산술   제등수(諸等數) 통법 예제

제2학년

    산술   3항 곱셈, 덧셈, 뺄셈 잡제

    국어   권3 제21과 미완

    일어   권3 제9과 완

    도화   권2 제16도

제1학년

---

12) 몇 개의 단위를 섞어 무게나 시간 따위를 수치로 나타낸 것.

산술	20 이하 덧셈, 뺄셈, 곱셈 혼제
국어	권2 제9과 완
일어	권1 복습
도화	권1 제15도

제4학년

국어	권6 제19, 20과 완
일어	

11월 3일 수요일 맑음

비고	일본 천장절(天長節) 본인 소학교 축하식으로 인하여 청첩 참가 휴업

제4학년

한문	권6 복습
일어	

제2학년

산술	3항 곱셈 문제
수신	
한문	

제1학년

산술	50 이하의 수 덧셈
수신	
한문	

11월 4일 목요일 맑음

비고	4일부터 6일까지 3일간 이토[伊藤] 사망(薨逝)[13]으로 인하여 임시휴업

11월 7일 일요일 구름

---

13) 이토 히로부미[伊藤博文] : 1841~1909, 1905년 을사조약을 강제로 성립시켰으며, 초대 한국통감으로 국권침탈의 기초를 마련함.

11월 8일 월요일 비

제4학년

    수신

    산술   제등수 명법(命法) 예제

    일어   권7 제1과 완

    한문   권4 제1과 완

제2학년

    수신   권2 제9과 완

    한문   권2 제25과 미완

제1학년

    수신   권1 제12과 미완

    한문   권1 복습

    비고   4학년 수신 강사 유고(有故)로 쉼.

11월 9일 화요일 비

제4학년

    지리   본국 수지(水誌) 미완

    산술   제등수 덧셈

    국어   권6 제21과 완

    일어   권7 제2과 완

제2학년

    산술   두 자리 수에 두 자리 수 곱셈

    국어   권3 제231과 완

    일어   권3 제10과 완

    도화   권2 제17도

제1학년

    산술   3개 수 뺄셈. 단자리 수

    국어   권2 제11과 미완

    일어   권1 복습

    도화   권1 제16도

11월 10일 수요일 맑음

제4학년

한문	권4 제2과 완
일어	권7 제3과 완

제2학년

산술	2항 수에 2항 수 곱셈 문제
수신	권2 제10과 미완
한문	권2 제25과 완

제1학년

산술	3개 수 뺄셈. 10자리 수
수신	권1 제12과 미완
한문	권2 제2과 미완

11월 11일 목요일 맑음

제4학년

지리	본국의 수지(水誌)
산술	제등수 덧셈 예제
역사	신라 진흥왕(眞興王) 역년 완

제2학년

산술	2항수에 2항수 곱셈 문제
국어	권3 제22과 미완
일어	권3 제11과 완

제1학년

산술	항수에 1~8을 더하는 법
국어	권2 제12과 미완
일어	권1 복습

11월 12일 금요일 맑음

제4학년

한문	권4 제3과 완

국어   권6 제22과 완

도화   권3 제20도

제2학년

산술   2항수에 2항수 곱셈

국어   권3 제22과 미완

일어   권3 제12과 완

한문   권2 제26과 미완

제1학년

산술   2항수에 1~8을 더하는 법 및 문제

국어   권2 제12과 미완

일어   권1 복습

한문   권2 제2과 미완

11월 13일 토요일 맑음

제4학년

역사   신라 진평왕(眞平王) 미완

박물   제3장 제4절 소나무

제2학년

국어   권3 제22과 완

제1학년

국어   권2 제12과 완

11월 14일 일요일 맑음

11월 15일 월요일 맑음

제4학년

수신, 산술, 일어, 한문

제2학년

수신, 한문

제1학년

수신, 한문

비고   14일 일요일에 연합대운동회를 거행하여 월요일은 피로하므로 휴업함.

11월 16일 화요일 맑음

제4학년

지리   본국의 수지(水誌) 미완

산술   복명수(復名數) 덧셈 예제

국어   권6 제23과 완

일어   권7 제4과 미완

제2학년

산술   2항수에 2항수 곱셈

국어   권3 제33과 완

일어   권3 제13과 미완

도화   권2 제18도

제1학년

산술   2항수에 1~9를 더하는 법

국어   권2 제13과 미완

일어   권2 제1과 미완

도화   권1 제17도

비고   제2학급을 금일부터 갑(甲), 을(乙) 두 조로 나누어 수업하므로 일어 권3 제13과를
             갑조에는 모두 수업함.

11월 17일 수요일 맑음

제4학년

한문   권4 제4과 완

일어   권7 제4과 완

제2학년 갑반(甲班)

산술   약승법(略乘法)

수신   권2 제10과 완

한문   권2 제26과 완

제2학년 을반(乙班)

    산술   2항수에 2항수 곱셈

    수신   권2 제10과 미완

    한문   권2 제26과 미완

제1학년

    산술   2항수에 1~9를 더하는 문제

    수신   권1 제12과 미완

    한문   권2 제4과 미완

    비고   이하는 분장에 의하여 각각 기재함.

「교수일지(敎授日誌)」 속(續), 이존희(李存熙)

1909년 11월 18일 시작

11월 18일 목요일 맑음

묘사서고일(廟祀誓告日) 휴업

11월 19일 금요일 맑음

제2학년 갑반

    산술   정선산학(精選算學)[14] 약승법(略乘法)

제2학년 을반

    산술   산술서(算術書) 권2 제60항 제4시, 제5시 수업

제2학년 갑반

    일어   일어독본(日語讀本)[15] 권2 제14과 완

제2학년 을반

    일어   일어독본 권2 제13과 완

제4학년

---

14) 일본에서 엮은 유럽계 산수학을 남순희(南舜熙)가 재차 편집하여 1900년에 발행한 책.

15) 1907년 학부에서 편찬한 일본어 교과서.

| 도화 | 도화임본(圖畫臨本)[16] 권3 제21도 |

11월 20일 토요일 맑음

제4학년

| 박물 | 신찬소박물학(新撰小博物學)[17] 제4장 제1절 고사리[蕨] 완 |

제2학년 갑반·을반

| 주산 | 덧셈 연습 |

11월 21일 일요일 맑음

11월 22일 월요일 맑음

제2학년 갑반·을반

| 주산 | 덧셈 뺄셈 연습 |

제4학년

| 산술 | 정선산술(精選算術) 제등수 덧셈 예제 224항 완 |

제4학년

| 일어 | 일어독본 권7 제5과 완 |

제2학년

| 일어회화 | 일한통화(日韓通話)[18] 36항 중간역자(中間易者) 수업 |

11월 23일 화요일 구름 후 비

제2학년

산술	갑반	정찬산학(精撰算學)[19] 약제법(略除法)
	을반	산술서 권2 제7주 제6시
일어	갑반	일어독본 권3 제15과 완
	을반	일어독본 권3 제14과 미완

---

16) 1907년 학부에서 편찬한 최초의 국정 미술교과서.

17) 1907년 국민교육회에서 발행한 동물, 식물, 광물 등에 관한 책.

18) 1893년 고쿠부 구니외國分國夫]가 도쿄에서 출판한 일본인을 위한 한국어 학습서.

19) 여기서부터 원문도 정찬산학(精撰算學)으로 기재됨. 정선산학(精選算學)의 오기로 보이나, 일단 원문대로 기재함.

| 도화 | 갑반 | 도화임본 권2 제19도 |
| | 을반 | 도화임본 권2 제19도 |

제4학년

| 산술 | 정찬산학 복명수 뺄셈 |
| 일어 | 일어독본 권7 제6과 완 |

11월 24일 수요일 맑음

제2학년

| 산술 | 갑반 | 정찬산학 괄호용례 미완 |
| | 을반 | 산술서 권2 제8주 제1시, 제2시 |

제4학년

| 일어 | 일어잡지(日語雜誌)[20] 제4호 22항 |

제2학년

| 일어회화 | 일한통화(日韓通話) 38항 중 선택하여 가르침[擇授] |

11월 25일 목요일 맑음

제2학년

산술	갑반	정찬산학 괄호용례 문제 미완
산술	을반	산술서 권2 제8주 제3시, 4시
일어	갑반	일어독본 권3 제16과 완
일어	을반	일어독본 권3 제14과 완

제4학년

| 산술 | 정찬산학 복명수 뺄셈 예제 |
| 일어 | 일어잡지 4호 23항 |

11월 26일 금요일 맑음 후 구름

제2학년

| 산술 | 갑반 | 정찬산학 문제 7 미완 |

---

20) 1905년 경성학당 내의 일어잡지사(日語雜誌社)에서 발행한 독습일어잡지(獨習日語雜誌)를 지칭하는 듯함. 4월부터 12월까지 총 8호가 발간됨.

산술   을반   산술서 권2 제8주 제5시, 6시
일어   갑반   일어독본 권3 제17과 완
일어   을반   일어독본 권3 제15과 미완
제4학년
주산   곱셈 연습
일어   일어독본 권7 제7과 미완
도화   도화임본 권3 제22도
제2학년
도화   갑반   도화임본 권2 제20도
도화   을반   도화임본 제2 제20도

11월 27일 토요일 맑음
제2학년
주산   덧셈 뺄셈 연습
제4학년
박물   신찬소박물학 제4장 2절 다시매[昆布] 완

11월 28일 일요일 맑음

11월 29일 월요일 맑음, 바람
제4학년
산술   정찬산학 복명수 곱셈 문제 53 미완
일어   일어독본 권7 제7과 완
제2학년
주산   덧셈 뺄셈 연습
일어   일한통화 38항 회화 교수

11월 30일 화요일 맑음
제4학년
산술   정찬산학 복명수 곱셈문제 53 미완

| 일어 | | 일어잡지 제4호 24항 회화교수 |

제2학년

산술	갑반	정찬산학 괄호용례 완
산술	을반	산술서 권2 제9주 4시, 5시
일어	갑반	일어독본 권3 제18과 완
일어	을반	일어독본 권3 제15과 완
도화	갑반	도화임본 권2 제21도
도화	을반	도화임본 권2 제21도

12월 1일 수요일 구름

제2학년

산술	갑반	정선산술 4칙 잡제 8
산술	을반	산술서 권2 제9주 5시, 6시
일어회화	갑반	일한통화 39항 택수
일어회화	을반	일한통화 39항 택수
비고		제4학년 산술, 일어는 신병으로 휴업

12월 2일 목요일 맑음

제2학년

산술	갑반	정찬산학 4칙 잡제 8 미완
산술	을반	산술서 권2 제9주 6시
일어	갑반	일어독본 권3 제19과 완
일어	을반	일어독본 권3 제16과 완

제4학년

| 산술 | | 정찬산학 복명수 곱셈 예제 미완 |
| 일어회화 | | 일어잡지 제4호 25항 미완 |

12월 3일 금요일 구름

제2학년

| 산술 | 갑반 | 정찬산학 4칙 잡제 8 미완 |

산술	을반	산술서 권2 제10주 1시, 2시, 3시
일어	갑반	일어독본 권3 제20과 완
일어	을반	일어독본 권3 제17과 미완

제2학년

주산	곱셈 연습
일어	일어독본 권7 제8과 완
도화	도화임본 권3 제23도

12월 4일 토요일 맑음

제2학년

| 주산 | 덧셈, 뺄셈 연습. 단 을반 산술서 권2 제10주 제4시, 5시, 6시 |

제4학년

| 박물 | 신찬소박물학 제4장 제3절 이끼류[苔類] 완 |

12월 5일 일요일 맑음

12월 6일 월요일 맑음

제2학년

| 주산 | 덧셈 뺄셈 연습. 단 을반 산술서 권 제11주 제1시, 2시, 3시 |
| 일어외화 | 일한통화 제40항 택수 갑을반 동일 |

제4학년

| 산술 | 정찬산학 복명수 복습 |
| 일어 | 일어독본 권7 제9과 완 |

12월 7일 화요일 구름

제2학년

산술	갑반	정찬산학 4칙 잡제 8 미완
산술	을반	산술서 권2 제10주 3시, 4시
일어	갑반	일어독본 권3 제21과 완
일어	을반	일어독본 권3 제17과 완

| 도화 | 갑반 | 도화임본 권2 제22도 |
| 도화 | 을반 | 도화임본 권2 제22도 |

제4학년

| 산술 | | 정찬산학 복명수 나눗셈 미완 |
| 일어 | | 일어잡지 4호 제25항 완 |

12월 8일 수요일 구름

제2학년

산술	갑반	정찬산학 4칙 잡제 8 미완
산술	을반	산술서 권2 제10주 제5시, 6시
일어회화	갑반	일한통화 제41항 중 택수
일어회화	을반	일한통화 제41항 중 택수

제4학년

| 일어 | | 일어독본 권7 제3과 |
| 일어 | | 일어독본 권7 제10과 완 |

12월 9일 목요일 맑음, 구름

제2학년

산술	갑반	정찬산학 4칙 잡제 8 미완
산술	을반	산술서 권2 제11주 제1, 2, 3시
일어	갑반	일어독본 권3 제22과 완
일어	을반	일어독본 권3 제18과 완

제4학년

| 산술 | | 정산산학 복명수 문제 54 미완 |
| 일어회화 | | 일어잡지 제4호 제26항 미완 |

12월 10일 금요일 맑음

제4학년

| 주산 | | 곱셈 연습 |
| 일어 | | 일어독본 권7 제11과 완 |

도화　　　도화임본 권3 제24도
제2학년
　산술　　　갑반　　　정찬산학 4칙 잡제 8 미완
　산술　　　을반　　　산술서 권2 제11주 제4시, 5시
　일어　　　갑반　　　일어독본 권3 권23과 완
　일어　　　을반　　　일어독본 권3 제19과 미완

12월 11일 토요일 구름
제4학년
　박물　　　신찬소박물학 제4장 제4절 균류(菌類) 송이버섯[松蕈] 완
제2학년
　산술　　　갑반　　　정찬산학 4칙 잡제 8 미완
　주산　　　을반　　　덧셈 연습

12월 12일 일요일 맑음

12월 13일 월요일 맑음, 큰 바람
제2학년
　주산　　　갑반　　　덧셈 뺄셈 연습
　산술　　　을반　　　산술서 권2 제11주 제6시
　일어회화　갑반　　　일어잡지 2호 4항 미완
　일어회와　을반　　　일어잡지 1호 4항 완
제4학년
　산술　　　정찬산학 복명수 54문제 미완
　일어　　　일어독본 권7 제12과 완

12월 14일 화요일 맑음
제2학년
　산술　　　갑반　　　정찬산학 4칙 잡제 8 미완
　산술　　　을반　　　산술서 권2 제12주 1시, 2시

일어 　　 갑반 　　 일어독본 권3 제24과

일어 　　 을반 　　 일어독본 권3 제19과 완

도화 　　 갑반 　　 임본 권2 제23도

도화 　　 을반 　　 임본 권2 제23도

제4학년

　　산술 　　 정찬산학 문제 54의 11, 12, 13

　　일어 　　 일어잡지 제4호 제26항 완

12월 15일 수요일 맑음

제2학년

　　산술 　　 갑반 　　 정찬산학 4칙 잡제 8 미완

　　산술 　　 을반 　　 산술서 권2 제12주 제3시, 4시

　　일어회화 갑반 　　 일어잡지 제2호 제5항 미완

　　일어회화 을반 　　 일어잡지 제1호 제7항 완

제4학년

　　일어 　　 일어독본 권7 제13과 미완

　　일어 받아쓰기[日書取]　 일어독본 권7 제5과

12월 16일 목요일 맑음

제2학년

　　산술 　　 갑반 　　 정찬산학 4칙 잡제 8 미완

　　산술 　　 을반 　　 산술서 권2 제12주 제5시, 6시

　　일어 　　 갑반 　　 일어독본 권3 제25과 완

　　일어 　　 을반 　　 일어독본 권3 제20과 완

제4학년

　　산술 　　 정찬산학 복명수 나눗셈 문제 미완

　　일어회화 　　 일어잡지 제4호 제30항 완

12월 17일 금요일 맑음

제2학년

산술	갑반	정찬산학 4칙 잡제 8 미완
산술	을반	산술서 권2 제13주 1시, 2시
일어	갑반	일어독본 권3 복습
일어	을반	일어독본 권3 제21과 완

제4학년

일어	일어독본 권7 제13과 완
도화	도화임본 권3 제25도

12월 19일 토요일 맑음

제4학년

박물	신찬소박물학 제4장 박테리아, 제5장 식물 결론

제2학년

산술	갑반	정찬산학 4칙 잡제 8 미완
주산	을반	덧셈 뺄셈 연습

12월 19일 일요일 맑음

12월 20일 월요일 맑음

시험 전 복습

12월 21일 화요일 맑음

시험 전 복습

12월 22일 수요일 맑음

시험 개시

제4학년

일어독해	일어독본 권6, 7
일어회화	일어잡지 제4호 중간 답

제2학년 갑반

일어독해   일어독본 권3

제2학년 을반

일어독해   일어독본 권2, 3

12월 23일 목요일 맑음

제4학년

일어번역   일어독본 권6, 7

제2학년 갑반

산술   (1) 59+[49+{3+(35-28)×(29-25)-8}]=

(2) 그 수와 625의 합은 그 수와 25의 합에 5배라 하니 그 수가 얼마인가.

(3) 9,176원 40전을 약간의 사람에게 등분하는데 각 사람에게 51원 26전을 주고 86전이 남는다고 한다. 사람 수는 얼마인가.

(4) 부자가 있는데, 아비는 45세, 아들은 11세라 하는데 몇 년 후에 아비의 나이는 아들의 3배가 되는가.

(5) 4명이 말 3마리로 48리를 서로 같게 달린다면 각각 몇 리씩인가.

제2학년 을반

산술   (1) 1798+5637-4391+2798=

(2) 2598+3987+378+287-3987=

(3) 곡물상이 콩 6섬 5말 1되를 가졌는데 첫째 날에 5말 8되, 둘째 날에 3말 6되, 셋째 날에 2섬 4말 8되를 팔았고 3섬 7말 9되를 샀다고 하니 남은 곡물은 얼마인가.

(4) 농부 136명이 8일에 98무(畝)의 밭을 갈았으니 1명이면 며칠에 다 갈 수 있을까.

(5) 한 연못에 맑은 물 2,425말을 저장하는데 한 시간에 5말을 주입하는 수관(水管)을 사용하면 몇 시간에 다 주입할 수 있을까.

제2학년 갑반

도화   군모(軍帽)

제2학년 을반

도화   군모

12월 24일 금요일 맑음

제4학년

산술 　(1) 어떤 사람이 밭 38정(町) 7반(反) 9무(畝) 25보(步)를 갖고 있는데 그 외에 98정 4반 7무 13보를 매입하여 두 아들에게 분배하였다. 큰 아들은 76정 7반 5무 21보를 받았다고 하니 둘째 아들의 소득은 얼마인가.

　(2) 3주 2일 16시간 32분 3초의 1/21은 얼마인가.

　(3) 토지 4정 5반 3무 25보를 1보에 영국화폐 15파운드 12실링 7펜스에 팔면 가격이 얼마인가.

　(4) 낮 시간이 밤 시간보다 2시간 25분 36초 많을 때는 몇 시에 해가 지는가.

　(5) 갑과 을에게 기차가 있는데 갑은 1,570리 21정 48간을 36시에 달리는 속력이고, 을은 1시간에 29리 24정 56간 3척의 속력이라 하니 갑과 을의 차이는 얼마인가.

제2학년 갑반

일어회화 　일한통화 제13항부터 40항 중 택문(擇問)

제2학년 을반

일어회화 　간단한 인사 및 물건 이름

제2학년 갑반

일어받아쓰기 일어독본 제3 중 간이자(簡易者)

12월 25일 토요일 맑음

제4학년

박물과 　(1) 대맥(大麥)의 구조를 약기(略記)하라

　(2) 쌍떡잎식물과 외떡잎식물의 비교를 상세히 논하라

　(3) 박테리아는 식물의 어떤 종류에 속하는 것이며 그 번식 속도와 종류의 2, 3을 논하라

　(4) 자연계에 생육하는 식물의 대부분을 분류 표시하라

체조 보통체조

12월 26일 일요일 맑음

12월 27일 월요일 맑음

제4학년

　　도화　　교자(驕子)[21]

제2학년 갑반

　　주산　　　　덧셈 뺄셈 곱셈 5제(題)

　　제2학년 을반

　　주산　　　　덧셈 뺄셈 곱셈 5제

12월 28일 화요일 비 조금

제2학년 갑반

　　체조　　　　보통체조

제2학년 을반

　　체조　　　　보통체조

제1학년

　　체조　　　　보통체조

12월 29일 수요일 비 조금

　　비고　　　　29일부터 다음 해 1월 7일까지 겨울 휴업

제4학년 수업시간표

	제1시	제2시	제3시
월	수신	일어	작문
화	한문	산술	받아쓰기
수	주산	일어	체조
목	지리	산술	역사
금	국어	일어회화	도화
토	역사	박물	체조

21) 가마, 교자(轎子).

제2학년 수업시간표

	제1시	제2시	제3시	제4시
월	일어회화	수신	도화	산술
화	산술	국어	한문	일어
수	한문	수신	체조	습자
목	산술	국어	일어	
금	주산	국어	한문	습자
토	일어	국어	체조	

【동래향교 소장】

2. 『유림모성계안(儒林慕聖契案)』

구안(舊案), 1918년(무오) 9월 일

「동래향교(東萊鄕校) 유림모성계안(儒林慕聖契案) 서문」

내가 『주역(周易)』을 읽다가 "두 사람이 마음을 함께하면 그 날카로움이 쇠를 자를 수 있고, 마음을 함께하는 사람의 말은 그 향기가 난초와 같다"[22]라는 구절에 이르면 매번 무릎을 치며 감탄한 적이 많았다. 경학(經學) 강사인 벗 황돈수(黃敦秀)[23]가 나에게 편지를 보내 동래의 유생들이 모성계를 신설했다고 나에게 서문을 청하였는데, 이는 내가 동래부사를 지낸 적이 있기 때문이다.

아, 뽕나무 아래에서 사흘만 묵어도 오히려 그리움이 생기는데,[24] 더구나 이곳에서 여러 해를 보냈음이겠는가. 동래는 비록 바닷가 모퉁이에 치우쳐 있지만 그곳에 사는 사람들이 인륜을 돈독히 하고 문(文)을 숭상하는 것이 다른 군(郡)이 미칠 바가 아님을 내가 잘 알고 있다.

지금은 경전은 잔결되고 가르침은 해이해져 이단의 말이 시끄러운 때를 당하여 각기 의연금을 모아 계를 만들어 문묘를 보수할 비용으로 만들었으니, 성현을 사모하는 후학의 마음이 아니라면 보통을 훌쩍 넘어서는 이런 일이 어찌 이러함에 이르렀겠는가. 이렇게 계를 만듦으로 인하여 '덕업을 서로 권면하고 과실을 서로 바로잡아주며, 예의의 풍속으로 서로 사귀고 어려울 때 서로 돕는다'는 남전(藍田)의 옛 향약을 거듭 밝힌다면 향풍(鄕風)이 크게 변하여 우리의 도(道)가 다시 흥기하여 마음을 함께 했을 때의 날카로움과 향기가 쇠나 난초일 뿐만이 아닐 것이다.

강암(剛菴) 이용직(李容稙)[25] 쓰다.

---

22) 두 사람이……같다 : 벗과의 깊은 교분을 비유한 말로, 『주역』 「계사전 상(繫辭傳上)」에 보인다.

23) 황돈수(1849~1921), 호는 소릉(小菱), 1909~1911년 경기도 양성군 향교에서 직원(直員)으로 근무했다. 1912년 경학원의 경기도 강사에 임명되어 1921년 사망할 때까지 활동했다.

24) 뽕나무……생기는데 : 연연하여 잊지 못함을 말한다. 『후한서(後漢書)』 권30 「양해열전(襄楷列傳)」에 "부처가 뽕나무 아래서 사흘을 머물지 않는 것은 오래 머무는 동안에 애착이 생기지 않게 하고자 함이니, 정진의 극치라고 할 것이다."라고 한 데서 온 말이다.

25) 이용직(1852~1932), 본관은 한산(韓山)이며, 강암(剛菴)은 호이다. 1890면 이조참의가 되었으며, 1900년대 초반에는 황해도 관찰사, 전라도 관찰사를 지냈고, 1904~1909년까지 학부대신을 역임했다. 1910년 일제 강점 후 일본 정부로부터 자작의 작위를 받았으나, 1919년 3·1운동 때 경학원부제학 재직 시 대제학 김윤식(金允植)과 함께 조선독립청원서사건으로 작위를 박탈당하였다.

「동래향교 유림모성계(儒林慕聖契) 서문」

「유계서(儒契序)」는 유계에 대한 서문이다. '유계'라는 것은 옛날에는 그 이름이 없었는데, 지금 래주(萊州)[26]의 유생들이 한 군의 유생 중에 유학의 행실로 이름난 자들을 모아 특별히 계를 하나 만들었다. '계'라는 말은 '합한다'는 것이니, 그 뜻은 마음을 합하여 공자의 도를 함께 존숭하고, 그 일은 공자의 문을 함께 여는 것이다.

군자로다, 이 사람이여! 동래에 군자가 없었다면 이 사람이 어디에서 이러한 덕을 취했겠는가. 대체로 공자는 만세토록 유가(儒家)에서 조술(祖述)한 바로 잠시도 떠나서는 안 되는 것이다. 이 때문에 자양 주부자(紫陽朱夫子, 朱熹)가 이 도를 천명하는 것을 자신의 소임으로 삼았고, 그 뒤로 주자를 잇는 자들은 공자의 도를 가사(家事)로 삼아 힘쓰지 않는 이가 없었다. 나아가서는 세상을 선하게 하고 물러나서는 몸을 선하게 할 만 하였으니, 공자의 도가 땅에 추락하지 않아 어지러운 세상에서도 변하지 않고 깜깜하게 막혔어도 끊어지지 않은 채 지금에 이른 것이다.

그런데 근래에는 우리 도가 점차 쇠미해져 유생은 다만 국가에 기대기만 하고 스스로 자기의 일로 여기지 않고, 노사(老師)는 자리에 기댄 채 후진을 가르치지 않아 경전에 까막눈인 것을 부끄러워하지 않는다. 쑥대가 창평(昌平)에서 자라는데도 아랑곳하지 않고,[27] 현가(絃歌)가 무성(武城)에서 끊어졌는데도 걱정하지 않으니[28] 효도를 잊고 예가 어그러져서 금수에 가깝지 않은 자가 드무니, 이는 어진 사람이 측은하게 여겨야할 바가 아니겠는가.

다행히 동래의 유생들이 유가의 대의(大義)에 특별히 뛰어나 한 마음으로 도를 보위하는 데 힘써 성묘(聖廟)가 퇴락하면 수선하고 학당이 황폐하면 수리해서 제사를 지내고 강습하는 일에 이르기까지 실마리가 있지 않음이 없으니 이것이 계가 오늘날에 만들어진 이유이다.

이에 홍유석사(鴻儒碩士)가 각자 서명하고 절목(節目)을 덧붙였으며, 그 첩(帖)에 큰 글씨로 '유계(儒契)'라고 하였으니, 거룩하도다. 첩이 완성되고 나서 강암(剛菴) 이제학(李提學)이 맨 앞에 서문을 썼는데, 또 선조 참찬공(參贊公)이 일찍이 동래 부사를 지내 아름다운 행적과 송덕비가 있다는 이유로 고을 사람들이 나에게 이 계의 서문을 써주기를 청하였다. 내가 비록 어리석고 둔한 데다 글도 못하지만 의리상 감히 사양하지 못하였고, 또 이름을 올리는 것이 영광스러워 대략 한마디 말을 써서

---

26) 동래(東萊)를 말한다.

27) 쑥대가……않고 : 창평은 공자가 탄생한 지역이다. 성묘(聖廟)에 가시덤불이나 쑥대가 자라 황폐해졌는데도 아랑곳하지 않는다는 말이다.

28) 현가(絃歌)가……않으니 : 현가는 거문고를 연주하며 노래하는 것으로, 예악(禮樂)의 교화를 뜻한다. 공자의 제자 자유(子遊)가 무성(武城)의 지방관으로 있으면서 현가로 백성을 교화한 데서 온 말인데, 여기에서는 학당에서의 교육이 제대로 이루어지지 않고 있음을 말하고 있다. 『論語 陽貨』

뒤에 덧붙이면서, 먼저 군자들이 도를 아는 것을 축하하고 이어서 "내 도가 남으로 가는구나"[29]라고 말하노라.

경학원 강사 황돈수(黃敦秀)가 삼가 쓰다.

「동래향교 유림모성계 서문」

구사(九師)[30]가 나오자 『주역(周易)』의 도가 은미해지고, 백가(百家)가 유행하자 성인의 도가 막혔다. 옛날에 『주역』의 도를 은미하게 한 자는 9명이었는데 지금은 몇 백 명인지 알 수가 없고, 옛날에 성인의 도를 막은 자는 백가였는데 지금은 몇 천 가인지 알 수가 없다. 어찌하여 사람들은 양주(楊朱)로 돌아가지 않으면 묵적(墨翟)으로 돌아가[31] 벼 싹을 어지럽히고 주색(朱色)을 어지럽히는 것인가.[32] 더구나 지금 천하의 온 나라는 각기 그 학문을 종교로 삼는데, 오직 우리나라만 홀로 우리 도의 적통을 얻었다.

세상의 조류가 점점 흔들리고 유풍(儒風)이 더욱 경박해지고부터 선성(先聖)과 선사(先師)를 숭봉하는 막중한 문묘에 오래도록 종고(鍾鼓)와 생황(笙簧) 소리가 끊어졌으니, 장차 가시덤불과 쑥대가 자라는 곳이 되어 봄과 가을의 제사에 폐백과 희생의 제수가 부족하고, 초하루와 보름의 고유(告由)에 희생양[餼羊]을 바치는 예가 무너질 것이니, 아! 유자의 관을 쓰고 유자의 옷을 입는 사람 중에 누군들 성현을 사모하고 존숭하는 마음이 없겠는가. 하물며 또 상부(上府)에서 내린 숭유(崇儒)의 명령이 저와 같이 정녕하고, 군청에서 도를 보위하는 마음이 이와 같이 반복되는 데 있어서이겠는가.

그러므로 본 고을의 노소 유림이 같은 마음으로 모여서 협의하고 헤아려 들어오기를 원하는 자는 각자 재량껏 의연금을 내고 별도로 계를 만들어 이름을 '유림모성'이라고 하였다. 모은 금액은 원금을 남겨두어 이자를 취함으로써 한편으로는 제향의 비용으로 이바지하고 한편으로는 수선하는 비용에 보태며, 그 나머지는 추후에 마련하자는 뜻으로 공론이 일었기 때문에 별도로 절목을 만들어 차례

---

29) 내 도가……가는구나 : 송(宋)나라 양시(楊時)가 명도(明道) 정호(程顥)에게 배우고 고향으로 돌아갈 때, 명도가 좌객(坐客)들에게 "우리 도가 남으로 가는구나.[吾道南矣]" 하였다고 한 데서 온 말이다. 『宋史 卷428 楊時列傳』

30) 구사(九師) : 『주역』에 밝은 9명으로, 한(漢)의 회남왕(淮南王) 유안(劉安)이 당시 『주역』에 밝은 자 9명을 초빙하여 놓고 그들을 일러 구사라고 하였다.

31) 사람들이……돌아가 : 『맹자』 「등문공 하(滕文公下)」에 "성왕(聖王)이 나타나지 않아 제후(諸侯)들이 방자하고 처사(處士)들은 마구 의논하니, 양주와 묵적의 말이 천하에 가득하여 천하의 말이 양주로 돌아가지 않으면 묵적으로 돌아간다."라고 한 데서 온 말로, 이단의 학설이 횡행함을 뜻한다.

32) 벼 싹을……것인가 : 사이비(似而非)를 비판한 말에 나오는 표현으로, 벼 싹을 어지럽히는 가라지를 미워하고 정색(正色)인 붉은 색을 어지럽히는 자주색을 미워하는 이유는 겉은 비슷하나 속은 완전히 다르기 때문이라는 것이다. 『孟子 盡心下』

를 다음과 같이 하였다.

　내가 모임에 참여하여 여러 군자들에게 널리 고하기를 "오늘 참석한 사람은 모두 유림입니다. 부자(夫子)께서도 '너는 군자유(君子儒)가 되고 소인유(小人儒)가 되지 말라'[33]고 하시지 않았습니까. 삼가 원하건대 사람들이 모두 이 말씀대로 실천한다면 세상에 우리 계를 보는 사람들이 우러러 사모하는 마음이 유연하게 절로 일어날 것입니다"라고 하였더니, 모두 그렇다고 하였다. 나에게 그 일을 서술하라 명하였기에 내가 감히 사양하지 못하였다.

　1918년(공자 탄강 2469년 무오) 9월 일

　성균관 박사(成均館博士) 남평(南平) 문성준(文聲駿)[34] 짓다.

　성균관 진사 죽산(竹山) 박전필(朴銓弼)[35] 쓰다.

「유계 규약(儒契規約)」

제1조 본 계는 동래군 문묘를 숭봉하고 윤리도덕과 미풍양속의 함양을 목적으로 한다.

제2조 본 계는 동래군 유계라 칭한다.

제3조 본 계의 사무소는 향교 명륜당에 둔다.

제4조 본 계의 목적을 이루기 위하여 다음과 같은 사업을 시행한다.

　　명유석학(名儒碩學)을 청하여 강연회를 개최한다.

　　봄과 가을 석전제(釋奠祭) 거행에 필요한 비용을 보조한다.

　　문묘 및 부속 건물의 보존에 필요한 비용을 보조한다.

제5조 본 계는 본군 내에 거주하는 20세 이상 된 남자로서 품행이 방정한 유생으로 조직한다. 다만 다른 지방에 학식과 덕망이 있는 자는 특별히 계장(契長)의 추천에 의하여 본 계에 가입할 수 있다.

제6조 본 계는 다음의 임원을 둔다.

　　계장 1인

---

33) 너는……말라 : 『논어』「옹야(雍也)」에 공자가 제자인 자하(子夏)에게 말해준 대목에 나온다.

34) 문성준(1858~1930), 호는 남평(南平)이다. 1901년(고종 38) 성균관 박사에 임명되었으나 부임하지 않고 고향으로 돌아가 학문과 교육에 힘썼다. 유학자 간재(艮齋) 전우(田愚, 1841~1922)의 문하에서 수학하였으며, 문성준은 유교를 근대 사회에 어울리도록 개혁해야 한다고 주장한 이병헌(李炳憲)과 이승희(李承熙) 등의 공교 운동(孔敎運動)을 비판하고, 유학의 전통을 지키고자 노력했다.

35) 박전필(1863~ ?), 호는 죽산(竹山)이다. 부산 출생으로, 1863년(철종 14) 진사시에 합격했다. 숭덕전참봉(崇德殿參奉)을 역임했다.

부계장(副契長) 1인

이사(理事) 2인

장재(掌財) 1인

상의원(商議員) 10인

구관(區管) 및 각 면(面)의 재무원(財務員) 약간

제7조 계장은 본 계를 대표하고 계의 사무를 총괄한다. 부계장은 계장을 보좌하고 계장이 사고가 있을 때는 그 임무를 대리한다. 이사는 계장의 명령을 받들어 계중의 온갖 업무를 맡아서 처리한다. 장재는 계장의 명령을 받들어 계의 재산을 관리한다. 상의원은 상의회(商議會)에서 심의할 사항을 의결한다.

제8조 계장, 부계장, 상의원은 총회에서 선거하고 이사, 장재, 구관은 상의회에서 선정한다.

제9조 임원의 임기는 2년으로 한다. 다만 기한이 다 차고 재선도 무방하다.

제10조 회의는 정기총회, 임시총회 및 상의회의 세 종류로 한다. 정기총회는 매년 춘추 석전제 다음날에 이를 개회하고, 임시총회 및 상의회는 필요가 있을 때 계장이 이를 개회한다.

제11조 계장은 총회의 개회 5일 전에 의안(議案) 일시 및 장소를 계원에게 통지하고, 군수 및 경찰서장에게 보고한다.

제12조 총회는 계원 5분의 1 이상, 상의회는 상의원 반수 이상이 출석하지 않으면 의사(議事)를 개회할 수 없다.

제13조 총회 및 상의회는 출석원 반수 이상의 동의를 얻지 못하면 의사를 결정할 수 없다. 다만 가부(可否) 동수(同數)일 때는 계장이 결정하는 바에 따른다.

제14조 상의회에서는 다음과 같은 사항을 심의 결정한다.

계원의 진퇴(進退)에 관한 사항

예산, 결산에 관한 사항

기타 중요한 사항

제15조 계원은 입계(入契)할 때에 1원(圓) 이상의 계비(契費)를 납부한다.

제16조 계비는 기본 재산으로 편입하고 그 이식(利息)으로 매년 경비를 지출 사용하되, 1년간 수입과 지출의 예산을 편성하여 필히 이에 따른다. 회계연도는 음력 정월로 시작하여 음력 12월에 마친다.

제17조 다음의 방법을 따라 기본 재산을 흥식(興殖)한다.

계원 가운데 상당한 재산과 신용이 있는 자에게 대부(貸付)한다.

대부금은 1구(口) 50원으로 하고 1인 2구 이상의 대부를 불허한다.

대부 연한은 2년으로 한다.

이자 납부 기한은 매년 음력 1월, 음력 7월 두 차례로 한다.

제18조 금전을 대부할 때는 계장, 부계장, 이사 및 장재의 합의 결정을 요한다.

제19조 본 계에 다음의 장부(帳簿)를 비치한다.

계원명부

임원명부

계지(契誌)

기본재산대장

대부대장

이자수입부

경비지출부

제20조 미진한 조건은 추후 마련한다.

【동래향교 소장】

3. 『문묘존안(文廟存案)』

임인(壬寅) 12월

문묘존안 목차

1. 비품목록

도반기(稻飯器)	23
직반기(稷飯器)	24
희존(犧尊)[36]	8
촉대(燭臺)	34
주자(酒子)	6
변두(籩豆)[37]	236
목두(木豆)	105
주잔(酒盞)	81
잔대(盞臺)	81
향로(香爐)	7
주옹(酒甕)	1
포옹(脯甕)	1
도준(陶樽)	1
철정(鐵鼎)	2
쇄금(鎖金)	10
목향합(木香盒)	4
목상(木床)	3

36) 제사 때 쓰는 술 항아리로 소 형상을 띰.

37) 제사에 쓰는 그릇. 변(籩)은 대나무로 만들어 과일을 담고, 두(豆)는 나무로 만들어서 나물과 고기를 담음.

목궤(木几)	8	
향안궤(鄕案几)	1	
헌관예복(獻官禮服)	5	
헌관제복(獻官祭服)	6	구(舊)
재복(齋服)	9	1개 훼손
성적도(聖蹟圖)[38]	1	
석전대제홀(釋奠大祭笏)	1	
사직 제홀	1	
주자대전(朱子大全)[39]	85	
대학연의(大學衍義)[40]	12	
창려문집(昌黎文集)[41]	19	
고려지(高麗志)[42]	16	
육선공집(陸宣公集)[43]	6	
육선공주의(陸宣公奏議)[44]	6	
주역(周易)	10	신(新)
류원(類苑)[45]	17	
정충록(精忠錄)[46]	3	
회재집(晦齋集)[47]	4	
익재집(益齋集)[48]	4	
송감(宋鑑)[49]	9	
회헌집(悔軒集)[50]	3	
일재집(一齋集)[51]	2	

---

38) 1904년 공자의 행적을 그린 그림에 해설을 붙여 엮은 도설서.
39) 주희(朱熹)의 문집.
40) 송나라 학자 진덕수(眞德秀)의『대학』주석서.
41) 중국 당나라 학자이자 사상가인 한유(韓愈)의 문집. 창려(昌黎)는 그의 호임.
42) 고려에 사신으로 왔던 원나라 왕약(王約)이 고려에서 보고 들은 것을 기록한 책.
43) 중국 당나라 학자이자 정치가인 육지(陸贄)의 문집. 선공(宣公)은 그의 시호임.
44) 중국 당나라 학자이자 정치가인 육지(陸贄)의 상소를 모아 만든 책.
45) 같은 종류의 사안들을 모은 문헌이나 서적.
46) 중국 송나라 충신 악비(岳飛)의 충절을 기술한 책.『악왕정충록(岳王精忠錄)』이라고도 함.
47) 조선 중종 때 학자인 이언적(李彦迪)의 유고집. 회재(晦齋)는 그의 호임.
48) 고려 말기 학자 이제현(李齊賢)의 문집. 익재(益齋)는 그의 호임.
49) 중국 송나라의 사서(史書).
50) 조선 후기의 문신 조관빈(趙觀彬)의 문집. 회헌(晦軒)은 그의 호임.

소학(小學)[52]	1
시전(詩傳)[53]	1
논어(論語)	11
서전(書傳)[54]	18
서재실기(西齋實記)[55]	1
향례합편(鄕禮合編)[56]	1
감속(鑑續)	1
호남공선(湖南貢膳)	2
원자초도(元子初度)	2
탄일윤음(誕日綸音)	2
엄변록(嚴辯錄)	1
난곡보(蘭谷譜)	1
조씨충효록(趙氏忠孝錄)	2
어제윤음(御製綸音)[57]	2
사오당집(四吾堂集)[58]	1
아계집(鵝溪集)[59]	2
나부선생집(懦夫先生集)[60]	1
심원록(尋院錄)[61]	8
별안(別案)	2
충민사전답장기(忠愍祠田畓帳記)[62]	1

51) 조선 중기의 학자 이항(李恒)의 시문집. 일재(一齋)는 그의 호임.

52) 중국 송나라 유자징(劉子澄)이 아동들에게 유학을 가르치기 위해 편찬한 책.

53) 『시경(詩經)』의 주석서.

54) 『서경(書經)』의 주석서.

55) 조선 초기 관료인 송간(宋侃)의 지(誌)와 장(狀) 등 여러 글과 포증(褒贈)한 사실에 대해 그의 후손 송석년(宋錫年)이 편찬한 책. 서재(西齋)는 송간의 호임.

56) 1797년 정조의 명에 따라 이병모(李秉模), 윤시동(尹蓍東) 등이 편찬한 예서(禮書)로, 『의례(儀禮)』의 「향음주례(鄕飮酒禮)」, 「향사례(鄕射禮)」, 「사관(士冠)」 등을 모아 풀이를 덧붙여 엮은 책.

57) 1776년 조선 정조가 홍인한과 정후겸 등 벽파를 성토하여 죄를 주고 그 사실을 백성들에게 알린 교서.

58) 『사오당선생일집(四吾堂先生逸集)』. 조선 중기 유학자 배양옥(裵良玉)의 문집.

59) 조선 중기 정치가 이산해(李山海)의 문집. 아계(鵝溪)는 그의 호임.

60) 조선 초기 정치가 황수신(黃守身)의 문집. **나부**(懦夫)는 그의 호임.

61) 서원을 방문한 사람들의 방명록.

62) 충민사(忠愍祠)는 조선 중기 선조의 명을 받아 이항복(李恒福)이 건립한 것으로, 충무공 이순신과 관련된 최초의 사당(祠堂). 충민사전답장기(忠愍祠田畓帳記)는 충민사가 소유하고 있는 전답의 내역을 종포평(宗浦坪), 서당동평(書堂洞坪), 석보평(石堡坪) 등 평야의 위치별로 나누어서 기록한 문서.

예조면강안(禮曺免講案)	2
교원절목(校院節目)	2
민고책(民庫册)	2
노비안(奴婢案)	1
행심(行審)	2
청금록(靑衿錄)63)	16
옥천원장좌목(玉川院長座目)	1
대동학회월보(大東學會月報)	2
호남학보(湖南學報)	5
지소절목(紙所節目)	2
향교이달원납기(鄕校移達願納記)	1
별고유사기(別庫有司記)	1
양성기(諹聖記)	2
보애록(寶哀錄)	3
기구분진성책(飢口分賑成册)	1
유생안(儒生案)	36
사직단절목(社稷壇節目)	1
양로면첩(養老宴帖)	1
향약좌목(鄕約座目)	1
서원진신안(書院搢紳案)	1
제명록(題名錄)	1
진자전책(賑資錢册)	1
순영절목(巡營節目)	1
향약장정(鄕約章程)	18
절목류잡책(節目類雜册)	1
향교집강안(鄕校執綱案)	1
양사재유사안(養士齋有司案)	1
청금계금출납부(靑衿契金出納簿) 계원씨명록(契員氏名錄) 합편 1	
청금계안용장지책(靑衿契案用壯紙册)	1
주역	○○
문묘존안(文廟存案) 비품목록, 금전수지부, 증빙서등본 합편 1	
향교인(鄕校印)	1

---

63) 유생들의 인적사항을 기록한 명부.

직원인(直員印)   1

이상

금전수지부(金錢收支簿)는 아래에 있음.

1. 금전수지부(金錢受支簿)

음력 1917년(丁巳) 7월

   수입

금 76원 4전 4리   조용승(曺龍承) 외 2인분 예대(預代)

음력 1917년(정사) 8월

   지출

금 42원 40전   포우(脯牛) 1마리 값

금 3원 20전   소 도살세

금 47전   형염(刑鹽) 3말 값

금 1원 60전   양 1마리 값

금 55전   양 도살세

금 2원 20전   돼지 1마리 값

금 55전   돼지 도살세

금 2원   밥쌀 2말 값

금 30전   기장 3되 값

금 10전   수수 쌀(稷米) 4되 값

금 1원 10전   주도미(酒稻米) 1말 값

금 60전   누룩 10개 값

금 20전   대취[大召] 3되 값

금 30전   생밤 2되 값

금 26전   연재[茯仁] 1되 값

금 36전   개암[榛子] 2되 값

금 72전   어포 25마리 값

금 1원 26전　　　어염 25마리 값

금 2전　　　　　청저(菁菹) 값

금 4전　　　　　비저(菲菹) 값

금 4전　　　　　근저(芹菹) 값

금 4전　　　　　마른조개 1관 값

금 6전　　　　　필묵 각 1정 값

금 78전　　　　　창호지 40매 값

금 42전　　　　　백지 60매 값

금 4전　　　　　향 값

금 34전　　　　　황촉(黃燭) 40자루 값

금 51전　　　　　땔감 3짐 값

금 6전 4리　　　길경(吉梗) 1두름 값

금 22전　　　　　봉토지(封吐紙) 200매 값

금 75전　　　　　기장쌀[黍米] 1말 5되 값

금 1원　　　　　제기 세척[滌器] 품삯

금 1원　　　　　제초 임금

금 52전　　　　　포 만드는 값[作脯手料]

금 6전　　　　　갱지 2매 값

금 1원　　　　　악공(樂工) 임금

금 6전　　　　　석탄 값

금 16전　　　　　어포 10마리 값

금 10원 85전　　제사에 참여한 사람에게 음식 대접한 값

계 금 76원 14전 4리

음력 1918년(戊午) 2월

　수입

금 2원 56전　　　청금계돈　　　　음력 무오 2월 2일 김기두(金淇斗)

금 4원 80전　　　청금계돈　　　　음력 무오 2월 2일 조충재(趙忠材)

금 10원　　　　　소 1마리 피골족 값　음력 무오 2월 5일 나자문(羅子文)

금 30전　　　　　양가죽 대금　　　음력 무오 2월 7일 이봉석(李鳳石)

금 8원 86전 8리	청금계돈	음력 무오 2월 8일 이병강(李炳强)
금 11원 50전	청금계돈	음력 무오 2월 9일 정상기(鄭相基)
금 1원 50전	청금계돈	음력 무오 2월 9일 정홍조(鄭洪祚)
금 4원 80전	청금계돈	음력 무오 2월 9일 유흥필(柳興弼)
금 3원 40전	청금계돈	음력 무오 2월 9일 조병문(趙秉文)
금 1원	청금계돈	음력 무오 2월 12일 정준호(鄭俊鎬)
금 4원 80전	청금계돈	음력 무오 2월 13일 장중렬(張仲烈)
금 36원	금곡리 가대 대금	음력 무오 2월 13일 정영하(丁永夏)
금 2원 16전	청금계돈	음력 무오 2월 13일 김택구(金澤九)
금 1원 80전	청금계돈	음력 무오 2월 15일 조형식(趙炯植)
금 3원	청금계돈	음력 무오 2월 19일 정상기(鄭相基)
금 2원	청금계돈	음력 무오 2월 20일 정상기(鄭相基)
금 28원		음력 1917년 가을·음력 1918년 봄 향사 찬금(贊金)
		음력 1918년(무)오 4월 1일 군청

계 금 126원 48전 8리

음력 1918년(무오) 2월   일

　지출

금 2전 4리	양초 2자루 값
금 40전	땔감 4묶음 값
금 80전	출표용지 2백매, 봉토지 2백매 값
금 6전 6리	괘지(卦紙) 10매, 봉토지 10매 값
금 5원 50전	돼지 1마리, 양 1마리 값
금 2전 6리	큰 봉토지 5매 값
금 1원 20전	술쌀[茨仁] 1말 값
금 90전	누룩 10개 값
금 56원	포우(脯牛) 1마리 값
금 3원 20전	소 도살세
금 28전	형염(刑鹽) 2말 값
금 24전	포우(脯牛) 운송비

금 42전	괘지 100매, 봉토지 50매 값
금 10전	땔감 1묶음 값
금 4전	창고지기[庫子] 짚신 1부 값
금 40전	포 만드는 값[作脯手料]
금 3전	제기상자 열쇠 개조 품삯
금 1원	돼지, 양 도살세
금 1원 20전	제기 세척[滌器] 품삯
금 28전	형염(刑鹽) 2말 값
금 40전	땔감 1짐 값
금 40전	땔감 1짐 값
금 3원	창고지기 황선(黃善) 연급[年料]
금 15전	전곡(典穀), 창고지기 오하(午下)
금 28전	생밤 2되 값
금 54전	대추 3되 값
금 40전	호도[楸子] 1되 값
금 1원	은행 1되 값
금 72전	북어 30마리 값
금 1원 10전	청어 27마리 값
금 20전	전내 제초 품값
금 8전	마른조개 1관
금 22전	청저(菁菹) 값
금 36전	창호지 20매 값
금 22전	백지 40매 값
금 4전	향 값
금 38전	양초 40자루 값
금 6전	길경(桔梗) 2묶음 값
금 6전	필묵 각 1정 값
금 10전	형염(刑鹽) 5되 값
금 10전	석탄 값
금 24전	술잔 값

금 10전 호분(糊粉) 값

금 2원 60전 밥쌀[飯稻米] 2말 값

금 60전 전내 청소 품삯

금 10전 근저(芹菹), 비저(菲菹) 값

금 22전 땔감 2묶음 값

금 60전 도유사(都有司)[64], 거원(擧員)[65] 자하(資下)

금 3전 6리 양초 3자루 값

금 6원 창고지기 황선(黃善) 연급

금 40전 창고지기 황선(黃善) 연급

금 6원 전곡(典穀) 김창수(金昌洙) 월급

금 5원 80전 제원(祭員) 공괘(供卦) 값

금 2전 제기 세척 볏짚 값

금 30전 능인(菱仁) 1되 5홉 값

금 80전 기장쌀 2말 값

금 1원 악공(樂工) 품삯

금 5전 구만망기(九萬望記) 출차(出差)할 때 짚신 값

금 50전 고암거(孤岩去) 자하(資下)

계 금 107원 28전 2리

음력 1918년(무오) 7월

수입

금 50원 70전 예대금(預代金) 음력 무오 7월 6일 허준(許埈)

금 15원 예대금 음력 무오 7월 18일 정준용(鄭浚鎔)

금 6원 예대금 음력 무오 7월 18일 신기식(申奇植)

금 10원 38전 예대금 음력 무오 7월 18일 최진두(崔鎭斗)

금 17원 36전 예대금 음력 무오 7월 18일 박규영(朴奎英)

금 9원 81전 6리 예대금 음력 무오 7월 18일 허영(許鏷)

금 14원 80전 소 피골족 값 음력 무오 7월 27일 허대범(許大範)

---

64) 향교, 서원에 관한 사무를 맡은 우두머리.

65) 응시한 인원.

금 6원	청금계돈	음력 무오 7월 29일 남영원(南映元)
금 1원	청금계돈	음력 무오 7월 29일 허준(許鐏)
금 2원 70전	청금계돈	음력 무오 7월 29일 조병문(趙秉文)
금 1원	양가죽 값	음력 무오 8월 2일 허영(許鐸)
금 4원 79전	청금계돈	음력 무오 8월 3일 이병현(李炳現)
금 4원 50전	청금계돈	음력 무오 8월 4일 장중렬(張仲烈)
금 4원	청금계돈	음력 무오 8월 4일 장기만(張基萬)
금 5원	청금계돈	음력 무오 8월 5일 박형래(朴亨來)
금 3원	청금계돈	음력 무오 8월 5일 허영(許永)
금 5원	청금계돈	음력 무오 8월 5일 박규섭(朴奎爕)
금 50전	청금계돈	음력 무오 9월 30일 조명렬(趙明烈)
금 14원	음력 1918년 추향비	음력 무오 10월 3일 군청

계 금 175원 54전 6리

음력 1918년(무오) 7월

지출

금 1원 28전	출표용지 및 봉토지 값
금 20전	땔감 1묶음 값
금 18전	백지 1묶음 값
금 72원 40전	포우(脯牛) 1마리 값
금 55전	봉토지 및 인괘지(印卦紙) 값
금 65전	인육(印肉)[66] 값
금 2원	문묘수리 택일 품삯
금 30전	겨릅대[麻骨] 값
금 1원 30전	전내 제초 품삯
금 1원 50전	형염(刑鹽) 3말 값
금 30전	능인(菱仁) 1되 값
금 15전	전내 제초 품삯

---

66) 인주.

금 90전	전내 제초 및 포우(脯牛) 운반 품삯
금 3원 20전	소 도살세
금 1원 4전	어포 20마리 값
금 45전	어포 5마리 값
금 50전	북어 20마리 값
금 72전	백지 1묶음, 창호지 1묶음, 마른조개 1관 값
금 12전	향, 필묵 값
금 90전	땔감 5묶음 값
금 32전 4리	북어 12마리 값
금 60전	호도[楸子] 값
금 27전 6리	속(簌) 4묶음 값
금 44전	양초 값
금 20전	작포(作脯) 품삯
금 1원 20전	누룩 10개 값
금 1원 40전	술쌀[酒米] 1말 값
금 10전	풀가루 2되 값
금 5원 30전	돼지 1마리 값
금 30전	대추 2되 값
금 54전	진자(榛子) 값
금 1원	제기 세척[滌器] 품삯
금 40전	제수(祭需) 운반 품삯
금 1원 50전	서미(黍米) 2말 값
금 10전	석유 값
금 40전	생밤 1되 값
금 1원	돼지, 양 도살세
금 8전 6리	양초 3자루 값
금 40전	작포(作脯) 품삯
금 15전	숯 값
금 28전	형염(刑鹽) 3되 값
금 20전	돼지, 양 2마리 운반품삯

금 22전	방지(榜紙) 값
금 16전	관건(盥巾) 값
금 17원 26전	제원(祭員) 공궤(供饋) 값
금 3원 36전	밥쌀[飯稻米] 2되 값
금 4원	양 1마리 값
금 10전	청저(菁菹) 값
금 5전	근저(芹菹) 값
금 5전	비저(菲菹) 값
금 6전	청저, 미저, 근저 값
금 60전	전곡(典穀) 김창영(金昌泳) 월급
금 1원	전곡 김창영 월급
금 3전	경학원(經學院) 상황보고 우편료
금 2원	창고지기 황선(黃善) 연급
금 1원	악공(樂工) 품삯
금 3원	전곡 김창영 월급
금 90전	문묘존안용 장지(壯紙) 10매 값
금 36전	땔감 2묶음 값
금 20전	백로지(白露紙) 1매, 봉토지 120매 값
금 12전	백로지 2매 값
금 5원	전곡(典穀) 김창영(金昌泳) 월급
금 4원 74전	창고지기 황선(黃善) 연급
금 10전	경학원 상황보고 우편등기료

계 금 149원 14전 6리

수입 통계 금 378원 17전 8리
지출 통계 금 332원 57전 2리
잔액 45원 60전 6리

　지출분
금 14원	음력 정사 추향비(秋享費) 조용승(曺龍承) 외 2인 예대금 중

음력 1918년(무오) 4월 4일 양태교(梁台敎), 이승우(李承佑)

| 금 8원 | 음력 무오 추향비 예대금 중 음력 무오 8월 2일 허영(許鐄) |

금 8원　　　　　음력 무오 추향비 예대금 중 음력 무오 8월 2일 허영(許鐄)

금 4원 50전　　　음력 무오 추향비 예대금 중 음력 무오 8월 3일 허준(許埈)

금 5원　　　　　음력 무오 추향비 예대금 중 음력 무오 8월 5일 박규영(朴奎英)

금 14원 10전 6리　음력 무오 추향비 예대금 중 음력 무오 10월 3일 정준용(鄭俊鎔)

계 금 45원 60전 6리

실 부족금 163원 5전 5리

　미지출분

금 62원 14전 4리　음력 정사 추향비 예대금 조용승(曺龍承) 외 2인

금 46원 20전　　　음력 무오 추향비 예대금 허준(許埈)

금 89전 4리　　　음력 무오 추향비 예대금 정준용(鄭浚鎔)

금 12원 36전　　　음력 무오 추향비 예대금 박규영(朴奎英)

금 1원 81전 6리　　음력 무오 추향비 예대금 허영(許鐄)

금 6원　　　　　　음력 무오 추향비 예대금 신기식(申奇植)

금 10원 38전　　　음력 무오 추향비 예대금 최진두(崔鎭斗)

금 8원 86전 1리　　정사 8월부터 무오 10월 연급 황선(黃善)

금 14원 40전　　　정사 8월부터 무오 10월 월급 김창영(金昌泳)

계 금 163원 5전 5리

음력 1917년(정사) 7월부터 음력 무오 10월 증빙서 등본은 아래에 있음.

1. 증빙서 등본

계약서

　향교 향사비(享祀費), 기타 비용에 보조된 청금(靑衿)계금은 이자 전부를 본인이 거두어 들여서 귀전(貴殿)에 교부하기로 함. 이 또한 횡령결포(橫領缺逋) 또는 계제(計除)한 일이 있을 경우에는 본인이 곱절의 돈을 징급하기로 계약함.

　음력 1917년(정사) 9월 1일

향교 도유사 계약주 조용승(曺龍承) [인]

전곡 증필(證筆) 김창영(金昌泳) [인]

순천향교 직원 박승림 앞

승낙서

작년 가을 향사비와 기타 비용을 청금(靑衿)계금으로 할급(割給)하기로 한 바 각 면 찬성원이 동 계금을 독봉(督捧)하여 현임 직원 박승림께 납부하고 동(同) 직원은 동(同) 계금을 수입 청산 후 교임(校任) 조용승 외 2인에게 수의(隨宜) 지불하기 위하여 이에 승낙함.

음력 1919년(무오) 2월 11일

순천군 향회원

정준호(鄭俊鎬) [인], 박규섭 [인], 김재호(金在灝) [인], 양현화(梁顯化) [인], 조기선(趙淇善) [인], 허영(許永) [인], 조종현(趙鍾玹) [인], 장기만(張基萬) [인], 이병일(李炳一) [인], 박중화(朴重華) [인]

승낙서

一. 향교에 부속된 대지와 초가 2동 6간을 시가(時價)에 따라 매각하여 비용을 보탬이 가함.

음력 1919년(무오) 2월 9일

순천군 향회원

조용승 [인], 정준호(鄭俊鎬) [인], 조기선 [인], 양현화 [인], 조종현 [인], 허영(許永) [인], 장준기(張俊基) [인], 조윤익(趙潤翼) [인], 박상호(朴尙浩) [인]

문묘직원 박승림 앞

증(証)

문묘에 관한 서류가 쌓여있는 벽방(壁房) 문 자물쇠의 열쇠를 음력 3월 2일에 추심하여 주기로 이에 증명함. 그 열쇠는 순천군(順天郡) 쌍암면(雙岩面) 구강리(九江里) 조영훈(趙泳薰)에게 있음.

음력 1919년(무오) 2월 14일

장의 양태교(梁台敎) [인]

재임 이승우(李承佑) [인]

박승림 당시 직원 앞

———————————

순제(順第)　호　군수 [인] 주임 [인] 계　[인]

1918년(大正 7) 6월 17일

순천군청

향교직원 박승림 앞

시급히 면담이 필요한 일이 있으니 이 서한이 도착하자마자 등청(登廳)하실 필요가 있으므로 이에 통첩합니다.

———————————

증(証)

순천군 서면 죽동리 최진두(崔鎭斗)를 양사재(養士齋) 유사(有司)로 본인이 추천하오니((推薦呼望) 위 사람의 신분이 걸맞지 않으면 그 책임을 본인이 일절 부담함.

음력 1918년(무오) 6월 3일

추천호망인(推薦呼望人) 조기선(趙淇善) [인]

문묘직원 박승림 앞

———————————

보관증

순천군 향교에 부속된 제기함의 열쇠를 본인이 보관하고 있으니 목조기(木造器), 철조기(鐵造器) 중 1개라도 유실될 폐단이 있을 경우에는 그 책임을 본인이 일절 부담함.

음력 1918년(무오) 7월 19일

순천군 상사면 비촌리　현 장의　　박규영 [인]

순천군 황전면 월산리 증필 재임(齋任) 허영 [인]

직원 박승림 앞

———————————

순서제(順庶第) 3769호

1918년 8월 30일

순천군수 [章]

직원 박승림 앞

향교 수리에 관한 건

전에 신청했던 문묘 파손된 곳(벽, 지붕, 흙벽)은 순천면(順天面) 대석등팔(大石藤八)과 공사계약을 맺었으므로 알려드립니다.

문묘 향안궤 열쇠 보관증

위의 향안궤 열쇠를 본인이 보관 중이니 동(同) 향안궤가 있는 벽장 안 및 향안궤 안에 있는 서류를 유실할 경우에는 본인이 일절 부담함.

음력 1918년(무오) 7월 28일

순천군 쌍암면 강촌리 향유사(鄕有司) 조영훈(趙泳薰)

위의 아들 대리 조윤식(趙允植) [인]

순천군 문묘직원 박승림(朴勝林) 앞

자복서(自服書)

예부터 문묘는 천하 사람이 공동으로 존숭하는 바이니 본인은 원래 한미한 사람이므로 어제 주배과음(酒杯過飮)하고 정신상실(情神傷失)할 때에 불량 간악한 향유(鄕儒)의 충동을 듣고 막중한 성묘(聖廟)에 함부로 들어가서 사림에게 행패를 부림은 실로 만사무석(萬死無惜)이니, 엎드려 바라건대 사림들은 용서하셔서 본인의 전후 죄악을 풀어주시기를 바라며 이에 사죄하고 자복서를 드림.

음력 1918년(무오) 8월 4일

순천군 순천면 업동(業洞) 자복소인(自服小人) 이관현(李寬賢) [인]

입회인(立會人)   정승렬(鄭承烈) [인]

순천군 문묘직원주 앞

순비제(順秘第) 218호
1918년(大正 7) 11월 18일

순천군수[章]

직원 박승림 앞

사직원 반려의 건

별지 사직원을 제출하였는데 귀하는 가장 적임자로 인정되어 이후 문묘를 위하여 이바지하기를 바라는 바임. 본 건은 논의하여 결정할 여지가 없으므로 이에 반려하니 오늘 이후로 더욱 마음과 기운을 가다듬어 힘씀이 가함.

증서(證書)

一. 향교에 관한 제반 훼손과 금전출납의 사무와 기타 제반 업무를 본직이 일절 부담함.
음력 1918년(무오) 11월 28일

재임 허영

박승림 앞

문묘존안 끝.

【순천향교 소장】

4. 「문선왕(文宣王)[67] 강탄(降誕) 2479년 기념 강안(講案)」, 『강회존안철(講會存案綴)』

1928년 이후

1) 첨배식(瞻拜式)

10월 10일(음력 8월 27일) 오전 9시 강릉 문묘(文廟)에서 거행하였다. 참례원은 요시다[吉田][68] 군수 외에 직원(直員), 유생, 농업학교 직원 및 학생, 관람자가 600명에 가까운 성황을 보였다.

식을 마친 후 명륜당에서 요시다 군수의 강연과 유생 총대 박기동(朴起東) 씨의 인사말[禮辭]이 있었으며 이후 다과회를 가졌다.

2) 강회(講會)

같은 날 오전 9시 30분부터 명륜당 내에서 일동(유림, 기타 관공서 내빈 등 200여 명, 응시생 233명, 관람자는 제외) 착석한 후 문묘 직원인 최문길(崔文吉)이 개회사를 하고, 사강(司講)[69] 조삼환(曹三煥)이 별지 강규(講規)를 낭독하였다. 10시부터 강장(講長)[70] 이하 사강 등이 시강석(試講席)에 올라 별지 강목(講目)과 같이 강사(講事)를 시작하였다. 오후 3시에 마치고 각각 심사한 결과, 4시에 성적을 발표하였다.

(당선자는 다음과 같다)

1등 5인

(논어) 정동면(丁洞面) 저동리(苧洞里) 조규인(曹圭仁)

(맹자) 구정면(邱井面) 학산리(鶴山里) 정주교(鄭冑敎)

---

67) 공자의 존호(尊號). 중국 당나라 현종(玄宗)이 739년에 추증함.

68) 吉田繼衛(1888~미상) : 1911년 조선총독부 임시토지조사국 서기로 임명된 이후 1928년 강릉군수로 부임.

69) 강회의 강의에 관한 기록과 문서를 맡아보던 사람.

70) 서원에서 강의를 담당하는 직책으로 경서와 예법을 가르침.

(중용) 강동면(江東面) 모전리(茅田里) 김진덕(金振悳)

(대학) 연곡면(連谷面) 행정리(杏亭里) 최명길(崔溟吉)

(소학) 성덕면(城德面) 노암리(魯巖里) 김원기(金元起)

2등 5인

(논어) 성덕면(城德面) 회산리(淮山里) 심상순(沈相洵)

(맹자) 신리면(新里面) 교항리(橋項里) 김진갑(金振甲)

(대학) 성덕면(城德面) 장현리(長峴里) 최대선(崔大善)

(소학) 성덕면(城德面) 구산리(邱山里) 조규석(曺圭石)

(소학) 구정면(邱井面) 학산리(鶴山里) 조갑룡(趙甲龍)

3등 15인(주소, 이름 생략)

4등 42인(주소, 이름 생략)

동 오후 4시 30분 상품수여식을 거행(상품은 다음과 같음)하고 요시다 군수의 훈화(별지와 같음)와 하라구치[原口][71] 농업학교장의 축사가 있었다. 요시다 군수와 하라구치 교장은 상을 받지 못한 166명에 대해 문방구 등을 주어 학문을 장려하였다.

1등상　맹자 1부, 척독(尺牘) 1부

2등상　자전 1책

3등상　대학 1부

4등상　문방구 약간

이에 최문길 직원이 폐회를 선언하였는데 오후 5시 30분이었다.

이상

강규(講規)

백록동강규(白鹿洞講規)[72]

부모와 자식은 친함이 있어야 하고 임금과 신하는 의로움이 있어야 하고 부부 사이에는 분별이 있어야 하며 어른과 아이는 차례가 있어야 하며 친구들 사이에는 믿음이 있어야 한다. 이것이 명륜

---

71) 原口良策(1887~?) : 1924년 조선으로 건너와 1916년부터 예산농업학교, 대구농업학교 교사를 거쳐 1928년 강릉농업학교 교장으로 부임(『조선공로자명감』, 『중외일보』 1928. 7. 8).

72) 송나라 주희(朱熹)가 백록동서원(白鹿洞書院)에서 학문을 가르칠 때 게시한 강규(講規). 강회(講會)의 시작 또는 마지막에 낭독함.

(明倫)의 요점[目]이다.

널리 배우고 자세히 물어보고 신중하게 생각하며 명확하게 분별하며 독실하게 행한다. 이것이 독학(篤學)의 대요이다.

말할 때는 충성과 신의로써 하고 행함은 독실하고 공경으로 하며 분노를 징계하고 욕심을 막으며 선(善)으로 나아가 잘못을 고치는 것, 이것이 수신(修身)의 대요이다.

의(誼)[73]를 바르게 하고 이로움을 꾀하지 않으며, 도(道)를 밝게 하고 공(功)을 헤아리지 않는다. 이것이 일을 대처하는 대요이다.

자기가 원하지 않는 것을 남에게 하지 말고, 행하고도 얻지 못하면 오히려 자기에게 구하라. 이것이 사물을 접하는 대요이다.

강목(講目)과 방식(方式)

1. 논어 2. 맹자 3. 중용 4. 대학 5. 소학

앞의 자원한 1권을 배강(背講)[74]에 응하게 하고 통(通), 략(略), 조(粗), 불(不)[75]의 네 종류로 점수를 매긴다. (다만 응시자의 연령제한은 없다)

강회(講會) 역원(役員)

一. 사회(司會) 1인(문묘 직원)

二. 강장(講長) 5인(주소, 이름은 다음과 같음)

三. 사강(司講) 10인

四. 심사장(審查長) 5인(강장 겸무)

五. 심사원(審查員) 5인(사강 겸무)

六. 서무(庶務) 1인

七. 설비(設備)위원 5인

八. 접대위원(接待委員) 5인

九. 서기(書記) 2인

---

73) 義의 오기로 보임.

74) 책을 보지 않고 뒤돌아 앉아서 그 내용을 외우거나 물음에 답하는 시험방식.

75) 강서의 성적을 심사할 때 쓰던 등급. 통(通)은 우수, 략(略)은 미흡하나 통과, 조(粗)는 부족, 불(不)은 낙제를 의미함.

강장(講長)의 주소와 이름

성덕면(城德面) 노암리(魯岩里) 김연채(金演釆), 강릉면(江陵面) 포남리(浦南里) 정봉화(鄭鳳和), 강릉면(江陵面) 홍제리(洪濟里) 최재하(崔在河), 연곡면(連谷面) 신왕리(新旺里) 최돈항(崔燉恒), 성덕면(城德面) 회산리(淮山里) 심상조(沈相祚)

────────────────

첨배식 및 강회의 경비

일금 70엔(円) 향교재산에서 지출

내역

일금 10엔 의식비

일금 60엔 강회비(명세는 다음과 같음)

 1. 금 25엔 상품비

 2. 금 25엔 접대비

 3. 금 5엔   설비비

 4. 금 5엔   잡비

────────────────

군수 훈화의 개요

문선왕 탄생 2479년 축전에 즈음하여 기념강회를 개최하였는데 유림 여러분들이 찬동과 원조를 하여 이렇게 성대하게 거행하게 된 것을 매우 기쁘게 생각합니다. 오늘 시강(試講)에 응시한 분들은 우리 군 내에서 233명(다른 군은 없음)입니다.

시강에 응한 여러분은 이미 한학(漢學)에 대한 소양이 깊고 매우 열심히 예습한 것 같습니다. 그 성적이 대개 양호합니다. 시험관 여러분이 공정하게 고사(考査)하여 입상한 자는 1등 5명, 2등 5명, 3등 15명, 4등 42명입니다.

입상한 사람은 본인이 말할 것도 없고 가문의 명예로 이 이상도 없을 것이라 생각합니다. 또한 우수한 성적을 거두기 위해 노력한 것을 축하드립니다.

또 불행히도 입상하지 못한 사람들(166명)은 절대 비관하지 말고 지금부터 더욱 분발하여 공부하기를 바랍니다.

강릉은 산수가 천하에 으뜸이고, 천혜의 풍요로운 이상적 향토(鄕土)입니다. 향교는 고려시대 안무사(按撫使) 김승인(金承印)이 이곳 화부산(花浮山) 아래에 창건하였고, 다른 군(郡)은 이를 계승하여 일어난 것입니다. 그러한 까닭에 유도(儒道)가 융성하였습니다.

여러분은 유서 깊은 향토에서 태어나 유림의 집안에서 자라온 사람입니다. 지금부터 더욱 유도에 정진하여 동양 도덕의 근원을 공고하게 하고, 잘 알지도 모르는 개인사상 등에 포섭되지 않도록 마음가짐을 갖기 바랍니다.

논어를 읽고 맹자를 읽는 것만이 유학자가 아닙니다. 그 정신을 받아들여서 스스로 평상시의 생활에 그것을 표현하지 않는다면, 논어를 읽기만 했을 뿐, 논어를 알지 못하는 것이니 어디에도 설 수 없는 것입니다.

장로(長老)들도 이러한 의미에서 후진을 유도(誘導)하고 싶어 했다고 생각합니다. 이로서 마치겠습니다. 이상

청구서

일금 70원

내역

관항목(款項目)	금액	적요
제1관	10원	의식비
제2관	60원	강회비
1항	25원	상품비
2항	25원	접대비
3항	5원	설비비
4항	5원	잡비

위와 같이 청구합니다.

1928년(昭和 3) 11월 22일

강릉군 문묘 직원(直員) 최문길(崔文吉)

강릉향교 재산관리자 앞

【강릉향교 소장】

5. 『남해향교(南海鄉校) 중수 연혁 방명록』

1934년(갑술) 8월 일 신비(新備)

「남해군 문묘(南海郡文廟) 중수기(重修記)」

대제학 정만조(鄭萬朝)[76] 지음

사람이 하는 일 가운데 옛 것을 수리하는 것보다 좋은 것이 없지만 문묘를 수리하는 것이 가장 좋은 것은 어째서인가. 선비는 나라가 의뢰하여 편안해지는 존재이고, 문묘는 선비가 우러르고 본받아 의지하여 돌아가는 곳이다. 선비가 부자(夫子)의 사당을 수리할 줄 안다면 이는 분명 부자의 도(道)를 닦을 수 있다. 도를 닦는 것을 교(敎)라 하니 가르친 이후에 백성이 교화되고 나라가 편안해질 수 있다. 어찌 좋지 않겠는가.

근래 여러 군(郡)마다 문묘를 수리하는 일이 곳곳에 있지만 오직 남해군의 수리가 더욱 좋은 것은 어째서인가. 다른 군은 모두 향교의 저축으로 지원하는데 지원이 이어지지 않으면 문득 백성에게 추렴을 책임 지워 관(官)에 망보(望報: 해당자 명단을 보고함)한다. 그러나 남해는 고을이 작고 선비가 빈한하여 저축이 지극히 적었는데, 이내 기성회(期成會)를 만들어 모든 성현을 사모하고 의리를 좋아하는 마음을 가진 자들이 다투어 힘을 바쳤고, 군에 있던 교풍회(矯風會)가 또 재화를 모아 보탰으며, 교임(校任) 및 독지가(篤志家) 몇 사람이 또 사재를 털어 돕는 것을 아까워하지 않았고, 군민들은 번거로워하지 않았다. 다른 군은 모두 태평하고 근심 없는 시절에 일을 하여 사람들이 즐거이 일을 했지만, 남해는 해마다 가뭄과 장마의 재해가 있었고 금년에는 유독 홍수 피해까지 심하게 입었는데도 오히려 급급하게 문묘가 수리되지 못하는 것을 깊이 우려하여 자신을 돌볼 겨를이 없었으니 또한 좋은 일 중에 더욱 좋은 일이 아니겠는가.

문묘 수리가 끝나고 나서 군의 선비인 정역기(鄭暘驥)와 한상은(韓相殷) 두 사람이 산 넘고 물 건너 천리 길을 와서 내가 현관(賢關)[77]의 장을 맡고 있으니 그 일을 기록해 줄 것을 요청하였다. 그리고 이 일을 마칠 수 있었던 것은 우리 지군(知郡) 박후(朴侯)[78]의 덕분이라고 하면서 박후가 쓴 「중수

---

76) 정만조(1858~1936) : 본관은 동래(東萊)이고, 자는 대경(大卿), 호는 무정(茂亭)이다. 구한말에 동부승지, 궁내부대신 참서관 등을 역임하였고, 대한제국기에는 규장각 부제학을 지냈다. 일제강점기에는 대동사문회 부회장, 경학원 대제학, 조선사편수회 위원 등으로 활동했다.

77) 경학원을 말함.

78) 박해주(朴海柱, 1894~?) : 경상남도 산청군 출신으로 일제강점기 조선총독부 지방 행정관료이다. 경남 진주군, 함안군,

사적기(重修事蹟記)」를 보여주었는데, 모두 사람에게 공을 돌리면서 자부하지 않았다. 내가 읽고 감탄하여 "이런 분이구나. 이 또한 우리 부자께서 겸양함으로써 듣게 되셨던 뜻[79]이니, 그 정사가 형통하고 사람이 화합하는 모습을 상상할 수 있구나. 이분이야말로 족히 우리 부자의 도를 행하고 있다."라고 하였다.

한문공(韓文公, 한유(韓愈))가 「남해신묘비(南海神廟碑)」를 지었는데, 그 내용에 바다에 항상 사나운 바람이 불고 괴이한 비가 내렸는데 자사(刺史) 공공(孔公)이 와서 제사를 지내니 바람과 비는 해를 끼치지 않고 농사는 풍년이 들고 백성은 불어났다고 하였다.[80] 지금 문묘가 이미 수리되어 박후가 여러 선비들과 함께 부자의 영령을 제사지낸 것이 축융(祝融)의 영령에게 제사지낸 것이요, 박후의 정성이 공규(孔戣)의 정성이니, 이때부터 군은 해마다 풍년이 들고 길이 재해가 없어서 백성들은 부유해지리라는 것을 미루어 알 수 있다.

우리 부자께서 일찍이 말씀하시기를 "백성들이 많으면 부유하게 해주어야 하고, 부유해지면 가르쳐야 한다."[81]라고 하였다. 이미 부유해진 뒤에 박후가 여러 선비들과 부자의 가르침으로 가르치니 교화가 행해져 사방에 교화의 바람이 불었고, 그 풍성을 들은 자는 모두 한번 변하여 노(魯)나라에 이르는[82] 효과가 있었으니, 이 어찌 남해 한 군만의 다행이겠는가. 바로 우리나라의 다행인 것이다. 박후의 이름은 해주(海柱)이고, 이 일을 주관한 자는 직원 정봉희(鄭奉禧) 군이니 모두 전할 만한 인물이다. 당무(堂廡)의 제도와 기둥의 숫자, 어떤 것은 옛것 그대로 했고 어떤 것은 새로 고쳤는지, 들어간 일자와 재용의 정도, 일을 하고 수고한 인사들의 이름에 대해서는 박후의 기록이 상세하므로 여기에서는 우선 생략한다.

1933년(聖誕 2484) 계유 초추(初秋) 하한(下澣)

경학원 대제학 겸 명륜학원 총재 동래 정만조 쓰다.

창녕군, 통영군, 고성군, 사천군, 남해군, 하동군에서 근무하였으며, 1930년 남해 군수가 되어 1934년에 퇴직했다.

79) 겸양함으로써……뜻 : 공자의 제자 자금(子禽)이 자공(子貢)에게 선생께서 어떤 나라에 가게 되면 반드시 그 나라의 정사를 듣는데 선생님이 요구한 것인지 아니면 그 나라 임금이 들려준 것인지를 묻자, 자공이 대답하기를 "선생님께서는 온순하고 어질고 공손하고 검소하고 겸양함으로써 듣게 되신 것이다."라고 대답했던 것을 말하고 있다. 『論語 學而』

80) 한문공(韓文公)이……하였다 : 광주 자사(廣州刺史)가 남해신(南海神) 축융(祝融)을 제사지내는데, 제사를 할 때 바다에 큰 바람이 부는 경우가 많아 부관(副官)을 보내 제사를 위임하고 이것이 오래되자 제사가 부실해지고 비바람이 시도 때도 없이 잦아져 백성들이 그 피해를 입었다. 원화(元和) 12년에 노국공(魯國公) 공규(孔戣)가 자사로 부임하여 제사를 정성껏 수행하자 비바람이 잔잔해지고, 정사가 화평해지고 백성들의 삶이 풍요로워졌다고 하는 내용이 있다.

81) 백성들이……한다 : 『논어』 「자로(子路)」에 나오는 내용이다.

82) 한번……이르는 : 『논어』 「옹야(雍也)」에 "제(齊)나라가 한 번 변하면 노나라에 이르고, 노나라가 한 번변하면 도(道)에 이를 것이다."라고 하였다.

「남해군 향교 중수 사적기(南海郡鄕校重修事蹟記)」

군수(郡守) 박해주(朴海柱) 지음

부자묘(夫子廟)는 예전에는 군의 치소 북쪽으로 수궁(數弓)[83] 되는 봉강산(鳳崗山) 아래에 있었는데, 그동안 몇 차례 중수를 했던 것이 전인(前人)들의 기록에 갖추어져 있다. 고종(高宗) 임진년(1892)에 현령(縣令) 박래경(朴來卿) 씨가 풍수에 맞지 않는다고 하여 약간 동쪽으로 100보(步) 쯤 되는 곳으로 옮겨지었다. 대성전(大成殿) 및 신문(神門), 그리고 동서 두 개의 창고를 가까스로 완공하였는데, 마침 흉년으로 백성이 힘든 때를 당하여 명륜당(明倫堂)과 재포(齋庖) 등의 건물은 중지되어 그대로 옛 터에 있어 성묘(聖廟)와 함께 할 수 없었다.

근래 정사년(1917)에 군수(郡守) 성두식(成斗植)씨 가 신문 아래에 네 칸짜리 기와집을 지으면서 대략 명륜당의 제도를 모방하였는데, 규모가 좁고 간가(間架)도 좁아서 매번 봄가을에 일을 할 때마다 진퇴(進退)와 추창(趨蹌)이 항상 군색하고 걸려 넘어질까 걱정스러웠다. 그 사이 17년 동안 미적미적 세월만 보내느라 묘우(廟宇)는 비가 샘을 면치 못하였고, 나머지 건물들은 점차 기울고 무너져 장차 뜰 가득 풀만 무성해지는 것을 보게 될 지경이었다.

경오년(1930) 가을에 내가 이 군에 부임하여 가장 먼저 참알(參謁)하고 고을 인사들과 중수에 대해 도모한 것이 또 몇 년이다. 임신년(1932) 가을에 고을 선비 정봉희(鄭奉禧) 군을 임직원으로 추천하여 그로 하여금 협찬 계획하여 각 면에 중수기성회(重修期成會)를 두도록 하였는데 각 면에서 모은 봉헌금이 2,000원이고, 또 각 면에 원래 있던 교풍회(矯風會)의 분회장을 초청하여 모은 저금이 1,250원이다. 신임 장의(掌議) 여러 명과 군청 직원부터 각 공립학교 직원 및 유림 독지가와 학농선조(學農船組) 여러 단체에 이르기까지 권유하고 종용하여 분수껏 봉헌하지 않는 이가 없어 전후로 모은 금액의 합계가 약 4,000여 원이다.

계유년(1933) 3월 계사 길일(吉日)에 사당의 화상을 옛 동재(東齋)에 임시로 안치하고, 이어서 착공하였다. 고을 인사인 김영두(金泳斗), 정재민(鄭在敏), 정재주(鄭在周), 이태주(李台柱) 등을 선발하여 그 일을 맡겼다. 대성전(大成殿)은 기둥과 도리는 옛것 그대로 하고 기와와 서까래는 새것으로 바꿨으며, 좌우와 맞은편 벽은 당(堂)으로 삼아 성위(聖位)를 봉안하였다. 신문(神門) 및 동서고(東西庫)가 무너져 고쳐지면서 서고는 한 칸을 늘렸다. 명륜당은 옛터에 그대로 있던 것을 가져다 옮겨지었고, 기와와 재목이 썩은 것은 모두 바꿔서 수리하였다. 동재(東齋)는 성 군수(成郡守)가 예전에 지은 4칸짜리를 그 제도를 조금 변경해서 지었다. 안쪽에 있는 의자와 탁자, 상석(床席)을 드디어 새로 준비하였고, 밖에 있는 섬돌과 담장은 방향에 따라 넓히면서 크고 시원하며 견고하고 튼튼하게 하려

---

83) 수궁(數弓) : 활 쏘는 길이의 두 배의 거리 또는 100보(步) 정도의 거리를 말한다.

고 힘썼다.

백성들에게 일을 청하면 꺼리는 사람이 없이 기꺼이 달려왔다. 모두 5개월 만에 일을 마쳤으니, 얼마나 순조롭고 빠르게 이루어진 것인가. 고을 사람들의 성인을 사모하는 정성으로 말미암아 신명(神明)을 감격시킨 것이리라.

7월 27일 정해의 길일을 택하여 사당의 화상을 도로 안치하였다. 의관을 한 선비가 즐비하고 오르고 내림이 질서가 있어 거의 엄숙하고 경건한 성대한 모습을 다시 보았으니, 이 어찌 사림 제현(士林諸賢)과 대소 군민(大小郡民)이 마음이 같고 덕이 같은 공효가 아니겠는가. 그 헌금액의 다소와 수고한 사람들의 이름을 기록하여 후대에 보임으로써 도를 보위하는 권장으로 삼으려고 한다.

불초한 내가 이로 인해 여러 군자에게 깊이 소망하는 바가 있다. 지금 부자의 사당이 수리되었으니 이 당(堂)에 오르는 자는 모두 부자의 무리이다. 반드시 부자의 도를 배워서 백리 사방에 인륜이 밝아지고 예양(禮讓)이 흥기하여 성대하게 우리나라의 제(齊)나라와 노(魯)나라가 된다면 나 또한 영광일 테지만 이는 여러 군자 시종 어떻게 하는가에 달려있다. 서재(西齋)와 풍화루(風化樓)의 경우는 작년 가을 홍수의 참상으로 인하여 끝내지 못하고 중지했으니, 또 기다리는 바가 있어서 그러한 것인가.

1934년(聖誕 2485) 갑술 8월 14일 남해군수 종7위(從七位) 박해주 쓰다.

원(原) [인(印)]

「남해향교 중수 시 출력(出力)한 제위(諸位) 및 각 단체 방명록 서문」

우리 군(郡)에 있는 부자묘(夫子廟)는 강희(康熙) 연간 이래로 네 번 옮겨 중수했는데, 그 사적의 대강은 선배 공들이 쓴 상량문에 근거하여 그 당시 지현(知縣)이 모공(某公)이고 일을 맡은 사람이 모공(某公)임을 알 수 있을 뿐이다. 조획(措劃)이 어떤 모양이었는지에 대해 모두 상세하지 않은 것은 실로 옛 군자들이 간약(簡約)함을 숭상하여 일이 당일에 이루어진 것만 간략히 기록하고, 일을 기록하여 후세에 전하는 것에 대해서는 급히 여기지 않았기 때문이다. 이는 선배에게 있어서는 겸양의 미덕이겠지만, 후생(後生)이 증거를 취하는 데 있어서는 어찌 유감이 아니겠는가.

재주 없는 내가 지금 최근의 연혁기(沿革記)를 보니 다음과 같았다. 묘학(廟學)은 예전에는 지금 대성전의 서쪽 100보(步) 쯤에 있었고, 고종(高宗) 임진년(1892)에 현령(縣令) 박래경(朴來卿) 씨가 이건(移建)을 도모하여 지금의 곳에 있게 되었으며, 당시 향유(鄕儒) 김기영(金基瑛) 씨와 정찬규(鄭贊奎) 씨가 그 일을 총괄하였고, 대성전은 가까스로 일을 끝마쳤지만 마침 흉년을 당하여 결국 중지되었으며, 명륜당 및 재포(齋庖) 등의 건물은 옛 터에 그대로 있기 때문에 매년 봄가을에 일을 할 때가 되면 진퇴(進退) 추창(趨蹌)할 적에 항상 군색하고 걸려 넘어질 우려가 있었다.

그 뒤로 26년이 지난 정사년(1917)에 군수(郡守) 성두식(成斗植) 씨가 이 군에 부임하였고, 당시 향유 유정희(柳正熺) 씨가 대성전 아래에 4칸짜리 기와집을 지어서 임시로 제관(祭官)이 모이는 곳으로 삼았다. 이로부터 십몇 년 동안 시일만 보내면서 퇴락하여 대성전은 비가 새는 것을 면치 못하였고, 동쪽과 서쪽의 나머지 건물은 장차 뜰 가득 풀만 무성함을 보게 되었다.

지금 군수 박해주(朴海柱) 씨가 부임한 지 3년이 되는 임신년(1932) 가을에 내가 학당을 맡아 함께 찬획(贊劃)을 도모하고 경영하여, 계유년(1933) 3월에 일을 시작해서 7월 29일 정해에 이르는 5개월 만에 일을 끝마쳤다. 대성전은 기둥과 도리는 그대로 남기고 기와와 서까래를 바꿨다. 신문(神門) 및 동서고(東西庫)는 고쳐지었으며, 명륜당은 옛 터에 그대로 있던 것을 가져다 옮겨지었다. 동재(東齋)는 유공(柳公)이 지은 네 칸짜리 기와집으로 지었다. 모든 터의 담장 안팎을 전부 넓혀 시원하게 툭 트이게 하였다. 이에 묘학(廟學)의 제도가 거의 환연히 일신되었다.

아, 우리 도가 어둡고 막힌 시절을 당하여 이 큰일을 끝마쳤고, 이어서 선배 여러 군자가 끝내지 못했던 뜻을 40년 뒤에 이루었으니, 일에는 때가 있고 공은 이루기 어렵다는데 과연 맞지 않은가. 이는 모두 앞에 기록한 여러 공들과 여러 군민(郡民)이 처음부터 끝까지 수고하고 한 마음으로 성현을 사모한 효험인 것이다. 후대에 전하여 계승을 권할 수 있도록 이 금등(金縢)[84]의 궤에 넣어 보관해야 마땅한 책일 것이다. 내가 책머리에 한마디 말을 하지 않고자 하지만 어찌 그만둘 수 있겠는가.

1934년(聖誕 2485) 갑술 초추(初秋) 하한(下澣) 진양(晉陽) 정봉희(鄭奉禧)가 삼가 서문을 쓰다.

원(原)

「남해향교 중수 출력(出力) 각 단체 방명록」

일. 금(金) 140원 남해 유림회(儒林會)

일. 금 80원 모성계(慕聖契)

일. 금 250원 남해군 설천면(雪川面) 교풍회 분회

일. 금 200원 삼동면(三東面) 교풍회 분회

일. 금 200원 창선면(昌善面) 교풍회 분회

일. 금 150원 고현면(古縣面) 교풍회 분회

---

84) 금등(金縢) : 일의 시말을 적어 비장(秘藏)해 둔다는 의미이다. 『서경(書經) 금등(金縢)』

일. 금 100원 서면(西面) 교풍회 분회

일. 금 100원 남해군 남해면 교풍회 분회

일. 금 100원 이동면(二東面) 교풍회 분회

일. 금 100원 남면(南面) 교풍회 분회

일. 금 30원 남해군농회(南海郡農會)

일. 금 30원 남해군 학교비(學校費)

일. 금 30원 남해 삼동면(三東面) 순항선조합(巡航船組合)

일. 금 30원 남해군 주조조합(酒造組合)

일. 금 30원 남해군 남해면

일. 금 30원 이동면

일. 금 30원 삼동면

일. 금 30원 남면

일. 금 30원 서면

일. 금 30원 고현면

일. 금 30원 설천면

일. 금 30원 창선면

일. 금 30원 공씨문중(孔氏門中)

일. 금 30원 【탁자 헌납】 진양정씨(晋陽鄭氏) 첨정공파(僉正公派) 문중

일. 금 100원 독지자(篤志者) 성주(星州) 이덕순(李德淳)

일. 금 30원 【탁자 헌납】 독지자 진양 정종석(鄭鍾碩)

일. 금 10원 무림금융조합(茂林金融組合) 이사 윤범수(尹範洙) 【본적 개성】

일. 금 10원 남해면인쇄소 고종철(高鍾哲)

이하 「출력 제위 방명록(出力諸位芳名錄)」 생략

【남해향교 소장】

6. 『대성전수즙찬성록(大成殿修葺贊成錄)』

「발문(發文)」

위대하도다, 하늘이여. 원기(元氣)가 사시사철 유행하여 변치 않는구나. 지극하도다, 성인이여. 사도(斯道 유학(儒學))가 만세에 아름다움을 남겨 무너지지 않는구나. 아, 만고에 한 스승이고 선성(先聖)이신 대성지성문선왕(大成至聖文宣王) 공부자(孔夫子)는 도덕의 연원이 준준(肫肫)하고 호호(浩浩)하며,[85] 요(堯)임금과 순(舜)임금을 조종(祖宗)으로 받들어 계승하고, 문왕(文王)과 무왕(武王)을 법도로 드러내 밝혔으며, 위로는 천시(天時)를 따르고 아래로는 수토(水土)를 그대로 따랐으니,[86] 사람이 있은 이래로 누가 이보다 더 훌륭한 이가 있었는가. 사람이 태어나서 지각이 있는데 누가 하늘을 알지 못하며, 선비가 되어서 지각이 있는데 누가 우리 부자(夫子)를 알지 못하겠는가.

한(漢)나라와 당(唐)나라 이래로 모든 나라의 많은 왕들이 스승으로 높여 숭봉(崇奉)하지 않는 이가 없었는데, 우리나라의 경우 문안공(文安公) 광주(光州) 김선생(金先生)이 중국에 들어가서 태학(太學)을 본떠 문묘를 창설하였고,[87] 고려 말에 이르러 회헌(晦軒) 안선생(安先生)이 학궁(學宮)을 확대하고 각 군에 섬학전(贍學錢)을 마련하여 둠으로써[88] 지금까지 천여 년 동안 빈빈욱욱(彬彬郁郁)[89]하여 현송(絃誦)[90]이 사방 국경에 도달하고 풍화(風化)가 팔도 전역에 펼쳐졌다. 말을 하는 자는 반드시 요순(堯舜)을 일컫고, 배우는 자는 반드시 추노(鄒魯)[91]를 본받으니, 우리나라를 예의의

---

85) 도덕의 연원이……호호(浩浩)하며 : 『중용장구(中庸章句)』 제32장에 "성인의 그 인이야말로 간절하고 지극하여 마치 못처럼 깊고 고요하며 하늘처럼 넓고 크다.〔肫肫其仁, 淵淵其淵, 浩浩其天.〕"라고 한 말을 인용한 것이다.

86) 요(堯)임금과……따랐으니 : 『중용장구』 제30장에 공자에 대해 일컬은 말이다.

87) 문안공(文安公)……창설하였고 : 김양감(金良鑑)으로, 본관은 광산, 시호가 문안공이다. 김양감이 송(宋)나라에 사신을 갔다가 성묘도(聖廟圖)를 그려 와서 국자감(國子監)을 설립한 것을 말한다.

88) 회헌(晦軒)……둠으로써 : 안향(安珦 1243~1306)으로, 호가 회헌이다. 고려에 주자학이 도입되는 데 결정적인 역할을 하였다. 그는 왕에게 청하여 문무백관으로 하여금 6품 이상은 은 1근, 7품 이하는 포(布)를 내게 하여 이것을 양현고(養賢庫)에 귀속시키고, 그 이식으로 인재양성에 충당하도록 하였으며, 섬학전(贍學錢)을 마련하여 박사(博士)를 두어 그 출납을 관장하게 하였는데, 당시에 국자감 운영의 재정적 원활을 가져오는 등 유교적 제도 정비에 있어서 많은 업적을 이뤘다.

89) 빈빈욱욱(彬彬郁郁) : 빈빈은 문(文)과 질(質)이 잘 조화되어 아름다운 모양이고, 욱욱은 문채가 찬란한 모양이다.

90) 현송(絃誦) : 금슬(琴瑟)을 연주하며 노래하는 것으로, 예악(禮樂)의 교화를 뜻한다. 제자인 자유(子遊)가 무성(武城)이란 고을의 읍재(邑宰)로 있으면서 현가(絃歌)로 백성을 교화하는 것을 보고 공자가 흐뭇해 한 고사에서 유래한 말이다. 『論語 陽貨』

91) 추노(鄒魯) : 공자와 맹자의 합칭으로, 공자와 맹자의 예교(禮敎)와 학문을 뜻한다. 노나라는 공자의 고국이고, 추읍(鄒邑)은 맹자의 고향인 데서 온 말이다.

나라라고 칭하는 이유이다. 지금은 세상이 점점 말세가 되고 산하(山河)도 달라져서 유자(儒者)는 변화하여 이단이 되고 배우는 자 역시 일정한 스승이 없으니, 식견 있는 자들이 개탄하는 까닭이다.

더구나 우리 고을은 합군(合郡)된 이후로 더욱 등한히 버려두어 학당에 출입하는 사람이 없어 적막하고, 유림이 모이지 않아 쓸쓸해진 지 몇 년째이다. 문묘는 바람을 맞아 위쪽이 기울어 훼손되었고, 명륜당은 별빛이 새어들고 연기가 자욱하며 좌우로 구멍이 나고 뚫려 있으며, 담벼락에는 풀이 무성하고 문루(門樓)는 벌레로 인해 틈이 생겼으니, 초동목수가 의심 없이 오가고 양이나 개들이 떼지어 다녀 위아래로 길이 났다. 이른바 유자의 관을 쓰고 유자의 옷을 입은 자들이 듣는 것도 오히려 한심한데 직접 본다면 누가 눈물 흘리지 않겠는가.

안자(安子)가 이르기를 "다만 몇 칸의 문묘에 가을 풀이 뜰에 가득하고 적막하여 사람이 없구나"[92] 라고 한 말이 오늘을 위해 한 말이리라. 이에 식견 있고 고명하신 분이 문묘의 수리를 경영하면서 이 고루한 사람을 발기인으로 삼았으니, 내가 비록 어리석지만 어찌 달려가 따르지 않겠는가. 이에 우러러 고하니 삼가 원하건대 첨존(僉尊)께서 의연금을 내고 정성을 다하여 옛 것을 수리하고 더욱 새롭게 함으로써, 이 선사(先師)의 궁장(宮牆)으로 하여금 반드시 법도를 따르고 유림이 장식(藏息)[93]하는 데 또한 의지할 곳으로 삼도록 해주신다면 매우 다행일 것이다.

1921년(신유) 4월 일

발기인 박상열(朴尙烈), 정인준(鄭寅準)

【기장향교 소장】

---

92) 안자(安子)가……없구나 : 안자는 안향(安珦)이다. 안향이 당시 고려 말기에 불교가 성행하는 것에 대해 개연한 심정을 읊었다는 시의 일부이다. 『지봉유설(芝峯類說) 권13 문장부(文章部) 6』

93) 장식(藏息) : 장수유식(藏修游息)의 줄임말로, 장수는 항상 학문을 닦아 게을리 하지 않음을 말하며, 유식은 정해진 과정에 의해 쉬는 시간에도 학문에 마음을 두는 것을 말한다. 『禮記 學記』

7. 「석전참배 인원수 조사의 건」 외, 『예규(例規)』

익산문묘, 영구보존

「석전참배 인원수 조사의 건」

석전 상황 중 참배 인원수는 유림 동향을 참고함에 크게 필요가 있으니 올해 춘계 석전에 참배할 인원수를 되도록 정확한 숫자(다수, 여 인 등의 표현을 사용하지 말 것)로 명기하여 통보하되 이를 정례로 할 필요가 있습니다.

1936년 3월 11일

경성부(京城府) 숭삼동(崇三洞) 53

경학원(經學院) 대제학(大提學)

「경(經) 제49호」

1937년 2월 18일

경학원 대제학 정봉시(鄭鳳時)

익산문묘(益山文廟) 직원 앞

「석전기일(釋奠期日)을 양력으로 개정하는 건」

종래 문묘의 석전(釋奠)은 명나라 초기 유제(遺制)에 따라 하력(夏曆) 중춘(仲春), 중추(仲秋) 상정일(上丁日)로 받들어 지내왔으나, 최근 음력 폐지를 시행함과 아울러 석전일도 다시 정해야 할 시기에 도달하였습니다. 총독부로부터 다음과 같이 전달된 바가 있으므로 본원(本院)에서도 올해 춘기(春期)부터 이를 받들어 시행하기로 하였기에 통보하니 참조하길 바랍니다.

석전기일 경정 시행에 따라 매월 문묘 분향식도 음력 1일, 15일로 경정하여 올 3월 1일부터 시행하기로 하였으니 아울러 양지하시기 바랍니다.

다음

1937년 2월 12일 학비(學秘) 제9호 총독부 학무국장 통첩

석전기일을 양력으로 개정하는 건

경학원의 목적은 단순히 문묘에 제사 지내고 경학을 익히는 것에 그치지 않습니다. 능히 시정방침을 장려하고 순종하며 나아가 사회교화 비보(裨補)의 결실을 거두는 것에 있음은 경학원 설립 당초에 이미 보여준 바입니다. 경학원에서는 이상의 취지에 따라 시세(時勢)를 성찰하여 이번에 석전 집행일을 바꾸어 양력으로 봄에는 4월 15일, 가을에는 10월 15일에 집행하기로 하고 올해 봄 제사부터 실시하기로 하였습니다. 종래 석전을 음력 2월 및 8월 상정일에 집행하던 것은 특별히 깊은 근거가 있는 것이 아닙니다. 다만 오랜 관습을 따른 것입니다. 경학원의 이러한 일은 능히 시세의 요구에 적합하고 시의적절한 조치일 뿐 아니라 사회교화상 매우 유의미한 것이라 판단됩니다. 경학원과 목적을 같이 하는 지방문묘에서 봄, 가을의 제사도 동일하게 앞의 기일(신사 제전일과 중복되는 경우에는 적절하게 미리 하거나 미뤄도 지장 없음)에 집행하도록 할 것입니다. 동시에 이 기회에 관계 유림은 물론 일반 민중도 여러 가지 일을 음력으로 하는 것에서 벗어나, 공사 일상생활상 개선의 결실을 거두어 시세의 진운에 순응할 것을 철저히 주지시켜주시길 바랍니다.

「익비(益秘) 제58호」

1937년(昭和 12) 2월 24일

익산군수

각 읍면장 앞
각 공립중등학교장 앞
각 공사립초등학교장 앞
각 문묘직원 앞

석전기일을 양력으로 개정하는 건

경학원의 목적은 단순히 문묘에 제사 지내고 경학을 익히는 것에 그치지 않습니다. 능히 시정방침을 장려하고 순종하며 나아가 사회교화 비보(裨補)의 결실을 거두는 것에 있음은 경학원 설립 당초

에 이미 보여준 바입니다. 경학원에서는 위와 같은 취지에 따라 시세(時勢)를 성찰하여 이번에 석전 집행일을 바꾸어 양력으로 봄에는 4월 15일, 가을에는 10월 15일에 집행하기로 하고 올해 봄 제사부터 실시하기로 하였습니다. 종래 석전을 음력 2월 및 8월 상정일에 집행하던 것은 특별히 깊은 근거가 있는 것이 아니고 다만 오랜 관습을 따른 것입니다. 경학원의 이러한 일은 능히 시세의 요구에 적합하고 시의적절한 조치일 뿐 아니라 사회 교화상 매우 유의미한 것이라 판단됩니다. 경학원과 목적을 같이 하는 지방문묘에서 봄, 가을의 제사도 동일하게 앞의 기일(신사 제전일과 중복되는 경우에는 적절하게 미리 하거나 미뤄도 지장 없음)에 집행하도록 할 것입니다. 동시에 이 기회에 관계 유림은 물론 일반 민중도 여러 가지 일을 음력으로 하는 것에서 벗어나, 공사 일상생활 상 개선의 결실을 거두어 시세의 진운에 순응할 것을 철저히 주지시켜주시길 바랍니다. 위로부터 통첩이 내려왔으므로 이를 이첩합니다.

덧붙여, 석전기일 경정 시행에 따라 매월 문묘 분향식도 양력 1일과 15일에 행할 것이며 오는 3월 1일부터 시행할 것을 요합니다.

「경(經) 제125호」

1937년(昭和 12) 4월 7일

경학원 대제학

문묘직원 앞

석전제 축문(祝文) 개찬(改撰)의 건

지난 번 문묘 석전기일 경정에 따라 석전제 축문 중 자구(上丁 운운)를 개찬할 필요를 발견하여 각 유직(儒職)에서 질의가 폭주(輻輳)하였는데, 이를 성찰하여 총독부로서 국문(國文)과 한역(漢譯)의 두 가지로 제정 발포하였으니 이에 따라 양지하시기 바랍니다.

그 전 석전기일 및 삭망분향식(朔望焚香式) 기일이 경정됨에 따라 그 경정 사유를 봉고(奉告)하는 의절(儀節)을 문의하는 곳도 많습니다. 예(禮)의 번거로움을 피하기 위해서 이를 생략하여도 무방할 듯합니다. 꼭 이를 행하고자 한다면 제전(祭典) 당일 정각 앞에 먼저 헌관(獻官)이나 묘사(廟司)가 전 내의 정위(正位) 앞에 참배하여 제일(祭日) 경정의 사유를 알린 후 물러나 행사를 시작하는 것도 마땅할 듯합니다.

단, 본원(本院)에서 의하는 바의 고유문(告由文)은 다음과 같습니다.

「익내(益內) 제1349호」

1937년(昭和 12) 4월 7일

익산군수

각 문묘 직원 앞

각 읍면장 앞

문묘 석전제문(釋奠祭文) 개정에 관한 건

문묘 석전기일 개정에 관하여 이미 통첩하였습니다. 이와 관련하여 석전제문도 별지와 같이 개정하는 것이 적당하다고 판단되니, 양지한 후 일반에게 주지시키길 바랍니다. 아울러 오는 4월 15일 춘계 석전부터 실시하고자 합니다. 특수한 사정이 있으면 별지 한문식(漢文式)으로 해도 지장 없습니다. 이에 대해 양지하시길 바라며 위에서 내려온 통첩을 이첩합니다.

제문식
(본묘(本廟)의 분)

유(維) 소화○년 ○월 ○일 조선총독부 부윤·군수·도사 위훈 이름이 삼가 지성선사(至聖先師) 공자께 소고(昭告)합니다. 생각건대 대성지성만세(大成至聖萬世)에 스승 되셨으니 봄(가을)을 맞이하여 정인(精禋)을 모심이 마땅합니다. 생폐(牲幣), 단술(醴齊), 온갖 음식(粢盛庶品)을 갖추어 명천(明薦)하오니 상향(尙饗)하옵소서.

(계성사(啓聖祠)의 분)

유(維) 소화 ○년 ○월 ○일 조선총독부 부윤·군수·도사 위훈 이름이 삼가 제국공(齊國公) 공자께 제(祭)를 올립니다. 생각건대 공독(公篤) 대성(大聖)을 낳으시고 만세(萬世)의 스승이 되게 하셨으니 봄(가을)을 맞이하여 정인(精禋)을 모심이 마땅합니다. 생폐(牲幣), 단술(醴齊), 온갖 음식(粢盛庶品)을 갖추어 명천(明薦)하오니 상향(尙饗)하옵소서.

참고   본 군 군수의 위훈과 이름은 다음과 같다(훈 등은 없음).

정(正) 7위 요시츠 고로[吉津五郎]

「익병(益丙) 제1480호」

1937년(昭和 12) 4월 17일

  예규   익산군수

  문묘 직원 앞

문묘석전 시각에 관한 건

  종래 위 제목의 제관(祭官) 및 여러 집사(執事)에 임명되었던 자는 제례의식에 어두웠기 때문에 제전(祭典)의 존엄을 손상하였습니다. 심히 유감이라 지금부터 그 임명 방법을 보고하여 의례에 밝은 자를 선정하고자 합니다. 부득이한 경우에는 미리 거식(擧式)에 관하여 예습 등을 하여 이러한 일이 없도록 유의하겠습니다.

「익병(益丙) 제1480호」

1937년(昭和 12) 4월 17일

예규   익산군수

  각 문묘 직원 앞

  각 읍면장 앞

  각 공립초등학교장 앞

문묘석전 시각에 관한 건

  종래 각 문묘에서 석전집행 시간이 제각각이라 불편이 적지 않으므로 이에 비추어 지금부터 당일은 오전 중에 제사를 종료하고 중식(中食) 후 향약총회(鄕約總會) 등을 개최하는 것으로 조치하였습니다.

「익병(益丙) 제1349호」

1937년(昭和 12) 5월 3일

                                        익산군수

각 면장 앞

각 문묘 직원 앞

문묘 석전제문 개정에 관한 건

이미 통첩한 제목의 개정 문묘 석전제문 해석에 관하여 다음과 같이 양지하시길 바라며 참고로 통지합니다.

기(記)

「경(經) 제200호」

1937년(昭和 12) 5월 18일

경학원 대제학

○○ 앞

문묘 석전제문 개정에 관한 건

문묘 석전제문 개정에 관한 건으로 총독부 학무국장으로부터 전라북도 지사 및 함경남도 지사에 대하여 다음과 같이 조복(照覆)하였기에 참고하시기 위하여 이에 등보(謄報)합니다.

재판 면 개서의 경우에는 정위(正位)에만 그치지 아니하고 배위(配位) 이하 선현선유(先賢先儒)에도 아울러 미치지 아니하면 불가할 것이니 능히 신중을 요할 것입니다. 즉 잠시 부(府) 통첩의 취의(趣意)대로 시행함이 마땅할 것입니다.

별지(別紙)

1937년 4월 14일 전라북도지사가 학무국장 앞으로 보낸 조회

(1) 부윤 또는 군수가 수헌관(首獻官)을 담당하였으나 부윤, 군수에게 사고가 있을 경우에는 그 대리가 수헌관이 되거나 또는 유림 중 수헌관을 선임하여 그 명의로 고축(告祝)하게 할 것인가? (2) 제문식(祭文式)은 공부자(孔夫子)만에 대한 제문이지만 이에 배향위(配享位)인 사성(四聖)[94]에도 합하여 고축(告祝)하는 것은 어떠한가?

---

94) 유교의 4성인, 즉 안자(顔子), 증자(曾子), 자사(子思), 맹자(孟子)를 지칭함.

1937년 4월 22일 학무국장이 전라북도지사 앞으로 보낸 회답

제목의 건은 다음과 같이 양지하도록. (1) 부윤, 군수, 도사(島司)에게 사고가 있을 경우 귀견(貴見)대로 종래 관례에 따라 유림 중에서 초헌관(初獻官)을 선입하고 그 명의로 제문을 아뢰게 하여도 지장 없음. (2) 제문은 4월 1일 통첩한 제문식에 의거할 것(경학원에서도 제문 중 배향위를 포함하지 않음).

1937년 4월 13일 함경남도 지사가 학무국장 앞으로 보낸 조회

(1) 문묘에서 공자의 위패는 대성지성문선왕(大成至聖文宣王)으로서 종래 제문 중 공자의 시호는 위를 따르지만, 이번에 지시한 제문식에는 지성선사공자(至聖先師孔子)라고 칭하였으니 그렇다면 공자의 위패는 본 건에 따라 다시 쓸 필요가 없는가.

1937년 4월 22일 학무국장이 함경남도 지사 앞으로 보낸 회답

함남학(咸南學) 제162호로써, 문묘에서 공자의 위패에 기재된 「대성지성문선왕(大成至聖文宣王)」과 제문 중에 기재된 「지성선사공자(至聖先師孔子)」의 관계에 대해 조회하였는데, 두 가지 모두 공부자에 대한 존경의 칭호이므로 위패 문자를 반드시 바꿔 쓸 필요는 없다고 판단되나, 관계 유림들이 위패를 바꿔 쓰기를 희망하는 경우에는 제문과 동일한 문자로 바꿔 쓰는 것도 또한 지장이 없으므로 양지하도록 할 것.

「익문(益文) 제5호」

1943년(昭和 18) 3월 7일

전라북도 익산문묘 직원 계성상영(桂城祥永)

경학원 대제학 앞

경학원 문묘 석전제 거행에 사용할 홀기(笏記)[95] 인쇄 송부의 건

당지 익산문묘 석전 거행 시 사용할 홀기는 예전에 편찬된 것으로 부족한 점이 많고, 일부 개정할 필요도 있어서 본 경학원에서 사용된 홀기를 참조하였습니다. 또한 지방에 거주하는 유림이 본원 문묘 석전 때마다 성 밖으로 나가 참배할 수 없는 실정입니다. 본원에서 사용된 홀기를 자세히 살펴

95) 제례 의식에서 의식의 순서를 적은 글.

본다면 본원 문묘의 석전 상황을 상세히 알 수 있을 것으로 사료됩니다. 충분히 고려한 후 본원에서 사용하는 홀기를 매우 번거롭겠지만 상세히 인쇄하여 1부 송부해 주시길 간절히 바랍니다.

【개인 소장】

8. 『의안(議案)』

1938년 10월 이후, 기장문묘(機張文廟) 회의록

1938년(昭和 13) 10월 15일

의안(議案)

1946년(병술) 8월 5일 향의(鄕議)에 따라 본 장을 삭제

1. 헌관(獻官) 선임의 건

지금부터 이후는 석전제 헌관은 증○○○ 및 재장(齋長) 또는 문학(文學) 외에는 절대 선임하지 말 것을 결의함.

직원	신규용(辛珪容) [인]
장의	안정성(安晶星) [인], 이사훈(李思勳) [인], 이인식(李仁植) [인]
안관(案官)	김진성(金瑄性) [인], 박성열(朴成烈) [인], 안철홍(安喆洪) [인], 송재룡 [인], 황찬성(黃瓚性) [인]
집사(執事)	정용운(鄭龍雲) [인], 문의순(文義淳) [인], 신두연(辛斗淵) [인], 오봉환(吳鳳煥) [인]
참배인	김영우(金永佑) [인], 김 기(金 驥) [인]
경장(京長)	노성찬(盧性贊) [인]

1938년(昭和 13) 12월 10일 문묘 명륜당에서 개회하고 다음과 같이 안건을 결의함.

1. 문묘 및 명륜당에 부속된 모든 건물과 기타 수선을 준공하고 앞의 결산을 통과함.

이상을 만장일치로 가결함.

출석	김두창, 김시학(金時學), 신재춘(辛在春) [인], 김이상(金鯉祥)], 오영근(吳玲根) [인], 문재희(文在僖) [인], 김영학(金泳學), 신성오, 김영우 [인], 김기
직원	신규용 [인]
장의	안정성 [인], 이인식(李寅植)[96]

---

96) 앞의 이인식(李仁植)과 동일인으로 추정됨.

1939년(昭和 14) 1월 7일 명륜당에서 개회하고 다음과 같이 안건을 논의함.

1. 문묘 수리 준공 후 현판 기문(記文)은 당시 군수 윤관을 주요 작재[著作]로 함.

1. 문묘 수리에 대하여 당시 직원 신규용의 공로가 많으므로 현판에 특별히 기록하기로 결의함.

이상을 만장일치로 가결함.

출석	김시학, 오봉근(吳奉根), 문용호(文龍鎬) [인], 정상모(鄭祥謨),
	김이상, 방극성(房極誠) [인], 김경환(金景煥), 김영학,
	신성오(辛聖五), 김영우 [인], 김기
직원	신규용
장의	이사훈 [인]

1939년(昭和 14) 4월 5일 명륜당에서 개회하고 다음과 같이 결의함.

1. 춘계 석전제관과 모든 집사를 추천하고 그 상황을 군수에게 보고할 것.

이상과 같이 결의함.

출석	문용호 [인], 김진성(金璡性) [인], 김이상, 오영근 [인],
	정훈모(鄭勳謨) [인], 문재희(文在僖) [인], 신재춘(辛在春), 신규용 [인],
	김영우 [인], 안정성 [인], 이인식 [인], 김부돌(金扶突)

1939년(昭和 14) 5월 5일 명륜당에서 개회하고 다음과 같이 결의함.

1. 포(脯)에 제한이 있음에 사물호(士勿呼)○ 하므로 이에 별도로 의논하여 재외분포(在外分脯)는 일체 금지하고 재중반포(齋中頒脯)를 결의함.

이상을 결의함.

출석	정기수(鄭基洙) [인], 방극성 [인], 김이상 [인], 문용호 [인],
	오영근 [인], 김봉우(金奉遇) [인], 정훈모 [인], 정인식(鄭寅拭) [인],
	김상우(金祥禹) [인], 김영우 [인], 김광율(金光律) [인], 송기수(宋基守) [인],
	김영진 [인], 최상홍(崔翔鴻) [인], 김세일(金世鎰) [인]
직원	신규용 [인]
장의	안정성 [인], 이사훈 [인]
이상	

1939년(昭和 14) 7월 13일 오전 11시에 명륜당에서 협의하여 장의 선거식을 거행하고 다음의 조항을 결의함.

1. 의장은 문묘 직원으로 추천함.

2. 일반 회원으로서 선거 방법은 투표 혹은 전형위원 구두 공천제로서 의논이 많았으나 결국 구두 공천제로 결의함.

3. 선거권은 의장에게 일임함.

4. 피선거인은 재선 또는 삼선이라도 무방함.

이상과 같이 만장일치로 가결함. 선거 인원은 다음과 같음.

①김영우, ②김재담, ③문재희, ④송기수(宋基守), ⑤안정성, ⑥김만줄(金萬茁), ⑦김태수(金泰洙), ⑧이진호(李震浩)

출석회원	정기수(鄭基洙) [인], 김진성 [인], 오영근 [인], 문용호(文龍鎬) [인],
	방극성 [인], 김이상 [인], 정훈모 [인], 백한봉(白漢鳳) [인],
	김원득(金元得) [인], 송시명(宋時明) [인], 이사훈 [인], 송사일(宋士日) [인],
	송성하(宋性河) [인], 김광율(金光律) [인], 송문수(宋汶秀) [인]
직원	신규용 [인]
장의	이인식 [인]
이상	

【기장향교 소장】

9. 『함양향약규칙서(咸陽鄕約規則書)』

본약절목(本約節目)

제1. 덕업상권(德業相勸)

천지가 선량(善良)을 부여하였으니, 받은 이(理)를 모두 지키고 모두 행하며 사물을 대함에 그 실리(實理)를 표하라.

부모는 내 몸의 근본이다. 은혜는 하늘과 같이 높고, 덕(德)은 땅과 같이 두텁다. 아침이나 저녁이나 추울 때나 따뜻할 때, 나갈 때나 기거할 때 효를 다하고 정성을 다하여 자식 된 도리를 받들어라.

연장자를 존경하고 어린아이를 보호하며 위아래 사방이 마음을 합해 노인을 공경하여 미풍선속(美風善俗)을 떨치게 하라.

서(書)는 사람을 만드는 보물이고 농(農)은 의식(衣食)의 자원이다. 두 가지 중 하나라도 끊어지면 사람 된 도리가 끊어져 버린다.

읽는 틈틈이 밭을 갈고, 밭가는 틈틈이 책을 읽어서, 부지런히 기르고 행하여 게으르지 않아야 한다.

제2. 과실상규(過失相規)

사람은 성현(聖賢)이 아니니 어찌 잘못이 없겠는가. 잘못을 하고 고칠 수 있으면 잘못이 없는 것과 같다. 오늘 소행을 내일 생각하면 그 선악시비(善惡是非)가 자연히 뚜렷해진다. 만약 살필 수 없거든 이웃마을 붕우(朋友)가 서로 경유(警喩)하여 불선(不善)에 이르지 않게 하라. 다른 사람의 선(善)이 곧 나의 선이니 어찌 소홀히 하겠는가? 잘못이라는 것은 반드시 큰 허물을 말하는 것이 아니다. 도박잡기(賭博雜技), 술주정(酗亂酒德), 미신음사(迷信淫祠), 연장자를 무시하는 것(凌犯長老), 관령을 받들지 않는 것(不遵官令), 만모침략(慢侮侵略) 등이 모두 잘못이니 이 모든 조항을 행하지 않은 후에 내 잘못이 적다 하니 어찌 노여워하지 않겠는가. 옛 사람들이 말하길 선은 키우지 않으면 안 되는 것이요 악(惡)은 키우면 안 되는 것이라 하였다. 악을 키우지 않으면 선이 스스로 드러날 것이니 한마음으로 처리함이 가하다.

제3. 예속상교(禮俗相交)

예속(禮俗)이라는 것은 좋은 풍속이다. 진실로 예양(禮讓)의 풍속이 있으면 비록 천 리 떨어진 먼 곳이라도 오히려 서로 가르칠 수 있다. 하물며 가까운 일도일향(一道一鄕)은 말할 것도 없다. 나의 단점을 버리고 남의 장점을 본받는다면 선을 좋아하는 마음을 이길 수 없으니 스스로 자족하여 근면할 것을 도모함이 가하다.

소위 예(禮)라는 것은 반드시 멀고 높은 것이 아니다. 관혼상제(冠婚喪祭), 애경방문(哀慶訪問), 남녀소장(男女少長)이 도로에서 서로 양보함이 모두 예이다. 그것이 비록 가깝더라도 그 효과는 반드시 광대할 것이다. 모름지기 머리가 흰 사람이 도로에서 짐을 지지 않는 것은 예속의 치(致)이니 어찌 존경하지 않으며 어찌 본받지 않겠는가.

제4. 환난상구(患難相救)

사람의 일생이 오랫동안 태평하여 환난이 없겠는가. 이웃 마을에 누군가 환난을 당하거든 반드시 몸소 심문(審問)하여 힘써 구할 수 있거든 구하고, 힘이 미치지 못하거든 비록 구하지 못하더라도 우휼지심(憂恤之心)이 그치지 않을 것이다. 내게 이런 마음이 있으면 사람들이 반드시 알 것이니 헤아려 반드시 베푸는 것이 가하다.

이른바 환난이라는 것은 스스로 만든 것이 있고 재앙이 있으니, 질병(疾病), 도적(盜賊), 수재와 화재, 죄수(罪囚)와 빈궁(貧窮)과 억울함을 당하는 것(被枉)이니 이는 살면서 면할 수 없는 것이다. 그것이 오는 것은 완급이 있으나 근심을 품는 것은 하나이니 인보(隣保)라는 것은 긍휼(矜恤)을 더하는 것이다.

대개 덕업(德業)이라는 것은 사람의 근본이다. 먼저 그 근본을 세운 후에 나머지를 헤아릴 수 있으니 나의 덕업이 서지 않았는데 어찌 남의 덕업을 권하겠는가. 권함은 서로 권면한다는 뜻이나, 그러나 나의 덕업을 먼저 세운 후에 남의 덕업을 권할 수 있다. 그러므로 이미 덕업을 권하면 또한 과실을 살필 수 있으니 어찌 덕업을 권하고 과실을 살피지 못함이 있겠는가. 덕업에 이미 힘썼다면 그 과실은 스스로 살필 수 있는 것이며 이미 그 과실을 살폈다면 또한 예속(禮俗)으로 교유할 수 있는 것이다. 과실을 살필 수 없으면서 어찌 예속으로 교유할 수 있겠는가. 그러므로 과실을 살피고 예속으로 교유하는 것은 스스로 용납함이 넉넉한 것이다. 이미 예속으로 교유하였으니 환난을 어찌 구할 수 없겠는가. 그러므로 스스로 상규에는 순서가 있으니 만약 법도나 예절 등에 따라 행하면 모두 선인이라 할 수 있다.

부조(附條)

제1. 외법령(畏法令)

법령이라는 것은 위로부터 아래를 다스리는 기구이다. 인민이 있고 군주가 있음은 천지가 정한 이치이다. 위에 법령에 있는데 아래에서 업신여기는 기색이 있다면 이는 스스로 화를 입는 것이다. 어찌 그 가문을 보전하고 그 몸을 보전할 수 있겠는가. 말을 삼가고 행실을 받들어 그 도리를 다해야 한다.

제2. 근조부(謹租賦)

경계를 나누어 그 지역을 정하고 그 토지의 소출로 그 부(賦)의 수입을 바친다. 부라는 것은 곧 세금이다. 토지를 대신하여 세금을 바치는 것은 정당한 이치이다. 정해진 기한이 있는데 기한이 지나도록 바치지 않는다면 체납벌금이 있다. 비록 빈궁(貧窮)이 지극하더라도 자기가 맡은 바 세금은 지체 없이 완납하여 국민의 의무를 다해야 할 것이다.

제3. 준실무(遵實務)

하늘이 만민을 낳음에 반드시 받은 직분이 있으니 사농공상(士農工商)은 사민(四民)의 수(數)이다. 노소남녀를 막론하고 그 직무에 복종하여 자기 살 길을 노력하라.

제4. 화부부(和夫婦)

부부는 백성의 시작이고 만복의 근원이다. 불화하면 집안이 반드시 망한다. 하물며 그 아름답고 추함을 비교하고 그 후하고 박함을 싫어하여 점차 더욱 틈이 생겨서 이혼을 생각하는 지경에 이른다면 이는 난민(亂民)이다. 오호라 그것이 가하겠는가. 그러므로 화옹(和雍)을 기해야 할 것이다.

제5. 근소송(謹訴訟)

소송은 법정 다툼이다. 한 번 성을 내면 반면에 지나간 것은 그 마음에 꺼린바가 있다. 타인에게 그러함이 있는데, 하물며 지친에게야. 부자(父子), 조손(祖孫), 부부(夫婦), 형제(兄弟), 숙질(叔姪)은 모두 천륜이다. 집안에서 원수지고 도적질 한다면 무슨 면목으로 하늘 아래 서있겠는가? 이후로 절대로 소송하지 말아야 한다.

제6. 색복장려(色服獎勵)

의복은 청색, 황색, 자색, 흑색이 모두 옛 제도로부터 내려오는 것인데, 최근 흰옷을 입는 관습이 점차 풍속을 이루었다. 이는 매우 옳지 않으므로 개정하였으니 색복을 입는 것이 가하다.

제7. 냉반준행(冷飯遵行)

사람의 식욕이 아침저녁 외에는 따로 밥을 짓는 것이 옳지 않다. 아침밥을 먹을 때에 그 나머지를 뇌내(鐳鼐)에 두었다가 점심 때 요기하는 것이 가하다. 따로 밥을 짓는 것은 불필요하다.

제8. 금사주(禁私酒)

술이란 것은 본성을 해치는 광약(狂藥)이다. 옛 사람들이 깊이 경계하여 마시지 않았는데 하물며 스스로 만들어 마실 수 있겠는가? 금령(禁令)이 지엄하여[이하 탈락]

【함양향교 소장】

10. 「유도연합회 결성취의서」 외, 『제관계서류(諸關係書類)』

1939년, 익산문묘(益山文廟)

익산군 유도회 결성취의서

대저 유도(儒道)는 천지의 원리를 본받아 고금을 통하여 그릇되지 않고 동양 정신문화의 연원인 인의도덕의 근본이다. 이를 작게 하면 일신일가(一身一家)를 수제(修齊)하고, 이를 크게 하면 국가 천하를 치평(治平)한다. 이는 실로 인생필리(人生必履)의 상도되는 바로서 백가(百家)라 하더라도 쉽게 할 수 없는 것이다. 그리고 영구히 우리 고유의 황도정신(皇道精神)을 북돋아서 그 발달과 선양에 뒷받침함이 매우 크다.

추측하건대 제국(帝國)은 지금 광고(曠古)의 시간(時艱)을 만났다. 즉, 안으로는 상하 각성을 촉구하여 구미사상 침략의 여폐(餘弊)를 삼제(芟除)하고, 밖으로는 국민정신을 총동원하여 속히 지나사변(支那事變)의 처리를 도모함과 아울러 동아시아 신질서의 건설에 매진하는 한편 복잡한 유럽 정세의 영향에 대비하지 않으면 안 된다. 이 가을을 맞아 더욱 황도정신을 발휘하고 더욱 유도의 진수(眞髓)를 천명하여 거국 대동단결의 태세를 강화해야 함은 오늘보다 급한 적이 없었다. 우리는 이에 깊이 성찰한 바가 있다. 당국 지도하에 익산군 내의 유림을 규합하여 익산군 유도회를 결성하고 협심육력(協心戮力)하여 이 도(道)를 크게 진작경장(振作更張)을 도모하여 이로써 시간(時艱)의 극복을 기하고 진충보국(盡忠報國)의 지성(至誠)을 바치고자 한다.

1939년(昭和 14) 12월 20일

선언

一. 익산군 내 유림의 연락, 통일할 단체를 조직하고 황도정신에 기초하여 유도의 진흥을 도모한다.

二. 국민정신 총동원의 취지에 따라 널리 충효도의(忠孝道義)의 신념을 함양함으로써 황국신민(皇國臣民)으로서 단결을 공고히 한다.

三. 동아시아 신질서 건설이라는 국시(國是)에 따라 동양문화의 진수를 천명함으로써 일본, 만주, 중국의 영원한 평화를 위하여 정신적 연계를 이룬다.

「익산군 유도회 규칙」

제1장 총칙

제1조 본회는 익산군 유도회라 칭한다.

제2조 본회는 황도정신에 기초하여 유도의 진흥 및 본 군 유림의 연락, 통제를 도모하는 것을 목적으로 한다. 본회는 전라북도 유도연합회에 가맹한다.

제3조 본회의 사무소는 익산군청 내에 둔다.

제4조 본회는 그 목적을 달성하기 위해 다음의 사업을 한다.

　　　　1. 강연 및 강습회 개최

　　　　2. 향약 장려 및 지도

　　　　3. 풍속 개량 및 청소년 교화

　　　　4. 효자와 절부의 표창

　　　　5. 명륜전문학원의 후원 및 서당 개선

　　　　6. 기타 본회의 목적을 달성하기 위해 필요한 사항

제2장 회원

제5조 본회의 회원은 성년 이상의 제국신민(帝國臣民)이고 본회의 취지에 찬동하는 자임을 요한다.

제6조 회원의 입회 및 퇴회는 회장의 승인을 받는다.

제7조 회원으로 그 의무를 이행하지 않거나 본회의 체면을 손상하는 자는 회장이 이를 제명한다.

제3장 역원

제8조 본회에 다음의 역원을 둔다.

　　　　회장

　　　　부회장 1인

　　　　이사 약간 명

　　　　감사 약간 명

　　　　평의원 약간 명

　　　　참사 약간 명

제9조 회장은 본회를 대표하고 일체 회무를 총괄하며 각 회의의 의장이 된다.

　　　　부회장은 회장을 보좌하고 회장이 사고가 있을 때는 그 직무를 대리한다.

　　　　이사는 회장의 지휘를 받들어 회무를 장리(掌理)하고 회장, 부회장이 모두 사고가 있을 때는 회장의 지명에 따라 그 직무를 대리한다.

감사는 본회의 재산 및 회계 상황과 이사의 사무 집행 상황을 감사한다.

평의원은 예산, 결산, 기타 회장이 제출한 의안에 대해 심의한다.

참사는 회장의 지휘를 받아 회무에 종사한다.

제10조 역원은 모두 명예직으로 하고 그 임기는 2년으로 한다. 단, 관공리의 직분에 있는 자는 그
　　　재직 기간 중으로 한다.

제11조 회장은 본 군수가 맡는다.

부회장은 본회 회원 중 학식과 명망이 있는 자를 회장이 위촉한다.

이사, 감사, 평의원은 회장이 위촉하고 참사는 회장이 임면한다.

제12조 역원은 임기가 만료된 후에라도 후임자가 취임할 때까지 직무를 계속한다.

제13조 본회에 고문(顧問) 및 참여(參與)를 둘 수 있다.

고문 및 참여는 회장이 추천한다.

제4장 회의

제14조 총회는 매년 1회, 회장이 이를 소집하고 다음 사항을 부의한다.

　　1. 회무 보고

　　2. 회장으로부터 부의된 사항

회장이 필요하다고 인정하는 경우, 임시총회를 열 수 있다.

제15조 회장은 회무 집행에 대해 필요하다고 인정하는 경우 이사회 또는 평의원회를 개최한다.

단 회의를 열지 않고 서면으로 찬부(贊否)를 물어 회의를 대체할 수 있다.

제16조 본회의 의사는 출석원 과반수로 결정한다.

제5장 회계

제17조 본회의 경비는 향교재산 기부 및 독지가의 기부금, 기타 수입으로 충당한다.

제18조 본회의 회계연도는 매년 4월 1일에 시작하여 다음 해 3월 31일에 끝난다.

부칙

본 회칙의 시행상 필요한 세칙은 회장이 정한다.

본 회칙은 평의원 회의의 결의를 거쳐 개정할 수 있다.

본 회칙은 1939년 12월 20일부터 시행한다.

전라북도 유도연합회 결성취의서

대저 유도(儒道)는 천지의 원리를 본받아 고금을 통하여 그릇되지 않고 동양 정신문화의 연원인 인의도덕의 근본이다. 이를 작게 하면 일신일가(一身一家)를 수제(修齊)하고 이를 크게 하면 국가천하를 치평(治平)한다. 이는 실로 인생필리(人生必履)의 상도되는 바로서 백가(百家)라 하더라도 쉽게 할 수 없는 것이다. 그리고 영구히 우리 고유의 황도정신(皇道精神)을 북돋아서 그 발달과 선양에 뒷받침함이 매우 크다.

추측하건대 제국(帝國)은 지금 광고(曠古)의 어려움을 만났다. 즉, 안으로는 상하 각성을 촉구하여 구미사상 침략의 여폐(餘弊)를 삼제(芟除)하고, 밖으로는 국민정신을 총동원하여 속히 지나사변(支那事變)의 처리를 도모함과 아울러 동아시아 신질서의 건설에 매진하는 한편 복잡한 유럽 정세의 영향에 대비하지 않으면 안 된다. 이 가을을 맞아 더욱 황도정신을 발휘하고 더욱 유도의 진수(眞髓)를 천명하여 거국 대동단결의 태세를 강화해야 함은 오늘보다 급한 적이 없었다. 우리는 이에 깊이 성찰한 바가 있다. 당국 지도하에 전라북도 내의 유림을 규합하여 전라북도 유도연합회를 결성하고 협심육력(協心戮力)하여 이 도(道)의 진작경장(振作更張)을 도모하여 이로써 어려움의 극복을 기하고 진충보국(盡忠報國)의 지성(至誠)을 바치고자 한다.

1939년(昭和 14) 12월 3일

「선언」

一. 전라북도 내 유림의 연락, 통일할 단체를 조직하고 황도정신에 기초하여 유도의 진흥을 도모한다.

二. 국민정신 총동원의 취지에 따라 널리 충효도의(忠孝道義)의 신념을 함양함으로써 황국신민(皇國臣民)으로서 단결을 공고히 한다.

三. 동아시아 신질서 건설이라는 국시(國是)에 따라 동양문화의 진수를 천명함으로써 일본, 만주, 중국의 영원한 평화를 위하여 정신적 연계를 이룬다.

「전라북도 유도연합회 규칙」

제1장 총칙

제1조 본회는 전라북도 유도연합회라 칭한다.

제2조 본회는 황도정신에 기초하여 유도의 진흥 및 본 도 유림의 연락, 통제를 도모하는 것을 목적으로 한다. 본회는 조선유도연합회에 가맹한다.

제3조 본회의 사무소는 전라북도청 내에 둔다.

제4조 본회는 각 부군(府郡)에 유도회(儒道會)를 두고, 유도회에는 유도회장(부윤, 군수에게 위촉)을 둔다.

제2장 조직 및 사업

제5조 본회에 서무부와 교화부를 둔다.

각 부에서 담당할 사항은 다음과 같다.

1. 서무부 문서의 왕복, 예산, 결산, 회계, 지방의 연락 및 다른 부의 주관 에 속하지 않는 사항

2. 교화부 강연, 향약 장려 및 지도, 효자절부의 표창, 풍속개량 및 청소년 교화, 명륜전문학원 후원, 서당 개선, 강습소 설치 및 문맹퇴치에 관한 사항

제6조 각 부에 부장은 둔다.

부장은 상임이사 중에서 회장이 선임한다.

제3장 회원

제7조 본회의 회원은 전라북도 내 각 부군 유도회의 회원인 자로 한다.

제8조 회원으로서 본회의 체면을 손상시키는 자는 회장이 제명한다.

제4장 역원

제9조 본회에 다음의 역원을 둔다.

회장

부회장   2인

이사   약간 명(이 중 3명을 상임이사로 함)

감사   약간 명

평의원   약간 명

참사   약간 명

제10조 회장은 본회를 대표하고 일체 회무를 총괄하며 각 회의의 의장이 된다.

부회장은 회장을 보좌하고 회장에게 사고가 있을 때는 회장의 지명에 따라 그 직무를 대리한다.

이사는 회장의 지휘를 받아 회무를 장리한다.

감사는 본회의 재산 및 회계 상황, 이사의 사무 집행 상황을 감사한다.

평의원은 예산, 결산 및 회장이 제출한 의안에 대해 심의한다.

참사는 회장 및 부장의 지휘를 받아 회무에 종사한다.

제11조 역원은 모두 명예직으로 하고 그 임기는 2년으로 한다. 단, 관공리의 직에 있는 자는 그 재직기간 중으로 한다.

제12조 회장은 전라북도 지사를 추대한다.

부회장 2인 중 1인은 전라북도 참여관(參與官)으로 하고, 다른 1인은 전라북도 내 유림 중 학식과 명망이 있는 자로 회장이 위촉한다.

이사, 감사, 평의원은 회장이 위촉하고, 참사는 회장이 임면한다.

제13조 역원은 임기가 만료된 후라도 후임자가 취임할 때까지는 직무를 행한다.

제14조 본회에 고문 및 참여를 둘 수 있다.

고문 및 참여는 회장이 추천한다.

제5장 회의

제15조 총회는 매년 4월 중에 개최한다. 단, 임의로 그 시기를 변경하거나 필요한 경우 임시총회를 개최할 수 있다.

제16조 총회는 회장이 소집한다.

제17조 총회는 회장이 제출한 의안에 대해 심의한다.

제18조 회장은 회무 집행상 필요하다고 인정할 때에는 이사회 또는 평의원회를 개최한다. 단, 회의 를 개최하지 않고 서면으로 찬부를 물어 회의를 대체할 수 있다.

제19조 본회의 의사는 출석원의 과분수로 결정한다.

제6장 회계

제20조 본회의 경비는 향교재산, 기부금 및 독지가의 기부금, 기타 수입으로 충당한다.

제21조 본회의 회계연도는 매년 4월 1일에 시작하여 다음 해 3월 31일에 끝난다.

부칙

본 회칙의 시행상 필요한 세칙은 회장이 정한다.

본 회칙은 평의원회의 결의를 거쳐서 개정할 수 있다.

본 회칙은 1939년 12월 3일부터 시행한다.

【개인 소장】

11. 『돌산향교회계부(突山鄕校會計簿)』

1940년(昭和 15) 경진(庚辰)

1940년 3월 일 돌산향교회계부 경진(庚辰)

〈수입 순서[收入秩]〉

금 36원 32전　　전년 중 회계 이월

금 60원　　심영주(沈永炷) 외 5인 의연분(義捐分)

금 55원 50전　　고흥(高興) 소작료

금 13원 30전　　포우(脯牛) 매각 대금

금 98원　　강위현(姜位玄) 외 10인 의연금

금 3원　　앞의 의연 중

금 40원　　재복(齋服) 값 군청 보조

금 20원　　소모품비 예산

금 5원　　문성숙(文性淑) 의연

금 25원　　김종열(金宗烈), 정부연(丁富連) 의연

금 65원　　수리비 보조

금 19원　　향사비(享祀費) 국고 보조

금 50원　　1939년 추계대향비(秋季大享費)

금 20원　　서병연(徐丙連) 의연

계 금 510원 12전

〈지출 순서[支出秩]〉

금 112원 80전　　재복마포(齋服麻布) 24필 값

금 51원 30전　　재복 제조비 및 잡비

금 31원 80전　　구(舊) 재복 세탁비 및 잡비

금 2원 10전　　우(禹) 직원(直員) 초상시 조의금

금 1원 65전　　국기 게양용 줄 값

금 83전   수리비 청구비

금 21원 3전   명륜당 수리비

금 3원   수리인부 품삯

금 1원 20전   식반(食盤) 수선비

금 50전   추석 지신제(地神祭) 하(下)

금 5원   포우(脯牛) 도살세

금 30전   포우용 식반 값

금 7원 20전   출표97)할 때 향원(鄕員) 위하(慰下)

금 21원 84전   백미 1섬반 값

금 2원 10전   누룩 값

금 2원 58전   고흥(高興) 간화인(看禾人) 용하(用下)

금 10원 52전   대향(大享)용 각 과실 및 생과 값

금 6원 60전   돼지 1마리 값

금 4원 80전   세 가지 ○稷 값

금 1원 68전   채소 및 기타

금 8원 60전   식미(食米) 부족 순선급(順善給)

금 13원 70전   유림연맹 총회비

금 4원 8전   고흥(高興) 지세(地稅)

금 33전   농회 및 우송료

금 1원   박정근(朴正根) 부친 ○○○○

금 1원 40전   구(舊) ○末 지신제

금 44전   고흥 소작료 독촉서 番代

금 3원   소사(小使) 식염(食鹽) 1섬 값

금 32원 50전   출표용지 값

금 4원 50전   수리비 회의 당시 계원 위(慰)

금 25원   향사비, 수리비 수령, 직원 왕복비, 기타

금 42원 60전   1939년 추계 포우(脯牛) 값, 잡비

계 금 432원 98전 수입 중 공제

---

97) 제사를 지낼 제관을 선출하는 일.

잔액 금 78원 14전

영수(領袖) 김종림(金鍾林) [인]

직원 조형민(趙亨敏) [인]

장의(掌議) 김기채(金基埰), 유정연(柳晶淵), 고완석(高完錫) [인]

1940년 12월 12일(음력 11월 14일) 회계책

〈수입 순서〉

금 78원 14전　　춘계 회계 이월금

금 50원　　춘향사비(春享祀費)

금 15원　　춘계 향사 유도회(儒道會) 보조

금 9원 50전　　춘향(春享) 국고 보조

금 25원 48전　　소모품 값

금 214원 90전　　명륜당 수리비

금 50원　　춘계 향사비

금 7원　　개도리(蓋島里) 김진배(金進培) 재복 값

금 14원　　개도리 이문준(李文俊) 이건(二件) 값

금 30원　　개도리 이재조(李在祚) 의연금

금 185원　　낭도리(狼島里) 김종현(金鍾鉉) 외 17인 의연금

금 1원　　소사실 고칠 당시 의연. 서덕리(瑞德里) 박래진(朴來辰)

금 10원　　신복리(新福里) 송보인(宋寶仁) 의연

금 115원　　추계 대향(大享) 당시 의연. 박태현(朴太玄) 외 6인

계 금 805원 2전

〈지출 순서〉

금 179원 79전　　춘계 대향비(大享費) 및 유하(流下)

금 35원 25전　　유림연맹총회(儒林聯盟總會) 및 유하

금 191원 56전　　추계 대향비 및 수리차ㅇ비

금 283원 25전　　명륜당 풍화루(風化樓) 내 중문 수리비

계 금 689원 85전

잔액 금 115원 17전

영수(領袖) 김종림(金鍾林) [인]

직원(直員) 조형민(趙亨敏) [인]

장의 김기채(金基埰) [인], 유정연(柳晶淵), 고완석(高完錫)

【돌산향교 소장】

12. 기타 통문류

[통문]

　삼가 아룁니다. 중춘(仲春 음력 2월)을 맞이하여 존체(尊體)가 편안하신지요. 드릴 말씀은『이충무공전서(李忠武公全書)』중간(重刊) 및 동(同) 묘우(廟宇)를 중수하는 것에 대해 정성스럽고 한결같이 다른 뜻이 없음은 여기에 함께 드리는 발기문에도 역력히 드러나 있으니 다시 언급할 필요가 없을 것입니다. 아, 우리나라가 있고부터 반만년 사이에 위대한 공훈과 업적이 실로 이충무공과 필적할 자가 드물다는 것은 물론이거니와, 이 전서 편찬에 누락된 사적이 없지 않고 이와 함께 같은 시기에 종군(從軍)하고 보좌한 여러 공의 의열(義烈)과 충용(忠勇)이 사라져 전하지 못한 자가 매우 많습니다. 지금 이 전서의 중간을 기회로 이 공들의 찬란한 진적(眞蹟)을 이 전서에 뽑아서 부록(附錄)으로 싣기 위하여 이에 번거롭게 해드리니 매우 바쁘시겠지만 귀찮아하지 마시고 각 집에 소장하고 있는 충무공의 사적에서 찾아 기록하고, 이 공들의 후손을 방문하여 정확한 실기(實記)를 깨끗이 옮겨 써서 표기한 곳으로 계속해서 송부하시고, 같은 마음으로 성원을 보내주어 이 전서의 간역(刊役)을 빨리 마칠 수 있도록 해주시기를 요청 드립니다. 다만 실기와 기록을 송부할 최종 기한은 1925년(大正 14) 음력 3월 30일로 한정합니다.

　　1925년(大正 14) 을축 음력 2월 일

　　경성부(京城府) 원동(苑洞) 14번지

　　이충무공전서 중간 및 묘우 중수 기성 발기소(期成發起所) [인]

　　칠곡문묘(漆谷文廟) 직원 좌하(座下)

「통고(通告)」

　삼가 아룁니다. 낙파(洛坡)[98]와 계당(溪堂)[99] 양대의 유문(遺文)을 간행하기 위한 일로 지난번 도

---

98) 낙파(洛坡) : 유후조(柳厚祚, 1798~1876)로, 본관은 풍산(豐山), 자는 재가(載可), 호는 낙파이다. 1858년(철종9)에 문과에 급제한 뒤 관직을 지내다 1866년 우의정에 이르렀으며, 병인양요 때 아들 유주목(柳疇睦)과 함께 의병을 일으켰다. 시호는 문헌(文憲)이다.

99) 계당(溪堂) : 유주목(1813~1872)으로, 자는 숙빈(叔斌), 호는 계당이며, 아버지는 유후조이다. 성리학, 예학, 역사학, 보

회(道會)가 있었던 날, 다행히 여러 군자들이 특별히 염려해주신 덕분에 큰 일이 대략 두서가 잡혔으니, 높이고 보위하는 의리에 어찌 감복하지 않을 수 있겠습니까. 지금은 교정 일은 끝나가고 간행 일이 시작되었는데, 다만 생각하건대 전의 모임 날짜는 기일이 촉박함을 면치 못하였기에 혹 때맞춰 알지 못할 우려가 있습니다. 각 집안에 있는 양대의 유문을 속히 거두어 보냄으로써 늦어서 시일에 맞추지 못하는 탄식이 없어야 합니다. 또 생각건대 여러분께서 같은 마음으로 일을 하시지만, 밖에 있다고 해서 약간 소홀하지는 않으리라 생각합니다. 또 원하건대 잘 생각하시어 시종 일에 따라 가르침을 주셔서, 이 사문(斯文)의 일이 늦어지는 지경에 이르지 않도록 해주시면 천만 다행이겠습니다.

　1924년(갑자) 4월 27일 간소회중(刊所會中)

「『조선청금록(朝鮮靑衿錄)』 합간(合刊) 취지서(趣旨書)」

　청금(靑衿)은 무엇입니까. 당시 유림을 일컫는 것입니다. 인(仁)과 의(義)로써 본성을 잃지 않고, 예(禮)와 지(智)로써 그 도를 더욱 닦습니다. 칼과 창이 그 마음을 부수지 못하고, 이익과 욕심이 그 뜻을 꾀지 못합니다. 염치(廉恥)를 숭상하고 덕교(德敎)를 닦아야 성현(聖賢)을 배울 수 있고, 명분을 바로하고 기강을 세워야 군부(君父)를 섬길 수 있습니다. 당시에 말해도 사람이 싫증내지 않고 후세에 전해도 부끄럽지 않은 자를 청금이라고 합니다.

　고을에는 향교가 있고 나라에는 태학이 있어 인재가 즐비하고 문물이 찬란하여 향리에 있으면 향리 사람들의 표준이 되고, 조정에 있으면 인신(人臣)의 동량(棟樑)이 됩니다. 향곡(鄕谷)에 처하면 곤란한 기운이 없고 묘당에 오르면 흠결이 되는 일이 없습니다. 공자, 맹자, 안자(顔子), 증자(曾子), 정암(靜庵), 퇴계(退溪), 율곡(栗谷)과 우계(牛溪)를 따라 하늘을 공경하고 도를 즐기기를 오래도록 하면서 쉬지 않습니다. 그러니 청금이 아니면 성현의 자취를 어디에서 찾을 것이며, 청금이 아니면 충신의 도가 어디에 있겠습니까.

　묘당에 비록 그런 사람이 없더라도 향읍(鄕邑) 가운데에는 그 자취가 절로 있습니다. 그 도를 이룬 자는 해와 달이 비추고 서리와 이슬이 내리는 곳이라도 존경하고 친애하지 않는 자가 없고, 그 도를 배우는 자는 우부우부(愚夫愚婦)와 초동목수(樵童牧豎)라도 기뻐하지 않는 이가 없습니다. 우리나라 3천리 강역 안에 단군(檀君)과 기자(箕子)로부터 4천 년 이래로 우리 도에 종사하는 자가 마음에 잊지 않고 늘 잃지 않아 오늘에 이르렀는데, 유도(儒道)라고도 하고 종교(宗敎)라고도 하니 그 양단을 잡아 더욱 바로잡는 자가 청금이 아니겠습니까. 환란의 가운데 있어도 한 줄기 윤리와 교육을 잡고

학에 두루 통달했으며, 문집으로 『계당집(溪堂集)』이 있다.

있는 자가 청금이 아니겠습니까.

　본인 등이 미미한 마음을 분발하여 효제충신(孝悌忠信)의 도를 장려하여 많은 선비들로 하여금 함께 모아 편찬하여 몇천 년의 존안(存案)으로 삼고자 비루함을 잊고 이에 통고합니다. 통고서가 도착하는 날에 13도(道)의 뜻있는 여러 군자께서 이 뜻에 마음과 힘을 합하여 각자의 군읍(郡邑)에서 청금록에 들어갈 만한 선비들을 일일이 단자(單子)로 작성하여 보내고, 또 지난 갑자년(1864, 고종1) 이후 60년 동안의 태학관(太學館) 학생 및 향교에서 일찍이 재임(齋任)을 지낸 사람을 수집하여 여러분께서 부록으로 같이 모아서 본소(本所)로 보내주십시오. 그리하여 본소에서 합하여 편차를 만든다면 모군 모인의 성명이 분명해질 것이고, 또 우리나라 보학(譜學)에도 한 가지 도움이 될 것입니다. 같은 마음으로 찬성하여 주시면 매우 다행이겠습니다.

　　1922년(大正 11) 임술 3월 11일

　　발기인　전(前) 판서(判書)　김종한(金宗漢)

　　　　　　전 판서　　　　　민경호(閔京鎬)

　　　　　　전 참판(參判)　　김익승(金益昇)

　　　　　　전 참판　　　　　이범석(李範錫)

　　　　　　전 승지(承旨)　　이헌구(李憲九)

　　　　　　　　　　　　　　　서재천(徐載天)

　　　　　　전 도사(都事)　　이원(李傆)

　　　　　　전 주사(主事)　　안병태(安秉台)

　　　　　　진사(進士)　　　　이창(李倉)

　　　　　　　　　　　　　　　이병두(李秉斗)

「**통문(通文)**」

　이는 통고하는 일입니다. 우리 조선 5백 년 문명의 다스림은 대개 예의를 돈독히 숭상하고 명분을 닦아 바로잡는 데서 연유하였는데, 예의를 돈독히 숭상하고 명분을 닦아 바로잡는 방도는 빛나는 많은 인재들이 청포(靑袍)와 유건(儒巾)을 착용하고 선성(先聖)에게 석전(釋奠)을 올리고 후진(後進)을 가르치는 것이니, 이것이 이른바 청금(靑衿)입니다.

　태학(太學)은 뛰어난 선비를 선발하여 장의(掌議)의 책임을 맡기고, 각 군의 향교는 중망이 있는 선비를 뽑아서 거재(居齋)의 직임을 맡기니, 모두 청금을 높이는 의리입니다. 그러므로 나라에는 국학(國學)의 청금이 있고 읍에는 읍학(邑學)의 청금이 있어 인재가 즐비하고 문물이 찬란하니, 모두 청금록을 두어 어지럽히지 않는 것입니다. 그렇게 되면 조정에 있으면서 임금을 성군으로 만들어 백성에게 혜택이 돌아가게 할 명신석보(名臣碩輔)가 모두 이 청금 가운데서 나오고, 재야에 있으면서 사류(士類)를 격려하여 이끄는 유일군자(遺逸君子) 또한 이 청금 가운데서 나오니, 스스로 명의(名義)에 편안하고 대대로 충효에 독실하여 나라는 절로 편안해지고 다스림은 절로 광명해지는 것입니다.

선비는 나라의 원기(元氣)이니, 사기(士氣)가 진작되지 않으면 사람이 사람이 될 수 없습니다. 우리 13도(道)의 선비가 의지하여 돌아갈 바가 있게 하여 화육(化育)의 가운데로 모두 들어가게 하는 것이 가장 좋은 방책이니, 13도의 청금을 모두 모아 편집해서 고람(考覽)한다면, 삼척동자라도 어느 군에서 나온 어느 현인(賢人)이고, 어느 고을에 사는 어느 성씨인 줄 저절로 알게 될 것입니다. 그렇다면 예의를 돈독히 숭상하고 명분을 닦아 바로잡을 수 있을 뿐만 아니라 또 보학(譜學)을 폭넓게 볼 수 있는 한 가지 방법이 될 것입니다.

그러므로 본인 등은 예의를 세우고 명분을 바로잡자는 뜻으로 조선 13도의 청금 단자(靑衿單子)를 모두 모으고, 또 지난 갑자년 이후 태학관의 선생안(先生案) 및 각 군의 향교에서 재임(齋任)을 지낸 사람의 단자를 수집하여 부록으로 편집하기 위해 이에 글을 보냅니다. 삼가 각 도와 군의 향교에 있는 여러 군자께서 해당 군내에서 들어갈 만한 사람들의 청금단자와 재임록 단자를 일일이 수정하여 본소(本所)에 보내주시면 매우 다행이겠습니다.

이를 유림 각 가(家)의 여러분에게 삼가 아룁니다.

1922년(大正 11) 임술 6월 일

충남 논산군 노성면 읍내리 궐리사(闕里祠) 내 조선청금록 발간소

도유사	전 판서 김종한(金宗漢)
부유사	전 참판 윤상익(尹相翊)
교정(校正)	전 군수 서상덕(徐相德), 전 참봉 최영조(崔永祚), 직원 서병호(徐丙浩), 전 주사 강영주(姜永周), 진사 신상우(申商雨)
응접원(應接員)	전 참판 김익승(金益昇), 전 교관 홍우태(洪祐泰)
감인(監印)	전 참봉 한진행(韓鎭行), 진사 이창(李倉)
판권주임(板權主任)	전 주사 안병태(安秉台)
총무 겸 위임	유학(幼學) 이병두(李秉斗)
회계	전 부위(副尉) 유석풍(柳錫豊), 유학 최재창(崔載昌)
서사(書寫)	최재창, 유준호(柳俊浩), 이병익(李秉翼)

각 도의 외무원(外務員)	경기 유학 윤은중(尹殷重), 이갑희(李甲熙)
	충남 진사 신상우(申商雨), 유학 김영진(金泳晋)
	충북 이병옥(李秉玉), 이중열(李重烈)
	경북 진사 정두용(鄭斗容), 유학 유영욱(劉永旭)
	경남 김찬수(金瓚洙), 이종대(李鍾大)
	전북 조현원(趙玄元), 이병익(李秉翼)
	전남 진사 이창(李倉), 전 참봉 홍순옥(洪淳玉), 유학 유준호(柳俊浩)
	강원 이교석(李敎奭), 박제선(朴濟善)
	황해 이흡(李儉)
	평안 남(南) 전 주사 신태준(申泰俊), 북(北) 유학 김용원(金用元)
	함경 남 한진흡(韓鎭浹), 유관영(柳觀永), 북 한당(韓戇)

「녹고(錄告)」

　청금록 편집을 완료한 뒤 전질(全秩) 1부씩을 각 도와 각 군의 문묘에 봉정(奉呈)함이 마땅하지만, 경비가 너무 많이 들어 여의치 않습니다. 그러므로 경학원은 전질 1부를 보내고, 도의 문묘는 해당 도의 관내에, 군의 문묘는 해당 군의 관내에 한편씩을 무료로 보내니, 이를 살펴주시기 바랍니다.
　조선청금록 간소(刊所)

「유림연합대회 취지서」

　오호라. 유교의 쇠락함이 지금보다 심한 날이 없었다. 면면연연(綿綿涓涓)하여 실처럼 끊어지지 않았는데, 지금 작흥하지 않으면 이 도(道)는 땅으로 떨어져 인류가 진멸할 것이니 어찌 위태롭지 않겠는가. 아! 동아시아 반만년 이래 사람이 사람 된 바와 나라가 나라 된 바는 유교에서 가르쳐 행하였다. 일신(一身)에 있어서 격치성정(格致誠正)[100]이 이 도를 강명(講明)하는 이유이고, 일가(一家)에 있어서 애경순목(愛敬惇睦)이 이 도를 수거(修擧)하는 이유이며, 천하와 국가에 있어서 예악형정(禮

---

100) 격물치지성의정심(格物致知誠意正心)의 준말로, 사물의 이치를 연구하여 앎을 지극히 하고 뜻을 성실히 하며 마음을 올바르게 한다는 뜻. 『大學』의 수신(修身)의 요체임.

樂刑政)이 이 도를 몸으로 행하는 이유이니 진실로 잠시라도 마음에 틈이 생기거나 털끝만큼의 어긋남이 있다면 삼강(三綱)이 없어지고 구법(九法)이 무너질 것이다.

이와 같이하여 천지에 생존하더라도 인면수심(人面獸心)이요 의관을 차려 입은 귀역(鬼蜮)이 될 뿐이니 비록 인간이 멸절되었다 하더라도 과언이 아닐 것이다. 한나라 때 매복(梅福)이 말하길 그 형체를 보지 못하면 그 그림자를 살피라 하였으니 지자(智者)는 그림자에서 살피거늘 하물며 형체가 이미 드러난 자이랴. 오늘날이 과연 어떠한 시대인가? 이욕(利慾)이 횡류하고 윤상(倫常)이 문란하다. 아들은 그 아비를 송사(訟事)하고 처가 지아비를 고소하며 兄弟가 울타리 안에서 싸운다는 청문(聽聞)이 종종 들리니, 뼈가 떨리고 간담이 흔들린다.

비록 그러하나 쓸데없이 걱정만 하고 탄식만 하며 만회부식(挽回扶植)할 것을 생각하지 않으면 어찌 이익이 되겠는가. 듣건대 엉킨 실을 풀고자 하면 그 실마리를 잡아야 하고, 탁류(濁流)를 그치고자 하면 근원을 깨끗이 해야 한다고 한다. 기강윤리(紀綱倫理)는 도(道)의 단서요 효제충신(孝悌忠信)은 행(行)의 근원이다. 진실로 그것을 밝게 한다면 민지(民志)를 정하고 교풍화(矯風化)하는 것에 무슨 문제가 있겠는가.

아! 합하면 곧 실(實)하고, 실(實)하면 곧 견고해진다. 나뉘면 곧 약해지고, 약해지면 곧 흩어진다. 이는 사물의 상(常)이다. 우리 도는 하나일 뿐이다. 어찌 근래에 유교의 문호(門戶)에 각각 기치(旗幟)를 세워 같은 배를 타고 같이 노를 젓는 실(實)은 없고, 나눠지고 찢어지기만 한다. 이는 유교가 부진한 이유이다.

설자(說者)가 이르기를 지금 세계가 경쟁하여 우월하면 이기고 열등하면 패하는데, 부패한 유교로는 할 수 있는 것이 없다고 한다. 심지어 성인을 모욕하는 자도 있으니 그 광패(狂悖)함은 물론이고 우리들도 반성해야 할 것이다. 금일에 과연 일세(一世)의 모해(模楷)가 될 만한 진정한 대유(大儒)가 있는가? 과연 그 궁행심득(躬行心得)이 확연하여 꺾이지 않을 만큼 우수한가? 과연 그렇더라도 마땅히 더욱 힘써야 할 것이다. 만일 그 역량이 없다면 중력(衆力)과 아우르고 중지(衆智)와 합하여 통일된 몸을 만들고 딴 마음을 품지 않는다면 장애를 없애고 휴진(畦畛)을 타파하며 우리 도의 일관된 묘(妙)를 받들어 만수일본(萬殊一本)의 이치를 살필 것이다.

힘써 하여도 어쩔 수 없으면 쇠하는 것이 점차 왕성해질 것이고 약한 것이 강해질 것이다. 음(陰)이 다하면 양(陽)이 다시 일어나고, 아닌 것이 극에 달하면 크고 좋은 것이 돌아올 것이니, 유교의 흥함을 눈을 비비며 기다릴 것이다. 이것이 유교연합대회(儒敎聯合大會)를 연 이유며 5대 강령을 세운 이유이다.

엎드려 바라건대 첨군자(僉君子)는 시세의 위험을 생각하고 도맥(道脈)이 장차 없어질 것을 걱정하여 마땅히 강구함이 있다. 자침(磁針)이 서로 느낌을 추천하고 성기(聲氣)가 서로 구함을 생각하며 절차탁마함으로써 유교가 다시 밝아지도록 도모하라. 2천만 신성민족(神聖民族)으로 하여금 이륜(彝倫)과 기강(紀綱)을 밝게 유지하여 세계의 법이 되게 한다면 우리 도는 다행이고, 인류도 다행일 것이다.

5대 강령

1. 인도정의(人道正義)
1. 문화선전(文化宣傳)
1. 안녕질서(安寧秩序)
1. 실력양성(實力養成)
1. 평화확립(平和確立)

1922년(공자 탄강 2473) 임술(壬戌) 정월 일

발기인(순서 없음)

김영수(金英洙) 안응선(安應善) 최응천(崔應天) 이연우(李然雨) 이교면(李敎冕)

이범규(李範圭) 이상규(李相珪) 허 곡(許 轂) 박승화(朴昇和) 김진한(金鎭漢)

민찬식(閔瓚植) 이긍림(李兢林) 이명상(李明翔) 이건태(李建台) 문병순(文秉純)

김병건(金炳健) 채상묵(蔡尙黙) 이강호(李康鎬) 서상호(徐相浩) 정경모(鄭慶模)

이영규(李瑛奎) 김연묵(金然黙) 이기정(李起貞) 김용관(金容冠) 이천용(李天用)

홍종길(洪鍾佶) 김상덕(金商德) 전경운(田慶雲) 홍순두(洪淳斗) 이익호(李翼鎬)

조기하(趙綺夏) 심장섭(沈璋燮) 조원희(趙元熙) 이용상(李用庠) 김인수(金寅洙)

박필원(朴弼遠) 한창율(韓昌律) 이학재(李學宰) 김명수(金明洙) 안종익(安鍾翊)

오정근(吳正根) 홍승철(洪承哲) 이희곤(李熙鯤) 김용래(金溶來) 김인수(金仁洙)

김원극(金元極) 김홍수(金弘洙) 이종구(李鍾九) 윤형진(尹瀅鎭) 이대규(李大珪)

김은수(金殷洙) 최봉식(崔鳳植) 김영기(金永夔) 이태하(李台夏) 고준상(高俊相)

홍종한(洪鍾澣) 김완수(金完洙) 이상록(李相祿) 한기석(韓琪錫) 서상홍(徐相鴻)

김영태(金永台) 이건수(李建秀) 김영만(金永萬) 김동석(金東奭) 유원규(柳元珪)

홍승영(洪承永) 강주흠(姜周欽) 백홍균(白洪均) 김용진(金容晉) 심의준(沈宜駿)

서병완(徐丙宛) 김형진(金衡鎭) 백춘기(白春基) 조국현(曹國鉉) 김용묵(金容黙)

이희세(李熙世) 김희수(金喜洙) 장세영(張世榮) 이용남(李容南) 채형락(蔡衡洛)

신원식(申元植) 정인욱(鄭寅昱) 김근영(金近泳) 김영한(金永翰) 김도환(金吳煥)

남창우(南昌祐) 박영규(朴永圭) 김용극(金容克) 박홍래(朴鴻來) 고언주(高彦柱)

유진녕(俞鎭寧) 유종원(柳鍾元) 박연화(朴○和) 허 현(許 鉉) 김용덕(金容德)

백율범(白律範) 김병흥(金炳興) 권중기(權重琦) 이택세(李澤世) 김영서(金永瑞)

김형규(金衡圭) 곽주상(郭周庠) 김사규(金思奎) 민병조(閔丙朝) 서재항(徐載恒)

김수환(金垂煥) 최한석(崔翰錫) 김정수(金正洙) 송주헌(宋柱憲) 고학주(高鶴柱)

김복경(金鍑卿) 김영복(金永馥) 윤태일(尹泰一) 허 훈(許 勳) 이순규(李洵珪)

김달선(金達璿) 임경호(任敬鎬) 민대식(閔大植) 서기순(徐起淳) 송철헌(宋哲憲)

「경(經) 제345호」

1925년 12월 25일
경학원 대제학 사무 취급

칠곡향교 직원 앞

직원 위칭(僞稱)의 건

　　요즘 풍문에 따르면 각지에서 경학원 직원에 임명되었다고 칭하는 자가 도처 족출(簇出)한다 하여 이에 통보하니 조량(照亮)하신 후 관내 유림에게 주지시켜 만일의 피해와 오해가 없도록 용려(用慮)하시길 바랍니다.

「경 제8호」

1926년 1월 11일
경학원 대제학 사무 취급

칠곡향교 직원 앞

향교 연락에 관한 건

　　요즘 유림계의 기풍이 점차 진발(振發)되려 하는 기운을 틈타 부잡도배(浮雜徒輩)로서 허위의 행

동을 보여 향유(鄕儒)를 미혹하게 하려는 자가 있다는데 그 실례를 들어보면

  (1) 본원 출장원을 가장하여 향촌에 배회하며 대우와 금품을 사취하는 자

  (2) 원직(院職)의 이름을 모록(冒錄)하여 통문(通文)을 발행하며 서적을 발매하는 자

  (3) 총독부에서 받은 출판 허가장을 등사 부기하여, 자가 목적의 사업 전부가 인가된 것처럼 원증
     을 이용하는 자

등의 건이 종종 발생하는 일이 있다는 것을 들었으니 이와 같이 해서는 본원의 신용이 상할 뿐 아니라 유림 사회의 온건한 발달을 저해하는 것이니 그가 미치는 악영향은 상상하고도 남음이 있는지라 실로 한심하여 참을 수 없는 바이니 모름지기 귀 지역 유림에게 심심한 주의를 주어 만일의 피해가 없도록 조치하길 바라며 또한 부정자(不正者)의 행동에 대해서는 상당한 단속 방법을 강구하여 장려할 필요가 있으니 이에 통첩함.

또한 지금부터 본원에서 유림계에 대하여 발하는 조복(照覆) 등의 사항은 원(院)의 취지를 선명히 하여 지방 향교와 연락을 온전히 하기 위하여 관계 도군(道郡) 및 문묘직(文廟職)에게 등포(謄布)하여 참고하도록 제공하고자 하니 귀 지역에서도 앞에 기록한 여러 가지 점과 그 밖의 것 중 본원에 참고할 것이 있으면 발생 또는 전해 듣는 대로 그 증거와 계통 등을 상세히 통보하길 바람.

【배종찬 소장】

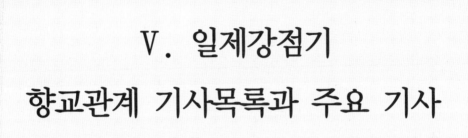

V. 일제강점기
향교관계 기사목록과 주요 기사

1. 기사목록(민간신문)

연번	기사명(원문)	기사명(한글)	출전	발행일	면	비고
1	堯說	요설	大韓每日申報	1905.11.17	3	
2	明倅茂績	명천군수의 뛰어난 성과	大韓每日申報	1906.02.10	2	
3	載寧郡一進會私立演義學校校長以下主務諸氏가熱心教導ᄒ야	재령군 일진회 사립연의학교 교장이하 주무 제씨가 열심히 교도하여	皇城新聞	1906.02.23	3	
4	慶尙南道管下郡守治蹟	경상남도 관하 군수 치적	皇城新聞	1906.02.24	1	
5	光察報告	광찰 보고	皇城新聞	1906.03.01	2	
6	義兵風聞	의병 풍문	大韓每日申報	1906.03.01	2	
7	以校補校	향교가 보통학교를 보조함	大韓每日申報	1906.03.04	2	
8	請解請畓	청해청답	大韓每日申報	1906.03.09	3	
9	請屬校畓	청속교답	皇城新聞	1906.03.09	3	
10	移畓助學	이답조학	大韓每日申報	1906.03.10	2	
11	祀費請增	양사비 증액을 청함	皇城新聞	1906.03.13	3	
12	會員奪校	일진회원이 명륜당을 빼앗으려 함	大韓每日申報	1906.03.21	3	
13	電訴奪校	전소탈교	皇城新聞	1906.03.21	2	
14	設學補資	학교설립에 자금을 보조	皇城新聞	1906.03.26	3	
15	督借鄕校	일본수비대에서 향교를 빌려줄 것을 독촉함	大韓每日申報	1906.03.27	2	
16	日隊借校	일본수비대에서 향교를 빌림	皇城新聞	1906.03.27	3	
17	奉常司副提調李苾和氏가 人民教育ᄒ기를 爲ᄒ야上訴한全文이如左ᄒ니	봉상사 부제조 이필화씨가 인민교육 하기를 위하여 상소한 전문이 다음과 같으니	大韓每日申報	1906.03.28/29	2	
18	寄附金	기부금	皇城新聞	1906.04.07	4	
19	平安道學校振興事業	평안도 학교진흥사업	皇城新聞	1906.04.07	2	
20	聖廟還安	성묘 환안	皇城新聞	1906.04.09	3	
21	輔國閔泳徽氏가 本校生徒의 上書	보국 민영휘씨가 본교 생도의 상서	皇城新聞	1906.04.09/10	4	
22	大東古事	대동고사	皇城新聞	1906.04.10	1	
23	輔國閔泳徽氏가 本校設立을 嘉尙이여기시와	보국 민영휘가 본교 설립을 가상히 여기시어	大韓每日申報	1906.04.10	3	
24	移租補校	도조를 학교경비로 보충함	大韓每日申報	1906.04.12	3	
25	訓令漣校	연천군 향교에 훈령함	皇城新聞	1906.04.16	2	
26	洪原郡守崔恒鏞氏가 莅任視政以後	홍원군수 최항용씨가 이임시정 이후	皇城新聞	1906.04.16	4	
27	江府中校	강화부 중성학교	皇城新聞	1906.04.17	1	
28	安民興學	안민흥학	皇城新聞	1906.04.19	3	
29	實無藉騙	실무자편	皇城新聞	1906.04.20	4	

연번	기사명(원문)	기사명(한글)	출전	발행일	면	비고
30	尹請設校	윤학주씨가 사립중성학교 설립을 청함	皇城新聞	1906.04.21	3	
31	宜從輿論	의종여론	皇城新聞	1906.04.23	4	
32	黃澗公立學校義捐金錄	황간공립학교 의연금록	皇城新聞	1906.04.24	4	
33	有誰擅賣	유수천매	大韓每日申報	1906.05.05	2	
34	又一賣賊	우일매적	皇城新聞	1906.05.07	3	
35	慶北義兵	경북 의병	皇城新聞	1906.05.08	2	
36	价儒請願	개유청원	大韓每日申報	1906.05.19	2	
37	春校報告	춘천관찰부 공립소학교 보고	大韓每日申報	1906.05.23	2	
38	警告于學校設立之人	학교를 설립하는 사람에게 경고함	皇城新聞	1906.05.23	2	
39	失校難處	소학교 잃고 난처함	皇城新聞	1906.05.24	1	
40	明校創立	명륜학교 창립	大韓每日申報	1906.05.26	3	
41	大東古事	대동고사	皇城新聞	1906.05.26	1	
42	江華府鄕校의私立中成學校開校式흔지三個月에	강화부 향교의 사립중성학교 개교식을 한 지 3개월에	皇城新聞	1906.05.29	4	
43	畓宜付校	답의부교	大韓每日申報	1906.05.30	3	
44	○○○价川郡士人이學校를刱設	○○○개천군 사인이 학교를 창설	皇城新聞	1906.05.30	4	
45	居得其所	거득기소	大韓每日申報	1906.05.31	2	
46	儒通還收	유통환수	皇城新聞	1906.06.02	2	
47	洪氏美擧	홍씨 미거	皇城新聞	1906.06.05	2	
48	感荷寄書	감하하여 부침	皇城新聞	1906.06.08	1	
49	齋任리屆	재임이 굴복	大韓每日申報	1906.06.10	3	
50	咸北地方行政及財務報告	함북 지방행정 및 재무 보고	皇城新聞	1906.06.12	1	
51	完察報告	완찰 보고	皇城新聞	1906.06.15	2	
52	府獎郡校	부에서 지례군 학교를 표창함	皇城新聞	1906.06.15	3	
53	西邊界副約長李完求의 積功 속	서변계 부약장 이완구의 공적 속	大韓每日申報	1906.06.17	3	
54	西邊界鄕約所의 來函	서변계 향약소에서 온 글월	大韓每日申報	1906.06.24	2	
55	設校趣旨書	향교설립취지서	皇城新聞	1906.06.28	3	
56	視學派往	시학고왕	皇城新聞	1906.06.30	3	
57	學訓抱郡	학부에서 포천군에 훈령	大韓每日申報	1906.07.01	3	
58	校土請劃	향교토지 청획	皇城新聞	1906.07.04	2	
59	校土折半	향교토지 절반	皇城新聞	1906.07.05	3	
60	禊物屬校	계물 속교	皇城新聞	1906.07.10	3	
61	漣儒請願	연천 유림 청원	大韓每日申報	1906.07.15	2	
62	殷山普校	은산군 사립보광학교	皇城新聞	1906.07.30	3	
63	聯名請願	연명 청원	皇城新聞	1906.08.02	2	
64	高倅治聲	고창군수의 치성	皇城新聞	1906.08.02	2	
65	安州郡安興學校의寄函이如左ᄒ니	안주군 안흥학교의 기함이 다음과 같으니	大韓每日申報	1906.08.16	3	

연번	기사명(원문)	기사명(한글)	출전	발행일	면	비고
66	汾校盛況	분교 성황	皇城新聞	1906.08.31	3	
67	平北朔州郡守金潤根氏治蹟	평북 삭주군수 김윤근씨 치적	大韓每日申報	1906.09.04	3	
68	聚散無常	취산무상	大韓每日申報	1906.09.20	2	
69	本郡守權重瓚氏가 莅任以後로	본군수 권중찬씨가 이임 이후로	皇城新聞	1906.09.25	3	
70	洪倅之治	홍주군수의 치	皇城新聞	1906.10.01	3	
71	江西自治	강서자치	大韓每日申報	1906.10.04	3	
72	大東古事	대동고사	皇城新聞	1906.10.08	1	
73	設兵眙斃	설병이폐	大韓每日申報	1906.10.19	2	
74	江西鄕約	강서향약	皇城新聞	1906.10.20	2	
75	鏡民寄書	경성군민에게 붙임	皇城新聞	1906.10.25	1	
76	大東古事	대동고사	皇城新聞	1906.10.26	1	
77	鏡倅貪政	경성군수 탐정	大韓每日申報	1906.10.27	3	
78	自治擬議	자치제도 의의	皇城新聞	1906.10.30	2	
79	自治實施	자치 실시	大韓每日申報	1906.10.31	2	
80	地方自治制度	지방 자치제도	皇城新聞	1906.11.02	2	
81	防賊置兵	방적치병	大韓每日申報	1906.11.06	3	
82	自强建白	자강회 건백서	皇城新聞	1906.11.07	2	
83	志士興學	지사 흥학	皇城新聞	1906.11.16	2	
84	廣明學校組織	광명 학교 조직	大韓每日申報	1906.11.25	2	
85	勒奪校土	향교토지 늑탈	大韓每日申報	1906.12.02	3	
86	日占公廨	일본군이 공해를 차지함	大韓每日申報	1906.12.08	2	
87	永春郡守鄭薰謨氏設學校文	영춘군수 정훈모씨 학교를 설칩하는 글	皇城新聞	1906.12.11	1	
88	義州日兵	의주 일본 수비대	皇城新聞	1906.12.11	2	
89	辨明廣告	변명광고	大韓每日申報	1906.12.19	3	
90	老宰負皷	노재부고	大韓每日申報	1906.12.20	2	
91	平壤居張淳應田德龍黃錫龍三氏가 本社寄函ㅎ되續	평양에 거주하는 장순응 전덕룡 황석룡 3인이 본사에 기고하되 속	大韓每日申報	1906.12.29	3	壞→壤
92	憑公肆貪	관청을 이용하여 이익을 꾀함	大韓每日申報	1906.12.30	3	
93	歙谷西旺學校	흡곡군 서왕학교	皇城新聞	1907.01.05	3	
94	肅明學校生徒朴用桓寄書	숙천군 명학교생도 박용환이 보내온 글	皇城新聞	1907.01.10	3	
95	因嫌搆誣	인혐구무	皇城新聞	1907.01.11	2	
96	慶南草溪郡守李圭煥	경남 초계군수 이규환	大韓每日申報	1907.01.16	4	
97	反對戶斂	호렴을 반대	大韓每日申報	1907.01.31	2	
98	藉校侵奪	학교를 빙자하여 침탈	皇城新聞	1907.01.31	2	
99	設會賣狀	설회 매상	皇城新聞	1907.02.01	2	
100	約長致函	약장 치함	大韓每日申報	1907.02.08	2	
101	總巡折腰	총순이 허리를 꺾음	大韓每日申報	1907.02.17	2	

연번	기사명(원문)	기사명(한글)	출전	발행일	면	비고
102	本道觀察使申泰休氏와 參書官張孝根氏	본도 관찰사 신태휴씨와 참서관 장효근씨	大韓每日申報	1907.02.17	3	
103	本郡守 金潤根氏는 莅任之初에 捐廩 二百金ㅎ야 文廟修葺과	본군수 김윤근씨는 이임초에 연름 2백금으로 문묘수즙과	皇城新聞	1907.02.26	3	
104	校土賣日	향교토지를 일본인에게 매매	大韓每日申報	1907.02.28	2	
105	義成會公函	의성회 공함	皇城新聞	1907.03.05	1	
106	民會義捐	민회 의연	大韓每日申報	1907.03.09	3	
107	館長報部	성균관장이 학부에 보고함	大韓每日申報	1907.03.16	2	
108	箕察善敎	평안도 관찰사의 좋은 교훈	大韓每日申報	1907.03.16	2	
109	今世文翁	금세문옹	皇城新聞	1907.03.21	2	
110	大東文友會趣旨書	대동문우회 취지서	皇城新聞	1907.03.23	1	
111	向於二月八日出貴報中信川郡有漢文書齋	2월8일에 나온 귀보 중 신천군에 있는 한문서재	皇城新聞	1907.03.27	3	
112	仁明我侯여 莅漆年餘에 漆民蒙惠ㄴ 公山非高요洛水猶淺이라	인명아후여 이칠년여에 칠민몽혜는 공산비고요 낙수유천이라	皇城新聞	1907.04.05	3	
113	楊校起鬧	양주군 동흥학교 기료	皇城新聞	1907.04.06	1	
114	平安南道學校大運動	평안남도학교 대운동	皇城新聞	1907.04.06	2	
115	楊校來函	양주사립동흥학교장 기고	大韓每日申報	1907.04.07	1	
116	文明吏治	문명리치	大韓每日申報	1907.04.07	2	
117	密啞喑歎	밀아흠탄	大韓每日申報	1907.04.09	2	
118	必有一非	필유일비	大韓每日申報	1907.04.11	2	
119	樞院建議	충추원건의	大韓每日申報	1907.04.13	2	
120	斂何多耶	염하다야	皇城新聞	1907.04.17	2	
121	開城운동의 盛況	개성운동의 성황	大韓每日申報	1907.04.27	2	
122	國債報償義捐金收入廣告	국채보상 의연금 수입 광고	大韓每日申報	1907.04.28	4	
123	文明之賊	문명의 적	大韓每日申報	1907.04.30	2	
124	國債報償義務金集送人員及額數	국채보상 의무금 집송 인원 및 액수	皇城新聞	1907.05.01	3	
125	本府求是學校校長장應亮이가	본부 구시학교 교장 장응량이	大韓每日申報	1907.05.08	3	
126	國債報償義捐金四月中本社收入總額	국채보상 의연금 4월 중 본사 수입 총액	大韓每日申報	1907.05.10	4	
127	國債報償全南會議	국채보상 전남 회의	皇城新聞	1907.05.13	1	
128	罵賢無禮	매현무례	大韓每日申報	1907.05.14	2	
129	國債報償義捐金收入廣告	국채보상 의연금 수입 광고	大韓每日申報	1907.05.14	4	
130	何必毁賢	하필 훼현	皇城新聞	1907.05.14	2	
131	稅官濫權	세관 람권	皇城新聞	1907.05.16	2	
132	稅官不法	세관 불법	大韓每日申報	1907.05.17	2	
133	鶯歌砭耳	앵가폄이	大韓每日申報	1907.05.17	2	
134	賊魁約長	적괴 약장	大韓每日申報	1907.05.18	2	
135	崔乃挾雜	최내협잡	大韓每日申報	1907.05.19	3	

연번	기사명(원문)	기사명(한글)	출전	발행일	면	비고
136	本郡守 金潤根氏 捐廩 二百金 而 文廟修葺과 出義 三百金	본 군수 김윤근씨 연름 2백금 그리고 문묘수즙과 출의 3백금	皇城新聞	1907.05.20	4	
137	樂一學校趣旨書	악일학교 취지서	皇城新聞	1907.05.24	1	
138	達察治蹟	달찰 치적	皇城新聞	1907.05.28	1	
139	內訓畿察	내훈 기찰	大韓每日申報	1907.05.30	2	
140	內訓畿察	내훈 기찰	皇城新聞	1907.05.30	2	
141	身體並失	신체병실	大韓每日申報	1907.06.04	2	
142	事体當然	사체 당연	皇城新聞	1907.06.06	2	
143	靑松郡私立樂一學校趣旨書	청송군 사립낙일학교 취지서	大韓每日申報	1907.06.14	1	
144	鄕畓付校의 請求	향답부교의 청구	皇城新聞	1907.06.18	2	
145	不啻惶恐	불시황공	皇城新聞	1907.06.21	2	
146	三氏有志	3씨 유지	皇城新聞	1907.06.24	1	
147	國家貧弱之故 續	국가가 빈약한 이유 속	大韓每日申報	1907.06.25	1	
148	鶴椎有聲	학추유성	大韓每日申報	1907.06.25	2	
149	舘爲軍農	관을 군용으로 함	大韓每日申報	1907.06.30	2	
150	本郡이 地多荒瘠ᄒᆞ고 民多貧困ᄒᆞ야 不能聊生ᄒᆞ온	본군의 토지가 많이 거칠고 메마르고 백성이 많이 빈곤하여 살 수가 없어	皇城新聞	1907.07.02	4	
151	內照統府	내조 통부	大韓每日申報	1907.07.03	2	
152	隨聞更揭	수문경계	皇城新聞	1907.07.05	1	
153	湖南學會趣旨書	호남학회 취지서	皇城新聞	1907.07.05	1	
154	朴氏贜數	박씨 장수	大韓每日申報	1907.07.07	2	
155	意在射鴻	의재사홍	大韓每日申報	1907.07.09	2	
156	젯밥에만무 음 잇나	젯밥에만 맘이 있나	大韓每日申報	1907.07.09	2	
157	郭山私立興襄中學校寄書	곽산 사립흥양중학교 기고	大韓每日申報	1907.07.18	1	
158	女子敎育의 視察	여자교육의 시찰	大韓每日申報	1907.07.18	2	
159	尹氏服從	윤씨 복종	大韓每日申報	1907.07.21	1	
160	地方情況	지방 정황	大韓每日申報	1907.07.27	2	
161	國債報償義捐金收入廣告	국채보상 의연금 수입 광고	大韓每日申報	1907.07.30	4	
162	穩守不法	온수불법	大韓每日申報	1907.08.08	3	
163	一進公函內閣	일진회 공함 내각	皇城新聞	1907.08.12	1	
164	爲官亦難	위관역난	皇城新聞	1907.08.13	2	
165	알셩도못하여	알성도 못하여	大韓每日申報	1907.08.13	3	
166	內訓端倅	내훈 단천군수	皇城新聞	1907.08.21	3	
167	達察報部	경상북도관찰사 보부	大韓每日申報	1907.08.22	1	
168	更加熱心	다시 더 열심히	大韓每日申報	1907.09.06	3	
169	鄕校兵火	향교 병화	大韓每日申報	1907.09.07	2	
170	報郡鄕校燒燼	보군향교 전소	皇城新聞	1907.09.07	2	
171	망죠ᄒᆞᆫ일	망조한 일	大韓每日申報	1907.09.07	2	
172	位牌造成	위패 조성	大韓每日申報	1907.09.17	2	

연번	기사명(원문)	기사명(한글)	출전	발행일	면	비고
173	大成殿建築訓飭	대성전 건축 훈칙	皇城新聞	1907.09.17	2	
174	위패봉안	위패 봉안	大韓每日申報	1907.09.17	2	
175	兩湖飛檄	양호가 향교에 격문을 발포	大韓每日申報	1907.09.25	2	
176	安校普達	안주군 향교 보달	皇城新聞	1907.09.25	1	
177	倡義通文	창의통문	皇城新聞	1907.09.25	2	
178	茶餘閒話	다여한화	大韓每日申報	1907.10.18	2	
179	위패봉안	위패 봉안	大韓每日申報	1907.11.07	3	
180	雲校寄函	운산보통학교에서 보내온 글	大韓每日申報	1907.11.15	1	
181	漢文試驗	한문시험	皇城新聞	1907.11.16	2	
182	隆校請認	학부에 보통융희학교 설립을 청함	大韓每日申報	1907.11.26	2	
183	南校落成	남교낙성	大韓每日申報	1907.11.28	1	
184	浿城敎育情況	패성교육 정황	皇城新聞	1907.12.11	1	
185	東萊有望	동래유망	大韓每日申報	1907.12.21	3	菜→萊
186	東萊府尹署理崔悳氏가 公私立學校에	동래부윤 서리 최덕씨가 공사립학교에	大韓每日申報	1907.12.21	3	
187	有志設校	유지 설교	皇城新聞	1908.01.01	2	
188	忠察査報	충찰사보	皇城新聞	1908.01.08	2	
189	咸南觀察意見	함남관찰사 의견	皇城新聞	1908.01.10	2	
190	東萊府尹署理參書官崔悳氏가 遊學殊邦에	동래부윤 서리 참서관 최덕씨가 유학수방에	大韓每日申報	1908.01.11	3	
191	安岳郡補民契錢으로 補用於郡廳不恒費ᄒᆞ고	안악군 보민계 돈으로 군청 불항비에 보용하고	大韓每日申報	1908.01.12	3	
192	多錢善賈	밑천이 많은 사람이 장사도 잘함	大韓每日申報	1908.01.15	2	
193	昆陽郡明明學校創設書	곤양군 명명학교 창설서	皇城新聞	1908.01.18	3	
194	昆陽郡明明學校創立書	곤양군 명명학교 창립서	大韓每日申報	1908.01.21	1	
195	約歸學會	약귀학회	大韓每日申報	1908.01.28	3	
196	委托學會	위탁학회	皇城新聞	1908.01.28	1	
197	東萊府公立普通学校開校式 補助金趣旨書	동래부 공립보통학교 개교식 보조금 취지서	大韓每日申報	1908.01.29	3	
198	支會長行悖	지회장 행패	皇城新聞	1908.02.19	2	
199	昌原港國債報償義務所長朴祐永	창원항 국채보상 의무소장 박우영	大韓每日申報	1908.02.21	1	
200	行將調査	행장 조사	皇城新聞	1908.02.21	2	
201	城津府中化中学校趣旨書	성진부 중화중학교 취지서	大韓每日申報	1908.02.22	1	
202	城津府中化中學校趣旨書	성진부 중화중학교 취지서	皇城新聞	1908.02.22	1	
203	學照度部	학조도부	皇城新聞	1908.02.27	2	
204	海郡女校	해주군 여학교	大韓每日申報	1908.02.29	2	
205	倫堂移校	명륜당으로 향교를 이전	大韓每日申報	1908.02.29	2	
206	移校明倫	명륜당으로 향교를 이전	皇城新聞	1908.02.29	2	
207	信川邑升明學校貞信女學校贊成	신천읍 승명학교 정신여학교 찬성	皇城新聞	1908.03.06/07	3	

연번	기사명(원문)	기사명(한글)	출전	발행일	면	비고
208	本郡守金鴻圭氏ᄂ行政教育에誠心做圖	본 군수 김홍규씨는 행정교육에 성심주도	大韓每日申報	1908.03.07	3	
209	校土引繼	향교전토 인계	皇城新聞	1908.03.10	2	
210	河東郡立普通學校趣旨셔	하동군립보통학교 취지서	大韓每日申報	1908.03.15	3	
211	河東郡立普通學校趣志書	하동군립보통학교 취지서	皇城新聞	1908.03.15	4	
212	廢私立公	사숙을 폐지하고 제2 보통학교를 설립	皇城新聞	1908.03.17	1	
213	學訓各道	각 도 학부 훈령	皇城新聞	1908.03.18	2	
214	郡鄉葛藤	군향 갈등	皇城新聞	1908.03.18	2	
215	醜腸一飽	추장일포	皇城新聞	1908.03.22	2	
216	尹氏演說	윤씨 연설	大韓每日申報	1908.03.25	3	
217	韓會視察着京	대한협회 시찰 착경	皇城新聞	1908.03.25	2	
218	約土暗賣	약토 암매	大韓每日申報	1908.03.26	3	
219	壹進奪校	일진회원 탈교	大韓每日申報	1908.04.04	2	
220	陽城郡守李源喆氏ᄂ 下車以來로	양성군수 이원철씨는 하차 이래로	皇城新聞	1908.04.09/10	4	
221	本府尹韓致愈氏莅任以後熱心教育	본부윤 한치유씨 이임 이후 열심교육	大韓每日申報	1908.04.17	3	
222	鳳城廣學會	봉성광학회	皇城新聞	1908.04.19	1	
223	安氏獎學	안씨 장학	皇城新聞	1908.04.23	1	
224	沔守獎学	면천군수 장학	大韓每日申報	1908.04.25	2	
225	南校擴張	남해군 학교 확장	皇城新聞	1908.04.25	1	
226	育英移校	육영학교를 향교로 이전	大韓每日申報	1908.04.26	2	
227	향교에학교	향교에 학교	大韓每日申報	1908.04.29	3	
228	師範新校	향교에 사범학교 설립	大韓每日申報	1908.05.01	2	
229	鄉校病院	향교에 병원	皇城新聞	1908.05.02	2	
230	文校發達	문교발달	皇城新聞	1908.05.16	1	
231	奪租還覔	탈조환멱	皇城新聞	1908.05.20	1	
232	校宮設校	향교에 학교를 설치	大韓每日申報	1908.05.22	3	
233	忠烈移安	충렬 이안	大韓每日申報	1908.05.23	3	
234	校土推覔	향교토지 추멱	大韓每日申報	1908.05.28	2	
235	暗賣發覺	암매 발각	皇城新聞	1908.05.28	2	
236	학교로부속	학교로 부속	大韓每日申報	1908.05.28	3	
237	郡守不知	군수 부지	皇城新聞	1908.05.28	1	
238	鄉校廢止論	향교 폐지론	皇城新聞	1908.05.31	2	
239	鄉校請駐	일본군이 향교주둔을 청함	大韓每日申報	1908.06.02	2	
240	文郡文風	문화군 문풍	皇城新聞	1908.06.05	1	
241	城港女校	성항여교	皇城新聞	1908.06.07	1	
242	眞像偸去	진상을 훔쳐감	大韓每日申報	1908.06.19	2	
243	講舊會組織	강구회 조직	大韓每日申報	1908.06.23	2	

연번	기사명(원문)	기사명(한글)	출전	발행일	면	비고
244	宣城夜學	선성야학	皇城新聞	1908.06.24	1	
245	恩律文化	은율문화	皇城新聞	1908.06.28	1	
246	龍倅興學	용담군수 흥학	皇城新聞	1908.06.30	2	
247	龍潭郡私立龍岡學校補助金額	용담군 사립용강학교 보조금액	皇城新聞	1908.06.30	3	
248	郡守不可擅	군수 불가천	皇城新聞	1908.07.01	2	
249	校宮廢享	향교 춘추대제 및 분향례 폐지	大韓每日申報	1908.07.02	2	
250	妙香山의 晩翠景況	묘향산의 만취경황	皇城新聞	1908.07.03	2	
251	勿管祠位	물관사위	皇城新聞	1908.07.07	1	
252	日占校宮	일본군이 향교를 차지함	大韓每日申報	1908.07.09	2	
253	日兵居接學校	일병 학교에 거접	皇城新聞	1908.07.09	2	
254	學部回電	학부회전	大韓每日申報	1908.07.10	2	
255	他廳可借	타관청 가차	大韓每日申報	1908.07.10	2	
256	學訓端郡	학부 훈령 단천군	皇城新聞	1908.07.10	2	
257	他廳許借	타관청 허차	皇城新聞	1908.07.10	2	
258	강원관찰보고	강원도관찰사 보고	大韓每日申報	1908.07.10	2	
259	嘆挾雜의 傳種	탄협잡의 전종	皇城新聞	1908.07.14	2	
260	恩校視況	은진군 학교 현황	大韓每日申報	1908.07.17	2	
261	長倅興學	장성군수 흥학	大韓每日申報	1908.07.17	1, 3	
262	先賀夏勸	선하경권	皇城新聞	1908.07.18	2	
263	麻倅惜去	마전군수 면관 애석	大韓每日申報	1908.07.21	2	
264	麻民失望	마전군민 실망	皇城新聞	1908.07.21	1	
265	梁山元明	양산군 원명학교	皇城新聞	1908.07.23	1	
266	嚴訓出給	엄훈 출급	皇城新聞	1908.07.26	2	
267	高興夏進	고흥학교 경진	皇城新聞	1908.07.28	1	
268	勅令	칙령	皇城新聞	1908.07.28	1	
269	廣校有望	광교 유망	皇城新聞	1908.07.29	1	
270	兩校相持	두 학교가 서로 고집함	大韓每日申報	1908.07.31	2	
271	學部指飭	학부지칙	皇城新聞	1908.07.31	2	
272	江界女校	강계여고	皇城新聞	1908.08.01	2	
273	振威公立晋通學校	진위공립진통학교	皇城新聞	1908.08.05	3	
274	花開四隣	화개사린	大韓每日申報	1908.08.12	2	
275	有何異論	유하 이론	大韓每日申報	1908.08.19	2	
276	郡主不法	군주사 불법	大韓每日申報	1908.08.20	2	
277	勸告大東學會	권고 대동학회	皇城新聞	1908.08.22	2	
278	郡守와 檢事의 不法	군수와 검사의 불법	大韓每日申報	1908.08.26	1	
279	賀彦陽永明學校發起人士	언양영명학교 발기 인사를 축하하며	皇城新聞	1908.09.02	2	
280	각지방을유람하니인민들과관리중에병없는자	각 지방을 유람하니 인민들과 관리 중에 병 없는 자	大韓每日申報	1908.09.02	2	
281	地方遊覽	지방 유람	大韓每日申報	1908.09.02	2	

연번	기사명(원문)	기사명(한글)	출전	발행일	면	비고
282	東明設立	동명학교 설립	皇城新聞	1908.09.03	1	
283	李氏設校	이씨가 학교를 설립	大韓每日申報	1908.09.13	2	
284	江陵의 花山	강릉의 꽃산	大韓每日申報	1908.09.15	1	
285	陰歷七月貳拾四日出ᄒ	음력 7월 24일 나온	大韓每日申報	1908.09.18	3	
286	憑校挾雜	빙교협잡	皇城新聞	1908.09.19	2	
287	先建築後支給	선 건축 후 지급	大韓每日申報	1908.09.22	2	
288	金氏美擧	김씨 미거	大韓每日申報	1908.09.22	2	
289	部無立筭	부무립산	皇城新聞	1908.09.22	2	
290	장하다김씨여	장하다 김씨여	大韓每日申報	1908.09.22	2	
291	永興學界消息	영흥학계 소식	皇城新聞	1908.09.23	1	
292	校畓相持	향교 답을 서로 고집함	皇城新聞	1908.09.23	2	
293	協東刱立	협동창립	皇城新聞	1908.09.27	1	
294	咸化進化	함화학교 진화	皇城新聞	1908.09.30	1	
295	月報雜誌社員會同	월보잡지 사원 회동	大韓每日申報	1908.10.04	2	
296	正誤	정오	大韓每日申報	1908.10.06	1	
297	咸安郡咸化學校趣旨會	함안군 함화학교 취지회	大韓每日申報	1908.10.07	4	
298	三陟郡啓東學校發起人捐助金	삼척군 계동학교 발기인 연조금	皇城新聞	1908.10.07	3	
299	咸安郡咸化학校ᄂᆞᆫ 設立未幾에	함안군 함화학교는 설립 머지 않아	大韓每日申報	1908.10.14	3	
300	頑夢未醒	완몽미성	皇城新聞	1908.10.14	2	
301	本郡居鄭鴻順이 本鄕校曾經掌議로	본 군 거주하는 정홍순이 본 향교 증경장의로	大韓每日申報	1908.10.17	3	
302	文倅被捉	문화군수 피착	皇城新聞	1908.10.17	2	
303	校畓付屬의 報告	향교답 부속의 보고	皇城新聞	1908.10.18	2	
304	宗海學海	종해학교 해주군	皇城新聞	1908.10.23	1	
305	職員改稱	직원으로 개칭	大韓每日申報	1908.10.31	2	
306	判任待遇	판임대우	皇城新聞	1908.11.01	2	
307	勅令	칙령	皇城新聞	1908.11.03	1	
308	稱有勤勞	칭유근로	皇城新聞	1908.11.08	1	
309	全義郡人士의 義務敎育	전의군 인사의 의무교육	皇城新聞	1908.11.12	2	
310	本郡守金寬鉉氏ᄂᆞᆫ 交隣에 嫺熟ᄒ야	본 군수 김관현씨는 교린에 익숙하여	皇城新聞	1908.11.12	3	
311	靈光生光	영광군에 빛이 남	大韓每日申報	1908.11.13	1	
312	享祀費編定	향사비 편정	大韓每日申報	1908.11.15	2	
313	朱氏請願	주씨 청원	皇城新聞	1908.11.24	2	
314	文廟享費	문묘 향사비	皇城新聞	1908.11.24	2	
315	發訓禁止	발훈금지	皇城新聞	1908.11.25	2	
316	開通大通	개통학교 대통	大韓每日申報	1908.11.27	1	
317	高郡守의 不法	고 군수의 불법	大韓每日申報	1908.11.27	2	
318	必有此習	필유차습	皇城新聞	1908.11.27	2	

연번	기사명(원문)	기사명(한글)	출전	발행일	면	비고
319	旌義郡守張容堅氏가 到郡以來로	정의군수 장용견씨가 군에 도착한 이래로	大韓每日申報	1908.11.29	3	
320	樂校不幸	악일학교 불행	大韓每日申報	1908.12.01	1	
321	日標木拔去	일본인이 표목을 뽑아 감	大韓每日申報	1908.12.01	2	
322	尊古學會	존고학회	皇城新聞	1908.12.01	2	
323	果則兩全	과칙 양전	大韓每日申報	1908.12.06	2	
324	鎮南郡守高義駿氏巨濟郡在任時에	진남군수 고희준씨 거제군 재임시에	大韓每日申報	1908.12.06	3	
325	獻身熱誠	헌신 열성	大韓每日申報	1908.12.08	2	
326	文川訓導의請助	문천훈도의 청조	皇城新聞	1908.12.08	2	
327	慕聖助學	모성조학	皇城新聞	1908.12.08	1	
328	安岳郡楊山中學校에 義捐하신 人員에 氏名과 金額 續	안악군 양산중학교에 의연하신 인원에 씨명과 금액 속	大韓每日申報	1908.12.08	3	
329	儒林紛競	유림 분경	大韓每日申報	1908.12.10	2	
330	江守敎育	강계군수 교육	大韓每日申報	1908.12.10	2	
331	鄕校直員紛競	향교직원 분경	皇城新聞	1908.12.10	2	
332	雪天牧丹	설천 목단	皇城新聞	1908.12.12	1	
333	旌義郡守張容堅氏가到郡以來로務在新民ㅎ야革袪舊汚ㅎ고	정의군수 장용견씨가 군에 도착한 이래로 백성을 새롭게 하는데 힘써 구오를 새롭게 고쳐 낡은 것을 없애	皇城新聞	1908.12.12	3	
334	貴報第八百八拾六號雜報中郡主不法이라	귀보 제886호 잡보 중 군주 불법이라	大韓每日申報	1908.12.15	4	
335	請願上京	청원 상경	大韓每日申報	1908.12.18	2	
336	鄕校直員紛競	향교직원 분경	皇城新聞	1908.12.18	2	
337	정남교육회	진남교육회	大韓每日申報	1908.12.18	2	
338	新盛義務	신성의무	大韓每日申報	1908.12.19	2	
339	漢城內外各坊民團組織	한성내외 각방 민단조직	皇城新聞	1908.12.27	2	
340	全南은壹隅에僻在ㅎ야新空氣의流入이	전남은 한 구석 벽지에 있어서 새로운 공기의 유입이	大韓每日申報	1908.12.29	4	
341	隆熙二年度歷史	1908년도 역사	皇城新聞	1909.01.01	4	
342	訓導辭免請願	훈도사면 청원	大韓每日申報	1909.01.05	2	
343	叙任及辭令	서임 및 사령	皇城新聞	1909.01.05	1	
344	文廟之賊	문묘의 적	皇城新聞	1909.01.05	1	
345	文廟之賊	문묘의 적	大韓每日申報	1909.01.06	2	
346	暗報的確云	암보적 확운	皇城新聞	1909.01.06	2	
347	開城儒論	개성 유론	大韓每日申報	1909.01.10	2	
348	심군수의불공	심군수의 불공	大韓每日申報	1909.01.10	2	
349	本郡守公平正直ㅎ은卽壹境所共知요	본 군수 공평정직함은 즉 일대가 다 하는 바요	大韓每日申報	1909.01.15	3	
350	期於勒薦	기어륵천	皇城新聞	1909.01.19	2	

연번	기사명(원문)	기사명(한글)	출전	발행일	면	비고
351	旌義郡守張容堅氏在勤以來敎育上義明學校創立	정의군수 장용견씨 재근 이래 교육상 의명학교 창립	大韓每日申報	1909.01.19	3	
352	嗜錢如渴	기전여갈	皇城新聞	1909.01.20	2	
353	長倅妨學	장성군 군수가 학교를 방해	皇城新聞	1909.01.20	2	
354	警告永興人士	영흥인사에게 경고함	大韓每日申報	1909.01.26	1	
355	宮廷錄事	궁정록사	皇城新聞	1909.01.26	1	
356	明明又明	명명우명	大韓每日申報	1909.01.29	2	
357	慶尙北道長鬐郡私立三學校趣旨書	경상북도 장기군 사립3학교 취지서	大韓每日申報	1909.01.29	3	
358	長鬐郡鄕校私立長明學校寄附金	장기군 향교 사립장명학교 기부금	大韓每日申報	1909.01.29	3	
359	일군삼교	1군3교	大韓每日申報	1909.01.29	2	
360	有志哉崔氏	유지여 최씨	皇城新聞	1909.02.03	1	
361	文廟에關혼査○	문묘에 관한 사○	皇城新聞	1909.02.07	2	
362	大成其校	대성 기교	皇城新聞	1909.02.10	1	
363	平南郡守各言	평남군수 각 언	皇城新聞	1909.02.14	2	
364	勸告三南文學家	권고 3남 문학가	皇城新聞	1909.02.16	2	
365	享費請求	향비 청구	皇城新聞	1909.02.20	2	
366	郡亦從何先擔	군역종하선담	皇城新聞	1909.02.20	2	
367	熱誠哉아頑固哉아	열성재아 완고재아	皇城新聞	1909.02.21	2	
368	上 太學及各道各邑鄕校書院書	태학 및 각도 각읍 향교 서원에 올리는 글	大韓每日申報	1909.02.23	3	
369	敍任及辭令	서임 및 사령	皇城新聞	1909.02.25	1	
370	海上灯臺	해상 등대	大韓每日申報	1909.02.26	2	
371	敍任及辭令	서임 및 사령	皇城新聞	1909.02.26	1	
372	學相의文廟叅謁	학상의 문묘 참알	皇城新聞	1909.02.26	2	
373	測量講習	측량 강습	大韓每日申報	1909.02.27	2	
374	爲父再薦	아버지를 향교 직원에 추천함	大韓每日申報	1909.02.28	2	
375	喬桐郡大成學校趣旨書	교동군 대성학교 취지서	皇城新聞	1909.02.28	3	
376	군주사불법	군주사 불법	大韓每日申報	1909.03.03	2	
377	約資寄付	약자 기부	皇城新聞	1909.03.03	2	
378	敍任及辭令	서임 및사 령	皇城新聞	1909.03.04	1	
379	洪氏寄附	홍씨 기부	大韓每日申報	1909.03.04	2	
380	최군슈열심	최군수 열심	大韓每日申報	1909.03.04	2	
381	鎭岑士論	진잠사론	大韓每日申報	1909.03.05	2	
382	공의분운	공의분운	大韓每日申報	1909.03.05	2	
383	高倅設校	고양군수 학교 설립	大韓每日申報	1909.03.05	2	
384	享祀費交涉	향사비 교섭	大韓每日申報	1909.03.09	2	
385	사림의결의	사림의 결의	大韓每日申報	1909.03.10	1	
386	正誤	정오	大韓每日申報	1909.03.13	2	

연번	기사명(원문)	기사명(한글)	출전	발행일	면	비고
387	必是傾軋	필시경알	皇城新聞	1909.03.14	2	
388	淸府如市	청부여시	皇城新聞	1909.03.20	2	
389	기세양난	기세양난	大韓每日申報	1909.03.23	3	
390	進明復明	진명복명	大韓每日申報	1909.03.24	2	
391	叙任及辭令	서임 및 사령	皇城新聞	1909.03.24	1	
392	民會擴張	민회 확장	大韓每日申報	1909.03.25	2	
393	儒林先覺	유림 선각	皇城新聞	1909.03.28	1	
394	盧氏自薦	노씨 자천	大韓每日申報	1909.03.30	2	
395	叙任及辭令	서임 및 사령	皇城新聞	1909.04.01	1	
396	敎徒無禮	예수교도 무례	皇城新聞	1909.04.01	2	
397	강계군흥학	강계군 흥학	大韓每日申報	1909.04.04	1	
398	本郡守金宇植氏性本怪悖政多貪鄙	본 군수 김우식씨 성품이 본래 괴이하여 정치를 어그러트리고 욕심이 많고 야비함	大韓每日申報	1909.04.04	3	
399	江郡中校	강계군 중학교	大韓每日申報	1909.04.08	2	
400	江郡興學	강계군 흥학	皇城新聞	1909.04.11	1	
401	卞誣廣告	변무 광고	大韓每日申報	1909.04.13	4	
402	龍潭英育	용담 영육	皇城新聞	1909.04.14	2	
403	叙任及辭令	서임 및 사령	皇城新聞	1909.04.17	1	
404	享祀費磨練	향사비 마련	皇城新聞	1909.04.21	2	
405	五山維持	오산학교 유지	大韓每日申報	1909.04.24	2	
406	本郡已廢後鄕校列聖位牌ᄂ 埋案ᄒ고	본군 이폐 후 향교 열성위패는 매안하고	大韓每日申報	1909.04.25	1	
407	此亦善擧	차역선거	大韓每日申報	1909.04.29	2	
408	叙任及辭令	서임 및 사령	皇城新聞	1909.04.29	1	
409	享祀費磨練	향사비 마련	皇城新聞	1909.04.29	2	
410	舘生進步	관생 진보	皇城新聞	1909.05.04	1	
411	校土調査	향교토지 조사	皇城新聞	1909.05.08	2	
412	敎育界에著名ᄒ 咸鏡道定平郡居韓鎭容시가	교육계에 저명한 함경도 정평군에 한진용씨가 거함	大韓每日申報	1909.05.12	3	
413	祭器偸賣	향교제기를 훔쳐 팜	大韓每日申報	1909.05.15	2	
414	온양에명륜학교	온양에 명륜학교	大韓每日申報	1909.05.16	1	
415	進校進就	진교진취	皇城新聞	1909.05.21	1	
416	溫古知新	온고지신	大韓每日申報	1909.05.22	2	
417	其風肆好	기풍사호	皇城新聞	1909.06.02	1	
418	叙任及辭令	서임 및 사령	皇城新聞	1909.06.03	1	
419	珍郡聚英	진산군 취영학교	大韓每日申報	1909.06.05	2	
420	全北扶安郡에丁未五月日로寧明学校를	전북 부안군에 1907년 5월 일로 영명학교를	大韓每日申報	1909.06.09	4	
421	本校創立이已過四個年에經費不贍ᄒ야	본교 창립이 4개년이 이미 지났으나 경비가 넉넉하지 않아서	大韓每日申報	1909.06.09	3	

연번	기사명(원문)	기사명(한글)	출전	발행일	면	비고
422	宕巾이 大慾所關	탕건이 대욕소관	皇城新聞	1909.06.12	2	
423	莞郡講習	완도군 강습	大韓每日申報	1909.06.16	2	
424	無隱不彰	무은불창	大韓每日申報	1909.06.29	2	
425	買坪還退	매평환퇴	皇城新聞	1909.06.29	2	
426	韓國自治制畧史	한국자치제 간략사	大韓每日申報	1909.07.03	1	
427	果則挾雜	과칙협잡	皇城新聞	1909.07.04	3	
428	本郡文廟直員리志魯와 猾鄉趙棟奎가	본군 문묘직원 이지로와 활향 조동규가	大韓每日申報	1909.07.14	3	
429	本郡文廟直員李志魯와猾鄉趙棟奎가鄉校內設立ᄒ 咸化儒學校를	본군 문묘직원 이지로와 활향 조동규가 향교내 설립한 함화 유학교를	皇城新聞	1909.07.14	3	
430	叙任及辭令	서임 및 사령	皇城新聞	1909.07.20	1	
431	隨聞更揭	수문경계	皇城新聞	1909.07.23	3	
432	郡守會議事項	군수 회의사항	大韓每日申報	1909.07.28	2	
433	叙任及辭令	서임 및 사령	皇城新聞	1909.07.29	1	
434	죄과자복	죄과자복	大韓每日申報	1909.08.01	3	
435	欲偸還輸	훔치려는 것을 환수	大韓每日申報	1909.08.03	3	
436	興守不明	흥해군수 불명	皇城新聞	1909.08.03	3	
437	叙任及辭令	서임 및 사령	皇城新聞	1909.08.12	1	
438	叙任及辭令	서임 및 사령	皇城新聞	1909.08.14	1	
439	暗賣綻露	암매탄로	皇城新聞	1909.08.24	2	
440	養成其成	양성학교 기성	皇城新聞	1909.08.29	1	
441	竟歸學部	마침내 학부로 돌아감	大韓每日申報	1909.09.02	2	
442	校土決案	향교토지 결안	皇城新聞	1909.09.02	3	
443	叙任及辭令	서임 및 사령	皇城新聞	1909.09.04	1	
444	公州李원光州鄭志榮金憲洙等이 該鄉校에	공주 이원 광주 정지영 김헌수 등이 해당 향교에	大韓每日申報	1909.09.07	3	
445	韓氏有志	한씨 유지	大韓每日申報	1909.09.08	1	
446	享祀費支撥	향사비 지불	大韓每日申報	1909.09.14	2	
447	學大釋奠	학대 석전	皇城新聞	1909.09.14	2	
448	惟一被沮	유일피저	皇城新聞	1909.09.21	1	
449	叙任及辭令	서임 및 사령	皇城新聞	1909.09.24	1	
450	僧侶請願	승려청원	皇城新聞	1909.10.07	3	
451	魔學會의 名稱變更	마학회의 명칭 변경	大韓每日申報	1909.10.08	1	
452	移屬學部	학부에 이속함	大韓每日申報	1909.10.09	2	
453	學部의 鄉校句管	학부의 향교구관	皇城新聞	1909.10.09	2	
454	叙任及辭令	서임 및 사령	皇城新聞	1909.10.10	1	
455	直員其人	직원 기인	皇城新聞	1909.10.19	1	
456	趣旨發會	취지발회	皇城新聞	1909.10.19	2	
457	審查次發訓	심사차 발훈	皇城新聞	1909.10.23	2	

연번	기사명(원문)	기사명(한글)	출전	발행일	면	비고
458	권리밖훈령	권리 밖 훈령	大韓每日申報	1909.10.23	2	
459	直員紛競	직원 분경	大韓每日申報	1909.10.27	2	
460	大同渡說	대동도설	大韓每日申報	1909.10.30	3	
461	敍任及辭令	서임및사령	皇城新聞	1909.11.09	1	
462	三氏有志	3씨 유지	皇城新聞	1909.11.09	1	
463	直員溺職	직원 익직	大韓每日申報	1909.11.12	2	
464	鬱郡有校	울릉도 향교	大韓每日申報	1909.11.13	2	
465	摩立鄉校	마립향교	皇城新聞	1909.11.13	2	
466	鄉校位牌造成	향교위패 조성	皇城新聞	1909.11.13	3	
467	智倅敎育	지도군수 교육	皇城新聞	1909.11.14	1	
468	敍任及辭令	서임 및 사령	皇城新聞	1909.11.17	1	
469	茂校更興	무성학교 경흥	皇城新聞	1909.11.18	1	
470	향교슈리	향교 수리	大韓每日申報	1909.11.30	3	
471	校土問題落着	향교 토지문제 낙착	大韓每日申報	1909.12.01	2	
472	學部所管	학부 소관	皇城新聞	1909.12.01	2	
473	유지방침	유지 방침	大韓每日申報	1909.12.04	2	
474	敍任及辭令	서임 및 사령	皇城新聞	1909.12.07	1	
475	鄉校職員賞金	향교 직원 상금	皇城新聞	1909.12.07	2	
476	孔子敎請願	공자교 청원	大韓每日申報	1909.12.10	2	
477	拜廟講經의 請願	배묘강경의 청원	皇城新聞	1909.12.10	2	
478	規則制定	향교재산 규칙 제정	大韓每日申報	1909.12.14	2	製→制
479	校産規則制送	향교재산 규칙 제송	皇城新聞	1909.12.14	1	製→制
480	因函更揭	인함경계	大韓每日申報	1909.12.15	2	
481	校畓調査	향교답 조사	大韓每日申報	1909.12.18	2	
482	處處憤激	곳곳마다 분격	大韓每日申報	1909.12.24	2	
483	校員의 聲討	교원의 성토	皇城新聞	1909.12.24	2	
484	學訓嚴發	학훈엄발	皇城新聞	1910.01.01	2	
485	지츠훈령	재차 훈령	大韓每日申報	1910.01.01	2	
486	聲討一束	성토 일속	皇城新聞	1910.01.06	1	
487	聲討日至	날마다 성토	大韓每日申報	1910.01.07	2	
488	孤院垂廢	고원수폐	大韓每日申報	1910.01.08	1	
489	碑基事實	비기 사실	皇城新聞	1910.01.08	3	
490	公校外勿用	공교외 물용	皇城新聞	1910.01.09	2	
491	隆熙四年度歲入歲出總豫筭(續)	1910년도 세입세출 총 예산 (속)	皇城新聞	1910.01.11	1	
492	全校文明	전교 문명	皇城新聞	1910.01.25	1	
493	五郡人士聲討	5군 인사 성토	皇城新聞	1910.01.29	2	
494	其然豈其然乎	기연기 기연호	皇城新聞	1910.01.30	3	
495	히미군슈의치적	해미군수의 치적	大韓每日申報	1910.02.05	1	
496	所願一定	소원 일정	大韓每日申報	1910.02.09	2	

연번	기사명(원문)	기사명(한글)	출전	발행일	면	비고
497	儒林請願	유림 청원	皇城新聞	1910.02.09	1	
498	海倅勸學	해미군수의 권학	大韓每日申報	1910.02.12	2	
499	翊原有望	익원유망	皇城新聞	1910.02.15	1	
500	一宿足矣	일탕족의	皇城新聞	1910.02.15	2	
501	無或相妨	무혹상방	大韓每日申報	1910.02.16	3	
502	叙任及辭令	서임 및 사령	皇城新聞	1910.02.17	1	
503	泥舊太甚	이구태심	大韓每日申報	1910.02.22	1	
504	校費補用說	학교비 보용설	大韓每日申報	1910.02.23	2	
505	校財의 補用法	향교재산 보용법	皇城新聞	1910.02.23	2	
506	鎭倅勸學	진잠군수 권학	皇城新聞	1910.02.24	1	
507	蔚儒請願	울산군 유림 청원	大韓每日申報	1910.03.01	2	
508	校土賣喫	향교토지를 팔아먹음	皇城新聞	1910.03.01	2	
509	通川徽音	통천군 소문	大韓每日申報	1910.03.02	1	
510	通校擴張	통천군 학교 확장	皇城新聞	1910.03.02	1	
511	尙不製定否	상부제정 부	大韓每日申報	1910.03.02	2	
512	焚香의 指一規定	분향의 지일규정	皇城新聞	1910.03.02	2	
513	學部照會	학부 조회	大韓每日申報	1910.03.04	2	
514	合郡後處理案	합군 후 처리안	皇城新聞	1910.03.04	2	
515	學部發訓	학부에서 훈령을 내림	大韓每日申報	1910.03.05	2	
516	學訓直員	직원에게 학부 훈령	皇城新聞	1910.03.05	1	
517	學訓各道	각도에 학부 훈령	皇城新聞	1910.03.05	1	
518	享費支撥	향사비 지불	大韓每日申報	1910.03.05	2	
519	叙任及辭令	서임 및 사령	皇城新聞	1910.03.08	1	
520	先眺後笑	선조후소	皇城新聞	1910.03.08	1	
521	太極教請願	태극교 청원	大韓每日申報	1910.03.11	2	
522	新民日新	신민학교 일신	大韓每日申報	1910.03.18	2	
523	叙任及辭令	서임 및 사령	皇城新聞	1910.03.19	1	
524	太極教의 妨害教育	태극교의 방해교육	皇城新聞	1910.03.19	1	
525	太極教請願	태극교 청원	大韓每日申報	1910.03.24	2	
526	叙任及辭令	서임 및 사령	皇城新聞	1910.04.02	1	
527	校財規定	향교재산 규정	大韓每日申報	1910.04.03	2	
528	일간발표	일간발표	大韓每日申報	1910.04.03	2	
529	釋奠祭官의 品職	석전 제관의 품직	皇城新聞	1910.04.05	2	
530	叙任及辭令	서임 및 사령	皇城新聞	1910.04.06	1	
531	拘儒의 學界貽害	구유의 학계에 해를 끼침	皇城新聞	1910.04.06	1	
532	民牧과 講師	민목과 강사	皇城新聞	1910.04.07	1	
533	校宮欲占	향교를 빼앗고자	大韓每日申報	1910.04.09	2	
534	日隊占校	일본수비대가 향교를 빼앗아	皇城新聞	1910.04.09	2	
535	校財管理法	향교재산관리법	大韓每日申報	1910.04.27	2	

연번	기사명(원문)	기사명(한글)	출전	발행일	면	비고
536	校財管理規程	향교재산관리규정	皇城新聞	1910.04.27	2	
537	校財規定發布	향교재산규정 발포	大韓每日申報	1910.04.29	2	
538	學部令第二號	학부령 제2호	皇城新聞	1910.04.29	1	
539	校財와 學訓	향교재산과 학부훈령	大韓每日申報	1910.05.01	2	
540	鄕校財團에對흔 學訓	향교재단에 대한 학부훈령	皇城新聞	1910.05.01	1	
541	叙任及辭令	서임 및 사령	皇城新聞	1910.05.04	1	
542	隆熙四年四月二十八日 官報	1910년 4월 28일 관보	大韓每日申報	1910.05.05	1	
543	可謂大成	가위대성	皇城新聞	1910.05.11	1	
544	大成大進	대성학교 크게 나아감	大韓每日申報	1910.05.12	1	
545	叙任及辭令	서임 및 사령	皇城新聞	1910.05.15	1	
546	携金有無調査	돈 휴대 여부 조사	皇城新聞	1910.05.15	1	
547	尹氏免任說	윤씨 면임설	大韓每日申報	1910.05.18	2	
548	叙任及辭令	서임 및 사령	皇城新聞	1910.05.25	1	
549	신교육의 제도	신교육의 제도	大韓每日申報	1910.05.26	1	
550	勸學之意	권학의 뜻	大韓每日申報	1910.05.29	1	
551	豐儒請願	풍유 청원	皇城新聞	1910.05.31	2	
552	官報 第四千六百九十六號 叙任及辭令	관보 제4696호 서임 급 사령	大韓每日申報	1910.06.05	1	
553	叙任及辭令	서임 및 사령	皇城新聞	1910.06.05	1	
554	果則廉明	과칙염명	大韓每日申報	1910.06.18	2	
555	西道旅行記	서도 여행기	皇城新聞	1910.06.24	3	
556	藉訓奪財	훈령을 빙지하여 재물을 빼앗음	大韓每日申報	1910.06.25	2	
557	興湖校의 悲連	흥호교의 비련	皇城新聞	1910.06.25	1	
558	官報 第四千七百十七號 叙任及辭令	관보 제4717호 서임 급 사령	大韓每日申報	1910.06.30	1	
559	叙任及辭令	서임 및 사령	皇城新聞	1910.06.30	1	
560	直員請選	직원청선	大韓每日申報	1910.07.01	2	
561	爲寄帽子	위기 모자	皇城新聞	1910.07.03	1	
562	官報 第四千七百二十六號 叙任及辭令	관보 제4726호 서임 및 사령	大韓每日申報	1910.07.10	1	
563	叙任及辭令	서임 및 사령	皇城新聞	1910.07.10	1	
564	憲隊와 校物	헌병대와 향교 건물	大韓每日申報	1910.07.14	2	
565	日憲長鄕校借用	일본 헌병대장 향교 차용	皇城新聞	1910.07.14	2	
566	郡廢校興	군폐 교흥	大韓每日申報	1910.07.15	1	
567	계동학교설립	계동학교 설립	大韓每日申報	1910.07.16	3	
568	郡主事의 惡行	군주사의 악행	大韓每日申報	1910.07.21	2	
569	吊金安兩君	김·안 양군을 조의하며	皇城新聞	1910.08.05	1	
570	官報 第四千七百四十九号 叙任及辭令	관보 제4749호 서임 및 사령	大韓每日申報	1910.08.06	1	
571	叙任及辭令	서임 및 사령	皇城新聞	1910.08.09	1	
572	所聞尤怪	소문이 더욱 괴이	皇城新聞	1910.08.09	1	

연번	기사명(원문)	기사명(한글)	출전	발행일	면	비고
573	叙任及辭令	서임 및 사령	皇城新聞	1910.08.10	1	
574	我民族의 思想統一的機關	우리 민족의 사상통일적 기관	皇城新聞	1910.08.10	2	
575	叙任	서임	皇城新聞	1910.08.11	1	
576	暗掘何得	암굴하득	皇城新聞	1910.08.18	2	
577	明利合校詳報	명리합교 상보	皇城新聞	1910.08.19	1	
578	叙任及辭令	서임 및 사령	皇城新聞	1910.08.23	1	
579	官報 第四千七百六十七号 敍任及辭令	관보 제4767호 서임 급 사령	大韓每日申報	1910.08.27	1	
580	叙任及辭令	서임 및 사령	皇城新聞	1910.08.27	1	
581	頑固直員	완고 직원	皇城新聞	1910.08.31	2	
582	地方教育과 鄕校	지방교육과 향교	皇城新聞	1910.09.01	2	
583	春川實業校位置	춘천실업교 위치	皇城新聞	1910.09.14	2	
584	文廟享祀議	문묘 향사의	慶南日報	1911.01.20	2	
585	會議員半數改選; 來る二十八日執行	회의원 반수 개선; 오는 28일 집행	朝鮮時報	1915.03.18	4	
586	海老名彈正氏 渡鮮	에비나단죠씨 조선으로 건너오다	釜山日報	1915.05.26	2	海老名彈正=海老喜三郞
587	〈各地通信-大田〉 文廟祭	〈각지통신-대전〉 문묘제	釜山日報	1915.09.13	1	
588	全道鄕校財産	전도의 향교 재산	朝鮮時報	1915.09.29	1	
589	〈全州特電〉 明倫堂講演會	〈전주특전〉 명륜당 강연회	釜山日報	1917.04.16	2	
590	人事往來	인사왕래	朝鮮時報	1917.08.09	2	
591	平壤文廟釋奠	평양문묘 석전	釜山日報	1918.09.06	2	
592	校財 還附 內定	향교재산 환부 내정	東亞日報	1920.04.09	2	
593	鄕校財産 還附說은 虛報	향교재산 환부설은 허위보도	東亞日報	1920.04.11	2	
594	楊州文廟重修	양주문묘 중수	東亞日報	1920.04.26	3	
595	儒道會支部設立	유도회 지부 설립	東亞日報	1920.05.06	4	
596	鄕政治를回想함	향정치를 회상함	東亞日報	1920.05.11	1	
597	慶州의 古蹟探賞 培材修學旅行團에서	경주의 고적탐상 배재수학여행단에서	東亞日報	1920.05.30	4	
598	釜山各會社現況	부산 각 회사 현황	朝鮮日報	1920.06.09	석간 2	
599	京畿道 鄕校財産豫算	경기도 향교재산 예산	朝鮮日報	1920.06.16	석간 2	
600	京畿鄕校財産歲出入豫算	경기 향교재산 세출입예산	東亞日報	1920.06.16	2	
601	載寧鄕校慕聖契	재령향교 모성계	東亞日報	1920.06.18	4	
602	鄕校財産 管理規則	향교재산 관리규칙	朝鮮日報	1920.06.23	석간 2	
603	校財管理規則發布	향교재산 관리규칙 발포	東亞日報	1920.06.23	2	
604	鄕校規則改正 財産營理의件	향교규칙 개정 재산영리의 건	朝鮮日報	1920.06.24	석간 2	政正→改正
605	鄕財管理規則改正要旨	향교재산 관리규칙 개정 요지	東亞日報	1920.06.24	2	
606	文廟大成殿	문묘 대성전	朝鮮日報	1920.06.25	석간 1	
607	廣州郡儒林會發起	광주군 유림회 발기	東亞日報	1920.06.25	4	
608	鄕財管理規則發表	향교재산 관리규칙 발표	東亞日報	1920.06.30	2	

연번	기사명(원문)	기사명(한글)	출전	발행일	면	비고
609	鄕校財産管理規程改正에對하야	향교재산 관리규정 개정에 대하여	東亞日報	1920.07.03/04	1	
610	各郡鄕校直員에게告함 (一)	각 군 향교 직원에게 고함 (1)	朝鮮日報	1920.07.07	석간 1	
611	各郡鄕校直員에게告함 (二)	각 군 향교 직원에게 고함 (2)	朝鮮日報	1920.07.08	석간 1	
612	全州文廟直員任免	전주 문묘 직원 임면	朝鮮日報	1920.07.09	석간 2	
613	熙川明倫會總會	희천 명륜회 총회	東亞日報	1920.07.23	4	
614	麗水靑年會創立	여수청년회 창립	東亞日報	1920.08.01	4	
615	勞働支部創立	노동지부 창립	朝鮮日報	1920.08.02	석간 2	
616	勞働大會總會	노동대회 총회	朝鮮日報	1920.08.02	석간 2	
617	一年間齋藤總督의政治(續)	1년간 사이토 총독의 정치(속)	東亞日報	1920.08.16	1	
618	義城靑年團組織	의성청년단 조직	東亞日報	1920.08.16	4	
619	義城郡儒敎振興會	의성군 유교 진흥회	東亞日報	1920.08.21	4	
620	斯文總會와講學	사문총회와 강학	朝鮮日報	1920.08.22	석간 2	
621	百號에賀意를表함	100호에 축하 뜻을 표함	朝鮮日報	1920.08.26	석간 1	
622	勞働共濟光州支會	노동공제 광주지회	東亞日報	1920.08.29	4	
623	道知事會議 總督의指示事項	도지사회의 총독의 지시사항	東亞日報	1920.09.07	2	
624	道知事에對한總督指示(二)	도지사에 대한 총독지시(2)	東亞日報	1920.09.09	4	
625	平壤의秋期釋典祭	평양의 추기 석전제	東亞日報	1920.09.13	4	
626	定平興學會發起會	정평흥학회 발기회	東亞日報	1920.09.19	4	
627	日本視察團組織	일본 시찰단 조직	東亞日報	1920.09.23	4	
628	安邊鄕校秋期釋奠	안변향교 추기석전	東亞日報	1920.09.25	4	
629	鐵原紀行	철원기행	朝鮮日報	1920.12.03	석간 1	
630	京畿鄕敎財産決算	경기 향교재산 결산	朝鮮日報	1921.01.20	석간 2	
631	御大祥祭의望哭式	고종황제 대상제 망곡식	朝鮮日報	1921.01.23	석간 3	
632	憂國志士여愛我農村하소	우국지사여 우리 농촌을 사랑하소	朝鮮日報	1921.03.06	석간 4	곽성루
633	順川郡白日場	순천군 백일장	朝鮮日報	1921.03.10	석간 3	
634	平壤第二女校設立	평양 제2여교 설립	東亞日報	1921.03.14	4	
635	定平興學會總會	정평흥학회 총회	東亞日報	1921.03.15	4	
636	義州郡文廟釋奠	의주군 문묘석전	朝鮮日報	1921.03.18	석간 2	
637	德源靑年會總會	덕원청년회 총회	東亞日報	1921.03.18	4	
638	全州儒敎會建議	전주유교회 건의	東亞日報	1921.03.20	4	
639	德源靑年會定期會	덕원청년회 정기회	東亞日報	1921.03.25	4	
640	鄕校掌議會議	향교 장의회의	朝鮮日報	1921.03.27	석간 4	
641	長津興學會設立	장진흥학회 설립	東亞日報	1921.03.28	4	
642	順川白日場狀況	순천백일장 상황	東亞日報	1921.04.02	4	
643	淸州公普志願激增	청주공립보통학교 지원 격증	東亞日報	1921.04.12	4	
644	江華文廟修理	강화문묘 수리	東亞日報	1921.04.19	4	
645	施政宣傳과質問	시정선전과 질문	朝鮮日報	1921.04.20	석간 3	

연번	기사명(원문)	기사명(한글)	출전	발행일	면	비고
646	沃州吟社會의盛況	옥주 음사회의 성황	朝鮮日報	1921.04.21	석간 4	음사회=한시 백일장
647	大東斯文支會講演	대동사문 지회 강연	東亞日報	1921.04.24	4	
648	平南儒林會新計劃	평남유림회 신계획	東亞日報	1921.04.25	4	
649	大東斯文會講演會	대동사문회 강연회	東亞日報	1921.04.30	4	
650	平南鄉校財産歲入	평남 향교재산 세입	東亞日報	1921.05.01	4	
651	高靈靑年聯合講演	고령청년연합 강연	東亞日報	1921.05.03	4	
652	經學研究會의盛況	경학연구회의 성황	朝鮮日報	1921.05.05	석간 4	
653	珍島白戰會開期	진도 백전회 개최시기	朝鮮日報	1921.05.07	석간 4	
654	珍島白日場試題	진도 백일장 시제	朝鮮日報	1921.05.08	석간 4	
655	珍島儒林의不祥事	진도 유림의 불상사	朝鮮日報	1921.05.18	석간 4	
656	珍島白戰場의盛況	진도 백전장의 성황	朝鮮日報	1921.05.24	석간 4	
657	橫說竪說	횡설수설	東亞日報	1921.05.28	2	
658	寶城의白日場開催	보성의 백일장 개최	東亞日報	1921.06.02	4	
659	寶城靑年會素人劇	보성청년회 소인극	東亞日報	1921.06.02	4	
660	崧陽書院講習會	숭양서원 강습회	東亞日報	1921.06.03	4	
661	珍島儒林의波難	진도 유림의 파난	朝鮮日報	1921.06.11	석간 4	
662	富寧鄕校重修	부령 향교 중수	朝鮮日報	1921.06.13	석간 3	
663	儒林建約所創立	유림건약소 창립	朝鮮日報	1921.06.17	석간 4	
664	白日場과聯合運動	백일장과 연합운동	東亞日報	1921.06.18	4	
665	扶安郡鄕校直員과儒林	부안군 향교 직원과 유림	朝鮮日報	1921.06.24	석간 3	
666	開城學生勸獎會	개성 학생 권장회	朝鮮日報	1921.06.24	석간 4	
667	靑年會舘新築問題	청년회관 신축 문제	東亞日報	1921.06.26	4	
668	宣川春繭共同販賣	선천 봄누에고치 공동 판매	東亞日報	1921.07.01/02	4	
669	江華期文會講演會	강화기문회 강연회	東亞日報	1921.07.03	4	
670	甲倅獎學	갑산군수 장학	朝鮮日報	1921.07.09	석간 4	
671	平康文廟大修繕	평강문묘 대수선	朝鮮日報	1921.07.12	석간 4	
672	講習所設立	강습소 설립	朝鮮日報	1921.07.20	석간 4	
673	定平靑年會史況	정평청년회 역사 현황	朝鮮日報	1921.07.21/22	석간 4	
674	總督府事務分掌改正	총독부 사무분장 개정	東亞日報	1921.07.27	2	
675	寶城靑年會臨時會	보성청년회 임시회	東亞日報	1921.07.31	4	
676	兩面文士漢詩戰藝	두 면 문사 한시 전예	東亞日報	1921.08.05	4	
677	新聞記事로一驚	신문 기사로 놀람	東亞日報	1921.08.17	3	
678	鐵原郡勞働契組織	철원군 노동계 조직	東亞日報	1921.08.21	4	
679	珍島儒生의不平	진도 유생의 불평	朝鮮日報	1921.08.27	석간 4	
680	慶南鄭理事官動靜	경남 정 이사관 동정	東亞日報	1921.08.27	4	
681	山淸明倫堂新築	산청명륜당 신축	東亞日報	1921.08.30	4	
682	聯合講演會盛況	연합강연회 성황	東亞日報	1921.09.04	4	
683	咸興元高普同窓會	함흥원고보통학교 동창회	朝鮮日報	1921.09.06	석간 4	

연번	기사명(원문)	기사명(한글)	출전	발행일	면	비고
684	咸平鄕校美風紀念	함평 향교 미풍 기념	東亞日報	1921.09.12	4	
685	定州秋期釋奠擧行	정주 추기석전 거행	東亞日報	1921.09.14	4	
686	秋季釋奠祭擧行	추계석전제 거행	朝鮮日報	1921.09.16	석간 4	
687	儒道闡明金化支會	유도천명회 김화지회	東亞日報	1921.09.16	4	
688	定平興學會總會	정평흥학회 총회	東亞日報	1921.09.17	4	
689	儒道彰明總會延期	유도창명총회 연기	東亞日報	1921.09.17	4	
690	儒道振興北靑支會	유도진흥 북청지회	東亞日報	1921.09.18	4	
691	定平興學定期總會	정평흥학회 정기총회	朝鮮日報	1921.09.19	석간 4	
692	大發展務安靑年會	대발전 무안청년회	朝鮮日報	1921.09.19	석간 4	
693	斷指로써病夫를 回生케한節婦	단지로써 병든 남편을 회생케 한 절부	朝鮮日報	1921.09.21	석간 3	
694	平山郡明倫會組織	평산군 명륜회 조직	東亞日報	1921.09.22	4	
695	全南 沃州吟社의 消息	전남 옥주음사의 소식	朝鮮日報	1921.09.23	석간 4	
696	仁川短信	인천 단신	朝鮮日報	1921.09.26	석간 3	
697	全南 蘇良三氏美行續報	전남 소양 3씨 미행 속보	朝鮮日報	1921.09.28/29	석간 4	
698	石參與官光陽着發	석 참여관 광양 착발	東亞日報	1921.10.03	4	
699	新興郡文廟新築	신흥군 문묘 신축	東亞日報	1921.10.07	4	
700	開寧白日場開催	개령 백일장 개최	東亞日報	1921.10.16	4	
701	唐津女子敎育機關	당진여자교육기관	東亞日報	1921.10.19	4	
702	念白日場開催	기념백일장 개최	東亞日報	1921.10.22	4	
703	蔚山鄕校白日塲	울산향교 백일장	東亞日報	1921.10.29	4	
704	道事務分掌規程改正	도사무 분장규정 개정	東亞日報	1921.12.09	2	
705	崔柳兩氏의寄附	최유 2씨의 기부	東亞日報	1921.12.12	4	
706	順川商業學校設立	순천상업학교 설립	東亞日報	1921.12.24	4	
707	錦山儒契의曙光	금산유계의 서광	東亞日報	1921.12.28	4	
708	平原儒林契總會	평원유림계 총회	東亞日報	1922.01.24	4	
709	江陵儒道闡明會	강릉유도 천명회	東亞日報	1922.01.27	4	
710	朴有司의熱心視務	박유사의 열심 시무	東亞日報	1922.01.28	4	
711	唐津淑明學藝會	당진 숙명학예회	東亞日報	1922.01.28	4	
712	海州明倫會總會	해주명륜회 총회	東亞日報	1922.01.28	4	
713	朴勝林氏善德碑	박승임씨 선덕비	東亞日報	1922.02.04	4	
714	醴泉靑年向學熱	예천청년 향학열	東亞日報	1922.03.08	4	
715	平和博視察團組織	평화기념박람회 시찰단 조직	東亞日報	1922.03.16	4	
716	入學難으로郡民大會	입학난으로 군민대회	東亞日報	1922.03.18	3	
717	平南道評終了	평남도 평의회 종료	東亞日報	1922.03.28	4	
718	五十名의中毒者	50명의 중독자	東亞日報	1922.03.28	3	
719	第一女校新築計劃	제1여교 신축 계획	東亞日報	1922.03.31	4	畵→劃
720	公開狀 齋藤實君에게與함	공개장 사이토 마코토에게 줌	東亞日報	1922.04.01	3	
721	金郡守의敎育誠意	김군수의 교육성의	東亞日報	1922.04.07	4	
722	密陽邑臨時講習會	밀양읍 임시 강습회	東亞日報	1922.04.13	4	

연번	기사명(원문)	기사명(한글)	출전	발행일	면	비고
723	安城鄉校掌議會	안성향교 장의회	東亞日報	1922.04.17	4	
724	鄉校副憲帖紙로	향교부헌 첩지로	東亞日報	1922.04.20	3	
725	鄉校財産에對한	향교재산에 대하여	東亞日報	1922.04.20	3	
726	휴지통	휴지통	東亞日報	1922.04.20	3	
727	入學難救濟와鄉校財産의處分	입학난 구제와 향교재산의 처분	東亞日報	1922.04.21	1	
728	橫說竪說	횡설수설	東亞日報	1922.04.21	2	
729	在外同胞慰問會 新記錄의入會數	재외동포 위문회 신기록의 입회수	東亞日報	1922.04.21	3	
730	在外同胞慰問會到處新記錄의盛況	재외동포 위문회 도처 신기록의 성황	東亞日報	1922.04.27	3	
731	橫說竪說	횡설수설	東亞日報	1922.04.29	2	
732	端川儒林의奮發	단천유림의 분발	東亞日報	1922.05.03	4	
733	嶠南文明의曙光 安東人士의美擧	교남문명의 서광 안동인사의 미거	東亞日報	1922.05.05	1	
734	知事會議 第四日	지사회의 제4일	東亞日報	1922.05.06	2	
735	在外同胞慰問會 雨天을冒하고十里에	재외동포 위문회 우천을 무릅쓰고 10리에	東亞日報	1922.05.08	3	
736	普通講習擴張計劃	보통강습 확장 계획	東亞日報	1922.05.14	4	
737	聯合巡講團德源着	연합순강단 덕원 도착	東亞日報	1922.05.29	4	
738	伊川講習所近況	이천강습소 근황	東亞日報	1922.05.29	4	
739	開城의白日場開催	개성의 백일장 개최	東亞日報	1922.06.01	4	
740	沈相敏氏의寄附	심상민씨의 기부	東亞日報	1922.06.02	4	
741	新明學校의復活	신명학교의 부활	東亞日報	1922.06.13	4	
742	密陽郡儒林大會	밀양군 유림대회	東亞日報	1922.06.21	4	
743	獎學協會剏立總會	장학협회 창립 총회	東亞日報	1922.06.25	4	
744	載寧文昌學院開院	재령 문창학원 개원	東亞日報	1922.06.26	4	
745	价川新明學校消息	개천 신명학교 소식	東亞日報	1922.06.27	4	
746	在外同胞慰問會 擧郡一致의熱誠	재외동포 위문회 거군일치의 열성	東亞日報	1922.06.29	3	
747	端川中學講習開學	단천중학 강습 개학	東亞日報	1922.07.05	4	
748	江陵鄉校講習開始	강릉향교 강습 개시	東亞日報	1922.07.07	4	
749	儒道彰明光陽支會	유도창명회 광양지회	東亞日報	1922.07.07	4	
750	教育을反對하는儒林	교육을 반대하는 유림	東亞日報	1922.07.11	3	
751	新教育과儒林	신교육과 유림	東亞日報	1922.07.12	1	
752	儒教靑年會創立	유교청년회 창립	東亞日報	1922.07.16	4	
753	利川森林監守會	이천 삼림감수회	東亞日報	1922.07.18	4	
754	利川畜産同業組合	이천 축산동업조합	東亞日報	1922.07.18	4	
755	靑年과儒林의衝突	청년과 유림의 충돌	東亞日報	1922.07.22	3	
756	儒林學術講習所	유림 학술 강습소	東亞日報	1922.07.22	4	
757	靈光靑年의活動 湖南의理想鄉	영광청년의 활동 호남의 이상향	東亞日報	1922.07.31	1	
758	鄉校財産을 利用하야	향교재산을 이용하여	東亞日報	1922.08.07	3	

연번	기사명(원문)	기사명(한글)	출전	발행일	면	비고
759	明倫堂講習所發展	명륜당 강습소 발전	東亞日報	1922.08.08	4	
760	朝鮮人郡屬講習會	조선인 군속 강습회	東亞日報	1922.08.27	4	
761	明倫堂新築의非難	명륜당 신축의 비난	東亞日報	1922.09.07	4	
762	향교지산 환부난 미명	향교재산 환부난 미정	新韓民報	1922.09.07	4	
763	우리말과 글에 對하야 (二十一)	우리말과 글에 대하여 (21)	東亞日報	1922.09.21	1	
764	平壤府三婦人褒賞	평양부 3부인 포상	東亞日報	1922.10.03	4	
765	定平興學會總會	정평흥학회 총회	東亞日報	1922.10.06	4	
766	蔚山圖書舘	울산 도서관	東亞日報	1922.10.12	4	
767	橫說竪說	횡설수설	東亞日報	1922.10.16	2	
768	鄕校主催白日場	향교주최 백일장	東亞日報	1922.10.18	4	
769	井中에屍體 신경병으로 자살	우물 안에 시체 신경병으로 자살	東亞日報	1922.10.21	3	
770	壽春學舘開舘式	수춘학관 개관식	東亞日報	1922.11.02	4	
771	順川篤農家大會	순천 독농가대회	東亞日報	1922.11.11	4	
772	江華講習夜學設置	강화강습 야학 설치	東亞日報	1922.11.12	4	
773	順川桑園品評會	순천 뽕나무밭 품평회	東亞日報	1922.11.12	4	
774	學務會總會狀況	학무회 총회 상황	朝鮮日報	1922.12.05	석간 4	
775	碧蹄靑年會舘의奇異한歷史	벽제청년회관의 기이한 역사	朝鮮日報	1922.12.11	석간 4	
776	橫城郡儒林階級戰爭	횡성군 유림계급 전쟁	朝鮮日報	1922.12.12	석간 4	
777	順天郡誌發刊會	순천군지 발간회	朝鮮日報	1922.12.14	석간 4	
778	金婦人의게褒償	김부인에게 포상	朝鮮日報	1922.12.19	석간 4	
779	女學生募集計畫	여학생 모집 계획	朝鮮日報	1922.12.19	석간 4	
780	不成講習會의不運	강습회가 이뤄지지 않는 불운	朝鮮日報	1922.12.21	석간 4	
781	順天郡誌發刊會	순천군지 발간회	東亞日報	1922.12.23	4	
782	鄕校掌議를投票選	향교 장의를 투표선정	東亞日報	1922.12.23	4	
783	儒敎總部의創立總會	유교총부의 창립총회	朝鮮日報	1922.12.24	석간 3	
784	靑年會聖誕紀念	청년회 성탄기념	朝鮮日報	1922.12.24	석간 4	
785	寶城鄕校掌議改選	보성 향교 장의 개선	東亞日報	1922.12.27	4	
786	金孝子의褒贈	김효자의 포증	東亞日報	1923.01.01	4	
787	歷代癸亥年史	역대 계해년사	東亞日報	1923.01.01	7	
788	文廟掌議選擧	문묘 장의 선거	朝鮮日報	1923.01.02	석간 4	
789	民立大學發起人	민립대학 발기인	朝鮮日報	1923.01.09	석간 4	
790	寄附金으로建築하랴든	기부금으로 건축하려거든	東亞日報	1923.01.16	3	
791	河達池에鱒魚養殖	하달지에 준어 양식	東亞日報	1923.01.17	4	
792	金氏의美擧	김씨의 미거	朝鮮日報	1923.01.19	석간 4	
793	掌議選擧投票	장의 선거투표	東亞日報	1923.01.19	4	
794	唐城校의寄附願	당성교의 기부원	朝鮮日報	1923.01.20	석간 3	
795	郡屬講習會開催	군속강습회 개최	東亞日報	1923.01.22	4	
796	立碑頌朴氏	박씨를 노래하는 비석을 세우다	朝鮮日報	1923.01.23	석간 4	
797	儒敎倡明會創立	유교 창명회 창립	朝鮮日報	1923.01.26	석간 4	

연번	기사명(원문)	기사명(한글)	출전	발행일	면	비고
798	掌議會議事項	장의 회의 사항	朝鮮日報	1923.02.03	석간 4	
799	鄉校修理後白日場	향교 수리 후 백일장	朝鮮日報	1923.02.03	석간 4	
800	樂安鄕校落成式	낙안 향교 낙성식	朝鮮日報	1923.02.03	석간 4	
801	平原儒林契總會	평원 유림계 총회	東亞日報	1923.02.10	4	
802	講習所 開所式	강습소 개소식	朝鮮日報	1923.02.14	석간 4	
803	數千의青年軍이講會를攻破 北靑儒道振興會의鄕校任員選擧新式	수천의 청년군이 강회를 공파 북청유도진흥회의 향교 임원 선거 신식	朝鮮日報	1923.02.17	석간 3	
804	公普落成及開舘式	공립보통학교 낙성 및 개관식	東亞日報	1923.02.24	4	
805	鄕校財産利用計劃	향교재산 이용계획	東亞日報	1923.02.28	4	畵→劃
806	寶城老人의奮起	보성 노인의 분기	東亞日報	1923.03.05	3	
807	寶城郡誌發刊	보성군지 발간	東亞日報	1923.03.17	4	
808	儒林契講演會	유림계 강연회	朝鮮日報	1923.03.19	석간 4	
809	東萊鄕校儒林大會	동래향교 유림대회	東亞日報	1923.03.19	4	
810	江華講習所生募集	강화강습소생 모집	東亞日報	1923.03.19/22	4	
811	鄕校의掌議改選	향교의 장의 개선	朝鮮日報	1923.03.23	석간 4	
812	農業學校의移轉反對 市民大會를開催하야反對할터	농업학교의 이전 반대 시민대회를 개최하여 반대할 터	朝鮮日報	1923.03.23	석간 3	
813	江華鄕校豫算會議	강화 향교 예산 회의	東亞日報	1923.03.23	4	
814	農校移轉問題로 해주시민분개	농업학교 이전문제로 해주시민 분개	東亞日報	1923.03.27	3	
815	開城各校卒業狀況	개성 각 학교 졸업 상황	朝鮮日報	1923.03.29	석간 4	
816	昌原儒敎定期總會	창원 유교 정기총회	東亞日報	1923.03.30	5	
817	順川儒林會總會	순천 유림회 총회	朝鮮日報	1923.04.01	석간 4	
818	휴지통	휴지통	東亞日報	1923.04.02	3	
819	報恩經學講演盛況	보은 경학강연 성황	東亞日報	1923.04.02	4	
820	鄕校重修計劃	향교 중수 계획	朝鮮日報	1923.04.03	석간 4	
821	잔소리	잔소리	朝鮮日報	1923.04.05	석간 3	
822	龍岡頌聖會任員會	용강송성회 임원회	朝鮮日報	1923.04.06	석간 4	
823	寶城釋奠祭日의風波	보성 석전제일의 풍파	朝鮮日報	1923.04.07	석간 3	
824	長淵文昌學院設立	장연 문창학원 설립	東亞日報	1923.04.07	4	
825	順川卿校財産總額	순천향교 재산총액	朝鮮日報	1923.04.11	석간 4	
826	八年間에二十倍增 學校費는엄청나게늘엇스나 이에대한시설은얼마나되나 京城府의敎育施設	8년간에 20배 증가 학교비는 엄청나게 늘었으나 이에 대한시설은 얼마나되나 경성부의 교육시설	東亞日報	1923.04.11	3	
827	沔川人士奮起	면천인사 분기	東亞日報	1923.04.11	3	
828	河東儒林大會	하동 유림대회	東亞日報	1923.04.11	4	
829	借啣의惡習이如今에 도流行	차함의 악습이 오늘날에도 유행	朝鮮日報	1923.04.12	석간 1	
830	寧遠中學講習設立	영원중학 강습 설립	東亞日報	1923.04.12	4	
831	明倫學院設立	명륜학원 설립	朝鮮日報	1923.04.15	석간 4	

연번	기사명(원문)	기사명(한글)	출전	발행일	면	비고
832	文廟職買規定公布	문묘직매규정 공포	朝鮮日報	1923.04.21	석간 2	
833	文廟職員規定	문묘직원규정	東亞日報	1923.04.21	2	
834	井邑鄕校儒會創立	정읍향교 유회 창립	朝鮮日報	1923.04.25	석간 4	
835	唐城學院의發展	당성학원의 발전	朝鮮日報	1923.04.25	석간 4	
836	學務課長來安	학무과장 안주에 오다	朝鮮日報	1923.04.26	석간 4	
837	安州의各種事業	안주의 각종 사업	朝鮮日報	1923.04.28	석간 4	
838	麗水擧郡의熱誠으로	여수거군의 열성으로	東亞日報	1923.05.02	3	
839	長淵女子蠶業傳習	장연여자잠업 전습	東亞日報	1923.05.05	4	
840	文藝講習所외高普經營	문예강습소와 고등보통학교 경영	朝鮮日報	1923.05.07	석간 4	
841	휴지통	휴지통	東亞日報	1923.05.07	3	
842	高等科講習開始	고등과 강습 개시	東亞日報	1923.05.07	4	
843	順天士林의美擧	순천 사림의 미거	朝鮮日報	1923.05.08	석간 4	
844	蔚山婦人會의復興	울산부인회의 부흥	朝鮮日報	1923.05.09	석간 4	
845	明倫學院開學	명륜학원 개학	東亞日報	1923.05.09	4	
846	靈光『메이데이』의風波勞働者들이農場主任을亂打	영광『메이데이』의 풍파 노동자들이 농장 주임을 난타	朝鮮日報	1923.05.12	석간 3	
847	昌原鄕校講習決定	창원향교 강습 결정	東亞日報	1923.05.13	4	
848	醴泉鄕會狀況	예천향회 상황	朝鮮日報	1923.05.14	석간 4	
849	昌原鄕校新敎育	창원향교 신교육	朝鮮日報	1923.05.15	석간 4	
850	在外同胞慰問會員芳名	재외동포 위문회원 방명 (45)	東亞日報	1923.05.15	2	
851	民大寶城郡部四萬圓配定	민립대학 보성군부 4만 원 배정	東亞日報	1923.05.20	4	
852	鄕校內에太和學院	향교 내에 태화학원	朝鮮日報	1923.05.21	석간 4	
853	金堤郡民大會 民大地方部設立	김제군민대회 민립대학 지방부 설립	東亞日報	1923.05.22	8	
854	中和白日塲開催	중화백일장 개최	東亞日報	1923.05.22	8	
855	江南遊記(四)	강남유기(4)	朝鮮日報	1923.05.23	석간 1	
856	高興鄕校落成式	고흥향교 낙성식	東亞日報	1923.05.23	4	
857	民大平原郡部	민립대학 평원군부	東亞日報	1923.05.25	12	
858	昌原弓術會組織	창원궁술회 조직	東亞日報	1923.05.27	8	
859	휴지통	휴지통	東亞日報	1923.05.28	3	
860	昌原儒敎硏究會提議	창원유교연구회 제의	朝鮮日報	1923.05.30	석간 4	
861	昌原鄕校講習計劃	창원향교 강습 계획	東亞日報	1923.05.30	4	
862	書堂敎員講習會	서당 교원 강습회	東亞日報	1923.05.30	4	
863	白日塲과角戲素劇	백일장과 각희소극	東亞日報	1923.05.31	4	
864	講明社總會의盛況	강명사 총회의 성황	朝鮮日報	1923.06.03	석간 4	
865	八道版 (續)黃海道	팔도판 (속) 황해도	朝鮮日報	1923.06.06	석간 19	
866	八道版 (續) 慶尙道	팔도판 (속) 경상도	朝鮮日報	1923.06.06	석간 11	
867	高原幼稚園設立	고원유치원 설립	東亞日報	1923.06.07	4	
868	江華에文藝詩會	강화에 문예시회	東亞日報	1923.06.12	4	
869	民大龍岡郡部	민립대학 용강군부	東亞日報	1923.06.14	4	

연번	기사명(원문)	기사명(한글)	출전	발행일	면	비고
870	鄕校重修工事	향교 중수공사	朝鮮日報	1923.06.20	석간 4	
871	儒敎硏究會와文廟直員	유교연구회와 문묘직원	朝鮮日報	1923.06.20	석간 4	
872	鄕校財産留學	향교재산 유학	東亞日報	1923.06.21	4	
873	昌原儒林臨時議會	창원유림 임시의회	東亞日報	1923.06.22	4	
874	尤菴碑閣의田畓	우암비각의 전답	朝鮮日報	1923.06.24	석간 3	
875	金剛靑年運動會	금강청년 운동회	朝鮮日報	1923.06.26	석간 4	
876	民大平原郡部	민립대학 평원군부	東亞日報	1923.06.27	4	
877	邑誌開刊設始	읍지 개간을 처음으로 시설함	朝鮮日報	1923.07.07	석간 4	
878	民大地方部 遂安郡에組織	민립대학지방부 수안군에 조직	東亞日報	1923.07.10	4	
879	北靑郡民大會敎育産業等決議	북청군민대회 교육산업 등 결의	東亞日報	1923.07.15	4	
880	開城文廟에司成	개성 문묘에 사성	朝鮮日報	1923.07.17	석간 4	
881	史誌通俗攷 (三)	사지 통속고 (3)	朝鮮日報	1923.07.28	석간 1	
882	昌原鄕校講習會創立	창원향교 강습회 창립	朝鮮日報	1923.07.29	석간 4	
883	高敵高普理事會	고창고등보통학교 이사회	東亞日報	1923.07.30	4	
884	親族의姦夫를 惡刑하고	친족의 간부를 악형하고	東亞日報	1923.07.31	3	
885	排日氣勢又昻騰	배일기세 또 앙등	東亞日報	1923.08.03	2	
886	咸平靑年巡回講演	함평 청년 순회 강연	東亞日報	1923.08.05	4	
887	長淵에도學生親睦	장연에도 학생 친목	東亞日報	1923.08.10	4	
888	平原學友定期總會	평원학우 정기총회	東亞日報	1923.08.10	4	
889	熊川靑年團定期會	웅천청년단 정기회	朝鮮日報	1923.08.12	석간 4	
890	東萊圖書開舘	동래도서관 개관	東亞日報	1923.08.13	4	
891	安岳鄕約會復興	안악향약회 부흥	東亞日報	1923.08.18	4	
892	邊郡守의篤志	변군수의 독지	朝鮮日報	1923.08.20	석간 4	
893	藥山東臺에서 (十六)	약산 동대에서 (16)	朝鮮日報	1923.08.21	석간 1	
894	留學生懇親會	유학생 간친회	朝鮮日報	1923.08.24	석간 4	
895	瑞興奬學慰勞會	서흥장학 위로회	東亞日報	1923.08.28	4	
896	産業組合令과旣存慣例	산업조합령과 기존관례	東亞日報	1923.08.28	2	
897	朝鮮文通信講習宣傳	조선문 통신강습 선전	朝鮮日報	1923.08.29	석간 4	
898	公會堂과醫院 設立計劃	공회당과 의원 설립계획	朝鮮日報	1923.08.30	석간 4	
899	咸鏡南道々民大會	함경남도 도민대회	朝鮮日報	1923.08.31	석간 4	
900	술이惡魔 竹馬故友를 취하야칼질	술이 악마 죽마고우를 취하여 칼질	東亞日報	1923.08.31	3	
901	順天運動場問題	순천운동장 문제	東亞日報	1923.09.04	4	
902	觀覽者募集	관람자 모집	朝鮮日報	1923.09.05	석간 4	
903	咸南道民大會決議及宣言(一)	함남도민대회 결의 및 선언 (1)	東亞日報	1923.09.10	4	
904	釋奠에日語祝文	석전에 일어 축문	東亞日報	1923.09.11	3	
905	享祀費自願	향사비 자원	朝鮮日報	1923.09.12	석간 4	
906	咸南道民大會宣言及決議(續)	함남도민대회 선언 및 결의 (속)	東亞日報	1923.09.13	4	
907	文廟秋季釋奠	문묘 추계석전	朝鮮日報	1923.09.14	석간 4	
908	安邊文廟秋季釋奠	안변문묘 추계석전	朝鮮日報	1923.09.15	석간 4	

연번	기사명(원문)	기사명(한글)	출전	발행일	면	비고
909	松泉義塾의好成績	송천의숙의 호성적	朝鮮日報	1923.09.16	석간 4	
910	文斗淳氏의教育熱	문두순씨의 교육열	朝鮮日報	1923.09.16	석간 4	
911	長城文廟大祭擧行	장성문묘 대제거행	朝鮮日報	1923.09.17	석간 4	
912	濟州文廟釋奠祭	제주문묘 석전제	朝鮮日報	1923.09.18	석간 4	
913	順天儒林의不平	순천유림의 불평	朝鮮日報	1923.09.19	석간 4	
914	高敞秋期釋○○○	고창 추기석 ○○○	東亞日報	1923.09.19	4	석전제
915	枯木이復生	고목이 다시 살아남	朝鮮日報	1923.09.20	석간 3	
916	孟江鐵道期成會	맹강철도 기성회	東亞日報	1923.09.21	4	
917	八先生書院基址를 院直이와區長이 私有로變更	8선생 서원터를 원직과 구장이 개인 소유로 변경	朝鮮日報	1923.09.25	석간 3	
918	高敞校會狀況	고창학교회 상황	朝鮮日報	1923.09.26	석간 4	
919	尹氏의慕聖熱誠	윤씨의 모성 열성	朝鮮日報	1923.09.27	석간 4	幕→慕
920	大邱大成學舘移營	대구 대성학관 이영	東亞日報	1923.09.27	4	
921	醴泉郡庶務課主催로	예천군 서무과 주최로	朝鮮日報	1923.10.03	석간 4	
922	沈女史의淑德表彰	심여사의 숙덕 표창	東亞日報	1923.10.05	4	
923	疑問의蓮花滿開	의문의 연꽃 만개	東亞日報	1923.10.08	4	
924	間島事情講演中止	간도사정 강연 중지	朝鮮日報	1923.10.11	석간 4	
925	龍岡頌聖會復興	용강송성회 부흥	東亞日報	1923.10.11	4	
926	安邊進學會總會	안변진학회 총회	朝鮮日報	1923.10.12	석간 4	
927	大成學舘擴張儒教振興會移營	대성학관 확장 유교진흥회 이영	東亞日報	1923.10.13	4	
928	安城鄕校財産	안성 향교재산	東亞日報	1923.10.16	4	
929	安城鄕校財産豫算	안성 향교재산 예산	東亞日報	1923.10.16	4	
930	一般學父兄의陳情書	일반 학부형의 진정서	朝鮮日報	1923.10.17	석간 4	
931	邊鎭珪氏의孝誠	변진규씨의 효성	東亞日報	1923.10.17	4	
932	特産品陳列會에白日場	특산품 진열회에 백일장	朝鮮日報	1923.10.22	석간 4	
933	大成講習會學藝會	대성강습회 학예회	朝鮮日報	1923.10.23	석간 4	
934	內務部長濟州巡察	내무부장 제주 순찰	朝鮮日報	1923.10.24	석간 4	
935	高敞諸會開催	고창제회 개최	東亞日報	1923.10.24	4	
936	鄕財를講習基本에	향교재산을 강습 기본에	東亞日報	1923.10.26	6	
937	載寧鄕約定期總會	재령 향약 정기총회	東亞日報	1923.10.29	4	
938	公州鄕校掌議選擧	공주 향교 장의 선거	東亞日報	1923.11.04	4	
939	咸北青年團聯合決議	함북청년단 연합 결의	朝鮮日報	1923.11.05	석간 4	
940	聯合運動會大盛況	연합운동회 대성황	朝鮮日報	1923.11.07	석간 4	
941	醴泉大昌學院經營에對하야	예천 대창학원 경영에 대하여	朝鮮日報	1923.11.07	석간 4	예천지국 기자
942	光陽進明會의素人劇	광양진명회의 소인극	朝鮮日報	1923.11.08	석간 4	
943	甲山青年會勞働夜學	갑산청년회 노동야학	朝鮮日報	1923.11.08	석간 4	
944	文昌學院教室增築	문창학원 교실 증축	朝鮮日報	1923.11.10	석간 4	
945	茂朱養士齋落成式과 一般儒林의爭論	무주 양사재 낙성식과 일반 유림의 쟁론	朝鮮日報	1923.11.11	석간 4	

연번	기사명(원문)	기사명(한글)	출전	발행일	면	비고
946	水災同情金募集	수재동정금 모집	朝鮮日報	1923.11.11	석간 3	
947	高敞諸會盛況	고창 제회 성황	東亞日報	1923.11.12	4	
948	文昌學院校舍增築	문창학원 기숙사 증축	東亞日報	1923.11.14	4	
949	端川鄕校의醜態	단천향교의 추태	東亞日報	1923.11.17	3	
950	振興會聯合總會	진흥회 연합총회	朝鮮日報	1923.11.19	석간 4	
951	鄕校會議風波 工契長에關한	향교회의 풍파 공계장에 관한	東亞日報	1923.11.21	4	
952	儒林團體의好事業	유림단체의 호사업	朝鮮日報	1923.11.24	석간 4	
953	昌原鄕校講習會認可	창원향교 강습회 인가	朝鮮日報	1923.11.27	석간 4	
954	昌原教育界新曙光 大成學院新設	창원교육계 신서광 대성학원 신설	朝鮮日報	1923.11.30	석간 4	
955	沔陽學院落成式	면양학원 낙성식	朝鮮日報	1923.11.30	석간 4	
956	昌原大成學院	창원 대성학원	東亞日報	1923.11.30	4	
957	載寧儒林活動	재령 유림 활동	東亞日報	1923.11.30	4	
958	大成學院生徒募集	대성학원 생도모집	朝鮮日報	1923.12.02	석간 4	
959	昌原青年界學院後援	창원청년계 학원 후원	朝鮮日報	1923.12.02	석간 4	
960	尙州儒林會開催	상주유림회 개최	朝鮮日報	1923.12.03	석간 4	
961	江華鄕校財産	강화 향교재산	東亞日報	1923.12.03	3	
962	掌議補缺選擧	장의 보결선거	朝鮮日報	1923.12.11	석간 4	
963	詞藻 賀朴勝林氏善德碑詩	사조 박승임씨의 선덕비를 축하하는 시	朝鮮日報	1923.12.12	석간 1	
964	唐汚文廟掌議改選	당오 문묘 장의 개선	朝鮮日報	1923.12.13	석간 4	
965	大東斯文會支會準備	대동사문회 지회 준비	朝鮮日報	1923.12.13	석간 4	
966	老儒의妄行	노유의 망행	朝鮮日報	1923.12.14	석간 3	
967	李元鎔氏寄附	이원용씨 기부	東亞日報	1923.12.14	3	
968	兩文廟新掌議	두 문묘의 새로운 장의	東亞日報	1923.12.15	3	
969	大成學院後援會續出	대성학원 후원회 속출	朝鮮日報	1923.12.16	석간 4	
970	姜尙雲氏의特志	강상운씨의 특지	朝鮮日報	1923.12.20	석간 4	
971	同門之人何由反目	동문지인이 어떤 이유로 반목	朝鮮日報	1923.12.21	석간 4	
972	遺傳性의 仕宦熱	유전성의 사환열	東亞日報	1923.12.22	1	
973	大成學院後援會發起	대성학원 후원회 발기	朝鮮日報	1923.12.23	석간 4	
974	慶北評議 傍聽記 (三)	경북도평의회 방청기 (3)	東亞日報	1923.12.23	3	
975	黃海道民大會開催	황해도민대회 개최	朝鮮日報	1923.12.24	석간 4	
976	嶺湖瞥見	영남과 호남 별견	東亞日報	1923.12.24	4	
977	黃海道 道民大會	황해도 도민대회	東亞日報	1923.12.25	3	
978	慶北評議 傍聽記 (四)	경북도 평의회 방청기 (4)	東亞日報	1923.12.25	3	
979	大成學院開學延期	대성학원 개학 연기	朝鮮日報	1923.12.26	석간 4	
980	幼稚園設立計劃 馬山府에서	유치원설립계획 마산부에서	朝鮮日報	1923.12.27	석간 4	
981	崔秉準氏의美擧	최병준씨의 미거	朝鮮日報	1923.12.28	석간 4	
982	莞島中學期成會	완도중학 기성회	朝鮮日報	1923.12.28	석간 4	
983	大莞島建設期成會	대완도 건설 기성회	朝鮮日報	1923.12.28	석간 4	
984	高敞의掌議會	고창의 장의회	朝鮮日報	1923.12.30	석간 4	

연번	기사명(원문)	기사명(한글)	출전	발행일	면	비고
985	普講協會總會	보강협회 총회	東亞日報	1923.12.31	3	
986	緊急한普通教育의 普及에對하야	긴급한 보통교육의 보급에 대하여	東亞日報	1924.01.01	19	
987	平壤布木商들이店員優待案決定	평양 포목상들이 점원 우대안 결정	東亞日報	1924.01.03	2	
988	儒教研究會定期總會	유교연구회 정기총회	朝鮮日報	1924.01.12	석간 4	
989	昌原大成學院開院式	창원 대성학원 개원식	朝鮮日報	1924.01.12	석간 4	
990	高敞鄕校重修	고창향교 중수	朝鮮日報	1924.01.15	석간 4	
991	高敞文廟還安	고창문묘 환안	東亞日報	1924.01.16	3	
992	大成學院開校	대성학원 개교	東亞日報	1924.01.16	3	
993	模範的崔漢精氏特行	모범적인 최한정씨 특행	朝鮮日報	1924.01.17	석간 4	
994	安邊進學稧總會	안변 진학계 총회	朝鮮日報	1924.01.21	석간 4	
995	先聖位牌還安	선성 위패 환안	朝鮮日報	1924.01.22	석간 4	
996	寶城郡納稅表彰會	보성군 납세 표창회	朝鮮日報	1924.01.23	석간 4	
997	進學會理事會議	진학회 이사회의	朝鮮日報	1924.01.23	석간 4	
998	强制婚姻에 叛旗!	강제 혼인에 반기!	東亞日報	1924.01.26	2	
999	定州儒林活動	정주 유림 활동	東亞日報	1924.01.27	3	
1000	成川鄕校會議	성천 향교 회의	東亞日報	1924.01.27	3	
1001	善行者調査委員會	선행자 조사위원회	朝鮮日報	1924.01.29	석간 4	
1002	靑年其他集會	청년 기타 집회	東亞日報	1924.01.29	3	
1003	漆谷郡敬老會	칠곡군 경로회	朝鮮日報	1924.02.03	석간 4	
1004	開城圖書舘經紀	개성 도서관 경기	朝鮮日報	1924.02.03	석간 4	
1005	開城鄕校財産으로圖書舘과講習經營	개성 향교재산으로 도서관과 강습 경영	東亞日報	1924.02.05	2	
1006	橫說竪說(횡설수설)	횡설수설	東亞日報	1924.02.06	1	
1007	鄕校에셔敬老會	향교에서 경로회	朝鮮日報	1924.02.08	석간 3	
1008	天安郡敬老會 八十以上老人을爲하야	천안군 경로회 80세이상 노인을 위하여	東亞日報	1924.02.08	3	
1009	成川儒林稧代表가前郡守兼稧長을相對로提訴	성천 유림계 대표가 전 군수 겸 계장을 상대로 제소	朝鮮日報	1924.02.09	석간 3	
1010	慶北の敬老式	경북의 경로식	京城日報	1924.02.09	5	
1011	安邊進學會評議會	안변진학회 평의회	朝鮮日報	1924.02.12	석간 4	
1012	文廟直員候補推薦	문묘직원 후보 추천	朝鮮日報	1924.02.12	석간 4	
1013	定州儒林奮起中等校設立決議	정주 유림 분기 중등학교 설립 결의	東亞日報	1924.02.15	3	
1014	靑年其他集會	청년 기타 집회	東亞日報	1924.02.16	3	
1015	定州儒林의覺醒	정주 유림의 각성	東亞日報	1924.02.17	2	
1016	平壤儒林會가 女普校長告訴	평양 유림회가 여자보통학교 교장 고소	東亞日報	1924.02.17	2	
1017	山淸掌議改選	산청장의를 다시 뽑음	東亞日報	1924.02.19	3	
1018	慶州鄕校職員更迭	경주 향교직원 경질	東亞日報	1924.02.20	3	

연번	기사명(원문)	기사명(한글)	출전	발행일	면	비고
1019	孝子節婦褒賞式	효자절부 포상식	朝鮮日報	1924.02.22	석간 4	
1020	劉郡守不信任案으로道廳과警務局에陳情까지	유군수 불신임안으로 도청과 경무국에 진정까지	朝鮮日報	1924.02.22	석간 3	
1021	槐山明倫會創立總會	괴산명륜회 창립총회	朝鮮日報	1924.02.24	석간 4	
1022	高齡者褒賞式	고령자 포상식	朝鮮日報	1924.02.25	석간 4	
1023	成川儒林總會	성천유림총회	東亞日報	1924.02.26	3	
1024	晋州郡教育會	진주군 교육회	東亞日報	1924.02.27	3	
1025	十二團體決議로	12단체 결의로	東亞日報	1924.02.27	3	
1026	青年其他集會	청년 기타 집회	東亞日報	1924.02.27	3	
1027	順天鄉校豫算과 군수의온당치못한처사	순천 향교예산과 군수의 온당치 못한 처사	東亞日報	1924.02.29	2	
1028	順天學議會 豫算에對한意見	순천 장의회 예산에 대한 의견	東亞日報	1924.02.29	3	
1029	大同儒林總會	대동유림총회	東亞日報	1924.02.29	3	
1030	教育의 自主	교육의 자주	東亞日報	1924.03.02	1	
1031	順天學議會에 十二團體交涉顛末	순천장의회에 12단체 교섭 전말	東亞日報	1924.03.02	3	
1032	隨分面白い李朝の教育機關,成均舘,鄉校,書房	정말로 재미있는 이조의 교육기관, 성균관, 향교, 서당	朝鮮新聞	1924.03.02	6	
1033	文廟直員任命	문묘직원 임명	京城日報	1924.03.02	1	
1034	安城鄉校豫算	안성향교 예산	東亞日報	1924.03.03	3	
1035	安城鄉校財産	안성향교 재산	東亞日報	1924.03.03	3	
1036	모임	모임	東亞日報	1924.03.03	3	
1037	定州面民奮起儒林決議反響	정주면민 분기 유림 결의 반향	東亞日報	1924.03.05	3	
1038	宣川郡學議會	선천군 장의회	東亞日報	1924.03.05	3	
1039	寧邊郡學議會	영변군 장의회	東亞日報	1924.03.05	3	
1040	青年其他集會	청년 기타 집회	東亞日報	1924.03.05	3	
1041	大邱春季釋奠祭	대구 춘계 석전제	東亞日報	1924.03.06	3	
1042	江華學院募生	강화학원 생도 모집	東亞日報	1924.03.06	3	
1043	定州學議選擧	정주 장의 선거	東亞日報	1924.03.07	3	
1044	青年其他集會	청년 기타 집회	東亞日報	1924.03.07	3	
1045	文廟春季釋典	문묘 춘계석전	京城日報	1924.03.07	3	
1046	高敞儒林大會	고창 유림대회	東亞日報	1924.03.08	3	
1047	高敞郡學議會	고창군 장의회	東亞日報	1924.03.08	3	
1048	集成高等復活	집성학교 고등과 부활	東亞日報	1924.03.09	3	
1049	十八先賢追慕	18선현 추모	東亞日報	1924.03.10	3	
1050	青年其他集會	청년 기타 집회	東亞日報	1924.03.10	3	
1051	凝安の樂靜かに原始的な旋律を湛へ,春季釋奠執行	응안악 조용하고 원시적인 선율을 담뿍 담아, 춘계석전 집행	朝鮮新聞	1924.03.10	3	
1052	鄉校財産還收運動	향교재산 환수운동	東亞日報	1924.03.11	2	
1053	財産還收決議平壤大同儒林會에서	재산환수 결의 평양 대동유림회에서	東亞日報	1924.03.11	3	

연번	기사명(원문)	기사명(한글)	출전	발행일	면	비고
1054	文川儒林決議鄕校財産利用策	문천유림 결의 향교재산 이용책	東亞日報	1924.03.12	3	
1055	光州文廟釋奠	광주문묘 석전	京城日報	1924.03.13	3	
1056	鄕校財産	향교재산	東亞日報	1924.03.14	3	
1057	靑年其他集會	청년 기타 집회	東亞日報	1924.03.14	3	
1058	密陽儒林陳情	밀양 유림 진정	東亞日報	1924.03.17	3	
1059	瑞興에講習所	서흥에 강습소	東亞日報	1924.03.17	3	
1060	金陵學院에義捐	금릉학원에 의연	東亞日報	1924.03.19	3	
1061	節婦二人表彰	절부 2인 표창	東亞日報	1924.03.19	3	
1062	市村博士講演	이치무라 박사 강연	東亞日報	1924.03.21	3	
1063	儒林紛糾後報	유림분규 후 보고	東亞日報	1924.03.22	3	紏→紛
1064	鄕校豫算決定	향교예산 결정	東亞日報	1924.03.24	3	
1065	宗中에서社會에 주목할사상상의큰변화	종중에서 사회에 주목할 사상상의 큰 변화	東亞日報	1924.03.25	2	
1066	定州面長會議	정주 면장회의	東亞日報	1924.03.27	3	
1067	明倫堂에學校信川儒林의奮起	명륜당에학교 신천유림의 분기	東亞日報	1924.04.04	3	
1068	吉州善行者表彰式	길주 선행자 표창식	朝鮮日報	1924.04.05	석간 4	
1069	鄕校掌議選擧	향교 장의 선거	朝鮮日報	1924.04.10	석간 4	
1070	儒道彰明會巡講	유도 창명회 순강	朝鮮日報	1924.04.12	석간 4	
1071	鄕校掌議改選	향교 장의 개선	朝鮮日報	1924.04.14	석간 4	
1072	大成講習認可	대성강습 인가	朝鮮日報	1924.04.15	석간 4	
1073	大成講習開學	대성강습 개학	朝鮮日報	1924.04.19	석간 4	
1074	開城	개성	時代日報	1924.04.19	4	
1075	鄕校直員問題	향교 직원 문제	朝鮮日報	1924.04.20	석간 4	
1076	車載國氏의特志	차재국씨의 특지	朝鮮日報	1924.04.21	석간 4	
1077	儒道彰明支會總會	유도창명지회 총회	朝鮮日報	1924.04.21	석간 4	
1078	車姜兩氏의美擧	차·강 2인의 미거	朝鮮日報	1924.04.23	석간 4	
1079	直員紛爭解決	직원 분쟁 해결	朝鮮日報	1924.04.23	석간 4	
1080	靑年總同盟 臨時大會의午後	청년 총동맹 임시대회의 오후	朝鮮日報	1924.04.26	석간 3	
1081	江華學院刷新	강화학원 쇄신	東亞日報	1924.04.26	3	
1082	安州	안주	時代日報	1924.04.26	4	
1083	全南儒生總會	전남 유생 총회	京城日報	1924.04.26	4	
1084	簡易圖書舘設置	간이도서관 설치	朝鮮日報	1924.04.28	석간 4	
1085	靑年討議案의一致可決된것	청년 토의안의 일치 가결된 것	東亞日報	1924.04.28	2	
1086	大成學舘高普昇格計劃	대성학관 고등보통학교 승격계획	東亞日報	1924.05.01	3	
1087	孝烈의表彰狀	효열의 표창장	朝鮮日報	1924.05.02	석간 4	
1088	新舊文藝會計劃	신구문예회 계획	朝鮮日報	1924.05.03	석간 4	
1089	儒林聯合總會	유림연합 총회	朝鮮日報	1924.05.03	석간 4	
1090	二部制撒廢로	2부제 철폐로	東亞日報	1924.05.04	3	
1091	視察團員出發期	시찰단원 출발기	朝鮮日報	1924.05.05	석간 4	
1092	柳溪堂遺稿發刊	유계당유고 발간	朝鮮日報	1924.05.06	석간 4	

연번	기사명(원문)	기사명(한글)	출전	발행일	면	비고
1093	彰明會評議會	창명회 평의회	朝鮮日報	1924.05.06	석간 4	
1094	金氏의捐助金	김씨의 연조금	朝鮮日報	1924.05.06	석간 4	
1095	崔氏의特志	최씨의 특지	朝鮮日報	1924.05.06	석간 4	
1096	文廟에焚香拒絶	문묘에 분향 거절	朝鮮日報	1924.05.08	석간 4	
1097	珍島倅의行政	진도수령의 행정	朝鮮日報	1924.05.08	석간 4	
1098	中學院設立期成會	중학원 설립 기성회	朝鮮日報	1924.05.12	석간 4	
1099	安城鄕校事業	안성 향교 사업	東亞日報	1924.05.12	3	
1100	春季陸上運動	춘계 육상운동	朝鮮日報	1924.05.13	석간 4	
1101	新舊文藝會	신구문예회	朝鮮日報	1924.05.14	석간 4	
1102	孝子節婦表彰	효자절부 표창	朝鮮日報	1924.05.14	석간 4	
1103	新聞雜誌縱覽 宣川儒林에서設置	신문잡지 종람 선천 유림에서 설치	東亞日報	1924.05.14	3	
1104	養蠶傳習生入所式	양잠 전습생 입소식	朝鮮日報	1924.05.15	석간 4	
1105	校舍를新築코자 江華學院의活動	기숙사를 신축하고자 강화학원의 활동	東亞日報	1924.05.15	3	
1106	文昌學院曙光 來二十日落成宴과 學藝品展覽會開催	문창학원 서광 오는 20일 낙성연과 학예품 전람회 개최	東亞日報	1924.05.18	3	
1107	富川鄕校重修	부천 향교 중수	朝鮮日報	1924.05.19	석간 4	
1108	信普校舍增築	신보 기숙사 증축	東亞日報	1924.05.20	3	
1109	維新會總會	유신회 총회	朝鮮日報	1924.05.21	석간 4	
1110	無信用한人物	신용이 없는 인물	朝鮮日報	1924.05.22	석간 4	
1111	奇怪한定州郡廳	기괴한 정주군청	東亞日報	1924.05.23	2	
1112	十八年만에廢眼이復明	18년 만에 폐안이 다시 빛을	朝鮮日報	1924.05.30	석간 4	
1113	河烈婦褒彰碑	하 열부 포창비	朝鮮日報	1924.05.31	석간 4	
1114	郡守를相對로 小作訴訟	군수를 상대로 소작 소송	東亞日報	1924.05.31	2	
1115	中學講習期成	중학강습 기성	東亞日報	1924.05.31	3	
1116	奮起한順天市民大會 郡守와校長을 排斥	분기한 순천시민대회 군수와 교장을 배척	東亞日報	1924.06.02	2	
1117	權氏의斷指注血	권씨의 단지 주혈	朝鮮日報	1924.06.04	석간 4	
1118	農村의靑年에게	농촌의 청년에게	朝鮮日報	1924.06.05	석간 1	
1119	小作關係로또奮起	소작관계로 또 분기	東亞日報	1924.06.05	2	
1120	社會主義者라고 設立者認可를不許	사회주의자라고 설립자 인가를 불허	東亞日報	1924.06.05	2	
1121	昌原儒契內訌	창원 유계 내홍	朝鮮日報	1924.06.06	석간 4	
1122	普校移築期成會	보통학교 이축 기성회	朝鮮日報	1924.06.10	석간 4	
1123	敬老會組織	경로회 조직	朝鮮日報	1924.06.10	석간 4	
1124	全州湖英學校動搖事件解決처벌은 하고	전주호영학교 동요사건 해결 처벌은 하고	東亞日報	1924.06.12	2	
1125	公職者會開催	공직자회 개최	東亞日報	1924.06.15	3	
1126	慶源文廟落成式	경원문묘 낙성식	朝鮮新聞	1924.06.15	4	
1127	公職者懇話會 十五日午後	공직자 간화회 15일 오후	朝鮮日報	1924.06.17	석간 2	

연번	기사명(원문)	기사명(한글)	출전	발행일	면	비고
1128	儒稧幹部被疑	유계 간부 피의	朝鮮日報	1924.06.20	석간 4	
1129	新聞閱覽所設置	신문열람소 설치	朝鮮日報	1924.06.20	석간 4	
1130	江陵人士의教育熱	강릉인사의 교육열	朝鮮日報	1924.06.21	석간 4	
1131	昌原儒林醜態	창원유림 추태	朝鮮日報	1924.06.25	석간 4	
1132	江陵高普期成問題總督府當局은贊成한다	강릉고등보통학교 기성문제 총독부 당국은 찬성한다	朝鮮日報	1924.06.26	석간 3	
1133	鄕校財産寄附	향교재산 기부	京城日報	1924.06.28	3	
1134	花山學舘의運命	화산학관의 운명	朝鮮日報	1924.07.03	석간 4	
1135	高普委員과道當局	고등보통학교 위원과 도 당국	朝鮮日報	1924.07.05	석간 4	
1136	潭陽郡勢一般	담양군세 일반	朝鮮日報	1924.07.06	석간 4	
1137	咸興少年庭球大會	함흥 소년 정구대회	朝鮮日報	1924.07.10	석간 4	
1138	元知事의視察	원 지사의 시찰	朝鮮日報	1924.07.21	석간 4	
1139	夏期兒童學校	하기 아동학교	東亞日報	1924.07.27	3	
1140	郡守와 面技手의 格鬪에 對하야	군수와 면기수의 격투에 대하여	東亞日報	1924.08.07	1	
1141	江華學院 新曙光	강화학원 신서광	東亞日報	1924.08.12	3	
1142	잔소리	잔소리	朝鮮日報	1924.08.19	석간 3	
1143	集成院後援會	집성원 후원회	朝鮮日報	1924.08.22	석간 4	
1144	安邊鄕校活劇	안변향교 활극	朝鮮日報	1924.08.23	석간 4	
1145	沃川에白日場	옥천에 백일장	朝鮮日報	1924.08.23	석간 4	
1146	文廟秋期享祀	문묘 추기향사	京城日報	1924.08.25	3	
1147	明倫學院竣工 不遠間開校할預定	명륜학원 준공 불원간 개교할 예정	東亞日報	1924.08.28	3	
1148	新司成當選	새로운 사성 당선	朝鮮日報	1924.08.29	석간 4	
1149	孝烈褒賞數	효열 포상 수	朝鮮日報	1924.08.31	석간 4	
1150	安邊儒林內訌 運命이다하는模樣	안변유림내홍 운명이 다하는 모양	東亞日報	1924.09.03	3	
1151	文廟秋季釋奠	문묘 추계석전	時代日報	1924.09.04	2	
1152	沃川白日場後報	옥천 백일장 후보	朝鮮日報	1924.09.06	석간 4	
1153	秋期釋典	추기석전	京城日報	1924.09.06	3	
1154	文廟秋祭釋奠	문묘 추제석전	京城日報	1924.09.07	3	
1155	保寧秋季釋奠	보령 추계석전	朝鮮日報	1924.09.08	석간 4	尊→奠
1156	咸興文廟大祭	함흥 문묘대제	朝鮮新聞	1924.09.08	3	
1157	秋季釋奠祭	추계석전제	朝鮮日報	1924.09.09	석간 4	
1158	釋奠祭日에風波	석전제일에 풍파	朝鮮日報	1924.09.11	석간 4	
1159	釋奠後孝烈表彰	석전 후 효열표창	朝鮮日報	1924.09.12	석간 4	
1160	養蠶傳習修了式	양잠전습 수료식	朝鮮日報	1924.09.12	석간 4	
1161	載寧에釋奠祭	재령에 석전제	朝鮮日報	1924.09.14	석간 4	
1162	永興儒林 靑襟契를組織	영흥유림 청금계를 조직	朝鮮日報	1924.09.22	석간 4	
1163	郭山講習所新築	곽산강습소 신축	朝鮮日報	1924.09.23	석간 4	
1164	統營鄕校에셔	통영향교에서	朝鮮日報	1924.09.23	석간 4	

연번	기사명(원문)	기사명(한글)	출전	발행일	면	비고
1165	全北南部三郡 畜産品評	전북 남부 3군 축산품평	朝鮮日報	1924.09.23	석간 4	
1166	載寧秋季種痘	재령 추계 종두	朝鮮日報	1924.09.24	석간 4	
1167	鄕校財産의利用問題	향교재산의 이용문제	朝鮮日報	1924.09.27	석간 1	
1168	泰仁에白日場	태인에 백일장	朝鮮日報	1924.09.27	석간 4	
1169	可笑한失言과 可笑한質問	가소한 실언과 가소한 질문	東亞日報	1924.09.28	3	
1170	東舌西唇	동설서순	朝鮮日報	1924.09.30	석간 1	
1171	明倫學院寄附	명륜학원 기부	東亞日報	1924.10.04	3	
1172	靑年其他集會	청년 기타집회	朝鮮日報	1924.10.16	석간 3	
1173	이무슨醜態이냐	이 무슨 추태인가	朝鮮日報	1924.10.17	석간 3	
1174	井邑	정읍	時代日報	1924.10.17	4	
1175	大昌學院	대창학원	朝鮮日報	1924.10.18	석간 3	
1176	朴氏의特志	박씨의 특지	朝鮮日報	1924.10.19	석간 3	
1177	集會와 講演	집회와 강연	時代日報	1924.10.19	4	
1178	矯風會創立	교풍회 창립	朝鮮日報	1924.10.26	석간 5	
1179	江西郡儒林會 會員萬名을募集	강서군 유림회 회원 1만 명을 모집	東亞日報	1924.10.27	5	
1180	載寧 夜學院設立	재령군 야학원 설립	時代日報	1924.11.02	4	
1181	開城圖書開舘去二日憲兵隊跡에	개성도서관 개관 지난 2일 헌병대 터에	朝鮮日報	1924.11.04	석간 3	
1182	司成選擧問題로 開城儒生의憤慨	사성 선거 문제로 개성 유생의 분개	朝鮮日報	1924.11.05	석간 3	
1183	휴지통	휴지통	東亞日報	1924.11.09	2	
1184	鄕校에强制寄附	향교에 강제 기부	東亞日報	1924.11.11	2	
1185	潭陽鄕校財産管理者에게	담양향교 재산관리자에게	東亞日報	1924.11.16	3	
1186	苗代綠肥立毛品評	못자리 녹비 입모 품평	朝鮮日報	1924.11.24	조간 1	
1187	郡守의民衆弄絡과永興儒林의醜態 삼천의군중이모이어서눈싸움까지 하고야단들修羅場化한鄕校掌議選擧	군수의 민중농락과 영흥유림의 추태 3천의 군중이 모여서 눈 싸움까지 하고 야단들 아수라 장이된 향교장의 선거	時代日報	1924.11.28	1	
1188	儒生은契員을買收결국에속은사람 은계원들	유생은 계원을 매수 결국에 속 은 사람은 계원들	時代日報	1924.11.28	1	
1189	集會와講演【永興】靑襟契總會	집회와강연 【영흥】 청금계 총회	時代日報	1924.11.28	4	
1190	死活의關門인貸付問題 郡守,面長 의奸惡한罪狀	사활의 관문인 대부 문제 군수, 면장의 간악한 죄상	朝鮮日報	1924.11.30	석간 2	
1191	官權跋扈와日人暴威下………… 鎭海作人의血跡痛史	관권발호와 일본인 폭위 아래 ……… 진해 소작인의 혈적통사	東亞日報	1924.11.30	2	
1192	掌議選擧로殺風景	장의 선거로 살풍경	朝鮮日報	1924.12.01	조간 2	
1193	告朔의餼羊	고삭의 희양	朝鮮日報	1924.12.04	석간 1	
1194	密陽郡守에게 與함	밀양군수에게 줌	東亞日報	1924.12.05	3	
1195	公普寄附金을 강제집행하얏다고 소송을데긔할모양	공립보통학교 기부금을 강제집 행하였다고 소송을 제기할 모양	朝鮮日報	1924.12.08	조간 2	

연번	기사명(원문)	기사명(한글)	출전	발행일	면	비고
1196	掌議候補가말성	장의후보가 말썽	朝鮮日報	1924.12.13	조간 2	
1197	휘파람	휘파람	朝鮮日報	1924.12.13	조간 2	
1198	文化會의事業	문화회의 사업	朝鮮日報	1924.12.15	조간 2	
1199	綾州에도 掌議戰擴大	능주에도 장의전 확대	朝鮮日報	1924.12.15	조간 2	
1200	成川倅教育熱	성천군수의 교육열	東亞日報	1924.12.15	3	
1201	儒林會의 饑饉救濟	유림회의 기근 구제	東亞日報	1924.12.15	3	
1202	郡守彈劾延期	군수탄핵 연기	朝鮮日報	1924.12.19	조간 2	
1203	直員誤選問題로 瑞山儒林의奮起	직원을 잘 못 선거한 문제로 서산유림의 분기	朝鮮日報	1924.12.19	조간 1	
1204	可觀의掌議爭奪戰	가관의 장의 쟁탈전	朝鮮日報	1924.12.20	조간 2	
1205	可觀의掌議戰도 투표가끗이낫다	가관의 장의싸움도 투표가 끝이 났다	朝鮮日報	1924.12.22	조간 2	
1206	大邱에儒生道會	대구에 유생도회	東亞日報	1924.12.22	2	
1207	校財로大學計劃	향교재산으로 대학 계획	朝鮮日報	1924.12.23	석간 2	
1208	鄕校財産問題로	향교재산 문제로	時代日報	1924.12.23	1	
1209	里長慰勞金에 사무원들이불평	이장 위로금에 사무원들이 불평	朝鮮日報	1924.12.24	석간 3	
1210	天下의儒生에게檄함	천하의 유생에게 격함	朝鮮日報	1924.12.24	조간 1	
1211	自治式의 掌議選擧制	자치식의 장의 선거제	朝鮮日報	1924.12.24	조간 1	
1212	紛亂中에 安邊掌議選定	분란 중에 안변장의 선정	朝鮮日報	1924.12.24	조간 1	常→掌
1213	文川掌議도 自治式選擧	문천장의도 자치식 선거	朝鮮日報	1924.12.26	조간 1	
1214	沈氏斷指의褒賞	심씨단지의 포상	朝鮮日報	1924.12.26	조간 1	
1215	綾州에 新興靑年會	능주에 신흥청년회	朝鮮日報	1924.12.27	조간 2	
1216	教員의素質을 向上케하라	교원의 소질을 향상케 하라	朝鮮日報	1924.12.28	조간 1	
1217	洪原掌議選擧	홍원 장의 선거	朝鮮日報	1924.12.29	조간 1	
1218	定平鄕校褒賞	정평 향교 포상	朝鮮日報	1924.12.29	조간 1	
1219	沃川郡 講習會의悲運	옥천군 강습회의 비운	朝鮮日報	1924.12.30	조간 2	
1220	錦珍詩契創立	금진시계 창립	東亞日報	1924.12.31	3	
1221	甲子回顧	갑자회고	朝鮮日報	1925.01.01	조간 25	
1222	公州儒林憤慨	공주 유림 분개	朝鮮日報	1925.01.07	조간 2	
1223	作權을弄奸	작권을 농간	東亞日報	1925.01.09	3	
1224	鄕校와 妖物	향교와 요물	東亞日報	1925.01.12	3	
1225	端川儒生諸君에게	단천 유생 제군에게	朝鮮日報	1925.01.14	조간 1	
1226	地方短評	지방 단평	東亞日報	1925.01.14	3	
1227	儒林稧定期會	유림계 정기회	東亞日報	1925.01.14	5	
1228	地方短評	지방 단평	東亞日報	1925.01.15	3	
1229	英語漢文講習 儒林會가開催	영어 한문강습 유림회가 개최	東亞日報	1925.01.16	3	
1230	郡廳에서百圓	군청에서 100원	東亞日報	1925.01.19	5	
1231	意見不一致로 延期된儒林大會	의견불일치로 연기된 유림대회	朝鮮日報	1925.01.20	조간 1	
1232	敬老會不敬老 일반이분개한다	경로회 불경로 일반이 분개한다	朝鮮日報	1925.01.21	조간 2	
1233	和順郡守의反省을促함	화순 군수의 반성을 촉함	朝鮮日報	1925.01.27	조간 1	

연번	기사명(원문)	기사명(한글)	출전	발행일	면	비고
1234	道廳指示를 우물쭈물	도청 지시를 우물쭈물	東亞日報	1925.02.01	3	
1235	金泉郡鄕校の立春大吉宣傳	김천군 향교의 입춘대길 선전	朝鮮新聞	1925.02.06	6	
1236	黃州鄕校學議選擧	황주 향교 장의 선거	朝鮮日報	1925.02.07	조간 1	
1237	光州儒林의紛糾	광주 유림의 분규	朝鮮日報	1925.02.08	조간 1	斜→糾
1238	언제나되나요	언제나 되나요?	東亞日報	1925.02.09	2	
1239	東亞日報記者地方巡廻　正面側面으로 觀한股栗과 松禾	동아일보 기자 지방 순회 정면 측면으로 본 은율과 송화	東亞日報	1925.02.11	5	
1240	鄕校財産으로 中等學院計劃	향교재산으로 중등학원 계획	朝鮮日報	1925.02.13	조간 1	
1241	隱蔽된官惡과民怨(12)	은폐된 관악과 민원(12)	東亞日報	1925.02.17	2	
1242	貞孝兼全한 兩女子褒賞	지조와 효를 다 갖춘 두 여자 포상	朝鮮日報	1925.02.18	조간 1	
1243	慶南儒林의覺醒	경남유림의 각성	東亞日報	1925.02.18	3	
1244	말성만혼 平山溫泉	말썽 많은 평산온천	朝鮮日報	1925.02.20	조간 2	
1245	学議爭奪劇과 高麥與官의怨聲	장의 쟁탈극과 고 참여관의 원성	朝鮮日報	1925.02.20	조간 1	
1246	載寧学議選擧	재령 장의 선거	東亞日報	1925.02.20	5	
1247	信川儒林覺醒	신천 유림 각성	東亞日報	1925.02.20	5	
1248	주정이 儒道振興인가	주정이 유도진흥인가	朝鮮日報	1925.02.21	조간 2	
1249	奮起한 平原儒林	분기한 평원 유림	朝鮮日報	1925.02.22	석간 3	
1250	中學講習實現	중학 강습 실현	東亞日報	1925.02.22	3	
1251	錦珍詩契創立	금진시계 창립	朝鮮日報	1925.02.23	석간 4	
1252	善行者表彰	선행자 표창	東亞日報	1925.02.23	5	
1253	楚山婦人夜學	초산 부인 야학	東亞日報	1925.02.23	6	
1254	成川學議員會	성천군 학교평의원회	朝鮮日報	1925.02.24	조간 1	
1255	慕聖契가 講習所經營	모성계가 강습소 경영	朝鮮日報	1925.02.26	조간 1	
1256	慶南道評議會 區區한希望으로	경남도평의회 구구한 희망으로	朝鮮日報	1925.02.26	조간 1	
1257	義州郡廳에疑獄	의주군청에 의옥	東亞日報	1925.02.26	2	
1258	慶南道評議會 第五日	경남도평의회 제5일	東亞日報	1925.02.27	3	
1259	明倫會臨時總會	명륜회 임시총회	朝鮮日報	1925.02.28	조간 1	
1260	錦山儒林을哭함	금산 유림을 곡함	朝鮮日報	1925.03.01	조간 1	
1261	儒林의 自覺을痛論	유림의 자각을 아프게 논함	朝鮮日報	1925.03.01	조간 1	
1262	開城春季釋奠祭擧行	개성 춘계석전제 거행	朝鮮日報	1925.03.01	조간 1	
1263	江華學院發展	강화학원 발전	東亞日報	1925.03.01	3	
1264	光州鄕校釋奠祭	광주향교 석전제	朝鮮新聞	1925.03.01	2	
1265	地方集會其他	지방집회 기타	東亞日報	1925.03.02	5	
1266	東亞日報記者地方巡廻　正面側面으로 觀한 尙州의 表裡	동아일보 기자 지방순회 정면 측면으로 본 상주의 표리	東亞日報	1925.03.04	5	
1267	綾州一市民에게	능주 - 시민에게	朝鮮日報	1925.03.06	조간	
1268	忠南에 奬學會組織	충남에 장학회 조직	朝鮮日報	1925.03.06	조간 1	
1269	表節祠財問題 싸홈이終熄될듯	표절사 재산문제 싸움이 종식될 듯	東亞日報	1925.03.06	3	

연번	기사명(원문)	기사명(한글)	출전	발행일	면	비고
1270	錦山儒教振興會	금산 유교진흥회	東亞日報	1925.03.06	5	
1271	地方短評	지방 단평	東亞日報	1925.03.07	3	
1272	黃州鄕校掌議會	황주향교 장의회	朝鮮日報	1925.03.08	조간 1	
1273	東北地方入學案內	동북지방 입학 안내	朝鮮日報	1925.03.08	조간 1	
1274	不正投票로 智島儒林陳情	부정투표로 지도유림 진정	朝鮮日報	1925.03.09	석간 4	
1275	救饑會에百圓	구기회에 100원	東亞日報	1925.03.09	3	
1276	地方集會其他	지방집회 기타	東亞日報	1925.03.09	5	
1277	中和掌議會	중화 장의회	朝鮮日報	1925.03.10	조간 1	
1278	平原郡에 明倫中學講習所	평원군에 명륜중학 강습소	朝鮮日報	1925.03.10	조간 2	
1279	善行者表彰 四日開城에서	선행자 표창 4일 개성에서	東亞日報	1925.03.10	3	
1280	慶南儒林이 中學計劃 各郡鄕校財産으로 徐相灝氏等任員選定	경남유림이 중학계획 각군 향교재산으로 서상호씨 등 임원 선정	朝鮮日報	1925.03.11	조간 1	
1281	豊山春期釋奠	풍산 춘기석전	朝鮮日報	1925.03.11	조간 1	
1282	龍川鄕校掌議會	용천향교 장의회	朝鮮日報	1925.03.11	조간 1	
1283	長淵儒林覺醒	장연유림 각성	東亞日報	1925.03.11	3	
1284	地方集會其他	지방집회 기타	東亞日報	1925.03.12	3	
1285	安城郡掌議會	안성군 장의회	東亞日報	1925.03.13	5	
1286	明倫會褒賞式	명륜회 포상식	朝鮮日報	1925.03.14	조간 1	
1287	淮陽掌議選擧	회양 장의선거	朝鮮日報	1925.03.14	조간 1	
1288	鳳山明倫會總會	봉산 명륜회 총회	朝鮮日報	1925.03.14	조간 1	
1289	地方短評	지방 단평	東亞日報	1925.03.15	3	
1290	地方集會其他	지방집회 기타	東亞日報	1925.03.16	5	
1291	地方短評	지방 단평	東亞日報	1925.03.16	3	
1292	井上博士講演	이노우에 박사 강연	東亞日報	1925.03.16	5부록1	
1293	固城鄕校豫算	고성 향교 예산	東亞日報	1925.03.17	3	
1294	全州各會議日字	전주 각 회의 일자	朝鮮日報	1925.03.18	조간 1	
1295	養老會創立	양노회 창립	東亞日報	1925.03.20	3	
1296	水原에鄕校財産	수원에 향교 재산	東亞日報	1925.03.20	5	
1297	竹山掌議選擧	죽산 장의 선거	東亞日報	1925.03.20	5	
1298	卒業,進級,入學	졸업, 진급, 입학	朝鮮日報	1925.03.22	석간 4	
1299	淮陽掌議會	회양 장의회	朝鮮日報	1925.03.22	조간 1	
1300	宜寧에四評議會	의령에 4평의회	朝鮮日報	1925.03.25	조간 1	
1301	卒業,進級,入學	졸업, 진급, 입학	朝鮮日報	1925.03.26	조간 1	
1302	儒敎協成會	유교협성회	東亞日報	1925.03.28	3	
1303	普明學院曙光	보명학원 서광	東亞日報	1925.03.28	3	
1304	寶城學校評議	보성학교 평의	朝鮮日報	1925.03.29	조간 1	
1305	永興儒林奮起	영흥유림 분기	朝鮮日報	1925.03.29	조간 2	
1306	寧邊掌議會	영변장의회	朝鮮日報	1925.04.01	조간 1	
1307	河東商務會 定期總會開催	하동상무회 정기총회 개최	朝鮮日報	1925.04.01	조간 1	

연번	기사명(원문)	기사명(한글)	출전	발행일	면	비고
1308	東亞日報記者地方巡廻 正面側面으로 觀한 吉州의 表裡	동아일보 기자 지방순회 정면 측면으로 본 길주의 표리	東亞日報	1925.04.01	5	
1309	襄陽儒林奮起 문묘직원문뎨로	양양유림 분기 문묘직원 문제로	朝鮮日報	1925.04.02	석간 2	
1310	儒生의學院反對 학원설치의반대로 안악명륜회에풍파	유생의 학원 반대 학원 설치의 반대로 안악 명륜회에 풍파	東亞日報	1925.04.03	2	
1311	花山學舘好績	화산학관 호적	朝鮮日報	1925.04.05	조간 1	
1312	菜蔬만은못하게 日人에게間作준鄉校田 小川里住民의衛生問題	채소만은 못하게 일본인에게 간접 소작을 준 향교 논 소천리 주민의 위생 문제	東亞日報	1925.04.06	5	
1313	東亞日報記者地方巡廻 正面側面으로 觀한 鏡城의 表裡	동아일보 기자 지방순회 정면 측면으로 본 경성의 표리	東亞日報	1925.04.06	8	
1314	平原明倫講習 不遠間開學할터	평원 명륜강습 불원간 개학할 터	朝鮮日報	1925.04.08	조간 1	
1315	大成講習所 補習生募集中	대성강습소 보습생 모집 중	朝鮮日報	1925.04.09	조간 1	
1316	和順直員君에게駁함	화순 직원 군에게 논박함	朝鮮日報	1925.04.10	조간 1	直口→直員
1317	學院反對派여!	학원 반대파여!	東亞日報	1925.04.10	5	
1318	平原學術講習 來二十四日에開學	평원 학술강습 오는 24일에 개학	東亞日報	1925.04.11	3	
1319	小作料를豫納하고 小作權이떠러젓다	소작료를 미리 납부하고 소작권이 떨어졌다	朝鮮日報	1925.04.12	조간 2	
1320	鄉校職員의醜態	향교직원의 추태	朝鮮日報	1925.04.12	조간 2	
1321	道廳에返還要求	도청에 반환 요구	東亞日報	1925.04.14	3	
1322	吉州幼稚園曙光	길주 유치원 서광	東亞日報	1925.04.16	3	
1323	光陽掌議會議	광양 장의 회의	朝鮮日報	1925.04.17	조간 1	
1324	鄉校財産으로 圖書縱覽所를 設置	향교재산으로 도서종람소를 설치	朝鮮日報	1925.04.18	조간 1	
1325	維新會의革新과 舊幹部側의反動	유신회의 혁신과 구 간부측의 반동	朝鮮日報	1925.04.18	조간 2	
1326	豐山儒林白戰會	풍산 유림 백전회	朝鮮日報	1925.04.21	조간 1	
1327	讀者慰安婦人東萊見學團募集	독자 위안부인 동래견학단 모집	東亞日報	1925.04.22	3	
1328	安州普校增舍	안주보통학교 증사	東亞日報	1925.04.23	3	
1329	地方短評	지방 단평	東亞日報	1925.04.27	3	
1330	普成講習의悲運	보성강습의 비운	朝鮮日報	1925.04.28	조간 2	
1331	中和金組總會	중화금융조합 총회	朝鮮日報	1925.04.28	조간 1	
1332	儒林會長憤慨	유림회장 분개	朝鮮日報	1925.04.29	조간 2	
1333	孝烈雙全한金氏	효열을 모두 갖춘 김씨	朝鮮日報	1925.04.30	조간 1	
1334	五月一日 어린이날	5월 1일 어린이 날	東亞日報	1925.05.01	호외 1	
1335	勞動共濟夜學漸次發展	노동공제야학 점차 발전	朝鮮日報	1925.05.03	조간 1	
1336	圖書閱覽開始	도서 열람 개시	東亞日報	1925.05.04	3	
1337	山野遍滿	산야편만	朝鮮日報	1925.05.05	석간 2	
1338	潭陽産組總會	담양산업조합 총회	東亞日報	1925.05.05	3	
1339	農校建築義金	농업학교 건축의금	朝鮮日報	1925.05.06	조간 1	
1340	維新會場의殺風景	유신회장의 살풍경	朝鮮日報	1925.05.07	조간 2	

연번	기사명(원문)	기사명(한글)	출전	발행일	면	비고
1341	부산지국주최 東萊婦人見學 온천으로꽃그늘로	부산지국 주최 동래부인견학 온천으로 꽃그늘로	東亞日報	1925.05.08	6	
1342	淸州鄕校掌議選擧	청주향교 장의 선거	朝鮮新聞	1925.05.08	4	
1343	鄕校財産問題로	향교재산 문제로	朝鮮日報	1925.05.09	석간 2	
1344	明倫學院閉門 求生難으로	명륜학원 폐문 구생난으로	東亞日報	1925.05.09	3	
1345	地方短評	지방 단평	東亞日報	1925.05.11	3	
1346	安城鄕校事業	안성향교 사업	東亞日報	1925.05.11	5	
1347	益山에勞働會去七日에創立	익산에 노동회 지난 7일에 창립	東亞日報	1925.05.11	3	
1348	益山에勞働會七日에創立	익산에 노동회 7일에 창립	朝鮮日報	1925.05.12	석간 4	
1349	維新會內幕 新舊派의 紛爭	유신회 내막 신구파의 분쟁	時代日報	1925.05.12	3	
1350	自覺한珍島郡	자각한 진도군	朝鮮日報	1925.05.13	조간 1	
1351	平原에運動場市民의熱誠으로	평원에운동장 시민의 열성으로	朝鮮日報	1925.05.15	조간 1	
1352	文廟가産業獎勵 所謂儒林植樹組合에서	문묘가 산업장려 소위 유림식수조합에서	朝鮮日報	1925.05.16	조간 1	
1353	地方集會其他	지방집회 기타	東亞日報	1925.05.16	5	
1354	茂山明倫會人士에게	무산명륜회 인사에게	東亞日報	1925.05.16	5	
1355	博川孔子廟에서 武裝團四名戰死	박천 공자묘에서 무장단 4명 전사	朝鮮日報	1925.05.19	석간 2	
1356	圖書閱覽所를非難	도서 열람소를 비난	東亞日報	1925.05.20	3	
1357	婦女를毆打	부녀를 구타	東亞日報	1925.05.20	2	
1358	博川激戰의詳報	박천격전의 자세한 보고	朝鮮日報	1925.05.21	석간 2	
1359	儒林建約所妄動	유림건약소 망동	朝鮮日報	1925.05.21	석간 2	
1360	博川武裝團=連類者續續檢擧	박천 무장단=연류자 속속 검거	東亞日報	1925.05.22	2	
1361	南面靑年總會	남면 청년총회	東亞日報	1925.05.22	3	
1362	儒林建約公函은 법규위반이	유림건약 공함은 법규 위반이	朝鮮日報	1925.05.23	석간 2	
1363	鄕校直員運動과 高氏를不信任	향교 직원 운동과 고씨를 불신임	朝鮮日報	1925.05.23	조간 1	
1364	丹城에서白日場	단성에서 백일장	東亞日報	1925.05.23	3	
1365	平原市民運動	평원시민운동	東亞日報	1925.05.25	5	
1366	筏橋面民= 大會再開	벌교면민=대회재개	東亞日報	1925.05.26	3	
1367	孝烈表彰과白日場	효열표창과 백일장	朝鮮日報	1925.05.27	조간 1	
1368	丹城鄕校重修	단성향교 중수	東亞日報	1925.05.27	3	
1369	一金百圓이면 兩班이된다	일금 100원이면 양반이 된다	朝鮮日報	1925.05.31	조간 1	
1370	益山勞働總會	익산노동총회	朝鮮日報	1925.05.31	조간 1	
1371	德川의視察團	덕천의 시찰단	朝鮮日報	1925.06.01	석간 4	
1372	日本視察團	일본시찰단	朝鮮日報	1925.06.02	조간 1	
1373	開城鄕校財産圖書館經營?	개성 향교재산 도서관 경영?	東亞日報	1925.06.03	3	
1374	孔子畵像奉安	공자화상 봉안	東亞日報	1925.06.04	3	
1375	圖書舘을經營鄕校財産으로	도서관을 경영 향교재산으로	時代日報	1925.06.04	3	
1376	安岳에白日場	안악에 백일장	東亞日報	1925.06.05	5	
1377	益山勞働總會	익산노동총회	東亞日報	1925.06.05	5	

연번	기사명(원문)	기사명(한글)	출전	발행일	면	비고
1378	求禮에 圖書館設立	구례에 도서관 설립	朝鮮日報	1925.06.06	조간 1	
1379	泰仁鄕約會議	태인 향약회의	朝鮮日報	1925.06.07	조간 2	
1380	武裝團戰跡을	무장단이 전사한 흔적을	朝鮮日報	1925.06.09	조간 2	
1381	孝烈表彰과 白日場	효열표창과 백일장	朝鮮日報	1925.06.09	조간 1	
1382	明倫學院遠足	명륜학원 소풍	時代日報	1925.06.09	3	
1383	白川의白日場孝行表彰式을兼行	백천의 백일장 효행표창식을 겸행	東亞日報	1925.06.11	5부록1	
1384	金堤碧城 少年團復興	김제 벽성 소년단 부흥	朝鮮日報	1925.06.12	조간 1	
1385	兩西蹴球大會 平原에서開催	양서축구대회 평원에서 개최	東亞日報	1925.06.14	5부록1	
1386	安岳의白日場	안악의 백일장	東亞日報	1925.06.16	5	
1387	巨濟靑年聯盟 臨時大會開催	거제청년연맹 임시대회 개최	朝鮮日報	1925.06.19	조간 2	
1388	委員質問에 창황망조한	위원질문에 창황망조한	朝鮮日報	1925.06.20	조간 2	
1389	郡當局은 畢竟降服 소작대금은반환	군 당국은 마침내 항복 소작대금은 반환	朝鮮日報	1925.06.20	조간 2	
1390	筏橋面民大會에서 郡當局失責을糾彈	벌교면민대회에서 군 당국 실책을 규탄	朝鮮日報	1925.06.20	조간 2	
1391	安岳에白日場	안악에 백일장	朝鮮日報	1925.06.20	조간 2	
1392	三個團體 聯合大會準備 =着着進行=	3개 단체 연합대회 준비 = 착착 진행=	朝鮮日報	1925.06.21	조간 1	
1393	地方短評	지방 단평	東亞日報	1925.06.22	3	
1394	臨迫한端午와 各處의노리 準備에紛忙	임박한 단오와 각 처의 놀이 준비에 분망	朝鮮日報	1925.06.24	조간 1	
1395	公普生을靑年會舘에收容	공립보통학교 학생을 청년회관에 수용	朝鮮日報	1925.06.24	조간 1	
1396	本社黃州支局主催의 變裝記者찾기	본사 황주지국 주최의 변장기자 찾기	朝鮮日報	1925.06.25	조간 2	
1397	聖殿移轉計劃	성전 이전 계획	東亞日報	1925.06.25	3	
1398	金靑臨時總會	김청임시총회	朝鮮日報	1925.06.26	조간 1	
1399	碧城少年團	벽성소년단	朝鮮日報	1925.06.28	조간 1	
1400	『委員制는不穩하니 會長制로하라!』	『위원제는 불온하니 회장제로 하라!』	朝鮮日報	1925.07.01	조간 1	
1401	金堤靑年 聯合大會	김제청년 연합대회	東亞日報	1925.07.01	3	
1402	山淸圖書舘書籍은注文中	산청도서관 서적은 주문 중	東亞日報	1925.07.04	3	
1403	創立劈頭에 民族運動	창립 벽두에 민족운동	朝鮮日報	1925.07.07	조간 2	
1404	記者團創立 慶南固城에서	기자단 창립 경남 고성에서	東亞日報	1925.07.07	3	
1405	慶南鄕校財産 地戶別과用途	경남 향교재산 지호별과 용도	東亞日報	1925.07.08	5	
1406	開城圖書成績	개성도서 성적	東亞日報	1925.07.12	3	
1407	利川鄕校財産	이천 향교재산	東亞日報	1925.07.12	3	
1408	宜川에 夏期習字會	의천에 하기 습자회	朝鮮日報	1925.07.15	조간 1	
1409	改良私塾敎員 夏季講習會 成川에서	개량 사숙교원 하계 강습회 성천에서	朝鮮日報	1925.07.16	조간 1	

연번	기사명(원문)	기사명(한글)	출전	발행일	면	비고
1410	面長하나에金百圓! 賣職하는郡守	면장 하나에 금 100원! 매직하는 군수	朝鮮日報	1925.07.17	조간 1	
1411	郡守를徹底糾彈	군수를 철저 규탄	東亞日報	1925.07.17	3	
1412	私塾教員講習 二十六日부터成川에서	사숙교원강습 26일부터 성천에서	東亞日報	1925.07.17	3	
1413	第二回兩西蹴球大會	제2회 양서 축구대회	朝鮮日報	1925.07.23	조간 1	
1414	第二回兩 西 蹴球大會 求柔에서開催	제2회 양서 축구대회 구유에서 개최	東亞日報	1925.07.23	호외 1	
1415	濟州蹴球團 斯界有志가組織하여	제주축구단 사계 유지가 조직하여	東亞日報	1925.07.25	3	
1416	濟州島蹴球템組織	제주도 축구템 조직	朝鮮日報	1925.07.26	조간 1	
1417	華川浸水三百餘戶	화천 침수 300여 호	朝鮮日報	1925.07.26	조간 2	
1418	寸鐵	촌철	朝鮮日報	1925.08.03	석간 4	
1419	江界에機業傳習	강계에 기업전습	朝鮮日報	1925.08.05	조간 4	
1420	信川郡面民大會 非行郡守를撤底糾彈	신천군 면민대회 비행군수를 철저 규탄	東亞日報	1925.08.05	3	
1421	孔子廟에風波	공자묘에 풍파	朝鮮日報	1925.08.08	조간 2	
1422	寸鐵	촌철	朝鮮日報	1925.08.08	조간 4	
1423	爲先疑問되는 十四個條를調査	먼저 의문이 되는 14개 조를 조사	朝鮮日報	1925.08.09	조간 4	
1424	講演과講習	강연과 강습	東亞日報	1925.08.09	석간 3	
1425	茂山婦女夜學修業	무산 부녀야학 수업	東亞日報	1925.08.12	3	
1426	關西地方	관서지방	東亞日報	1925.08.15	4	
1427	受驗準備 講習會 開催	수험준비 강습회 개최	朝鮮日報	1925.08.16	조간 4	
1428	關西地方	관서지방	東亞日報	1925.08.18	4	
1429	谷城에圖書館新設	곡성에 도서관 신설	朝鮮日報	1925.08.19	조간 1	
1430	高靈에教員學術講習	고령에 교원학술강습	朝鮮日報	1925.08.26	조간 4	
1431	新聞講演과 全州의準備	신문 강연과 전주의 준비	東亞日報	1925.08.26	4	
1432	麗水青年會 復興에努力 任員을改選	여수청년회 부흥에 노력 임원을 개선	朝鮮日報	1925.08.28	조간 4	
1433	救濟素人劇 우리 俱樂部主催	구제소인극 우리 구락부 주최	時代日報	1925.08.28	3	
1434	少年東亞日報	소년동아일보	東亞日報	1925.08.29	3	
1435	麗青臨時總會	여수청년회 임시총회	東亞日報	1925.08.31	4	
1436	◇寸鐵◇	◇촌철◇	朝鮮日報	1925.09.05	조간 4	
1437	大邱의白日場과 舘宮府尹의失擧	대구의 백일장과 미야다테 부윤의 실거	東亞日報	1925.09.05	4	
1438	篤行者表彰	독행자 표창	朝鮮新聞	1925.09.05	4	
1439	高原郡廳에서 學術講習을不許 理由없이申請書을返還 一般은憤慨不已	고원군청에서 학술강습을 불허 이유 없이 신청서를 반환 일반은 분개를 금치 못하다	朝鮮日報	1925.09.07	석간 4	
1440	激增되는刺身鬼 八十餘名收容	격증되는 자신귀 80여 명 수용	東亞日報	1925.09.08	5	
1441	養蠶傳習修了	양잠전습 수료	東亞日報	1925.09.10	4	

연번	기사명(원문)	기사명(한글)	출전	발행일	면	비고
1442	成川儒林分裂 一圓派와五圓派紛爭	성천유림 분열 1원파와 5원파 분쟁	東亞日報	1925.09.13	4	
1443	淳昌儒林美擧의 報를 읽고	순창 유림 미거의 보고를 읽고	東亞日報	1925.09.13	5	
1444	錦山鄕約設定	금산 향약 설정	東亞日報	1925.09.13	4	
1445	沔川文廟重修	면천 문묘 중수	東亞日報	1925.09.14	4	
1446	紀念은音樂으로	기념은 음악으로	東亞日報	1925.09.16	4	
1447	中學期成會組織	중학 기성회 조직	東亞日報	1925.09.17	4	
1448	文川鄕儒의派戰 釋奠祭를앞두고	문천 향유의 파전 석전제를 앞두고	東亞日報	1925.09.18	4	尊→奠
1449	少年東亞日報	소년동아일보	東亞日報	1925.09.20	3	
1450	任員을增選 金堤中學期成會에서	임원을 증선 김제중학 기성회에서	東亞日報	1925.09.20	4	
1451	文廟秋季大奠	문묘 추계대전	朝鮮新聞	1925.09.20	4	
1452	報恩明倫會創立	보은 명륜회 창립	東亞日報	1925.09.20	4	
1453	海西記者大會	해서 기자대회	東亞日報	1925.09.22	4	
1454	新村의禁酒斷煙	신촌의 금주단연	東亞日報	1925.09.22	4	
1455	普成學院復活	보성학원 부활	東亞日報	1925.09.23	4	
1456	畿湖地方	기호지방	東亞日報	1925.09.23	4	
1457	修羅場化한文川釋奠場	아수라장이 된 문천 석전장	東亞日報	1925.09.24	4	
1458	湖南地方	호남지방	東亞日報	1925.09.25	4	
1459	秋季釋奠一束	추계석전 일속	東亞日報	1925.09.26	4	尊→奠
1460	地方短評	지방단평	東亞日報	1925.09.30	4	
1461	地方論壇 文川儒林紛糾에對하야	지방논단 문천 유림 분규에 대하여	東亞日報	1925.09.30	4	
1462	中學期成評議	중학 기성 평의	東亞日報	1925.10.05	4	
1463	順天公立普校 秋冷에露天敎授	순천공립보통학교 추랭에 노천교수	東亞日報	1925.10.15	5	
1464	鄕校財産으로圖書舘設立	향교재산으로 도서관 설립	東亞日報	1925.10.16	4	
1465	小作會員을毆打 번영회간부가	소작회원을 구타 번영회 간부가	東亞日報	1925.10.17	2	
1466	金堤靑年總會	김제 청년회 총회	朝鮮日報	1925.10.20	조간 3	
1467	喚仙亭을 假敎室로	환선정을 가교실로	東亞日報	1925.10.20	5	
1468	金堤에中學期成	김제에 중학교 기성	朝鮮日報	1925.10.22	조간 1	
1469	巨濟 靑年聯盟	거제 청년연맹	朝鮮日報	1925.10.24	조간 1	
1470	無責任한 順天公普當局者	무책임한 순천공립보통학교 당국자	朝鮮日報	1925.10.25	조간 2	
1471	巨濟靑聯委員會	거제 청년위원회	東亞日報	1925.10.25	4	
1472	湖南地方	호남지방	東亞日報	1925.10.27	4	
1473	地方論壇 돈은쓸곳에쓰라 鳳山儒林에게	지방논단 돈은 쓸 곳에 쓰라 봉산유림에게	東亞日報	1925.11.01	4	
1474	聯合農産品評	연합 농산 품평	東亞日報	1925.11.03	4	

연번	기사명(원문)	기사명(한글)	출전	발행일	면	비고
1475	多數農民들을愚弄하야 孔子·팔고數千餘圓騙取	다수 농민들을 우롱하여 공자 팔고 수천여 원 편취	東亞日報	1925.11.03	5	
1476	六鄕校の寄贈	6향교의 기증	釜山日報	1925.11.07	3	
1477	金堤靑年總會	김제 청년회 총회	朝鮮日報	1925.11.08	조간 1	
1478	金堤面民大會	김제 면민대회	朝鮮日報	1925.11.11	조간 1	
1479	京畿鄕校財産	경기 향교재산	東亞日報	1925.11.13	5	
1480	金堤面民大會 十八日로延期	김제 면민대회 18일로 연기	朝鮮日報	1925.11.17	조간 1	
1481	金堤勞學募生	김제 노동야학 학생모집	朝鮮日報	1925.11.17	조간 1	
1482	全南和順에 中等夜學設立	전남 화순에 중등야학 설립	東亞日報	1925.11.17	4	
1483	秦炳執氏司成被任	진병집씨 사성에 임명되다	朝鮮日報	1925.11.18	조간 1	
1484	湖南地方	호남지방	東亞日報	1925.11.18	4	
1485	金堤中學期成	김제 중학기성	朝鮮日報	1925.11.19	조간 1	
1486	關北蹴球大會 廿八日부터元山에서	관북축구대회 28일부터 원산에서	朝鮮日報	1925.11.20	조간 1	
1487	鄕校財産中 四十圓을補助	향교재산 중 40원을 보조	朝鮮日報	1925.11.22	조간 1	
1488	珍島鄕校掌財 公金橫領罪로被訴	진도향교 장재 공금횡령 죄로 피소	朝鮮日報	1925.11.22	석간 2	
1489	金堤面民大會	김제 면민대회	朝鮮日報	1925.11.22	조간 1	
1490	蔚珍량반에게一言	울진 양반에게 일언	朝鮮日報	1925.11.24	조간 1	
1491	嶺南地方	영남지방	東亞日報	1925.11.24	4	
1492	地方人事消息	지방 인사 소식	東亞日報	1925.11.25	4	
1493	全收四石未滿에 賭租四石六斗	전수 4석 미만에 도조 4석6두	東亞日報	1925.12.02	4	
1494	寸鐵	촌철	朝鮮日報	1925.12.03	조간 1	
1495	地方短評	지방단평	東亞日報	1925.12.03	4	
1496	地方論壇 儒林의猛省을促	지방논단 유림의 맹성을 촉	東亞日報	1925.12.07	4	
1497	『郡守의感情』	군수의 감정	東亞日報	1925.12.08	2	
1498	養蠶機業卒業	양잠기업 졸업	東亞日報	1925.12.08	4	
1499	順天農聯 臨時大會後에 市內示威行列	순천 농민연합회 임시대회 후에 시내시위행렬	朝鮮日報	1925.12.10	조간 1	
1500	儒林講習準備	유림강습 준비	朝鮮日報	1925.12.10	조간 1	
1501	鄕案에編入한다고 每姓에三百圓씩徵收	향안에 편입한다고 성씨마다 300원씩 징수	朝鮮日報	1925.12.12	조간 1	
1502	八面鋒	팔면봉	朝鮮日報	1925.12.13	석간 1	
1503	取消	취소	朝鮮日報	1925.12.13	석간 2	
1504	陶山事件으로義城儒林決議	도산사건으로 의성유림 결의	朝鮮日報	1925.12.16	조간 2	
1505	旌善女子夜學	정선 여자야학	朝鮮日報	1925.12.17	조간 1	
1506	孔子廟를破壞	공자묘를 파괴	東亞日報	1925.12.19	2	
1507	通川學校狀況敎員月給도延拂	통천학교 상황 교원 월급도 지불 연기	東亞日報	1925.12.19	4	
1508	地方論壇 忠南獎學會發起에對하야	지방논단 충남장학회 발기에 대하여	東亞日報	1925.12.23	4	
1509	順天鄕校小作料不納同盟解決	순천향교 소작료 불납 동맹 해결	朝鮮日報	1925.12.25	조간 2	

연번	기사명(원문)	기사명(한글)	출전	발행일	면	비고
1510	陶山書院問題로 儒林이敎通	도산서원문제로 유림이 교통	朝鮮日報	1925.12.31	석간 4	
1511	丙寅年表	병인연표	東亞日報	1926.01.01	14	이명재
1512	上谷勞夜盛況	상곡노야 성황	東亞日報	1926.01.04	4	
1513	茶山支會創立	다산지회 창립	東亞日報	1926.01.15	4	
1514	錦山鄕約表行	금산향약 표행	朝鮮日報	1926.01.18	석간 4	
1515	忠南道評議會	충남도평의회	東亞日報	1926.01.19	4	
1516	洪城蠶組創立(홍성잠조창립) 有志(유지)의發起(발기)로	홍성잠조 창립 유지의 발기로	東亞日報	1926.01.20	4	
1517	四年卒業二百餘名 就學할곳이업다	4년 졸업 200여 명 취학할 곳이 없다	朝鮮日報	1926.01.23	조간 2	
1518	휴지통	휴지통	東亞日報	1926.01.28	2	
1519	鄕校重修하고 고소를맛낫다	향교 중수하고 고소를 만났다	朝鮮日報	1926.01.29	조간 2	
1520	朝鮮産業組合令에對하야(中)	조선산업조합 법령에 대하여 (중)	東亞日報	1926.02.01	1	
1521	慶山靑年臨總	경산 청년임시총회	朝鮮日報	1926.02.03	조간 1	
1522	關西地方	관서지방	東亞日報	1926.02.03	4	
1523	寸鐵	촌철	朝鮮日報	1926.02.10	조간 1	
1524	掌議選擧에大門을封鎖	장의 선거에 대문을 봉쇄	朝鮮日報	1926.02.13	조간 2	
1525	蔚珍鄕民大會	울진향민대회	朝鮮日報	1926.02.13	조간 2	
1526	東北地方	동북지방	東亞日報	1926.02.18	4	
1527	高靈에묵은歷史 『大伽倻國史記』	고령에 묵은 역사 『대가야국사기』	東亞日報	1926.02.20	4	
1528	法人으로로完成될 全南育英會	법인으로 완성될 전남육영회	東亞日報	1926.02.21	5	
1529	統○彙○	통○ 휘○	朝鮮日報	1926.02.24	조간 1	
1530	嶺南地方	영남지방	東亞日報	1926.02.26	4	
1531	鄕校修繕을名目に 寄附を 募る	향교 수선 명목으로 기부금을 모으다	釜山日報	1926.03.03	7	
1532	光州勞働聯盟	광주노동연맹	朝鮮日報	1926.03.04	조간 1	
1533	地方各校入學案內	지방 각 학교 입학 안내	時代日報	1926.03.05	3	
1534	茶山靑年獨立	다산청년 독립	東亞日報	1926.03.05	4	
1535	湖南地方	호남지방	東亞日報	1926.03.06	4	
1536	河東의 竹細工傳習生 前途가매우有望	하동의 죽세공 전습생 전도가 매우 유망	朝鮮日報	1926.03.07	조간 1	
1537	讀者慰安映畵 本社群山支局에서	독자 위안 영화 본사 군산지국에서	朝鮮日報	1926.03.08	석간 4	
1538	大同儒林定總	대동유림 정기총회	朝鮮日報	1926.03.09	조간 1	
1539	敬老會의不敬老	경로회의 불경로	朝鮮日報	1926.03.10	조간 2	
1540	今文無古文無한 明倫堂內魍魎劇	고금을 통하여 그러한 예가 없는 명륜당 내 망량극	朝鮮日報	1926.03.13	조간 1	
1541	定平郡民大會	정평 군민대회	朝鮮日報	1926.03.14	조간 1	
1542	郡北面協議會	군북면 협의회	朝鮮日報	1926.03.14	조간 1	
1543	善行兒童 選拔表彰 開城釋奠日에	선행아동 선발 표창 개성 석전일에	朝鮮日報	1926.03.17	조간 1	

연번	기사명(원문)	기사명(한글)	출전	발행일	면	비고
1544	公州文廟祭と孝子存表彰式	공주 문묘제와 효자존 표창식	京城日報	1926.03.17	4	
1545	文廟春期釋奠	문묘 춘기석전	時代日報	1926.03.18	1	
1546	昌原鄕校會議	창원 향교회의	朝鮮時報	1926.03.19	2	
1547	篤行者表彰	독행자 표창	朝鮮日報	1926.03.22	석간 4	
1548	講習所設置反對는不可	강습소 설치 반대는 불가	朝鮮日報	1926.03.23	조간 1	
1549	血淚點點한衡平運動史　貞操蹂躪, 財産侵害	피눈물이 흩어져 있는 형평운동사 정조유린, 재산침해	朝鮮日報	1926.03.29	석간 2	
1550	織紐講習所と看板을塗り替えた, 平北定州鄕校儒林學術講習所, 本年度からは附近의婦女子에織紐의敎授	직뉴 강습소와 간판을 새로 칠한 평북 정주향교 유림학술강습소, 금년부터는 부근의 부녀자에 직뉴를 가르침	朝鮮新聞	1926.03.29	3	
1551	山淸大火詳報　罹災民二百四十	산청 큰불 자세히 보고, 이재민 240	朝鮮日報	1926.04.02	조간 2	
1552	延草靑年大會	연초 청년대회	朝鮮日報	1926.04.06	조간 1	
1553	十三罪를條擧하야　相良校長大聲討	13죄를 들추어 사가라교장 대성토	朝鮮日報	1926.04.08	조간 1	
1554	第四定期大會에서　巨濟靑聯에 五團體新加盟	제4 정기대회에서 거제청년연합회에 5단체 신가맹	朝鮮日報	1926.04.09	조간 1	
1555	五賢遺址　요氷溪寺舊基인　義城氷溪古蹟保存會를發起	5현 유지요 빙계사 옛터인 의성빙계 고적보존회를 발기	朝鮮日報	1926.04.10	조간 1	
1556	巨濟鄕校新方針	거제향교 신방침	朝鮮日報	1926.04.12	석간 4	
1557	洪城蠶織組合創立	홍성잠직조합 창립	朝鮮日報	1926.04.13	조간 1	
1558	驪州儒林大會	여주유림대회	朝鮮日報	1926.04.16	조간 1	
1559	今年度地方別　學費及學生數	금년도 지방별 학비 및 학생 수	朝鮮日報	1926.04.21	조간 1	
1560	寸鐵	촌철	朝鮮日報	1926.04.21	조간 1	
1561	張女史褒彰式	장여사 포창식	時代日報	1926.04.22	2	
1562	金堤鄕校財産	김제 향교재산	東亞日報	1926.04.27	4	
1563	明成學院開學	명성학원 개학	東亞日報	1926.04.28	4	
1564	平壤市民의奉悼	평양 시민의 봉도	朝鮮日報	1926.04.29	석간 2	
1565	各地撤市奉悼	각지 철시 봉도	東亞日報	1926.04.29	2	
1566	全南育英會　財團法人完成	전남육영회 재단법인 완성	朝鮮日報	1926.04.30	조간 1	
1567	白日場은禁止直員은免職處分	백일장은 금지 직원은 면직처분	朝鮮日報	1926.04.30	조간 1	
1568	蒙喪鄕老望哭	국상을 당하여 시골 노인이 곡을 함	朝鮮日報	1926.05.01	석간 2	
1569	草木도嗚咽하는　二千萬衆의號哭聲	초목도 오열하는 2천만 민중의 호곡성	東亞日報	1926.05.01	5	
1570	草木도嗚咽하는　二千萬衆의號哭聲	초목도 오열하는 2천만 민중의 호곡성	東亞日報	1926.05.02	4	
1571	悲哀에深鎖된權域	비애에 갇힌 우리나라	朝鮮日報	1926.05.03	석간 3	
1572	草木도嗚咽하는　二千萬衆의號哭聲	초목도 오열하는 2천만 민중의 호곡성	東亞日報	1926.05.03	4	
1573	明倫堂講會	명륜당 강회	朝鮮日報	1926.05.04	조간 1	

연번	기사명(원문)	기사명(한글)	출전	발행일	면	비고
1574	草木도嗚咽하는 二千萬衆의號哭聲	초목도 오열하는 2천만 민중의 호곡성	東亞日報	1926.05.04	4	
1575	三年國服通牒	3년 국복 통첩	朝鮮日報	1926.05.06	조간 2	
1576	望哭者를檢束	망곡자를 검속	朝鮮日報	1926.05.07	조간 2	
1577	女子養蠶講習	여자 양잠강습	朝鮮日報	1926.05.07	조간 1	
1578	各地方의號哭奉悼	각 지방의 호곡 봉도	東亞日報	1926.05.07	4	
1579	各地의號哭奉悼	각지의 호곡 봉도	東亞日報	1926.05.11	4	
1580	井邑校儒 士林家에通告	정읍향교 유교 사림가에 통고	朝鮮日報	1926.05.15	조간 1	
1581	載寧學院開校 有志努力結果	재령학원 개교 유지 노력 결과	東亞日報	1926.05.15	4	
1582	肉脯로郡守紀念	육포로 군수기념	朝鮮日報	1926.05.16	조간 2	
1583	善山校学議 臨農移作	선산향교 장의 임농시기에 소작권 이동	朝鮮日報	1926.05.17	석간 4	
1584	圖書舘設置	도서관 설치	東亞日報	1926.05.18	4	
1585	義城視察團	의성 시찰단	朝鮮日報	1926.05.19	조간 1	
1586	儒道振興會도 郡守를不信任	유도진흥회도 군수를 불신임	朝鮮日報	1926.05.22	조간 2	
1587	待遇厚薄으로 小作權을予奪	대우후박으로 소작권을 여탈	朝鮮日報	1926.05.25	조간 1	
1588	圖書舘實現不遠	도서관 실현 머지 않아	朝鮮日報	1926.05.27	조간 1	
1589	延白士林 顯忠祠重建	연백사림 현충사 중건	朝鮮日報	1926.05.27	조간 1	
1590	『郷校의財産은 郷校에還付하라』	『향교의 재산은 향교에 환부하라』	朝鮮日報	1926.05.28	조간 1	
1591	尹金組優勝 江界庭球大會	윤김조 우승 강계정구대회	東亞日報	1926.05.28	4	
1592	穀物大會出席者는三百名にのぼる, 咸興文廟前にバラック大宴會場を建てる	곡물대회 출석자는 300명에 달함. 함흥문묘 앞에 바라츠크 대연회장을 세우다.	京城日報	1926.05.28	4	
1593	王家에對한不敬言辭로 問題된忠南評議員	왕가에 대한 불경언사로 문제된 충남평의원	朝鮮日報	1926.05.29	석간 2	
1594	不敬한辯護士	불경한 변호사	東亞日報	1926.05.29	2	
1595	尤庵碑閣重修	우암비각 중수	朝鮮日報	1926.05.30	조간 1	
1596	金堤郷校修理	김제향교 수리	朝鮮日報	1926.06.03	조간 1	
1597	金浦那内面所新築	김포 나내 면사무소 신축	朝鮮日報	1926.06.05	조간 1	
1598	奬學資金給與	장학자금 전달	朝鮮日報	1926.06.07	석간 4	
1599	全州儒林上京奉悼	전주유림 상경 봉도	朝鮮日報	1926.06.09	조간 1	
1600	泗川校畓爭議	사천향교 전답 쟁의	朝鮮日報	1926.06.09	조간 1	
1601	향교에서 녀자야원조	향교에서 여자야학 원조	東亞日報	1926.06.13	3	
1602	撤市=奉訣式	철시=봉결식	東亞日報	1926.06.13	4	
1603	各地奉悼式	각지 봉도식	朝鮮日報	1926.06.15	조간 2	
1604	撤市와奉訣式	철시와 봉결식	東亞日報	1926.06.16	4	
1605	善行者表彰式	선행자 표창식	朝鮮日報	1926.06.20	조간 1	
1606	孝子節婦表彰	효자절부 표창	東亞日報	1926.06.25	4	
1607	延安講學會	연안강학회	東亞日報	1926.06.25	4	
1608	海西地方	해서지방	東亞日報	1926.06.25	4	

연번	기사명(원문)	기사명(한글)	출전	발행일	면	비고
1609	安岳에 大搜索	안악에 대수색	時代日報	1926.06.27	2	
1610	延安講學會	연안 강학회	朝鮮日報	1926.06.28	석간 4	
1611	延安孝烈表彰	연안 효열표창	朝鮮日報	1926.06.29	조간 1	
1612	江西儒林會總會	강서유림회 총회	朝鮮日報	1926.07.01	조간 1	
1613	道知事會議 總監訓示要旨	도지사회의 총감 훈시요지	東亞日報	1926.07.01	1	원문의 ○은 道로 추정
1614	高齡者慰安會	고령자 위안회	朝鮮日報	1926.07.03	조간 1	
1615	目鼻がつきそうなな咸興公設運動場, 場所は文廟前の廣場	대강 결정된 듯한 함흥공설운동장, 장소는 문묘 앞의 광장	京城日報	1926.07.03	3	
1616	寸鐵	촌철	朝鮮日報	1926.07.05	석간 4	
1617	學生家宅을 檢事出張搜索	학생 가택을 검사출장 수색	朝鮮日報	1926.07.06	조간 2	
1618	波瀾重疊한 高敞高普内情 愛校의 至心으로 全社會에公開한 校員一同의聲明書全文(一)	파란중첩한 고창고등보통학교 내부 사정 지극한 애교심으로 온사회에 공개한 교원일동의 성명서 전문 (1)	朝鮮日報	1926.07.06	조간 1	
1619	層生疊出하는難關으로 迷雲에 싸인 高廠高普 (一)	거듭 생기는 난관으로 미운에 싸인 고창고등보통학교 (1)	東亞日報	1926.07.06	4	
1620	各處를搜索後 書類等多數押收	각 처를 수색 후 서류 등 다수 압수	朝鮮日報	1926.07.07	조간 2	
1621	巡廻探訪 (十六) 益山地方大觀 〈3〉	순회탐방 (16) 익산지방 대관 〈3〉	東亞日報	1926.07.17	4	
1622	治下小農에게 泗川郡守被訴	치하 소농에게 사천군수 피소	朝鮮日報	1926.07.18	조간 1	
1623	金靑定期總會	김청 정기총회	朝鮮日報	1926.07.21	조간 1	
1624	會舘建築決議	회관건축 결의	東亞日報	1926.07.21	4	
1625	舊作人怨恨漲天	구 소작인 원한 창천	東亞日報	1926.07.23	4	
1626	全義一境大水亂現場은宛然戰時狀態	전의 일대 대홍수 현장은 완연 전시상태	朝鮮日報	1926.07.24	석간 2	
1627	金靑委員會	김청위원회	朝鮮日報	1926.07.25	조간 1	
1628	東北地方	동북지방	東亞日報	1926.07.27	4	
1629	機業講習開會	기업 강습 개회	東亞日報	1926.08.03	4	
1630	文廟圖書室	문묘 도서실	朝鮮日報	1926.08.05	조간 1	
1631	圖書舘開舘 利用하기를希望	도서관 개관 이용하기를 희망	東亞日報	1926.08.06	4	
1632	節婦昔氏表彰	절부 석씨 표창	朝鮮日報	1926.08.10	조간 1	
1633	巡廻探訪 (四十四) 高原地方大觀 〈1〉	순회탐방 (44) 고원지방 대관 〈1〉	東亞日報	1926.08.14	4	
1634	南原講演禁止	남원 강연 금지	東亞日報	1926.08.15	4	
1635	茂山の文廟祭儒林二百名參列	무산의 문묘제 유림 200명 참열	京城日報	1926.08.25	3	
1636	東北地方	동북지방	東亞日報	1926.08.27	4	
1637	兪知事初登廳	유 충남지사 첫 등청	京城日報	1926.08.28	4	
1638	白日場을보고	백일장을 보고	東亞日報	1926.08.29	4	김천 기자
1639	巡廻探訪 (六十) 定州地方大觀 〈2〉	순회탐방 (60) 정주지방 대관 〈2〉	東亞日報	1926.08.30	4	
1640	義城에留學生會組織	의성에 유학생회 조직	東亞日報	1926.09.01	4	

연번	기사명(원문)	기사명(한글)	출전	발행일	면	비고
1641	鄕校財産回復決議	향교재산 회복 결의	東亞日報	1926.09.02	4	
1642	大成學院擴張 義捐金遝至	대성학원 확장 의연금 몰림	東亞日報	1926.09.11	4	
1643	玉果勞會創立	옥과로회 창립	東亞日報	1926.09.14	4	
1644	畿湖地方	기호지방	東亞日報	1926.09.19	4	
1645	東北地方	동북지방	東亞日報	1926.09.20	3	
1646	地方の龜鑑たる鮮人節婦の表彰式, 末世の世に稀なる婦人, 南海郡の明倫堂の擧式	지방의 귀감이 되는 조선인 절부 표창식, 말세의 세상에 드문 부인, 남해군 명륜당의 거식	朝鮮時報	1926.09.23	3	
1647	嶺南地方	영남지방	東亞日報	1926.10.01	4	
1648	권혁범군의효성	권혁범 군의 효성	東亞日報	1926.10.04	3	
1649	六鄕校の 秋季 運動會	6향교의 추계 운동회	釜山日報	1926.10.04	4	
1650	地方論壇 巨濟儒林의反省을促함	지방논단 거제유림의 반성을 촉함	東亞日報	1926.10.04/05	4	
1651	湖南地方	호남지방	東亞日報	1926.10.10	4	
1652	朝鮮民族 更生의道 (十五)	조선민족 갱생의 도 (15)	東亞日報	1926.10.10	1	
1653	平北五郡品評會	평북 5군 품평회	東亞日報	1926.10.12	4	
1654	定州의産業品評會, 白日場大會と各種의餘興	정주의 산업품평회, 백일장대회와 각종 여흥	朝鮮新聞	1926.10.14	3	
1655	巡廻探訪 (百八) 著名한特産은 明紬와乾柿 〈3〉	순회탐방 (108) 저명한 특산은 명주와 건시 〈3〉	東亞日報	1926.10.16	4	
1656	火花會定總	화화회 정기총회	東亞日報	1926.10.17	4	
1657	新興靑年定總	신흥청년정기총회	東亞日報	1926.10.17	4	
1658	秦,李兩氏特志	진·이 양씨 특지	東亞日報	1926.10.18	3	
1659	巨濟靑聯定總	거제청년정기총회	東亞日報	1926.10.19	4	
1660	巡廻探訪(百十六)産業, 敎育이長足의進步〈2〉	순회탐방 (116) 산업, 교육이 장족의 진보 〈2〉	東亞日報	1926.10.24	4	
1661	嶺南地方	영남지방	東亞日報	1926.10.27	4	
1662	道儒振興會紛糾	도유진흥회 분규	東亞日報	1926.11.06	4	
1663	赤露革命紀念	적로혁명기념	東亞日報	1926.11.06	4	
1664	高齡者 表彰式	고령자 표창식	釜山日報	1926.11.06	4	
1665	文廟關係協議會	문묘관계 협의회	朝鮮新聞	1926.11.12	3	
1666	契約도無視하고 定稅의三倍執賭	계약도 무시하고 정해진 세의 3배 집도	東亞日報	1926.11.13	3	
1667	儒林의陳情으로 看坪을한것이오	유림의 진정으로 간평을 한 것이오	東亞日報	1926.11.16	4	
1668	八面鋒	팔면봉	朝鮮日報	1926.11.17	석간 1	
1669	儒道振興會의 反省을促함	유도진흥회의 반성을 촉구함	東亞日報	1926.11.23	4	
1670	矯風會廢止論	교풍회 폐지론	朝鮮日報	1926.11.30	석간 1	
1671	高敞 高普評議會 지난廿九日에	고창 고등보통학교평의회 지난 29일에	東亞日報	1926.12.03	4	
1672	地方集會	지방 집회	朝鮮日報	1926.12.04	조간 1	

연번	기사명(원문)	기사명(한글)	출전	발행일	면	비고
1673	巡廻探訪(百五十八)施設이整備된産業과教育⟨1⟩	순회탐방(158) 시설이 정비된 산업과 교육 ⟨1⟩	東亞日報	1926.12.05	4	
1674	鄉校掌議候補	향교 장의 후보	朝鮮日報	1926.12.06	석간 4	
1675	驪州掘墓事件 里民의憤慨로	여주굴묘사건 이민의 분개로	朝鮮日報	1926.12.07	조간 2	
1676	地方集會	지방 집회	朝鮮日報	1926.12.09	조간 1	
1677	教育費에쓰겟다고 總督府에又陳情	교육비에 쓰겠다고 총독부에 또 진정	朝鮮日報	1926.12.09	조간 2	
1678	慕聖會創立	모성회 창립	朝鮮日報	1926.12.09	조간 1	
1679	巡廻探訪 (百六十五) 湖南線鐵道는 河東의致命傷 ⟨2⟩	순회탐방(165) 호남선 철도는 하동의 치명상 ⟨2⟩	東亞日報	1926.12.12	4	
1680	春夢未覺한 平壤大同儒林	일장춘몽을 깨닫지 못한 평양 대동유림	朝鮮日報	1926.12.14	조간 1	
1681	鄉校掌議選擧場이『狗子』投票로大騷亂	향교장의 선거장이 『개자식』 투표로 대소란	朝鮮日報	1926.12.16	조간 2	
1682	巡廻探訪 (百七十二) 三防藥水와 釋王寺松茸 ⟨5⟩	순회탐방(172) 삼방약수와 석왕사송용 ⟨5⟩	東亞日報	1926.12.20	4	
1683	鄉校掌議改選	향교장의 개선	中外日報	1926.12.20	4	
1684	휘파람	휘파람	朝鮮日報	1926.12.22	조간 2	
1685	六百馬賊의襲擊으로 活地獄化한撫樹鎭市	600마적의 습격으로 생지옥이 된 무수진시	朝鮮日報	1926.12.24	조간 2	
1686	鄉校林斫伐로 儒林大會開催	향교림 작벌로 유림대회 개최	朝鮮日報	1926.12.24	조간 2	
1687	發會式擧行 東萊勞農會서	발회식 거행 동래 노농회에서	東亞日報	1926.12.24	4	
1688	勞働夜學新設	노동야학 신설	東亞日報	1926.12.25	4	
1689	鄉校財産問題룡두사미로돼	향교 재산문제 용두사미로 돼	東亞日報	1926.12.25	5	
1690	馬山鄉校議員, 任期滿了で改選	마산 향교의원, 임기만료로 다시 선출	朝鮮時報	1927.01.13	2	
1691	信川圖書舘建設今春부터工事着手	신천 도서관 건설 금년 봄부터 공사 착수	東亞日報	1927.01.16	4	
1692	明倫學院演劇	명륜학원 연극	東亞日報	1927.01.16	4	
1693	馬山府鄉校歲入出豫算, 今十七日附議	마산부 향교 세입출예산, 오늘 17일 부의	朝鮮時報	1927.01.17	2	
1694	馬山의 鄉校掌議會	마산의 향교장의회	中外日報	1927.01.18	4	
1695	固城各社會團體 新年聯合懇談會	고성 각 사회단체 신년연합 간담회	朝鮮日報	1927.01.19	조간 1	
1696	平原儒林定總 十八日氷柔明倫堂에서	평원유림 정기총회 18일 빙유 명륜당에서	朝鮮日報	1927.01.23	조간 1	
1697	高興鄉校에警告 高興各團體에서 郡誌發行不正이라고	고흥향교에 경고 고흥 각 단체에서 군지발행 부정이라고	東亞日報	1927.01.25	4	
1698	巡廻探訪 (二百八) 鬱鬱한森林은 世稱無盡藏 ⟨3⟩	순회탐방(208) 울울한 삼림은 세칭 무진장 ⟨3⟩	東亞日報	1927.01.26	4	
1699	馬山府鄉校掌議員選擧, 當選者六名	마산부 향교장의원 선거, 당선자 6명	朝鮮時報	1927.01.30	2	

연번	기사명(원문)	기사명(한글)	출전	발행일	면	비고
1700	有錢이면兩班?	돈 있으면 양반?	東亞日報	1927.02.01	4	
1701	高興鄕校에質問	고흥향교에 질문	東亞日報	1927.02.03	4	
1702	내고장의人物과傳說(十一) 父慈子孝의一家綱常 胡將도感服한至誠	내 고장의 인물과 전설(11) 부자자효의 일가강상 호장도 감복한 지성	朝鮮日報	1927.02.06	조간 2	
1703	道評議員資格에對하야	도평의원 자격에 대하여	東亞日報	1927.02.15	4	
1704	金川掌議改選	금천 장의 개선	朝鮮日報	1927.02.20	조간 1	
1705	三陟掌議開票	삼척 장의 개표	朝鮮日報	1927.02.22	조간 1	
1706	江陵에農校設立	강릉에 농교 설립	東亞日報	1927.02.22	4	
1707	面長과書記를 賄物밧고任命	면장과 서기를 뇌물 받고 임명	東亞日報	1927.02.24	5	
1708	地方時論:農校設置와小作人	지방시론: 농업학교 설치와 소작인	中外日報	1927.02.25	4	
1709	韓復團員送局	한복단원 송국	朝鮮日報	1927.02.26	석간 2	
1710	寸鐵	촌철	朝鮮日報	1927.02.27	조간 1	
1711	關西地方	관서지방	東亞日報	1927.02.27	4	
1712	畿湖地方	기호지방	東亞日報	1927.03.01	4	
1713	文廟春季釋奠 사일오전구시에	문묘 춘계석전 4일 오전 9시에	中外日報	1927.03.02	2	
1714	春川鄕校의表彰式	춘천향교의 표창식	朝鮮日報	1927.03.05	조간 1	
1715	甲山獎學總會 今五日에開催	갑산장학총회 오늘 5일에 개최	朝鮮日報	1927.03.05	조간 1	
1716	嶺南地方	영남지방	東亞日報	1927.03.06	4	
1717	孝子節婦表彰	효자절부 표창	東亞日報	1927.03.07	4	
1718	釋奠祭를 中心으로 文川儒林黨派戰	석전제를 중심으로 문천유림 당파전	中外日報	1927.03.07	2	
1719	江陵高普運動은 結局乙種農校로	강릉고등보통학교 운동은 결국 을종 농교로	朝鮮日報	1927.03.08	조간 1	
1720	東北地方	동북지방	東亞日報	1927.03.08	4	
1721	訴訟을 提起한 鄕校修繕費問題 儒林側對面長의 紛糾	소송을 제기한 향교 수선비 문제 유림측대 면장의 분규	中外日報	1927.03.08	4	
1722	孝子節婦表彰 淸道鄕校에서	효자절부 표창 청도향교에서	中外日報	1927.03.08	4	
1723	高敞文廟釋奠祭	고창문묘 석전제	中外日報	1927.03.08	4	
1724	開城文廟祭と善行表彰式	개성 문묘제와 선행표창식	朝鮮新聞	1927.03.08	4	
1725	開城圖書館新建築準備	개성 도서관 신건축 준비	東亞日報	1927.03.09	4	
1726	郡誌는訂正키로 鄕校側讓步로	군지는 정정키로 향교측 양보로	東亞日報	1927.03.09	4	
1727	地方短評	지방단평	東亞日報	1927.03.09	4	
1728	學窓新銳 새希望을품는 各校卒業生	학창신예 새 희망을 품는 각 학교 졸업생	東亞日報	1927.03.10	4	
1729	鄕校에 關한 現制度改革絶叫	향교에 관한 현제도 개혁 절규	中外日報	1927.03.10	4	
1730	湖南地方	호남지방	東亞日報	1927.03.11	4	
1731	臨陂鄕校掌議	임피향교 장의	朝鮮日報	1927.03.13	조간 1	
1732	鄕校畓作料引上으로 一般小作人恐慌	향교답 소작료 인상으로 일반 소작인 공황	東亞日報	1927.03.13	4	

연번	기사명(원문)	기사명(한글)	출전	발행일	면	비고
1733	宣川鄕校財産 二年度歲出入豫算	선천향교재산 2년도세출입예산	中外日報	1927.03.14	4	
1734	江陵掌議選擧	강릉 장의선거	朝鮮日報	1927.03.15	조간 1	
1735	善行者表彰式	선행자 표창식	東亞日報	1927.03.15	4	
1736	地方短評	지방단평	東亞日報	1927.03.15	4	
1737	[선천향교장의개선투표]	[선천향교 장의개선 투표]	中外日報	1927.03.15	4	
1738	東北地方	동북지방	東亞日報	1927.03.16	4	
1739	尋常校에빼앗긴森林을回收코저	심상소학교에 빼앗긴 삼림을 회수하고자	朝鮮日報	1927.03.17	조간 2	
1740	李氏의特志	이씨의 특지	朝鮮日報	1927.03.20	석간 2	
1741	鄕校土地 還附를要求	향교토지 환부를 요구	朝鮮日報	1927.03.21	석간 4	
1742	孝子와 高齡者表彰 旌善鄕校서	효자와 고령자 표창 정선향교서	中外日報	1927.03.21	4	
1743	硏鑽의結果 地方卒業紹介(5)	연찬의 결과 지방 졸업 소개 (5)	朝鮮日報	1927.03.22	조간 2	
1744	湖南地方	호남지방	東亞日報	1927.03.22	4	
1745	假学議로싸움	가장의로 싸움	朝鮮日報	1927.03.25	조간 2	
1746	東北地方	동북지방	東亞日報	1927.03.25	4	
1747	湖南地方	호남지방	東亞日報	1927.03.26	4	
1748	高敞鄕校豫算 掌議會議에서	고창향교 예산 장의 회의에서	中外日報	1927.03.26	4	
1749	校土小作契約違反 郡守걸어起訴豫定	향교토지 소작계약 위반 군수 걸어 기소 예정	朝鮮日報	1927.03.27	조간 2	
1750	蠶業傳習所 高興서兩個設置	잠업 전습소 고흥서 2개 설치	東亞日報	1927.03.28	4	
1751	海西紀行(三)	해서기행(3)	朝鮮日報	1927.03.29	조간 2	안민세
1752	鄕校掌議選擧에 衡平社員을 差別	향교 장의 선거에 형평사원을 차별	中外日報	1927.03.29	2	
1753	地方集會	지방 집회	朝鮮日報	1927.04.01	조간 1	
1754	嶺南地方	영남지방	東亞日報	1927.04.01	4	
1755	儒林大衆에게告함	유림 대중에게 고함	朝鮮日報	1927.04.03	조간 1	
1756	載寧靑聯 定期大會	재령청년연맹 정기대회	朝鮮日報	1927.04.03	조간 1	
1757	茶山靑年會定總	다산청년회 정기총회	朝鮮日報	1927.04.03	조간 1	
1758	巡廻探訪 (二百七十九) 木炭과鍮器는 全鮮의首位 〈2〉	순회탐방(279) 목탄과 유기는 전조선의 수위 〈2〉	東亞日報	1927.04.06	4	
1759	德谷靑年會創立	덕곡청년회 창립	朝鮮日報	1927.04.07	조간 1	
1760	德谷靑年創立	덕곡청년 창립	東亞日報	1927.04.07	4	
1761	郡의治道設計에 區池面民은反對 面民은道當局에陳情	군의 치도설계에 구지면민은 반대 면민은 도당국에 진정	東亞日報	1927.04.13	4	
1762	近世드문孝婦	근래 드문 효부	朝鮮日報	1927.04.14	조간 2	
1763	蔚珍善行者表彰	울진 선행자 표창	朝鮮日報	1927.04.16	조간 1	珍蔚→蔚珍
1764	三陟圖書舘娛樂部設備	삼척도서관 오락부 설비	朝鮮日報	1927.04.20	조간 2	
1765	各地金融組合定總	각지 금융조합 정기총회	朝鮮日報	1927.04.21	조간 1	
1766	어린이모듬	어린이 모듬	東亞日報	1927.04.22	3	
1767	盛況裡에終幕된全北靑聯盟大會	성황리에 막내린 전북청연맹대회	朝鮮日報	1927.04.23	조간 1	

연번	기사명(원문)	기사명(한글)	출전	발행일	면	비고
1768	全北靑聯解體	전북청년연맹 해체	東亞日報	1927.04.24	4	
1769	巡廻探訪 (二百九十七) 越江異域의 國際都市 〈1〉	순회탐방(297) 강너머 이역의 국제도시 〈1〉	東亞日報	1927.04.24	4	
1770	地方集會	지방 집회	朝鮮日報	1927.04.26	조간 1	
1771	敷地까지買收決定	부지까지 매수 결정	東亞日報	1927.04.29	4	
1772	甲山育英學校 朴承濠氏 文化吸收 교육기관이업서서	갑산육영학교 박승호씨 문화흡수 교육기관이 없어서	東亞日報	1927.05.01	5	
1773	信川養蠶講習	신천 양잠강습	東亞日報	1927.05.08	4	
1774	巡廻探訪 (三百十一) 百四十八의 島嶼로爲郡 〈7〉	순회탐방(311) 148의 도서로 위군 〈7〉	東亞日報	1927.05.09	4	
1775	地方集會	지방 집회	朝鮮日報	1927.05.10	조간 1	
1776	全北記者團大會	전북기자단 대회	東亞日報	1927.05.10	4	
1777	井邑에서開催된全北記者大會…… 廿餘條項決議	정읍에서 개최된 전북기자대회…… 20여 조항 결의	朝鮮日報	1927.05.11	조간 1	
1778	洪原郡民大會 農業校期成問題로	홍원군민대회 농업학교 기성문제로	東亞日報	1927.05.11	4	
1779	德谷靑年會庭蹴球會盛況	덕곡청년회 정구 및 축구대회 성황	朝鮮日報	1927.05.12	조간 1	
1780	孝子節婦表彰	효자절부 표창	東亞日報	1927.05.13	4	影→彰
1781	洪原郡民大會 農校期成問題로	홍원군민대회 농업학교 기성문제로	朝鮮日報	1927.05.14	조간 1	
1782	愛國文學에對하야(三) -國民文學과의異同과그任務-	애국문학에 대하여(3)-국민문학과의 이동과 그 임무-	東亞日報	1927.05.14	5	金東煥
1783	咸南道鄕校 歲入出豫算 一萬六千餘圓	함경남도 향교 세입출예산 1만 6천여 원	朝鮮日報	1927.05.16	석간 4	
1784	愛國文學에對하야(五)-國民文學과의異同과그任務-	애국문학에 대하여 (5)-국민문학과의 이동과 그 임무-	東亞日報	1927.05.16	3	金東煥
1785	問題가複雜하든 醴泉共益組臨總	문제가 복잡하던 예천공익조합 임시총회	朝鮮日報	1927.05.19	조간 1	
1786	大邱公聯決議公職者大會에提議件	대구공연결의 공직자대회에 제의 건	東亞日報	1927.05.19	4	
1787	地方紹介 15 多獅島築港과 鐵道施設	지방소개 15 다사도 축항과 철도시설	朝鮮日報	1927.05.20	조간 1	
1788	大邱各公職者提出條件決定	대구 각 공직자 제출조건 결정	朝鮮日報	1927.05.22	조간 2	
1789	巡廻探訪 (三百二十九) 天險重關의 關東要塞 〈3〉	순회탐방(329) 천험중관의 관동요색 〈3〉	東亞日報	1927.05.27	4	
1790	鄕校財産으로 中等校設立計劃	향교재산으로 중등학교 설립 계획	朝鮮日報	1927.05.28	조간 2	
1791	鄕校財産活用問題	향교재산 활용 문제	朝鮮日報	1927.05.29	조간 1	
1792	興海鞦韆大會	흥해추천대회	東亞日報	1927.05.31	4	
1793	臨迫한全鮮公職者大會	임박한 전조선 공직자대회	朝鮮日報	1927.06.01	조간 1	
1794	寸鐵	촌철	朝鮮日報	1927.06.01	조간 1	
1795	巡廻探訪 (三百三十三) 海陸交通이 至極便利 〈2〉	순회탐방(333) 해륙교통이 지극 편리 〈2〉	東亞日報	1927.06.01	4	

연번	기사명(원문)	기사명(한글)	출전	발행일	면	비고
1796	羅州振興會 聯合會創立 全郡을通하야	나주진흥회 연합회 창립 전군을 통하여	朝鮮日報	1927.06.02	조간 1	
1797	全朝鮮公職者大會	전조선 공직자대회	朝鮮日報	1927.06.02	조간 1	
1798	斷末魔의兩班群 農民에게騙財	단말마의 양반무리 농민에게 편재	朝鮮日報	1927.06.03	조간 2	
1799	公職者大會 協議事項	공직자대회 협의사항	東亞日報	1927.06.03	1	
1800	公職者大會經過	공직자대회 경과	東亞日報	1927.06.06	2	
1801	井邑明倫堂改築	정읍 명륜당 개축	朝鮮日報	1927.06.07	조간 1	
1802	沒人情한儒林 병인을축출	몰인정한 유림 병든 사람을 축출	朝鮮日報	1927.06.09	조간 2	
1803	巡廻探訪 (三百四十一) 偉人傑士가 簇出든하咸安 〈2〉	순회탐방(341) 위인걸사가 족출든하 함안 〈2〉	東亞日報	1927.06.09	4	
1804	鄕校財産을 利用して 道が農事改良に當る	향교재산을 이용해 도가 농업 개량을 맡다	釜山日報	1927.06.10	2	
1805	臨陂鄕校東齋室落成式	임피향교 동재실 낙성식	朝鮮日報	1927.06.12	조간 1	
1806	生みの悩み咸興の運動場,孔子廟前庭と小學校裏地,白羽の矢が二本たつ	삶의 고민 함흥의 운동장, 공자묘 앞 정원과 소학교 부지, 흰날개의 화살 2개가 서다	朝鮮新聞	1927.06.12	3	
1807	伊川共助創立	이천공조 창립	東亞日報	1927.06.13	4	
1808	慈城脚戲會	자성 각희회	東亞日報	1927.06.13	4	
1809	累百年前鄕校山을 個人이所有主張	누백년 향교 앞산을 개인이 소유 주장	東亞日報	1927.06.14	5	
1810	南平儒林에게	남평유림에게	朝鮮日報	1927.06.17	조간 1	
1811	興海鞦韆大會	흥해추천대회	東亞日報	1927.06.18	4	
1812	郡守獨斷으로 直員免職	군수 독단으로 직원 면직	東亞日報	1927.06.18	4	
1813	巡廻探訪 (三百五十) 水旱害모르는 天惠의地帶 〈2〉	순회탐방(350) 수한해 모르는 천혜의 지대 〈2〉	東亞日報	1927.06.19	4	
1814	東北地方	동북지방	東亞日報	1927.06.19	4	
1815	海西地方	해서지방	東亞日報	1927.06.19	4	
1816	[북청명덕학교 교장선거]	[북청명덕학교 교장 선거]	朝鮮日報	1927.06.20	석간 4	
1817	朝鮮의자랑,斯界의重鎭	조선의 자랑, 사계의 중진	東亞日報	1927.06.21	5	
1818	各地의旱災騷動	각지의 한재 소동	東亞日報	1927.06.21	5	
1819	兩班팔고取財	양반 팔고 재물을 취함	朝鮮日報	1927.06.24	조간 2	
1820	德谷少年會創總	덕곡 소년회 창립총회	朝鮮日報	1927.06.30	조간 1	
1821	劃時期的會合인固城靑聯盟大會決議事項卅四條	획시기적 회합인 고성청연맹대회 결의사항 34조	朝鮮日報	1927.07.01	조간 1	
1822	大邱鄕校修理	대구향교 수리	中外日報	1927.07.02	4	
1823	鄕校財源으로 郡圖書舘設置 軍威郡의 美擧	향교재원으로 군 도서관 설치 군위군의 미거	中外日報	1927.07.03	4	
1824	地方紹介20 軍事上더욱要◇衝◇地江景郡 其一	지방소개20 군사상 더욱 중요 ◇충◇지 강경군 1	朝鮮日報	1927.07.07	조간 1	
1825	巡廻探訪 (三白三十六) 名實相副의 平南平原 〈3〉	순회탐방(663) 명실상부의 평남 평원〈3〉	東亞日報	1927.07.08	4	

연번	기사명(원문)	기사명(한글)	출전	발행일	면	비고
1826	經營困難 지내온일과 장래계획 成川 龍成學校 吳綱鍾氏	경영곤란 지내온 일과 장래계획 성천 용성학교 오강종씨	東亞日報	1927.07.08	5	
1827	龍井村社會團體 聯合協議會開催	용정촌 사회단체 연합협의회 개최	朝鮮日報	1927.07.09	조간 1	
1828	平南德川郡 儒林會의臨總	평남 덕천군 유림회의 임총	朝鮮日報	1927.07.10	조간 1	
1829	海西의山水鄕(中)	해서의 산수향(중)	朝鮮日報	1927.07.10	석간 1	
1830	尙州에圖書舘	상주에 도서관	東亞日報	1927.07.12	4	
1831	忠州靑年會	충주청년회	朝鮮日報	1927.07.14	조간 1	
1832	任實靑年會 臨時大會	임실청년회 임시대회	朝鮮日報	1927.07.15	조간 1	
1833	朝鮮의 자랑 斯界의 重鎭 本社落成紀念事業의一功勞者紹介 會寧靈山學校朴鍾舜氏	조선의 자랑 사계의 중진 본사 낙성 기념사업의 한 공로자 소개 회령영산학교 박종순씨	東亞日報	1927.07.16	5	
1834	男便일흔靑春婦女 亡夫를投水下從	남편 잃은 청춘부녀 망부를 따라 물에 빠져 죽다	朝鮮日報	1927.07.19	조간 2	
1835	經費를 獨擔鄕校三門修繕	경비를 혼자 부담 향교 3문 수선	中外日報	1927.07.20	4	
1836	仁川少年野營	인천 소년야영	東亞日報	1927.07.21	3	
1837	巡廻探訪 (三百七十九) 三南의名勝報恩俗離山 〈3〉	순회탐방 (379) 삼남의 명승 보은 속리산 〈3〉	東亞日報	1927.07.21	4	
1838	聖山鄕約創立	성산 향약 창립	東亞日報	1927.07.22	4	
1839	泗川新幹支會 總務幹事會	사천 신간지회 총무간사회	朝鮮日報	1927.07.27	조간 1	
1840	振威郡內文廟掌議改善, 廿八, 九日 兩日	진위군내 문묘 장의 개선, 28, 29일 양일	朝鮮新聞	1927.07.28	4	
1841	安東公普建築費	안동 공립보통학교 건축비	朝鮮日報	1927.07.29	조간 1	
1842	信川女子養蠶卒業	신천여자양잠 졸업	東亞日報	1927.07.31	3	
1843	農村靑年講習	농촌 청년 강습	東亞日報	1927.07.31	4	
1844	巡廻探訪(三百九十)산이나들이나到處에金鑛〈4〉	순회탐방(390) 산이나 들이나 도처에 금광〈4〉	東亞日報	1927.08.01	4	
1845	幼稚園에同情	유치원에 동정	東亞日報	1927.08.07	4	
1846	醴靑同盟定總	예천 청년동맹 정기총회	朝鮮日報	1927.08.12	석간 4	
1847	醴泉靑年同盟 定期大會開催	예천 청년동맹 정기대회 개최	東亞日報	1927.08.13	4	
1848	儒道振興會總會	유도진흥회 총회	東亞日報	1927.08.14	4	
1849	巡廻探訪(四百五)穀物木材의集散으로有名〈2〉	순회탐방(405) 곡물목재의 집산으로 유명 〈2〉	東亞日報	1927.08.15	4	
1850	谷城警察이 丙寅靑年大檢擧	곡성경찰이 병인 청년 대검거	朝鮮日報	1927.08.16	석간 4	
1851	全朝鮮水利組合實況踏査記	전조선 수리조합 실황 답사기	東亞日報	1927.08.20	5	
	全朝鮮水利組合實況踏査記	전조선 수리조합 실황 답사기	東亞日報	1927.08.21	5	
1852	平原蹴球大會	평원 축구대회	東亞日報	1927.08.21	4	
1853	庭球와蹴球 雄辯素人劇	정구와 축구 웅변소인극	朝鮮日報	1927.08.23	석간 4	
1854	全朝鮮水利組合實況踏査記	전조선 수리조합 실황 답사기	東亞日報	1927.08.23	5	
1855	淸道鄕校秋期釋奠擧行	청도향교 추기석전 거행	中外日報	1927.08.30	4	
1856	明倫學院 歌劇團組織	명륜학원 가극단 조직	朝鮮日報	1927.08.31	석간 4	

연번	기사명(원문)	기사명(한글)	출전	발행일	면	비고
1857	鄕校任員問題로 襄陽儒林陳情	향교 임원문제로 양양유림 진정	東亞日報	1927.08.31	4	
1858	秋の文廟釋奠	가을의 문묘석전	朝鮮新聞	1927.09.01	1	典→奠
1859	公金三千圓橫領	공금 3천 원 횡령	東亞日報	1927.09.02	2	
1860	郡廳員이 臺帳僞造 金組에서 三千圓騙取	군청 직원이 출납대장 위조 금융조합에서 3천 원 편취	中外日報	1927.09.02	3	
1861	平澤振威の兩文廟釋典祭, 盛大に執行	평택 진위의 양 문묘 석전제, 성대하게 집행	朝鮮新聞	1927.09.02	3	
1862	問題만흔 南平儒林亭 유림은반성할듯	문제 많은 남평유림정 유림은 반성할 듯	朝鮮日報	1927.09.04	석간 7	
1863	雇員이土地詐欺	고원이 토지 사기	東亞日報	1927.09.04	2	
1864	郡屬外七人共謀로 土地臺帳僞造騙財	군 소속 외 7인 공모로 토지대장 위조 편재	朝鮮日報	1927.09.05	석간 3	
1865	積立金增募코저 無用히祭官任命	적립금 증모하고자 쓸모없이 제관 임명	東亞日報	1927.09.05	4	
1866	新幹文川支會	신간회 문천지회	東亞日報	1927.09.06	4	
1867	密告한鄕校守直 畢竟失神發狂	밀고한 향교수직 필경 실신발광	東亞日報	1927.09.09	2	
1868	鄕校山찾고자 陳情員派遣	향교산 찾고자 진정원 파견	東亞日報	1927.09.09	4	
1869	又 問題된 復明校 (三)	또 문제된 복명학교 (3)	東亞日報	1927.09.09	4	
1870	南平鄕校職員 全部가辭職	남평향교 직원 전부가 사직	朝鮮日報	1927.09.12	석간 2	
1871	巡廻探訪(四百三十二)産物은豐富나 交通이不便〈5〉	순회탐방(432) 산물은 풍부하나 교통이 불편 〈5〉	東亞日報	1927.09.12	4	
1872	圖書閱覽所開舘	도서열람소 개관	東亞日報	1927.09.17	4	
1873	全朝鮮水利組合實況踏査記	전조선 수리조합 실황 답사기	東亞日報	1927.09.17	5	
1874	振威에郡政講習	진위에 군정강습	朝鮮日報	1927.09.23	석간 4	
1875	代議員三十餘會合 海西靑年聯合會	대의원 30여 회합 해서 청년연합회	東亞日報	1927.10.02	4	
1876	扶餘郡林川 烈女表彰式	부여군 임천 열녀표창식	朝鮮日報	1927.10.04	석간 4	
1877	新刊雜誌	신간잡지	東亞日報	1927.10.04	3	
1878	海西靑年 聯合會革新大會	해서청년연합회 혁신대회	朝鮮日報	1927.10.05	석간 4	
1879	面長을相對로 墓地確認訴訟 결국은취하	면장을 상대로 묘지 확인소송 결국은 취하	朝鮮日報	1927.10.06	석간 5	
1880	長城實業校驛前으로決定	장성실업학교 역전으로 결정	東亞日報	1927.10.06	4	
1881	弓術大會開始廿四五兩日間	궁술 대회 개시 24,25 양일 간	東亞日報	1927.10.12	4	
1882	巡廻探訪 (四百六十四) 陸地棉生産은 慶南에一位 〈3〉	순회탐방 (464) 육지 면 생산은 경남에 1위 〈3〉	東亞日報	1927.10.13	4	
1883	永川鄕校重修	영천향교 중수	朝鮮日報	1927.10.16	석간 4	
1884	長城郡民大會 執行委員會 去十六日에開催	장성군민대회 집행위원회 지난 16일에 개최	東亞日報	1927.10.19	4	
1885	長城郡民大會 執行委員會	장성군민대회 집행위원회	朝鮮日報	1927.10.21	석간 4	
1886	地方短評	지방단평	東亞日報	1927.10.22	4	
1887	가갸날긔념 宣傳文配布 演士를派送	가갸날기념 선전문 배포 연사를 파송	東亞日報	1927.10.23	3	

연번	기사명(원문)	기사명(한글)	출전	발행일	면	비고
1888	『모히』大密買者 玉果에서被捉	『모히』대밀매자 옥과에서 잡힘	東亞日報	1927.10.23	5	
1889	湖南地方	호남지방	東亞日報	1927.10.26	4	
1890	金溝面民大會	금구면민대회	東亞日報	1927.10.26	4	
1891	鄕校重修紀念 白日場開催 泰仁에서	향교 중수기념 백일장 개최 태인에서	中外日報	1927.10.27	4	
1892	黃州産業品評 餘興으로各種競技	황주산업품평 여흥으로 각종 경기	朝鮮日報	1927.10.28	석간 4	
1893	가을의 慶州를차저(四)	가을의 경주를 찾아(4)	朝鮮日報	1927.10.29	석간 3	이병기
1894	勞働者를식혀權氏家에가亂行	노동자를 시켜서 권씨가에 가서 난폭한 행동	東亞日報	1927.10.29	2	
1895	弓術文藝盛況	궁술 문예 성황	東亞日報	1927.10.30	4	
1896	內務局長에陳情 密陽住民들이	내무국장에 진정 밀양주민들이	東亞日報	1927.11.01	4	
1897	靑年同盟發起	청년동맹 발기	東亞日報	1927.11.02	4	
1898	端川農補校落成 十四日에盛大한落成式	단천 공립농업보습학교 낙성 14일에 성대한 낙성식	朝鮮日報	1927.11.06	석간 4	
1899	靑總咸北道聯盟盛況일운臨時大會	청총 함경북도 연맹 성황 이룬 임시대회	朝鮮日報	1927.11.08	석간 4	
1900	湖南地方	호남지방	東亞日報	1927.11.08	4	
1901	江原道 日富豪土地買收가 設置動機의主因	강원도 일본부호 토지매수가 설치동기의 주요 원인	東亞日報	1927.11.10	5	
1902	公州儒林事件	공주 유림사건	東亞日報	1927.11.13	4	
1903	儒林等을告訴 권변호사가	유림등을 고소 권변호사가	東亞日報	1927.11.14	2	
1904	河東産業品評	하동산업 품평	朝鮮日報	1927.11.15	석간 4	
1905	土豪와老儒가符同 私設祠院,孝閣流行	토호와 노유가 부동 사설사원, 효각 유행	東亞日報	1927.11.16	5	
1906	小作料一千圓 橫領한府屬	소작료 1천 원 횡령한 부속	朝鮮日報	1927.11.19	석간 5	
1907	定平에서 主婦夜學	정평에서 주부야학	東亞日報	1927.11.22	3	
1908	鄕校財産의用途에對하야	향교재산의 용도에 대하여	朝鮮日報	1927.12.01	석간 4	
1909	泗川幼稚園閉門에當하야	사천유치원 폐문을 당하여	朝鮮日報	1927.12.03	석간 4	
1910	鄕校財産 絶對保存決議	향교재산 절대 보존결의	中外日報	1927.12.03	4	
1911	社會有功者 兩氏表彰	사회유공자 두 사람 표창	朝鮮日報	1927.12.06	석간 4	
1912	東北地方	동북지방	東亞日報	1927.12.08	4	
1913	漁朱支會定期大會	신간회 어주지회 정기대회	朝鮮日報	1927.12.10	석간 4	
1914	長城郡民大會執行委員會解體를決議	장성군민대회 집행위원회 해체를 결의	朝鮮日報	1927.12.14	석간 4	
1915	延白地方大觀 (三) 産業界 初等은 發展 中學을要望	연백지방대관(3) 산업계 초등은 발전 중학을 요망	朝鮮日報	1927.12.14	석간 4	延自→延白
1916	密州儒林親睦發起	밀주유림 친목회 발기	朝鮮日報	1927.12.17	석간 4	
1917	延白地方大觀 (八) 一邑의各區 延安鳳岬亭	연백지방대관(8)일읍의 각 구 연안 봉수정	朝鮮日報	1927.12.21	석간 4	
1918	孤獨者慰安	고독자 위안	東亞日報	1927.12.21	4	
1919	新幹會消息	신간회 소식	東亞日報	1927.12.30	3	

연번	기사명(원문)	기사명(한글)	출전	발행일	면	비고
1920	巡廻探訪(五百一)道內의第一關門米穀이多産〈4〉	순회탐방(501) 도내의 제1관문 미곡이 다산 〈4〉	東亞日報	1928.01.03	3	
1921	巡廻探訪(五百三)道內의第一關門米穀이多産〈6〉	순회탐방(503) 도내의 제1관문 미곡이 다산 〈6〉	東亞日報	1928.01.05	6	
1922	『神聖한돈을엇더케 訴公費에쓰느냐』	『신성한 돈을 어떻게 소송비에 쓰느냐』	朝鮮日報	1928.01.15	석간 5	
1923	文化鄕校復設 自祝披露宴會	문화향교 복설 자축 피로연회	朝鮮日報	1928.01.19	석간 4	
1924	突然光州檢事活動 羅州各團體를搜索	돌연 광주 검사 활동 나주 각 단체를 수색	朝鮮日報	1928.02.01	석간 5	
1925	安東支會 定期大會	안동지회 정기대회	朝鮮日報	1928.02.02	석간 4	
1926	城津靑年同盟 南部支部設置	성진청년동맹 남부지부 설치	東亞日報	1928.02.05	4	
1927	城津靑盟＝鶴上南部支部 設置大會	성진청맹＝학상남부지부 설치 대회	朝鮮日報	1928.02.07	석간 4	
1928	慶南記者大會	경남기자대회	朝鮮日報	1928.02.08	석간 4	
1929	討議도間或禁止 一名의檢束까지	토의도 간혹 금지 1명의 검속까지	東亞日報	1928.02.08	4	
1930	海州靑年同盟	해주청년동맹	朝鮮日報	1928.02.11	석간 4	
1931	淸州支會總務會	청주지회총무회	朝鮮日報	1928.02.12	석간 4	
1932	地方雜信	지방잡신	東亞日報	1928.02.17	4	
1933	玉泉農民創立 去六日에總會	옥천농민 창립 지난 6일에 총회	東亞日報	1928.02.18	4	
1934	實業補習校 設置코저努力	실업보습학교 설치하고자 노력	東亞日報	1928.02.19	4	
1935	東北地方	동북지방	東亞日報	1928.02.25	4	
1936	明德講習曙光	명덕강습 서광	東亞日報	1928.02.29	4	
1937	地方集會	지방집회	朝鮮日報	1928.03.02	석간 4	
1938	白骨만關門에問津 金祉燮先生履歷	백골만 관문에 문진 김지섭선생 이력	東亞日報	1928.03.02	2	牟→關
1939	孝子節婦表彰	효자절부 표창	東亞日報	1928.03.02	4	
1940	海州文廟の春期釋奠	해주문묘의 춘기석전	朝鮮新聞	1928.03.03	3	
1941	聖哲位牌에 俗名濫記	성철 위패에 속명람기	朝鮮日報	1928.03.04	석간 5	
1942	雜信	잡신	東亞日報	1928.03.05	4	
1943	載寧學院爲해 後援會를組織	재령학원 위해 후원회를 조직	東亞日報	1928.03.05	4	
1944	宜寧靑年解體 靑年同盟準備	의령청년 해체 청년동맹 준비	東亞日報	1928.03.06	4	
1945	寸鐵	촌철	朝鮮日報	1928.03.07	석간 4	
1946	地方集會	지방집회	朝鮮日報	1928.03.07	석간 4	
1947	載寧學院 後援會組織 基金도積立	재령학원 후원회 조직 기금도 적립	朝鮮日報	1928.03.08	석간 4	
1948	東萊靑年同盟	동래청년동맹	朝鮮日報	1928.03.09	석간 4	
1949	新舊思想衝突로 風敎革正會紛糾	신구사상 충돌로 풍교혁정회 분규	東亞日報	1928.03.09	4	
1950	宣川短評	선천 단평	中外日報	1928.03.11	4	
1951	大邱時話	대구시화	東亞日報	1928.03.13	4	
1952	各地瑣信	각지 쇄신	朝鮮日報	1928.03.14	석간 4	

연번	기사명(원문)	기사명(한글)	출전	발행일	면	비고
1953	宣川文廟革新 常議會決議	선천문묘 혁신 상의회 결의	中外日報	1928.03.14	4	
1954	當面問題討究 沙里院靑盟에서	당면문제 토론연구 사리원 청년동맹에서	東亞日報	1928.03.15	4	
1955	雜信	잡신	東亞日報	1928.03.16	4	
1956	各地瑣信	각지 쇄신	朝鮮日報	1928.03.17	석간 4	
1957	載寧學院問題	재령학원 문제	東亞日報	1928.03.17	4	
1958	各地瑣信	각지 쇄신	朝鮮日報	1928.03.18	석간 4	
1959	各地瑣信	각지 쇄신	朝鮮日報	1928.03.20	석간 4	
1960	寧邊掌議會	영변 장의회	東亞日報	1928.03.21	4	
1961	文川靑盟 臨時大會 去十五日에	문천 청년동맹 임시대회 지난 15일에	朝鮮日報	1928.03.22	석간 6	
1962	文川靑盟臨總	문천 청년단일동맹 임총	東亞日報	1928.03.22	4	
1963	固城靑盟 定期大會	고성 청년동맹 정기대회	朝鮮日報	1928.03.28	석간 4	
1964	各地瑣信	각지 쇄신	朝鮮日報	1928.03.29	석간 5	
1965	雜信	잡신	東亞日報	1928.03.29	4	
1966	八面鋒	팔면봉	朝鮮日報	1928.03.30	석간 1	
1967	各面에夜學設立	각 면에 야학 설립	東亞日報	1928.04.02	4	
1968	馬山靑盟 定期大會	마산 청년동맹 정기대회	朝鮮日報	1928.04.03	석간 4	
1969	各地瑣信 永同	각지 쇄신 영동	朝鮮日報	1928.04.03	석간 4	
1970	鄕校重修反對	향교 중수 반대	東亞日報	1928.04.03	4	
1971	固城鄕校畓 소작권이 동빈번	고성 향교답 소작권 이동 빈번	中外日報	1928.04.03	2	
1972	鄕校重修問題로 宜寧農聯緊總 討議結果警告文發送	향교 중수문제로 의령농민연합회 긴급 총회 토의결과 경고문 발송	中外日報	1928.04.03	4	
1973	各地瑣信 淸安	각지 쇄신 청안	朝鮮日報	1928.04.04	석간 4	
1974	慶山郡珍良面勞働夜學盛況	경산군 진량면 노동야학 성황	朝鮮日報	1928.04.04	석간 4	
1975	補習校準備	보습학교 준비	東亞日報	1928.04.05	4	
1976	各地瑣信	각지 쇄신	朝鮮日報	1928.04.08	석간 4	
1977	巡廻探訪(五百十七)黃海岸의瓮津魚産이豐富〈8〉	순회탐방(517) 황해안의 옹진 어산이 풍부 〈8〉	東亞日報	1928.04.08	4	
1978	兩班階級의 唯一思想家 人格者 李鍾久	양반계급의 유일한 사상가 인격자 이종구	朝鮮日報	1928.04.10	석간 5	
1979	各地瑣信	각지 쇄신	朝鮮日報	1928.04.11	석간 4	
1980	楚山機業傳習所	초산 기업 전습소	東亞日報	1928.04.11	4	
1981	巨濟靑年同盟 定期大會開催	거제청년동맹 정기대회 개최	朝鮮日報	1928.04.12	석간 4	
1982	京城大田間 混合車增發	경성 대전간 혼합차 증발	東亞日報	1928.04.12	4	
1983	作權移動을機會로 各處에서受賂	소작권 이동을 기회로 각 처에서 뇌물 수수	朝鮮日報	1928.04.13	석간 5	
1984	[명륜학원]	[명륜학원]	朝鮮日報	1928.04.13	석간 4	
1985	尙州圖書舘이제야開舘準備	상주도서관 이제야 개관 준비	東亞日報	1928.04.13	4	
1986	晋州靑年同盟 臨時大會開催	진주청년동맹 임시대회 개최	朝鮮日報	1928.04.14	석간 4	

연번	기사명(원문)	기사명(한글)	출전	발행일	면	비고
1987	大邱校土移動으로 賂物이 盛行한 다고 향교토디이동의 원성	대구 향교토지 이동으로 뇌물이 성행한다고 향교토지이동의 원성	中外日報	1928.04.14	2	
1988	新任鄕校直員이 夜學을 突然閉鎖	신임 향교직원이 야학을 돌연 폐쇄	中外日報	1928.04.15	2	
1989	達城春秋	달성춘추	朝鮮日報	1928.04.17	석간 4	
1990	江東大山火 太半燒失 간수인의집 까지	강동 큰 산불로 태반 소실 간 수인의 집까지	朝鮮日報	1928.04.17	석간 5	
1991	中和	중화	朝鮮日報	1928.04.18	석간 4	
1992	鄕校重修코저 窮民에巨額强募	향교 중수하고자 궁민에 거액 강제 모금	朝鮮日報	1928.04.19	석간 5	
1993	各地瑣信	각지 쇄신	朝鮮日報	1928.04.20	석간 4	
1994	東萊支會設置	동래지회 설치	朝鮮日報	1928.04.24	석간 4	
1995	小作料引上코저 郡廳에서作權移動	소작료 인상하고자 군청에서 소 작권 이동	東亞日報	1928.04.24	5	
1996	東萊新幹創立	동래신간회 창립	東亞日報	1928.04.25	4	
1997	各地瑣信	각지 쇄신	朝鮮日報	1928.04.26	석간 4	
1998	抱川에山火 鄕校林延燒	포천에 산불로 향교 숲 연소	東亞日報	1928.04.27	2	
1999	郡民熱望中의 德源農補校問題	군민 열망 중의 덕원농보통학교 문제	朝鮮日報	1928.04.29	석간 4	
2000	全州靑盟	전주청년동맹	東亞日報	1928.04.29	4	
2001	襄陽靑盟	양양청년동맹	東亞日報	1928.04.30	3	
2002	襄靑定期大會	양양청년동맹 정기대회	朝鮮日報	1928.05.02	석간 4	
2003	幼稚園에同情	유치원에 동정	東亞日報	1928.05.03	4	
2004	安康靑年部를設置	안강청년부를 설치	朝鮮日報	1928.05.04	석간 4	
2005	學議員側에선公普內로 府當局에선 私校로	학의원측에선 공립보통학교내로 부당국에선 사교로	東亞日報	1928.05.10	4	
2006	鄕校重修問題와 新舊鄕員의 葛藤	향교 중수문제와 신구향원의 갈등	中外日報	1928.05.26	4	
2007	公州圖書舘建築을準備	공주도서관 건축을 준비	東亞日報	1928.05.27	4	
2008	畿湖地方	기호지방	東亞日報	1928.06.04	4	
2009	自稱儒林代表被捉(자칭유림대표피착)	자칭 유림대표 잡힘	東亞日報	1928.06.10	5	
2010	茂山靑年同盟 去月末에組織	무산청년동맹 지난달 말에 조직	東亞日報	1928.06.14	4	
2011	益山靑年同盟 金馬支部設立	익산청년동맹 금마지부 설립	東亞日報	1928.06.15/18	3	
2012	畿湖地方	기호지방	東亞日報	1928.06.24	3	
2013	利川婦女裁縫講習	이천부녀 재봉강습	東亞日報	1928.06.26	3	
2014	全州農校生 又復七名檢束	전주농교생 또 다시 7명 검속	東亞日報	1928.07.05	5	
2015	馬韓古都行	마한고도행	東亞日報	1928.07.18	4	
2016	雜信	잡신	東亞日報	1928.07.18	4	
2017	島嶼巡禮 莞島海方面 (7)	도서순례 완도해 방면(7)	東亞日報	1928.08.01	2	
2018	信川女子蠶業 第二回卒業式	신천 여자잠업 제2회 졸업식	東亞日報	1928.08.01	4	
2019	不正事實이잇다고 定州士林들의物 議	부정사실이 있다고 정주사림들 의 물의	東亞日報	1928.08.04	4	

연번	기사명(원문)	기사명(한글)	출전	발행일	면	비고
2020	聯合敎員講習	연합교원 강습	東亞日報	1928.08.26	4	
2021	大邱府에서는前納作料減免	대구부에서는 전납 소작료 감면	東亞日報	1928.09.04	4	
2022	文廟秋期釋奠 오는 십사일에	문묘 추기석전 오는 14일에	中外日報	1928.09.10	2	
2023	鄕校費不正事件 檢事活動開始	향교비 부정사건 검사 활동 개시	東亞日報	1928.09.13	4	
2024	調査後알일 樺島檢事 談	조사 후 알 일 가바시마검사 담	東亞日報	1928.09.13	4	
2025	雜信	잡신	東亞日報	1928.09.14	3	
2026	載寧鄕校改修工費四千圓으로	재령향교 개수공비 4천 원으로	中外日報	1928.09.15	4	
2027	儒林의 鄕校財産還付運動이 發覺	유림의 향교재산 환부운동이 발각	中外日報	1928.09.21	2	
2028	鄕校土地作料減免	향교토지 소작료 감면	中外日報	1928.09.24	4	
2029	年收入五十萬圓鄕校財産管理問題	연수입 50만 원 향교재산 관리 문제	東亞日報	1928.10.04	2	
2030	鄕校財産處理問題	향교재산 처리문제	東亞日報	1928.10.05	1	
2031	社會事務協議 八日부터開會	사회사무협의 8일부터 개회	朝鮮日報	1928.10.09	석간 1	
2032	不當價格으로 小作料豫徵	부당한 가격으로 소작료 미리 징수	東亞日報	1928.10.10	4	
2033	保管안코 風磨雨洗泯滅되는 朝鮮古蹟	보관 않고 풍마우세민멸되는 조선 고적	東亞日報	1928.10.15	2	
2034	鄕校土地 小作料免除 義城郡內의	향교 토지 소작료 면제 의성군 내의	中外日報	1928.10.18	4	
2035	蔚珍郡 平海面長도 排斥運動	울진군 평해면장도 배척운동	朝鮮日報	1928.10.22	석간 4	
2036	間島의印象 (三)	간도의 인상 (3)	東亞日報	1928.10.24	1	朴錫胤
2037	東北地方	동북지방	東亞日報	1928.10.25	3	
2038	當局의普校 擴張案	당국의 보통학교 확장안	東亞日報	1928.10.30	1	
2039	먼저鄕村의文化를振作하자	먼저 향촌의 문화를 진작하자	東亞日報	1928.10.31	1	
2040	地方運動	지방운동	朝鮮日報	1928.11.03	석간 4	
2041	朝鮮文廟從享者重ねての恩命を拜す, 十八名に祭祀料御下賜	조선문묘 종향자에게 거듭 은명을 배례하다, 18명에게 제사비용 하사	朝鮮新聞	1928.11.10	11	
2042	高齡者表彰	고령자 표창	東亞日報	1928.11.13	4	
2043	赤露革命紀念한 二十六名被逮	적로혁명을 기념한 26명 피체	朝鮮日報	1928.11.18	석간 2	
2044	延安文廟에서 三副憲을選擧	연안문묘에서 삼부헌을 선거	朝鮮日報	1928.11.18	석간 4	
2045	平北鄕校像算	평북향교 예산	朝鮮日報	1928.11.21	석간 4	
2046	定州鄕財事件紛糾一段落	정주 향교재산 사건 분규 일단락	東亞日報	1928.11.23	4	
2047	善行者褒彰	선행자 포창	東亞日報	1928.11.26	4	
2048	孝子節婦表彰式	효자절부 표창식	東亞日報	1928.11.26	4	
2049	地方瑣信	지방 쇄신	朝鮮日報	1928.11.28	석간 4	
2050	文廟從享者祭祀料傳達, 全羅北道	문묘종향자 제사료 전달, 전라북도	朝鮮新聞	1928.11.30	4	
2051	鄕校畓作料減除	향교답 소작료 감제	東亞日報	1928.12.01	4	
2052	文廟從享者祭祀料御下賜	문묘종향자 제사료 하사	朝鮮新聞	1928.12.04	3	亨→享

연번	기사명(원문)	기사명(한글)	출전	발행일	면	비고
2053	利原掌議選擧	이원 장의 선거	朝鮮日報	1928.12.06	석간 4	
2054	文廟從享者光榮の祭典	문묘종향자 영광의 제전	朝鮮新聞	1928.12.07	2	
2055	普通校敎育에 卅万圓은使用	보통학교 교육에 30만 원은 사용	東亞日報	1928.12.15	2	
2056	育英事業에貢獻한	육영사업에 공헌한	朝鮮日報	1928.12.18	석간 5	
2057	長城鄕校의 掌議選擧亂	장성향교의 장의선거 난	朝鮮日報	1928.12.24	석간 4	
2058	嶺南地方	영남지방	東亞日報	1928.12.26	4	
2059	文化政治의表裏 (二) 其由來와十年間實績	문화정치의 표리(2) 그 유래와 10년간 실적	東亞日報	1929.01.02	5	
2060	尙州新幹支會 三回定期大會	상주 신간지회 3회 정기대회	朝鮮日報	1929.01.03	석간 8	
2061	十年一覽 顯著히 發達된 燦然한 地方文化 (其三)	10년 일람 현저히 발달 된 찬연한 지방문화 (기3)	東亞日報	1929.01.03	6	
2062	慕聖稧金을 儒林이消費被訴	모성계금을 유림이 소비 피소	朝鮮日報	1929.01.04	석간 7	
2063	늘어가는것 (5) 停學은千四百 退學生도五百	늘어가는 것(5) 정학은 1천4백 퇴학생도 5백	東亞日報	1929.01.05	2	송정욱
2064	鄕校財産으로 夜學會에補助	향교재산으로 야학회에 보조	東亞日報	1929.01.13	4	
2065	北靑農盟主催 産業講習會	북청농민연맹 주최 산업강습회	朝鮮日報	1929.01.15	석간 4	
2066	地方評壇	지방 평단	朝鮮日報	1929.01.16	석간 4	
2067	論山郡葛山里以下前回繼續農閑期 利用製叺으로貯金	논산군 갈산리 이하 전 회 계속 농한기 이용 제입으로 저금	東亞日報	1929.01.18	5	
2068	來年度까지에는 一面一校制完成	내년도까지에는 1면1교제 완성	東亞日報	1929.01.28	4	
2069	高靈夜學一束	고령야학 일속	朝鮮日報	1929.01.29	석간 4	
2070	地方雜信	지방 잡신	東亞日報	1929.02.03	4	
2071	地方評壇	지방 평단	朝鮮日報	1929.02.06	석간 4	
2072	高麗時墳墓 職業的發掘	고려시대 분묘 직업적 발굴	東亞日報	1929.02.07	2	
2073	通川共榮會總會	통천 공영회 총회	東亞日報	1929.02.11	4	
2074	地方人事消息	지방인사 소식	東亞日報	1929.02.20	4	
2075	平原果樹講習	평원 과수강습	朝鮮日報	1929.02.28	석간 4	
2076	大會서許諾한 討議案을禁止	대회에서 허락한 토의안을 금지	東亞日報	1929.03.01	4	
2077	准陽郡에서開催하는 注目되는八會議	준양군에서 개최하는 주목되는 8회의	朝鮮日報	1929.03.03	석간 5	
2078	鄕校財産の四年度 豫算決定	향교재산의 1929년도 예산 결정	釜山日報	1929.03.03	5	
2079	地方瑣信	지방 쇄신	朝鮮日報	1929.03.04	석간 4	
2080	旱害民直接救濟와 高普校增級要求	한해민 직접구제와 고등보통학교 증급 요구	朝鮮日報	1929.03.09	석간 4	
2081	博川鄕校에서 善行者를表彰	박천향교에서 선행자를 표창	朝鮮日報	1929.03.10	석간 4	
2082	須藤前慶北知事의 남겨둔四個의事蹟	스토 전 경북지사의 남겨둔 4개의 사적	東亞日報	1929.03.12	4	
2083	襄陽の 鄕校財産	양양의 향교 재산	釜山日報	1929.03.13	6	
2084	華川	화천	朝鮮日報	1929.03.14	석간 4	
2085	善行者表彰式	선행자 표창식	東亞日報	1929.03.15	4	
2086	直接行動보담 宣傳에努力	직접행동 보담 선전에 노력	東亞日報	1929.03.15	2	

연번	기사명(원문)	기사명(한글)	출전	발행일	면	비고
2087	公州文廟 春季釋典祭	공주문묘 춘계석전제	釜山日報	1929.03.15	5	
2088	安城郡廳員暴行事件　聲討講演과 聲明書發表	안성 군청원 폭행 사건 성토 강연과 성명서 발표	朝鮮日報	1929.03.16	석간 5	
2089	嶺南地方	영남지방	東亞日報	1929.03.16	4	
2090	益山郡各所의 文廟釋奠祭	익산군 각소의 문묘 석전제	釜山日報	1929.03.16	5	
2091	普通學校費增加에授業料引上은不可 濫用하는 鄕校財産을 利用하라	보통학교비 증가에 수업료 인상은 불가 남용하는 향교재산을 이용하라	東亞日報	1929.03.17	4	
2092	東北地方	동북지방	東亞日報	1929.03.17	4	
2093	金化文廟	금화문묘	釜山日報	1929.03.17	6	
2094	安城郡廳員暴行事件	안성군청원 폭행 사건	朝鮮日報	1929.03.18	석간 3	
2095	熱誠의結晶 載寧學院	열성의 결정 재령학원	朝鮮日報	1929.03.18	석간 4	
2096	陰城有志懇談 生活改善討議	음성 유지간담 생활개선 토의	東亞日報	1929.03.18	4	
2097	定州釋奠	정주석전	朝鮮日報	1929.03.19	석간 4	莫→奠
2098	教育振興會 豊山서組織	교육진흥회 풍산서 조직	東亞日報	1929.03.19	4	
2099	料理代出處問題로 安城儒林憤慨	요리대 출처 문제로 안성유림 분개	東亞日報	1929.03.19	5	
2100	鄕校任員 改選	향교 임원 개선	釜山日報	1929.03.21	6	
2101	安城郡廳員暴行事件	안성 군청원 폭행 사건	朝鮮日報	1929.03.22	석간 5	
2102	不二農場의小作權剝奪	불이 농장의 소작권 박탈	朝鮮日報	1929.03.22	석간 5	
2103	地方瑣信	지방 쇄신	朝鮮日報	1929.03.22	석간 4	
2104	新幹機張支會	신간회 기장지회	朝鮮日報	1929.03.22	석간 4	
2105	孝烈篤行者表彰	효열 독행자 표창	東亞日報	1929.03.22	4	
2106	順川鄕校紛糾	순천향교 분규	中外日報	1929.03.23	3	
2107	爭議一貫의不二農場	쟁의 일관의 불이 농장	朝鮮日報	1929.03.25	석간 1	
2108	湖西記者團 一日延期	호서기자단 1일 연기	朝鮮日報	1929.03.25	석간 2	
2109	三水郡興學會 基本金萬餘圓	삼수군 흥학회 기본금 1만여 원	朝鮮日報	1929.03.28	석간 4	
2110	尙州郡鄕校財産 圖書部 圖書閱覽規則	상주군 향교재산 도서부 도서 열람 규칙	釜山日報	1929.03.29	9	
2111	掌議選擧	장의 선거	朝鮮日報	1929.03.30	석간 4	
2112	鄕校畓에 對한 不二의 誣言	향교답에 대한 불이의 무언	中外日報	1929.03.30	2	
2113	管理期限지낫다고 農民을脅迫!	관리기한 지났다고 농민을 협박!	朝鮮日報	1929.03.31	석간 5	
2114	高靈教育一覽	고령 교육 일람	朝鮮日報	1929.04.02	석간 4	
2115	高靈에서 幼稚園後援會	고령에서 유치원 후원회	朝鮮日報	1929.04.04	석간 4	
2116	地方瑣信	지방 쇄신	朝鮮日報	1929.04.06	석간 4	
2117	載寧鄕校土地 小作權大移動	재령 향교토지 소작권 대이동	東亞日報	1929.04.11	4	
2118	말부터珍奇한 儒林權侵害訴	말부터 진기한 유림권 침해소	朝鮮日報	1929.04.15	석간 2	
2119	尙州郡鄕校財産圖書部	상주군 향교재산 도서부	朝鮮新聞	1929.04.16	4	
2120	楊口郡儒林圖書館準備	양구군 유림 도서관 준비	朝鮮日報	1929.04.28	석간 4	
2121	看板떼달라고 文川儒林爭訴	간판 떼달라고 문천유림 쟁소	東亞日報	1929.05.02	5	

연번	기사명(원문)	기사명(한글)	출전	발행일	면	비고
2122	金浦掌議選擧	김포장의 선거	朝鮮日報	1929.05.19	석간 4	
2123	楊口의死活問題인 河川復舊工事	양구의 사활문제인 하천복구공사	朝鮮日報	1929.05.24	석간 4	
2124	海州商繁會○서商業講習所設立	해주 상번회○서 상업강습소 설립	朝鮮日報	1929.05.26	석간 4	
2125	甲山獎學會新舊派 爭을보고	갑산장학회 신구파 다툼을 보고	朝鮮日報	1929.05.29	석간 4	
2126	祝壹萬號記念, 山淸鄕校財産	축 1만 호 기념, 산청향교재산	朝鮮新聞	1929.05.29	3	
2127	會寧의名所古蹟	회령의 명소 고적	朝鮮日報	1929.05.30	석간 4	
2128	義州鄕校畓도解決	의주 향교답도 해결	朝鮮日報	1929.06.01	석간 4	
2129	各團體狀況	각 단체 상황	朝鮮日報	1929.06.04	석간 5	
2130	郡의鄕校財産處理에儒林團이不平	군의 향교재산 처리에 유림단이 불평	東亞日報	1929.06.07	4	
2131	金海邑誌로 儒林이相爭	김해읍지로 유림이 상쟁	朝鮮日報	1929.06.16	석간 5	
2132	長淵槿友支會野遊	장연 근우지회 야유	東亞日報	1929.06.17	2	
2133	靈岩幼稚園 開園準備	영암유치원 개원 준비	朝鮮日報	1929.06.19	석간 4	
2134	咸南道 要造林地調査	함경남도 요조림지 조사	朝鮮日報	1929.06.23	석간 4	
2135	溟川書院掌議帖賣買問題에對하야	명천서원 장의첩 매매문제에 대하여	朝鮮日報	1929.06.27	석간 4	
2136	會合	회합	東亞日報	1929.07.01	4	
2137	完山巨彈	완산 거탄	朝鮮日報	1929.07.03	석간 4	
2138	不敬罪의嫌疑로 태극교도네명을인치취료중	불경죄의 혐의로 태극교도 4명을 취조 중	朝鮮日報	1929.07.08	석간 2	
2139	咸安幼稚園의事情 을論하야地方有志에게	함안유치원의 사정을 논하여 지방유지에게	朝鮮日報	1929.07.13	석간 4	
2140	鄕校修理를憑藉 帖紙를發行賣却	향교수리를 빙자 첩지를 발행 매각	朝鮮日報	1929.07.16	석간 5	
2141	地方瑣信	지방 쇄신	朝鮮日報	1929.08.07	석간 4	
2142	祈雨祭擧行 함안여항산서	기우제 거행 함안 여항산서	東亞日報	1929.08.13	4	
2143	山淸에祈雨祭	산청에 기우제	東亞日報	1929.08.15	4	
2144	安邊留學生會創立	안변 유학생회 창립	朝鮮日報	1929.08.19	석간 4	
2145	내故鄕爲하야 留學生들의活動	내 고향 위하여 유학생들의 활동	東亞日報	1929.08.22	4	
2146	全州文廟의 釋奠大祭	전주문묘 석전대제	釜山日報	1929.08.23	5	
2147	草溪溜池起耕問題로 道當局에陳情	초계저수지 기경문제로 도당국에 진정	朝鮮日報	1929.08.27	석간 4	
2148	迷信機關斷然燒壞 孔廟祭禮도嚴禁	미신기관 단연소괴 공묘제례도 엄금	東亞日報	1929.08.28	1	
2149	農村愚農을弄絡튼 龍井朝鮮人鄕校	농촌의 어리숙한 농민을 농락한 용정 조선인 향교	朝鮮日報	1929.08.29	석간 4	
2150	迷信機關의 今後運命	미신기관의 이후 운명	東亞日報	1929.08.30	1	
2151	文廟直員選擧로 固城儒林間軋轢	문묘직원 선거로 고성 유림간 알력	東亞日報	1929.09.01	4	
2152	在外留學生 父兄會創立	재외유학생 부형회 창립	朝鮮日報	1929.09.03	석간 4	

연번	기사명(원문)	기사명(한글)	출전	발행일	면	비고
2153	地方瑣信	지방 쇄신	朝鮮日報	1929.09.05	석간 4	
2154	文廟移管說로 數萬儒林憤慨	문묘 이관설로 수만 유림 분개	朝鮮日報	1929.09.06	석간 4	
2155	龍井朝鮮人文廟 延吉敎育局移管	용정 조선인 문묘 연길 교육국 이관	朝鮮日報	1929.09.06	석간 4	
2156	歸農運動 (198) 小作問題篇 〈七十〉	귀농운동(198) 소작문제편〈70〉	東亞日報	1929.09.06	3	
2157	文廟直員任免을 郡守行使不可 함 남도에 진정	문묘 직원 임면을 군수 행사 불가 함경남도에 진정	中外日報	1929.09.07	3	
2158	德源儒林이 郡守를 糾彈	덕원유림이 군수를 규탄	朝鮮日報	1929.09.08	석간 4	
2159	農業改良으로 靑刈大豆品評	농업개량으로 청예대두 품평	朝鮮日報	1929.09.09	석간 4	
2160	載寧學院悲運 경비곤난으로	재령학원 비운 경비 곤란으로	東亞日報	1929.09.12	5	
2161	晋州文廟釋奠	진주 문묘 석전	中外日報	1929.09.13	3	
2162	定平儒林大會 鄕校移轉決議	정평 유림대회 향교 이전 결의	朝鮮日報	1929.09.14	석간 4	
2163	龍井文廟는 當分間放任	용정문묘는 당분간 방임	朝鮮日報	1929.09.14	석간 4	
2164	明倫堂에血戰 직원쟁탈코저	명륜당에 혈전 직원 쟁탈하고자	東亞日報	1929.09.14	4	
2165	定平興學會 定期總會	정평흥학회 정기총회	朝鮮日報	1929.09.15	석간 4	
2166	尙州秋季釋奠	상주 추계석전	朝鮮日報	1929.09.16	석간 4	
2167	扶安文廟秋享	부안 문묘 추향	朝鮮日報	1929.09.17	석간 4	
2168	延吉敎育委員 龍井에滯留	연길교육위원 용정에 체류	朝鮮日報	1929.09.19	석간 4	
2169	平原庭球大會	평원 정구대회	東亞日報	1929.09.19	4	
2170	金浦儒林大會	김포 유림대회	朝鮮日報	1929.09.20	석간 4	
2171	文墓募集	문묘 모집	朝鮮新聞	1929.09.29	3	
2172	江陵農校新築	강릉 농업학교 신축	朝鮮日報	1929.09.30	석간 4	
2173	訂正	정정	東亞日報	1929.10.01	석간 3	
2174	全北敎育助成會	전북 교육 조성회	朝鮮日報	1929.10.02	석간 5	
2175	儒道講演會	유도 강연회	朝鮮日報	1929.10.04	석간 3	
2176	公職者大會	공직자 대회	東亞日報	1929.10.04	석간 2	
2177	寶城儒林團代表陳情왓다取調바더	보성 유림단 대표 진정 왔다가 취조받아	東亞日報	1929.10.04	석간 7	
2178	第六回全朝鮮公職者大會　日程과 各地議案如左	제6회 전조선 공직자대회 일정과 각지 의안은 다음과 같음	中外日報	1929.10.04	2	
2179	養林을憑藉하고 鄕校山野橫奪陰謀	양림을 빙자하고 향교 산야 횡탈 음모	朝鮮日報	1929.10.05	석간 2	
2180	學校費財源不足과 鄕校財産의 應用	학교비 재원 부족과 향교 재산의 응용	中外日報	1929.10.05	2	
2181	社說 : 鄕校財産論 學校費에 充當하라	사설 : 향교 재산론 학교비에 충당하라	中外日報	1929.10.06	1	
2182	五百年來의鄕校財産을	5백 년 내려온 향교 재산을	東亞日報	1929.10.08	석간 2	
2183	議案마다『要望의件』一寫千里로可決	의안마다 『요망의 건』 일사천리로 가결	東亞日報	1929.10.08	석간 2	
2184	固城鄕校의 山坂을 個人의 私有라 主張	고성향교의 산판을 개인의 사유라 주장	中外日報	1929.10.08	3	

연번	기사명(원문)	기사명(한글)	출전	발행일	면	비고
2185	地方短評	지방단평	朝鮮日報	1929.10.18	석간 3	
2186	載寧鄕約定總	재령 향약 정기총회	朝鮮日報	1929.10.20	석간 3	
2187	地方瑣信	지방 쇄신	朝鮮日報	1929.10.22	석간 3	
2188	西鮮協同組合	서선 협동조합	東亞日報	1929.10.25	석간 3	
2189	鄕校財産旱害調査, 大邱府에서	향교재산 한해조사, 대구부에서	朝鮮時報	1929.10.26	3	
2190	一郡鄕校主山을 日人個人所有로	1군 향교 주산을 일본인 개인 소유로	朝鮮日報	1929.10.30	석간 7	
2191	成人敎育講習 妥協會開催	성인교육강습 타협회 개최	朝鮮日報	1929.11.02	석간 3	
2192	地方瑣信	지방 쇄신	朝鮮日報	1929.11.12	석간 3	
2193	固城私設夜學閉鎖 問題에對하야	고성 사설야학 폐쇄문제에 대하여	朝鮮日報	1929.11.13	석간 3	
2194	紛糾中의固城郡 鄕校主案山問題	분규 중인 고성군 향교주안산 문제	朝鮮日報	1929.11.14	석간 7	
2195	宗敎的要求(八) -生의最高理想으로서의-	종교적 요구(8) -생의 최고 이상으로서의-	東亞日報	1929.11.20	석간 4	文鍾錫
2196	始興道路問題 郡에서直接干涉	시흥도로문제 군에서 직접 간섭	朝鮮日報	1929.11.30	석간 3	
2197	圖書出版日報	도서출판 일보	東亞日報	1929.12.05	석간 4	
2198	災年에無理히 小作料를過徵	흉년에 무리한 소작료를 과징	朝鮮日報	1929.12.07	석간 3	
2199	鶴林寺建築	학림사 건축	朝鮮日報	1929.12.09	석간 4	
2200	地方瑣信	지방 쇄신	朝鮮日報	1929.12.14	석간 3	
2201	大口新幹分會	대구 신간분회	朝鮮日報	1929.12.30	석간 4	
2202	城津鶴南面 勤儉節約運動	성진 학남면 근검절약운동	朝鮮日報	1929.12.30	석간 4	
2203	朝鮮의契와農村	조선의 계와 농촌	東亞日報	1930.01.09	석간 6	
2204	草溪鄕校土地 賣却延期를	초계향교 토지매각 연기를	朝鮮日報	1930.01.30	석간 3	
2205	吉州儒林矯風會 創立大會를보고	길주유림 교풍회 창립대회를 보고	朝鮮日報	1930.01.30	석간 3	
2206	孔子奉祠嚴禁 국민정부에서	공자 봉사 엄금 국민정부에서	東亞日報	1930.01.31	석간 7	
2207	明川郡 文廟掌議總選	명천군 문묘 장의 총선	朝鮮日報	1930.02.02	석간 2	餘→掌
2208	安東縣附近鳳岫洞 水害로同胞慘狀	안동현 부근 봉수동 수해로 동포 참상	朝鮮日報	1930.02.02	석간 3	
2209	「思想善導」의 一策으로 明倫學院新設確定	「사상선도」의 일책으로 명륜학원 신설 확정	中外日報	1930.02.03	2	
2210	所謂思想善導策에 對하야 明倫學院新設計畵을 듯고	소위 사상선도책에 대하여 명륜학원 신설계획을 듣고	中外日報	1930.02.04	2	
2211	雄城幼稚園에 每月金錢寄付	웅성유치원에 매월 금전기부	朝鮮日報	1930.02.07	석간 3	
2212	圖書舘休舘	도서관 휴관	東亞日報	1930.02.09	석간 3	
2213	兩班과儒林 各道別統計	양반과 유림 각 도별 통계	東亞日報	1930.02.11	석간 2	
2214	進明學院同情劇盛況	진명학원 동정극 성황	朝鮮日報	1930.02.12	석간 3	
2215	醜態百出의 掌議選擧	추태백출의 장의선거	朝鮮日報	1930.02.14	석간 7	
2216	二十五名釋放	25명 석방	朝鮮日報	1930.02.15	석간 2	
2217	한글投票反對	한글 투표반대	朝鮮日報	1930.02.15	석간 1	

연번	기사명(원문)	기사명(한글)	출전	발행일	면	비고
2218	釋放生歡迎會	석방생 환영회	朝鮮日報	1930.02.17	석간 3	
2219	地方瑣信	지방 쇄신	朝鮮日報	1930.02.17	석간 3	
2220	朱南三鄉校被檢生無事 전부사십사명	주남 3향교 피검생 무사 전부 44명	中外日報	1930.02.17	2	
2221	莞島鄉校掌議補選	완도향교 장의 보선	朝鮮日報	1930.02.21	석간 3	
2222	農村靑年會組織코 鄉校畓耕作計劃	농촌청년회 조직하고 향교답 경작계획	朝鮮日報	1930.02.25	석간 3	
2223	儒學興隆に明倫學院, 規程發令さる	유학흥륭에 명륜학원, 규정발령되다	朝鮮新聞	1930.02.26	5	
2224	明倫學院規定	명륜학원 규정	東亞日報	1930.02.27	석간 2	
2225	地方瑣信	지방 쇄신	朝鮮日報	1930.02.28	석간 3	
2226	舒川郡民大會渡船讓渡反對決議	서천군민대회 도선양도 반대결의	東亞日報	1930.03.01	석간 3	
2227	豫算案을中心으로 一般道政을批判	예산안을 중심으로 일반도정을 비판	東亞日報	1930.03.03	석간 11	
2228	振威郡鄉校財産豫算審議	진위군 향교재산 예산 심의	朝鮮新聞	1930.03.04	5	
2229	入學志願率로본世態	입학 지원율로 본 세태	東亞日報	1930.03.05	석간 1	
2230	文廟春釋奠來八日擧行	문묘 춘석전 오는 8일 거행	中外日報	1930.03.06	2	尊→奠
2231	『道民大槪가小作人負擔보다救濟가急務』	『도민 대개가 소작인 부담보다 구제가 급무』	朝鮮日報	1930.03.07	석간 7	
2232	各種建議案道議聯名提出	각종 건의안 도평의원회의 연명 제출	朝鮮日報	1930.03.07	석간 3	
2233	營利會社에讓渡는 公益을無視	영리회사에 양도는 공익을 무시	朝鮮日報	1930.03.07	석간 3	
2234	入學制度에 納稅證絶對不可	입학제도에 납세증 절대 불가	朝鮮日報	1930.03.08	석간 3	
2235	定州鄉校掌議選擧紛糾	정주향교 장의 선거 분규	朝鮮日報	1930.03.08	석간 3	
2236	韓面長을稱頌	한 면장을 칭송	朝鮮日報	1930.03.12	석간 3	
2237	文廟掌議選擧	문묘 장의 선거	中外日報	1930.03.15	4	
2238	現實世界와觀念世界	현실 세계와 관념 세계	朝鮮日報	1930.03.16	석간 1	
2239	所謂齋長等三人 借啣許給코取財	소위 재장 등 3인 차함허급하고 취재	東亞日報	1930.03.16	석간 3	
2240	儒林이禁煙	유림이 금연	東亞日報	1930.03.18	석간 3	
2241	緩急을일치말라	완급을 잃지 말라	東亞日報	1930.03.18	석간 1	
2242	佛敎敎務院의社會進出	불교 교무원의 사회진출	朝鮮日報	1930.03.23	석간 1	
2243	尤甚해가는經濟恐慌	더욱 심해가는 경제공황	朝鮮日報	1930.03.26	석간 1	
2244	五名씩選拔 學費를補助 전북육영회	5명 씩 선발 학비를 보조 전북육영회	東亞日報	1930.03.28	석간 2	
2245	學事顧問	학사고문	東亞日報	1930.03.28	석간 6	
2246	韓國宮內大臣印을僞造 參奉帖紙를作成賣却	한국궁내 대신 도장을 위조 참봉첩지를 작성 매각	朝鮮日報	1930.03.30	석간 7	
2247	江界公普增築 칠월경에준공	강계공립보통학교 증축 7월경에 준공	東亞日報	1930.04.09	석간 3	
2248	全州郡當局에서 二百名小作權剝奪	전주군 당국에서 200명 소작권 박탈	朝鮮日報	1930.04.17	석간 3	

연번	기사명(원문)	기사명(한글)	출전	발행일	면	비고
2249	長白縣禁酒會	장백현 금주회	朝鮮日報	1930.04.18	석간 3	
2250	明倫學院講師決定二十一日開院式	명륜학원 강사 결정 21일 개원식	中外日報	1930.04.19	2	
2251	明倫學院開院	명륜학원 개원	朝鮮新聞	1930.04.19	2	
2252	明倫學院開院式	명륜학원 개원식	中外日報	1930.04.22	2	
2253	明倫學院開院式	명륜학원 개원식	朝鮮新聞	1930.04.22	2	
2254	鄉校土地移作 奉化郡當局受怨	향교토지 이작 봉화군 당국 수원	中外日報	1930.04.23	2	
2255	小作官에게 陳情 향교답작인이	소작관에게 진정 향교답 작인이	中外日報	1930.04.24	3	
2256	全朝鮮 公職者大會 평양서개최	전조선공직자대회 평양서 개최	朝鮮日報	1930.05.02	석간 6	
2257	池朴兩人追悼會擧行	지·박 2인 추도회 거행	朝鮮日報	1930.05.04	석간 6	
2258	農繁期를 當하야 各地의 小作不平	농번기를 당하여 각지의 소작 불평	中外日報	1930.05.09	3	
2259	熊浦小作爭議로 郡守, 署長出動調查	웅포 소작쟁의로 군수, 서장 출동조사	中外日報	1930.05.17	3	
2260	郡面吏의所爲로 小作權을 剝奪	군면리의 소위로 소작권을 박탈	朝鮮日報	1930.05.20	석간 6	
2261	平山靑年會臨總	평산청년회 임시총회	朝鮮日報	1930.05.24	석간 6	
2262	六十錢이殺人 진주군에서	60전이 살인 진주군에서	朝鮮日報	1930.05.24	석간 3	
2263	商業講習會開講式	상업강습회 개강식	朝鮮日報	1930.05.24	석간 6	
2264	瑞興明倫學院新築	서흥명륜학원 신축	朝鮮日報	1930.05.27	석간 6	
2265	熊川女子夜學	웅천 여자야학	朝鮮日報	1930.06.16	석간 4	
2266	詩會開催	시회 개최	朝鮮日報	1930.06.17	석간 6	
2267	肥料商의挾雜으로 百餘民被害莫甚	비료상의 협잡으로 100여 민 피해 막심	朝鮮日報	1930.07.20	석간 6	
2268	咸平郡廳臨時雇가 不當差押과取締	함평군청 임시고용 부당차압과 취체	朝鮮日報	1930.07.22	석간 6	
2269	利川郡地方改良講習會, 鄉校財産으로	이천군 지방개량강습회, 향교재산으로	朝鮮新聞	1930.07.22	4	
2270	法律問答	법률 문답	朝鮮日報	1930.07.27	석간 3	
2271	麟蹄災民救濟	인제 이재민 구제	朝鮮日報	1930.07.31	석간 6	
2272	朝鮮柳壇	조선 유단	朝鮮新聞	1930.08.02	3	
2273	宜寧誌發刊問題	의령지 발간문제	朝鮮日報	1930.08.04	석간 4	
2274	高原에서 常識講座	고원에서 상식강좌	朝鮮日報	1930.08.24	석간 6	
2275	長白縣五區의鄉約撤廢解決	장백현 5구의 향약철폐 해결	中外日報	1930.08.26	3	
2276	京畿道, 振威郡芙蓉面平澤文廟落成, 孝子節婦の表彰	경기도, 진위군 부용면 평택문묘 낙성, 효자절부의 표창	朝鮮新聞	1930.08.29	3	
2277	名勝古跡으로도 浿城,松京에不下	명승고적으로도 패성, 송경에 불하	朝鮮日報	1930.09.04	석간 3	
2278	白頭山 登陟記 (34) 厚峙嶺내려北靑에	백두산 등척기 (34) 후치령 내려 북청에	朝鮮日報	1930.09.15	석간 3	
2279	鄉校財産問題 儒林側이憤慨	향교재산문제 유림측이 분개	朝鮮日報	1930.09.16	석간 6	
2280	地方瑣信	지방쇄신	朝鮮日報	1930.09.18	석간 6	
2281	文廟釋奠祭	문묘석전제	朝鮮新聞	1930.09.20	4	

연번	기사명(원문)	기사명(한글)	출전	발행일	면	비고
2282	地方瑣信	지방쇄신	朝鮮日報	1930.09.26	석간 6	
2283	齊藤總督 訓示內容 中樞院會議에서	사이토총독 훈시내용 중추원회의에서	中外日報	1930.09.26	2	
2284	府制實施에는 課稅는前대로	부제 실시에는 과세는 예전 그대로	朝鮮日報	1930.09.29	석간 3	
2285	府制實施와 鄕校移管問題	부제실시와 향교이관 문제	中外日報	1930.09.29	4	
2286	明倫堂重修 오천원드려	명륜당 중수 5천 원 들여	東亞日報	1930.10.01	석간 6	
2287	孔子眞像	공자진상	朝鮮日報	1930.10.02	석간 2	
2288	楚山農民社大會	초산농민사대회	朝鮮日報	1930.10.03	석간 6	
2289	舊咸興面の鄕校財産, 府尹の所管で	구 함흥면의 향교재산, 부윤의 소관으로	朝鮮新聞	1930.10.04	4	
2290	楚山農民社 全郡代表會	초산 농민사 전군 대표회	東亞日報	1930.10.05	석간 3	
2291	明倫堂修理코咸興圖書舘擴張	명륜당 수리하고 함흥도서관 확장	朝鮮日報	1930.10.07	석간 7	
2292	會合	회합	東亞日報	1930.10.09	석간 3	
2293	集會	집회	東亞日報	1930.10.09	석간 7	
2294	忠州農校落成	충주 농업학교 낙성	朝鮮日報	1930.10.12	석간 6	
2295	尹氏家宅搜索 다수서류압수	윤씨 가택 수색 다수 서류 압수	東亞日報	1930.10.12	석간 6	
2296	長湍文廟修理	장단문묘 수리	東亞日報	1930.10.12	석간 6	
2297	咸興圖書舘은府로事務引繼	함흥도서관은 부로 사무인계	朝鮮日報	1930.10.14	석간 6	
2298	海州鄕校篤行者, 表彰式擧行	해주향교 독행자, 표창식 거행	朝鮮新聞	1930.10.15	3	
2299	永興農實校 乙種으로昇格運動	영흥농업실습학교 을종으로 승격운동	東亞日報	1930.10.21	석간 3	
2300	雞林旅行記(二)	계림여행기(2)	朝鮮日報	1930.10.24	석간 4	박성규
2301	例年換算額 今年에는問題 군 태도 주목	예년 환산액 금년에는 문제 군 태도 주목	東亞日報	1930.11.05	석간 6	
2302	作料決定할鄕校掌議會일반은주목	작료 결정할 향교장의회 일반은 주목	東亞日報	1930.11.11	석간 3	
2303	价川小作料減下	개천 소작료 감하	朝鮮日報	1930.11.12	석간 6	
2304	學校及鄕校土地作料減下陳情	학교 및 향교토지 작료 감하 진정	東亞日報	1930.11.13	석간 3	
2305	主要都市巡廻座談(四十七)第十晋州篇〈3〉	주요도시 순회좌담 (47) 제10 진주편 〈3〉	東亞日報	1930.11.15	석간 3	
2306	价川鄕校財産小作料を割引く, 洪郡守が英斷で	개천 향교재산 소작료를 할인, 홍군수가 영단으로	朝鮮新聞	1930.11.18	3	
2307	橫說竪說	횡설수설	東亞日報	1930.11.19	석간 1	
2308	鄕校土地의作料減下陳情	향교 토지의 작료 감하 진정	東亞日報	1930.11.19	석간 7	
2309	固城鄕校畓에作料減下陳情	고성 향교답에 소작료 감하 진정	朝鮮日報	1930.11.25	석간 6	
2310	主要都市巡廻座談 (五十八) 第十二宣川篇 〈4〉	주요도시 순회좌담 (58) 제12 선천편 〈4〉	東亞日報	1930.11.27	석간 3	
2311	大邱時評	대구시평	朝鮮日報	1930.12.04	석간 6	
2312	小作料現金에 小作人反抗	소작료 현금에 소작인 반항	東亞日報	1930.12.04	석간 3	
2313	慶州紀行 (完)	경주기행 (완)	朝鮮日報	1930.12.05	석간 5	

연번	기사명(원문)	기사명(한글)	출전	발행일	면	비고
2314	永興漫談	영흥 만담	東亞日報	1930.12.05	석간 3	
2315	寶城掌議問題	보성 장의 문제	朝鮮日報	1930.12.06	석간 6	
2316	用途에非難밧는慶北鄕校財産	용도에 비난받는 경북 향교재산	東亞日報	1930.12.06	석간 3	
2317	鄕校田小作人 郡守에게陳情	향교전 소작인 군수에게 진정	東亞日報	1930.12.07	석간 3	
2318	綾州鄕校掌議選擧會	능주향교 장의선거회	朝鮮日報	1930.12.09	석간 6	
2319	農村의疲弊와 그對策을論함 (二)	농촌의 피폐와 그 대책을 논함 (2)	東亞日報	1930.12.09	석간 3	佐賀 尹鍾華
2320	勝地는不可贊이나山水만은奇麗	승지는 불가찬이나 산수만은 기려	朝鮮日報	1930.12.11	석간 3	
2321	高原農民社의 米價對策禁止	고원 농민사의 쌀값 대책 금지	東亞日報	1930.12.12	석간 6	
2322	月谷學院에 寄附金遝至	월곡학원에 기부금 답지	朝鮮日報	1930.12.13	석간 6	
2323	地方瑣信	지방 쇄신	朝鮮日報	1930.12.14	석간 6	
2324	出版消息	출판 소식	朝鮮日報	1930.12.17	석간 3	
2325	鄕校畓作料增加 作人은不納同盟?	향교답 소작료 증가 소작인은 불납 동맹?	東亞日報	1930.12.18	석간 3	
2326	高靈人士들敎育熱	고령인사들 교육열	朝鮮日報	1930.12.20	석간 6	
2327	主要都市巡廻座談(八十)第十六安城篇〈4〉	주요도시 순회좌담(80) 제16 안성편 〈4〉	東亞日報	1930.12.20	석간 3	
2328	鄕校土地의作料不減決定	향교토지의 소작료 불감 결정	東亞日報	1930.12.24	석간 7	
2329	鄕約所問題로 縣民大會開催	향약소 문제로 현민대회 개최	朝鮮日報	1931.01.04	석간 3	
2330	間島의史的考察 高句麗,渤海,高麗,李朝의變遷 (11)	간도의 사적고찰 고구려, 발해, 고려, 이조의 변천 (11)	朝鮮日報	1931.01.11	석간 6	유광렬
2331	鄕校畓一斗落 作料가二石 가혹한 징수	향교답 1두락 소작료가 2석 가혹한 징수	朝鮮日報	1931.01.12	석간 4	
2332	鄕校財産을學校費에補助	향교재산을 학교비에 보조	東亞日報	1931.01.23	석간 3	
2333	小作料無理徵收	소작료 무리징수	朝鮮日報	1931.01.28	석간 6	
2334	平南道議要望	평안남도의 요망	朝鮮日報	1931.01.30	석간 6	
2335	主要都市巡廻座談 (115) 第二十四順天篇 〈2〉	주요도시 순회좌담 (115) 제24 순천편 〈2〉	東亞日報	1931.01.30	석간 5	
2336	鄕校財産을土臺로管內窮民救濟計劃	향교재산을 토대로 관내 빈민 구제 계획	朝鮮日報	1931.02.07	석간 6	
2337	明倫學院へ三名推薦	명륜학원에 3명 추천	釜山日報	1931.02.10	1	
2338	農村情勢八面觀 (一)	농촌정세 팔면관 (1)	朝鮮日報	1931.02.13	석간 3	
2339	鄕校財産으로圖書舘을設置	향교재산으로 도서관을 설치	東亞日報	1931.02.16	석간 3	
2340	城津有志도 貧民을救濟	성진 유지도 빈민을 구제	東亞日報	1931.02.19	석간 7	
2341	主要都市巡廻座談(135)第二十八麗水篇〈2〉	주요도시 순회좌담 (135) 제28 여수편 〈2〉	東亞日報	1931.02.25	석간 5	
2342	勞賃收入은 不過八分一	노임 수입은 불과 8분1	東亞日報	1931.03.01	석간 3	
2343	慶北道議建議	경북도의 건의	東亞日報	1931.03.01	석간 3	
2344	各鄕校財産은 敎育費에充當하라	각 향교재산은 교육비에 충당하라	朝鮮日報	1931.03.02	석간 4	

연번	기사명(원문)	기사명(한글)	출전	발행일	면	비고
2345	鄕校畓小作은 窮民에게식히라	향교답 소작은 빈민에게 시켜라	朝鮮日報	1931.03.02	석간 4	
2346	鄕校畓 貧民에게小作	향교답 빈민에게 소작	朝鮮日報	1931.03.05	석간 6	
2347	博川水利組 地主總代會	박천 수리조합 지주 총대회	朝鮮日報	1931.03.05	석간 6	
2348	喬桐文廟大成殿改築	교동문묘 대성전 개축	朝鮮日報	1931.03.05	석간 6	
2349	鄕校財産으로講習會開催	향교재산으로 강습회 개최	東亞日報	1931.03.08	석간 5	
2350	儒林에不平	유림에 불평	東亞日報	1931.03.10	석간 3	
2351	漸次擴大되는寶城鄕會問題	점차 확대되는 보성향회 문제	朝鮮日報	1931.03.11	석간 6	
2352	具翊書氏特志	구익서씨 특지	東亞日報	1931.03.11	석간 3	
2353	湖英學校의 危機	호영학교의 위기	東亞日報	1931.03.13	석간 3	
2354	七百細農民의 被害補償額反對	7백 영세 농민의 피해보상액 반대	朝鮮日報	1931.03.18	석간 6	
2355	主要都市巡廻座談(146)第二十九洪原篇⟨7⟩	주요도시 순회좌담 (146) 제29 홍원편 ⟨7⟩	東亞日報	1931.03.18	석간 5	
2356	主要都市巡廻座談(147)第二十九洪原篇⟨8⟩	주요도시 순회좌담 (147) 제29 홍원편 ⟨8⟩	東亞日報	1931.03.19	석간 5	
2357	道聯盟促成과農總再建을決議	도연맹촉성과 농총재건을 결의	朝鮮日報	1931.03.20	석간 7	
2358	文廟春期釋奠	문묘 춘기석전	朝鮮新聞	1931.03.24	1	
2359	文廟春季釋奠祭	문묘 춘계석전제	朝鮮新聞	1931.03.25	4	
2360	明倫學院第一回評議員會, 齋藤總督告示	명륜학원 제1회 평의원회, 사이토총독 고시	朝鮮新聞	1931.03.25	1	
2361	無辜小作權削奪로 作人은告訴를提起	무고한 소작권 삭탈로 소작인은 고소를 제기	朝鮮日報	1931.03.26	석간 6	
2362	會合	회합	東亞日報	1931.03.27	석간 3	
2363	主要都市巡廻座談(152)第三十統營篇⟨5⟩	주요도시 순회좌담 (152) 제30 통영편 ⟨5⟩	東亞日報	1931.03.27	석간 5	
2364	江界鄕校財産으로兩學校를援助	강계 향교재산으로 양학교를 원조	東亞日報	1931.03.30	석간 3	
2365	端川農組 福貴東支臨時大會 지난 이십팔일에	단천농민조합 복귀동지 임시대회 지난 28일에	朝鮮日報	1931.03.31	석간 3	
2366	江東儒林서 學術講所設置	강동유림에서 학술강소 설치	東亞日報	1931.03.31	석간 5	
2367	馬山鄕校財産 豫算會議	마산 향교재산 예산회의	釜山日報	1931.04.01	2	
2368	鄕校財産 豫算總會	향교재산 예산총회	釜山日報	1931.04.02	2	
2369	義務敎育을 目標로 (七)	의무교육을 목표로 (7)	東亞日報	1931.04.05	석간 1	
2370	江界由信學院 授業料全廢	강계 유신학원 수업료 전폐	東亞日報	1931.04.06	석간 3	
2371	通川鄕校財産으로圖書舘을設置	통천향교 재산으로 도서관을 설치	朝鮮日報	1931.04.11	석간 6	
2372	長城郡鄕校財産学議會	장성군 향교재산 장의회	朝鮮日報	1931.04.11	석간 6	
2373	通川郡 鄕校財産이 圖書館을 乾縮する	통천군 향교재산이 도서관을 건축하다	釜山日報	1931.04.12	7	
2374	會合	회합	東亞日報	1931.04.14	석간 3	
2375	幼園期成會 초산유지들이	유원기성회 초산 유지들이	東亞日報	1931.04.15	석간 3	
2376	楚山幼稚園 期成會委員會	초산유치원 기성회 위원회	東亞日報	1931.04.19	석간 3	
2377	鄕約維新會 咸興에서組織	향약유신회 함흥에서 조직	東亞日報	1931.04.22	석간 5	

연번	기사명(원문)	기사명(한글)	출전	발행일	면	비고
2378	江界에拳鬪開始 少年軍發起로	강계에 권투개시 소년군 발기로	東亞日報	1931.04.22	석간 7	
2379	卒業生指導所	졸업생 지도소	東亞日報	1931.04.28	석간 3	
2380	孔子侮辱事件 聲討文發送	공자 모욕 사건 성토문 발송	朝鮮日報	1931.05.06	석간 7	
2381	圖書舘設置의中止를命令	도서관 설치의 중지를 명령	朝鮮日報	1931.05.07	석간 2	
2382	文廟移轉陳情 대구향교장의	문묘 이전 진정 대구 향교장의	東亞日報	1931.05.07	석간 3	
2383	八面鋒	팔면봉	朝鮮日報	1931.05.08	석간 1	
2384	問題의泗川水組認可 地主總代會議에波瀾	문제의 사천수리조합인가 지주 총대회의에 파란	朝鮮日報	1931.05.09	석간 6	
2385	問題의通川圖書舘	문제의 통천도서관	朝鮮日報	1931.05.09	석간 7	
2386	陜川懸賞鞦韆	합천 현상 추천	東亞日報	1931.05.13	석간 3	
2387	江東鄕校에 明倫學院設立 實業敎育도해	강동향교에 명륜학원 설립 실업교육도 해	東亞日報	1931.05.13	석간 5	
2388	全鮮儒林大會 烏山闕里祠에서	전선유림대회 오산궐리사에서	朝鮮日報	1931.05.15	석간 7	
2389	南朝鮮野談巡訪葉信(其九)	남조선 야담순방 엽신 (기9)	東亞日報	1931.05.23	석간 3	尹白南
2390	數字朝鮮研究義務敎育의可能性【卄七】	숫자조선연구 의무교육의 가능성【27】	朝鮮日報	1931.05.29	석간 3	
2391	高敞郡에서 染色講習會 色衣奬勵 目的으로	고창군에서 염색강습회 색의장려 목적으로	東亞日報	1931.05.31	석간 3	
2392	約法制定の宣布式を擧行, 孫文廟前に於て千餘名の代表參集	약법제정 의선포식을 거행, 손문묘 앞에서 천여명의 대표참집	朝鮮新聞	1931.06.02	2	
2393	李忠武公墓所問題로 追慕의結晶體 誠金遝至	이충무공 묘소 문제로 추모의 결정체 성금 답지	東亞日報	1931.06.05	석간 6	
2394	杆城儒林大會	저성유림대회	朝鮮日報	1931.06.06	석간 6	
2395	安州勤農共濟組 輔導委員打合會	안주 근농공제조합 보도위원 타합회	朝鮮日報	1931.06.09	석간 3	
2396	勤農共濟組 委員協議會	근농공제조 위원협의회	東亞日報	1931.06.10	석간 5	
2397	草靑委員會	초청위원회	朝鮮日報	1931.06.11	석간 6	
2398	草靑第二臨總	초청 제2 임시총회	朝鮮日報	1931.06.14	석간 6	
2399	移秧迫頭한이때 小作權을移動	이앙이 임박한 이때 소작권을 이동	朝鮮日報	1931.06.15	석간 3	
2400	會寧工業補習校 卒業生助成會	회령공업보습학교 졸업생 조성회	東亞日報	1931.06.21	석간 5	
2401	七個罪狀列擧코 面長排斥猛烈	7개 죄상 열거하고 면장배척 맹렬	朝鮮日報	1931.06.30	석간 6	
2402	面長運動으로費財코 失望하자告訴	면장운동으로 재화를 쓰고 실망하자 고소	朝鮮日報	1931.06.30	석간 3	
2403	通川郡鄕校財産으로 中學講習所設置	통천군 향교재산으로 중학강습소 설치	朝鮮日報	1931.07.05	석간 6	
2404	面長식혀준다고 騙財타가被訴	면장시켜준다고 편재하다가 피소	朝鮮日報	1931.07.08	석간 6	
2405	厚昌運動場새로이건설	후창운동장 새로 건설	東亞日報	1931.07.09	석간 3	
2406	數年間守節寡婦 累名듯자自殺	수년간 수절과부 누명 듣자 자살	朝鮮日報	1931.07.15	석간 3	
2407	金鴻儒林大會	김홍 유림대회	朝鮮日報	1931.07.17	석간 6	

연번	기사명(원문)	기사명(한글)	출전	발행일	면	비고
2408	忠武公遺蹟保存問題로 追慕의結晶 體誠金遝至	충무공 유적 보존 문제로 추모의 결정체 성금 답지	東亞日報	1931.07.21	석간 5	
2409	正體不明한 朝鮮儒林大會	정체불명한 조선유림대회	東亞日報	1931.07.23	석간 7	
2410	全鮮儒林大會 결국유야무야로폐회	전조선유림대회 결국 유야무야로 폐회	朝鮮日報	1931.07.24	석간 6	
2411	學齡超過兒童敎育을爲하야	학령초과 아동교육을 위하여	朝鮮日報	1931.07.27	석간 4	
2412	忠武公遺蹟保存問題로 追慕의結晶 體誠金遝至	충무공 유적 보존문제로 추모의 결정체 성금 답지	東亞日報	1931.07.28	석간 4	
2413	朝鮮農民의 經濟生活史 (五)	조선 농민의 경제생활사 (5)	東亞日報	1931.08.06	석간 6	
2414	宗敎	종교	朝鮮日報	1931.08.09	석간 3	
2415	草溪靑盟定期大會	초계청년동맹 정기대회	朝鮮日報	1931.08.13	석간 7	
2416	草溪靑盟定總	초계청년동맹 정기총회	東亞日報	1931.08.16	석간 3	
2417	新民社를聲討 宜寧鄕校에서	신민사를 성토 의령향교에서	朝鮮日報	1931.08.19	석간 6	
2418	東學과 東學亂 (三)	동학과 동학란 (3)	東亞日報	1931.08.23	석간 5	
2419	東學과 東學亂 (四)	동학과 동학란 (4)	東亞日報	1931.08.25	석간 5	
2420	公普實現促進	공립보통학교 실현 촉진	東亞日報	1931.08.28	석간 3	
2421	靑陽郡定山에 農補校를新設	청양군 정산에 농업보습학교를 신설	朝鮮日報	1931.08.30	석간 6	
2422	金川農村靑年講習會終了式	김천 농촌청년 강습회 종료식	朝鮮新聞	1931.08.30	3	
2423	消息	소식	東亞日報	1931.09.01	석간 3	
2424	統營文廟掌議補選	통영문묘 장의 보선	釜山日報	1931.09.01	3	
2425	忠武公遺蹟保存問題로 追慕의結晶 體誠金遝至	충무공 유적 보존문제로 추모의 결정체 성금 답지	東亞日報	1931.09.06	석간 4	
2426	楚山音樂盛況	초산 음악 성황	東亞日報	1931.09.09	석간 6	
2427	金化의各機關	김화의 각 기관	朝鮮日報	1931.09.10	석간 3	
2428	中樞院經過 提案은만헛다	중추원 경과 제안은 많았다	東亞日報	1931.09.10	석간 2	
2429	八面鋒	팔면봉	朝鮮日報	1931.09.14	석간 1	
2430	槐山明備會定總	괴산 명비회 정기총회	東亞日報	1931.09.19	석간 6	
2431	文廟秋期釋奠	문묘 추기석전	朝鮮新聞	1931.09.21	3	典→奠
2432	江界兩夜學에突然閉鎖令	강계 두 야학에 돌연 폐쇄령	東亞日報	1931.09.24	석간 3	
2433	統營文廟의秋季祭典	통영문묘의 추계제전	釜山日報	1931.09.24	5	
2434	長白村村訪問 (十五)	장백촌 촌방문 (15)	東亞日報	1931.10.03	석간 6	
2435	南海儒林會서鄕校移建決議	남해유림회에서 향교이건 결의	東亞日報	1931.10.06	석간 3	
2436	親兄弟싸홈끗헤 아우가結項自殺	친형제 싸움 끝에 아우가 목매 자살	朝鮮日報	1931.10.09	석간 6	
2437	會合	회합	東亞日報	1931.10.12	석간 4	
2438	槐山明倫會서 各面巡廻講演 基本 財産募集	괴산 명륜회에서 각 면 순회 강연 기본재산 모집	東亞日報	1931.10.16	석간 5	
2439	利原儒林會解體를決議	이원유림회 해체를 결의	東亞日報	1931.10.21	석간 2	
2440	高靈에도竊盜	고령에도 절도	東亞日報	1931.10.21	석간 7	
2441	孔廟에도盜難	공묘에도 도난	東亞日報	1931.10.22	석간 3	

연번	기사명(원문)	기사명(한글)	출전	발행일	면	비고
2442	南川鄕校移建 門中代表會	남천향교 이건 문중대표회	東亞日報	1931.10.23	석간 6	
2443	南海時話 農業補習學校	남해시화 농업보습학교	東亞日報	1931.10.26	석간 4	
2444	申守岩檢束 盟休煽動의嫌疑?	신수암 검속 맹휴선동의 혐의?	朝鮮日報	1931.11.20	석간 6	
2445	編物刺繡等 婦人手藝講習	편물자수 등 부인수예강습	東亞日報	1931.11.20	석간 3	
2446	筏橋面二十四個洞里 作料不納同盟組織	벌교면 24개 동리 소작료 불납 동맹조직	朝鮮日報	1931.11.22	석간 6	
2447	在滿避亂同胞 慰護金品遝至	재만 피난동포 위호금품 답지	東亞日報	1931.11.23	석간 4	
2448	社會宗敎兩課대신 社會敎育課	사회 종교 두 과 대신 사회교육과	東亞日報	1931.11.26	석간 2	
2449	古莊講習所	고장강습소	朝鮮日報	1931.12.01	석간 6	
2450	咸興鄕校藏本 龍飛御天歌에 對하야 (上)	함흥향교 소장본 용비어천가에 대하여 (상)	東亞日報	1931.12.02	석간 6	洪淳赫
2451	咸興鄕校藏本 龍飛御天歌에 對하야 (中)	함흥향교 소장본 용비어천가에 대하여 (중)	東亞日報	1931.12.03	석간 5	洪淳赫
2452	孫文의理想 (一)	손문의 이상 (1)	東亞日報	1931.12.05	석간 5	高永煥
2453	咸興鄕校藏本 龍飛御天歌에 對하야 (下)	함흥향교 소장본 용비어천가에 대하여 (하)	東亞日報	1931.12.05	석간 5	洪淳赫
2454	慕忠契定總	모충계 정기총회	朝鮮日報	1931.12.15	석간 6	
2455	中學講習所의迅速實現을要望	중학강습소의 신속실현을 요망	朝鮮日報	1931.12.20	석간 6	
2456	文廟經費가 一年五萬餘圓	문묘 경비가 1년 5만여 원	東亞日報	1931.12.20	석간 2	
2457	江陵沙川鄕校作人等哀訴	강릉 사천향교 소작인 등 애소	朝鮮日報	1931.12.21	석간 2	
2458	江陵鄕校小作人 郡當局에 殺到陳情	강릉향교 소작인 군 당국에 쇄도 진정	東亞日報	1931.12.21	석간 2	
2459	小作權移動期의 地主等方針如何	소작권 이동기의 지주 등 방침 여하	朝鮮日報	1931.12.29	석간 3	
2460	通川邑民에게	통천 읍민에게	朝鮮日報	1932.01.14	석간 6	김석호
2461	鄕校土地(향교토지)의小作料減下(소작료감하)	향교 토지의 소작료 감하	東亞日報	1932.01.14	석간 3	
2462	別曲의 硏究 (四)	별곡의 연구 (4)	東亞日報	1932.01.19	석간 5	金台俊
2463	泗川의模範部落民 九十名에支拂命令	사천의 모범부락민 90명에 지불 명령	朝鮮日報	1932.01.22	석간 7	
2464	別曲의 硏究 (六)	별곡의 연구 (6)	東亞日報	1932.01.22	석간 5	
2465	橫說竪說	횡설수설	東亞日報	1932.01.26	석간 1	
2466	江東唯一中等機關 明倫學院曙光	강동 유일 중등기관 명륜학원 서광	東亞日報	1932.01.27	석간 3	
2467	總督府豫算檢討 (五)	총독부 예산 검토 (5)	東亞日報	1932.01.28	석간 1	
2468	鄕校財産利用하면 普校授料減下可能	향교재산 이용하면 보통학교 수업료 감하 가능	中央日報	1932.01.28	3	
2469	文字普及運動을 警察이何故禁止	문자보급운동을 경찰이 왜 금지하는가	朝鮮日報	1932.01.30	석간 6	
2470	不安한勞資問題	불안한 노자문제	東亞日報	1932.02.04	석간 1	
2471	社會課와宗敎課 事務를合倂 昨日官報로發表	사회과와 종교과 사무를 합병 어제 관보로 발표	朝鮮日報	1932.02.15	석간 2	

연번	기사명(원문)	기사명(한글)	출전	발행일	면	비고
2472	婦人勸農組合助成金傳達式	부인권농조합 조성금 전달식	朝鮮日報	1932.02.16	석간 6	
2473	高原郡農會主催農事改良講習會	고원군 농회 주최 농사개량 강습회	朝鮮日報	1932.02.16	석간 3	
2474	出版消息	출판소식	朝鮮日報	1932.02.23	석간 4	
2475	豫算編成에對하야	예산편성에 대하여	朝鮮日報	1932.02.24	석간 6	김석호
2476	新刊紹介	신간 소개	東亞日報	1932.02.28	석간 5	
2477	『인테리겐챠』論 9	『인테리겐챠』론 9	朝鮮日報	1932.03.01	석간 4	최진원
2478	堤川公普校 校舍를改築	제천공립보통학교 교사를 개축	東亞日報	1932.03.01	석간 3	
2479	農村疲弊에鑑하야 授業料撤廢要求	농촌피폐를 보고 수업료 철폐 요구	朝鮮日報	1932.03.05	석간 6	
2480	文廟春期釋奠擧行	문묘 춘기석전 거행	朝鮮新聞	1932.03.08	1	
2481	文廟釋奠祭	문묘 석전제	釜山日報	1932.03.08	5	
2482	鄕校를撤廢코退學兒童救濟	향교를 철폐하고 퇴학아동구제	朝鮮日報	1932.03.09	석간 6	
2483	黃海道, 文廟釋奠祭	황해도, 문묘 석전제	朝鮮新聞	1932.03.09	3	
2484	慶州の文廟祭	경주의 문묘제	釜山日報	1932.03.10	7	
2485	文廟春期祭	문묘 춘기제	釜山日報	1932.03.11	1	
2486	兩班昇格口實로 金錢騙取코逢變	양반승격 구실로 금전 편취하고 봉변	朝鮮日報	1932.03.13	석간 7	
2487	地方雜信	지방 잡신	東亞日報	1932.03.13	석간 3	
2488	鄕校春季享祀	향교 춘계 향사	釜山日報	1932.03.14	3	
2489	威城講習存續問題에對하야	위성강습 존속문제에 대하여	朝鮮日報	1932.03.17	석간 6	
2490	兩班昇格問題告訴 自白書로取消	양반승격 문제 고소 자백서로 취소	朝鮮日報	1932.03.19	석간 6	
2491	猛運動開始한 普校增設問題	맹렬하게 운동 개시한 보통학교 증설문제	朝鮮日報	1932.03.20	석간 6	
2492	慶南儒林大會	경남 유림대회	東亞日報	1932.03.21	석간 3	
2493	統營郡鄕校會議	통영군 향교 회의	釜山日報	1932.03.21	7	
2494	楚山農民社	초산농민사	朝鮮日報	1932.03.23	석간 3	
2495	개성부 향교재산 장의회	개성부 향교재산 장의회	釜山日報	1932.03.25	3	
2496	江原道 ; 三陟郡鄕校掌議豫算會議	강원도; 삼척군 향교장의 예산 회의	釜山日報	1932.03.25	3	
2497	中語夜學設立	중국어야학 설립	朝鮮日報	1932.03.26	석간 6	
2498	時急한義務教育問題	시급한 의무교육 문제	東亞日報	1932.03.26	석간 1	
2499	長城鄕校掌議會	장성향교 장의회	朝鮮日報	1932.03.29	석간 6	
2500	에쓰페란트講座開催	에쓰페란토 강좌개최	朝鮮日報	1932.03.30	석간 6	
2501	瀆職面長被訴	비행을 저지른 면장 피소	朝鮮日報	1932.03.31	석간 3	
2502	江界時話 燕麥共販手數料問題	강계시화 연맥공판 수수료문제	東亞日報	1932.04.03	석간 3	
2503	江東明倫學院 學級增設不許	강동명륜학원 학급 증설 불허	東亞日報	1932.04.15	석간 4	
2504	慶北知事來榮 陳情書를提出	경북지사 영주 방문 진정서를 제출	東亞日報	1932.04.16	석간 4	
2505	草溪協同組合 第二總會解散	초계협동조합 제2총회 해산	東亞日報	1932.04.27	석간 4	

연번	기사명(원문)	기사명(한글)	출전	발행일	면	비고
2506	地方論壇 中等校期成에 對하야	지방 논단 중등학교 기성에 대하여	東亞日報	1932.04.29	석간 3	
2507	草溪,赤中面 合面期成會	초계, 적중면 합면 기성회	東亞日報	1932.05.04	석간 4	
2508	移轉修築の大邱文廟舍	이전수축의 대구 문묘사	釜山日報	1932.05.08	7	
2509	檀君陵修築 期成會組織	단군릉 수축 기성회 조직	東亞日報	1932.05.15	석간 7	
2510	安城圖書舘落成	안성도서관 낙성	東亞日報	1932.05.17	석간 7	
2511	文廟移轉工事	문묘 이전 공사	釜山日報	1932.05.18	7	
2512	臨陂文廟中心으로 全朝鮮儒林團蹶起	임피 문묘 중심으로 전 조선 유림단 궐기	朝鮮日報	1932.05.19	석간 6	
2513	鄕校土地問題로 開城府에不平	향교 토지문제로 개성부에 불평	東亞日報	1932.05.19	석간 7	
2514	運用이또다시問題定州鄕校財産	운용이 또 다시 문제 정주 향교 재산	東亞日報	1932.05.24	석간 4	
2515	地方論壇 檀君陵修築期成	지방논단 단군릉 수축 기성	東亞日報	1932.05.28	석간 3	
2516	開城府居住의 高齡者表彰式	개성부 거주의 고령자 표창식	東亞日報	1932.06.03	석간 7	
2517	開城圖書舘竣工	개성도서관 준공	東亞日報	1932.06.03	석간 7	
2518	決算後에接收한在滿同胞慰護金品	결산후에 접수한 재만 동포위호금품	東亞日報	1932.06.10	석간 6	
2519	會合(회합)	회합	東亞日報	1932.06.10	석간 3	
2520	邊氏書道會 咸興에서開催	변씨서도회 함흥에서 개최	東亞日報	1932.06.10	석간 3	
2521	安城圖書舘開舘	안성도서관 개관	東亞日報	1932.06.12	석간 2	
2522	安城時話 公園重修落成	안성시화 공원 중수 낙성	東亞日報	1932.06.19	석간 2	
2523	咸興學生事件 學父兄大會	함흥 학생사건 학부형대회	東亞日報	1932.06.25	석간 2	
2524	咸興學生事件思想運動防止저코 학부형회를열고 교육후원회조직	함흥 학생사건 사상운동 방지하고자 학부형회를 열고 교육 후원회 조직	朝鮮日報	1932.06.28	석간 3	
2525	第二回브나로드 啓蒙隊員叅加氏名【十】【一】	제2회 브나로드 계몽대원 참가 씨명【10】【1】	東亞日報	1932.07.19	석간 6	
2526	保存會와儒契合同키로決定	보존회와 유계 합동키로 결정	東亞日報	1932.07.23	석간 4	
2527	文盲打破로 書堂이復興	문맹타파로 서당이 부흥	朝鮮日報	1932.07.24	석간 2	
2528	羅南時話 邑當局의失言	나남시화 읍당국의 실언	東亞日報	1932.08.04	석간 3	
2529	鄕校에寄附	향교에 기부	東亞日報	1932.08.11	석간 3	
2530	慶尙北道, 古式に則り文廟遷位祭, 文廟新築成る	경상북도, 옛방식에 따라 문묘 천위제, 문묘신축 완성	朝鮮新聞	1932.08.19	4	
2531	地方雜信	지방 잡신	東亞日報	1932.08.23	석간 3	
2532	製絲傳習會 甲山郡農會主催	제사전습회 갑산군 농회 주최	東亞日報	1932.08.31	석간 6	
2533	江原道, 文廟釋奠祭と明德靑年團總會	강원도, 문묘 석전제와 명덕청년단 총회	朝鮮新聞	1932.09.02	3	
2534	篤行者表彰	독행자 표창	東亞日報	1932.09.09	석간 6	
2535	南海時話 船賃引下不認可	남해시화 선임인하 불인가	東亞日報	1932.09.12	석간 3	
2536	鄕約契金으로 窮民을救濟	향약계금으로 궁민을 구제	東亞日報	1932.09.14	석간 3	
2537	面長技手會議	면장 기수회의	東亞日報	1932.09.15	석간 3	

연번	기사명(원문)	기사명(한글)	출전	발행일	면	비고
2538	高原染色講習	고원염색강습	東亞日報	1932.09.29	석간 4	
2539	模範農村を訪ねて(二); 儒敎を民衆化崇拜の習慣を作る; 文廟は內地の鎭守のやうに; 部落民の手で日常の淨化作業	모범농촌을 방문하여(2); 유교를 민중화 숭배의 습관을 만들다; 문묘는 내지의 진수처럼; 부락민의 손으로 일상의 정화작업	朝鮮新聞	1932.10.01	4	
2540	所感과 希望	소감과 희망	東亞日報	1932.10.05	석간 5	
2541	嶺誌販賣에 金海儒林憤起	영지 판매에 김해유림 분기	東亞日報	1932.10.19	석간 3	
2542	鄕校 慕聖契 임시총회	향교 모성계 임시총회	釜山日報	1932.10.26	5	
2543	金融組合의 過去現在將來 朝鮮庶民金融의解剖 (九)	금융조합의 과거 현재 미래 조선 서민금융의 해부(9)	東亞日報	1932.10.27	석간 8	金佑枰
2544	金融組合의 過去現在將來 朝鮮庶民金融의解剖 (十)	금융조합의 과거 현재 미래 조선 서민금융의 해부(10)	東亞日報	1932.10.28	석간 8	金佑枰
2545	慶尙北道, 文廟落成式	경상북도, 문묘 낙성식	朝鮮新聞	1932.10.29	4	
2546	文廟の落成式	문묘의 낙성식	釜山日報	1932.10.29	3	
2547	金融組合의 過去現在將來 朝鮮庶民金融의解剖 (十四)	금융조합의 과거 현재 미래 조선 서민금융의 해부(14)	東亞日報	1932.11.02	석간 8	金佑枰
2548	成川鄕約會 各里에設置	성천 향약회 각 리에 설치	東亞日報	1932.11.03	석간 4	
2549	金融組合의 過去現在將來 朝鮮庶民金融의解剖 (十五)	금융조합의 과거 현재 미래 조선 서민금융의 해부(15)	東亞日報	1932.11.03	석간 8	
2550	明倫會定總	명륜회 정기총회	東亞日報	1932.11.03	석간 4	
2551	寧越에서 農村振興會	영월에서 농촌진흥회	東亞日報	1932.11.06	석간 6	
2552	大邱文廟移建 五일이전식거행	대구문묘 이건 5일 이전식 거행	東亞日報	1932.11.07	석간 4	
2553	慶尙北道, 大邱の新名所文廟移轉落成式, 月見山の南西高地に純朝鮮式の殿堂成る	경상북도, 대구의 새로운 명소 문묘 이전 낙성식, 월견산의 남서고지에 순수 조선식의 전당을 만듦	朝鮮新聞	1932.11.07	3	
2554	旱魃이崇り小作料減額, 大邱府の鄕校財産	가뭄이 심하여 소작료 감액, 대구부의 향교재산	朝鮮新聞	1932.11.16.	3	
2555	大邱鄕校畓 自進作料減下 旱魃의被害를 생각하야	대구향교답 자진하여 소작료 감하 한발의 피해를 생각하여	中央日報	1932.11.17.	3	
2556	金海嶺誌事件 또부정이발각	김해영지사건 또 부정이 발각	東亞日報	1932.11.21	석간 4	
2557	咸北獨特의 鄕約	함경북도의 독특한 향약	朝鮮日報	1932.11.25	석간 6	
2558	沒書	몰서	東亞日報	1932.11.27	석간 3	
2559	兩班賣買하고저 長袖輩가蠢動	양반 매매하고자 장수배가 준동	朝鮮日報	1932.12.01	석간 6	
2560	定州에圖書館	정주에 도서관	東亞日報	1932.12.04	석간 3	
2561	永興儒林이敎化機關設置	영흥유림이 교화기관 설치	朝鮮日報	1932.12.10	석간 6	
2562	幼稚園을 後援하라	유치원을 후원하라	東亞日報	1932.12.10	석간 3	
2563	鳳城公普開校 봉화군봉성면에	봉성공립보통학교 개교 봉화군 봉성면에	朝鮮日報	1932.12.12	석간 4	
2564	假儒林蠢動으로 警告文發送	가짜 유림 준동으로 경고문 발송	朝鮮日報	1932.12.13	석간 6	
2565	江原道小作慣行調査	강원도 소작관행 조사	朝鮮日報	1932.12.14	석간 6	
2566	靈山儒林大會	영산 유림대회	東亞日報	1932.12.15	조간 4	

연번	기사명(원문)	기사명(한글)	출전	발행일	면	비고
2567	農村振興運動 各地各樣으로活動	농촌진흥운동 각지각양으로 활동	東亞日報	1932.12.17	조간 3	
2568	漆谷色服獎勵	칠곡 색복장려	東亞日報	1932.12.21	조간 5	
2569	三百九十名被告의 住所 氏名 年齡	390명 피고의 주소 씨명 연령	東亞日報	1932.12.28	호외 2	
2570	査定된鄕校豫算	사정된 향교예산	朝鮮日報	1933.01.18	석간 6	
2571	掌議選擧로 班常對立	장의선거로 반상 대립	朝鮮日報	1933.01.19	석간 6	
2572	大邱鄕校豫算	대구향교 예산	朝鮮新聞	1933.01.25.	4	
2573	地方論壇 明倫學院에 維持難	지방논단 명륜학원에 유지난	東亞日報	1933.02.03	석간 3	
2574	咸北國境素描(一), 詰襟服の知事サン以下, 『關北鄕約』への總進軍, 輝やかしき未來への期待	함경북도 국경소묘(1), 목닫이 양복을 입은 지사 산 이하, 『관북향약』으로 총진군, 빛나는 미래에 대한 기대	朝鮮新聞	1933.02.07	2	本社主催國境慰問第一班野崎生
2575	朝鮮의土地制度와 農民生活의歷史的考察 (32)	조선의 토지제도와 농민생활의 역사적 고찰 (32)	朝鮮日報	1933.02.08	석간 3	한장경
2576	牙山鄕校會總	아산향교 회총	東亞日報	1933.02.21	조간 3	
2577	城津商補校 明倫堂借用	성진상업보습학교 명륜당 차용	東亞日報	1933.02.23	석간 3	
2578	出版日誌	출판일지	朝鮮日報	1933.02.24	석간 4	
2579	南海鄕校의 移建에不平	남해향교의 이건에 불평	東亞日報	1933.02.25	조간 3	
2580	平山郡鄕校 掌議選擧執行	평산군 향교 장의선거 집행	朝鮮新聞	1933.02.25	3	
2581	世界協同組合運動의概況 【二十】	세계협동조합 운동의 개황 【20】	朝鮮日報	1933.03.01	석간 3	
2582	地方論壇 水原郡闕里祠重修	지방논단 수원군 궐리사 중수	東亞日報	1933.03.02	석간 3	
2583	國境視察코 池田警務局長談	국경시찰하고 이케다 경무국장 담	東亞日報	1933.03.02	석간 2	
2584	けふ文廟春期釋奠	오늘 문묘 춘기석전	朝鮮新聞	1933.03.03	1	
2585	地方論壇 文廟直員의 內幕	지방논단 문묘직원의 내막	東亞日報	1933.03.06	석간 4	
2586	儒林會幹部 家宅을搜索	유림회 간부 가택을 수색	東亞日報	1933.03.09	조간 2	
2587	鄕約維新會組織	향약유신회 조직	中央日報	1933.03.09	3	
2588	社說 年中行事의 入學難	사설 연중행사의 입학난	東亞日報	1933.03.10	석간 1	
2589	光陽鄕校에서孝子烈婦褒彰	광양향교에서 효자 열부 포창	朝鮮日報	1933.03.18	석간 3	
2590	會合	회합	東亞日報	1933.03.18	석간 3	
2591	慶興郡鄕校 追加更正豫算	경흥군 향교 추가 경정 예산	朝鮮新聞	1933.03.21	4	
2592	定州鄕校 掌議改選	정주향교 장의 개선	中央日報	1933.03.22	4	
2593	陰城에火災	음성에 화재	東亞日報	1933.03.23	조간 5	
2594	今日卒業式	금일 졸업식	東亞日報	1933.03.24	조간 2	
2595	地方論壇 明倫會의 黑幕	지방논단 명륜회의 흑막	東亞日報	1933.03.29	석간 3	
2596	馬山鄕校財産豫算	마산 향교재산 예산	東亞日報	1933.04.02	조간 3	
2597	鄕約契創立準備	향약계 창립 준비	中央日報	1933.04.08	3	
2598	平北土木管區를 龜城邑에設置	평북 토목관구를 구성읍에 설치	東亞日報	1933.04.18	석간 3	
2599	德山文廟에維持稧組織	덕산문묘에 유지계 조직	中央日報	1933.04.19	3	
2600	會合	회합	東亞日報	1933.04.20	석간 3	
2601	公州서도紛爭	공주서도 분쟁	東亞日報	1933.04.27	조간 3	

연번	기사명(원문)	기사명(한글)	출전	발행일	면	비고
2602	高靈社會 各方面人物 그들의 功績은 如左	고령사회 각 방면 인물 그들의 공적은 다음과 같음	中央日報	1933.04.28	4	
2603	逐年凋殘하는 朝鮮人의經濟	해마다 침체해가는 조선인의 경제	朝鮮日報	1933.04.29	석간 4	
2604	河東鄕校의 風紀를 論함	하동향교의 풍기를 논함	東亞日報	1933.04.29	석간 3	
2605	慶南鄕校豫算 五萬六千餘圓	경남향교 예산 5만 6천여 원	東亞日報	1933.05.02	조간 3	
2606	靈山鄕校記念式	영산향교 기념식	釜山日報	1933.05.09	7	
2607	어린이 祝福의 日! 各地旗行列·園遊會等	어린이 축복의 날! 각지 기 행렬·원유회 등	東亞日報	1933.05.10	석간 3	
2608	元楚線道路 着工祝賀會	원초선 도로 착공 축하회	東亞日報	1933.05.14	석간 3	
2609	半島學界曙光의 全北育英會誕生 貧寒한 學徒에 學資融通	반도학계 서광의 전북육영회 탄생 빈한한 학도에 학자융통	朝鮮中央日報	1933.05.15	4	
2610	運動場資金엇고자 全校學生이出役 吉州明倫學院에서	운동장 자금 얻고자 전교학생이 출역 길주명륜학원에서	朝鮮中央日報	1933.05.15	4	
2611	各地端午노리	각지 단오놀이	東亞日報	1933.05.25	조간 5	
2612	橫說竪說	횡설수설	東亞日報	1933.05.29	석간 1	
2613	作權移動頻頻	소작권이동 빈번하게	東亞日報	1933.06.01	석간 3	
2614	盧學者의文集	노학자의 문집	東亞日報	1933.06.13	석간 3	
2615	府鄕校財産 小作料 不良	부 향교재산 소작료 불량	釜山日報	1933.06.13	3	
2616	地方論壇儒林稧財産敎育費에充當하라	지방논단 유림계 재산 교육비에 충당하라	東亞日報	1933.06.24	석간 3	
2617	忠州文廟重修 경비六천원으로	충주문묘 중수 경비 6천 원으로	東亞日報	1933.07.01	조간 3	
2618	咸北女高普設立을可決	함북 여자고등보통학교 설립을 가결	東亞日報	1933.07.01	조간 3	
2619	明川機業傳習	명천기업전습	東亞日報	1933.07.15	조간 5	
2620	南朝鮮一帶水害義捐錄	남조선 일대 수해의연록	朝鮮中央日報	1933.07.21	5	
2621	南朝鮮水害義捐金品	남조선 수해 의연금품	朝鮮新聞	1933.07.22	2	
2622	郡廳을걸어 小作調定願	군청을 걸어 소작조정원	東亞日報	1933.07.23	석간 3	
2623	千五百啓蒙隊員活動 第三回 學生啓蒙運動 各地隊員消息 (一)	1천5백 계몽대원 활동 제3회 학생계몽운동 각지 대원 소식(1)	東亞日報	1933.07.27	조간 3	
2624	南朝鮮一帶 水害義捐錄 (廿七日取扱金)	남조선 일대 수해의연록 (27일 취급금)	朝鮮中央日報	1933.08.04	5	
2625	納凉俱樂部	납량구락부	東亞日報	1933.08.05	석간 3	
2626	振興運動寄附金品	진흥운동 기부금품	東亞日報	1933.08.08	조간 4	
2627	會合	회합	東亞日報	1933.08.11	석간 3	
2628	華川郡廳舍 新築運動	화천군청사 신축운동	朝鮮日報	1933.08.13	조간 4	
2629	鄕校舍建築費로 五百圓을寄呈	향교사 건축비로 5백 원을 부쳐드림	朝鮮日報	1933.08.20	조간 4	
2630	鄕校地使用을災民連署陳情	향교지 사용을 재민 연서 진정	東亞日報	1933.08.27	석간 3	
2631	千五百啓蒙隊員活動 第三回 學生啓蒙運動 各地隊員消息 (二十)	1천5백 계몽 대원 활동 제3회 학생계몽운동 각지 대원 소식 (20)	東亞日報	1933.08.30	조간 3	
2632	橫說竪說	횡설수설	東亞日報	1933.09.01	석간 1	

연번	기사명(원문)	기사명(한글)	출전	발행일	면	비고
2633	春柳面에서地方鄕約會	춘류면에서 지방 향약회	朝鮮日報	1933.09.04	석간 4	
2634	地方時論	지방시론	朝鮮中央日報	1933.09.09	4	
2635	永興鄕約維新會 文藝大會開催	영흥향약 유신회 문예대회 개최	東亞日報	1933.09.14	조간 6	
2636	聖稧基金濫費 辦償으로落着	성계 기금낭비 변상으로 낙착	東亞日報	1933.09.15	조간 5	
2637	槐山地主懇談	괴산지주 간담	東亞日報	1933.09.16	조간 3	
2638	圓坡 金祺中翁	원파 김기중 옹	朝鮮日報	1933.09.21	조간 1	
2639	咸鏡北道, 吉州都鄕約長梁在鴻氏當選	함경북도, 길주 도향약장 양재홍씨 당선	朝鮮新聞	1933.09.24	3	
2640	秋期釋奠	추기석전	東亞日報	1933.09.25	석간 2	
2641	文廟秋季釋奠	문묘 추계석전	朝鮮新聞	1933.09.25	1	典→奠
2642	成川鄕校修築	성천 향교 수축	朝鮮中央日報	1933.09.29	4	
2643	『文廟釋奠祭에有髮祭官勿參』	『문묘석전제에 단발하지 않은 제관은 참여하지 말 것』	朝鮮日報	1933.09.30	조간 3	
2644	農繁期인端午名節廢止絶叫	농번기인 단오 명절 폐지 절규	東亞日報	1933.10.01	조간 5	
2645	黃海道, 文廟釋奠大祭	황해도, 문묘석전대제	朝鮮新聞	1933.10.01	3	
2646	昆陽文廟釋奠祭擧行	곤양문묘 석전제 거행	朝鮮日報	1933.10.02	석간 4	
2647	長白縣에서朝滿蹴球大會	장백현에서 조만축구대회	朝鮮日報	1933.10.02	석간 4	
2648	自由結婚防止를絶對로勵行	자유결혼 방지를 절대로 힘써 행함	東亞日報	1933.10.05	석간 3	
2649	社會敎化團 二千二百餘個	사회교화단 2천2백여 개	東亞日報	1933.10.05	조간 5	
2650	竹細工講習會 十日부터또開催	죽세공강습회 10일부터 또 개최	東亞日報	1933.10.07	조간 5	
2651	江界問題座談會 (下) 順滿鐵道開通을 앞두고	강계문제 좌담회(하) 순만철도 개통을 앞두고	東亞日報	1933.10.20	조간 5	
2652	會合	회합	東亞日報	1933.10.21	조간 5	
2653	咸鏡北道, 吉州郡都鄕約, 第一回總會	함경북도, 길주군 도향 약, 제1회 총회	朝鮮新聞	1933.10.24	5	
2654	烈女를表彰	열녀를 표창	朝鮮日報	1933.11.01	조간 3	
2655	普校授業料全廢案可決	보통학교 수업료 전면폐지안 가결	朝鮮日報	1933.11.03	조간 1	
2656	文廟移轉運動 사리원으로	문묘 이전운동 사리원으로	東亞日報	1933.11.03	조간 5	
2657	生活改善運動 고창에서강화	생활개선운동 고창에서 강화	東亞日報	1933.11.09	조간 5	
2658	天安儒林座談會	천안유림 좌담회	東亞日報	1933.11.10	조간 5	
2659	鄕校財産훌륭하게이용共同團體에貸付	향교재산 훌륭하게 이용 공동단체에 대부	東亞日報	1933.11.11	석간 3	
2660	朝鮮農村의諸團體調査	조선농촌의 제단체 조사	東亞日報	1933.11.11	조간 4	
2661	昌原面の文廟, 改築に着手す	창원면의 문묘, 개축에 착수하다	朝鮮時報	1933.11.16	3	
2662	高敞鄕約에서 模範靑年表彰	고창향약에서 모범청년표창	朝鮮日報	1933.11.17	조간 3	
2663	文川兒童榮養講演	문천 아동영양 강연	朝鮮中央日報(여운형)	1933.11.21	4	
2664	書堂改良案	서당 개량안	朝鮮日報	1933.12.02	조간 1	

연번	기사명(원문)	기사명(한글)	출전	발행일	면	비고
2665	咸鏡北道, 茂山明倫學院オルガン寄贈	함경북도, 무산명륜학원 오르간 기증	朝鮮新聞	1933.12.15	3	
2666	下詩洞里の郷約契 總立總會, 自力更生事項申合せ	하시동리의 향약계 총립 총회, 자력갱생사항 합의	釜山日報	1933.12.17	4	
2667	蔚山邑誌反對 폐해가많다고	울산읍지반대 폐해가 많다고	東亞日報	1933.12.26	석간 3	
2668	年頭의主張 可慮할教育問題 道民을 代하야	연두의 주장 우려할 만한 교육 문제 도민을 대신하여	東亞日報	1934.01.03	석간 11	
2669	定州記者團 創立總會	정주기자단 창립총회	朝鮮日報	1934.01.09	석간 3	
2670	定州記者團 지난五일창립	정주기자단 지난 5일 창립	東亞日報	1934.01.10	석간 3	
2671	今番運動은 卅餘有志發起	금번 운동은 30여 유지 발기	東亞日報	1934.01.12	조간 2	
2672	咸鏡北道, 吉州都郷約第一回役員會	함경북도, 길주 도 향약 제1회 역원회	朝鮮新聞	1934.01.12	4	
2673	普校授業料徵收 前年보다不成績	보통학교 수업료 징수 전년보다 불성적	朝鮮日報	1934.01.16	조간 2	
2674	楚山婦人夜學	초산부인야학	東亞日報	1934.01.17	석간 2	
2675	郷校掌議選擧	향교 장의 선거	朝鮮日報	1934.02.03	조간 3	
2676	ナチス內政干涉壊, 聯盟に提訴, 西歐に重大波紋描かん	나치스 내정간섭 오스트리아, 연맹에 제소, 서구에 중대 파문 안돼	朝鮮新聞	1934.02.07	1	
2677	女子音樂의밤	여자음악의 밤	東亞日報	1934.02.13	조간 5	
2678	定州五山學校의回顧三十年史(上)	정주오산학교의 회고 30년사 (상)	東亞日報	1934.02.14	조간 3	
2679	江東郷約設立	강동 향약 설립	東亞日報	1934.02.20	조간 5	
2680	八面鋒	팔면봉	朝鮮日報	1934.02.22	석간 1	
2681	名義濫用問題로 南原儒林界紛糾	명의남용 문제로 남원유림계 분규	朝鮮日報	1934.02.24	조간 3	
2682	橫說堅說	횡설수설	東亞日報	1934.02.26	석간 1	
2683	公州文廟祭典	공주 문묘제전	釜山日報	1934.03.03	3	
2684	新明學院竣工 五일에낙성식	신명학원준공 5일에 낙성식	東亞日報	1934.03.05	석간 3	
2685	南原儒林界紛糾問題解決	남원유림계 분규 문제 해결	朝鮮日報	1934.03.08	석간 3	
2686	城大法文學會發刊[朝鮮社會經濟史](中)	성대법문학회 발간 [조선사회경제사] (중)	東亞日報	1934.03.08	조간 4	盧東奎
2687	咸興府郷校豫算會議開催	함흥부 향교 예산회의 개최	朝鮮新聞	1934.03.13	3	
2688	南原儒林界 紛糾問題再燃	남원유림계 분규 문제 재연	朝鮮日報	1934.03.18	조간 3	
2689	文廟春期釋奠純古典式で擧行さる	문묘 춘기석전 순수 고전식으로 거행되다	朝鮮新聞	1934.03.18	1	
2690	學校卒業式, 茂山明倫學院	학교 졸업식, 무산 명륜학원	朝鮮新聞	1934.03.20	4	
2691	咸鏡北道, 茂山文廟釋奠祭	함경북도, 무산문묘 석전제	朝鮮新聞	1934.03.21	3	
2692	成都郷約記念式	성도향약 기념식	朝鮮日報	1934.03.22	석간 3	
2693	文廟釋奠日에 儒林一名急死	문묘석전일에 유림 1명 급사	朝鮮日報	1934.03.24	조간 3	
2694	永興明倫學堂 學級增設計劃	영흥 명륜학당 학급 증설계획	東亞日報	1934.03.24	조간 5	
2695	烈婦表彰	열부표창	朝鮮日報	1934.03.28	조간 3	

연번	기사명(원문)	기사명(한글)	출전	발행일	면	비고
2696	作料倍徵으로 作權抛棄抵抗	소작료 배징수로 소작권 포기 저항	朝鮮日報	1934.03.31	석간 3	
2697	平康儒林에서 共同耕作實施	평강유림에서 공동경작 실시	朝鮮日報	1934.04.09	석간 3	
2698	各種品評會 表彰傳達式	각종 품평회 표창 전달식	朝鮮日報	1934.04.14	조간 3	
2699	平壤府宿題의 重要事項六件	평양부 숙제의 중요사항 6건	朝鮮日報	1934.04.15	조간 3	
2700	茂山明倫學院 義捐金遝至	무산명륜학원 의연금 답지	東亞日報	1934.04.20	조간 2	
2701	函館災民救濟義捐	하코다테 재민 구제의연	東亞日報	1934.04.25	석간 2	
2702	鬱陵島民 救護金	울릉도민 구호금	東亞日報	1934.04.26	석간 2	
2703	長淵記者團 創總開催	장연기자단 창립총회 개최	朝鮮日報	1934.04.27	조간 4	
2704	父兄會基金圖書館에流用四年間整理않고放置	부형회기금 도서관에 유용 4년 간 정리 않고 방치	東亞日報	1934.04.27	조간 6	
2705	會合	회합	東亞日報	1934.04.28	석간 3	
2706	稅務署廳舍로協議	세무서 청사로 협의	朝鮮日報	1934.05.01	조간 3	
2707	懸案의明倫女普 運動場擴張問題	현안의 명륜여자보통학교 운동장 확장 문제	朝鮮日報	1934.05.05	석간 3	
2708	會合	회합	東亞日報	1934.05.09	조간 5	
2709	『어린이날』記念	『어린이날』 기념	朝鮮日報	1934.05.12	석간 3	
2710	端午노리禁止 永興市民陳情	단오놀이금지 영흥시민 진정	東亞日報	1934.05.30	조간 5	
2711	中國語講習會	중국어 강습회	朝鮮日報	1934.06.01	석간 3	
2712	滿洲語講習會	만주어 강습회	東亞日報	1934.06.01	조간 5	
2713	郡誌發刊으로巨金을詐欺	군지발간으로 거금을 사기	東亞日報	1934.06.19	조간 6	
2714	慶源文廟	경원문묘	朝鮮新聞	1934.06.24	6	
2715	酢와醬○麵子까지 許可制度를採用	식초와 장○ 국수까지 허가제도를 채용	朝鮮日報	1934.06.25	석간 2	
2716	酒稅令改正 今一日부터實施	주세령 개정 오늘 1일부터 실시	東亞日報	1934.07.01	조간 4	
2717	永興儒林界 不正또綻露	영흥유림계 부정 또 탄로	東亞日報	1934.07.06	조간 5	
2718	共同耕作稧組織 鄕校畓自營	공동경작계 조직 향교답 자영	東亞日報	1934.07.07	석간 3	
2719	會合	회합	東亞日報	1934.07.11	조간 5	
2720	茂山庭球盛況	무산정구 성황	東亞日報	1934.07.13	석간 3	
2721	永興儒林界 不正續續發露	영흥유림계 부정 속속 발로	東亞日報	1934.07.21	조간 5	
2722	安邊果南里 架橋들運動	안변 과남리 가교들 운동	東亞日報	1934.07.27	조간 6	
2723	平安南道, 舊八月五日에平壤文廟를移轉, 儒敎의振興을圖るため盛大な移轉祭と催し	평안남도, 음력 8월 5일에 평양문묘 이전, 유교의 진흥을 도모하기 위해 성대한 이전제와 행사	朝鮮新聞	1934.07.31	3	
2724	三南農村瞥見記【廿六】共同耕作制度效果는오히려疑問	삼남농촌 별견기 【26】 공동 경작제도 효과는 오히려 의문	朝鮮日報	1934.08.08	조간 1	홍종인
2725	茂山庭球盛況	무산정구 성황	東亞日報	1934.08.11	조간 5	
2726	對策講究의 保護者無視 女敎員의月給不拂	대책강구의 보호자 무시 여교원의 월급 불지불	東亞日報	1934.08.24	조간 4	
2727	敎育	교육	朝鮮日報	1934.09.01	석간 5	
2728	平壤文廟移轉祭	평양문묘 이전제	朝鮮日報	1934.09.11	석간 5	

연번	기사명(원문)	기사명(한글)	출전	발행일	면	비고
2729	沃川鄕校重修落成	옥천향교 중수 낙성	朝鮮中央日報	1934.09.11	4	
2730	文廟秋季釋奠 十三日에 擧行	문묘추계석전 13일에 거행	朝鮮中央日報	1934.09.13	2	
2731	文廟秋季釋奠	문묘추계석전	朝鮮新聞	1934.09.14	1	典→奠
2732	奉川文廟秋季釋奠	봉천문묘 추계석전	朝鮮中央日報	1934.09.15	4	
2733	平壤의 文廟奉遷祭	평양의 문묘봉천제	朝鮮中央日報	1934.09.15	4	
2734	平安南道, 文廟奉遷式元上需公普校跡へ 十三日盛大に 擧行	평안남도, 문묘봉천식 전 상수공립보통학교 터로 13일 성대하게 거행	朝鮮新聞	1934.09.15	3	
2735	文廟移轉祭典盛況으로擧行	문묘이전 제전 성황으로 거행	朝鮮日報	1934.09.16	석간 5	
2736	永柔文廟釋奠	영유문묘 석전	朝鮮中央日報	1934.09.17	3	
2737	都鄕約創立總會, 茂山文廟で創立總會	도향약 창립총회, 무산문묘에서 창립총회	朝鮮新聞	1934.09.17	3	
2738	大聖孔子祭	대성공자제	東亞日報	1934.09.19	조간 1	
2739	文廟祭典に參集の儒林へ郡守講演	문묘제전에 모인 유림에게 군수 강연	釜山日報	1934.09.21	3	
2740	軍威婦人講習會	군위 부인강습회	東亞日報	1934.10.07	조간 5	
2741	二百餘名의連署로 堤防改修를陳情	2백여 명의 연서로 제방개수를 진정	東亞日報	1934.10.09	조간 5	
2742	三更生部落과『홈스펀』工場視察	3갱생부락과『홈스펀』공장시찰	朝鮮日報	1934.10.16	조간 4	
2743	朝鮮心과 朝鮮色 (其二) 朝鮮特有의 社會制度 〈六〉	조선심과 조선색(2) 조선 특유의 사회제도(6)	東亞日報	1934.10.26	석간 1	
2744	鄕校重修費로 三千圓徵收 災民民衆의 非難藉藉	향교 중수비로 3천 원 징수 이재민 민중의 비난 자자	朝鮮中央日報	1934.10.28	3	
2745	『鄕約』의 新方策으로 敎壇赤化를 防止	『향약』의 신방책으로 교단적화를 방지	朝鮮中央日報	1934.10.28	3	
2746	鳳山文廟重修	봉산문묘 중수	朝鮮日報	1934.10.31	석간 5	
2747	咸鏡北道, 鄕約의 徹底를 期し關係者打合せ會, 春窮對策注目さる	함경북도, 향약의 철저를 기하려 관계사 협의회, 춘궁기 대책 주목됨	朝鮮新聞	1934.11.01	5	
2748	宗敎	종교	朝鮮日報	1934.11.02	조간 3	
2749	社說	사설	朝鮮中央日報	1934.11.02	1	
2750	鳳山郡文廟重修落成	봉산군 문묘 중수 낙성	朝鮮中央日報	1934.11.02	3	
2751	檀君陵修築消息 石物은거의完成 陵修築은明春에	단군릉 수축소식 석물은 거의 완성 능 수축은 내년 봄에	東亞日報	1934.11.11	석간 2	
2752	各地獻納金은 不過三千圓	각지 헌납금은 불과 3천 원	朝鮮日報	1934.11.12	석간 2	
2753	鄕約總會開催	향약총회 개최	朝鮮新聞	1934.11.18	3	
2754	朝鮮心과 朝鮮色 (其四) 吏讀로부터 한글까지 〈四〉	조선심과 조선색(4) 이두로부터 한글까지 〈4〉	東亞日報	1934.11.25	석간 3	
2755	ハガキ集	엽서집	朝鮮新聞	1934.11.26	4	
2756	痲藥豫防協會 靈岩支部發會	마약예방협회 영암지부발회	朝鮮日報	1934.11.30	조간 3	
2757	痲藥中毒者를 明倫堂에收容	마약중독자를 명륜당에 수용	朝鮮日報	1934.12.01	조간 3	

연번	기사명(원문)	기사명(한글)	출전	발행일	면	비고
2758	教育界의不祥事 明新校紛糾惡化	교육계의 불상사 명신교 분규 악화	朝鮮日報	1934.12.04	석간 5	
2759	作料徵收員을 廢止 現物로 面所一任	소작료 징수원을 폐지 현물로 면소 일임	朝鮮中央日報	1934.12.05	3	
2760	前世紀遺物된儒生 全國에廿二萬七千	전세기 유물된 유생 전국에 22만7천	朝鮮日報	1934.12.06	조간 2	
2761	咸鏡南道, 尹北靑郡守主唱의明倫學術講習所, 中堅人物養成의 目的	함경남도, 윤 북청군수 주창의 명륜학술 강습소, 중견인물 양성 목적	朝鮮新聞	1934.12.09	4	
2762	鄕校土地와 面有地 小作料를 또引上	향교토지와 면유지 소작료를 또 인상	朝鮮中央日報	1934.12.18	3	
2763	消息	소식	東亞日報	1934.12.18	석간 5	
2764	地方人事	지방 인사	朝鮮日報	1934.12.19	조간 3	
2765	甲午東亂七義士 襃揚期成會組織 洪城文廟直員等이	갑오동란 7의사 포장기성회 조직 홍성문묘 직원 등이	朝鮮中央日報	1934.12.25	3	
2766	中庸學院設立	중용학원 설립	東亞日報	1934.12.28	석간 5	
2767	文廟直員問題로郡廳과儒林對峙	문묘 직원문제로 군청과 유림 대치	朝鮮日報	1935.01.15	조간 3	
2768	務安鄕校掌議改選	무안향교 장의 개선	朝鮮時報	1935.01.16	2	
2769	鄕校議員選擧	향교 의원 선거	朝鮮時報	1935.01.24	2	
2770	明倫學術講習所 校舍新築期成	명륜학술강습소 기숙사 신축기성	朝鮮日報	1935.01.26	석간 5	
2771	店員에商業敎育 개성부에서	점원에 상업교육 개성부에서	東亞日報	1935.01.26	석간 5	
2772	掌議選擧問題로 一般儒林憤慨	장의선거 문제로 일반유림 분개	朝鮮日報	1935.01.28	석간 3	
2773	楚山公普校主催婦人夜學盛況	초산공립보통학교 주최 부인 야학 성황	朝鮮日報	1935.01.28	석간 2	
2774	鄕校財産千圓을 敎育事業에補助	향교재산 1천 원을 교육사업에 보조	朝鮮日報	1935.01.29	조간 3	
2775	내地方当面問題南平江東篇	내 지방 당면문제 남평 강동편	東亞日報	1935.02.02	조간 3	
2776	前黃海警察部員中心 瀆職收賄事件 送局	전 황해 경찰부원 중심 독직수뢰사건 송국	朝鮮日報	1935.02.04	석간 3	
2777	茂山卓球大會 본지국주최로	무산탁구대회 본지국 주최로	東亞日報	1935.02.06	석간 5	
2778	地方人事	지방 인사	朝鮮日報	1935.02.07	조간 3	
2779	咸安圖書舘今春에復興?	함안도서관 올봄에 부흥?	朝鮮日報	1935.02.08	석간 5	
2780	全咸南의宿願인 女高普設立實現	함경남도 전체의 숙원인 여고보 설립 실현	朝鮮日報	1935.02.14	석간 5	
2781	瀆職,名譽毁損로ㅇ高原郡守를告訴	독직, 명예훼손으로 고원군수를 고소	朝鮮日報	1935.02.14	석간 5	
2782	六十戶窮民에 同情物品配給	60호 궁민에 동정 물품 배급	朝鮮日報	1935.02.14	석간 5	
2783	朝鮮의文化遺産特殊性과아울러그 傳承方法(十一)	조선의 문화유산 특수성과 아울러 그 전승방법(11)	東亞日報	1935.02.14	석간 3	憂憂子
2784	茂山卓球大會 성황리에종료	무산탁구대회 성황리에 종료	東亞日報	1935.02.14	조간 3	
2785	李喆載氏孝誠襃彰	이철재씨 효성 포창	朝鮮中央日報	1935.02.22	2	

연번	기사명(원문)	기사명(한글)	출전	발행일	면	비고
2786	鄕約評議員會	향약 평의원회	朝鮮新聞	1935.02.22	4	
2787	信川掌議選擧	신천 장의 선거	朝鮮日報	1935.02.26	조간 3	
2788	咸興女高普設置에 文泰洙氏가二萬圓	함흥여고보 설치에 문태수씨가 2만 원	東亞日報	1935.03.02	석간 5	
2789	土木管區新築	사목관구 신축	朝鮮日報	1935.03.03	석간 2	
2790	各學校卒業式	각 학교 졸업식	朝鮮日報	1935.03.03	조간 2	
2791	厚昌幼稚園設置를決定	후창유치원 설치를 결정	東亞日報	1935.03.03	석간 5	
2792	學院에鍾寄附	학원에 종 기부	東亞日報	1935.03.03	조간 3	
2793	千餘組員配當分을 敎育費에提供해 鰲山金組員의敎育熱	천여 조원 배당분을 교육비에 제공해 오산금융조합원의 교육열	朝鮮日報	1935.03.05	석간 5	
2794	鳳山郡 內 文廟 ; 常議員 選擧	봉산군 내 문묘 ; 상의원 선거	釜山日報	1935.03.06	5	
2795	[수안향교]	[수안향교]	朝鮮中央日報	1935.03.07	3	
2796	咸鏡北道, 慶源郡鄕約總會附議事項	함경북도, 경원군 향약총회 부의사항	朝鮮新聞	1935.03.07	5	
2797	會合	회합	東亞日報	1935.03.10	석간 5	
2798	文廟春期釋奠	문묘 춘기석전	朝鮮新聞	1935.03.10	3	
2799	慶興郡都鄕約發會式을擧行	경흥군 도향약 발회식을 거행	朝鮮新聞	1935.03.12	4	
2800	文廟春期釋奠	문묘 춘기석전	朝鮮新聞	1935.03.13	1	
2801	善行者表彰式	선행자 표창식	朝鮮日報	1935.03.15	석간 5	
2802	設立中의咸興女高普 新學期부터開校?	설립중인 함흥여자고등보통학교 신학기부터 개교?	東亞日報	1935.03.16	조간 3	
2803	永興農蠶校 昇格期成會	영흥농잠교 승격 기성회	東亞日報	1935.03.16	석간 5	
2804	茂山都鄕約會	무산 도 향약회	朝鮮新聞	1935.03.18	3	
2805	咸鏡北道, 慶源都鄕約에 鄕立學院設置, 普校卒의生徒募集	함경북도, 경원도 향약에 향립학원 설치, 보통학교 졸업한 생도 모집	朝鮮新聞	1935.03.23	4	
2806	卒業式	졸업식	朝鮮新聞	1935.03.23	2	
2807	榮譽의卒業生들……各地男女中等校	영예의 졸업생들 ……각 지 남녀 중등학교	東亞日報	1935.03.23	석간 3	
2808	特別原稿大公募	특별원고 대공모	東亞日報	1935.03.28	조간 1	
2809	明倫學院設立	명륜학원 설립	東亞日報	1935.03.28	조간 2	
2810	橫說竪說	횡설수설	東亞日報	1935.03.31	석간 1	
2811	本報創刊十五週年記念特別原稿大公募	본보 창간 15주년 기념 특별원고 대공모	東亞日報	1935.03.31	석간 3	
2812	破壞된 位牌를 整安코저 討議	파괴된 위패를 정돈하여 봉안코자 토의	朝鮮中央日報	1935.04.06	3	
2813	抑鬱千萬 徐景泰氏 談	억울천만 서경태씨 담	東亞日報	1935.04.06	조간 2	
2814	長城의白日塲	장성의 백일장	朝鮮日報	1935.04.07	석간 6	
2815	多年功績싼敎員에	다년 공적 쌓은 교원에	朝鮮日報	1935.04.07	석간 6	
2816	初等敎育擴充	초등교육 확충	朝鮮日報	1935.04.08	석간 1	

연번	기사명(원문)	기사명(한글)	출전	발행일	면	비고
2817	文廟落成을機會 全朝鮮儒林大會	문묘 낙성을 기회 전 조선 유림대회	朝鮮日報	1935.04.09	조간 3	
2818	平安南道, 六月初旬平壤で全鮮儒林總會, 文廟移轉落成式を兼ね六月末ごろ盛大に	평안남도, 6월 초순 평양에서 전 조선 유림총회, 문묘 이전 낙성식을 겸하여 6월 말경 성대하게	朝鮮新聞	1935.04.09	4	
2819	金郡守相對告訴 檢局公判開始	김군수상대고소 검국공판 개시	朝鮮日報	1935.04.10	석간 5	
2820	五百五十二鄕校의所有財産一千餘萬圓	552향교의 소유재산 1천여만 원	東亞日報	1935.04.11	석간 2	
2821	一年間收入만 五十餘萬圓突破	1년간 수입만 50여만 원 돌파	東亞日報	1935.04.11	석간 2	
2822	橫說竪說	횡설수설	東亞日報	1935.04.12	석간 1	
2823	本報創刊十五週年記念特別原稿大公募	본보 창간 15주년 기념 특별원고 대공모	東亞日報	1935.04.12	석간 4	
2824	長白縣在留同胞 十年間流離動態	장백현 재류동포 10년간 유리 동태	東亞日報	1935.04.15	석간 8	
2825	社說鄕校財産의處理問題	사설 향교재산의 처리 문제	東亞日報	1935.04.16	조간 1	
2826	本報創刊十五週年記念特別原稿大公募	본보 창간 15주년 기념 특별원고 대공모	東亞日報	1935.04.17	석간 4	
2827	特別原稿大公募	특별원고 대공모	東亞日報	1935.04.20	석간 3	
2828	本報創刊十五週年記念特別原稿大公募	본보 창간 15주년 기념 특별원고 대공모	東亞日報	1935.04.23	석간 3	
2829	檀君陵修築 封墳工事着工	단군릉 수축 봉분공사 착공	東亞日報	1935.04.23	석간 2	
2830	寄附金收合不振 女高普認可遲延?	기부금 수합 부진 여고보 인가 지연?	朝鮮日報	1935.04.25	석간 5	
2831	義務敎育과財源 鄕校,寺刹,不用官有財用의編入【十】	의무교육과 재원 향교, 사찰, 불용관유재용의 편입 【10】	朝鮮日報	1935.04.26	조간 1	
2832	鄕校의名譽職팔고 村夫子等詐欺	향교의 명예직 팔고 촌부자 등 사기	東亞日報	1935.04.27	석간 2	
2833	僞造鄕校職帖으로 所謂『兩班』을詐欺	위조 향교 직첩으로 소위 『양반』을 사기	朝鮮中央日報(여운형)	1935.04.27	2	
2834	更生十年計畫	갱생 10년 계획	朝鮮日報	1935.04.28	석간 8	
2835	公認宗敎現勢	공인 종교 현세	朝鮮日報	1935.05.03	석간 1	
2836	咸南鄕校財産廿九萬餘圓	함남 향교재산 29만여 원	東亞日報	1935.05.06	석간 4	
2837	難産을豫想하든咸興女高遂認可	난산을 예상하든 함흥여고 드디어 인가	東亞日報	1935.05.08	조간 3	
2838	孔子聖像盜難	공자성상 도난	朝鮮日報	1935.05.15	석간 5	
2839	咸興女高位置決定	함흥여고 위치 결정	朝鮮日報	1935.05.24	석간 5	
2840	咸興女高普敷地盤龍山麓으로決定	함흥여고보 부지 반룡산록으로 결정	東亞日報	1935.05.24	석간 5	
2841	本報創刊十五週年記念採擇特別原稿發表	본보 창간 15주년 기념 채택 특별원고 발표	東亞日報	1935.05.25	석간 5	
2842	地方論壇 載寧學院昇格에 對하야	지방논단 재령학원 승격에 대하야	東亞日報	1935.05.29	조간 4	
2843	地方論壇 中學院設立에 對하야	지방논단 중학원 설립에 대하여	東亞日報	1935.05.29	조간 4	

연번	기사명(원문)	기사명(한글)	출전	발행일	면	비고
2844	地方人事	지방 인사	朝鮮新聞	1935.05.30	3	
2845	宇垣總督의動靜	우가키 총독의 동정	朝鮮日報	1935.06.01	석간 1	
2846	各地의端午노리	각지의 단오놀이	東亞日報	1935.06.03	석간 4	
2847	鄕校文庫에書籍을寄贈	향교 문고에 서적을 기증	朝鮮日報	1935.06.06	석간 5	
2848	平北に中等學校, 建設方を提議す, 鄕校財産十五万圓で 百餘名す有志大會開催	평북에 중등학교, 건설 방안을 제의함, 향교재산 154만 원으로 백여 명의 유지 대회개최	釜山日報	1935.06.06	5	
2849	文廟掌議選擧	문묘장의 선거	釜山日報	1935.06.06	3	
2850	文盲退治事業功勞者表彰式	문맹퇴치사업 공로자 표창식	朝鮮日報	1935.06.07	석간 5	
2851	有力者五百餘名會合 定州에女高普運動	유력자 5백여 명 회합 정주에 여자고등보통학교 운동	東亞日報	1935.06.08	석간 5	
2852	普校擴充十個 年計畫	보통학교 확충 10개년 계획	朝鮮日報	1935.06.13	조간 1	
2853	文化私議 (九) 母性救族論(二) 家政婦人校廣設議	문화사의 (9) 모성구족론(2) 가정부인교 광설의	朝鮮日報	1935.06.15	석간 1	안재홍
2854	文廟掌議選擧	문묘장의 선거	釜山日報	1935.06.15	4	
2855	設置도 未定인平北女高 各地에서誘致運動	설치도 미정인 평북여고 각지에서 유치운동	東亞日報	1935.06.16	석간 5	
2856	泗川郡鄕校의 文廟聖殿重修	사천군 향교의 문묘 성전 중수	朝鮮日報	1935.06.18	조간 3	
2857	東亞살롱	동아 살롱	東亞日報	1935.06.22	석간 3	
2858	祭需費橫領한? 鄕校직이被逮	제수비 횡령한? 향교직원이 붙잡힘	朝鮮日報	1935.06.23	조간 3	鄕橋→鄕校
2859	平北女子高普 位置問題에對하야	평북여자고등보통학교 위치문제에 대하여	朝鮮日報	1935.06.23	석간 6	
2860	文廟直員問題로 韓山儒林蹶起	문묘 직원 문제로 한산유림 궐기	朝鮮日報	1935.06.23	조간 3	
2861	鄕校祭祀費 橫領한사람	향교 제사비 횡령한 사람	東亞日報	1935.06.23	조간 3	
2862	故朴周晟女史 除幕式을 擧行	고 박주성 여사 제막식을 거행	朝鮮中央日報	1935.06.24	4	
2863	地方論壇 女高普位置問題로平北道當局에一言	지방논단 여고보 위치문제로 평북도 당국에 일언	東亞日報	1935.06.27	조간 3	
2864	地方論壇 慈城普校卒業生의將來가問題	지방논단 자성보통학교 졸업생의 장래가 문제	東亞日報	1935.06.28	조간 3	
2865	高興農修校開校	고흥농업전수학교 개교	東亞日報	1935.06.28	석간 5	
2866	敎育朝鮮의 숨은 金字塔 甑山彰新學校 오늘을 싸흔 苦鬪卅年史 (一)	교육조선의 숨은 금자탑 증산 창신학교 오늘을 쌓은 고투 30년사 (1)	東亞日報	1935.06.29	석간 3	姜永翰
2867	大人氣集中裡 高原八景選擇	대인기 집중리 고원 8경 선택	東亞日報	1935.07.04	조간 3	
2868	橫說竪說	횡설수설	東亞日報	1935.07.04	석간 1	
2869	理想·感情에사는 藝術家게에名譽를주라	이상·감정에 사는 예술가에게 명예를 주라	朝鮮日報	1935.07.06	조간 13	
2870	普校第二次擴充案과財源	보통학교 제2차 확충안과 재원	朝鮮日報	1935.07.10	조간 1	
2871	崔氏孝烈碑 除幕式擧行	최씨효열비 제막식 거행	朝鮮日報	1935.07.19	조간 3	
2872	古建物巡禮 (8) 風化의源이든 文廟	고건물순례 (8) 풍화의 근원인 문묘	朝鮮日報	1935.07.20	석간 5	호암

연번	기사명(원문)	기사명(한글)	출전	발행일	면	비고
2873	十年間耕作하든 作權을無理剝奪	10년간 경작하던 소작권을 무리하게 박탈	朝鮮日報	1935.07.26	석간 5	
2874	地方集會	지방 집회	朝鮮中央日報	1935.07.31	3	
2875	地方論壇鄕校財産의濫用	지방논단 향교재산의 남용	東亞日報	1935.08.03	조간 4	
2876	平康 西朝鮮蹴,庭大會	평강 서조선 축구·정구대회	朝鮮日報	1935.08.07	조간 3	
2877	老松그늘에 納凉	노송 그늘에 납량	朝鮮日報	1935.08.15	석간 6	
2878	棍棒든十餘靑年이 鄕約長區長等을 亂打逃走	곤봉든 10여 청년이 향약장 구장 등을 난타 도주	朝鮮日報	1935.08.19	석간 3	
2879	文廟秋期釋典	문묘 추기석전	朝鮮新聞	1935.08.25	2	
2880	養正得點 卅三點	양정 득점 33점	朝鮮日報	1935.08.27	석간 2	
2881	咸興女高普 新築에着手	함흥여고보 신축에 착수	東亞日報	1935.08.27	석간 5	
2882	文廟釋典	문묘 석전	朝鮮新聞	1935.08.27	7	
2883	養正軍不安을늣기며 優勝하기까지의經緯	양정군 불안을 느끼며 우승하기까지의 경위	朝鮮日報	1935.08.28	석간 2	
2884	高原公園과 共同墓地	고원공원과 공동묘지	東亞日報	1935.08.29	조간 3	
2885	淸道鄕校の 善行 表彰	청도향교의 선행 표창	釜山日報	1935.08.29	5	
2886	文廟釋尊大祭	문묘 석전대제	釜山日報	1935.08.29	3	
2887	『殖産契』는 金組의分子	『식산계』는 금융조합의 분자	朝鮮日報	1935.08.30	조간 4	
2888	文廟秋期釋典	문묘 추기석전	朝鮮新聞	1935.08.30	1	
2889	問題의 殖産契令 三十日附로 公布 契는 部落單位로 組織	문제의 식산계령 30일부로 공포 계는 부락 단위로 조직	朝鮮中央日報	1935.08.30	4	
2890	殖産契令三十日附로發令	식산계령 30일부로 발령	東亞日報	1935.08.30	석간 6	
2891	殖産稧令의發表	식산계령의 발표	朝鮮日報	1935.08.31	조간 1	
2892	郡誌를中心으로 淸道儒林界分裂	군지를 중심으로 청도 유림계 분열	朝鮮日報	1935.08.31	석간 5	
2893	淸道郡鄕校の敬老行事	청도군 향교의 경로행사	釜山日報	1935.08.31	4	
2894	慶尙北道, 文廟秋季釋奠	경상북도, 문묘 추계석전	朝鮮新聞	1935.08.31	5	
2895	文廟秋期釋典, 總督總監參列	문묘 추기석전, 총독총감 참열	朝鮮時報	1935.08.31	3	
2896	文廟秋季釋尊祭 ; 參列의 儒林兩 班連に 國旗揭揚其他を宣傳	문묘 추계석전제; 참렬 유림 양반들에게 국기계양, 기타를 선전	釜山日報	1935.08.31	4	
2897	昨三十日附로總督府에서는殖産契 令를發布하엿는…	어제 30일부로 총독부에서는 식산계령을 발포하였는…	東亞日報	1935.09.01	석간 1	
2898	四十餘儒林ら明倫堂改築決議,即席 で六百圓據出	40여 유림들 명륜당 개축 결의, 즉석에서 600원 거출	朝鮮新聞	1935.09.01	2	
2899	文廟秋季釋奠祭	문묘 추계석전제	朝鮮新聞	1935.09.02	3	
2900	文廟秋季釋奠及び儒林座談會, 燕 岐, 全義各文廟で	문묘 추계석전 및 유림 좌담회, 연기, 전의 각 문묘에서	朝鮮新聞	1935.09.03	3	
2901	慶源郡都鄕約秋季總會開かる	경원군 도 향약 추계총회가 열리다	朝鮮新聞	1935.09.03	3	
2902	全朝鮮儒林大會 平壤에서 開催	전조선유림대회 평양에서 개최	朝鮮中央日報	1935.09.04	2	
2903	義州儒林에서御筆保管決議	의주유림에서 어필 보관 결의	朝鮮日報	1935.09.06	석간 6	

연번	기사명(원문)	기사명(한글)	출전	발행일	면	비고
2904	金錢强要問題로 鄕校掌議被訴	금전 강요 문제로 향교장의 피소	朝鮮日報	1935.09.08	조간 3	
2905	『古蹟은 先祖의 遺産』京城府의 古蹟愛護熱 各方面으로 宣傳한다고	『고적은 선조의 유산』 경성부의 고적애호 열기 각 방면으로 선전한다고	朝鮮中央日報	1935.09.08	2	
2906	高原鄕校後園에 疑問의 結項屍	고원 향교 후원에 의문의 목을 멘 시체	東亞日報	1935.09.10	조간 4	
2907	文廟構內에서 亂舞禁止陳情	문묘 구내에서 난무금지 진정	朝鮮日報	1935.09.18	조간 3	
2908	南坪蹴球大會 優勝은茂山과南坪	남평축구대회 우승은 무산과 남평	東亞日報	1935.09.20	조간 3	
2909	三個年繼續으로 百餘夜學을開講	3개년 계속하여 백여 야학을 개강	朝鮮日報	1935.09.29	석간 7	
2910	一人一題 (四) [復古經濟의 任務	1인1제 (4) [복고경제]의 임무	東亞日報	1935.09.29	석간 8	白南雲
2911	奠聖契財産을中心 高興鄕校內의紛糾	존성계 재산을 중심 고흥향교 내의 분규	朝鮮日報	1935.10.03	조간 3	
2912	社會事業槪觀 渡邊學務局長 談	사회사업 개관 와타나베 학무국장 담	東亞日報	1935.10.04	조간 4	
2913	錦洲許先生 儒林葬擧行準備	금주 허선생 유림장 거행 준비	朝鮮日報	1935.10.06	조간 3	
2914	文廟維持楔에 金百圓을 寄附	문묘유지계에 금 100원을 기부	朝鮮中央日報	1935.10.06	3	
2915	初等敎育擴充案檢討 義務敎育實施遲遲 地方民의寄附는負擔過重 (中)	초등교육 확충안 검토 의무교육 실시 지지 지방민의 기부는 부담 과중 (중)	朝鮮日報	1935.10.10	조간 1	김인이
2916	鄕校重修記念白日場,弓術會	향교중수기념 백일장, 궁술회	朝鮮日報	1935.10.11	석간 5	
2917	鄕校重修落成記念 泗川弓術大會	향교중수 낙성기념 사천 궁술대회	東亞日報	1935.10.14	석간 3	
2918	人事·集會	인사·집회	朝鮮日報	1935.10.15	조간 1	
2919	靑岩面所의 駭怪事	청암면소의 해괴한 일	朝鮮中央日報	1935.10.27	3	
2920	泗川서開催된白日場,弓術會	사천에서 개최된 백일장, 궁술회	朝鮮日報	1935.10.30	석간 5	
2921	平安南道; 文廟落成式當日全鮮儒林大會各地より集まる儒者三百餘名; 詩文大會も開く	평안남도, 문묘낙성식 당일 전조선유림대회 각지에서 모여드는 유자 300여 명, 시문대회도 열어	朝鮮新聞	1935.10.31	4	
2922	文廟落成を機に儒林大會を開催; 全鮮儒者三百名參列	문묘 낙성을 기해 유림대회를 개최, 전조선 유자 300명 참렬	朝鮮新聞	1935.11.03	2	
2923	明倫普校訓導 高義淳氏表彰	명륜보통학교 훈도 고의순씨 표창	朝鮮日報	1935.11.05	석간 5	
2924	回甲記念으로 普校에五百圓 재령 강용하씨	회갑기념으로 보통학교에 5백원 재령 강용하씨	東亞日報	1935.11.11	석간 4	
2925	成三問碑閣重修費로 一金千圓을提供	성삼문 비각 중수비로 일금 1천원을 제공	朝鮮日報	1935.11.14	조간 3	
2926	朝鮮儒敎會 會寧支敎會發會	조선유교회 회령지교회 발회	朝鮮日報	1935.11.16	석간 6	
2927	文盲退治爲主로 婦人夜學開催	문맹퇴치 위주로 부인야학 개최	朝鮮日報	1935.11.17	석간 5	
2928	義務敎育과 朝鮮	의무교육과 조선	朝鮮日報	1935.11.20	조간 1	
2929	燕岐郡二文廟の儒林懇談會開く, 掌議改選執行さる	연기군 두 문묘의 유림간담회 개최, 장의개선 집행되다	朝鮮新聞	1935.11.21	3	
2930	平昌文廟一部修繕	평창문묘 일부 수선	朝鮮新聞	1935.11.23	4	

연번	기사명(원문)	기사명(한글)	출전	발행일	면	비고
2931	江西儒林會主催 孝烈婦를表彰	강서유림회 주최 효행 열부를 표창	朝鮮日報	1935.11.27	석간 5	
2932	全州府主催で孝子節婦表彰式, 二十六日文廟で開催	전주부 주최로 효자절부 표창식, 26일 문묘에서 개최	朝鮮新聞	1935.11.28	5	
2933	天安郡文廟掌議選擧實施	천안군 문묘 장의 선거 실시	朝鮮新聞	1935.11.29	3	
2934	朝鮮人思想에 잇서서의 [아세아的]形態에 對하야 (二)	조선인 사상에 있어서 [아세아적] 형태에 대하여 (2)	東亞日報	1935.12.01	석간 3	李淸源
2935	平昌グラウンド工事進捗竣工近し	평창운동장 공사 진척 준공 가까워져	朝鮮新聞	1935.12.01	2	
2936	完州郡に於ける孝子節婦表彰式三十日高山文廟で	완주군에서 효자절부 표창식 30일 고산 문묘에서	朝鮮新聞	1935.12.03	5	
2937	昔時에는南靈北岳으로 全朝鮮的으로高名	옛날에는 남영북악으로 전조선적으로 이름이 높아	東亞日報	1935.12.03	조간 4	
2938	慶山郡鄕校其他打合會	경산군 향교 기타 타합회	朝鮮新聞	1935.12.06	5	
2939	儒林三十餘名淸州文廟參拜, 安參與官은論語講釋, 儒林中心の心田開發運動	유림 30여 명 청주문묘 참배, 안 참여관은 논어 강석, 유림 중심의 심전개발운동	朝鮮時報	1935.12.13	3	
2940	茂山明倫學院夜學이盛況	무산 명륜학원 야학이 성황	東亞日報	1935.12.15	조간 4	
2941	掌議選擧場風	장의 선거장 풍경	朝鮮日報	1935.12.27	석간 6	
2942	鄕校中心으로 黑幕이暴露?	향교중심으로 흑막이 폭로?	東亞日報	1935.12.30	석간 3	
2943	勤儉貯蓄으로成家 慈善에德埀까지	근검저축으로 집안을 일으키고 자선에 덕영까지	朝鮮日報	1935.12.31	석간 3	
2944	實施의 根本問題 各種의 財源檢討	실시의 근본문제 각종 재원검토	東亞日報	1936.01.01	석간 9	
2945	中央高普校長 玄相允氏 談	중앙고보교장 현상윤씨 담	東亞日報	1936.01.01	석간 9	
2946	養正高普校長 安鍾元氏談	양정고보교장 안종원씨 담	東亞日報	1936.01.01	석간 9	
2947	鄕校財産一千餘萬圓	향교재산 1천여만 원	東亞日報	1936.01.01	석간 9	
2948	自力自守의異彩 特色잇는組織과그傳統	자력자수의 이채 특색 있는 조직과 그 전통	東亞日報	1936.01.01	석간 45	
2949	義務教育實施에 伴한 根本問題數三	의무교육실시에 따른 근본 문제 수3	東亞日報	1936.01.04	석간 5	
2950	初等教育普及 計畫內容發表	초등교육 보급 계획내용 발표	朝鮮日報	1936.01.09	조간 1	
2951	一業連綿両三代(八)李朝商業史最後遺物前世紀唯一百貨店	일업연면 이 삼대(8) 이조상업사 최후 유물 앞세기 유일 백화점	朝鮮日報	1936.01.09	석간 2	
2952	鄭萬朝氏 昨朝十時永眠	정만조씨 어제 아침10시 영면	朝鮮日報	1936.01.09	조간 2	
2953	歷史의都市義州古蹟과國寶의保存이急務	역사의 도시 의주 고적과 국보의 보존이 급무	朝鮮日報	1936.01.10	석간 7	
2954	幹部不信任案을 郡守에提案	간부 불신임 안을 군수에 제안	東亞日報	1936.01.14	조간 3	
2955	細窮民救濟로 現金百圓喜捨	세빈민구제로 현금 100원희사	朝鮮日報	1936.01.24	석간 7	
2956	文廟를中心に地方을教化, 江原道の心田開發	문묘를 중심으로 지방을 교화, 강원도의 심전개발	朝鮮新聞	1936.01.25	4	
2957	鄕校財로設立한 圖書館無斷閉館	향교재산으로 설립한 도서관 무단 폐관	朝鮮日報	1936.01.29	조간 3	

연번	기사명(원문)	기사명(한글)	출전	발행일	면	비고
2958	圖書舘은어떤것(4)	도서관은 어떤 것 (4)	東亞日報	1936.01.31	석간 3	
2959	問題의公州圖書舘儒林引受를決議	문제의 공주도서관 유림 인수를 결의	朝鮮日報	1936.02.01	조간 3	
2960	沒書	몰서	東亞日報	1936.02.01	석간 7	
2961	全州文廟掌議員選擧, 二月一日執行	전주 문묘 장의원 선거, 2월 1일 집행	朝鮮新聞	1936.02.01	5	
2962	入學難問題座談會 (二) 初等學校 〈二〉	입학난 문제 좌담회(2) 초등학교〈2〉	東亞日報	1936.02.02	석간 3	
2963	朝鮮小作制度特殊問題硏究 (三)	조선소작제도 특수 문제 연구 (3)	東亞日報	1936.02.08	조간 4	金赫天
2964	朝鮮小作制度特殊問題硏究 (五)	조선소작제도 특수 문제 연구 (5)	東亞日報	1936.02.13	조간 4	金赫天
2965	圖書舘復活을 儒林들이陳情	도서관 부활을 유림들이 진정	東亞日報	1936.02.13	석간 7	
2966	吉州文廟掌議	길주문묘 장의	朝鮮新聞	1936.02.18	4	
2967	殆半은流浪의길로	태반은 유랑의 길로	東亞日報	1936.02.18	조간 2	
2968	鄕校明倫會定時總會를開く	향교 명륜회 정시총회를 열다	朝鮮新聞	1936.02.21	3	
2969	文廟の直員李氏後任に決定	문묘의 직원 이씨 후임으로 결정	朝鮮新聞	1936.02.22	3	
2970	東小門外文廟釋奠廿五日執行さる	동소문 밖 문묘 석전 25일 집행되다	朝鮮新聞	1936.02.22	7	
2971	明倫學院の規定改正, 生徒募集範圍擴大	명륜학원의 규정 개정, 생도모집범위 확대	朝鮮時報	1936.02.25	2	
2972	春季釋奠	춘계석전	朝鮮新聞	1936.02.26	2	
2973	沃川文廟釋奠祭	옥천문묘 석전제	朝鮮新聞	1936.02.27	5	
2974	鄕校財産으로夜學機關補助	향교재산으로 야학기관 보조	朝鮮日報	1936.02.28	조간 3	
2975	三陟文廟の春季釋奠祭, 節婦表彰さる	삼척문묘의 춘계석전제, 절부 표창하다	朝鮮新聞	1936.02.28	5	
2976	春季文廟大祭	춘계 문묘대제	朝鮮新聞	1936.02.29	4	
2977	農業實修學校 今春에設立實現	농업실수학교 올봄에 설립실현	朝鮮日報	1936.03.01	석간 7	
2978	儒林等의 決議로 成三問遺跡保有 有志의 寄附로 碑閣도 重修 年中 焚香도 實行	유림 등의 결의로 성삼문 유적 보유 유지의 기부로 비각도 중수 연중 분향도 실행	朝鮮中央日報	1936.03.02	3	
2979	楚山儒林의奮起로 幼稚園設立實現	초산유림의 분기로 유치원 설립 실현	朝鮮日報	1936.03.03	조간 3	
2980	農村事業을 附帶한 農村文庫設創의 急務 (五)	농촌사업을 부대한 농촌문고 설치의 급무(5)	東亞日報	1936.03.04	석간 4	姜辰國
2981	明倫學院의 內容을 改正	명륜학원의 내용을 개정	朝鮮中央日報	1936.03.05	2	
2982	工팔고빗어더서 産學院에提供	공팔고 빚얻어서 무산학원에 제공	朝鮮日報	1936.03.06	석간 7	
2983	閑題目	한제목	朝鮮新聞	1936.03.06	1	
2984	文廟掌議改選	문묘 장의 개선	朝鮮新聞	1936.03.09	2	
2985	"敎育費國補公平과 義務敎育의實施 급료싼 조선인 교원을 쓰라"	"교육비 국보공평과 의무교육의 실시 급료 싼 조선인 교원을 쓰라"	東亞日報	1936.03.10	석간 4	
2986	公普訓導動員 各地서夜學	공립보통학교 훈도동원 각지에서 야학	東亞日報	1936.03.10	석간 4	

연번	기사명(원문)	기사명(한글)	출전	발행일	면	비고
2987	"文盲退治의捷徑은義務敎育의實施 慶南에만廿萬의文盲兒가잇다"	"문맹퇴치의 첩경은 의무교육의 실시 경남에만 20만의 문맹아가 있다	東亞日報	1936.03.11	석간 7	
2988	楚山女夜卒業式	초산 여성야학 졸업식	朝鮮日報	1936.03.12	석간 7	
2989	建議案廿八件 平北道會에上程된것	건의안 28건 평북도회에 상정 된 것	東亞日報	1936.03.12	조간 3	
2990	昆陽文廟의紛糾 不正直員排斥	곤양문묘의 분규 부정직원 배척	朝鮮日報	1936.03.14	조간 3	
2991	社會政策的耕地分配及保障	사회 정책적 경지분배 및 보장	東亞日報	1936.03.14	조간 4	金致權
2992	沒書	몰서	東亞日報	1936.03.15	석간 7	
2993	鄕校豫算決定	향교 예산 결정	釜山日報	1936.03.15	4	
2994	文廟道路の擴張は愈よ明年度施工, 內示會で李基燦議員が提唱, 豫算面 の一部を變更	문묘도로의 확장은 드디어 내 년도 시공, 내시회에서 이기찬 의원이 제창, 예산부분의 일부 를 변경	朝鮮新聞	1936.03.17	4	
2995	丹陽鄕校掌議 會議	단양향교 장의 회의	釜山日報	1936.03.18	4	
2996	江陵郡鄕校 掌議會	강릉군 향교 장의회	釜山日報	1936.03.18	4	
2997	迎日郡鄕校豫算審議會	영일군 향교 예산심의회	朝鮮新聞	1936.03.18	4	
2998	文廟役員改選	문묘 역원 개선	朝鮮新聞	1936.03.18	4	
2999	卒業式	졸업식	朝鮮新聞	1936.03.18	2	
3000	各學校卒業式	각 학교 졸업식	朝鮮中央日報	1936.03.19	2	
3001	朝鮮의林業 ⑩ 第三輯 農林業匡救 策私見	조선의 임업 ⑩ 제3집 농림업 광구책 사견	朝鮮日報	1936.03.20	조간 4	
3002	沃川文廟掌議會議	옥천문묘 장의 회의	朝鮮新聞	1936.03.21	3	
3003	靑山文廟直員更迭	청산문묘 직원 경질	朝鮮新聞	1936.03.21	4	
3004	咸陽學校費と鄕校財産十一年度豫 算會	함양학교비와 향교재산 1936년 도 예산회	釜山日報	1936.03.24	3	
3005	地方論壇 義務敎育問題	지방논단 의무 교육 문제	東亞日報	1936.03.25	조간 5	
3006	淸州郡 鄕校 掌議會를 開催	청주군 향교 장의회를 개최	釜山日報	1936.03.25	8	
3007	淸州郡鄕校豫算案審議	청주군 향교 예산안 심의	朝鮮新聞	1936.03.25	3	
3008	語不成說의理由로圖書舘復活不許	어불성설의 이유로 도서관 부활 불허	朝鮮日報	1936.03.28	석간 7	
3009	記者傍聽도拒絕	기자 방청도 거절	朝鮮日報	1936.03.28	석간 7	
3010	慶州鄕校豫算會	경주 향교 예산회	釜山日報	1936.03.29	4	
3011	華川郡鄕校明年度豫算	화천군 향교 내년도 예산	朝鮮新聞	1936.03.29	2	
3012	高敞鄕校費評議員會	고창 향교비 평의원회	東亞日報	1936.03.30	석간 3	
3013	讀書熱없다고圖書舘復活不許	독서열 없다고 도서관 부활 불허	東亞日報	1936.03.31	조간 4	
3014	儒林側金銀東氏談	유림측 김은동씨 담	東亞日報	1936.03.31	조간 4	
3015	儒林團斷髮 鄕校에모여서	유림단 단발 향교에 모여서	東亞日報	1936.04.01	조간 4	
3016	圖書舘復活問題公州儒林大會	도서관 부활문제 공주유림대회	東亞日報	1936.04.01	조간 4	
3017	故韶山先生略曆	고 소산 선생 약력	高麗時報	1936.04.01	3	

연번	기사명(원문)	기사명(한글)	출전	발행일	면	비고
3018	斯界에 有力者現端川金融組合長沈亨燮氏	사계에 유력자 현 단천금융조합장 심형섭씨	東亞日報	1936.04.02	조간 6	
3019	내地方当面問題咸南北靑篇	내 지방 당면문제 함남 북청편	東亞日報	1936.04.03	조간 5	
3020	明倫學院의 內容을改新	명륜학원의 내용을 개신	朝鮮日報	1936.04.06	석간 2	
3021	明倫學院擴充	명륜학원 확충	東亞日報	1936.04.06	석간 2	
3022	圖書舘復活問題로儒林大會를召集	도서관 부활 문제로 유림대회를 소집	朝鮮日報	1936.04.07	석간 7	
3023	明倫學院革新	명륜학원 혁신	朝鮮中央日報	1936.04.07	2	
3024	坡州明倫會에 二千六百圓寄附	파주명륜회에 2천6백 원 기부	東亞日報	1936.04.08	조간 4	
3025	茂山卓球大會 本報支局主催로	무산탁구대회 본보 지국 주최로	東亞日報	1936.04.12	조간 5	
3026	圖書舘復活問題儒林大會에波瀾	도서관 부활 문제 유림대회에 파란	朝鮮日報	1936.04.14	석간 7	
3027	文廟祭祀의供進牛屠殺, 申請하면免稅	문묘제사의 공진우 도살, 신청하면 면세	朝鮮新聞	1936.04.21	4	
3028	家屋建築問題로 平山에住宅難	가옥 건축 문제로 평산에 주택난	東亞日報	1936.04.26	조간 5	
3029	圖書舘建築費流用하고不拂	도서관 건축비 유용하고 지불하지 않음	東亞日報	1936.05.03	조간 4	
3030	地方農村樂土の顯現に邁進する, 富永京畿道知事が訓令で農村振興鄕約實施	지방농촌악사의 현현에 매진하다, 도미나가 경기도지사가 훈령에 농촌진흥향약 실시	朝鮮新聞	1936.05.03	2	
3031	煙火깍지가지고놀든 幼兒兄弟重傷	연화깍지 가지고 놀던 유아형제 중상	朝鮮日報	1936.05.05	석간 2	
3032	地方人事	지방 인사	朝鮮日報	1936.05.07	석간 7	
3033	寬厚한 長子風 文廟直員 金炳裕氏	관후한 장자풍 문묘직원 김병유 씨	東亞日報	1936.05.10	조간 6	
3034	地方論壇 父兄會金流用에 對하야	지방논단 부형회금 유용에 대하여	東亞日報	1936.05.14	조간 4	
3035	漢詩懸賞募集	한시 현상모집	東亞日報	1936.05.17	조간 8	
3036	義城公普火因은 放火嫌疑濃厚	의성공립보통학교 화재 원인은 방화 혐의 농후	東亞日報	1936.05.18	석간 4	
3037	郡勢一班	군세 일반	東亞日報	1936.05.23	조간 4	
3038	潭陽社會의興論解決해야할諸問題	담양 사회의 여론 해결해야 할 모든 문제	東亞日報	1936.05.23	조간 7	
3039	義城公普校 復舊를計劃	의성공립보통학교 복구를 계획	東亞日報	1936.05.23	조간 5	
3040	昔日의駕洛國首都"産業金海"로新興	옛날의 가락국 수도 "산업김해"로 신흥	東亞日報	1936.05.24	석간 3	
3041	指定된새寶物古蹟	지정된 새 보물고적	東亞日報	1936.05.24	석간 2	
3042	初等과其他敎育에 鄕校財産運用期待	초등과 기타교육에 향교재산 운용 기대	朝鮮日報	1936.05.29	석간 2	
3043	新舊兩派對立으로 雲峰鄕校紛糾	신구양파 대립으로 운봉향교 분규	朝鮮中央日報	1936.06.01	3	
3044	實修校開校式	실수교 개교식	朝鮮日報	1936.06.05	석간 7	

연번	기사명(원문)	기사명(한글)	출전	발행일	면	비고
3045	寶城農實校明倫堂서開校	보성농업실습학교 명륜당에서 개교	東亞日報	1936.06.06	조간 4	
3046	啓蒙運動三個年計劃 完成코다시第二期에	계몽운동 3개년 계획 완성하고 다시 제2기에	東亞日報	1936.06.07	조간 5	
3047	地方論壇 泰安儒林에게 一言을 呈함	지방논단 태안유림에게 일언을 정함	東亞日報	1936.06.09	조간 4	
3048	鄕校財産收入의用途問題輿論化	향교재산 수입의 용도 문제 여론화	朝鮮中央日報	1936.06.19	2	
3049	新刊紹介	신간 소개	朝鮮日報	1936.07.02	석간 5	
3050	明倫學院金講師를 中央佛專生이毆打	명륜학원 김 강사를 중앙불교 전문학교생이 구타	朝鮮日報	1936.07.02	조간 2	
3051	論文 "僧侶의性生活"로 金氏가路上逢變 今朝佛專, 明倫生亂鬪演出	논문 "승려의 성생활"로 김씨가 노상봉변 오늘 아침 불교전문학교, 명륜생 난투 연출	朝鮮中央日報	1936.07.02	2	
3052	明倫學院と中央佛專, 生徒大亂鬪	명륜학원과 중앙불교전문학교, 생도 대난투	朝鮮新聞	1936.07.02	2	
3053	先生님들의筆戰이 學生의肉戰으로	선생님들의 필전이 학생의 육전으로	東亞日報	1936.07.02	석간 2	
3054	夜學院을建築 朴泰權氏의特志	야학원을 건축 박태권씨의 특지	朝鮮日報	1936.07.03	조간 3	
3055	社說 義務敎育과	사설 의무교육과	東亞日報	1936.07.06	석간 1	
3056	安南遊記 (五) 安南의 古都	안남유람기 (5) 안남의 고도	東亞日報	1936.07.07	조간 7	
3057	儒林의 覺醒을 促함	유림의 각성을 촉함	東亞日報	1936.07.09	조간 7	
3058	江原道文廟直員打合會	강원도 문묘직원 타합회	朝鮮新聞	1936.07.10	4	
3059	咸北庭球大會	함북 정구대회	東亞日報	1936.07.10	조간 5	
3060	金城文廟明倫堂で中堅人物講習會, 營農實習實地見學等	금성문묘 명륜당에서 중견인물 강습회, 영농실습실지 견학 등	朝鮮新聞	1936.07.11	4	
3061	春川郡管內の文廟直員打合會, 昔日の面影을忍び文廟の改善을圖る	춘천군 관내 문묘직원 타합회, 옛 모습을 감추고 문묘의 개선을 도모하다.	朝鮮新聞	1936.07.16	4	
3062	江原道の文廟直員 ; 江陵で打合會	강원도의 문묘직원 ; 강릉에서 타합회	釜山日報	1936.07.20	3	
3063	敎育界의 當面問題	교육계의 당면 문제	東亞日報	1936.07.21	석간 5	
3064	德山文廟修理費 有志喜捨遝至	덕산문묘 수리비 유지 희사 답지	朝鮮日報	1936.07.26	석간 7	
3065	德山文廟修築 큰支障에 逢着	덕산문묘 수축 큰 지장에 봉착	朝鮮中央日報 (여운형)	1936.08.02	7	
3066	新刊紹介	신간 소개	朝鮮日報	1936.08.04	석간 5	
3067	郡勢	군세	東亞日報	1936.08.05	조간 6	
3068	士林界德望家	사림계 덕망가	朝鮮日報	1936.08.06	석간 5	
3069	鄕校山取士問題 鄕校側서讓步	향교산 취토 문제 향교 측에서 양보	朝鮮日報	1936.08.07	석간 7	
3070	李忠武公碑閣重修	이충무공 비각 중수	東亞日報	1936.08.07	조간 4	
3071	講演隊出發	강연대 출발	東亞日報	1936.08.08	조간 4	

연번	기사명(원문)	기사명(한글)	출전	발행일	면	비고
3072	天惠의寶庫로關北의穀倉	천혜의 보고로 관북의 곡창	東亞日報	1936.08.15	조간 6	
3073	祝東亞日報壯擧	축 동아일보 장거	東亞日報	1936.08.15	조간 6	길주군수 全昌林
3074	弓射,庭球大會 十六日茂山에서	궁사, 정구대회 16일 무산에서	東亞日報	1936.08.16	조간 5	
3075	모래바테天幕치고 千二百災民收容	모래밭에 천막치고 1천2백 이재민 수용	朝鮮日報	1936.08.20	석간 2	
3076	洪水뒤에 오는것은 무서운"生活의濁浪"	홍수 뒤에 오는 것은 무서운 "생활의 탁랑"	東亞日報	1936.08.20	석간 2	
3077	사설 緊急한義務敎育의實施	사설 긴급한 의무교육의 실시	東亞日報	1936.08.24	석간 1	
3078	義城公普校 復舊工事着手	의성공립보통학교 복구 공사 착수	東亞日報	1936.08.26	조간 4	
3079	溫厚한德望家	온후한 덕망가	朝鮮日報	1936.08.27	석간 3	
3080	鄕校財産을整理し現金として預金,分散의各地는賣り物三孔子廟跡も賣切れ	향교재산을 정리하고 현금으로 예금, 분산 각지는 매물 3공자묘 터도 매진되어	朝鮮新聞	1936.08.28	5	
3081	銷夏漫筆 【廿一】 文廟從祀의是非	소하만필 【21】 문묘종사의 시비	朝鮮日報	1936.08.29	석간 5	
3082	面積三百三十一方里 朝鮮最大道中大郡	면적 331평방리 조선 가장 큰 도 가운데 큰 군	朝鮮日報	1936.09.01	석간 3	
3083	多角的活動家 李寅郁氏	다각적 활동가 이인욱씨	朝鮮日報	1936.09.03	석간 3	
3084	茂朱,南原兩郡서 人命死傷七十名	무주, 남원 양군에서 인명 사상 70명	朝鮮日報	1936.09.03	석간 7	
3085	代表的元老孔炳憲 氏	대표적 원로 공병헌 씨	朝鮮日報	1936.09.04	석간 3	
3086	名勝古蹟	명승고적	朝鮮日報	1936.09.04	석간 3	
3087	暴雨再襲警報로 又復避難騷動	폭우재습 경보로 또 다시 피난 소동	朝鮮日報	1936.09.06	석간 7	
3088	百万罹火同胞의呼訴 高城邑內三分一이 【完】 두時間만에廢墟	백만 이재민 동포의 호소 고성 읍내 3분1이 【완】 2시간만에 폐허	朝鮮日報	1936.09.10	석간 2	
3089	時弊の匡救に鄕約自衛團結成,吉州署道場で講習會	시대의 악습을 바로잡기 위해 향약 자위단 결성, 길주서 도장에서강 습회	朝鮮新聞	1936.09.11	5	
3090	文廟位牌改造決定	문묘 위패 개조 결정	釜山日報	1936.09.16	5	
3091	文廟秋期釋奠	문묘 추기석전	朝鮮新聞	1936.09.20	3	
3092	秋季文廟釋奠祭, 南總督, 大野總監參列	추계 문묘석전제, 미나미 총독, 오노 총감 참렬	朝鮮新聞	1936.09.23	1	典→奠
3093	長興文廟釋奠祭典	장흥문묘 석전제전	朝鮮新聞	1936.09.23	5	
3094	江陵文廟秋季大祭	강릉문묘 추계대제	釜山日報	1936.09.26	5	
3095	三陟文廟の秋季釋奠祭	삼척문묘의 추계 석전제	釜山日報	1936.09.27	6	
3096	春川郡文廟学議改選	춘천군 문묘 장의 개선	釜山日報	1936.09.27	6	
3097	慶州 鄕校의 秋季 享祀	경주 향교의 추계 향사	釜山日報	1936.09.29	5	
3098	楊口文廟学議豫選	양구문묘 장의 예선	朝鮮新聞	1936.09.29	5	

연번	기사명(원문)	기사명(한글)	출전	발행일	면	비고
3099	當面問題二三	당면한 문제 2, 3	朝鮮日報	1936.10.09	석간 6	
3100	總督府事務分掌 改正要綱發表	총독부사무분장 개정요강 발표	朝鮮日報	1936.10.17	조간 1	
3101	維津의元老	유진의 원로	朝鮮日報	1936.10.29	석간 5	
3102	孝子を表彰, 槐山明倫會で	효자를 표창, 괴산명륜회에서	朝鮮新聞	1936.10.31	5	
3103	多角的活動家	다각적 활동가	朝鮮日報	1936.11.12	석간 5	
3104	掌議會를開催코 鄕校財産을公賣	장의회를 개최하고자 향교재산을 공매	朝鮮日報	1936.11.13	석간 7	
3105	振興幹部及び儀禮軌範實委會, 鄕校財産圖書舘で	진흥간부급 및 의례궤범실위원회, 향교재산 도서관에서	朝鮮新聞	1936.11.14	4	
3106	『朝鮮國朝考往錄』으로 金錢을騙取	『조선국조고왕록』으로 금전을 편취	朝鮮日報	1936.11.21	조간 3	朝鮮國朝考查→朝鮮國朝考往錄
3107	遮湖社會의元老 同會長張南極氏	차호사회의 원로 동회장 장남극씨	朝鮮日報	1936.11.23	석간 6	
3108	奮鬪로成功한 元老 李慶甲氏	분투로 성공한 원로 이경갑씨	朝鮮日報	1936.11.23	석간 6	
3109	溫厚多福한 崔極連 氏	온후다복한 최극연 씨	朝鮮日報	1936.11.23	석간 6	
3110	梁山發展의癌 儒林界派別黨爭	양산발전의 암 유림 계파별 당쟁	朝鮮日報	1936.11.27	조간 4	
3111	全社會의長老	전사회의 장로	朝鮮日報	1936.11.27	조간 5	
3112	韓山文廟修築記念 詩文大會開催	한산문묘 수축기념 시문대회 개최	朝鮮日報	1936.12.01	조간 3	
3113	沒廉恥한文廟直員 靈山士林憤慨	몰염치한 문묘직원 영산사림 분개	朝鮮日報	1936.12.12	석간 7	
3114	文廟重修記念試問大會盛況	문묘중수기념 시문대회 성황	朝鮮日報	1936.12.17	석간 7	
3115	風俗習慣心理를 充分理解하는點에서 朝鮮人校長이必要하다 !	풍속 습관 심리를 충분히 이해한다는 점에서 조선인 교장이 필요하다 !	朝鮮日報	1937.01.01	석간 22	
3116	全北道篇 學校增設도急務나 旣設校의擴充緊要	전북도편 학교증설도 급무이나 기존 설립학교의 확충 긴요	朝鮮日報	1937.01.05	석간 11	
3117	經學院과各地文廟	경학원과 각지 문묘	朝鮮日報	1937.01.24	석간 2	
3118	大邱府勢發展座談會	대구부세 발전 좌담회	朝鮮日報	1937.01.25	석간 4	
3119	勸告辭職된慕賢面長 郡守에게辭職强勸	권고사직된 모현면장 군수에게 사직 강권	朝鮮日報	1937.01.29	조간 3	
3120	移轉案討議하려든 面協議會는流會	이전안 토의하려던 면협의회는 유회	朝鮮日報	1937.02.01	석간 3	
3121	慶北鄕校總財産 八十八萬餘圓 十一月現在統計	경북 향교 총재산 88만여 원 11월 현재 통계	朝鮮日報	1937.02.08	석간 3	
3122	今春各學校入學規定18 (但詳細는直接問議하시오)	올봄 각 학교 입학 규정 18 (단 세부 사항은 직접 문의하시오)	朝鮮日報	1937.02.09	석간 5	
3123	釋奠과祭饗日을 陽曆으로改定	석전과 제향일을 양력으로 개정	朝鮮日報	1937.02.15	석간 2	
3124	鄕約會에서施米	향약회에서 쌀을 베풀다	朝鮮日報	1937.02.17	석간 7	
3125	八面鋒	팔면봉	朝鮮日報	1937.02.18	석간 1	
3126	鄕校財産을處分 中等實業校設立	향교재산을 처분 중등실업학교 설립	朝鮮日報	1937.02.19	조간 2	

연번	기사명(원문)	기사명(한글)	출전	발행일	면	비고
3127	鄕校財産과 敎育事業	향교재산과 교육사업	朝鮮日報	1937.02.21	조간 1	
3128	延吉에서敬老會	연길에서 경로회	朝鮮日報	1937.02.24	석간 7	
3129	陽歷に改めた淸州文廟釋奠, 春季祭祀より實施	양력으로 바꾼 청주 문묘 석전, 춘계제사부터 실시	朝鮮新聞	1937.02.24	4	
3130	文廟の祭典を陽曆に變更實施, 燕岐郡でも順應對策	문묘 제전을 양력으로 변경실시, 연기군에서도 순응 대책	朝鮮新聞	1937.02.27	4	
3131	載寧五成學校에 萬圓의巨金喜捨	재령오성학사에 1만 원의 거금 희사	朝鮮日報	1937.03.04	조간 2	學梭→學舍
3132	三萬二千圓의 鄕校財産賣却	3만2천 원의 향교재산 매각	朝鮮日報	1937.03.06	석간 7	
3133	定平에생길實業校를 新上書誘致運動	정평에 생길 실업학교를 신상서 유치운동	朝鮮日報	1937.03.13	석간 7	
3134	新羅三殿三陵; 文廟 春季享祀	신라 3전3릉, 문묘의 춘계향사	釜山日報	1937.03.13	5	
3135	新任朴郡守, 江華文廟參拜	신임 박군수, 강화문묘 참배	朝鮮新聞	1937.03.16	4	
3136	文廟直員巡廻講演	문묘직원 순회강연	朝鮮新聞	1937.03.25	4	
3137	郡鄕校財産豫算會	군 향교 재산 예산회	朝鮮新聞	1937.03.26	4	
3138	江陵文廟学議 當選者名單	강릉 문묘 장의 당선자 명단	釜山日報	1937.03.30	5	
3139	長興郡鄕校学議會	장흥군 향교 장의회	朝鮮新聞	1937.03.31	5	
3140	明倫室과鄕校를	명륜실과 향교를	朝鮮日報	1937.04.11	조간 2	
3141	淸州文廟春季大祭	청주문묘 춘계대제	朝鮮新聞	1937.04.16	4	
3142	鄕校春季釋奠を期し 孝子節婦表彰, 平康明倫堂で盛大に	향교 춘계석전을 기하여 효자절부 표창, 평강명륜당에서 성대하게	朝鮮新聞	1937.04.17	4	典→奠
3143	心田開發講演江華文廟で	심전개발강연 강화문묘에서	朝鮮新聞	1937.04.17	4	
3144	全郡守釋奠에 廣州文廟參拜	전 군수 석전에 광주문묘 참배	朝鮮新聞	1937.04.17	4	典→奠
3145	鄕校春季釋奠を期し 孝子節婦表彰, 平康明倫堂で盛大に	향교 춘계석전을 기하여 효자절부 표창, 평강명륜당에서 성대하게	朝鮮新聞	1937.04.17	4	典→奠
3146	入學難의根本對策 ④	입학난의 근본 대책 ④	朝鮮日報	1937.04.18	조간 1	함상훈
3147	千餘名參列의 開城春期釋奠祭	1000여 명 참렬의 개성 춘기석전제	朝鮮日報	1937.04.18	조간 3	
3148	開豐郡農訓所, 豊德文廟で開所式	개풍군 농촌훈련소, 풍덕문묘에서 개소식	朝鮮新聞	1937.04.18	2	
3149	瑞興の文廟釋奠	서흥의 문묘석전	朝鮮新聞	1937.04.19	3	典→奠
3150	忠北; 淸州文廟釋奠祭本年から陽曆で	충북; 청주문묘 석전제 올해부터 양력으로	朝鮮時報	1937.04.20	3	
3151	晉州郡鄕校春期大祭	진주군 향교 춘기대제	朝鮮時報	1937.04.21	3	
3152	楊口文廟釋奠	양구 문묘 석전	朝鮮新聞	1937.04.21	4	典→奠
3153	文廟를增築코저 七十戶에退去令	문묘를 증축하고자 70호에 퇴거령	朝鮮日報	1937.04.22	조간 3	
3154	文章界의巨星인 小松 李錫瀅氏	문장계의 거성인 소송 이석형씨	朝鮮日報	1937.04.26	석간 4	
3155	輿論의輿論	여론의 여론	朝鮮日報	1937.05.02	조간 3	

연번	기사명(원문)	기사명(한글)	출전	발행일	면	비고
3156	買收交涉不調로 普校基地移轉?	매수 교섭 부조로 보통학교기지 이전?	朝鮮日報	1937.05.05	조간 3	
3157	永興公普父兄會	영흥공립보통학교 부형회	朝鮮日報	1937.05.06	석간 2	
3158	中江,二宮兩先生의 文廟合祀는風說	나카에, 니오미야 두 선생의 문묘 합사는 풍설	朝鮮日報	1937.05.15	석간 2	
3159	佛敎와儒敎로誘導 民衆信仰도統制	불교와 유교로 유도 민중신앙도 통제	朝鮮日報	1937.05.30	석간 2	
3160	第二公普期成基金 當日에七千餘圓	제2공립보통학교 기성기금 당일에 7천여 원	朝鮮日報	1937.06.3/4	조간 4	
3161	寶城農實校落成	보성농업실업학교 낙성	朝鮮日報	1937.06.03	석간 2	
3162	安東第二普校 位置問題討議	안동 제2보통학교 위치 문제 토의	東亞日報	1937.06.04	조간 4	
3163	새로히指定된寶物,古蹟,名勝保存會에서決定된것	새로 지정된 보물, 고적, 명승 보존회에서 결정된 것	朝鮮日報	1937.06.11	조간 2	
3164	燦爛한歷史的遺物 百二點,永久히保存	찬란한 역사적 유물 102점, 영구히 보존	東亞日報	1937.06.11	석간 2	
3165	瑣信	쇄신	東亞日報	1937.06.12	조간 5	
3166	第二德山公普設置期成會를 보고	제2 덕산공립보통학교 설치 기성회를 보고	東亞日報	1937.06.13	조간 4	
3167	吉州繁榮會總會	길주 번영회 총회	東亞日報	1937.06.22	조간 5	
3168	映畵에收錄된 江陵農樂隊	영화에 수록된 강릉농악대	東亞日報	1937.06.23	조간 5	
3169	會寧二洞(회령이동)에鄕約堂新築決定(향약당신축결정)	회령2동에 향약당 신축 결정	東亞日報	1937.06.23	조간 5	
3170	淸州文廟垈地事件雙方讓步로解決	청주문묘 대지사건 쌍방 양보로 해결	朝鮮日報	1937.06.24	조간 3	
3171	安城農事訓練所設立準備中暗礁	안성 농사훈련소 설립 준비 중 암초	東亞日報	1937.06.25	조간 4	
3172	短信	단신	東亞日報	1937.06.25	조간 4	
3173	安東第二普校 位置問題로陳情	안동 제2 보통학교 위치 문제로 진정	東亞日報	1937.07.01	조간 4	
3174	安州高普上棟式 來十三日에擧行	안주고등보통학교 상량식 오는 13일에 거행	東亞日報	1937.07.09	조간 5	
3175	短信	단신	東亞日報	1937.07.09	조간 4	
3176	郡當局의固執으로第二普校基地未決	군 당국의 고집으로 제2보통학교 기지 미결	朝鮮日報	1937.07.11	조간 3	
3177	安東普校期成會 郡에又復陳情	안동보통학교 기성회 군에 또 다시 진정	東亞日報	1937.07.15	조간 4	曾→會
3178	勤實한鬪士 府議員 裵鼎基 氏	근실한 투사 부의원 배정기 씨	朝鮮日報	1937.07.16	조간 4	
3179	報恩公普移轉改築期成會에서決議	보은공립보통학교 이전 개축 기성회에서 결의	東亞日報	1937.07.18	조간 4	
3180	農繁期에托兒所 陜川서廿五個所	농번기에 탁아소 합천서 25개 소	朝鮮日報	1937.07.22	조간 3	
3181	安東第二公普校 基地問題落着 西部三角地帶로	안동 제2공립보통학교 기지 문제 낙착 서부 삼각지대로	朝鮮日報	1937.07.24	석간 8	

연번	기사명(원문)	기사명(한글)	출전	발행일	면	비고
3182	德山面公職者會 非常時局認識强調해	덕산면 공직자회 비상시국 인식강조 해	東亞日報	1937.07.31	조간 5	
3183	減收七八割豫想	수입감소 7,8할 예상	朝鮮日報	1937.08.05	석간 2	
3184	各地文廟總動員 非常時局을宣傳	각지 문묘 총동원 비상시국을 선전	朝鮮日報	1937.08.07	석간 2	
3185	中央情報幹事會서儒林時局認識과 海外論評發行決議	중앙정보간사회에서 유림 시국 인식과 해외논평 발행 결의	東亞日報	1937.08.07	석간 2	
3186	各界重鎭의面面	각계 중진의 면면	朝鮮日報	1937.08.11	석간 4	
3187	文廟增築으로 地主間또말성	문묘 증축으로 지주간 또 말썽	朝鮮日報	1937.08.11	석간 8	
3188	儒林界의耆宿 魏大源氏	유림계의 기숙 위대원씨	朝鮮日報	1937.08.11	석간 4	
3189	漢拏山登攀記 第一步의都近川 海岸線六百里巡禮의길 ⑫	한라산 등반기 제1보의 도근천 해안선 6백리 순례의 길⑫	朝鮮日報	1937.08.13	석간 5	이은상
3190	時局講演會 舒川公普校庭서	시국강연회 서천공립보통학교 교정서	朝鮮日報	1937.08.15	석간 8	
3191	間島一帶의 獻金熱熾烈	간도일대의 헌금 열기 치열	朝鮮日報	1937.08.15	조간 2	
3192	誓告式擧行	서고식 거행	東亞日報	1937.08.17	조간 2	
3193	時局에關하야 文廟에誓告	시국에 관하여 문묘에 서고	朝鮮日報	1937.08.18	조간 2	
3194	尙州儒林祈願祭	상주유림 기원제	東亞日報	1937.08.18	조간 4	
3195	楊口時局認識講話	양구 시국인식 강화	朝鮮日報	1937.08.19	석간 8	
3196	老都馬山의新發展相	노도 마산의 새로운 발전상	朝鮮日報	1937.08.19	석간 6	
3197	國防熱과獻金	국방열과 헌금	朝鮮日報	1937.08.21	석간 8	
3198	公州時局講演會	공주시국강연회	東亞日報	1937.08.21	조간 6	
3199	北靑의獻金	북청의 헌금	朝鮮日報	1937.08.23	석간 3	
3200	國防獻金 · 慰問金	국방헌금 · 위문금	東亞日報	1937.08.24	조간 6	
3201	洪川文廟時局講演盛況	홍천문묘 시국강연 성황	東亞日報	1937.08.25	조간 5	
3202	國防獻金 · 慰問金	국방헌금 · 위문금	東亞日報	1937.08.27	조간 4	
3203	初等學校倍加 計畫期間短縮	초등학교 배가 계획 기간 단축	朝鮮日報	1937.08.28	조간 1	
3204	公州邑面長,初等 學校長會를 開催	공주 읍면장, 초등학교장회를 개최	東亞日報	1937.08.29	조간 4	
3205	始興時局講演	시흥시국 강연	東亞日報	1937.09.04	조간 4	
3206	麟蹄道議選擧違反	인제도의회 선거위반	東亞日報	1937.09.06	석간 4	
3207	江原號獻納資金 麟蹄서三千圓突破	강원호 헌납자금 인제에서 3천원 돌파	東亞日報	1937.09.07	조간 5	
3208	國防獻金 · 慰問金	국방헌금 · 위문금	東亞日報	1937.09.08/09	조간 5/ 조간 4	
3209	鎭安의慰問金 千圓臺에接近	진안의 위문금 천원대에 접근	朝鮮日報	1937.09.09	석간 8	
3210	宣川郡指導部落 中堅人物講習會	선천군 지도부락 중견인물 강습회	東亞日報	1937.09.12	조간 5	
3211	國防獻金 · 慰問金	국방헌금 · 위문금	東亞日報	1937.09.13	석간 3	
3212	宣川郡主催로 中堅人物講習會	선천군 주최로 중견인물 강습회	朝鮮日報	1937.09.14	조간 4	
3213	國防獻金遝至	국방헌금 답지	朝鮮日報	1937.09.16	조간 4	

연번	기사명(원문)	기사명(한글)	출전	발행일	면	비고
3214	國防獻金遝至	국방헌금 답지	朝鮮日報	1937.09.19	조간 4	
3215	密陽第二普校 新校舍가遲延	밀양 제2보통학교 신 기숙사가 지연	東亞日報	1937.09.26	조간 4	
3216	地方人事	지방 인사	朝鮮日報	1937.09.28	석간 7	
3217	國防獻金과其他에 五千圓超過豫想	국방헌금과 기타에 5천 원 초과 예상	朝鮮日報	1937.09.30	석간 7	
3218	統營忠烈祠에 潛在한暗鬪 肅正을 斷行	통영충렬사에 잠재한 암투 숙정을 단행	東亞日報	1937.10.02	호외2	
3219	忠州婦人講習	충주 부인강습	東亞日報	1937.10.12	조간 7	
3220	國防獻金遝至	국방헌금 답지	朝鮮日報	1937.10.14	조간 4	
3221	時局認識爲해 地方文廟活動	시국인식위해 지방 문묘 활동	朝鮮日報	1937.10.15	석간 2	
3222	時局活動에參與한 儒林一萬三千名	시국활동에 참여한 유림 1만 3천 명	東亞日報	1937.10.15	석간 2/ 조간 2	
3223	始興各文廟도釋典	시흥 각 문묘도 석전	朝鮮日報	1937.10.19	석간 7	
3224	尙州秋期釋奠祭	상주 추기석전제	東亞日報	1937.10.20	조간 7	
3225	唐津鄕校大祭	당진 향교대제	東亞日報	1937.10.22	조간 7	
3226	安州公立高普校舍 新築落成完了	안주공립고등보통학교 기숙사 신축 낙성 완료	東亞日報	1937.10.25	석간 4	
3227	國防獻金·慰問金	국방헌금·위문금	東亞日報	1937.10.27	조간 7	
3228	高原地方의懸案 上水道計畫進陟	고원지방의 현안 상수도 계획 진척	朝鮮日報	1937.11.04	석간 3	
3229	忠北各敎化團體에 國庫補助를申請	충북 각 교화단체에 국고보조를 신청	朝鮮日報	1937.11.10	석간 7	
3230	平康有志의蹶起로 廣平講習所曙光	평강유지의 궐기로 광평강습소 서광	東亞日報	1937.11.24	석간 4	
3231	飮料水飢饉 適飮井이僅四個所 上水道設置가急務	음료수 기근 음용에 적합한 우물이 겨우 4개소 상수도설치가 급무	東亞日報	1937.11.24	석간 4	
3232	幼稚園을援助하라	유치원을 원조하라	朝鮮日報	1937.11.25	조간 4	
3233	倒壞된馬山普校舍 改築에 一大暗礁 馬山有志의奮起要望	무너진 마산보통학교 사개축에 일대암초 마산유지의 분기 요망	東亞日報	1937.11.25	조간 7	
3234	文敎에貢獻多大한 杆城鄕校	문교에 공헌 지대한 간성향교	朝鮮日報	1937.12.02	석간 4	
3235	落穗や廢物を蒐慰問文添へ 献金 ; 遊漁報國婦人會活動	떨어진 벼 이삭과 모아 위문글을 첨부하여 헌금; 유어보국 부인회 활동	釜山日報	1937.12.04	3	
3236	生活革新을斷行	생활 혁신을 단행	東亞日報	1937.12.07	조간 2/ 석간 2	
3237	馬山普校改築案全會一致可決	마산보통학교 개축안 전회 일치 가결	東亞日報	1937.12.08	조간 7	
3238	釀造界의覇王 金道根氏	양조계의 왕자 김도근씨	東亞日報	1937.12.22	조간 6	
3239	高敞서舊曆廢止	고창에서 구력 폐지	東亞日報	1937.12.25	조간 7	
3240	刀圭界의 元老 海岩醫院 張珍奎氏	도규계의 원로 해암의원 장진 규씨	東亞日報	1937.12.29	석간 4	

연번	기사명(원문)	기사명(한글)	출전	발행일	면	비고
3241	初等教育擴充費로 鄉校財産을轉用	초등교육 확충비로 향교재산을 전용	朝鮮日報	1938.01.04	석간 13	
3242	鄉校와 寺院의 總財力을集中	향교와 사원의 총재력을 집중	朝鮮日報	1938.01.04	석간 13	
3243	安靑校에每年六百圓寄附安城穀物協會에서	안청교에 매년 6백 원 기부 안성곡물협회에서	東亞日報	1938.01.07	조간 5	
3244	勞賃不拂로不平	노임을 지불하지 않아 불평	朝鮮日報	1938.01.13	조간 4	
3245	江陵"公商"뒤이어 女高普設立說	강릉 "공립상업학교" 뒤이어 여자고등보통학교 설립 설	朝鮮日報	1938.01.15	조간 4	
3246	地方當面問題	지방 당면문제	朝鮮日報	1938.01.15	석간 3	
3247	圃隱先生書卒	포은선생 서졸	東亞日報	1938.01.23	조간 4	
3248	朝鮮儒教史에잇서鄭圃隱의功蹟과地位 (二)	조선 유교사에 있어서 정포은의 공적과 지위(2)	朝鮮日報	1938.01.25	석간 5	최익한
3249	社會敎化團體 國庫補助配定	사회교화단체 국고보조 배정	朝鮮日報	1938.02.01	조간 2	
3250	儒林들結束으로 高等學院을計畫	유림들 결속으로 고등학원을 계획	朝鮮日報	1938.02.03	조간 4	
3251	各學校生徒募集規定 (16)	각 학교 학생모집 규정 (16)	東亞日報	1938.02.09	조간 4	
3252	農山漁村振興運動事蹟에 對한表彰及助成에就하야	농산어촌진흥운동 사적에 대한 표창 및 조성에 대하여	朝鮮日報	1938.02.11	조간 3	
3253	憲法發布五十週年記念式典에際하야上奏書賀表決定	헌법 발포 50주년 기념식전을 맞이하여 상주서 하표 결정	朝鮮日報	1938.02.11	조간 1	
3254	今春各學校入學案內【二】【○】	금년 봄 각 학교 입학안내 【2】【○】	朝鮮日報	1938.02.11	석간 5	
3255	敎育敎化功勞者 選奬 施設에 對하야 鹽原學務局長 談	교육교화 공로자 선장 시설에 대하여 염원학무국장 담	東亞日報	1938.02.11	조간 3	
3256	懸案의江陵商業學校 今春四月에開校	현안의 강릉상업학교 금년 봄 4월에 개교	朝鮮日報	1938.02.13	조간 2	
3257	本社主催 朝鮮鄉土文化調査의大事業	본사 주최 조선향토 문화조사의 대사업	朝鮮日報	1938.02.17	조간 2	
3258	明倫學院寄附分賦	명륜학원 기부 분부	朝鮮日報	1938.02.17	조간 2	
3259	"鄉校財産으로 私學을助長하라"	"향교재산으로 사학을 조장하라"	朝鮮日報	1938.02.28	석간 6	
3260	中堅婦人講習會	중견부인강습회	朝鮮日報	1938.03.01	조간 4	
3261	平康에圖書舘新設	평강에 도서관 신설	朝鮮日報	1938.03.01	석간 7	
3262	篤志家氏名	독지가씨명	東亞日報	1938.03.01	조간 2/석간 2	
3263	期成會組織活動 目的貫徹에邁進	기성회 조직 활동 목적관철에 매진	朝鮮日報	1938.03.02	조간 4	
3264	授業料引上計劃은 敎育普及에反한다	수업료 인상 계획은 교육보급에 반한다	東亞日報	1938.03.04	조간 2	
3265	朝鮮鄉土文化調査事業	조선향토문화 조사 사업	朝鮮日報	1938.03.05	석간 1	
3266	鄉校財産의流用을反駁	향교재산의 유용을 반박	東亞日報	1938.03.06	조간 6	
3267	青年實業家 楊春先氏陰德	청년실업가 양춘선씨 음덕	朝鮮日報	1938.03.16	석간 3	

연번	기사명(원문)	기사명(한글)	출전	발행일	면	비고
3268	麗末史話 (5) 元耘谷의秘傳 華海師全	여말사화 (5) 원운곡의 비전 화해사전	朝鮮日報	1938.03.17	석간 5	최익한
3269	麗末史話 (6) 元耘谷의秘傳 華海師全	여말사화 (6) 원운곡의 비전 화해사전	朝鮮日報	1938.03.18	석간 5	최익한
3270	本社參觀	본사 참관	朝鮮日報	1938.03.20	석간 1	
3271	待望의江陵商校 正式으로認可	대망의 강릉상업학교 정식으로 인가	東亞日報	1938.03.22	석간 4	
3272	鄕校田畓小作權은 寸土업는貧農에게	향교전답 소작권은 토지 없는 빈농에게	朝鮮日報	1938.03.24	조간 4	
3273	伊川郡鄕校掌議會	이천군 향교 장의회	朝鮮日報	1938.03.26	석간 7	
3274	豫算審議의 鄕校掌議會	예산심의하는 향교 장의회	釜山日報	1938.03.27	4	
3275	保寧郡鄕校豫算掌議會	보령군 향교 예산 장의회	釜山日報	1938.03.27	5	
3276	文廟享祀의嚴肅 ; 敎化施設의 適正强化	문묘 향사의 엄숙 ; 교화시설의 적정 강화	釜山日報	1938.03.27	4	
3277	大全州建設費로서三十餘萬圓計上 圖書舘,第二普校新設	대전주 건설비로서 30여만 원 계상 도서관, 제2보통학교 신설	東亞日報	1938.03.30	조간 6	
3278	文廟釋奠祭 十五日執行	문묘의 석전제 15일 집행	釜山日報	1938.04.15	5	尊→奠
3279	十三年度의寶城郡豫算	1938년도의 보성군 예산	東亞日報	1938.04.16	조간 3/ 석간 7	
3280	大邱鄕校掌議補選	대구향교 장의 보선	朝鮮日報	1938.04.18	조간 3	
3281	春期大祭擧行	춘기대제 거행	朝鮮日報	1938.04.18	석간 4	
3282	淳昌文廟春季釋奠	순창문묘 춘계석전	東亞日報	1938.04.18	석간 4	
3283	鄕土文化를차저서㉙ 第二班 義州篇 史話도悲凉한 統軍亭上에서	향토문화를 찾아서㉙ 제2반 의주편 사화도 비량한 통군정 위에서	朝鮮日報	1938.04.19	석간 5	
3284	金堤文廟釋尊祭	김제문묘 석전제	釜山日報	1938.04.19	5	
3285	文廟祭擧行	문묘제 거행	朝鮮日報	1938.04.22	석간 7	
3286	益山文廟에서 孝子,節婦表彰	익산문묘에서 효자, 절부 표창	東亞日報	1938.04.23	조간 3/ 석간 7	
3287	南原署不許可로 頌德碑建立瓦解	남원서 불허가로 송덕비 건립 와해	朝鮮日報	1938.04.26	석간 3	
3288	順天中學入學式	순천중학 입학식	東亞日報	1938.05.03	조간 3/ 석간 7	
3289	李範洪氏壯擧 鄕校自擔改修	이범홍씨 장거 향교자담 개수	朝鮮日報	1938.05.05	석간 7	
3290	密陽第二小校新築	밀양 제2심상소학교 신축	東亞日報	1938.05.14	조간 3/ 석간 7	
3291	朴喆燮氏特志	박철섭씨 특지	朝鮮日報	1938.05.19	석간 2	
3292	貯蓄獎勵의 計劃要綱通牒 (上)	저축장려의 계획 요강 통첩 (상)	東亞日報	1938.05.21	조간 4/ 석간 8	
3293	始興儒林團에 時局認識講演	시흥유림단에 시국인식 강연	朝鮮日報	1938.06.03	조간 3	
3294	地方有志의寄附로 協成學院에曙光	지방유지의 기부로 협성학원에 서광	東亞日報	1938.06.06	석간 4	

연번	기사명(원문)	기사명(한글)	출전	발행일	면	비고
3295	二億圓目標　長期膺懲의覺悟에서 擧國一致貯蓄에邁進	2억 원 목표 장기 응징의 각오에서 거국일치 저축에 매진	朝鮮日報	1938.06.22	석간 2	
3296	國民精神總動員의實踐!	국민정신 총동원의 실천!	東亞日報	1938.06.28	조간 2	
3297	産業雜信	산업잡신	東亞日報	1938.07.03	석간 6	
3298	獻金美談一束	헌금미담 일속	東亞日報	1938.07.08	조간 2	
3299	國民精神總動員　各地聯盟結成式	국민정신총동원 각지 연맹 결성식	東亞日報	1938.07.20	석간 7	
3300	黃海道社會課　新設　二十日부터事務開始	황해도 사회과 신설 20일부터 사무개시	朝鮮日報	1938.07.23	석간 7	
3301	穩健着實로 成功 文廟直員 李性欽氏	온건착실로 성공 문묘직원 이성흠씨	東亞日報	1938.08.04	석간 6	
3302	麟蹄의 名望家 麟蹄金組長 金永濟氏	인제의 명망가 인제금융조합장 김영제 씨	東亞日報	1938.08.04	석간 6	
3303	新刊紹介	신간 소개	朝鮮日報	1938.08.05	석간 5	
3304	震檀學報評 그第九號刊行을보고	진단학보평 그 제9호 간행을 보고	朝鮮日報	1938.08.14	석간 5	
3305	安城小學校學父兄會　理事總辭職騷動	안성소학교 학부형회 이사 총사직 소동	朝鮮日報	1938.08.15	석간 3	
3306	儒林의機構를革新 社會敎化運動의第一線에	유림의 기구를 혁신 사회교화운동의 제일선에	東亞日報	1938.08.23	조간 2	
3307	鄕校를中心細胞로 財團法人을組織	향교를 중심세포로 재단법인을 조직	東亞日報	1938.08.23	조간 2	
3308	龍川儒林稧創立總會	용천유림계 창립총회	朝鮮日報	1938.09.05	석간 3	
3309	羅州靑年團開講式	나주청년단 개강식	東亞日報	1938.09.07	석간 7	
3310	獨子가獨子를打殺	독자가 독자를 타살	朝鮮日報	1938.09.09	석간 7	
3311	開城文廟에서　儒敎講習開催	개성문묘에서 유교강습 개최	朝鮮日報	1938.09.15	조간 3	
3312	詩書會當選者開城文廟考試에	시서회 당선자 개성문묘 고시에	朝鮮日報	1938.09.22	조간 3	
3313	中堅人物講習會 來月明倫堂에서	중견인물강습회 다음달 명륜당에서	朝鮮日報	1938.09.25	석간 4	
3314	江陵儒林勤勞隊	강릉유림 근로대	朝鮮日報	1938.09.28	석간 7	
3315	躍馬燈의鄕校常時遊客不絶	약마등의 향교 유람객 끊이지 않아	東亞日報	1938.10.04	석간 4	
3316	祝咸平地方紹介版	축 함평지방 소개판	東亞日報	1938.10.04	석간 4	
3317	秋季釋尊祭と文廟落成式 ； 十五,六兩日間	추계석전제와 문묘낙성식 ； 15, 16 이틀간	釜山日報	1938.10.11	4	
3318	開城도秋期釋奠 十五日文廟에서	개성도 추기석전 15일 문묘에서	朝鮮日報	1938.10.14	조간 3	
3319	新羅各陵殿享祀	신라 각 능전 향사	朝鮮日報	1938.10.15	석간 3	
3320	新羅 三殿三陵 ； 文廟秋季享祀	신라 3전3릉 ； 문묘 추계향사	釜山日報	1938.10.16	4	
3321	江陵文廟 釋奠祭	강릉문묘 석전제	釜山日報	1938.10.17	3	尊→奠
3322	安岳儒林이 會集 懇談會를開催	안악유림이 회집 간담회를 개최	東亞日報	1938.10.19	석간 6	
3323	秋季釋奠と文廟改築記念式 ； 孝烈婦表彰と詩文當選者授賞	추계석전과 문묘개축 기념식 ； 효열부 표창과 시문 당선자 수상	釜山日報	1938.10.19	4	

연번	기사명(원문)	기사명(한글)	출전	발행일	면	비고
3324	忠州文廟の釋奠祭	충주 문묘의 석전제	釜山日報	1938.10.19	4	尊→奠
3325	社會敎化團體 四萬圓補助	사회교화단체 4만 원 보조	東亞日報	1938.10.19	조간 2	
3326	社會敎化補助金	사회교화 보조금	朝鮮日報	1938.10.21	조간 2	
3327	洪川文廟祭에서 節婦表彰擧行	홍천문묘제에서 절부 표창 거행	東亞日報	1938.10.21	조간 3/ 석간 7	
3328	公州鄉校明德會서烈婦褒彰式擧行	공주향교 명덕회에서 열부포창식 거행	東亞日報	1938.10.23	조간 3/ 석간 7	
3329	綾州서도釋奠祭	능주에서도 석전제	東亞日報	1938.10.23	조간 3/ 석간 7	尊→奠
3330	開城文廟釋奠	개성문묘 석전	東亞日報	1938.10.23	조간 3/ 석간 7	尊→奠
3331	通川農民學校	통천농민학교	朝鮮日報	1938.11.02	석간 7	
3332	千餘名兒童들 鄉校等에收容 福城校火災後聞	천여 명 아동들 향교 등에 수용 복성교 화재 후문	朝鮮日報	1938.11.19	석간 3	
3333	燒失된福城小學 四個所에分擔收容	소실된 복성소학 4개 소에 분담 수용	朝鮮日報	1938.11.20	석간 7	
3334	朝鮮雅樂器의 構造와 그 性能 (6)	조선 아악기의 구조와 그 성능(6)	東亞日報	1938.11.22	석간 3	李鍾泰
3335	古蹟寶物天然記念物	고적보물 천연기념물	朝鮮日報	1938.11.25	조간 2	
3336	寶物·古蹟·天然記念物	보물·고적·천연기념물	東亞日報	1938.11.26	석간 2	
3337	羅州鄉校掌議候補	나주향교 장의 후보	朝鮮日報	1938.12.03	조간 3	
3338	朝鮮雅樂器의 構造와 그 性能 (13)	조선 아악기의 구조와 그 성능 (13)	東亞日報	1938.12.06	석간 3	李鍾泰
3339	江華文廟에서 民曆을分給	강화문묘에서 민력을 분급	朝鮮日報	1938.12.18	조간 3	
3340	鄉校掌議選擧	향교 장의 선거	朝鮮日報	1938.12.28	석간 7	
3341	學者의入門은太學과鄉校 古代朝鮮獎學制	학자의 입문은 태학과 향교 고대조선 장학제	東亞日報	1939.01.01	석간 15	
3342	七百儒林動員하야 明德會를結成	7백 유림 동원하여 명덕회를 결성	東亞日報	1939.01.13	조간 3/ 석간 7	
3343	荻細工講習	억새 세공강습	朝鮮日報	1939.01.15	석간 6	
3344	永興郡民熱望으로 實業校誘致運動	영흥군민 열망으로 실업학교 유치운동	朝鮮日報	1939.01.19	석간 7	
3345	富平明德會新役員	부평 명덕회 신역원	朝鮮日報	1939.01.24	조간 3	
3346	會寧文廟掌議選擧	회령문묘 장의 선거	朝鮮日報	1939.01.27	석간 3	
3347	朝鮮家族制度의 再檢討 特히 現代의 生活과 關聯해서(上)	조선가족제도의 재검토 특히 현대의 생활과 관련해서(상)	東亞日報	1939.01.29	석간 3	金斗憲
3348	定州儒林團蹶起	정주 유림단 궐기	朝鮮日報	1939.02.02	석간 7	
3349	城大朝鮮文學講座 存廢說一蹴陣容을强化	성대 조선문학강좌 존폐설 일축 진용을 강화	朝鮮日報	1939.02.08	조간 2	
3350	紀元佳節의榮譽	기원가절의 영예	東亞日報	1939.02.12	석간 3	
3351	敎育効績者社會敎化功勞者今日表彰	교육효적자 사회교화공로자 금일 표창	朝鮮日報	1939.02.12	석간 2	
3352	鹽原學務局長談	시오바라 학무국장 담	朝鮮日報	1939.02.12	석간 2	

연번	기사명(원문)	기사명(한글)	출전	발행일	면	비고
3353	元山,德源合作으로 農業校設置期成 發起人會에서 猛活動	원산, 덕원합작으로 농업학교설치기성 발기인회에서 맹활동	東亞日報	1939.02.12	석간 4	
3354	表彰된諸團體	표창된 제단체	東亞日報	1939.02.12	석간 3	
3355	褒彰받은各道團體	포창받은 각도 단체	東亞日報	1939.02.12	석간 3	
3356	紀元節奉祝式	기원절 봉축식	東亞日報	1939.02.13	석간 4	
3357	皇道精神下에 明倫學院改組	황도정신 하에 명륜학원 개조	朝鮮日報	1939.02.18	석간 2	
3358	明倫學院昇格 專門學院으로改稱	명륜학원 승격 전문학원으로 개칭	東亞日報	1939.02.18	조간 3/석간 7	
3359	大邱初等校入學兒童 通學區域,査定日決定	대구초등교 입학 아동 통학구역, 사정일 결정	東亞日報	1939.02.22	조간 3/석간 7	
3360	慶北各郡鄕校財産民衆敎化에使用	경북 각 군 향교재산 민중교화에 사용	東亞日報	1939.02.23	조간 3/석간 7	
3361	明倫學院今番募生 本科生等四十餘名	명륜학원 금번 모생 본과생 등 40여 명	朝鮮日報	1939.02.26	석간 2	
3362	成均館明倫堂에結婚式場設置	성균관 명륜당에 결혼식장 설치	東亞日報	1939.02.27	석간 4	
3363	國語敎授硏究會 鹿洞書院서開催	국어교수연구회 녹동서원에서 개최	朝鮮日報	1939.02.28	조간 7	
3364	義務敎育實施하라	의무교육 실시하라	東亞日報	1939.02.28	조간 3/석간 7	
3365	論陣白熱하는 各道會 豫算·敎育擴充을 비롯 (3)	논진백열하는 각 도회 예산·교육확충을 비롯 (3)	東亞日報	1939.03.01	조간 3/석간 7	
3366	儒林의大同團結 定州儒林서提唱	유림의 대동단결 정주유림에서 제창	朝鮮日報	1939.03.04	석간 3	
3367	大邱記者團主催 生活改善座談會 (一)	대구기자단 주최 생활개선 좌담회 (1)	東亞日報	1939.03.11	조간 3/석간 7	
3368	長湍郡鄕校掌議會	장단군 향교 장의회	朝鮮日報	1939.03.16	조간 3	
3369	舌鋒은敎育에頂點	설봉은 교육에 정점	東亞日報	1939.03.17	조간 3/석간 7	
3370	農振運動의再檢討	농촌진흥운동의 재검토	朝鮮日報	1939.03.20	석간 1	
3371	長湍掌議會開催	장단 장의회 개최	東亞日報	1939.03.21	조간 3/석간 7	
3372	淸州鄕校 掌議會	청주향교 장의회	釜山日報	1939.03.25	4	
3373	新年度 豫算審議의 淸州郡 鄕校掌議會	신년도 예산심의하는 청주군 향교 장의회	釜山日報	1939.04.01	4	
3374	淸州釋奠大祭來十五日執行	청주 석전대제 오는15일 집행	朝鮮日報	1939.04.11	석간 2	
3375	天安儒林座談會	천안유림 좌담회	東亞日報	1939.04.13	조간 3/석간 7	
3376	安城郡管內各鄕校掌議候補八名選擧	안성군 관내 각 향교 장의후보 8명 선거	朝鮮日報	1939.04.14	조간 3	
3377	江陵文廟釋奠祭	강릉문묘 석전제	朝鮮日報	1939.04.15	석간 7	
3378	長湍文廟春季釋奠	장단문묘 춘계석전	朝鮮日報	1939.04.18	조간 3	尊→奠
3379	春季文廟釋奠; 十五日午前に擧行	춘계문묘석전; 15일 오전에 거행	朝鮮時報	1939.04.18	3	

연번	기사명(원문)	기사명(한글)	출전	발행일	면	비고
3380	春季釋奠祭	춘계석전제	東亞日報	1939.04.19	조간 3/석간 7	
3381	漆工藝傳習所 泰川郡에設立	칠공예 전습소 태천군에 설립	朝鮮日報	1939.04.22	석간 3	
3382	梁山農實校開校	양산농업실습학교 개교	東亞日報	1939.05.01	석간 4	
3383	定州鄉校夜學院 建築基金遝至	정주향교 야학원 건축기금 답지	朝鮮日報	1939.05.04	석간 7	
3384	金浦郡掌議改選	김포군 장의개선	朝鮮日報	1939.05.10	조간 3	
3385	高興敬老會	고흥경로회	東亞日報	1939.05.28	조간 3/석간 7	
3386	榮州에도中等校	영주에도 중등학교	朝鮮日報	1939.05.31	석간 7	
3387	元山,榮州中學發起	원산, 영주 중학 발기	東亞日報	1939.06.01	조간 1	
3388	라디오프로 六日(火曜日)	라디오 프로 6일(화요일)	朝鮮日報	1939.06.06	조간 4	
3389	라디오프로 五日(月)	라디오 프로 5일 (월)	朝鮮日報	1939.06.06	석간 4	
3390	라디오프로 七日 (水)	라디오 프로 7일 (수)	朝鮮日報	1939.06.07	조간 4	
3391	明倫會敎化士講習 清州郡서開催	명륜회 교화사 강습 청주군에서 개최	朝鮮日報	1939.06.11	조간 3	
3392	定州에儒林會舘	정주에 유림회관	朝鮮日報	1939.06.18	석간 7	
3393	鄉校土地를私有 伊川儒林大會서말썽	향교토지를 사유 이천 유림대회서 말썽	朝鮮日報	1939.06.25	조간 3	
3394	死藏된鄉校財活用 中等學校設立計畫	사장된 향교 재활용 중등학교 설립 계획	朝鮮日報	1939.06.27	석간 7	
3395	吏讀小攷 ③	이두 소고 ③	朝鮮日報	1939.06.28	석간 5	
3396	灰燼된軍威小校의 復興期成會組織	모두 타버린 군위소학교의 부흥기성회 조직	東亞日報	1939.06.28	조간 3/석간 7	
3397	中學期成會創立 大邱儒林中心으로	중학교 기성회 창립 대구 유림 중심으로	朝鮮日報	1939.06.29	석간 7	
3398	德行兼한慈善家 趙賢均 氏	덕행겸한 자선가 조현균씨	朝鮮日報	1939.07.01	석간 3	
3399	産苦中의"새崇德" ❹ 軋轢의派生的係爭 畢竟法廷에까지延長	산고 중의 '새숭덕' ❹ 알력의 파생적 계쟁 필경 법정에까지 연장	朝鮮日報	1939.07.03	석간 3	특파원 심정섭
3400	陳情간明倫會代表 만흔收穫엇고歸邱	진정간 명륜회대표 많은 수확 얻고 대구에 돌아감	朝鮮日報	1939.07.04	석간 7	
3401	鍮器每戶獻納等 儒林會員에指令	집집마다 유기 헌납 등 유림회원에 지령	朝鮮日報	1939.07.06	석간 7	
3402	縮刷北部版	축쇄 북부판	東亞日報	1939.07.12	조간 3/석간 7	
3403	儒林會財産을活用 中等講習所新設	유림회재산을 활용 중등강습소 신설	朝鮮日報	1939.07.13	석간 3	
3404	京釜線編 (32) 慶州行 〈20〉	경부선편 (32) 경주행 〈20〉	東亞日報	1939.07.16	석간 4	金道泰
3405	京釜線編 (33) 慶州行 〈21〉	경부선편 (33) 경주행 〈21〉	東亞日報	1939.07.23	석간 4	金道泰
3406	馬山府會副議長 黃甲周氏逝去	마산부회부의장 황갑주씨 서거	東亞日報	1939.07.28	조간 3/석간 7	
3407	紀念事業으로 大規模的造林	기념사업으로 대규모적 조림	東亞日報	1939.07.30	석간 6	

연번	기사명(원문)	기사명(한글)	출전	발행일	면	비고
3408	伊川에서祈雨祭	이천에서 기우제	朝鮮日報	1939.08.04	석간 2	
3409	地方의功勞者 辛珪容氏	지방의 공로자 신규용씨	東亞日報	1939.08.04	석간 6	
3410	苦心いられて馬山署に凱歌	고심해오던 마산서에 개가	釜山日報	1939.08.08	6	
3411	溫厚篤實한人格者	온후독실한 인격자	朝鮮日報	1939.08.13	석간 6	
3412	順川儒林會臨總	순천 유림회 임시총회	朝鮮日報	1939.08.27	석간 7	
3413	中堅靑年講習會	중견청년 강습회	朝鮮日報	1939.08.30	조간 3	
3414	郡守確言廻避에 郡民不安深刻化	군수 확언 회피에 군민 불안 심각화	朝鮮日報	1939.08.31	석간 7	
3415	慶州를中心으로 古蹟愛護의徹底	경주를 중심으로 고적애호의 철저	東亞日報	1939.09.03	조간 3/석간 7	
3416	儒敎講習會開催	유교강습회 개최	朝鮮日報	1939.09.12	조간 3	
3417	旱害克服精神充溢	한해극복 정신 충일	東亞日報	1939.09.14	조간 3/석간 7	
3418	受講婦女百餘名	수강 부녀 1백여 명	東亞日報	1939.09.24	조간 3/석간 7	
3419	儒林大會를開催	유림대회를 개최	朝鮮日報	1939.09.29	석간 2	
3420	全朝鮮儒林大會 三百儒林代表參集	전조선유림대회 3백 유림대표 참집	東亞日報	1939.09.29	석간 2	
3421	國精總動員金海郡儒林聯盟 ; 十五日の文廟 享祀日	국민정신총동원 김해군 유림 연맹 ; 15일이 문묘 향사일	釜山日報	1939.09.29	3	
3422	共勵部落中堅人物講習會; 十月九日から四日間; 泗川郡 文廟 明倫堂て	공려부락 중견인물강습회; 10월 9일부터 4일간; 사천군 문묘 명륜당에서	釜山日報	1939.09.30	4	
3423	儒林界의 重鎭 文廟直員 李鎭浩氏	유림계의 중진 문묘 직원 이진호씨	東亞日報	1939.10.03	석간 4	
3424	春川文廟秋期大祭	춘천문묘 추기대제	朝鮮日報	1939.10.15	조간 3	
3425	광고; 明川郡上古面仲坪洞 文廟掌議 實業家 張極星	명천군 상고면 중평동 문묘장의 실업가 장극성	國民新報	1939.10.15	31	
3426	"儒道의趣旨闡明 往古의道義를活用"	"유도의 취지 천명 옛 도의를 활용"	朝鮮日報	1939.10.17	석간 1	
3427	秋季釋奠祭	추계 석전제	朝鮮日報	1939.10.17	조간 3	
3428	金浦文廟秋期釋奠	김포문묘 추기석전	朝鮮日報	1939.10.17	조간 3	
3429	寶物,古蹟,天然記念物 九十餘種또指定	보물, 고적, 천연기념물 90여 종 또 지정	朝鮮日報	1939.10.17	석간 2	
3430	儒道의 本義顯揚 儒林大會와 南總督告辭	유도의 본의현양 유림대회와 미나미총독 고사	東亞日報	1939.10.17	석간 1	
3431	朝鮮儒道의總本營 各道代表者三百名集合으로	조선 유도의 총본영 각도 대표자 3백 명 집합으로	東亞日報	1939.10.17	석간 2	
3432	目醒めた儒林團, 國動, 金海聯盟結成, 十五日明倫堂に於て	눈을 뜬 유림단, 국동, 김해연맹 결성, 15일 명륜당에서	朝鮮時報	1939.10.19	3	
3433	明倫堂을 修築	명륜당을 수축	朝鮮日報	1939.10.20	조간 3	
3434	하이킹코―스紹介	하이킹 코―스 소개	東亞日報	1939.10.22	석간 5	

연번	기사명(원문)	기사명(한글)	출전	발행일	면	비고
3435	雲頭山對岸漢城峴은 愛親覺羅氏發祥地	운두산 대안 한성현은 애친각나씨 발상지	東亞日報	1939.10.25	석간 4	
3436	二郡一府의 儒林大會	2군1부의 유림대회	朝鮮日報	1939.11.01	조간 3	
3437	德源郡儒林大會	덕원군 유림대회	東亞日報	1939.11.01	석간 6	
3438	四萬餘名의小作人 四萬餘圓率先寄附	4만여 명의 소작인 4만여 원 솔선 기부	朝鮮日報	1939.11.10	조간 3	
3439	麟蹄서도敬老會	인제서도 경로회	朝鮮日報	1939.11.14	조간 3	
3440	同福行③ 高麗石燈	동복행③ 고려 석등	朝鮮日報	1939.11.16	석간 3	
3441	歷史朝鮮의산記念古蹟,寶物等七十件	역사 조선의 산 기념 고적, 보물 등 70건	朝鮮日報	1939.11.18	석간 2	
3442	文化의遺物寶物古蹟 七十七點永久保存	문화의 유물 보물 고적 77점 영구보존	東亞日報	1939.11.18	조간 3/석간 2	
3443	名勝의이모저모	명승의 이모저모	東亞日報	1939.11.19	석간 6	
3444	鄕校掌議選擧會	향교 장의 선거회	東亞日報	1939.11.21	조간 3/석간 7	
3445	咸南儒林大會 盛大히開催	함남 유림대회 성대히 개최	東亞日報	1939.11.24	석간 4	
3446	儒林의總本營이될宏大한聯合會舘을建築	유림의 총본영이 될 거대한 연합회관을 건축	朝鮮日報	1939.11.30	조간 2	
3447	儒道聯合會 十一日春川서結成式	유도연합회 11일 춘천에서 결성식	朝鮮日報	1939.12.04	석간 2	
3448	韓孝子를表彰 平澤儒林會에서	한효자를 표창 평택유림회에서	朝鮮日報	1939.12.15	조간 3	
3449	高城讀書會事件	고성독서회 사건	朝鮮日報	1939.12.16	조간 2	
3450	庚辰年의새課題慶北道篇	1940년의 새 과제 경북도편	朝鮮日報	1940.01.03	석간 18	
3451	꿋꿋이살어가는表情	꿋꿋이 살아가는 표정	朝鮮日報	1940.01.04	석간 14	
3452	居昌農林校設立費 二千圓을寄附	거창농림학교 설립 2천 원을 기부	東亞日報	1940.01.11	조간 3/석간 7	
3453	"南電"水沒로因해 安住地斡旋陳情	"남서수력전기회사" 수몰로 인해 안주지 알선 진정	朝鮮日報	1940.01.14	석간 3	
3454	圖書舘擴充이喫緊	도서관 확충이 급박	東亞日報	1940.01.21	조간 3/석간 7	
3455	人事	인사	高麗時報	1940.02.01	1	
3456	敎育殉國의大道에敎育效績者를表彰	교육 순국의 대도에 교육 효적자를 표창	東亞日報	1940.02.11	조간 2	
3457	吉州郡에서廢品再生産	길주군에서 폐품 재생산	東亞日報	1940.02.16	석간 6	
3458	載寧儒道會結成	재령유도회 결성	東亞日報	1940.02.19	석간 4	
3459	海南儒林大會 支部結成式擧行	해남 유림대회 지부 결성식 거행	東亞日報	1940.02.27	조간 3/석간 7	
3460	蔚山鄕校財産豫算會議	울산향교재산 예산회의	釜山日報	1940.03.05	3	
3461	掌議會審議會席上서圖書舘費를大削減	장의회 심의회 석상에서 도서관비를 대삭감	東亞日報	1940.03.09	조간 3/석간 7	
3462	靈山文廟直員 尹翔植氏任命	영산문묘 직원 윤상식씨 임명	釜山日報	1940.03.19	3	
3463	大邱鄕校財産으로서中等校設置要望	대구향교재산으로서 중등학교 설치 요망	東亞日報	1940.03.21	조간 3/석간 7	

연번	기사명(원문)	기사명(한글)	출전	발행일	면	비고
3464	龍井市民運動場 文廟엽헤二萬數千坪買收	용정시민운동장 문묘 옆에 2만 수천 평 매수	滿鮮日報	1940.03.23	7	
3465	金浦郡掌議會	김포군 장의회	朝鮮日報	1940.03.26	조간 2	
3466	長湍郡鄕校掌議會	장단군 향교장의회	東亞日報	1940.03.27	조간 3/ 석간 7	
3467	麗水郡鄕校掌議會	여수군 향교장의회	釜山日報	1940.03.27	7	
3468	槐山鄕校財産掌議會	괴산 향교재산 장의회	東亞日報	1940.03.28	조간 3/ 석간 7	
3469	榮州郡鄕校財産掌議會	영주군 향교재산 장의회	東亞日報	1940.03.29	조간 3/ 석간 7	
3470	長湍郡鄕校掌議會	장단군 향교장의회	朝鮮日報	1940.04.02	조간 3	
3471	校山學術講習所 修業式盛大擧行	교산학술강습소 수업식 성대거행	朝鮮日報	1940.04.02	조간 3	
3472	長城郡鄕校掌議會原案全部可決	장성군 향교장의회 원안 전부 가결	東亞日報	1940.04.2./5	조간 3/ 석간 7	
3473	惡德家主를取調	악덕가주를 취조	朝鮮日報	1940.04.06	조간 3	
3474	校山講習所에 金一封을寄托	교산강습소에 금일봉을 기탁	朝鮮日報	1940.04.11	조간 3	
3475	廣州文廟에서도儒道大會를準備	광주문묘에서도 유도대회를 준비	朝鮮日報	1940.04.11	조간 3	
3476	仁川府域擴張後 最初의春季釋奠	인천부 지역확장 후 최초의 춘계석전	朝鮮日報	1940.04.13	조간 3	
3477	江陵文廟釋奠祭	강릉문묘 석전제	朝鮮日報	1940.04.13	조간 3	
3478	淸州春季釋奠大祭 來四月十五日擧行	청주 춘계석전대제 오는 4월 15일 거행	東亞日報	1940.04.13	조간 3/ 석간 7	
3479	儒道講演會 十五日安城各文廟서	유도강연회 15일 안성 각 문묘에서	東亞日報	1940.04.14	조간 3/ 석간 7	
3480	麗水の兩文廟; 春季祭典	여수의 두 문묘; 춘계제전	釜山日報	1940.04.16	5	
3481	文鶴富內兩文廟 春季釋奠大祭擧行	문학부내 두 문묘 춘계석전대제 거행	東亞日報	1940.04.16	조간 3	
3482	楊州釋奠祭	양주 석전제	朝鮮日報	1940.04.17	조간 3	
3483	河東文廟春季釋奠祭	하동문묘 춘계석전제	東亞日報	1940.04.18	조간 3/ 석간 7	
3484	文廟釋奠祭	문묘 석전제	釜山日報	1940.04.19	3	
3485	河東文廟釋奠	하동 문묘석전	朝鮮日報	1940.04.20	조간 3	
3486	瑞山鄕校春季釋奠祭	서산향교 춘계석전제	東亞日報	1940.04.21	조간 3	
3487	橫說竪說	횡설수설	東亞日報	1940.04.23	석간 1	
3488	臨陂文廟春季釋奠祭	임피문묘 춘계석전제	東亞日報	1940.04.24	조간 3/ 석간 7	
3489	仁川府編入の文鶴富內文廟; 沿革發表さる	인천부 편입 문학부내의 문묘; 연혁을 발표하다	釜山日報	1940.04.25	5	
3490	明倫中學論再燃	명륜중학론 재연	朝鮮日報	1940.04.27	석간 2	
3491	富川郡の西面鄕校財産	부천군의 서면 향교재산	釜山日報	1940.04.27	5	
3492	日曜講話會設置	일요강화회 설치	東亞日報	1940.04.28	조간 3/ 석간 7	

연번	기사명(원문)	기사명(한글)	출전	발행일	면	비고
3493	經學講話會	경학강화회	朝鮮日報	1940.05.01	조간 3	
3494	甕津明倫會總會	옹진명륜회 총회	朝鮮日報	1940.05.02	석간 3	
3495	朝鮮文化二十年 (十九) 朝鮮敎育二十年回顧〈上〉	조선문화 20년 (19) 조선교육 20년 회고 〈상〉	東亞日報	1940.05.07	석간 3	
3496	隨想 初夏雜感	수상 초하잡감	朝鮮日報	1940.05.13	석간 4	
3497	紀行 半日淸遊	기행 반일청유	朝鮮日報	1940.05.20	석간 4	
3498	晋隊郡儒道會結成	진대군 유도회 결성	東亞日報	1940.05.28	조간 3/석간 7	
3499	創氏講演會	창씨강연회	朝鮮日報	1940.05.30	조간 3	
3500	榮州東部小校 五月三十日開學	영주동부소학교 5월 30일 개학	東亞日報	1940.05.31	조간 3/석간 7	
3501	榮州東部小學開校	영주동부소학교 개교	朝鮮日報	1940.06.02	조간 3	
3502	榮州中等校期成會 定期總會開催	영주중등학교 기성회 정기총회 개최	東亞日報	1940.06.22	조간 3/석간 7	
3503	安城의 巨人 春崗居士 故朴承六氏	안성의 거인 춘강거사 고 박승육씨	東亞日報	1940.06.28	석간 3	
3504	儒林大會 元山德源代表集合	유림대회 원산덕원대표 집합	朝鮮日報	1940.06.30	석간 3	
3505	榮州西小學 獎學會定總	영주서부소학교 장학회 정기총회	朝鮮日報	1940.06.30	조간 3	
3506	農村托兒所大增設	농촌탁아소 대증설	東亞日報	1940.06.30	조간 3/석간 7	
3507	回甲費로貧民救濟 錦山金基紋氏美擧	회갑비로 빈민구제 금산 김기문씨 미거	朝鮮日報	1940.07.04	석간 7	
3508	通川서中學期成 三十萬圓基金造成을 目標로	통천에서 중학기성 30만 원 기금조성을 목표로	朝鮮日報	1940.07.16	석간 5	
3509	臨地硏究의 새試驗	임지연구의 새 시험	朝鮮日報	1940.07.16	석간 5	
3510	鳳山李鍾駿氏	봉산 이종준씨	朝鮮日報	1940.07.24	조간 3	
3511	새로國寶로指定發表된 名勝古蹟寶物七十四個所	새로 국보로 지정 발표된 명승고적 보물 74개소	朝鮮日報	1940.08.01	석간 2	
3512	溫良忠厚의長者	온량충후의 장자	朝鮮日報	1940.08.08	조간 3	
3513	慶州文廟祭紀	경주문묘 제기	釜山日報	1941.10.19	3	
3514	淸州文廟釋奠大祭	청주문묘 석전대제	釜山日報	1941.10.19	3	尊→奠
3515	海州の明倫堂で國語講習會	해주의 명륜당에서 국어강습회	皇民日報	1942.07.21	3	

2. 신문의 주요 기사

1) 희망과 주장 - 향교재산에 대하여 / 익명생(匿名生)

　조선의 종래 향교재산 관리는 지방관의 감독하에 교임(校任)이 이를 관장하는 예이라. 문묘에 대한 향사비(享祀費)는 정공(正供)으로 지출하고 향교재산은 지방 인사의 추렴[釀合] 또는 결거(結据)로 성립하여 매년 그 수입으로 동서재(東西齋) 유생 거접비와 향사 때 제원(祭員) 접대비 또는 유림의 일로 유회(儒會) 때든지, 순제(旬題) 백일장 유술성험(儒術誠驗) 때든지, 그 비용은 이 재산에서 지출하였다.

　지역의 유생양반이 지방 관리와 친밀한 관계가 있음은 향교가 기관이 된 이유이니, 종전 군수, 관찰사가 문묘에 삭망참알(朔望參謁)하고 교궁(校宮)에서 유생양반을 인접담론(引接談論)하는 기회가 빈번함으로 관민 간의 관절(觀切)함은 물론이요 경내 인민의 형편을 상호 들어서 알기 때문에 일반 행정에 유익함이 있었다. 향교재산을 설치한 원인과 그 효과가 이와 같은데 언제부턴가 교임이 그 자격을 잃고 지방관 감독이 불충분하여 무익한 주식비(酒食費)로 남용하는 폐풍이 야기되었다.

　이 폐를 교정하기 위하여 향교재산관리규정(鄕校財産管理規程)을 발포하였으나 생폐(生弊)가 거폐(去弊)보다 더욱 심하다. 매년 2회 향사비 800여 원 이상을 갑자기 감축하여 1주년 28원에 그치고, 재산 수입은 전부 보통학교에 이속하여 문묘 향사의 의식이 비박(菲薄)함은 물론 유생과 제원 거접비가 전무하여 경내 유생양반이 마침내 향교와 초월(楚越)이 되어 지금까지 10여 년간 서로 복비(腹非)하며 말하기를, 일본 정치는 선성(先聖)을 무시하고 유교를 경시한다 하여 개개 마음속에 불평한 감정을 품고 신정(新政)에 대해 불복하는 첫째 요점이 여기에 있었다.

　수천 년 숭존(崇尊)하던 문묘향사가 이와 같은 경우에 이르고 수백 년 유래하던 유림 관습이 이와 같은 경우에 이르렀으니 그 불평한 감정을 초래함은 필연일 것이다. 관리규정 시행 이래로 주식비(酒食費)로 남용하는 소폐(小弊)는 혁거하였으나 관민 간의 격절(隔絶)한 실폐(實弊)를 일으켜 행정상 영향이 다대하고 조선과 일본 간의 융화를 손실하니 관리규정을 변경하여 종전과 같이 교임이 관장하고 군수가 감독하여 일부분은 학교비에 이속하고 대부분은 향교비에 충당하여 관청과 유생양반 간의 연락기관을 설치하는 것이 필요하다 주장함.

(『매일신보』 1920년 1월 24일)

2) 향교재산관규(鄕校財産官規) 개정에 대하여 / 물재(勿齋)

종래 조선 전 도를 통하여 매년 수입 약 267만 원의 향교재산 수입은 일부를 제외하고 대부분을 공립보통학교 경비에 충당하는 제도를 채용하여 이후 10여 년간 시행하여 왔다. 한편으로는 지방 유생의 상화(尙華)의 기풍을 새롭게 고치어 낡은 것은 없애버리고, 한편으로는 보통학교의 경비를 충실하게 하였는데 일부 유림계에서는 이 제도가 선성(先聖)을 존숭하지 않고 유교를 박멸하는 제도라 하여 매우 불평을 토로하며 원망의 소리가 여항(閭巷)에 낭자하였다. 그러나 민족의 대부분 즉 시대를 점점 양해(諒解)하는 자는 모두 이 제도를 환영하여 그 규정이 당연하다는 것을 이구동성으로 제창하고 있다.

그런데 지난 사이토[齋藤] 총독이 부임한 이래 상당한 범위에서 조선인의 불평을 해소하고 희망을 받아들이는 정책으로 돌려 제도와 법령 중 대개는 이미 개정 또는 폐지를 단행하여 일반의 희망에 부합한 것이 이미 다수에 달한다. 우리 조선인이 일반적으로 총독의 새로운 정책을 환영하며 구가하게 되었음은 현재 속일 수 없는 명백한 사실이다. 그러나 무릇 당국자, 즉 위정자가 쓸데없이 인민의 추향(趨向)만 따라 법규를 정하고 제도를 시행하는 것은 옳지 않다. 가령 인민이 불평을 토로한다 하여 그 가부를 택하지 않고 정당한 법규를 개폐(改廢)하며, 인민이 환영한다 하여 그 좋고 나쁨을 묻지 않고 적당하지 않은 제도를 시행함은 이른바 경국치민(經國治民)의 도(道)가 아니라 할 것이다.

그런데 이번 당국에서는 일부 유생단체의 희망 대부분을 받아들여 마침내 향교재산관리규칙을 개정하게 되었다. 그 개정의 요지는 종래 향교재산으로부터 생긴 수입 대부분을 각 공립보통학교 경비에 충당하던 것을 폐지하고, 향교재산 조성의 근본 뜻에 따라 대부분을 향사비(享祀費)에 충당하도록 개정하고, 그 재산의 반환은 경리의 문란을 초래할 우려가 있으므로 종전과 같이 각 군수가 관리하도록 결정한 것 같다.

그런즉 일부 유림계에서는 이 개정에 대하여 매우 환영하고 있으나 우리는 이에 대하여 적절한 조치라고 말하기 주저할 수밖에 없다. 왜냐면 종래 조선의 유림계 즉 근세 이하의 유림 신앙자는 정신적이 아니라 형식적이었으며 골수적(骨髓的)이 아니라 피육적(皮肉的)이었다. 그들 반 이상은 입으로만 선성의 숭모를 표하고 그 이면에서는 모두 사적으로 농간을 부리고 염지(染指)[1]의 계(計)로써 사리(私利)를 농단하는 것을 다반으로 하였다. 만일 충심으로 선성을 숭모한다 하면 그 향사비 다소와 예식의 번간(煩簡)에 관련 없이 형식상으로도 번문(繁文)[2]과 성수(盛需)로서 행하여 선성 숭배하는 것은 타당하다 말하기 어려울 것이다. 그러므로 종전의 향교재산 관리제도는 이러한 폐단을

---

1) 손가락을 솥 안에 넣어 국물 맛을 본다는 의미. 남의 물건을 부당하게 취한다는 뜻.
2) 번거롭고 까다로운 규칙.

방지하고 향사비도 성대하고 풍부한 쓸데없는 설비를 축소하여 그 간체박의(簡體薄儀)를 지키게 하고, 대부분 수입은 충량한 국민, 즉 장래 유용한 청년 영재(英才)를 양성하는 기관 즉 보통학교 경비 일부에 충당하게 함은 그 제정한 방법이 실로 적절하다고 할 것이다. 그런데 이번에 개정된 제도는 한편으로 보통학교 경비의 결손 부족을 초래하며 한편으로는 오직 그 유생들이 번문에 취하여 성대한 설비를 꾀함에만 있고 선성 숭모에 의한 충심성의는 오히려 결여한 것이라고 우리는 스스로 단정하며 의심치 않는다.

(『매일신보』 1920년 6월 28일)

3) 향교재산관리규정(鄕校財産管理規程) 개정에 대하여

향교재산관리규정 개정에 대하여

공자는 동양 성인이라 그 언어와 행동이 동양의 교훈이 되고 도덕이 되고 주범(疇範)이 되었다. 그러므로 동양에서 태어나 성장하는 인류는 공자를 숭배하지 않을 수 없고 공자를 존앙하지 않을 수 없다. 그러므로 동양 각국의 역대 제왕이나 상하인사(上下人士)가 그 행동은 비록 공자를 모방하여 실행하지 않을지라도 다만 그 언어는 항상 공자를 표방하였다. 그러나 고대 성인을 존앙함에는 의식으로 존앙하는 것과 내심으로 존앙하는 것의 두 가지 종류가 있으니 '바리새'의 교인은 그 선성(先聖)을 다만 의식으로 존앙하였고 '유대'의 신교도는 적성(赤誠)의 내심으로 신봉하였다.

그런데 동양에서 공자를 신봉하는 방식은 성묘(聖廟)와 성사(聖祀)이다. 성묘는 향교 등이고 성사는 석전(釋奠)이다. 이를 다른 종교에 대비하면 향교는 사원(寺院)이나 예배당에, 석전은 예배나 불공에 해당하여, 석전이라 하는 것이 유교의 종교적 의식을 구비하는 일대 예법이 되었다. 그러므로 석전 예식의 후박(厚薄)은 공자를 존숭하는 성의의 도량형이 되어 2천 년간을 조선, 일본, 중국 등 삼국이 일절로 석전을 존중하여 선성에게 대한 추창(追彰)의 성(誠)을 다하였다. 그러나 시운이 변하고 교화가 혁(革)함에 따라 일본에서 먼저 석전을 폐하였는데, 있는 둥 없는 둥 한 일본 한학자(漢學者)들의 발의로 공자제전회(孔子祭典會)라는 형식을 설치하여 유교도(儒敎徒)에 한하여 추모의 뜻을 표하였다.

중국에서는 신해혁명(辛亥革命) 후 교육총장(敎育總長) 차이위안페이[蔡元培][3] 씨의 시대에, 공자는 대성인(大聖人)이니 존숭하지 않을 수 없으나 종교적으로 예배하는 것은 공자의 도학(道學)을 우상교화(偶像敎化)하는 것이니 공자의 진면목을 고취하기 위해서는 석전을 폐하는 것이 급무라 하여

3) 1868~1940, 중국 철학자이자 교육자. 신해혁명 이후 중화민국 초대 교육총장, 베이징대학 학장 역임.

학당에서 공자를 예배하는 형식을 폐지하라는 의견을 제출하였다. 그 이유는 첫째, 공자는 종교가가 아니니 종교의식으로 학당 안에서 예배하는 것은 불합리한 일이고 둘째, 교육과 종교는 혼동할 것이 아니니 학당에서 사이비한 종교 의식을 행함은 교육의 목적에 위반되는 일이며 셋째, 민국의 신헌법에서 신앙의 자유를 허락하였는데 학당에서 공자에게 예배하는 것은 일개 종교를 특히 보호하는 것이니 다른 종교의 자제로 하여금 입학을 내키지 않게 하여 교육보급에 장해가 되는 일 등이다. 이 세 가지 조항은 석전을 폐지하는 이유로 충분하다 할 수 있다.

조선에서도 또한 시대의 변천에 따라 일찍이 유림의 지반이 되는 서원(書院)을 훼철(毁撤)하였고 또 1910년(隆熙 4) 향교재산의 대부분을 일반 교육비에 충당하게 하여 형식적으로 선성을 신봉하는 의식을 간략하게 하고 진실한 내심존봉(內心尊奉)의 성의를 표시하게 하였다. 조선과 일본, 중국을 막론하고 당시 개혁은 실로 시대에 적당한 조처라고 말할 수 있다.

그런데 최근 향교재산의 처분에 관하여 당국이 발표한 바를 잘 읽어보면 우리들은 이상한 감회를 품게 된다. 물론 모든 정책을 당국의 편의를 위해, 또 당국의 이익을 위해 해석하고 변명하여 오직 당국 때문에 정치를 행한다 하면 우리들이 시끄럽게 군말을 할 필요가 없다. 그러나 그 정책으로 인하여 비록 당국에게는 유리할지라도 조선인의 이해(利害)와 휴척(休戚), 또는 문화에 막대한 관계가 있다고 하면 조선인인 우리로서는 도저히 팔짱끼고 지켜보면서 그 지휘와 조처에만 강두(降頭)할 수 없다. 그러므로 우리는 이에 펜을 들어 당국의 조처를 논하고 조선인의 여론을 환기하고자 한다.

조선총독부에서는 일찍이 경학원을 확장하여 그 직원(職員)을 관리로 대우하였으며, 지방 향교에도 관선(官選)으로 직원을 임명하여 선성의 제향(祭享)을 봉사하게 하였다. 그 정책이 유생의 환심을 얻기 위한 것이지 선성을 존숭함에 있지 않음은 물론이다. 왜냐하면 총독부에서 정치하는 자의 본국에서도 원래 공자를 존숭하는 것은 조선과 다르지 않았으나, 메이지유신[明治維新] 이후 그 형식을 근본적으로 개혁하였으며 공자가 태어난 중국에서도 신해혁명 이후 또한 그 형식을 개혁하였다. 그런데 어찌 조선에서만 유교에 관한 의식을 장려하여 조선의 국교(國敎)와 같은 형식을 만들 필요가 있겠는가. 이는 신앙의 자유라는 만국의 입법정신에도 어긋나는 것이다.

이와 같이 시대정신에 어긋남에도 불구하고 형식상 특정한 교파를 옹호하는 것이 어찌 유생을 농락하는 당 태종과 청 강희제의 정책을 모방함이 아니겠는가. 그러나 이는 과거의 일이니 다시 말할 필요가 없다. 그 정책을 그대로 답습하여 진보하려 하는 조선 사회를 봉쇄하고 계몽운동을 저해하는 이번 향교재산 관리문제는 더욱 당국의 의사와 경륜이 어디에 있는지 표명한 것이다.

지난 6월 29일에 발포한 바에 따르면 부령(府令)이 8개 조이고, 이에 관한 조선총독의 훈지(訓旨)가 다음과 같다.

유교는 예부터 동양 도덕의 근원이라 합방 당초 정부는 특히 경학원을 설치하여 문묘(文廟)를 제사하고 경학을 강연하게 하였으니 이는 반드시 유교로 하여금 민풍 진작에 이바지하게 하기 위함이다. 그 후 9년의 세월이 지나 그 교화에 보탬이 된 것이 적지 않다. 그러나 최근 시국의 영향은 사상계에 일대 변동을 가져와 혹은 사회 인륜의 근본을 파괴하려 하였으며 혹은 구주(舊株)를 묵수(墨守)하여 시대의 추이에 순응해야 함을 알지 못하고 오히려 사회의 진운을 저해하고자 하여 인심의 귀추를 잃고 강상(綱常)이 점차 추락하게 되었다. 이는 동양의 교화를 위하여 걱정하지 않을 수 없다. 이를 구하는 방법이 원래 많이 있다고 하나 동양 도덕의 근원인 유교의 본뜻을 천명하고 널리 지식을 세계에서 구하여 채장보단(採長補短)하고 시세에 잘 처하는 방법을 강구함으로써 이륜(彝倫)의 부조(扶助)에 이바지하는 것이 가장 긴요하다고 믿는다.

이번 향교재산관리규정을 개정하여 문묘의 제사를 정중하게 하고 지방 교화와 진흥의 뒷받침하는 것도 또한 상술한 취지에 다름 아니며 마지막으로 유교정신을 발양하여 적절하고 유효한 교화 시설로써 인심을 계발하고 국가의 진운에 공헌할 것을 기하고자 한다. (미완)

(『동아일보』 1920년 7월 3일)

그런데 "병합 당초에 정부는 경학원을 설치하여 문묘를 제사하고 경학을 강연하게 하였는데 이것이 유교로 하여금 민풍 작흥에 이바지하게 하기 위함"이라 하니 당시 정책이 과연 민풍의 작흥을 목적으로 경학을 장려한 것인가. 신문화운동을 저지하기 위하여 그 대항책으로 경학을 권장한 것인가. 동일한 동양에, 동일한 유교를 신봉하던 국가인 중국에서도 신문화의 계발을 위하여 인습적 구사상을 퇴치하기 위해 힘을 다하였고, 일본에서는 그 사상을 근본적으로 타파하여 과격한 구화주의(歐化主義)와 완고한 국수주의(國粹主義)로 새로운 도덕을 건설하였으니, 그 이유가 어디에 있는 것인가. 조선총독부 정치가처럼 재래 유교로 민풍 작흥에 이바지하고자 함을 몰랐던 것인가. 애당초 유교로 민풍 작흥에 이바지하고자 한다면 인습, 사상을 해탈하지 못하고 신문화를 수립하지 못함을 우려한 것인가.

우리가 생각하기에 저들이 결코 총독부 정치가의 고견탁량(高見卓量)에 미치지 못하여 유교로 민풍을 작흥하고자 함을 몰랐던 것이 아니다. 그 사상으로 퇴파(頹破)한 사회를 다시 그 사상으로 인도하면 그 사회는 갈수록 더욱 암매(暗昧)해져서 계몽의 서광을 보지 못한다는 것을 절절히 깨달았기 때문이다. 그렇기 때문에 구사상을 퇴치하려 하는 것이 세계의 대세이자 각국이 하고자 하는 것이다. 어찌 총독부의 현명을 자처하는 위정자들이 유교사상을 권장하면 민풍이 작흥될 것이라는 점은 말할 필요도 없고 계몽운동에 방해될 것이라는 점을 알지 못하였겠는가. 그런즉 그 정책이 계몽운동에 방해됨을 알지 못하였다 하면 불안한 말이지만 현명을 자처하는 위정자의 현명이라 함을 가히 알 것이요 계몽운동의 방해가 됨을 알고 그것을 방해하기 위한 목적으로 행하였다 하면 실로 인문발달과 인류문화에 대하여 그 죄를 용서할 수 없다. 그러나 죽은 과거를 번거롭게 논하면 도움이 되지 않으니 구태여 당시의 내막을 탐구할 필요가 없다. 그러나 우리들은 살아 있는 미래를 생각할 때에 죽은 과거를 회상하지 않을 수 없다.

슬프다. 정의의 신(神)이 침묵함이여. 그리고 당시 정책이 이후 9년을 지나 그 계화(啓化)를 도운 바가 적지 않다 하니 인습적 사상을 고취하여 조선 민족의 계화에 도움 된 바는 과연 무엇일까. 백일 장의 골계(滑稽)에 아관박대(雅冠博帶)의 쾌관(快觀)인가. 서당령(書堂令)의 농락에 장발 총각의 유희인가. 공동묘지법 철폐에 유음명당(幽陰名堂)의 홍복(弘福)인가 싶다. 그 무엇이 비보(裨補)이던고. "구주(舊株)를 묵수하여 시세의 추이에 순응함을 알지 못하고 오히려 사회의 진운을 저격하고자 하여 인심이 귀추를 잃어버린다" 하니 구주(舊株)를 묵수함은 그 원인이 계몽운동으로 신문화를 수립하려 하던 계몽활동에 있는가, 구사상을 장려하고 그 사상으로 민풍을 작흥하고자 하는 정책에 있는가.

"이번 향교재산관리규정을 개정하여 문묘의 제사를 정중히 하고 지방 교화 진흥의 자원에 제공하려 함은 역시 상술한 취지에 다름 아니다"라고 하니 상술한 취지는 강상(綱常)이 점차 추락하는 동양의 교화를 우려함이라 함이니 강상의 추락은 문묘의 제사를 정중히 함으로써 부지할 것이며 또 "최근 시국의 영향은 사상계에 일대 변동을 가져와 혹은 사회 인류의 근본을 파괴 한다" 하니 사회 인류의 파괴도 문묘의 제사를 정중히 함으로써 구제할 바인가? 사상계의 변동은 조선보다 일본이, 일본보다 중국이 격심하니 이 사상계의 파괴도 유교의 본뜻을 천명하고 문묘의 제사를 정중히 하면 능히 구제할 수 있는가? 만일 유교의 본뜻을 천명하고 문묘의 제사를 정중히 함으로써 그 파괴된 사상을 능히 구제할 수 있다 하면 이는 어려운 일이 아니니 어찌 교란된 사상으로 인류의 근본이 이미 파괴된 일본을 위하여 그 정책을 시행하지 아니하는가?

"유교의 정신을 발양하여 적절하고 유효한 교화 시설로 인심을 계발하고 국가의 진운에 공헌하고자 한다"고 하니 적절하고 유효한 교화 시설은 무엇을 말함이며 유교의 정신은 무엇을 말하는 것인가? 이상에도 말하였지만 공동묘지규정(共同墓地規程)의 폐지인가? 경찰기관의 대대적 확장인가? 이번에 개정한 향교재산관리규정인가? 야인(野人)이 아니면 군자(君子)를 양(養)할 수 없다는 주의로 세금을 증가하고 우준(愚蠢)한 야인에게 철인적 선정(善政)을 베푼다는 것인가. 적절하고 유효한 교화의 시설이 무엇을 지칭하는 것인가? 문묘의 제사를 정중히 하는 것인가?

또한 유교의 정신은 무엇을 가리키는 것인가? 좌우가 모두 죽여도 된다고 말하더라도 듣지 말고, 여러 대부(大夫)가 죽여도 된다고 말하더라도 듣지 말며, 나라의 사람들이 모두 죽여도 된다고 한 후에 죽여도 된다 하는 것인가? 연(燕)나라 사람들이 기뻐하지 않으면 취하지 않겠다는 것을 말하는 것인가? 힘으로 사람을 복종시키는 것은 패(覇)라 하고 덕(德)으로 사람을 복종시키는 것은 왕(王)이라 하니 왕(王)인가 패(覇)인가? 또한 덕(德)으로 인도하고 예(禮)로 다스리면 부끄러움을 알고 바로 잡을 것이라는 것을 말하는 것인가? 아니 백성은 시킬 수 있으나 그것을 알게 할 수 없다는 것을 말하는 것인가? 만일 전자의 유교 정신이라 하면 연(燕)나라 백성의 심리를 알지 못하는 제(齊)나라 왕의 정책과 다름이 없을 것이니 다시 무슨 말을 하겠는가?

인류사회는 진화하는 것이며 또한 진화하지 못하면 인류사회는 금수사회(禽獸社會)가 되는 것이니, 인류사회의 진화를 저지하고 방해하는 것은 어느 시대를 막론하고 인습적 구사상이다. 구주(舊株)를 묵수하고 시대의 추이에 순응할 줄 모른다는 것 또한 구사상이 사회 진화에 방해되는 것을 말함이니 중국의 현재 현상이 사실을 명확히 증명하는 것이다. 그러면 조선에서 구주(舊株)를 묵수 운운하는 정치가가 오히려 구사상을 부활시키려고 적극적 정책을 취하는 것이 조선 사회의 진화를 위함인가? 조선 사회의 퇴화를 위함인가?

그리고 조선 교육의 계발을 위하여 쇄신 계획을 연구 중이나 재원이 궁핍하여 생각대로 시설을 도모할 수 없다 함은 당국이 누누이 성명한 바이니 만일 재원이 궁핍하다 함이 사실이라면(관유재산을 처분하고 경찰비를 축소하고 또 학교 경영을 지방단체에 위임하면 당분간 교육비는 그리 궁핍하지 않음) 궁핍한 재원으로 어찌 연 수입 26만 원 중 17만 원을 교육비로 충당하는 거액의 기정수입을 방기하여 그 재원을 한낱 구사상의 부흥에 충용하게 하는가?

또한 설령 구사상의 부흥에 충용하게 하더라도 그 재산의 관리권을 향교라는 단체에 주어 유교의 정신을 발양할 만한 교육기관을 설치하여 교화의 진작에 그 재원을 유익하게 활용하도록 하는 것이 옳은데 어찌 관리권을 지방관청에서 장악하고 총독의 허가를 요한다 하는 번잡한 절차를 만들었을 뿐이요? 실제 유교의 정신을 발양하는 데 어떠한 방법으로 어떠한 기관을 설치하여 행한다 함은 없고 그 재산의 관리권을 장악하여 유생의 아첨을 구하고 옛날처럼 재산의 소모를 진부한 유생의 주육대(酒肉代)로 지불하려 함인가? 아! 우리들은 감정을 억누르고 냉정한 이성으로 천만심사(千萬深思)하였으나 그 행정의 요지를 알 수 없다. (완)

(『동아일보』 1920년 7월 4일)

4) 향교론(鄕校論)/ 진산생(鎭山生)

향교론 (1)

옛날 향교를 병설하던 당초의 본뜻은 어떠하였으며 어찌 하라는 것인지 좀 연구하여 볼 필요가 있다. 향교란 그 처소의 내력으로 보건대,

1. 공자를 존숭하여 춘추 제향의식을 성대히 서행하고자 하는 것이었는가.
2. 유림이란 미명하에 향교사호(鄕校士豪)의 세습적 명리장(明利場)으로 지정한 것이었던가.

이 두 가지로 나누어, 어느 것이 과연 향교 병설의 본뜻일까 자세히 연구해 보니, 아니었다. 공자 제사도 향교 병설의 본뜻은 아니요, 유림 옹호도 향교 병설의 본뜻이 아니다. 그렇다면 또 다시 연구를 해야 할 것이다.

지금 조선의 변혁 전에 보던 바와 같이 향교는 각 군(郡)에 소위 대성사족(大姓士族)의 세습적 명리장(名利場)이라 한다면, 탕탕평평하고 정직할 것을 목적으로 무편무당(無偏無黨)과 무반무측(無反無側)으로 주장한 홍범고국(洪範古國)의 조치가 결코 그렇지 않았을 것이다. 공자의 제사만 오로지 소중히 하기 위한 것이었다면 문묘 건물 한 채로도 충분한데, 왜 문묘 이외에 허다한 건물을 아울러 향교라는 명칭을 붙였겠는가? 이 점에 들어가 향교란 것이 과연 어떤 목적으로 되었는지 기어이 해석(解析)하고자 하는 열심이 생긴다.

향교? 향교? 향교의 교(校) 자가 학교의 교 자와 같은지 다른지 그 점을 살펴보니 조금도 다른 것이 없다. 향교나 학교나 그 교 자는 일반이다. 그러나 동일한 글자라도 그 내용, 의미가 크게 서로 같지 않은 것이 한문의 상례(常例)다. 그렇다면 향교나 학교라는 명칭의 교(校) 자의 본뜻은 다른가? 같은가? 이전이나 지금이나 실지로 보는 대로 해석하면 물론 같지 않다 할 것이다. 무슨 말이냐 하면 학교는 교육을 주무(主務)로 하는 곳이고, 향교는 교육을 주로 하는 것이 아니라 오히려 교육을 방해하고 반대하는 것은 지금보다 옛날에 더욱 심하였다. 이 말을 갑자기 들으면 누구든지 그럴 리가 있나 할 것이다. 교육을 주로 하지 않았을 뿐 어찌 차마 방해하며 반대하였거나 또한 방해하며 반대하리오 그럴 것이다. 이치는 과연 그러하다. 그러나 소위 향교의 자고 이래 사실이니 교육에 대하여 과연 방해하였다.

애석하다. 그 방해한 실증을 들어보라 한다면, 향교를 숭배하는 자는 모두 그 구주(舊株)를 고수하는 자이니 현대적 신교육에 대하여 환영하지 않음은 지금 보이는 바인데 옛날에 있던 교육 방해는 어떠한 곡절을 가리키는 것인가 하고 우리말에 자못 의아해 할 자도 있을 것이며 또한 분노하는 자도 있을 것이다.

생각해보라, 조선 정국이 변혁되기 이전에 향교의 상황이 어떠하였는가. 우리는 듣건대 향교를 창립한 당초에 참여하지 못한 사람들의 자손은 비록 통천의 학[通天之學]과 경세의 재[經世之才][4]가 있을지라도 향교 문에 발을 들이지 못하였다 하니 이 한마디로 충분히 교육을 방해한 증명이 확실하다. 학업을 성취한 사람에 대해서도 소위 청금록(靑衿錄)[5]에 참가하지 않은 집안의 자제면 향교 문 안에

4) 하늘의 이치에 통달한 학문과 세상을 다스려 나갈 만한 재주.
5) 성균관(成均館), 향교(鄕校), 서원(書院) 등에 있던 유생의 명부.

발을 들이지 못하게 하였으니 일반 촌백성의 자손 교육을 장려하였겠는가. 방해하였겠는가? 방해뿐이랴? 극악을 부렸다.

향교는 일향지민(一鄕之民)의 공공한 교(校)이거늘 일종 학파의 계청(契廳)으로 인정하고 계 외의 사람들은 모두 상놈이니 천놈이니 호칭하여 학대가 더욱 심할 뿐 아니라 관의 세력을 빙자하여 당위(黨威)를 넓혀 사리를 탐내었으며 금○을 토(討)하여 이르지 않은 것이 없었다. 그러므로 지금부터 14년 전인 1906년(병오) 봄에 사인(士人) 유유(劉惟) 씨가 함흥향교(咸興鄕校)를 방문하여 많은 사람들이 앉아있는 중에 참좌(參坐)하였다가 처마 밖 산천(山川)을 망견(望見)하면서 갑자기 말하기를 "이 향교6)의 터는 정대하고 광명하여 세계적 교화의 본원지라 칭하여도 이상하지 않은데, 이 땅에 의기양양하게 출입하는 자는 모두 도적놈이니 불가사의한 일이다" 하여 군중에게 자극을 주었다. 이 말이 어찌 함흥향교에만 적합하겠는가? 13도 각 군 향교에 적합지 않은 데가 없을 것이다.

슬프다. 향교의 경력 사실이 이와 같을 뿐이니, 향교를 창설하고 향교라 이름 붙인 당초의 본뜻이 과연 오늘날 교육을 위주로 하는 학교의 교 자와 동일한 취지로서 함이 아니겠는가?

향교의 ○속으로 논하면 그 설립 취지가 학교와 다른 것 같으나 그 도서 준비라든지 임원 명칭이라든지 각각 종합하여 추측하면 일반 인민의 청년자제를 교육하기 위하여 전국 각 군에 향교를 창설하였음이 명백하다. 이른바 임원 명칭은 지방마다 소소한 차이가 있으나 대개 도교수(都敎授)라 도훈장(都訓長)이라 재장(齋長)이라 함은 학교 교장의 책임을 행하는 자요. 교감(校監)이나 유사(有司)라 함은 교원의 책임을 다하는 자요. 그 정도는 서당에서 필업(畢業)한 자로 입학하게 하여 군(郡) 교육의 기관으로 하였으니 고등학교나 중학교에 상당하다. 그 뿐 아니라 겸하여 인민교화의 기관으로 존숭하였으니 향교를 창설하는 동시에 우선 성묘(聖廟)부터 건축하고 춘추석전(春秋釋奠)과 삭망분향(朔望焚香)을 엄숙히 예행하게 하였음은 당시 정치가의 큰 수단이었다. 하여간 향교를 창설하던 당초에 그 취지는 매우 깊고 원대하였으며 그 범위는 매우 광대하였다.

오호라. 이와 같이 광대한 범위와 심원한 취지로 된 향교를 어찌하여 단지 행세의 요로로 인식하고 선성선현(先聖先賢)의 숭배는 조금도 열심히 하지 않으며 삭망분향례를 이용하여 향교재산을 절취하거나 또는 농단의 이익을 취하기 위하여 분향식을 매도하니 소위 삭망전(朔望奠)이라. 신명(神明)의 예배를 매식(賣食)함이 대낮에 박인탈재(剝人奪財)하는 강도보다 별로 차이가 없다. 그러므로 향교라는 것이 사회의 두적(蠹賊)이며 신명의 죄인이다. 민족을 흥망하게 함도 저들의 죄요 명교(名敎)를 타락하게 하는 것도 저들의 죄이다. 이 죄는 하늘에 속한 죄이므로 기도할 곳이 없다. 따라서 오늘날 신진의 구축(驅逐)을 당하며 모욕을 받음은 당연한 천보(天報)이다.

(『매일신보』 1920년 10월 14일)

---

6) 원문에 북향교(北鄕校)라고 되어 있는데, 차향교(此鄕校)의 오기로 보임.

향교론(鄕校論) (2)

아! 향교의 각종 폐해가 이렇듯 심하고 유교 기관이 저렇듯 부패하였으니 새로운 사회의 개조를 절규하는 이때에 향교는 훼철(毁撤)하고 유림은 구축(驅逐)하여야 함이 옳은가 옳지 않은가? 불가를 절규하는 사람은 물론 수구(守舊) 전부일 것이요, 가하다고 절규하는 자는 신진파(新進派) 전부일 것이다. 이 가부전(可否戰)은 이론뿐이 아니요 근래 조선 사회에 사실이었다.

그런즉 결국 어떻게 되었는가? 현재 당국의 조처를 보건대 변혁 이래 향교재산 대부분을 각 군 보통학교 교육비에 충용하게 하는 규정을 개정하여 반포하는 동시에 그 뜻을 훈시하여 이르기를 "(상략) 최근 시국의 영향은 사상계에 일대 변동을 주어 혹은 사회 인륜의 크고 중요한 근본을 파괴한다. 혹은 구주(舊株)를 묵수하여 시대에 순응할 바를 알지 못하고 오히려 사회의 진운을 저해하고자 하여 인심의 귀추를 일어버리고 강상이 점차 타락하게 되었으니 이는 동양 교화를 위하여 우려할 바이다. 이를 구하는 법이 원래 많았으나 동양 도덕의 근원인 유교의 본뜻을 천명하여 널리 지식을 세계에 구하여 채장보단(採長補短)하여 잘 시세에 처하는 도(道)를 강구함으로써 이륜(彝倫)을 부조함에 이바지하게 함을 가장 긴요하다고 믿는다.

이번 향교재산관리규정을 개정하여 문묘의 제사를 정중히 하고 지방 교화와 진흥의 자원에 제공하려 함은 또한 상술한 취지에 다름 아니며 (중략) 유교 정신을 발양하여 적절하고 유효한 교화 시설로 인심을 계발하고 국가의 진운에 공헌하고자 한다" 하였으니 이에 대하여 수구는 물론 기뻐 환영할 것이나 신진파는 이를 환영하기 주저하니 공평정대한 눈으로 거론하자면, 기뻐 환영하는 자-옳으나 환영하지 않는 자-옳지 않으므로 환영하지 않는 자-옳으므로 환영하는 자-옳지 않은 자이니 어떤 것이 정리(正理)에 합당한가? 환희하는 자가 옳다면 당국의 조치가 매우 시의적절함이요, 환영하지 않는 자가 옳다면 당국의 조치가 마땅하지 않음은 물론이다. 그렇다 하여 환영하지 않는 자를 동정할 리도 만무하고, 또한 환영하는 자를 육성할 리도 만무하고 다만 지극히 공정한 진리로 논하여 하늘을 우러러 부끄러움이 없고자 함이 필자의 본뜻이다.

그러면 어느 것이 옳고 어느 것이 옳지 않은가. 이를 판단함에 적절한 증거가 될 선각의 평판이 있으니 즉 벽하산인(碧霞山人)이 『학우회 하계순강』을 만필(漫筆)한 중 한 구절이다(『매일신보』 제3542호, 7월 13일).

이를 다시 사회에 소개하건대 "조선은 부로(父老)만이 주인이요, 사상은 보수(保守)만이 선(善)이요, 문화는 구식만이 문명이라 하여 조금도 신인(新人)의 입각지를 허용하지 않고 개혁은 쇠망이라 하며 진취는 패려(悖戾)라 하는 부로들 스스로도 편견이 있다. 또한 우주는 변혁하였으며 세계는 개조하였으니 조선 청년만이 주인이요 사상은 신진만이 선이요 문화는 신식만이 문명이라 하여 오만하게 장자(長者)를 능가하고 선배를 예시(睨視)하여 능히 신기를 경쟁하며 남을 돌보지 않는 청년들도 스스로 편견이 있다" 하였으니 이는 조선 사정을 맑은 거울같이 제대로 이해한 말이며 평형(平衡)같이 지공(至公)한 말이다.

이에 준하여 향교재산관리규정 개정에 대한 감상자를 평하자면, 환영하는 쪽에도 옳다, 옳지 않다는 두 가지 파가 있고 환영하지 않는 쪽에도 옳다, 옳지 않다는 두 파가 있다. 환영하는 자-과연 총독의 훈시와 같이 '동양도덕의 근원인 유교의 본뜻을 천명하고 널리 지식을 세계에서 구하여 채장보단하여 시세에 처하는 도를 강구함으로써 이륜을 부조하고자' 한다면 옳겠지만, 벽하산인의 말과 같이 '보수만이 선이고 구식만이 문명'이라는 몽상으로 환영하는 자는 옳지 않다. 주저[7]하는 자도 벽하산인(碧霞山人)의 말과 같이 '신진만이 선이요 신식만이 문명이라는' 편견으로 한다면 옳지 않고, 총독의 훈시와 같이 '혹 구주를 묵수하여 시대의 추이에 순응할 바를 알지 못하고 오히려 사회의 진운을 저해할까' 두려워한다면 옳다.

그러면 향교재산관리규정의 개정과 같은 것은 당국의 마땅한 조치라 할 수 있으니 사회의 목탁(木鐸)으로 미진(迷津)의 나침반으로 자임하는 어떤 보필(報筆)은 비난하였으며 혹은 매우 공박을 가하였음은 애당초 무슨 이유인지 나는 의심된다. 대개 보필의 일포일폄(一褒一貶)이 사회사상을 좌우하는 데에 지대한 관계가 있는데 '미안한 말이지만 언론기관의 조종수가 되었음을 자시(自恃)하여 기탄없이 자기의 편견을 선전하기 위하여 자신의 얄팍함을 깨닫지 못하고 공정의 해악을 돌아보지 않는 언론이 간혹 없지 않음은 매우 유감이다. 혹시 나의 이 말이 그를 공격하며 반대함에 치우침이 있을지 알 수 없으나, 대저 현대적 학식과 사회상 언론이야 참된 것은 물론이겠지만 그 지식이 어찌 이 모두 예지철식(睿智哲識)이거나 그 심덕(心德)이 어찌 모두 성심신덕(聖心神德)이겠는가? 그렇다면 그의 식견이 어찌 하나하나 고명(高明)하거나 그의 언론이 어찌 일일이 공정하겠는가? 알지 못하는 사이에 천근(淺近)도 발표할 것이며 편벽(偏僻)도 주장할 것이다.

(『매일신보』 1920년 10월 16일)

향교론(鄕校論) (3)

장황하지만 나의 논하는 바는 오직 향교에 관한 문제인데 그 재산관리규정의 개정에 대하여 평론한 자-공정을 해하고 편견을 주장하였으니 이를 논변하고자 한다.

내가 어찌 논변을 좋아하겠는가? 사회 전체를 위하여 부득이하여 말하는 바이다. '사회 전체'라 함은 세계로는 인종과 국가를 구별하지 않는 것이고, 민족으로는 남녀노소, 수구신진을 통칭한 것이다.

---

7) 원문에 呪咀로 되어 있으나, 내용상 躊躇의 오기로 보임.

남녀노소, 수구신진을 줄여서 말하면 민중(民衆)이니 "민중의 친구로서 문화의 수립을 기하며 그와 더불어 운명을 같이 하기를 원한다"고 선언한 동아일보 제92, 93 두 호에 연재한 논란을 일으킨 '향교 재산관리규정 개정에 대하여'를 읽어보니 표면은 당국의 조치만 공격한 것 같으나 실은 유교를 공박 하기에 전력함이 역연하다. 조선 민중의 70~80%를 점하는 유교를 배척하면 동아일보의 이른바 친구 는 유교인을 제외함인가? 오로지 신진파만이 동아일보의 친구인가? 신(新)이란 것은 역시 구(舊)에서 생겨난 묘예(苗裔)가 아닌가? 동아일보의 주장은 벽하산인(碧霞山人)이 말한 "사상은 신진만이 선이 요 문화는 신식만이 문명이라"는 편견이 있어서 사회 전체의 정신상 결렬을 두기 쉬우니 동아일보를 위하여 애석함이 이를 데 없다.

지금 동아일보의 사설 중 몇 가지를 이용하여 변론하고자 한다. 동아일보는 "공자를 낳은 중국에 서도 혁명 이후 또한 그 형식을 개혁하였는데 어찌 조선에 한하여 유교에 관한 의식을 장려하고 조 선의 국교와 같은 형식을 만들 필요가 있겠는가?" 하였으니(『동아일보』 92호), 이 말을 유림들이 생각 하면 유교를 배척하는 것이라고 말하지 않을 수 없을 뿐 아니라 유림의 원망을 자초하는 동시에 다 른 종교 사회의 구실을 만들어 향교에 대한 저주(咀呪)가 매일 심하여 피차 반항심을 양성하고 신구 간에 충돌이 격렬하게 되면 능히 그의 선언과 같이 "문화를 수립"할 수 있는 줄로 믿는가? 이것이 편견의 원인으로 천근(淺近)의 결과를 낳는 것이다.

무엇이 다른 종교인의 구실이 될까 하면 "공자를 낳은 중국에서도"라기 보다 "교육총장 차이위안페 이(蔡元培) 씨의" 운운하는 것으로부터 "석전(釋奠)을 폐지하는 그 이유가 충분하다 할 수 있다"까지 21행에 걸친 언론은 당시 중국에서 일시적 분쟁 중 한 마디를 취하여 "유교는 종교가 못된다, 석전은 폐지하여도 된다" 하는 무리하고 무례한 언론으로 가뜩이나 자기가 믿는 종교만 종교라고 하는 우리 의 편견에 더하여 "여론을 환기한다" 하니 이를 거리낌 없이 말하면 유교를 존숭하게 하는 방침에 대하여는 힘을 다하여 배척하자, 배척할 이유는 이러저러하다 하여 동의하는 자들에게 구실을 주는 것이 아니고 무엇인가?

대저 중국이 혁명 이후에 무리하고 무례한 언론을 주창한 자-비록 없지는 않았으나 이 문제에 대 하여 400주(州) 중국 사람들의 풍기수용(風起水湧)한 분투는 차치하고 공자교(孔子敎)와 하등 관계가 없는 저 미국인 리가베 씨, 메덴휘 씨, 리데마타 씨, 독일인 피리레 씨 등 명사들이 이구동성으로 논박하여 말하길 "지금 새롭게 ○을 따르는 자-혹 공교(孔敎)가 중국의 국교가 못된다고 인정하려는 자-가 있으나 이는 공교가 중국 문명의 경위(經緯)가 되어 결단코 방치하지 못할 것임을 모르는 자들 이다"라 하였다. 또한 말하기를 "공교는 중국인이 중국인으로 된 바이니 진실로 중국이 그 계승한 특성을 보수하고자 하면 중국의 공교를 보존하지 않을 수 없다" 하였으니 이 미국, 영국, 독일의 명사 들이 논한 것을 들자면 소위 차이위안페이의 운운을 알 수 있을 것이요 석전으로 말할지라도 중국 각 지방관이 친히 헌관(獻官)의 예를 집행하고 관민학생이 악가(樂歌)를 부르는 것을 내가 목도한 지 불과 2, 3년 전의 사실이니 소위 차이위안페이의 운운은 천후안장[陳煥章]8) 박사가 말한 '개소리'에 불과하다. 동아일보는 하필 차이위안페이의 언사를 인용하여 우리 사회에 정신적 분열을 가져오려 하는가?

(『매일신보』 1920년 10월 19일)

향교론(鄕校論) (4)

또한 지금 말하기를 "유교 사상을 장려하면 민풍의 작흥에 이바지함은 고사하고 계몽운동에 방해됨을 알지 못하는가"(동아일보 93호) 하였으니 이와 같은 훼ㅇ(喙ㅇ)는 군부(君父)가 없는 자가 말하는 것이요 당당한 사회공론의 책임을 지고 있는 보필(報筆)의 언론은 아니다. 동아일보를 범ㅇ(範ㅇ)하고 민중을 친구로 선언하는 동아일보가 어찌 동아 도덕의 근원이자 민중의 심령을 감화하는 유교를 이와 같이 배척하겠는가? 대저 조선에서 유교사상을 가진 자를 제외하면 계몽운동은 누구를 향하여 하려는 것인가? 소위 계몽운동은 해석하면 몽매한 자의 지식을 계발하려 하는 것이 아닌가? 그렇다면 유교의 큰 뜻인 ㅇ신민(ㅇ新民)이며 '온고지신(溫故知新)'이며 '일신우일신(日新又日新)'이며 '학불염이교불권(學不厭而敎不倦)9)'이며 '사선각각후각(使先覺覺後覺)10)'과 같은 교훈을 천명하고 실행하였으면 소위 계몽운동의 주의와 다르겠는가? 계몽이란 두 글자의 근본 뜻이 어디에서 온 것인가?

회개하라. 동아일보여! 그만큼 도도한 언론의 원천도 육경사서(六經四書)로부터 유출된 것이 대부분인데, 어찌 그다지 뿌리를 뽑고 근원을 막으려 하는가? 동아일보의 소신과 같다면 면포당차(麵包糖茶)만 음식이요 미반육찬(米飯肉饌)은 아닐 것이며, 모직양목(毛織洋木)만이 의복이요 주하저마(紬緞苧麻)는 아닐 것이다. 조선 민중을 위하여, 사회 전체를 위하여 언론의 책임이 있는데 유교를 배척하지 못할 것이며 수구파라고 전혀 천시할 수 없는 것이다. 저 융준벽안아(隆準碧眼兒)의 물질문명에 빠져 자기 가문의 혈통적 교화 정신까지 말살하고자 얄팍한 식견으로 매번 절규하니 애석하도다. 정신문명에 이르러서는 '아멘'으로 기원을 성취하지 못할 것이니 원컨대 설원군(雪園君)의 백화론(白禍論, 매일신보)을 다시 읽어보고, 나의 몽독백화론(夢讀白禍論, 만주일보)을 읽어보라. 정신은 동양적으로 선전하고 물질은 구미식으로 발전하면 그야말로 얼마나 훌륭한 문명이겠는가?

가령 총독 정치가 우리들에게 아무런 불평이 있거나 말거나 이번 향교재산에 대한 훈시와 같은

---

8) 1880~1933, 사상가이자 사회활동가. 공교도(孔敎徒)로서 1912년 기독교 체제를 모방하여 공교회(孔敎會)를 창립하고 공교(孔敎)를 국교로 제정하고자 활동함.
9) 『맹자』에 나오는 말로, 배우기를 싫어하지 않으며 남을 가르치기를 게을리하지 않는다는 뜻.
10) 『맹자』에 나오는 말로, 먼저 깨달은 이로 하여금 나중에 깨닫는 이를 깨우치게 한다는 뜻.

것은 발견하기에 고심한 공적이 있음을 경복하지 않을 수 없거늘 동아일보는 어떠한 소견으로 그렇게 맹렬한 논박을 하였는가? 그 이유와 소안(所安)을 살피건대, 아니다. 표면은 향교재산관리규정의 개정을 좌우하는 조종수(操縱手) 즉 당국을 저주하는 듯하나 그 이면은 유교 배척에 서있는 것이다. 그러나 그의 마지막 말에 이르러서는 천연적 양심이 필설(筆舌)을 따라 동아일보의 체면을 아름답게 결론지었다. 옳다. 그 결론이 어떠한가?

"유교 정신을 발양할 만한 교육기관을 설치하여 교화의 진작에 공공 재원을 유익하게 활용함이 옳다. 어찌 공공 재산의 관리권을 지방 관청에서 장악하여 총독의 허가를 요한다 하는 번잡한 절차를 만들었을 뿐이고 실지 유교 정신을 발양하는 데 어떠한 기관을 설치하여 행한다 함은 없고, 그 재산의 관리권을 장악하여 유생의 아첨을 구하고 옛날과 같이 재산 소모를 진부한 유생의 주육대(酒肉代)로 지불하려 함인가" 하였으니 이와 같은 언론에게 누가 감히 공정하지 않다고 하겠는가?

그렇다. 향교재산으로 하여금 공자교의 정신을 발양할 만한 교육기관을 설치하여 공의인도(公義人道)를 천명하여 관민 남녀노소는 물론 일체 자신을 자수(自修)하기로 본을 삼아 실행하면 자유생활도 그 안에 있고 평등과 협화도 그 안에 있으니 총독 훈시에 소위 "혹은 사회 인륜의 큰 뜻을 파괴하려 하며 혹은 구주(舊株)를 묵수하여 시대의 추이에 순응함을 알지 못하고 오히려 사회의 진운을 저해하고자 하여 인심의 귀추를 잃어버리고 강상이 점차 추락함에 이르렀다" 하니 이는 조선의 당시의 병폐(時病)를 발견한 것이요 또한 "동양의 교화를 위하여 우려됨을 감당할 수 없으니 이를 구하는 방법이 원래 허다하나 동양 도덕의 근원인 유교의 본뜻을 천명하고 널리 지식을 세계에 구하여 채장보단하여 시세가 처하는 길을 강구하라" 하였으니 이것이 조선의 당시의 병폐에 적중한 처방일 것이다.

이 처방을 응용하여 기어이 실효가 있도록 분발함은 병자 자신의 책임이다. 신식을 절규하는 자여! 문명이 종족에 ○하여 색채가 같지 않으니 물질문명에 미혹되어 홍범고족(洪範古族)의 역사적 정신을 잃지 말라. 구식을 고수하는 자여! 도덕이 시대를 따라 해석이 달라지니 ○○사상에 빠져서 대동 세계의 장래 행운을 막지 말라.

그리하여 향교재산에 관한 당국의 처방을 협동 실행하여 각각 그 병폐를 구축하고 완전한 정신적 체질에 최신식 문화를 가미하여 하나하나 빈빈군자(彬彬君子)[11]가 되었으면 소위 고진감래(苦盡甘來)의 격으로 세계에서 가장 열등한 민족이 세계에서 가장 우등한 민족이 될지도 알 수 없는 이치이니 새로운 것만 새롭다 하는 청년 동지여! 옛것만 옛것이라 하는 부로(父老)여! 많지 않은 종족 사이에 서로 반목하지 말고 아직 일이관지(一以貫之)[12]의 정도에 미치지 못하였거든 피차 서로 용서하는 도를 행하여 인간 세상에 적절하고 유효한 교화를 실현하게 하라.

---

11) 『논어』에 나오는 '문질빈빈연후군자(文質彬彬然後君子)'의 준말로서 내용과 형식이 훌륭하게 조화된 군자라는 의미.
12) 『논어』에 나오는 말로, 한 가지 이치로 모든 일을 꿰뚫었다는 의미.

이를 실현하고자 한다면 부득불 각 향교에 강습소를 설치하고 수신의 큰 줄기는 성경현전(聖經賢傳)에서 구하고 입○의 대용(大用)은 신술시학(新術時學)에서 구하여 남녀노소는 물론 강습하게 된다면, 오늘날 향교재산의 용도가 그 마땅함을 얻어 옛날 향교 창설의 본뜻을 이루게 될 것이다. (완)

(『매일신보』 1920년 10월 20일)

5) 향교재산의 용도에 대하여 / 문천지국 일 기자

향교재산이란 전 조선 어느 군을 막론하고 군수가 관리하게 되어 그 용도는 군수의 임의대로 하였다. 그러나 그것이 군수 개인의 사유재산이 아닌 이상 일개 군수의 전횡으로 거대한 금액을 낭비함은 불가한 동시에 군민의 의사도 참작하여야 할 것이며 따라서 대중의 유익한 사업에 사용하여야 될 것이다.

그런데 종래 본 군의 향교재산 용도를 한 번 고찰하면 실로 백해무일리(百害無一利)한 사업에 낭비하여 왔다고 해도 과언이 아닐 것이다. 천여 원에 가까운 금전을 매년 선개발지(先開發地) 시찰이라는 미명하에 유한자(遊閑者) 및 관료배의 유람비용으로 지출하여 왔으며, 유학생 보조란 명목으로 매 학생에 2, 3원씩 분급하여 그들이 받은 즉시로 연초비로 보충함에 불과하였다. 이것이 어찌 추호라도 군민의 이익을 도모한 바가 있었으며 민중이 요구하는 사업이었던가?

그리고 금년도에도 향교재산 교화사업비로 800원 예산을 계상하여 가지고는 관료배와 유한계급의 일본 및 조선 서부 등지 시찰로 전부 소비하여 버리고자 하므로 당지 신간회 지회에서는 이를 방지하고자 하였으나 군수는 말하되 독특한 재산이니까 민중에게는 관계없다 하며 또는 상부로부터 기정 방침이므로 어찌할 수 없다는 등 애매한 답변을 하고서 결국은 경찰에 의뢰하여 경관을 출동시켜 신간회 간부를 검속한다고까지 하였다. 억압도 분수가 있지 이것이 민중에게 대하여 당연히 할 일로 생각하는가? 민중은 어리석고도 영리한 자이다. 이러한 억압정책에 언제든지 굴종만 할 수는 없다.

다음에는 금번 시찰하고 돌아온 소위 군내 유지에게 한 마디를 청하였다. 당신들이 출발 당시에 문천 대중이 부탁한 바가 있었다. 시찰하고 돌아온 이후에는 문천 민중에게 어떠한 유익을 주겠느냐? 그 프로그램을 정하고 가라고 하였다. 그 당시에 어느 면장은 막대한 유익을 주겠다고 호언장담한 일까지 있었다고 한다. 그런데 지금까지 당신들이 어떠한 복안을 가지고 있는지 모르나 당신들이 장차 무엇을 어찌 할 작정인가? 속히 대중 앞에 고백하라.

말할 것은 이것이 어찌 문천에만 한한 사실이랴? 전 조선을 통하여 이러한 폐해가 있을 줄로 안다. 대중아! 생각하라! 향교재산의 연 수입이 군 마다 천 원씩으로만 가정하여도 전 조선을 통하여 기천

만 원의 거금이 될 것이다. 이것을 우리 민중이 유익하게 사용하도록 철저를 기하여 보자! 그 구체안
은 후기를 보아 상설할 터이겠기에 이만 세필(細筆)한다.

(『조선일보』 1927년 12월 1일)

6) 향교재산 처리문제(鄕校財産處理問題)

1.

전하는 바에 의하면 조선 향교재산 사용에 대하여 이를 다시 교육비로 충당하자는 논(論)이 당국
일부에서 제기되었다 한다. 1919년까지 향교재산은 지방의 보통학교 경비를 보충하는 데 주로 쓰였
다가 1919년 이후 유림의 환심을 사기 위하여 묘지규칙(墓地規則)과 같이 개정되어 향사(享祀)와 유림
간의 '교화사업' 등에 사용하게 된 것이다. 향교재산의 수입은 점차 증가하는 형세에 있어서 1916년도
에 연수입 15만 원이던 것이 1919년에는 26만 원이 되었다가 1926년도에는 52만 원을 헤아리게 되었
다. 그 사용처를 보면 1912년부터 1919년까지 향사비(享祀費)로 쓰인 것이 평균 4, 5천 원임에 비하여
1920년 이후에는 5만 원, 즉 약 10배의 증액을 보게 되었으니 이는 물론 1919년까지 보통학교비에
충당하던 것을 향사비로 돌리게 된 결과다. 급비(給費) 및 잡비(雜費) 항목도 1919년 이전에 1만 원
내외던 것이 그 후 4, 5만 원대로 된 것은 유림 인사의 일본 시찰비 등으로 소모되는 것이다.

2.

수입 중 잉여되는 금액은 유림계를 중심으로 한 강습소 등의 '교화사업'에 충당하여 그들의 말을
빌려 말하면 "사회의 풍교(風敎)를 진흥"하는 데에 사용된다고 한다. 그러나 소위 교화사업이 과연
얼마나 민중의 생활과 밀접한 관계가 있는가 함에 이르러서는 다대한 의심을 품지 않을 수 없다.
묘지규칙 개정과 마찬가지로 구습을 묵수하는 유림계의 환심을 사기 위한 일종의 수단에 지나지 않
는다고 봄이 정확한 해석이 아닐까 한다. 따라서 연수입 50만 원이란 조선에서는 적지 않은 수입을
다시 교육 확충을 위해 사용하자는 여론이 생기는 것은 당연한 이치라 할 것이다. 유림은 필경 일종
의 특수 부분에 지나지 못하며 유교가 국교가 아닌 이상 공공재산으로 특수 부분만 위하여 사용하거
나 종교의 선전을 위한 '교화사업'에 충당하는 것은 민중의 이해와 배치되는 것이라고 할 수 있지
않은가.

3.

교육 보급의 필요는 이미 논의가 끝난 문제다. 일부 단안자(短眼者)를 제외하고는 교육 확충의 필요에 대하여 이의를 표할 자가 없을 것이다. 의무교육의 실시, 공립보통학교의 수업료 면제 등은 이미 도처에서 절규되는 부르짖음이 아닌가. 이 요구를 만족시키기 위하여 낭비를 절약하고 비생산적 비용을 삭제할 것을 우리들은 여러 차례 절규하였다. 향교재산의 처분 문제도 이 입각점에서 볼 때는 재론할 여지도 없는 것이다. 당국의 간섭을 기다릴 필요도 없이 유림 자체가 자치하여 향교재산을 학교비에 사용할 것을 제의할 만한 일이 아닌가. 종교의 선전 및 의식을 위함이라 하면 공유 재산에 의할 성질도 아니 될 것이요 또는 간소를 주로 할진데 그 같이 다대한 비용이 들 것도 아니다. 유교의 종주국인 중국에서도 공자의 제향을 폐지하자는 이 시대가 아닌가? 우리는 유림의 각성을 촉구하는 한편 당국자들이 향교재산 사용에 착목함에 그치지 말고 예산에 나타난 숫자의 낭비와 비생산적 비목을 철저히 정리하여 현재 교육확충안 이상 좀 더 명실상부한 교육보급안을 세우기를 촉구하는 바이다.

(『동아일보』 1928년 10월 5일)